용사일기

이 책은 2020년도 정부(교육부)의 재원으로 한국고전번역원의 지원을 받아 수행된 '특수고전협동번역사업'의 결과물임.

This work was supported by Institute for the Translation of Korean Classics - Grant funded by the Korean Government.

용사일기

龍蛇日記

附 급문제현록

장현광 지음
張顯光

성원규
윤은숙
김형석 옮김

일러두기

1. 이 책의 번역 대본은 《旅軒先生全書》(仁同張氏 南山派宗親會, 1983)에 수록된 《龍蛇日記》와 《旅軒先生及門諸賢錄》으로 하였다.
2. 내용이 간단한 역주는 간주(間註)로, 긴 역주는 각주(脚註)로 처리하였다.
3. 한자는 필요한 경우 이해를 돕기 위하여 넣었으며, 운문(韻文)은 원문을 병기하였다.
4. 맞춤법과 띄어쓰기는 한글 맞춤법과 표준어 규정을 따랐다.
5. 이 책의 번역문에서 사용한 부호는 다음과 같다.
   ( ): 번역문과 음이 같은 한자를 묶는다.
   〔 〕: 번역문과 뜻은 같으나 음이 다른 한자를 묶는다.
   " ": 대화 등의 인용문을 묶는다.
   ' ': " " 안의 재인용 또는 강조 문구를 묶는다.
   「 」: ' ' 안의 재인용을 묶는다.
   『 』: 「 」 안의 재인용을 묶는다.
   《 》: 책명 및 각주의 전거(典據)를 묶는다.
   〈 〉: 책의 편명 및 운문·산문의 제목 또는 보충역을 묶는다.
6. 이 책의 후반부에 고려대본을 저본으로 하여 표점 · 교감한 원문을 실었다.
7. 본문의 오류로 의심 가는 점이 있으나 근거할 만한 대조본이 없을 경우에는 교감기에 그 내용만 언급하였다.
8. 판각이나 필사 과정에서 관행적으로 통용하던 글자는 문맥에 맞게 고쳐 쓰고 교감기는 달지 않았다.
9. 이 책에 사용된 표점부호는 다음과 같다.
   。 의문문과 감탄문을 제외한 문장의 끝에 쓴다.
   ? 의문문의 끝에 쓴다.
   ! 감탄문이나 감탄사의 끝, 강한 어조의 명령문 · 청유문 · 반어문의 끝에 쓴다.
   , 한 문장 안에서 일반적으로 구의 구분이 필요한 곳에 쓴다.

부호	용법
、	한 구 안에서 병렬된 단어 사이에 쓴다.
;	복문 안에서 구조상 분명하게 병렬된 어구 사이에 쓴다.
:	완전한 인용문의 경우 인용부호와 함께 쓰거나, 화제 혹은 소표제어로서 문장을 이끄는 어구 뒤에 쓴다.
" " ' '	직접 인용된 말이나 강조해야 하는 말을 나타내는 데 쓰되, 1차 인용에는 " "를, 2차 인용에는 ' '를, 3차 인용에는 「 」를 쓴다.
【 】	原文의 註를 나타내는 데 쓴다.
·	서명부호(《 》) 안에서 서명과 편명 등을 구분하는 데 쓴다.
《 》	서명, 편명, 악곡명, 서화명 등을 나타내는 데 쓴다.
______	인명, 지명, 국명, 민족명, 건물명, 연호 등의 고유명사를 나타내는 데 쓴다.
□	빠진 글자의 자리에 쓴다.
▨	훼손된 글자의 자리에 쓴다.

차례

龍蛇日記 卷1 校勘·標點

龍蛇日記 卷2 校勘·標點

旅軒及門諸賢錄 校勘·標點

용사일기

제1권

피란록 避亂錄

서 序

옛 사람과 지금 사람 중에 혹 평소에 본래 날마다 기록하는 일기(日記)가 있어서 자기 한 몸의 동정(動靜)과 한 집안의 일과 귀와 눈으로 보고 들은 것을 기록하는 자가 있으니, 학문에 뜻을 둔 자 중에는 진덕수업(進德修業)[1]하여 수련한 절차를 기록하는 자가 있고, 농업에 힘쓰는 자 중에는 밭 갈고 김매고 수확하는 일을 기록한 자가 있으며, 벼슬하는 자는 벼슬살이 하는 일을 기록하고, 은일(隱逸)한 자는 은일의 즐거움을 기록하고, 산을 유람한 자는 그 유람을 기록하고, 벗들과 모인 자는 그 모임을 기록하였다. 비록 그 행적에는 귀하고 천함과 숨고 드러남의 차이가 있고, 그 사업에는 가볍고 중함과 크고 작음의 차이가 있으며, 그 기록에는 공교하고 치졸함과 번거롭고 간략함의 차이가 있으나, 모두 그 발자취로 행한 바와 몸소 작업한 바의 실제가 아닌 것이 없다.

그 한 몸의 동정은 모두 의리(義理)가 나타난 것이고 한 집안의 일은 모두 덕행(德行)이 드러난 것이어서, 무릇 한 번 보고 한 번 들은 가운데 옳고 그름과 간사하고 바름을 감별하는 것과 취하고 버림과 가볍고 중함을 저울질하는 것이 사람의 의심을 풀어주기도 하고 사람의 의혹을 열어 줄 수도 있으니, 그렇다면 비록 자기 '한 몸의 행적과 한 집안의 일'이라 하더라도 실로 이것은 바로 천하의 법칙이고 만세의 모범인

1 진덕수업(進德修業) : 덕(德)을 진전시키고 업(業)을 닦는 것으로, 《주역(周易)》〈건괘(乾卦) 문언(文言)〉에 "군자는 덕을 진전시키고 업을 닦으니, 충과 신은 덕을 진전시키는 것이고 말을 함에 그 성실함을 세움은 업을 보존하는 것이다.〔君子進德修業, 忠信, 所以進德也, 修辭立其誠, 所以居業也.〕"라고 보인다.

것이다. 그 기록이 있는 것이 어찌 세교(世敎)에 크게 관계되고 이 사람의 지극한 행운이 아니겠는가. 사람이 본받을 만한 사람이 아니고 집안이 법을 지키는 집안[2]이 아니어서 그 동정이 다만 한 몸의 행적이 되고 그 일하는 것이 다만 한 집안의 일이 되는 경우에는, 그 기록의 있고 없음이 손익(損益)에 무슨 상관이 있겠는가.

그러나 비록 사람에게 손해되거나 유익함이 없더라도 자기 한 몸을 가지고 말하면, 무릇 그 기쁠 만하고 경악할 만하고 고쳐야 하고 힘써야 하는 일이 한결같이 세월과 함께 지나가서 아득하여 기억할 수 없으니, 그렇다면 무엇으로 그 평소 겪었던 일의 자취와 이미 지나간 잘잘못을 고찰하여 고치는 바가 있고 힘쓰는 바가 있겠는가. 이뿐만이 아니다. 모든 사람의 정(情 마음)은 일이 지나간 뒤에 생각이 더욱 간절하고 물건이 지나간 뒤에 그리움이 더욱 깊어지니, 만일 근심하고 즐거워할 때에 이것을 기록하고 길하고 흉할 때에 이것을 기록하여 들으면 즉시 기록하고 보면 즉시 기록하였다가, 백발이 된 지경과 무료한 날에 이르러 그 기록을 열람하고 그 자취를 상고할 수 있으면, 일찍이 근심하고 즐거워한 것과 경험한 길하고 흉한 것이 마치 어제 지나간 것처럼 분명하여 옛날에 들은 일과 옛날에 본 사람이 마치 오늘 듣고 보는 것처럼 그대로일 것이니, 그 외롭고 쓸쓸한 회포를 위로하는 것이 여기에 있지 않겠는가. 사람들에게 날마다 기록한 일기가 있는 것은 아마도 이 뜻일 것이다.

2 법을 지키는 집안 : 대대로 이어오는 세신(世臣)의 집안을 이른다. 《관자(管子)》〈임법(任法)〉에 "법을 만드는 사람이 있고 법을 지키는 사람이 있고 법을 따라 행하는 사람이 있으니, 법을 만드는 사람은 군주이고 법을 지키는 사람은 신하이고 법을 따라 행하는 사람은 백성이다.〔有生法, 有守法, 有法於法. 生法者, 君也; 守法者, 臣也; 法於法者, 民也.〕"라고 하였다.

근래 일어난 국가의 난리(임진왜란(壬辰倭亂))는 지나간 여러 역사를 상고해 보아도 보기가 드문 것으로, 수많은 생명을 물에 빠뜨리고 불에 태운 것이 지금까지 4년이 되었다. 그렇다면 설령 몇 명 안 되는 죽지 않고 살아남은 사람이 있더라도, 곤궁한 가운데 어려움을 겪으며 구사일생(九死一生)의 괴로움을 능히 면할 수 있는 자가 있겠는가.

난리를 만난 와중에 나는 또 보통 사람보다 더 심함이 있었다. 내가 거주하는 현(縣)이 적의 공격을 바로 받는 직로(直路)인데다가 또 오랫동안 적의 소굴이 되어서 그 화(禍)의 혹독하고 위급함이 가장 심하였는데, 이 몸은 상중(喪中)에 있고 또 위험한 병을 앓고 있었기 때문에 극심하게 곤궁하였고 갖가지의 어려움을 겪었다. 게다가 가족의 죽음과 집안의 화란(禍亂)으로 마음이 서글프고 눈을 뜨고 볼 수 없는 참혹한 일이 무수히 많았다. 더구나 동쪽으로 달아나고 서쪽으로 도망하며 남쪽으로 떠돌고 북쪽으로 전전하며 옮겨 다니는 즈음에 혹 귀로 듣고 혹 눈으로 본 바가 또한 한두 가지가 아니니, 그렇다면 어찌 이것을 기록하여 후일의 자료로 삼을 만한 것이 하나도 없겠는가마는, 그 곤궁하고 어려움이 날마다 심하기에 붓과 묵을 잡아 수습할 겨를이 없었다. 그러다가 이제 다행히 우거하는 가운데 한가로운 때를 얻었으니, 세월이 더욱 오래되면 그 지나간 것들을 모두 잊을까 적이 염려되어 마침내 그중 만에 하나를 추억하여 기록하노라.

이 난리는 바로 왜적이 일으킨 난리로, 오랑캐 군주의 성명은 평수길(平秀吉)[3]이다. 평수길은 본래 오랑캐의 병졸이었는데, 본래 재주와 힘이 있어서 일찍부터 딴마음을 품고 있다가 마침내 그 세력을 확장하여 그 군주 원씨(源氏)의 지위를 찬탈하고는 끝내 원씨를 멸족하였다. 날마다 군대의 세력을 기르고 군대와 말을 훈련하고 병기(兵器)를 다스려서 여러 섬을 공격하여 항복시켜서 모두 자기의 수중(手中)으로 돌아오게 하였다. 이에 스스로 자기 재주를 과대평가하고 스스로 자기 힘을 대단하다고 여겨서 감히 중화(中華 중국)를 어지럽힐 계책을 내었다. 그런데 우리 조선이 평소 강병(强兵)이라고 칭해지면서 대대로 중국의 울타리가 되었으므로, 먼저 우리나라를 공격하여 함락해서 명(明)나라

3 평수길(平秀吉) : 임진왜란을 일으킨 도요토미 히데요시(豐臣秀吉, 1536~1598)가 전에 쓰던 이름인데, 조선에서 널리 불렸다. 하급무사 집안 출신으로 1558년(명종13) 이후 오다 노부나가〔織田信長〕의 휘하에서 활약하면서 두각을 드러냈고, 오다 노부나가가 암살당하자 이를 복수하고 나서 실권을 장악하였다. 이때 다이라〔平〕라는 성을 사용하였다. 1585년(선조18) 관백(關白)이 되자 후지와라〔藤原〕 씨로 성을 바꾸었고, 1586년부터는 도요토미〔豐臣〕란 성씨를 사용하였다. 오다 노부나가의 뒤를 이어 일본 통일의 대업을 완수하고 죽을 때까지 최고위직인 다이코〔太閤〕를 지냈다. 《해동역사(海東繹史)》 권61 〈본조비어고(本朝備禦考)1 어왜시말(馭倭始末)1〉에 "임진년(1592, 선조25) 1월에 평수길(平秀吉)이 여덟 장수를 나누어 파견하여 조선의 팔도를 침공하였다. 풍신휘원(豐臣輝元)은 경상도, 풍신경륭(豐臣景隆)은 전라도, 풍신가정(豐臣家政)은 충청도, 풍신승륭(豐臣勝隆)과 풍신원친(豐臣元親)은 경기도로 보냈다. 도성 안에 주둔해 진압한 자는 풍신수가(豐臣秀家)이다. 풍신길성(豐臣吉成)은 강원도, 풍신가치(豐臣家治)는 황해도, 풍신청정(豐臣淸正)은 영안도(永安道), 풍신행장(豐臣行長)과 풍신의지(豐臣義智)는 평안도로 나누어 보냈다."라고 보인다

로 하여금 그 울타리를 잃게 하고 인하여 조선을 취하여 자기 나라의 우익(羽翼)으로 삼을 것을 도모하고, 그런 뒤에 장차 중국의 경내(境內)에서 흉악무도한 짓을 자행하려는 것이 그의 흉악한 계책이었다.

사단(事端)을 일으키고자 하나 그 단서가 될 빌미가 없으므로, 이보다 먼저 10여 년 전에 우리나라에 사신을 보내서 중국을 칠 길을 빌려줄 것을 청하고 또 이 일에 함께 종사할 것을 원하였다. 그러나 저들 또한 우리 조선(朝鮮)이 평소 예의를 지키는 나라임을 알았으니, 어찌 진실로 우리가 중국을 배반하고 오랑캐의 역적을 따르리라고 생각하였겠는가. 다만 우리를 시험하여 병란(兵亂)의 단서를 열고 또 허실(虛實)을 엿보고자 한 것이었다. 그런데 국운(國運)이 불행해서 조정에는 기미(幾微)를 밝게 알아 적의 계책을 공격하는 어진 이와 준걸스러운 이가 없었고, 초야에는 나라의 근본인 백성들이 날마다 나무하는 고통이 있었다. 오랑캐 사신이 왕래하기를 두 번에 이르고 세 번에 이르렀으나 평상시처럼 보아 능히 계책을 세우는 자가 없어서, 마침내 통신사(通信使 우리나라에서 일본으로 보내는 사신)를 내어 답하는 조처를 하였으니, 우리 한 나라가 이미 오랑캐의 계책 가운데에 떨어져서 그 오만한 형세를 도왔고 그 병탄하는 마음을 도발한 것이었다.

이때를 당하여 집의 들보와 서까래가 장차 불타려 하는데 여기에 깃들어 있는 제비의 즐거움은 한창 깊고,[4] 늑대와 이리가 막 엿보고 있는데 여우와 토끼의 잠은 절로 달았다. 장수와 정승이 서로 말하기를 "우리나라는 천하의 강한 군대이다. 적선(敵船)을 격파하고 도적을

4 집의……깊고 : 당장의 편안함에 취하여 재앙이 임박하였는데도 알아채지 못하는 것을 비유하는 표현으로, 《여씨춘추(呂氏春秋)》에 "굴뚝에서 불길이 치솟아 집의 들보와 서까래가 불타려 하는데도, 제비는 안색이 변하지 않은 채 화가 장차 미치려 하는 것을 모른다.〔竈突決火上, 棟宇將焚, 燕雀顔色不變, 不知禍之將及也.〕"라고 하였다.

무찌르는 데에는 우리의 대총통(大銃筒)과 중총통(中銃筒)이 있고, 가까운 곳을 쏘아 먼 곳에 미치는 데에는 우리의 강한 활과 화살이 있으니, 여러 고을에서는 힘써 성을 높이 쌓으면 되고 각 진(陣)에서는 힘써 해자를 깊이 파면 된다. 곤장을 크게 만들면 충분히 군대의 위엄을 세울 수 있고, 호령을 엄하게 하면 충분히 사졸(士卒)을 제어할 수 있다." 하였으니, 백성의 힘이 고갈되고 인심이 날로 흩어져서 기왓장이 깨지고 흙더미가 무너지는 형세[5]가 이미 적이 쳐들어오기 전에 이루어졌음을 그 누가 알았겠는가. 이것이 당일의 난리가 있게 된 이유이다.

난리가 일어난 것은 만력(萬曆) 20년 임진년(壬辰年)[6] 4월에 있었다. 나는 그 전해인 신묘년(辛卯年) 10월에 어머니 상(喪)을 당하여 12월에 장사(葬事)를 마치고, 해를 지낸 뒤로부터 비로소 서책을 다스려서 4월에 이르러 막 《주역》을 읽고 있었다. 친구 중에 자제(子弟)를 보내 구두(句讀)를 묻는 자가 있어서 그들과 함께 여막 안에 있었는데, 이달 15일 오후에 처음 왜적의 변고를 들었다.【고을 안에 크게 전하기를 '16일에 부산성이 함락되었다는 소식이 고을에 이르렀다.'고 하였는데, 사실은 12일에 이미 함락된 것이었다. 현감(縣監) 조첨(趙詹)이 이날 군대를 거느리고 출동하였는데, 저녁때가 되어 동래(東萊)와 양산(梁山)이 연달아 함락되었다는 말이 들려왔다. 이에 온 현(縣)이 흉흉하여 울부짖는 소리가 여염(閭閻)에 가득하니, 이는 바로 싸움에 달려간 자의 부모와 처자가 울부짖는 것이었다. 17일과 18일 이틀 사이에 왜적의 공세(攻勢)

5 기왓장이……형세 : 난리가 일어나 지극히 혼란스러워 수습할 수 없는 지경에 빠진 것을 이른다. 《사기(史記)》 권6 〈진시황본기(秦始皇本紀)〉 반고(班固)의 논평에 "진나라는 이미 쇠퇴한 지 오래 되어 천하가 흙더미가 무너지고 기왓장이 깨지는 듯한 형국에 처하였다.〔秦之積衰, 天下土崩瓦解.〕"라고 보인다.

6 만력(萬曆) 20년 임진년(壬辰年) : 1592년(선조25)으로, 만력은 명(明)나라 신종(神宗)의 연호이다.

가 더욱 혹독하여 패전했다는 소문이 점점 임박하니, 고을에 살던 백성들이 비로소 도망하여 이산할 마음을 품게 되었다.】

이때에 순찰사(巡察使) 김수(金睟)[7]가 여러 읍에 관문(關文)을 돌려서 백성들로 하여금 땅을 파서 그 집안의 재물을 감춰 두게 하였다. 김 순찰사는 바로 백성을 독책(督責)하여 성을 쌓을 적에 오로지 각박하게 하기에 힘을 쓴 자이다. 이에 온 도의 인심이 그를 원수처럼 미워하여, 그 이름의 '수(睟)' 자가 '수(讐)' 자와 음이 같다 해서 모두 말하기를 "순찰사 김수는 참으로 원수이다."라고 하였다. 백성들이 그를 몹시 미워하는 것이 이와 같았는데도, 그의 계사(啓辭)에는 이르기를 "국가에서 경상도 한 도를 신에게 맡겨 주시기를 바라옵니다. 그리하면 신이 마땅히 조처할 수 있을 것입니다." 하였다. 이때에 이르러 높이 쌓은 성과 깊이 판 해자로는 끊임없이 돌진하는 적의 공세를 감당해낼 수가 없었는데, 김수는 순찰사의 직임에 있으면서 적을 막을 계책을 펴지 못하고 그 성을 쌓아 나라를 호위하라는 명령을 바꾸어서 땅을 파서 집안의 재물을 감추라는 말로 대신하였으니, 관문이 이르는 곳마다 애통해하지 않는 이가 없었다.

19일에 밀양(密陽)과 청도(淸道)가 또 함락되었다는 소문이 들려왔다. 이때에 각 읍의 전통(傳通)이 끊겨 이르지 않으니, 이는 수령으로

7 김수(金睟) : 1547~1615. 자는 자앙(子昂), 호는 몽촌(夢村), 본관은 안동이며, 퇴계 이황의 문인이다. 1573년(선조6) 알성 문과에 병과로 급제하여 직제학, 경상도 관찰사 등을 지냈다. 임진왜란이 일어나자, 경상우도 관찰사로 진주에 있다가 동래성이 함락되었다는 소식을 듣고 밀양과 가야를 거쳐 거창으로 도망하였다. 근왕병이 용인에서 왜군에게 패하자 경상우도로 되돌아가던 중, 경상우도 초유사인 김성일로부터 패전에 대한 질책을 받았다. 의병장 곽재우와 불화가 심하였으며, 백성들로부터 일처리가 조급하고 각박할 뿐만 아니라 왜란 초기에 왜적에 적절하게 대처하지 못하고 전라도로 도망갔다는 비난을 받았다. 저서로 《몽촌집》이 있으며, 시호는 소의(昭懿)이다.

부터 이하가 모두 적이 침공했다는 소리를 듣고는 도망하여 흩어져서 일을 볼 겨를이 없었기 때문이었다. 다만 도로에 지나가는 사람들을 통하여 적이 아무 성을 함락시키고 아무 지역에 이르렀다는 것을 알았다. 이달에 읍내의 노약자 중에 먼저 도망한 자와 여막에 있던 어린이들은 모두 하직하고 돌아갔다. 나 또한 가솔을 먼저 강서(江西)의 비산촌(飛山村)으로 보냈다.【이 마을은 이종 매부인 허응호(許應虎)가 사는 곳이었다. 이 마을은 금오산(金烏山) 가까운 곳에 있었는데 허 동서의 아들 상원(尙遠)은 나를 따라 배운 자이다. 그와 함께 피난하고자 하였으므로 가솔들을 보내어 맡겼는데, 어린 계집종 한 명과 어린 노복 한 명을 데리고 나갔다.】

이때 태평한 지가 이미 오래여서 백성들은 남은 재물이 풍요하였는데, 난을 피해 도망할 때에는 재물을 수레에 싣거나 혹 등에 지기도 하였다.【집안 대대로 부유하여 재물이 많은 자와 가난하지만 늙고 병약한 자는, 재물을 싣고 나갈 수가 없으면 땅을 파서 묻어 감추어 이것이 보존되기를 바랐다.】 나는 평소 가난한 자인데다가 또 상(喪)을 치르고 장례를 치른 뒤라서 진실로 남은 물건이 없었으며, 비록 혹 죽을 끓여 먹고 남은 양식과 염습(斂襲)하고 남은 옷이 있더라도 이미 가지고 갈 힘이 없었다. 또 몸도 막 상중에 있어서 스스로 죽을 것이라고 여겼으니, 어찌 감히 생명을 보존하는 것에 뜻을 두었겠는가. 이 때문에 내 한 몸만 빠져 나왔다.【다만 양식 네 말을 가지고 나왔다.】

다만 받들고 가지 않을 수 없는 것은 선대(先代)의 나무신주(神主)인데, 나는 종손(宗孫)인데다가 또 방친(傍親)이 많아서 신주 수가 모두 십여 위(位)나 되었다. 그런데 그 곤궁하고 경황없는 즈음에 신주들이 반드시 보존되기를 바라기 어려웠고, 또 나는 못나고 어리석고 정성이 얕고 지혜가 짧으며 또 일찍이 변고를 경험한 적이 없어서 증험할 바가 없기에, 마침내 사당의 옆을 파고서 제기(祭器)와 함께 궤에 넣어 신주들을 보관하였다. 그러나 병화(兵火)의 혹독함에 여염집들이 모두 불탄 잿더미가 되고, 지하에 감춰둔 것도 또한 온전히 보전되지 못할 줄 어찌 생각하였겠는가. 그저 통곡할 뿐, 더하여 차마 말할 수 있겠는가.【이날 매부인 성주(星州) 여형(呂兄)이 종을 급히 보내어 편지를 전하였는데, 여기에서도 적의 공세가 이미 급박함을 말씀하였다. 그 장자인 간생(間生)을 데리고 돌아갔고, 20일에는 또다시 그 차자인 정생(挺生)을 데리고 돌아갔다.】

이때에 변고가 생긴 지 이미 여러 날이 되었으니, 사람들은 날마다 순변사(巡邊使)와 방어사(防禦使)가 마땅히 대군(大軍)을 거느리고 반드시 오리라고 기대하였다. 우리 현은 직로(直路)라서 날마다 음식을 장만하여 대기하면서 온 현의 남녀노소가 밤낮으로 항상 현의 청사(廳舍)에 서 있었는데, 그러면서도 괴롭게 여기지 않은 것은 행여 적을 퇴각할 희망을 갖고 있었기 때문이었으니, 오직 대군이 한 번 내려오기를 바랄 뿐이었다. 그러나 대군은 끝내 오지 않았다.

국가가 백성에게 은택을 베푼 지가 2백 년이 되었으니, 군대를 훈련하고 병졸들을 호적에 올려 빠트린 계책이 없을 듯하였다. 그러나 왜적이 도착한 날에 길에서 막히는 바가 없어서 오늘 하나의 성을 함락하고 다음날 하나의 성을 함락하였는데, 세 길로 나누어 오는 적군이 곳곳마다 그렇지 않은 곳이 없었다. 연해(沿海)의 여러 진영과 온 도(道)의 각 읍이 성을 버리고 먼저 도망하여 소문만 듣고 스스로 궤멸하지 않은 곳이 없었으며, 어느 한 장수도 적에 대항하여 진영을 설치하고 어느 한 병졸도 성을 향해 화살을 쏘았다는 말을 듣지 못하였다. 그렇다면 군주에게 충성하고 어른을 위하여 죽는[8] 유풍이 땅에 떨어져 다한 것이니, 이렇게 되도록 한 것은 무엇인가?

8 어른을 위하여 죽는 : 원문의 '死長'은 《맹자(孟子)》 〈양혜왕 하(梁惠王下)〉의 "임금께서 어진 정치를 행하시면, 이 백성들이 윗사람을 친근하게 여기고 어른을 위해서 기꺼이 죽을 것이다.〔君行仁政, 斯民, 親其上, 死其長矣.〕"라는 말에서 유래하였다.

봉수(烽燧)[9]를 설치한 것은 진실로 변고를 알리는 첩경(捷徑)이 되지만, 이때에 혹 앞의 봉수가 올라오기 전에 뒤의 봉수가 여러 번 올라온 경우가 있었고, 혹은 앞의 봉수가 여러 번 올라왔는데도 뒤의 봉수가 올라오지 않은 경우가 있었으니, 이는 나라가 태평한 지가 이미 오래되어서 변고를 당한 경계가 없어서인가. 군령(軍令)이 마침내 해이하여 앞뒤가 뒤바뀌는 잘못을 이룬 것인가. 현에 있는 봉수가 이와 같음에서 온 도의 봉수의 상태를 알 수 있고, 봉수를 들어 올리는 잘못이 이와 같음에서 다른 군율(軍律)의 잘못됨을 알 수 있다.

20일에 나는 적의 공격으로 인한 전화(戰火)가 이미 본현(本縣)에 임박했다는 말을 들었기에, 선비(先妣 돌아가신 어머니)의 궤연(几筵)을 철거하고 몸소 나무신주를 모시고는 밤을 틈타 강을 건너 비산촌(飛山村)으로 향하였다.【장내범(張乃範)·장내도(張乃度)·이비(李埤)와 함께 강 머리로 갔는데, 밤중에 흩어져 도망 온 군졸들이 소리를 낮추고 은밀히 이동하여 떼를 지어 나루터 어구에 이르렀다. 물어보니, 이들은 바로 상주(尙州)의 군인들이었는데, 스스로 말하기를 "주(州)의 목사(牧使)가 데리고 가던 병졸로, 대구(大丘)에 이르렀다가 왜적을 만나 패전하여 흩어졌는데, 왜적의 선봉대(先鋒隊)가 이미 우리 뒤를 바짝 쫓고 있습니다."라고 하였다. 비록 그것이 허무맹랑한 말이라고 여겨졌지만, 또한 감히 스스로 늦출 수 없어서 여러 사람을 재촉하여 급히 강을 건넜다.】

밤이 깊어 비산촌에 이르러서 이종누이의 집안과 우리 집안의 가솔들을 데리고 밤을 무릅쓰고 출발하여 함께 금오산(金烏山)으로 향하였다. 금오산 곁에 형곡(荊谷)이라는 마을이 있는데, 이 골짜기에 이르렀

9 봉수(烽燧) : 나라에 병란이나 사변이 있을 때 신호로 올리던 불로, 봉화(烽火)라고도 한다. 전국의 중요한 산의 정상에 봉수대를 설치하여 낮에는 토끼 똥을 태운 연기로, 밤에는 불로 신호를 하였는데, 상황에 따라 올리는 횟수가 달랐다.

을 때에는 밤이 다하고 이미 동이 트고 있었다. 잠시 마을의 한 집에서 쉬다가 또다시 산으로 올라갔다.【마을 사람이 말하기를 "마을 위의 산은 비록 그리 깊지 않으나 골짜기가 다소 궁벽하고 숲 또한 빽빽하니, 이곳에 엎드려 숨으면 충분히 난을 피할 수 있습니다. 굳이 큰 산일 필요가 있겠습니까." 하므로, 마침내 그곳에 이르러 숨어서 변고를 대비하였다. 이때가 21일 아침이었다. 무릇 우리집 가솔은 우리 부부와 딸아이인데, 처제의 어린 아들인 조신남(趙辰男)이 일찍이 나의 집에 있다가 난을 만나 미처 돌아가지 못하였으므로 그 또한 우리를 따라 나섰다. 남녀 노복은 모두 어렸는데 각각 한 명이었다.】 즉시 머무는 산언덕에서 나무를 베어 거처를 만들어서 밤의 이슬을 막고, 둥지 곁에 돌을 깔아서 선비의 신주를 모셔놓고는 아침저녁으로 내가 밥을 먹을 때마다 전(奠)을 올렸다.

22일에 왜적이 인동(仁同)으로 들어오니,【이 산은 바로 선산(善山) 땅으로 인동과 거리가 겨우 20여 리였는데, 가운데 큰 강이 가로막고 있었다.】 높은 산이 이어진 곳에서 멀리 바라보면 왜적들이 떼를 지어 달리고 충돌하는 모습을 볼 수 있었다. 나는 인동 사람이고 또 후생(後生)이라서 진실로 다른 지역의 사실은 알지 못하고 또 옛날의 오래된 일을 알지 못하니, 다만 우리 지방을 가지고 말하겠다.【현(縣) 뒤의 산은 바로 천생성(天生城)이다. 바위를 따라서 성을 만들고 그 험함을 지목하여 천생성이라고 이름 하였으니, 이는 신라(新羅) 박혁거세(朴赫居世) 시대에 칭한 것이다. 그때에도 변란이 있었는데, 이 성을 점거하여 변란을 피했으므로 지금까지 이 자취가 있는 것이다. 이로부터 이후로 다스려지고 혼란한 세상을 몇 번이나 겪었는데도, 이 산하(山河)가 그대로 있단 말인가. 산하는 말이 없으니, 감히 물을 수 없었다.】

오직 우리 조선조 2백 년 이래로 선왕(先王)이 백성들을 즐겁게 하고 이롭게 한 은택이 넓고 깊었다. 그리하여 고을에는 빈 터가 없고 들에는 황폐한 밭이 없으며, 지붕은 띠풀로 덮는 것을 수치로 여기고 말은 암컷을 타는 것을 수치로 여겼으며, 천한 여인과 아래 첩들도 그 옷과 치마를 비단으로 만들어 입고 아전과 마을의 지아비도 밥을 먹을 때 반드시 여러 가지 반찬을 나열하였으며, 당(堂)에 자리를 이중으로 깔지 않으면 감히 손님을 초청하지 못하고 잔치에 소를 잡지 않으면 성대한 잔치라고 여기지 않았다. 공관(公館)이 공중에 날아갈 듯 치솟아서 호수와 산을 밝게 비추고, 촌집들이 기둥을 나란히 하여 고기비늘처럼 즐비하게 이어져 있으며, 가마에 지붕을 씌우지 않으면 부인들이 타려고 하지 않았고 말굴레에 금으로 장식하지 않으면 남자들이 말을 타려고 하지 않았다. 보리가 서쪽 들녘에 패면 10리에 아지랑이 물결이 이는 듯하고 목화(木花)가 핀 남쪽 언덕은 땅에 흰 눈이 쌓인 듯하며, 소와 말이 들을 뒤덮고 닭 우는 소리와 개 짖는 소리가 연이어 들려왔다. 길은 길 가는 사람이 땀을 훔치면 이로 인하여 비를 이루고 사람들이 소매를 연결하면 이로 인하여 장막을 이루었으며,[10] 길거리에는 비단옷을 입은 준걸들이 치달리고 관사에는 아독(牙纛)[11]이 있는 귀한 손님을 접대하였다.

누각이 금오산의 비껴 있는 구름에 잇닿아 있고 정자가 낙동강의 노는 물고기들을 굽어보는 것은 서원이니, 현악기 타고 글 읽는 소리가 사시(四時)에 끊이지 않았으며, 봉암(鳳巖)을 마주하고서 니구산(尼丘山)[12]을 우러러볼 수 있고 낙동강 물결을 바라보면서 수사(洙泗)[13]를

10 길은……이루었으며 : 사람이 많은 도회지(都會地)를 형용한 말이다. 《사기》 〈소진열전(蘇秦列傳)〉에 "제(齊)나라 서울 임치(臨淄)의 도로에는 수레바퀴가 서로 부딪치고 사람들의 어깨가 서로 닿으며, 옷깃을 연결하면 휘장을 이루고 소매를 치켜들면 장막을 이루며 땀을 훔치면 비가 되어 내린다.〔臨菑之塗, 車轂擊, 人肩摩, 連衽成帷, 擧袂成幕, 揮汗成雨.〕"라고 보인다.

11 아독(牙纛) : 깃대 끝을 상아로 장식한 큰 깃발로, 주장(主將)이나 주수(主帥)가 있는 곳에 세웠다.

12 니구산(尼丘山) : 중국 산동(山東) 곡부현(曲阜縣) 동남쪽에 있는 산 이름이다. 《사기》 〈공자세가(孔子世家)〉에 의하면, 공자의 어머니 안씨(顔氏)가 이 산에서 기도하여 공자를 낳았다고 한다. 바로 공자를 가리키기도 한다.

거슬러 오를 수 있는 것은 향교이니, 관을 쓰고 의상을 입고서 향교의 뜰에서 나가고 물러났다. 비록 궁벽한 고을이라 하나 어쩌면 그리도 훌륭하단 말인가. 그런데 문물의 마당이 다만 개와 멧돼지 같은 오랑캐들이 치달려 충돌하는 것을 보고, 예악의 고을이 마침내 비린내 나는 왜적의 소굴이 될 줄을 어찌 알았겠는가.【잠깐 백안(白眼)을 하는 사이에 가장 홍성한 세월을 보고 다시 뒤집어진 천지를 보았으니, 이에 이른 심정이 마땅히 어떠하겠는가. 더구나 나는 관향이 이 고을이라 대대로 이 땅에 살아서 이곳에 선조가 계시고 이곳에 자손이 있고 이곳에 선영이 있고 이곳에 사당이 있고 이곳에 친족이 있고 이곳에 친구가 있으며, 여기서 태어나 여기서 자라고 여기에서 늙고 여기에서 노닐면서 즐거워한 자이니, 오늘날의 비참하고 애통함이 어찌 보통 사람들의 분개하는 정도이겠는가. 그 다음날 바라보니, 연기와 화염이 하늘을 찔러서 관사와 여염집과 산천과 길거리와 골짜기를 전혀 구분할 수가 없었다. 이로부터 인동은 이미 적이 왕래하는 길이 되어서 가는 자가 지나가고 오는 자가 이어짐에 하루도 화염이 일어나지 않는 날이 없었다. 이 산에서 바라볼 수 있는 것은 유독 인동뿐만이 아니고, 성주(星州)・대구(大丘)・의흥(義興)・군위(軍威)・비안(比安)・선산(善山) 등의 땅을 모두 손가락으로 가리키며 볼 수 있었다.】

왜적들은 세 갈래의 길을 따라 진격하였는데, 대구・인동・선산은 가운데 길이 되고 현풍(玄風)・성주는 오른쪽 길이 되고 의흥・군위는 왼쪽 길이 되었다. 연기와 화염이 하루도 일어나지 않은 날이 없어서 어디든 불타지 않은 곳이 없었는데, 원근(遠近)에 두루 미쳐서 완전히 한 덩어리의 연기가 되었다. 그리하여 산과 냇물은 제 모습을 잃고 해와 달은 색깔이 희미해지고 사람들은 하늘과 땅을 향해 울부짖으니,

13 수사(洙泗) : 산동 곡부현 가까이 흐르는 수수(洙水)와 사수(泗水)의 합칭이다. 공자가 이 두 물줄기 사이에서 제자들을 가르쳤기 때문에 후에 공자나 유가(儒家)를 가리키는 말로 쓰인다.

이 무슨 운수이기에 눈에 가득히 보이는 것이 모두 이처럼 참담하단 말인가. 산으로부터 강까지는 겨우 10리쯤 되는데 강에 아주 얕은 여울이 있었다. 우리나라 사람 중에 왜적에게 투항하여 빌붙은 자가 이 길을 가리켜 주어 인도하였으므로, 왜적들은 인동으로부터 선산을 향하는 경우에 반드시 이 여울을 건너서 산 아래 길을 따라 갔다.

듣자하니, 왜적의 장수는 평행장(平行長)과 평의지(平義智), 현소(玄蘇)와 청정(淸正)[14] 등 12명이 대장이 되었으며,【그 나머지 여러 장수들 또한 수백 명이라 하였다. 평의지와 현소는 바로 예전에 사신이 되어서 우리나라를 왕래한 자이다. 그리하여 우리나라 군대의 허실(虛實)과 산천의 험하고 평탄함과 훌륭한 장수와 정승의 있고 없음은 모두 그들이 일찍이 자세히 알고 있던 바이다. 그러므로 오늘 군대를 이끌고 국경(國境)을 쳐들어올 적에 무인지경(無人之境)을 들어오듯 쉬웠던 것이다.】 왜적의 군대는 스스로 백만 대군이라고 칭하였으나 그 실제는 10만이라 하였다. 장수를 임명하고 부대를 나누어서 각각 여러 고을을 통솔하고 또 각각의 길에 머물러 요해처를 점거하고 있는 것이 부산으로부터 평양에까지 이어졌다.【세 갈래의 길가에 피하여 숨었던 사람의 말에

14 평행장(平行長)과……청정(淸正) : 평행장은 소서행장(小西行長 고니시 유키나가)으로, 임진왜란 때 일본군의 선봉장으로 조선에 가장 먼저 상륙하여 남부 지방의 대부분과 한양에 이어 평양성을 점령하였으며, 정유재란 때 2진으로 다시 침입하였다. 평의지(平義智)는 대마도(對馬島) 도주(島主) 종의지(宗義智)로, 임진왜란이 발발하기 전에 조선을 두 차례 방문하여 풍신수길(豐臣秀吉 도요토미 히데요시)의 외교사절을 수행하였으며, 임진왜란 때의 공로로 풍신수길로부터 평씨를 하사받았다. 현소(玄蘇)는 일본 성복사(聖福寺)의 승려로, 풍신수길의 수하로 활동하였다. 1588년(선조21)부터 조선에 드나들며 일본과 조선의 통신사 왕래를 요청하였고, 1590년 황윤길(黃允吉), 김성일(金誠一) 등 통신사 일행을 수행하였으며, 임진왜란 때는 군대를 따라 다니며 강화회담에 참여하였다. 청정은 가등청정(加藤淸正 가토 기요마사)으로, 풍신수길의 가신으로 여러 차례 공을 세워 비후(肥後) 지방 20만 석의 영주가 되었다. 임진왜란 때 일본군의 선봉장이 되어 조선에 침략하여 함경도까지 북진하였고, 1597년 정유재란 때 다시 5만 군사를 이끌고 침략하였다.

의하면, 각각의 길을 따라 올라온 왜적은 어깨가 겹치고 검이 이어질 정도로 인원이 많아서 항렬(行列)과 대오(隊伍)가 대단한데, 아침으로부터 저녁에 이르기까지 날마다 그렇지 않은 날이 없어서 4월부터 6월에 이르도록 그치지 않았다고 하였다.】

위아래로 오고 가는 왜적과 각 진에 머물러 점거한 왜적이 사방에서 나와 분탕질하고 노략질하였는데, 날마다 이를 일삼았으므로 적진과의 거리가 하루 이틀 노정(路程)이 되는 경우에는, 마을에 남은 집이 없고 소와 말과 재물이 모두 왜적들에게 수색을 당하고 노략질을 당하였으며, 남자와 여자가 사로잡히고 죽어서 여염집이 다 없어졌다.【형곡의 산은 왜적이 왕래하는 길과 가깝고 또 인동과 서로 인접하였다. 그리하여 날마다 와서 수색하고 노략질하는 자가 골짜기 안을 치달렸는데, 숲과 골짜기를 수색하거나 혹은 밭과 들을 추격하여 달리거나 혹은 소와 말을 끌어내는 자와 혹은 재화와 물건을 메고 가는 자, 혹은 산에 올라가 검술을 뽐내는 자, 혹은 높은 소리로 서로 호응하는 자를 모두 볼 수 있었다.】

도망하여 숨은 사람들은 모두 밤에 밥을 지어 먹고 날이 새기 전에 숨어 있다가 해가 져서 왜적이 돌아간 뒤에야 비로소 숲속에서 나왔다. 산을 수색하는 적들은 혹은 소와 말을 보고 발견하고, 혹은 개 짖는 소리를 듣고 발견하고, 혹은 아이 우는 소리를 듣고 발견하였다. 그러므로 피하여 숨는 자들은 반드시 소와 말과 닭과 개를 버리고 심지어는 어린아이를 버리기까지 하였다. 그러나 산이 깊고 험하고 숲이 무성하고 빽빽하면, 왜적 또한 활과 화살을 가진 자가 있을까 두려워하여 감히 끝까지 수색하지 못하였으므로 곤액(困阨)을 면한 경우가 많았다. 왜적은 병기를 가진 자를 보면 반드시 죽이고 의관을 갖춘 자를 보면 반드시 죽였다. 그러므로 활과 화살, 도(刀 긴 칼)와 검(劍 짧은 칼)을 버리고 검은 갓과 망건을 버리지 않는 이가 없어서, 한때 위아래의 사람들이 모두 패랭이를 착용하였다. 남자가 건장하고 여자가 미색이 있으면 반드시 사로잡아 가고 따르지 않으면 죽였다. 오늘 아무개의 아내와 아무개의 딸이 적에게 사로잡혀 가고 아무개의 사내와 아무개의 아들이 죽임을 당하여 그 부모와 처자가 비록 통곡하고 싶더라도 감히 소리를 내지 못하였다.

그리고 우리나라 백성 중 무뢰(無賴)한 자들도 왜적의 옷을 빌려 입고 떼를 이루어 멋대로 다니면서 마을을 노략질하는 경우가 많았으나, 아무도 이것을 금하지 못하였다.【적은 마을과 산야(山野)에 이르러서 혹 부녀자를 만나면 멋대로 음행을 저질렀는데, 대낮을 피하지 않았다. 또 서원과 향교, 마을의 집 사당에서는 만약 위패(位牌)와 나무신주를 보면 혹 불로 태우고 혹은 칼로 쪼개고 혹은 진흙 속에 던졌으며, 서책을 보면 훼손하여 찢고 더럽혔는데, 이 또한 하지 못하는 짓이 없었다. 사람의 재화와 물건을 수색하면 그중에 아름답고 좋은 것을 취해 가고 나머지는 모두 찢어 놓았으며, 혹은 땅에 펼쳐놓아서 말발굽에 짓밟히게 하였다. 쌀과 곡식의 경우는 사람과 말이 모두 배부르면 나머지는 모두 불태우거나 똥거름에 뿌리기도 하였다. 그리고 무릇 술과 장, 소금과 젓갈이 있으면 반드시 그 그릇을 깨부수거나 혹은 그 위에서 똥을 누고 오줌을 누었으며, 닭과 개와 염소와 양을 보면 떼 지어 달려가고 여럿이 쫓아가서 혹은 활로 쏘고 혹은 칼로 찔렀다. 그리하여 급기야는 그 마을과 촌락이 모두 불타고 가축이 모두 흩어졌는데, 개떼들이 산과 들로 달아나 모인 것이 마치 야수(野獸)와 같았다고 한다. 개는 주인을 그리워하는 물건이라 주인을 잃고 의지할 데가 없어서 산과 들 사이에서 경황없이 울부짖으니, 비록 말로 표현하지는 못하지만 심성(心性)이 자연 참을 수 없는 것이 아니겠는가. 저 군주의 밥을 먹고 군주의 옷을 입는 자들 중에, 이날 능히 개와 말에게 부끄럽지 않을 수 있는 자가 과연 몇 명이나 되겠는가.】

난이 일어난 초기에는, 민심이 어긋나서 국가를 생각하지 아니하여 비록 가산이 패망함을 근심하고 싸움에 달려가는 것을 민망히 여기면서도 도리어 적이 오는 것을 다행으로 여기고 국가가 패망하는 것을 서글퍼하지 않았다.【비단 국가를 위하여 죽으려는 마음이 없을 뿐 아니라, 모두 패하는 것을 즐거워하는 뜻이 있었다. 그러므로 성(城)에는 죽음을 마다하지 않고 지키는 장수가 없고 진(陣)에는 싸우다가 죽은 병졸이 없으니, 적이 승승장구한 것은 이 때문이었다.】 그러다가 왜적들이 백성을 마구 죽이고 마을을 불태우며 마을 사람의 처첩을 욕보이고 마을 사람의 재화를 탐함에 이른 뒤에는, 사람들이 모두 함께 분통해 하였다. 이때 여러 읍의 수령들은 각기 처자를 데리고 평민들 속에 뒤섞여서 함께 산골짝으로 숨었다.【강포(强暴)한 적이 고개를 넘어 한양으로 진격하여 조석(朝夕) 간에 국가의 패망을 마주하게 되었으나, 일찍이 한 사람도 비분강개하여 눈물을 흘리고 손바닥을 치면서 분발하여 일어난 자가 없고, 오직 도망하여 사는 것을 다행으로 여기고 구차히 사는 것에만 마음을 두었으니, 더구나 그 성읍을 죽음으로 지키고 몸소 화살과 포석(砲石)을 무릅쓰기를 바랄 수 있었겠는가.】

당초 변고를 들었을 때에는 나라의 군율을 감히 어길 수 없어서 비록 각각 군대를 거느리고 마치 달려가 싸울 듯하였으나, 혹은 눈물을 흘리며 관아를 떠나지 못하였고 혹은 도중에 머뭇거리며 전진하지 않았으며, 혹은 야경(夜警)으로 인하여 궤멸하여 흩어지고 혹은 나라의 군대를 만나고서 의심하여 후퇴하였다.【상주(尙州) 목사(牧使) 김 아무개는 상주에서 출발한 지 며칠 만에 비로소 인동(仁同)을 지나 성주(星州) 땅인 팔거촌(八莒村) 앞에 이르렀는데, 두렵기도 하고 의심스럽기도 하여 전진하자니 적이 두렵고 후퇴하자니 구실이 없었다. 갑자기 푸른 옷을 입은 마을 사람이 길옆에 나타나자 그를 왜적의 정탐꾼이라 여겨 마침내 사람들을 시켜 참수하게 하고 즉시 말을 돌려 달아나 돌아왔다. 한 군대가 모두 궤멸하여 어지러이 달아났는데, 월오진(月塢津)을 건너서 군량과 군기(軍器)를 길가에 어지러이 버리니, 길가 사람들이 이것을 거두어 쌓아 두었다고 한다. 지난번 내가 처음 마을을 나와 강을 건널 때에 밤에 강 머리에서 만난 자는 바로 그의 남은 병졸이었다. 그 군대가 이미 흩어지고 나자 몇몇 기병(騎兵)을 데리고 기산촌(岐山村)에 들어가 밥을 먹으니, 이 마을은 바로 현의 땅이었다. 마을 사람들이 그가 들어와 밥을 먹을 때에 머리 한 수급(首級)을 자리 곁에 둔 것을 보고 묻자, 대답하기를 "왜적의 머리이다." 하였으니, 실제로는 바로 팔거촌에서 참수(斬首)한 푸른 옷을 입은 자의 머리였다. 그런데 굳이 이것을 가지고 온 것은 이로써 자기가 군대를 후퇴한 것이 망령된 것이 아니라는 것을 증명하고 또 한 명의 왜적을 참수한 공을 바라서였다. 내가 이 산에 있은 지가 이미 열흘이 지났는데, 이때에 비바람이 연일 계속되었다. 허상원(許尙遠)이 우산으로 나를 가리었으나 우산이 누운 것을 가리기에는 부족하여 마침내 그대로 앉아서 밤을 지새웠다. 함께 도망 온 사람들 중에 의복과 집물(什物)을 가지고 온 자는 비에 제대로 보관하지 못해서 모두 젖어 눅눅해지고 썩어 상하게 되었고 또 가지고 가기가 어려우니, 때로는 내가 가지고 온 바가 없는 것을 부러워하기도 하였다.】

나는 이 산이 적진과 가깝고 또 왜적이 왕래하는 길과 가깝기 때문에 다른 곳으로 옮겨 난을 피할 계책이 있었는데, 듣자하니 숭산촌(崇山村)이 금오산 산기슭에 있는데 골짜기가 깊어 적이 쉽게 들어오지 못한다고 하였다.【위에 큰 산이 있어서 적이 오면 숨을 수 있었고, 또 현의 땅이니 응당 우거(寓居 임시로 몸을 부쳐 살기)에 편할 것이었다. 그러므로 마침내 장내범(張乃範)과 이비(李埤)로 하여금 먼저 가솔들을 거느리고 가게 하였다. 며칠 뒤에 이비가 와서 말하기를 "숭산은 숨을 만하니, 과연 들은 바와 같습니다." 하고는 인하여 나에게 옮겨와 우거할 것을 청하였다. 나는 또 허자(許姊 허씨에게 시집간 누이)와 함께 가자고 청하였는데, 허자와 허상원은 따르고자 하였으나, 그 집안의 노복들이 양식을 멀리 수송하는 것은 두려워할 만한 일이라고 여겨 옮겨서는 안 된다고 다투어 말하였으므로 중지하였다. 나는 인하여 허자와 작별하고 우리 식솔들만 데리고 갔다.】 즉시 숭산촌으로 들어갔다.【비록 본현의 여러 집안과 서로 모이는 것이 위로가 되었으나, 허자의 일가(一家)와 처음에는 함께하다가 끝내 달리하니, 이것이 서운하였다.】

내가 숭산촌에 도착한 것은 바로 5월 초순이었다.【문중(門中)의 친족이 모두 이 마을에 우거하고 있고, 두 현의 관병과 촌의 백성들 또한 많이 모였다. 이때에 현감(縣監) 또한 관아(官衙)의 권솔들을 거느리고 와서 금오산 승암촌(僧庵村)에 숨었는데, 좌우의 왜적이 왕래하는 길과는 다소 거리가 있었다. 문중의 친족과 고향 친구들이 날마다 따라 모여서 서로 이야기하느라 숨어 지내는 괴로움을 자못 잊었다. 다만 왜적이 비록 오지는 않았으나 사람들이 공포심을 품어서 혹 잘못 전하기도 하고 혹

쓸데없이 놀라기도 하여 여러 번 갈팡질팡하는 일이 생기기도 하였다. 그러므로 낮에는 반드시 산으로 올라가 숨고 밤에는 마을에서 유숙하였으며, 또 망보는 군대를 배치하여 왜적이 오는지를 정찰(偵察)하게 하였다. 이때에 소와 말을 소유한 자들은 이것을 지킬 수 없음을 알고는 마치 닭과 개를 잡듯 소를 죽였으며, 비록 자기의 소가 아니더라도 혹 마을의 소를 강제로 끌어다가 도살하여 먹는 자가 있었는데, 각기 직접 자신의 손으로 도살하고 도살하는 사람(백정(白丁))의 손을 빌리지 않았으므로 비린내가 온 골짜기에 가득하였다. 나는 상중(喪中)에 있는 사람이라서 그 괴로움을 참고 견딜 수가 없었다. 나는 네 말의 양식이 다 떨어지고 나서는 형곡에서 허자의 도움으로 먹고 지냈다. 그러다가 숭산촌에 이르러 현의 창고에 남은 곡식이 있다는 말을 듣고 구하여 받아다가 양식으로 삼았는데, 또 식구가 많아 쉽게 양식이 떨어질 것을 염려해서 이에 아침저녁을 절약해서 한 사람당 몇 홉에 지나지 않게 하니, 아이들이 고통스러워하였다. 이때는 왜적이 금오산 고개를 넘어온 지가 거의 한 달이 넘었다.】

위의 각 도(道)의 소식을 전혀 듣지 못하다가 그 후 오랜 뒤에 들으니, 이미 4월 28일에 우리의 대군(大軍)이 충주(忠州)에서 패하자, 29일에 대가(大駕 임금이 타는 수레)가 서쪽으로 파천(播遷)하였고, 5월 초이틀에 왜적이 경사(京師 한양(漢陽))로 들어왔는데 경사에 들어오자마자 곧바로 송경(松京 개성)을 함락시키고, 또 한 달이 못 되어 마침내 평양성을 함락시켰다고 하였다.【부산으로부터 평양까지 성은 몇 곳을 지났으며 고개는 몇 곳을 넘었으며 강은 몇 번을 건넜는가. 성에서는 반드시 문을 열어 놓고 왜적을 기다리고, 고개에서는 반드시 매복한 군대를 철수하고 왜적을 기다리고, 물가에서는 반드시 배를 장만하여 왜적을 기다렸으니, 이는 어째서인가? 그렇다면 적장이 용병(用兵)을 잘한 것이 아니고 우리나라에 훌륭한 사람이 없었기 때문이었다.】 숭산촌에 숨어 지낸 지 20여 일에【왜적이 약목(若木)의 아무 곳으로 들어 온 뒤 며칠이 되었다.】 왜적이 이 골짜기로 몰려 왔다.【이로부터 왜적이 연일 와서 노략질을 하고 또 장차 산을 수색하려 하였다.】

금오산이 비록 험준하기는 하지만 골짜기가 그리 깊지 않고 숲은 무성하지 않았다. 그런데도 왜적은 기이한 보화들이 쌓여 있는 곳이라고 여겨서 반드시 수색하려는 기세가 있었다. 그러므로 나는 옮겨 숨고자 하였는데, 게다가 또 듣자하니, 한두 문중의 친족이 난을 피해 본현의 남쪽 마을에 숨어 있었는데, 산이 자못 깊고 숲이 무성하여 또한 숨어 지내기에 적당하다고 하였다.【배로 강을 건너가고자 하였는데, 칠곡(漆谷) 나루터에 배를 숨겨 두어 왜적이 강을 건너오는 것을 막았으나, 건너기 어려움을 염려해서 우선 며칠을 머물렀다.】 그러나 나는 낮은 산, 무성하지 않은 숲이라도 우선 피할 수 있다고 여겨서 그날 금오산에 올라가지 않고 골짜기 동쪽 낮은 산에 가서 숨었다. 왜적이 왔는데, 과연 산이 낮고 숲이 무성하지 않다는 이유로 수색할 뜻이 없었다.【다만 우리를 쫓는 자 중에 왜적 한 명이 마침 산 아래에 왔다가 쫓아왔는데, 나와 함께 숨어있던 자 중에 우는 아이가 있어서 곧바로 색출되었으나 모두 죽음을 면하였다. 우리 일가는 다른 산기슭에 숨어 있었기 때문에 화를 면하였다.】

그 이튿날 나는 또 홀로 낮은 산에 숨었고 나머지 사람들은 모두 큰 산으로 들어갔는데, 적이 과연 병력을 총동원하여 와서 큰 산을 수색해서 산중에 숨었던 사람들 중에 죽은 자가 많았고 부인 중에도 사로잡힌 자가 있었다. 이날 밤에 나는 가솔들을 거느리고 숭산촌에서 나와 칠곡 나루터로 향하였다. 그리로 가려면 마땅히 큰길을 지나야 하는데, 만약 밤을 틈타지 않으면 형편상 반드시 적을 만나게 되겠기에, 아내와 아이들을 몰아서 있는 힘을 다하여 걸어갔다. 이때 마침 큰비가 온 뒤라서 엉금엉금 기고 넘어지고 자빠지면서 골짜기를 넘고 진흙탕을 지나다가 구덩이에 빠져서 혹 정강이가 다 들어갈 정도가 되었으니, 그 곤궁하고 급박했던 것을 생각하면 지금까지도 간담이 서늘하다. 걸어서 나루터 위의 작은 산에 이르니, 날이 이미 밝아 있었다. 나룻가에 오태촌(吳泰村)이라는 마을이 있었다. 숨어 도망해 온 사람이 이 산에도 있기에 배가 있는 곳을 물으니, 배가 강 건너 물가에 있다고 하였다. 나루를 건너지 못하였고 해는 또 장차 뜨려 하는데, 강 가운데 있는 적선(賊船)이 중류(中流)에서 정박하고 있고 또 약목(若木)에 있던 왜적들이 날마다 이 마을에 오니, 형세가 실로 진퇴유곡(進退維谷)이었으므로 마침내 숲이 다소 무성한 곳으로 가서 숨었다. 이날 아침 배에 있던 왜적들이 배에서 내려 산 아래에 있는 마을에 들어가 노략질하여 갔고, 아침밥을 먹은 뒤에 약목의 왜적이 또 끝내 오태촌을 분탕(焚蕩)질하니, 내가 오늘 화(禍)를 면한 것 또한 매우 다행이었다.

이날 저녁에 문중의 친족 여러 분과 본 현에서 도망하여 피난한 자들이 모두 금오산을 버리고 함께 나루터로 모였는데, 배가 이미 없으니, 사람들은 반드시 죽을 것이라고 생각하였다. 나는 강을 건널 수 없음을 헤아리고는 가솔들을 데리고 또다시 나룻가의 작은 산기슭에 숨었다. 【이때 갑자기 산 위에서 급히 부르짖는 왜적의 목소리가 들렸다. 나룻가에 있는 사람들이 혼비백산하여 어쩔 줄을 몰랐는데, 이윽고 목소리가 그치니 사람들이 비로소 진정되었다. 이는 토적(土賊)이 왜적의 목소리인양 꾸며서 사람들을 놀라게 하고는 사람들이 흩어지는 틈을 타서 물건을 노략질하려고 한 것이었다. 다음날 왜적이 또다시 마을에 와서 재화를 가져가고 소를 끌고 갔는데, 산기슭 아래를 왕래하면서도 다행히 숲속을 수색하지 않았으므로 나는 또다시 화를 면하였다.】 이날 저녁 여러 사람들이 판자를 모아 뗏목을 만들어 갖고 가서 강 건너편 물가에 감춰 둔 나룻배를 가져다가 두 번으로 나누어 배를 띄워 강을 건넜다.【나는 먼저 건널 수 있었다.】

내가 숭산을 떠나 나루에 도착한 새벽에 나룻가 산허리에서 두 사람을 만났는데, 바로 마을의 노인이었다. 나는 도망하여 나온 초기에 이미 상복(喪服)으로 다닐 수 없었고 또 평인(平人 상(喪)을 당하지 않은 사람)과 구별되지 않음을 혐의하여 마침내 농립(農笠 밀짚모자)을 써서 하늘의 해를 가렸다.【달아나 숨은 뒤에는 항상 이 농립을 썼다.】 그런데 노인

두 사람은 나를 만나자 혹시 내가 왜적인가 의심하여 마침내 무릎을 꿇고 손을 모으고는 살려달라고 애원하였다.【내가 비록 "나는 왜적이 아니고 바로 이 고을에 사는 양반입니다."라고 말하였으나, 두 사람은 의혹이 매우 깊어서 여전히 감히 믿지 못하다가 내가 여러 번 해명한 뒤에야 비로소 의혹을 풀었다.】 이는 왜적이 쓰는 삿갓이 승려의 삿갓과 비슷한 점이 있는데, 내가 쓰고 있는 농립이 왜적이 쓰는 삿갓과 비슷하므로 의심을 하게 된 것이었다.

나룻가에 머물면서 숨어있던 날에 한 현의 노복(奴僕)이 내가 굶주리고 있는 것을 가엾게 여겨서 씻은 쌀을 보내 주었고, 또 현의 계집종 몇 명이 나를 보고 눈물을 흘리고는 물에 만 밥을 가지고 와서 먹기를 청하였으니, 내가 이 때문에 굶주림과 목마름을 달랠 수 있었다. 나룻가에 오산서원(吳山書院)이 있는데, 고려의 충신 길 주서(吉注書)[15]를 위하여 사당을 세우고 또 서원 옆 봉우리 위에 비를 세웠다.【'지주중류(砥柱中流)'[16] 네 개의 큰 글자를 그 앞면에 새기고, 기문(記文) 수백 자를 그 뒷면에 새겼는데, 네 개의 큰 글자는 바로 수양산(首陽山) 아래 이제묘(夷齊廟)[17] 앞에 새겨 세운

15 고려의 충신 길 주서(吉注書) : 길재(吉再, 1353~1419)로, 본관은 해평(海平), 자는 재보(再父), 호는 야은(冶隱) 또는 금오산인(金烏山人), 시호는 충절(忠節)이다. 목은(牧隱) 이색(李穡), 포은(圃隱) 정몽주(鄭夢周)와 함께 고려 말의 삼은(三隱)으로 불린다. 고려 창왕 1년(1389)에 37세의 나이로 문하주서(門下注書)에 임명되었는데, 그 이듬해에 노모 봉양을 이유로 고향인 선산(善山)의 봉계(鳳溪)로 돌아와 금오산(金烏山)에 은거하였고, 조선이 건국된 뒤에 조정에서 여러 차례 불렀으나 나아가지 않았다. 후학의 교육에 힘써 그의 문하에서 김숙자(金叔滋) 등 많은 학자가 배출되어 김종직(金宗直), 김굉필(金宏弼), 정여창(鄭汝昌), 조광조(趙光祖)로 그 학통이 이어졌다. 금산의 성곡서원(星谷書院), 선산의 금오서원(金烏書院), 인동(仁同)의 오산서원(吳山書院)에 향사되었고, 저서에 《야은집》이 있다.

16 지주중류(砥柱中流) : '지주'는 중국의 산서성(山西省) 평륙현(平陸縣) 동남쪽에 있는 산 이름인데, 황하(黃河)가 침식하여 흙이 모두 씻겨 나가도 이 돌산이 홀로 황하의 중류에 버티고 있다고 하여 지절(志節)이 크고 높은 것을 비유하는 말로 쓰인다.

17 이제묘(夷齊廟) : 중국 은(殷)나라 때의 충신인 백이(伯夷)와 숙제(叔齊)를 모신

본(本)으로 〈중국의 명필인〉 양청천(楊晴川)이 쓴 것이고, 뒷면의 기문은 바로 지금 영상(領相)으로 있는 유성룡(柳成龍)이 지은 것이다. 서원과 비는 바로 유 정승의 형인 운룡(雲龍)이 이 현의 읍재로 있을 때 세운 것이다.[18]】 이날 서원은 이미 적의 손에 불타서 깨진 기왓장과 남은 재가 어지러이 흩어져있을 뿐이었는데, 오직 비(碑)만 우뚝이 홀로 서서 적에게 해침을 당하지 않았으니, 보는 자로 하여금 감개한 마음이 들지 않을 수 없게 하였다. 충의(忠義)의 한 맥(脈) 때문에 사람들 중에 동방(東方)의 문교(文敎)를 전하는 자가 반드시 있어서 마땅히 다시 중흥(中興)을 보게 될 것이므로, 아마도 조물주가 이것을 도와 지켜서 비가 남을 수 있었던 것이 아니겠는가.【서원에는 손님을 공양하던 장독이 부엌 터에 묻혀 있었는데, 나루터의 사람들이 다투어 가져갔다.】

내가 강을 건너고 나자 밤이 깊어 장차 날이 밝으려 하기에 또다시 적을 만날까 염려해서 급히 가솔들을 재촉하여 넘어지고 쓰러지면서 어렵게 걸어 산에 올라서 죽방사(竹坊寺)에 이르니 해가 떴다.【이 절은 산허리에 있는데, 본 현의 왜적이 날마다 와서 침략한다고 한다. 감히 조금도 쉬지 못하고 마침내 산 위에 이르렀는데, 사람들이 숲이 울창한 곳으로 가서 숨었다.】 죽방사에 이웃 종이 와서 숨어 있었는데 또한 나를 보고 눈물을 흘리니, 나 또한 이 때문에 마음이 움직이지 않을 수 없었다. 내가 등에는 신주

사당으로, 지금의 하북성(河北省) 노룡현(盧龍縣)에 위치한 고죽성(孤竹城)의 옛터에 있다. 백이와 숙제는 주(周)나라의 무왕(武王)이 은나라의 주(紂)를 치고 천자가 되자 수양산(首陽山)에 들어가 고사리를 캐먹다가 굶어 죽었는데, 이후 이전 왕조에 대한 충절을 지킨 인물로 표상되어 조선조 내내 칭송되었다.

18 서원과……것이다 : 유성룡의 형인 유운룡이 선산 현감(善山縣監)으로 있던 1587년(선조20)에 길재의 묘소 아래 낙동강 가에 지주중류비(砥柱中流碑)를 세우고, 그 이듬해에 묘소 앞 오태산(吾泰山) 기슭에 오산서원(吳山書院)을 세웠다.

(神主)를 짊어지고 손과 발은 모두 부르터서 곤궁하고 급박한 형상이 외양(外樣)에 가득하였으므로, 보는 자들이 가엾게 여긴 것이다.【이날 점심 무렵, 왜적이 과연 산 아래의 마을로 와서 노략질하는 모습을 위에서 굽어볼 수 있었다. 저녁에 묵방사(墨坊寺)에 이르니, 묵방사는 바로 문중의 친족 여러 분이 우거하는 곳이다. 우거하는 위아래의 여러 분들이 나를 보고는, 모두 내가 죽음을 면한 것을 축하하였고 또 산과 물을 건너며 겪은 고생을 위로해주었다.】

이날은 6월 4일이니, 나는 이 절에 머물러 유숙하였다.【장내강(張乃綱)·장내범(張乃範)·장내유(張乃維)와 이비(李埤)가 모두 그 가솔들을 거느리고서 또 함께 우거하였다.】 나는 숭산에서 올 때 비록 남은 양식이 있었으나 가져올 수가 없어서, 이 절에 도착하고나서는 먹고 지낼 양식이 없었다. 사찰에 한 승려가 있는데,【그 이름은 능인(能印)이다.】 나와 갑인년(甲寅年, 1554)에 같이 태어난 동갑으로 예전부터 나에게 지극한 정을 보인 자이다. 그에게 장만해 놓은 곡식이 있다는 말을 듣고 내가 먹고 살 양식을 청하였는데, 승려가 난색(難色)을 보이지 않기에 나는 마침내 그에게 의탁하였다. 절에 머문 지 4,5일 뒤에 내가 병이 났는데, 이는 상(喪)을 만난 겨울에 잠을 잔 곳이 젖은 구들이라서 병의 뿌리가 이미 깊어졌고, 달아나 도망한 뒤에는 밤낮으로 항상 거처하는 곳이 모두 숲속의 차고 눅눅한 땅이었기 때문이었다.【바람과 비가 아무리 심해도 비바람을 가리고 피할 수가 없었다. 숭산에 있을 때에는 비록 마을 집에 우거하였으나 집이 마침 낮은 지형에 있어서 습하였는데, 이때 또 장맛비가 내려서 습기가 쌓이고 냉기가 응집되었다. 그리고 골짜기에 도망하여 숨어있을 적에는 더운 기운을 쐬어 열이 나고 목이 말라서 마실 물을 가리지 못한 탓에 비위(脾胃)가 또한 상하였다.】

이 절에 온 뒤로 두 다리의 피부가 점점이 검푸르게 변했는데 크기가 손바닥만 하였다. 무릎 위와 무릎 아래가 모두 그러하였고 또 그 가운데 마디는 굽혔다가 펼 수가 없어서 일어나 서지도 못하니, 어찌 걸음을 걸을 수 있겠는가. 조금이라도 이동할 때에는 마치 어린아이처럼 기고 측간에 갈 때에는 반드시 사람이 업고 가야 하니, 먹고 마시는 것을 점점 폐하여 원기(元氣)가 다하여 쇠약해졌다. 현을 점거한 왜적이 날마다 이 산에 왔으나 나는 도망하여 숨을 수 없었고【몸이 축 처져 항상 누워 있었다.】 다만 가솔들로 하여금 집안사람들을 따라가서 숨게 하였으며, 왜적이 오면 동갑내기 승려가 매번 나를 업고서 절 곁에 있는 숲과 골짜기 가운데에 숨었다. 그러나 절은 왜적과 가깝고 숲이 얕아서【왜적이 만약 절에 오면 형편상 반드시 적을 만날 수밖에 없었다.】 사람들이 모두 나를 염려하고 나 또한 스스로 염려하고 위험스럽게 여겼는데, 왜적이 두 번이나 절에 왔으나, 요행으로 죽음을 면하였다.

나는 병이 날로 깊어져서【발로는 문을 나올 수 없고 밥을 입에 넣을 수 없었다.】 기력이 다하고 곤궁하며 숨이 헐떡거리고 급하여 몸을 지탱할 수가 없을 듯하였다. 나는 맛있는 음식에 힘입어 비위(脾胃)를 보(補)하고자 해서 마침내 채소로 입맛을 돕고 또 생선과 고기로 몸을 온전히 하고자 하였으나, 도망 온 중이라서 구하여 얻을 방법이 없었다. 이달 22일에 이르러 집안의 어른이 손수 작은 생선을 가지고 와서 먹으라고 권하시니, 내 마침내 눈물을 흘리면서 이것을 삼켰다.【그러나 비위의 손상이 너무 심해서 보할 수가 없었고, 입에서는 몹시 비린내가 났으나 그 맛을 뒤이을 방법이 없었다.】 장내범이 병아리를 구해 보냈기에 날개 한 쪽을 삶아서 먹었는데 종일토록 체하여 고생하였다.【비위가 약하여 이겨내지 못한 것이다.】

내가 떡을 먹고 싶어 하면 동갑내기 승려가 나를 위하여 장만해 주었고, 또 술을 먹고 싶어 하면 또다시 술을 빚어 주었고, 또 수채(水菜 물에서 자라는 채소)를 먹고 싶어 하면 또다시 이것을 채취하여 올렸다. 내가 먹고 싶어 하는 대로 번번이 장만해주었으니, 진실하고 정성스러운 마음이 아니라면 능히 이와 같을 수 있겠는가. 병을 앓고 있던 중에 허상원(許尙遠)이 산을 수색하는 왜적에게 죽임을 당했다는 말을 들었다. 허상원은 어릴 때부터 나에게 글자를 배웠는데, 타고난 성품이 온화하고 고아하여 개명(開明)하고 몸을 잘 단속하였으며, 단아하고 자상하고 공손하고 검소한데다가 또 학문하는 재주가 있으니, 내 몹시 사랑하였다. 더구나 그 집안에서는 그가 독자이고 그의 부친은 난리가 나기 전에 한양에 갔다가 미처 돌아오지 못하고 난리가 나서, 아버지와 아들이 천 리 밖에 떨어져 숨어 지내면서 생사 여부를 서로 듣지 못하고 있었다. 그런데 지금 적의 칼날 아래 죽었으니, 애통하고 참혹함을 차마 말할 수가 없다.

이때에 우리나라 군대가 왜적을 공격하여 크게 격파해서 상도(上道)에 있던 왜적들이 모두 이미 패하여 흩어졌다고 하며, 강원도와 충청도 두 도로부터 전통(傳通 연락)이 계속 오니, 엎드려 숨어있는 사람들 중에 기뻐하고 축하하지 않는 이가 없었다.【이들은 생각하기를 큰 군대가 마땅히 내려올 것이니 여러 진영의 왜적들 또한 장차 며칠이 못 되어 모두 철수해 갈 것이라고 여긴 것이다.】 그 후에 들어 보니 모두 진실한 소문이 아니었다. 이는 이때 백성들이 막 물에 빠지고 불에 지져지는 고난을 당하는 가운데 거짓으로 통쾌한 말을 지어내서 한때의 위안과 기쁨을 삼고자 한 것이었다.【그러나 끝내 실제가 없으니, 한갓 만백성의 원망과 노여움을 더하였다. 또 적도(賊徒)들이 이 말을 들으면 어찌 더욱 우리를 경시하지 않겠는가.】

이달 그믐 사이에 조벽(趙璧)이 내가 이 절에 있다는 말을 듣고는,【그 아들 신남(辰男)이 이곳에서 나를 따르고 있었으므로 종을 보내 온 것이다. 얼마 후 팔거(八莒)에 있던 집의 계집종도 왔다. 나는 가솔들을 신남과 함께 조공(趙公)의 집으로 보냈는데, 나 또한 그 집에 가서 병을 조리하고자 해서였다.】 며칠 뒤에【조벽이 송후경(宋後慶)과 함께 왔다.】 나를 만나 보러 이 절에 왔다.【나에게 함께 가자고 청하였다. 나를 부축하여 말에 올랐는데, 길을 떠나 채 산을 내려가기도 전에 나는 병이 심해지고 숨이 차서 말 위에서 몸을 지탱할 수 없었다. 다시 부축을 받고 말에서 내려 길가에 누워 있었다.】 돌아가서 들것을 장만하여【이날 밤에 장정(壯丁) 7,8명을 보내 왔다.】 마침내 들것에 실려 그의 집으로 가니, 그의 집은 팔거(八莒)의 대곡촌(大谷村)에 있었다.

이로부터 조공(趙公)은 구들을 따뜻이 하여 편안하게 해주고 삼베옷으로 시원하게 해주었으며, 날마다 입에 맞는 맛있는 음식을 장만하여 내게 권하였다. 이렇게 지낸 지 열흘이 못 되어 잠시 소생하는 기운이 있음을 느꼈으나, 병이 골수(骨髓)에까지 들어가서 여전히 차도가 있기를 바랄 수 없었다. 게다가 숭산에 있을 때부터 습리(濕痢 습기로 인한 이질)가 있었는데,【묵방사(墨坊寺)에 있으면서 이질이 더욱 심해졌다.】 조공의 집에 와서는 더욱 심해졌다.【조공이 생꿀이 이질을 치료할 수 있다 하여 구해와서 복용해보았으나, 이 또한 효험이 없었다.】

하루는 내가 입에 갈증이 나서 수박을 먹고 싶어하던 차에, 마침 어떤 사람이 수박을 조공에게 보내주었는데, 조공이 즉시 나에게 주어서 먹게 하였다.【오랜 병으로 심한 열이 있던 중에 새로 입맛에 맞는 시원한 음식을 만나자, 한때의 상쾌함을 틈타 많이 먹느라 내 병에 이로울지 해로울지를 따지지 않았다.】 이윽고 앓던 이질이 설사하는 이질로 바뀌어서 만 하루 사이에도 수십여 차례 설사를 하였는데, 설사를 한 뒤로 다리가 가벼워지는 듯하고 정신과 기운이 다소 깨어났으니, 이는 쌓이고 막혀 있던 습독(濕毒)을 다 쏟아 냈기 때문이었다.【음식은 점점 맛을 알게 되고 다리는 점점 굽혔다 폈다 할 수 있었으며, 검푸르렀던 피부도 점점 평상의 색깔로 돌아왔다.】 머무르며 조리한 지 반달 남짓이 되자 곧 능히 스스로 몸을 움직일 수 있었으니, 왜적이 와도 소와 말을 타고 피할 수가 있었다.【이 마을은 오뉴월 사이에는 왜적이 침략하는 근심이 없었다. 인동(仁同)에 진을 치고 있던 왜적들은 그 경내에만 분탕질을 하여 다른 경내에까지는 미치지 않았고, 성주(星州)와 약목(若木)에 진을 치고 있는 왜적들은 강이 막혀 있어 오지 못하였고, 대구(大丘)에 진을 치고 있는 왜적들은 지역이 멀어서 오지 못하였다.】

내가 이곳에 온 뒤로 7월 보름 전에는 난을 피해 달아나야 하는 근심이 없었는데,【병을 조리하기에 편안할 수 있었던 것은 이 때문이었다.】 7월 보름이 지난 뒤로부터 왜적이 침공해오는 근심이 시작되었다.【처음에는 멀다가 점점 가까워졌고 처음에는 드물다가 점점 잦아지니, 그중에도 인동의 왜적이 더욱 심하였다.】 나는 마침내 거처를 옮겨 도촌(道村)으로 갔으니, 도촌은 바로 처가(妻家)가 있는 곳이다. 이때에 들으니, 본 도의 우도(右道)[19]가 왜적을 토벌하는 의병(義兵)을 선창(先唱)하였는데, 합천(陜川)의 정인홍(鄭仁弘)[20]과 고령(高靈)의 김면(金沔)[21]이 대장이 되었고, 가까운 고을의 선비들이 서로 모여 일을 도와 무사(武士)들을 모집하였으며, 또 각 읍의 소모관(召募官 군사를 불러 모으는 관원)을 정하여 이들로 하여금 각 고을의 군대를 불러 모으게 하였다고 하였다.【팔거에는 진사 이수겸(李守謙)이 면유사(面有司)가 되었고, 조벽(趙璧)과 송후창(宋後昌)이 모두 이유사(里有司)가 되었다.】

선비인 곽재우(郭再祐)[22] 또한 맨 먼저 의병을 일으킨 사람이다. 이

19 본 도의 우도(右道) : 경상남도를 가리켜 말한 것이다. 조선 시대에는 각 도를 둘로 나누어 좌도(左道)와 우도라고 하였는데, 충청도, 전라도, 경상도, 황해도의 경우에는 서쪽을, 경기도의 경우에는 북쪽을 우도라고 하였다.

20 정인홍(鄭仁弘) : 1535~1623. 본관은 서산(瑞山), 자는 덕원(德遠), 호는 내암(來庵)이며, 남명(南冥) 조식(曺植)의 제자이다. 학행으로 천거되어 출사하고 임진왜란 때 의병장으로 활약하였다. 선조 말년에 대북파(大北派)를 이끌고 광해군 즉위에 큰 공을 세워 우의정이 되고, 이이첨(李爾瞻)과 함께 계축옥사를 일으켜 영창대군을 제거하고 영의정에 올랐으나, 1623년 인조반정으로 참형되고 가산이 적몰(籍沒)당하였다.

21 김면(金沔) : 1541~1593. 본관은 고령, 자는 지해(志海), 호는 송암(松庵)이며, 남명 조식과 퇴계 이황의 문인이다. 유일(遺逸)로 천거되어 공조 좌랑에 임명되었지만 나아가지 않았다. 임진왜란 때 거창과 고령에서 의병을 일으켰다. 저서로 《송암실기》가 있다.

때를 당하여 적의 기세가 한창 강성하니, 온 나라의 크고 작은 백성들이 모두 스스로 도망하여 숨기에 겨를이 없었다. 비록 무부(武夫)와 용사(勇士)라도 감히 활을 당기고 검을 차려는 뜻을 품지 못하였으며, 부모형제와 친척, 동료로서 서로 사랑하는 자들과 향당(鄕黨)과 주려(州閭)의 왜적의 위협을 두려워하는 자들은 '왜적의 무리를 범하다가 도리어 그들의 노여운 칼날을 받지 말라.'고 서로 경계하지 않는 이가 없었다. 그러므로 비록 남보다 뛰어난 용맹이 있고 백 명의 남자 중에 걸출한 자라도 모두 왜적을 만나면 스스로 굽혀서 손을 묶인 채 칼날을 받았다.【왜적의 무리 중에 늙고 약한 자 한두 명이 칼을 빼들고 오면 나라 안의 무부와 용사 수백 명이 모두 활과 창을 던져버리고 흩어져 전도(顚倒)되어서 풀이 베이듯 왜적에게 죽임을 당하였다. 그러나 아무도 그에 항거하지 못하였다.】 그런데 곽재우가 이때 홀로 먼저 분발하여 일어나서 사수(射手)들을 불러 모아【왜적을 보고도 겁을 먹지 않고 적은 병력으로 많은 왜적을 상대하여 쏘아 죽였으며, 참수한 왜적이 무수히 많았다.】 공격하는 곳마다 반드시 승리하니,【사람들은 그를 곽장군이라고 불렀다.】 이로부터 한 도(道)의 사람들이 비로소 왜적을 토벌할 수 있고 의리를 따를 수 있음을 알게 되었다. 무부들이 다시 활을 모으고 용사들이 다시 검을 찬 것은 모두 곽공이 선창(先唱)한 공이었다. 김면과 정인홍 두 장수는 우도(右道)의 위를 점거하여 상도(上道)의 적을 막고, 곽공(郭公)은 우도의 아래에 거하여 하도(下道)의 적을 막았다.【이때 상도의 왜적은 거창(居昌)과 합천(陜川) 서쪽의 여러 고을로 들어오지 못하고, 하도의 왜적은 의령(宜寧)과 초계(草溪) 서쪽의 여러 고을로 들어오지 못하였

22 곽재우(郭再祐) : 1552~1617. 본관은 현풍(玄風), 자는 계수(季綏), 호는 망우당(忘憂堂)이다. 1585년(선조18) 문과에 급제하였다가 파방(罷榜)된 이후로 과거를 포기하고 은거하였는데, 임진왜란이 일어나자 제일 먼저 의령(宜寧)에서 의병을 일으켜 번번이 대승을 거두었다. 이때 홍의(紅衣)를 입고 선두에서 왜적을 무찔렀으므로 홍의장군이라고 불렸다. 저서로 《망우당집》이 있으며, 시호는 충익(忠翼)이다.

다.】 이때 경상도 한 도가 이미 왜적의 소굴과 왜적의 침공하는 길이 되었으나, 우도의 고을 중 태반이 온전할 수 있었고 전라도 한 도가 완전할 수 있었던 것 또한 모두 곽공의 덕이었다.

여러 고을의 수령들은 왜적이 오던 초기에는 모두 몸을 빼어 도망하여 숨어서 행여 자신의 자취가 조금이라도 노출될까 염려하였었다. 그런데 이때에 의병을 창도한 사람이 성세(聲勢)를 일으키자,【이들은 모두 후퇴하여 숨어있는 것이 편치 못하다는 것을 알았고, 또 예전에 도망한 죄가 혹시라도 속죄될 것이라고 생각하였다.】 각자 자기들의 읍의 경내로 돌아와서 처음으로 군대를 모집하는 행동을 하였다. 그러나 각 고을의 군대는 모두 이미 의병으로 들어갔고, 각 진영에서는 또 각 고을의 수령들을 죄인이라 하여 수령들의 모집에 응하여 가려고 하지 않았다.

이에 여러 고을의 수령들이 모두 의병을 시기하는 마음을 품어서 심지어는 혹 없는 말을 지어내어 훼방하면서 마치 원수를 대하듯 미워하였다. 오직 진주 판관(晉州判官) 김시민(金時敏)[23]은 변란이 생긴 초기부터 홀로 군대를 정돈하여 왜적에게 항거해서 비단 왜적들로 하여금 그 경내를 침범하지 못하게 하였을 뿐만 아니고, 또한 능히 옆 고을의 왜적을 공격하고 토벌해서 많은 공이 있었다.【왜적들이 나라의 보화와 백성들의 재물을 수색해서 배로 실어 운반하였으므로 오고 가는 적선들이 항상 낙동강을 뒤덮고 있었다. 각 진의 의병들이 강가에 숨어 있다가 가로막고 공격하여 이것을 탈취하였는데, 곽공이 얻은 것이 가장 많았으며, 심지어는 공격하여 얻은 것 가운데에 선왕(先王)의 문적(文籍)과 종묘(宗廟)의 기용(器用)도 있었다.】

23 김시민(金時敏) : 1554~1592. 자는 면오(勉吾), 본관은 안동(安東)이다. 1578년(선조11) 무과에 급제하여 진주 판관을 지내던 중 임진왜란을 맞아 많은 공을 세우고, 진주 목사와 경상우도 병마절도사가 되어 진주성을 방어하다가 왜적의 총탄에 맞고 순절하였다. 선무 2등공신과 영의정에 추증되었다. 시호는 충무(忠武)이다.

이때에 대가(大駕 임금의 수레)가 평안도에 머물러 있으면서 이미 사신을 보내 명(明)나라 조정에 위급함을 고하였다. 명나라 황제가 장수에게 명하여 군대를 거느리고 가서 구원하게 하니,【명나라 대군(大軍)이 구원하러온다는 소문이 이미 원근에 퍼져있었다.】 온 나라 사람들은 날마다 그들이 오기를 바랐다. 이때 김성일(金誠一)[24]이 초유사(招諭使)로 우도에 있었는데, 충의(忠義)가 격발되어 사람들의 마음을 고무시키고 의병을 권장하였으니, 사람들로 하여금 떨쳐 일어나게 한 데에는 그의 공(功)이 많았다. 마침내 각 고을의 선비 중에 유명한 자를 가려서 임시의 첩(帖)으로 의병 대장과 소모관을 정하였다. 그러므로 사람들은 다투어 의로움을 떨쳐 각자 나라를 위해 공을 바칠 것을 생각하였다. 김성일은 본래 우리 조정의 유명한 신하였다. 예전에 통신부사(通信副使)로 일본에 들어갔었는데, 일행의 여러 관원들은 한결같이 왜인의 지휘를 따라서 아무도 감히 반대 의견을 제시하지 못하였으나, 유독 이 분은 능히 아첨하지 않는 굳센 품격을 유지하여 크게 체모(體貌)를 잃는 일을 면할 수 있었다.【왜인들 또한 자못 공경했다고 한다.】

순찰사 김수(金睟)는 그대로 본 도에 있으면서【예전부터 한 도의 인심을 크게 잃었는데, 왜적이 쳐들어 온 날에 한 도의 주인의 신분으로 먼저 도망하여 이미 죄인의 괴수가 되어 있었다.】 여전히 순찰사의 직명(職名)을 띠고 있었는데, 사람들은 모두 그를 한스럽게 여기고 또 심히 비루하게 여겨서 비록 호령이 있어도 '저 사람'[25]이라고 외면하지 않는 이가 없었다. 이미 공론

24 김성일(金誠一) : 1538~1593. 자는 사순(士純), 호는 학봉(鶴峰), 본관은 의성(義城)이며, 퇴계 이황의 문인이다. 1590년 통신 부사(通信副使)가 되어 정사(正使) 황윤길(黃允吉)과 함께 일본에 건너가 실정을 살피고 이듬해 돌아와서 일본이 침략하지 않을 것이라 보고하였다가, 1592년 임진왜란이 일어나자 잘못 보고한 책임으로 처벌이 논의되었다. 그러나 유성룡의 변호로 경상우도 초유사에 임명되어 의병 규합, 군량미 확보 등에 힘썼다. 시호는 문충(文忠)이며, 저서로 《학봉집》이 있다.

(公論)으로부터 비난을 받아서 의병을 창도(唱導)하는 사람들에게 붙을 수 없으니, 자기가 스스로 모집한 군대를 '관군(官軍)'이라 이름하여 마침내 숨어 있던 수령들과 서로 호응하였다. 그러나 수령들 또한 모두 공의(公義)로부터 버림을 받은 자들이니, 어찌 능히 그 일을 이룰 수 있었겠는가. 이 때문에 김수는 의병을 마치 사사로운 원수를 미워하듯 배척하였다. 곽재우가 또 격문(檄文)을 지어서 그의 죄악을 나열하여 마땅히 참수해야 한다는 의리를 보이니,【김수는 더욱 의병을 배척하는 데 힘을 써서 자기가 거느리고 있는 관군을 보내어 곽재우를 참수하고자 하였으나, 뜻을 이루지 못하였다.】 김수는 또 곽재우를 불순한 마음을 가진 사람이라고 거짓으로 아뢰었다. 만약 김 초유(金招諭 초유사 김성일)가 백성들을 개유(開諭)하여 진압한 공이 있지 않았다면, 의병의 성공도 기필할 수 없었을 것이었다. 오래지 아니하여 김수를 순찰사에서 체직하고 김 초유로 하여금 대신하게 하였다.

밀양 부사(密陽府使) 박진(朴晉)[26]은 왜적이 처음 승승장구하던 날에,【그는 밀양에 있었다.】 홀로【항거하여 지킬 것을 마음먹었다.】 죽음을 잊고 왜적에게 달려갔다. 비록 중과부적(衆寡不敵)으로 공을 이루지는 못하였으나,【저 왜적을 바라보고 깊이 숨어서 백성들의 선도가 된 수령들에 비하면 또한 거리가 멀다.】 조정에서는 그를 어질게 여겨서 마침내 경상좌도 병사(兵

25 저 사람 : 원문은 '피재(彼哉)'로, 비루하게 여겨서 하대하는 말이다. 《논어》 〈헌문(憲問)〉에, 혹자가 공자(孔子)에게 초(楚)나라의 집정대신(執政大臣)인 자서(子西)에 대해 묻자, 공자가 "저 사람이여, 저 사람이여!〔彼哉彼哉!〕"라고 한 내용이 보이는데, 《집주(集註)》에 "'피재'란 그를 도외시하는 말이다.〔彼哉者, 外之之詞.〕"라고 하였다.

26 박진(朴晉) : 1560~1597. 자는 명보(明甫), 본관은 밀양(密陽)이다. 임진왜란이 일어나자 밀양 부사로 있으면서 전공을 세워 경상좌도 병마절도사가 되었다. 영천성(永川城)을 탈환하는 데 공로가 있었고, 특히 비격진천뢰(飛擊震天雷)로 경주성(慶州城)을 탈환하는 데 큰 공을 세웠다. 시호는 의열(毅烈)이다.

使 병마절도사)로 삼았다.【그가 병사가 되었을 때에, 비록 큰 공은 없었으나 성품이 본래 인자하고 자상하여 병졸들을 애호하고 무용(武勇)을 권장하니, 사람들이 자못 진심으로 그에게 귀의하였다.】 신녕(新寧) 사람 권응수(權應銖)[27]는 여러 고을의 대장이 되어서 부하에 소속된 군대를 거느리고 영천(永川)의 의병과 세력을 연합하여 영천성을 점거하고 있던 왜적을 공격하여 크게 이겼다.【참수한 왜적이 거의 7,8백 명이라고 하였다.】

당시 왜적의 진영이 여러 고을에 두루 퍼져 주둔하고 있었는데,【여러 고을의 왜적들이 혹 목사(牧使)라 칭하고 혹 군수라 칭하고는 관곡이 있으면 고을 백성들에게 나누어 주니, 백성 중에 왜적에게 가서 곡식을 받는 자가 많았다. 또 귀순하여 복종하면 반드시 목패(木牌 나무로 만든 패)를 주어서 각각 차게 하였는데, 이 목패를 차고 있는 자는 왜적을 만나도 죽이지 않았다. 그러므로 무지한 백성들이 찾아가서 목패를 받는 경우가 많았는데, 모두들 말하기를 인동 사람이 적에게 항복한 경우가 특히 많다고 하였다. 나는 바로 인동현 사람인지라 몹시 부끄러워할 만하였다.】 이때에 각기 의병을 칭하고 곳곳마다 모두 봉기하여 자기들이 있는 곳에서 왜적을 토벌하였다. 그러므로 깊숙한 고을 외로운 진영의 왜적들이 모두 길가에 있는 큰 진영에 합류하였다.【초가을에 강원 한 도의 왜적 또한 온 도에 널리 퍼져 주둔하고 있다고 들었는데, 이때 정한강(鄭寒岡)[28]이 통천(通川)

27 권응수(權應銖) : 1546~1608. 자는 중평(仲平), 호는 백운재(白雲齋), 본관은 안동(安東)이다. 임진왜란 당시 고향인 신녕(新寧)에서 의병을 모집하여 영천성(永川城)을 탈환하고 안동 이남으로 왜군을 몰아낸 공을 세웠다. 선무(宣武) 2등 공신으로 녹훈되고 화산군(花山君)에 봉해졌다.

28 정한강(鄭寒岡) : 정구(鄭逑, 1543~1620)로 한강은 그의 호이다. 자는 도가(道可), 본관은 청주(淸州)로 김굉필(金宏弼)의 외증손이다. 퇴계(退溪) 이황(李滉)과 남명(南冥) 조식(曺植)에게서 성리학을 배웠으며, 과거를 단념하고 학문에만 열중하였다. 창녕 현감에 부임해서는 여덟 곳에 서당을 지어 학문을 권장하였으며 선정을 베풀어 생사당(生祠堂)이 세워졌다. 통천 군수로 재직하던 중 임진왜란이 일어나자 각 군에 격문을 보내 의병을 일으키도록 하였다. 경학(經學)과 예학(禮學)에 뛰어나 여러 저술

군수가 되었다. 사람들은 모두 생각하기를 '정한강이 이때에 이미 성을 온전히 하는 직임을 맡았으니, 적을 대하여 조처함에 반드시 보통 사람이 미칠 수 없는 점이 있을 것이다.' 하였다. 나 또한 들어 아는 바가 없어서 날마다 좋은 소식이 오기를 기다렸는데, 8월 사이에 처음으로 그가 왜적을 피하여 화를 면했다는 말을 들으니, 이는 아마도 왜적이 강하고 성이 무너져서 손을 쓸 수 없었기 때문이었을 것이다.】

내가 도촌(道村)에 있을 적에 병이 비록 나아가고 있었으나 여전히 걷지 못하였는데,【연일 왜적이 와도 달아나 피할 길이 없었다.】 다행히 처형인 송후창(宋後昌)이 말을 사서 보내 준 덕에 말을 타게 되었다. 그러므로 내가 화를 면할 수 있었다.【도촌 또한 팔거현의 땅이니 인동과의 거리가 50리이고 대구와의 거리 또한 50리인데, 동쪽에는 현의 길에 오르내리는 왜적이 있고 서쪽에는 배를 타고 왕래하는 왜적이 있었다.】 봉우리의 사방에 모두 망보는 군대를 배치하여 왜적이 동쪽에서 오면 서쪽으로 피하고 서쪽에서 오면 동쪽으로 피하였다.【또 혹 밤중에 와서 포위하면 미처 피하여 나갈 수 없으므로 산야에서 노숙하였는데, 그렇게 지낸 밤이 많았다.】

하루는 내가 산길을 따라 급히 달려 도망하는데, 뒤에 오던 사람이 말하기를 "적이 이미 가까이 왔다." 하였다. 나는 마침내 말을 버리고 길가의 소나무가 무성한 곳에 가서 엎드려 숨어서 가솔들과 잠시 떨어져 있었다. 이윽고 왜적이 왔는데,【숲 밖에서 잠시 어지러이 치달리면서 멋대로 수색하였다.】 갑자기 나뭇잎 밟는 소리가 들리기에 처음에는 왜적의 발자국 소리라고 의심하여 숨을 죽이고 몰래 들었다. 그런데 소리가 점점 가까운 곳에서 들려오기에, 소리가 가솔들이 있는 곳에서 들려오는 것인가 하여 딸아이가 나무를 흔들어 소리를 내는 것이라고 여겼다. 내가 혀를 차서 경계하자, 왜적이 갑자기 내 혀 차는 소리에 응하여

들을 남겼다. 저서로 《한강집》 등이 있으며, 시호는 문목(文穆)이다.

급히 고함을 치고 달아났다. 그런 뒤에야 왜적이 본래 숲을 수색하느라 점점 깊이 들어왔기 때문에 그 소리가 처음에는 멀다가 끝내 가까워졌고, 내가 잘못 혀 차는 소리를 내자 왜적 또한 덫을 설치하고 병기를 감춘 곳이라고 여겼으므로 겁을 내어 소리치고 급히 물러났다는 것을 알게 되었다.【내가 사람들에게 이 이야기를 하자, 사람들은 모두 내가 화를 면한 것을 다행으로 여겼다.】

달아나 숨은 뒤로 내 몸이 비록 갖가지의 험한 일을 겪었으나 그래도 살아 목숨을 보전할 수 있었는데, 여러 누님들 집안의 소식을 전혀 듣지 못하니, 죽을병이 든 가운데에도 근심하는 생각은 항상 여기에 있었다. 그런데 7월에 처음으로 여자(呂姊 여륜(呂倫)에게 시집간 다섯째 손윗누이)의 집안이 난을 피해 깊은 곳으로 들어가서 농사를 잘 짓는다는 말을 들었고, 다음으로 임자(任姊 임이중(任而重)에게 시집간 넷째 손윗누이)의 집안 또한 잘 보전하고 있다는 말을 들었으며, 8월에 또다시 채자(蔡姊 채응곤(蔡應鯤)에게 시집간 둘째 손윗누이)의 집안이 공산(公山)에서 잘 보전하고 있다는 말을 들었다. 선산(善山)과 해평(海平)의 두 집안 또한 온전히 보전하고 있다는 말을 들었으나, 여전히 그들이 있는 곳을 알지 못하였다. 그러나 그들이 심한 환란을 면한 것을 두루 알게 되니, 사사로운 마음에 지극히 위안이 되었다.【세 명의 누님이 우거하는 곳이 모두 왜적의 진영에 막혀 있어서 감히 가볼 것을 생각하지 못하였다. 공산은 팔거와 멀지 않았으므로 처음에는 공산으로 가려고 생각하였는데, 또다시 들으니 가을이 저물녘에는 산이 추워서 병든 사람이 감내하기 어렵다고 하므로 중지하였다.】

내가 8월 보름이 지난 뒤로는 스스로 보행을 할 수 있었고 비위가 충실해지는 듯하여 병이 점차 나아 편안해져서 거의 죽었다가 살아났으니, 어찌 선조가 음(陰)으로 도운 공덕이 아니겠는가.【나는 불효자식이 되어서 화(禍)가 선대에까지 미쳐 신령이 의지할 곳을 잃고 돌아가신 어머니에게 3년 동안 죽을 올리는 것도 계속하지 못하였다. 은혜에 보답하고 죄를 속죄할 것을 백 번 생각하여도 길이 없으니 애통한 노릇이다.】 이때 종제(從弟) 현도(顯道)가 암촌(巖村)에서 나를 만나 보러 왔는데, 자기는 잘 지내고 있다고 말하면서 서얼숙부가 왜적의 칼날에 죽은 사실을 전하니, 애통하고 비참함을 어찌 말하겠는가.【이날 그는 돌아갔다.】

나는 9월 초아흐레로부터 밥을 먹을 적에 〈상중이므로〉 맛있는 음식을 먹지 않았다. 이달 초에 여형(呂兄)이 내가 팔거에 있다는 말을 듣고 사람을 보내어 위문하고, 그로부터 열흘 뒤에 또다시 사람을 보내어 편지를 전했는데, 자기와 함께 우거하자고 청하였다. 나는 당일에 온 사람을 데리고 밤이 어두운 틈을 타서 길을 떠나 밤에 상지촌(上枝村)에 투숙하였다.【이 마을은 바로 인동 땅인데, 반드시 이 마을을 경유해야만 여형이 우거하는 땅에 갈 수 있으므로 먼저 이 마을에 온 것이다. 이 마을에 한 사노(私奴)가 있으니, 바로 나의 척속(戚屬 성이 다른 일가붙이)이었다. 잠시 그의 여막에 투숙하였는데, 그가 자못 환대하는 기색이 있기에 떠나지 않고 그의 여막에 우거하였다. 먼저 누님의 집의 종을 보내어 중도에 다시 말을 보내 줄 것을 청하였으니, 이는 아내와 딸아이가 발이 부르터서 걸어갈 수 없기 때문이었다. 이 마을은 자못 숲이 깊었고 왜적의 진영과 거리가 가깝지 아니하여 이 마을에 사는 사람들이 한가로운 날에 농사를 지을 수 있어서 가을에 다소 수확이 있으니, 본 현의 사람들 중에 이곳으로 도망 온 자가 많았다.】

마을 위에 대곡사(大谷寺)라는 절이 있다. 갑술년(1574, 선조7) 사이에 나는 이 절에서 책을 읽었는데, 함께 지냈던 친구, 놀고 즐기던 자취, 소요하던 곳, 그윽하고 적막한 흥취를 추억해보니, 참으로 태평한 시대의 일이었다. 그런데 지금 절은 이미 불타고 터만 덩그러니 남아있는 것을 보니,【나 또한 달아나 숨느라 경황이 없어서 옛 자취를 찾기 어려웠다.】 또한 크게 탄식할 만하였다.【이때 현도(顯道)와 기거하는 곳이 멀지 않았는데, 현도가 와서 이곳에서 며칠을 함께하였다. 머물러 우거하는 열흘 동안에 본 현의 왜적이 다시 쳐들어와서 바깥 마을에서는 살상과 노략질을 당하는 경우가 매우

많았다.】

이때 두 현에 머물러 살던 백성들이 그 눈앞의 편리함을 도모해서 왜적의 명령을 복종하여 이행하고 쌀을 거두어 공미(貢米)를 바치자, 왜적들은 그 마을을 분탕질하지 않았다. 그러므로 마을마다 각기 왜인(倭人) 권농관(勸農官) 몇 사람을 배정해서 날마다 왜적의 진영에 가서 그들의 교령(敎令)을 들었다.【왜적 또한 따로 색장(色掌 담당자)을 배치하여 각 마을에 나누어 보내서 공물(貢物)과 부역(賦役)을 독촉하였다. 마을 백성들이 이들을 영접할 때에 반드시 술과 고기를 갖추었으나 오직 이 안팎의 두 마을은 왜적과 가장 멀었기 때문에 전에는 왜적을 따르지 않았다. 왜적들은 이때에 이르러 바깥 마을을 분탕질하고 노략질하고는, 복종하지 않는 죄를 격퇴한 것이라고 떠들어댔다. 이에 마을 사람들이 처음으로 모두 두려워하고 겁을 먹고서 또한 왜인 권농관을 배정하여 쌀을 거두어 부세를 바치고 왜적의 진영에 가서 왜적의 교령을 들었다. 그러나 왜적의 요구와 수탈은 끝이 없어서 가을에 수확한 것이 이미 다 떨어졌는데도 조금만 혹 명령을 어기면 곧바로 즉시 분탕질을 하니, 마을 백성들은 이미 더이상 버틸 수 없음을 알게 되었다.】

이는 바로 마을 백성들이 무식해서 다만 눈앞의 편리함을 취한 것이었다. 그런데 나라 군대의 각 진영에서는 또 이들이 나라를 배반하고 적에게 복종하였다 해서 뒤이어 정예병을 보내어서 참수하고 죽인 것이 서로 이어지니, 각 진의 정예병과 정예병이 아니면서 가짜로 정예병이라고 칭하는 자가 재물을 빼앗는 것을 탐해서 아무런 거리낌이 없이 멋대로 죽였다.【고을 백성들이 다 죽은 것은 이 때문이었다.】혹은 그 사이에 왜적의 진영에 아부하여 상으로 재화를 얻는 것을 탐해서 나라 군대의 동정(動靜)과 여러 진영의 허실(虛實)을 모두 왜적에게 통보하여 왜적으로 하여금 기회를 선점(先占)하여 우리 군대가 탈 만한 틈이 없게 하였으니, 우리 군대로 하여금 매번 달아나 궤멸을 당하고 위엄이 손상되고 치욕을 맛보게 한 것은 모두 이런 부류였다. 또 그중에 심한 자는 왜적의 선봉(先鋒)이 되어 요로(要路)를 가리켜 인도해서 아무리 깊은 곳도 탐색하지 않음이 없고 아무리 먼 곳이라도 노략질하지 않음이 없었으니, 우리 백성을 죽이고 욕보인 것이 왜적보다 더 심하였다.【비록 백 번 죽이더라도 그 죄를 감당할 수 없을 것이다.】

난리가 난 처음부터 절개에 죽은 부녀자가 있다는 말은 그나마 혹 들었으나, 의리에 죽은 신하의 경우는 그런 사람이 드물었으니, 이로 말미암아 성품이 고요한 자는 능히 그 곧은 마음을 지키지만 성품이 안정되지 못한 자는 대부분 그 뜻을 바꾸는 것을 알 수 있었다.【이때 왜적의 소굴이 된 여러 고을들은 가을에도 수확할 것이 없었는데, 남은 백성들은 의뢰할 곳이 없어서 굶주림과 추위가 너무 절박한 나머지 모두 적진에 귀순하여 그들의 옷과 밥을 얻어먹으니, 이 백성의 곤궁함이 지극하였다. 나는 이곳에 머문 열흘 동안에 달아나 숨은 것이 3일이고 풀 속에서 노숙한 것이 이틀 밤이었다. 하루는 새벽에 일어났는데, 도망하는 자가 급히 지나가는 것이 얼핏 보였다. 그에게 도망하는 이유를 물으니, 말하기를 "적이 이미 가까이 다가왔습니다."라고 하기에, 나 또한 허겁지겁 가솔들을 데리고 달아나 동쪽 기슭으로 들어갔다. 그런데 산 위에 맨몸에 머리를 드러낸 자 10여 명이 급히 달아나는 것을 보고 왜적이라고 오인하여 마침내 말을 버리고 종을 버리고는 아내와 아이를 데리고 깊은 골짜기로 달아나 숨었다. 한동안 지난 뒤에 비로소 나와 보니, 앞에서 본 사람들은 왜적이 아니고 바로 왜적을 피해 달아나는 자들이었다. 또 하루는 성주(星州)의 경내로 달려갔는데, 성주 사람들은 나의 농립(農笠)을 보고 모두 그것이 왜적이 착용한 삿갓과 유사하다고 의심하여 개중에는 혹 진노하여 꾸짖는 자도 있었다. 나는 이 농립이 여러 번 사람의 눈을 현혹하는 것을 혐의해서 마침내 평량자(平凉子 패랭이)를 구하였는데, 주인이 나를 위하여 사서 주기에 즉시 예전에 쓰던 농립을 버렸다.】

이달 20일에 여형(呂兄)이 또다시 종을 보내와서 오라고 청하므로 즉시 이날 저녁 상지(上枝)를 출발하여 밤을 무릅쓰고 가서【말을 타기도 하고 걷기도 하였으며, 풀숲을 헤치며 가기도 하고 물을 건너기도 하였다.】 호평(虎

坪)에 이르니, 날이 이미 밝았다.【생질(甥姪) 여간생(呂間生)이 소 두 마리를 끌고서 하루 먼저 와 있었다. 밥이 되기를 기다렸다가 간생으로 하여금 길을 인도하게 하였는데, 길이 입암(立巖)을 지나갔다. 입암은 가천(伽川)의 상류에 있어서 골짜기가 깊고 경내(境內)가 그윽하며 냇물이 맑고 돌이 깨끗하니, 바로 내〔川〕로 이름난 곳인데 몇 길이 될 만한 바위가 시냇가에 우뚝하게 서 있으므로 입암이라고 이름한 것이다. 고을 사람 이승(李承)이 바위 곁에 정자를 지었는데, 그 정자에 앉으면 바로 우뚝 서 있는 이 바위를 마주할 수 있었다. 평상시에 내가 한 번 유람하며 구경하고 지나갔는데, 오늘 생각해 보니 옛날의 자취가 아련하나 정자는 이미 불탔고 오직 시내와 돌의 옛 색깔을 볼 뿐이었다. 정자는 왜적이 불태운 것이 아니고, 이 지방 사람들이 정자로 인하여 왜적을 불러들이게 될까 염려해서 불태운 것이었다.】

해가 저물어 증산(甑山)에 도착하였는데 초가집 한 채가 산비탈에 있으니, 바로 누님의 집안이 우거하는 곳이었다. 누님을 뵙고서 서로 곡하고 자형(姊兄)을 뵙고서 또다시 곡하였는데, 곡이 끝나자 서로 온전히 살아 있는 것을 위로하였다.【이날은 21일이었다.】 이로부터 밥을 먹을 적에도 자리를 함께하고 잠을 잘 적에도 방을 같이 하여 날마다 격조하고 울적했던 회포를 풀었다. 증산은 가야산(伽倻山) 북쪽 십여 리쯤 되는 곳에 있는데, 바로 주(州) 서쪽의 지극히 깊은 마을이었다. 주와는 2식경(息頃)의 거리인데, 산이 깊고 길이 좁으며 옆에 막힌 곳이 많아서 주를 점거한 왜적들이 한 번도 이 마을에 온 적이 없었다. 산이 깊고 토질이 후하여 생산되는 것이 매우 풍요로우니, 도망하여 우거하는 사람들이 주운 상수리 열매가 많을 때는 20여 석이 되었다.【적어도 8,9석은 되었다. 또 특별히 살지고 맛있는 유명한 채소가 많았는데, 다른 산에서 생산된 것에 비하면 갑절이 되었다. 누님이 우거하고 있는 집의 상수리 열매 또한 10여 석쯤 되었다.】 이 자형은 성품이 또 주도면밀하고 부지런하고 착실해서 비록 달아나 도망하며 지내는 중이지만, 제법 산전(山田)을 일궈서 콩과 조와 메밀 등의 곡식을 수확한 것이 갖추갖추 있어서 겨울을 지낼 만하였다. 또 남은 것을 미루면 아우의 권솔을 살리기에 충분하므로 나를 불러 함께 우거하자고 한 것이었다. 이로부터 아침과 저녁, 초하루와 보름에 돌아가신 모친의 상식(上食)을 그치지 않았으니, 이 자형의 은의(恩義)를 갚을 길이 없었다.

산머루와 오미자(五味子)가 모두 길옆에 있기에 손수 따서 씹어 맛을 음미해보니, 곧 깊은 산의 맛을 깨달을 수 있었다. 산의 가장자리를 천천히 오가다가 바위 모서리에 앉기도 하고 눕기도 하였는데, 이 또한 그윽하고 한가로운 정취를 이루었으니,【골짜기에 작은 기슭이 있는데 기슭 가장자리에 너럭바위가 있었다. 가을이 저물어 잎은 단풍이 들었으며 산은 굽어 돌고 땅은 고요한데, 너럭바위가 이 사이에 있어서 앉고 눕기에 모두 편안하였다. 나는 날마다 그 너럭바위에 가서 하루를 보냈다.】 진실로 오늘의 무릉도원(武陵桃源)이었다.【때로 산의 눈이 분분히 날려서 옷에 가득하고 바위에 살짝 뒤덮이면, 더욱 깨끗하고 한가로운 정취를 느껴서 굶주림과 목마름을 잊을 수 있었다. 내가 이곳에 온 지 5,6일째 되던 때에 생질 노경륜(盧景倫)이 그 부(府)의 의병의 일로 순찰사(巡察使)에게 명(命)을 받으러 왔다가 도중에 이곳을 지나게 되었다. 뜻밖에 서로 만나 보니 오래 전에 죽은 사람을 보는 듯하였고, 그를 통해 그의 한 집안이 온전함을 잘 알게 되니 더욱 위안이 되었는데, 하루를 머물다가 작별하고 돌아갔다. 나는 난리가 난 뒤로 형곡에 있었고, 숭산에 있었고, 묵방에 있었고, 팔거에 있었고, 상지에 있었는데, 일찍이 단 하루도 경계하는 마음을 풀지 못하였다. 그리하여 밤에도 닭이 울면 반드시 일어나서 재촉하여 밥을 지어 먹게 하고 가벼운 복장으로 가만히 앉아서 망보는 군사의 보고를 기다렸는데, 왜적이 없다는 보고가 있은 뒤에야 조금 편안하였다. 그러나 달아나 숨지 않은 것이 또 며칠이나 되겠는가. 이곳에 와서는 자면 반드시 밤새도록 자고 앉으면 반드시 종일토록 앉아서 도적의 있고 없음을 혹 잊었으니, 비로소 깊이 숨는 것이 좋은 계책인 줄을 알았고 내가 진즉에 이곳으로 오지 못한 것을 안타까워하였다.】

나의 선비(先妣)의 소상(小祥)이 10월에 있는데, 이 자형이 위하여 제수(祭需)를 장만해 주고 또 연포(練布 마전한 삼)를 장만해 주었다.

처음 내가 상복을 입고 달아나 숨을 때에는 반드시 직접 짊어지고 있었는데, 묵방(墨坊)에 있을 때에는 병이 들어 직접 가지고 올 수 없어서 우거하는 절에 두었고,【왜적이 와서 열어 보고 땅에 이리저리 흩뿌렸으나 그래도 훼손되거나 찢어지지 않았다.】 대곡(大谷)에 있을 적에는 또다시 우거하는 집에 두었다.【왜적은 또다시 열어 보고서 연미(燕尾)[29]를 찢어 가고 그 밖에 있는 포대기도 아울러 가지고 돌아갔다. 어찌 부모를 모두 잃은 외롭고 애처러운 몸이 슬픈 마음을 끊어내고 제수를 올리는 일을 폐하여 이미 스스로 자식의 직분을 망가뜨렸기 때문에, 하늘이 나쁘게 여기고 신이 노여워해서 포악한 왜적을 풀어놓아 경계를 보인 것이 아니겠는가.】 이 소상 날에 이르러 마전한 상복으로 바꾸니, 우리 자형이 마음을 다하여 장만해준 덕분에 평상시처럼 제수를 장만하고 옛날 의식에 따라 제사를 행하였다.【여경(呂儆) 부부가 술을 가지고 와서 올렸다. 여경은 바로 여형의 아우로, 그의 부인은 나의 이종누이의 딸이었다.】 달아나 숨어 지내는 가운데 이 조용한 땅을 얻고 이 성대한 제수를 얻어서 이 누님과 함께 같은 목소리로 곡을 하고 같은 술잔으로 술을 올리니, 사사로운 마음의 다행스러움을 이루 헤아릴 수 없었다.

나는 난리가 난 이후로【달아나 도망하느라 겨를이 없었고 또 오랫동안 심한 병을 앓고 있어서 책을 읽을 뜻이 없었다.】 눈으로는 글자를 보지 못하고 손으로는 책을 잡지 못한 지가 6개월이 되었다. 소상을 지낸 후에 몸도 아무 탈이 없고 우거하는 곳도 그윽하고 조용하여 비로소 책을 읽을 마음이 생겼다. 난리가 나기 전에 처음으로 《주역(周易)》을 읽었으므로 도망할 때에【가벼운 것을 가지고 왔다.】 다만 《주역》 대문(大文) 세 권을 가지고 나왔는데,【다행히 이 책을 잃어버리지 아니하여 아직도 가죽 부대에 들어 있다.】 비로소 이 책을 가져다가 읽어 보았으니, 이때가 바로 10월 보름

29 연미(燕尾) : 상복은 치마의 왼쪽과 오른쪽이 터져 있으므로 제비꼬리 같은 천을 대어 그 부분을 가리는데, 이것을 가리켜 말한 것이다.

쯤이었다. 우거하는 옆의 한 골짜기를 지나다 보니 산 곁에 양지바른 곳이 있었다.【내가 우연히 그곳에 앉아보았는데, 앉자 마음이 편안하였다.】 이에 생질들과 함께 그 땅을 깨끗이 정리하고 또 날이 춥고 땅이 차서 거처할 수가 없을까 염려되어 돌을 모아 온돌을 만들어서 그 자리를 따뜻하게 하고 나무를 얽고 띠풀을 엮어서 그 위를 덮으니, 겨우 혼자 앉아서 책을 마주할 수 있었다.【이때 사람들이 모두 달아나 숨고 흩어져 떠돌아다니며 여기저기서 구걸하였으니, 비록 일찍이 학업을 한 사람이라도 어찌 능히 책을 가지고 글을 볼 겨를이 있는 자가 있겠는가. 나는 옷이 능히 피부를 가릴 수 있고 밥을 제때에 먹을 수 있으며 발은 우거하는 곳을 나가지 않고 마음을 다른 데에 쓰지 않았기에, 이때 막 황권(黃卷 책) 사이에서 조용히 독서하였으니, 이에 더욱 여형의 은혜가 크다는 것을 깨달았다. 매양 과분하다고 여형에게 사례하면, 여형 또한 내가 왜적의 환난을 면하고 또 죽을병을 면하여 능히 여생을 누리면서 옛 책을 보는 것을 기뻐하여 다행으로 여겼으며, 또 내가 재주가 없어 형편없는 인물임을 헤아리지 않고 장차 후일의 사업을 기다릴 수 있는 것처럼 여겼다. 이 자형은 세 아들을 두었다. 간생이 그 장남이니 일찍이 나를 따라 배웠는데, 이때 여가에 한문(韓文 한유(韓愈)의 산문)을 읽었으며 성품과 행실이 온순하고 학문에 재주가 있었다. 정생(挺生)은 그 둘째이니 성품이 비록 지둔하였으나 경박함을 면할 수 있었는데, 또한 《대학》을 가지고 배우기를 청하였다. 셋째는 영생(英生)이니 막 어리고 유약하지만 자태와 용모가 빼어나고 성품과 도량이 순수하고 밝아서 매우 사랑스러웠는데, 항상 내 곁에 있었다.】

이때 의병장 정인홍(鄭仁弘)이 성주(星州)에 가목(假牧 임시 목사)으로 제수되었다. 조정에서는 왜적 때문에 길이 막혀 정사(政事)가 쉽게 통할 수 없다 하여 모든 군읍(郡邑)의 제수(除授 임금이 관직을 내려줌)를 각 도의 순찰사로 하여금 결원이 나는 대로 즉시 선발하여 제수하게 하였으므로, 정 목사의 제수는 김 순찰사(김성일(金誠一))가 한 것이었다. 성주의 예전 목사는 바로 이덕열(李德悅)[30]이니, 토목 공사를 벌이기 좋아하고 부역(賦役)에 포학하였다.【성주 백성들이 피폐하여 흩어진 것은 실로 그의 손에서 말미암은 것이다. 왜적이 침공해온다는 소문이 막 임박했을 때에도 오히려 목수의 부역을 독책하였으니, 지방 백성들의 그를 향한 증오와 원망이 난리가 난 뒤에도 그치지 않았다. 그러므로 이때 정 목사로 바꾼 것이다. 정 목사는 또 평소 인자하다는 명성이 있어서 주의 백성들이 살길을 얻었다고 여겼다.】 이전의 판관(判官)은 무인(武人)으로 성이 고씨(高氏)인 자[31]인데, 거리낌 없이 탐욕을 부려서【뇌물로 권문세가를 섬기고 교묘하게 명예를 요구하는 데에는 견줄 만한 사람이 없었다.】 백성들의 고혈(膏血)을 짜서 털끝만한 이익도 다 취하니, 성주 온 경내의 백성들이 모두 집과 토지를 버리고 각각 인근의 옆 고을로 옮겨 갔다. 설령 이 왜란이 없었더라도 만약 예전의 목사와 예전의 판관이 한두 해를 더 유임(留任)했더라면 성주의 경내 또한 장차 황폐했을 것이다.

내가 팔거에 있을 때에 어떤 사람이 왜란으로 인한 고통에 대해 한 늙은 백성을 위로하였더니, 늙은 백성이 말하기를 "왜란으로 인한 고통은 괴롭습니다. 그러나 왜란이 일어난 이래로 우리 문 앞에 망태기를 멘 자가 있는 것을 보지 못하였으니, 이는 내 매우 편안히 여기는 바입니다." 하였다. 이른바 '망태기를 멘 자'라는 것은, 예전 판관 때에【가렴주구(苛斂誅求)하는 길이 천 갈래 만 갈래이고 부패한 정사(政事)가 나오는 것이 천문만호(千門萬戶)여서, 혹 명령을 느리게 내리고는 기한을 재촉하거나 혹은 부역을 겹쳐 시키고는 급히 독려하며, 혹 한 사람에 열 가지 벌을 내리고 혹은 한 가지 벌에 열

30 이덕열(李德悅) : 1534~1599. 본관은 광주(廣州). 자는 득지(得之)로, 영의정 이준경(李浚慶)의 아들이다. 승지(承旨)를 지냈으며, 저서로 임진왜란 중에 작성한 《양호당일기(養浩堂日記)》가 있다.

31 이전의……자 : 고현(高晛)으로, 본관은 제주(濟州), 자는 경회(景晦)이다. 무과에 급제하여 관직에 나아갔으며, 임진왜란 때 성주 판관으로 근무하던 중 먼저 도피하였다 하여 탄핵을 받고 파직되었다. 그 뒤 아들 고홍달(高弘達)·고홍건(高弘建)과 함께 왕을 호위하여 의주에 간 공으로 원종공신에 책록되었다.

가지를 징계해서 명색(名色 명칭)이 끝없이 많고 호령이 분명하지 못하였다. 또 종이로 벌금을 내고 깔 자리로 벌금을 내고 삼베로 벌금을 내고 닭으로 벌금을 내서, 모든 물고기와 고기, 기명(器皿)과 여러 용품과 집물(什物)을 모두 벌금으로 냈다. 그러므로 이미 징수하고 또다시 징수하여 징수하는 것이 빈 날이 없었고, 이미 독촉하고 또다시 독촉하여 독촉하는 사람이 끊이지 않았다. 예전의 벌금을 겨우 내면 뒤의 벌금을 뒤이어 책임지우고, 목사(牧使)의 패(牌)에 겨우 답하면 판관(判官)의 호령(號令)이 또다시 급히 재촉하였으니, 밭을 팔아 밭이 다 없어지고 재산을 쏟아부어 재산이 다 없어져서 백성들이 지탱하여 감당할 수 없는 지경에 이르러서 흩어져 유리하고 도망하여 옮겨 간 뒤에야 그쳤다.】 세금을 징수하는 사자(使者)가 반드시 망태기를 메고 왔기 때문에 이들을 지목하여 '망태기를 멘 자'라고 하였는데, 이들을 보지 않는 것을 큰 다행으로 여겼으니, 이는 미워하고 고통스럽게 여기는 말이 아니겠는가.【분탕질하고 도륙하고 노략질함이 어찌 왜란보다 괴롭겠는가마는, 성주의 백성들이 관리들의 가렴주구(苛斂誅求)를 더욱 고통스럽게 여겼으니, 이는 성주의 정사의 잔혹함이 포악한 왜적보다 더 심했기 때문일 것이다. 백성들의 곤궁함이 이 지경에 이르렀으니, 오늘의 왜란이 있는 것이 어찌 그리 이상할 것이 있겠는가. 사람들이 말하기를 "고(高) 판관이 왜란이 난 초기 방어하러 갈 때에 눈물을 흘리고 떠나가지 못하였다. 이(李) 목사가 이를 매우 비루하게 여겼는데, 끝내 시기를 놓쳐 참형에 처해지게 되자 망명하여 도망했다."라고 하니, 이 말이 사실인지는 알 수 없다.】

증산(甑山)은 지례현(知禮縣)에서 거리가 멀지 않았다. 지례현에도 처음에는 왜적의 진영이 있었는데 9월 사이에 의병이 격파하였다. 금산(金山 김천)의 왜적 또한 형세가 약함을 알고 마침내 개령(開寧)의 왜적과 연합하였는데, 주를 점거한 왜적은 성을 믿고 스스로 견고히 지켜 내었다. 김 장군(金將軍 김면(金沔))과 정 장군(鄭將軍 정인홍(鄭仁弘)) 두 장군 또한 일찍이 군대를 모아 왜적을 토벌하려고 왔는데, 이에 왜적이 개령에 병력을 요청하여 세력을 합쳐 나와 돌격하니, 우리 군대가 모두 궤멸하여 죽은 자 또한 많았다. 이때 김 장군은 상도(上道)의 군대를 거느리고서 지례(知禮)에 진을 치고 있었고, 정 장군은 하도(下道)의 군대를 거느리고서 가야산 아래에 진을 치고 있었다.【정 장군은 비록 성주의 목사였으나 아직도 그대로 대장으로 있었다.】 그러나 두 장군 모두 온 성의 왜적을 통쾌하게 이기지는 못하였다. 정 목사는 비록 여러 번 군대를 보내서 밤에 적을 공격하기도 하고 혹은 낮에 적을 돌격하였으나 승리하지 못하는 경우가 많았고, 김 장군 또한 여러 번 진군하여 다만 군대의 위용(威容)을 과시하고 돌아오거나 혹은 승리하지 못하고 후퇴하였다. 그러므로 주의 왜적들이 무시하는 말로 글을 지어 비아냥거렸고, 개령의 왜적들 또한 조금도 꺾임이 없었다. 아마도 두 장수가 비록 충의심은 넘쳐났으나, 장수로서의 지략은 부족하여 행군(行軍)하고 용병(用兵)하는 법과 임기응변(臨機應變)하여 적을 제압하는 기지(機智)에 소홀하고 생소함이 있음을 면치 못한 듯하니, 이 때문에 큰 공을 이루기 어려웠던 것이다.

또 이때 듣건대, 김 장군과 정 장군 두 장수가 각기 소속된 군대를 거느리고 이미 두 진영을 만들어서 형세가 나뉘었다고 하니, 그렇다면 피차에 내 경계, 남의 경계를 따지는 즈음에 서로 화합하지 못하는 단서가 있어서 서로 상대방을 배척하는 행적이 있었던 것이니, 이는 모두 크고 위용이 있는 기개(氣槪)가 아니다. 그러나 두 분은 모두 군자(君子)이니, 어찌 조금이라도 서로 시기하는 마음이 있어서 그랬겠는가. 이는 기개의 다름과 식견과 도량의 차이에 불과한 것으로, 이 때문에 서로 막혀 통하지 않았던 것이다. 그렇지 않다면 두 분은 본래 뜻을 같이한 사람으로 함께 국가의 난리에 비분강개(悲憤慷慨)해서 함께 의논하여 거사(擧事)하고 의리를 함께하여 선창하였으니, 형세가 비록 나뉘어도 마땅히 그 마음을 하나로 해야 할 것이고 형세가 비록 분열되어도 마땅히 그 계책을 합쳐야 한다. 그리하여 서로 그

장점을 취하고 서로 그 단점을 용서하여 두 사람 사이에 피차의 간격을 두지 않고 두 진영에 피차의 경계를 감히 생각하지 않아야 하니, 그런 뒤에 거의 서로 구제하고 서로 필요로 하는 형세가 있어서 마땅히 일을 세우고 공을 이루는 근본이 될 수 있는 것이다.

그런데 이때를 당하여 왜적의 세력이 막 확장되어 큰 근심이 마음속에 있는데, 각각 외롭고 약한 형세를 가지고서 도리어 화합하지 못하는 마음을 품고 있었다. 나는 식견이 없어서 감히 그 잘못된 곳을 지적할 수는 없으나 다만 서운한 마음이 없지 못하였다. 그러나 김 장군은 매번 성상(聖上)의 교지(敎旨)를 받들면 반드시 통곡하고서 절하고는 하였다. 그의 진영에 출입하는 사람이 나에게 말하기를 "김 장군은 매일 한밤중에 참모 여러 명을 불러 깨워서 이르기를 '적이 머리맡에 있는데도 제군들은 편안하게 잠을 자는가?' 하면서 비분강개하고 통탄하여 그들을 격동시킬 수 있었다." 하였다. 정 장군의 비분강개함도 그의 천성이었다. 성주 목사가 되었을 때 외아들을 잃었는데, 인정에 있어서는 참을 수 없는 비통한 일인데도 나라의 적을 근심하여 사사로운 정 때문에 공의(公義)를 폐하지 않았다. 두 장군의 본심은, 이것을 통해 상상해볼 수 있을 것이다.

이때 각 도마다 모두 의병이 있었으나, 오직 충성스러운 마음에 격분되고 의로운 간담(肝膽)에 격동되어서 나라를 위하여 왜적을 토벌하고 군부(君父)를 위하여 복수하기 위해 자신의 마음을 다하고 자신의 의리를 다 펴며 자신의 힘을 다해서 자신의 생사(生死)와 자신의 성패(成敗)와 자신의 이해(利害)를 전혀 계산하지 않은 자가 진실로 몇 사람이나 될지는 알 수가 없다. 그 사이에는 공명(功名)의 계제(階梯)로 삼으려 하거나 혹은 명예(名譽)의 기축(機軸)으로 삼으려 해서 굳이 충성하는 마음에 근본하고 의로운 간담(肝膽)에서 나오지 않은 자도 있을 것이니, 어찌 또한 그런 사람이 없겠는가. 그러나 이미 '의병(義兵)'이라고 말하였는데, 의로움은 바로 우리 인간이 갖고 있는 양심(良心)의 공공(公共)한 천성(天性)이니, 그렇다면 이때를 당하여 이 의병이라는 이름을 가지고 있는 자들이 어찌 소중하지 않겠는가. 크게는 여러 고을을 모아 한 진영을 만들고, 작게는 한 고을을 통솔하여 한 진영을 만들어서【혹은 동지를 맺어 진영을 만들고, 혹은 장사(壯士)와 용사들을 모집하여 진영을 만들었다.】 길에서 왜적을 요격하는 자도 있었고 왜적의 후미를 공격하는 자도 있었으니, 비록 능히 큰 적진을 격파하고 강한 적을 꺾지는 못했으나, 그래도 능히 적들로 하여금 자신들을 원수로 여기는 자가 많고 자신들을 대적하는 자가 많음을 알게 하였다. 하나의 의(義)라는 것은 우리나라의 경천위지(經天緯地)[32]의 대방(大防)으로, 나는 탄환으로도 맞출 수 없고 예리한 칼날로도 갈라놓을 수 없어서, 강한 자가 능히 겁탈하지 못하고 많은 자가 능히 빼앗지 못하는 것이다. 그리하여 우리나라의 이기지 않은 이김을 이루고 저 왜적의 패하지 않은 패함을 이루게 하였으니, 그렇다면 의병의 공이 또한 크지 않은가.

그러나 의(義)는 진실로 천하의 지극한 덕이니, 의의 체(體)는 천지가 기준이 되고 의의 용(用)은 천변만화(千變萬化)한다. 천지가 기준이 되기 때문에 하나의 '인(仁)' 자가 있어서 이것을 통합하고, 천변만화하기 때문에 하나의 '지(智)' 자가 있어서 이것을 구분하니, 큰 천하로도 능히 싣지 못하는 것이 의의 체가 아니겠으며, 작은 천하로도 깨트릴 수 없는 것이 의의 용이 아니겠는가. 이 때문에 이 의의 체와 용에 미진함이 있는 자는 이 의의 공용(功用)을 이룰 수 없는 것이니,

32 경천위지(經天緯地) : 본래는《국어(國語)》〈주어 하(周語下)〉의 "하늘을 날줄로 삼고, 땅을 씨줄로 삼는다.[經之以天, 緯之以地.]"라는 구절에서 나온 말로 천지를 법도(法度)로 삼는다는 뜻인데, 후대에는 '천하를 경영하고 국정을 다스린다.'는 말로 쓰인다.

더구나 한갓 그 이름만 있고 그 실제가 없는 자에 있어서이겠는가. 이것이 오늘날 사람들 중에 의병을 일으킨 자가 많았으나 성공한 자가 적은 이유이다. 사심(私心)이 없어서 천리(天理)에 부합하는 것을 '인'이라 하니,[33] 이는 의의 체이다. 때를 알고 형세를 알아서 은미한 것에 통달하고 먼 것을 밝히 아는 것을 '지(智)'라 하니 이는 의의 용이다. 사심이 없지 못하여 천리에 부합하지 못하면, 어찌 능히 천하 사람의 마음을 복종시키겠는가. 때를 알고 형세를 알지 못하여 능히 은미한 것에 통달하고 먼 것을 밝히 알지 못하면, 어찌 능히 천하의 사변(事變)에 대응하겠는가. 체가 천하 사람의 마음을 복종시키지 못하고 용이 천하의 사변에 대응하지 못한다면, 비록 헛된 명성이 있더라도 그 실제가 없음에 어찌하겠는가. 그러나 이는 그 이치를 지극히 하여 말한 것이니, 어찌 오늘날에 쉽게 말할 수 있겠는가.

돌아보건대 나는 재주가 용렬하고 또 기개(氣槪)와 절조(節操)가 없으니, 이 한 몸에 비록 연고(緣故)가 없었더라도 반드시 진작하여 분발하지 못했을 것이다. 설혹 나와 일어나서 일을 도모하였더라도 마땅히 남의 뒤에 있어서 이룬 바가 없을 줄을 아는데, 몸이 마침 상중에 있고 또 심한 병을 앓고 있으니, 더구나 능히 무슨 일을 할 수 있겠는가. 때로 병이 좀 차도가 있을 때를 틈타서 다만 아이들이 노는 것을 볼 뿐이었다.

이때 호남(湖南)의 의병이 와서 본 도의 의병과 합세하여 함께 왜적을 막으니, 비록 기록할 만한 공은 없었으나 그 성세(聲勢)를 도운 것이 어떠하겠는가. 또 승려의 의병이 여러 도에서 분분히 일어났으니,

33 사심(私心)이……하니 : 《맹자》 〈고자 하(告子下)〉에, 순우곤(淳于髡)이 인자(仁者)를 볼 수 없음을 한탄하자 맹자가 백이(伯夷)와 이윤(伊尹)과 유하혜(柳下惠)의 인(仁)을 말한 내용이 보이는데, 주자가 《집주(集註)》에서 인을 이렇게 설명하였다.

이는 전대(前代)에 일찍이 들어 보지 못한 바이다. 군주와 아버지를 버리고 부역을 피하고 윤리를 끊고 예법을 버려서 인간 세상을 환망(幻妄)으로 여긴 자들이 마침내 우리 인간의 '의(義)' 자가 있다는 것을 알리라고 어찌 생각했겠는가. 그 피차간의 득실(得失)과 길흉(吉凶), 시종(始終)과 성패(成敗)를 나는 진실로 경륜할 수 없다. 이는 아마도 의(義)가 천지에 근본을 두고 우리 인간의 본성이 되어서 유자(儒子)라 하여 있지 않고 불자(佛者)라 하여 없지 않았기 때문에 그들 또한 능히 오늘의 사변에 감동하여 분발한 것이 아니겠는가. 상도(上道)와 충청도, 전라도에는 장수를 배치하여 진영을 설치하지 않은 곳이 없었고, 본 도의 우도(右道 경상남도)에는 해인사의 승려가 대장이 되었는데 또한 의병과 서로 호응하여 공격하고 수비하였다.

이때 진주 판관 김시민(金時敏)이 성을 잘 지키고 많은 왜적을 잘 방어했다 하여 목사로 승진하였다. 이해 겨울에 하도(下道)의 여러 왜적이 많은 군대를 거느리고 와서 진주를 포위하고는 기지(機智)를 다하고 계책을 다하여 기필코 성을 함락하려 하였으나, 김시민은 목소리와 얼굴빛을 변치 않고 진주의 기생들을 모아놓고 날마다 진주성 안에서 북을 치고 풍악을 울렸으며, 술과 음식, 어물과 육류를 지극히 구비하여 성안 사람들로 하여금 모두 가져다가 한껏 배부르게 먹고 취하게 하였다. 밤낮으로 엄하게 방어하여 왜적이 틈을 엿보지 못하게 하였고, 자신은 장수(將帥)의 차림새를 하지 않고 떨어진 삿갓 하나를 쓰고는 항상 성 주변을 오가며 순행하였으며, 한편으로는 적을 향해 활을 쏘고 또 한편으로는 권장을 하는 등 임기응변을 잘하여 사변(事變)이 있을 때마다 번번이 격파하였다. 왜적은 포위한 지 여러 날에 성을 함락할 수 없음을 알고는 마침내 군대를 이끌고 떠났는데, 이때 군대를 풀어 추격해서 참수하거나 사살한 왜적이 무수히 많았다. 난리가 일어난 이래로 처음부터 지금까지 온 나라의 여러 성을 지키는 장수

중에 적을 바라보고 달아나 궤멸해서 능히 항거하여 지키며 승리한 자가 있지 않았는데, 오직 김시민의 진주성 승리가 제일 큰 공이 되었다. 그러나 불행히 왜적이 성을 포위하고 있던 중에 머리에 탄환을 맞았는데, 한 달이 지나 죽었다.

당시 여러 고을에서 떠도는 백성들은 왜적이 없는 지역으로 전전하여 옮겨 갔는데,【본 도에는 좌도의 왼쪽과 우도의 오른쪽에 완전한 고을이 있었다. 다른 도의 경우, 관동에는 적이 쳐들어 왔다가 곧바로 나갔고 호남은 가장 완전하니, 떠도는 백성들이 대부분 관동과 호남 두 도로 모여들었다. 개령(開寧)과 선산(善山), 인동(仁同)의 떠도는 백성들은 길이 증산(甑山)을 경유하여야 비로소 거창(居昌)에 들어갈 수 있으므로, 노인을 부축하고 어린아이의 손을 잡고서 피로하여 거의 죽게 된 자들이 날마다 이 길에 이어졌다. 사족(士族)의 부인에 이르러도 또한 이리저리 떠돌면서 지내니 그 모습은 더욱 차마 볼 수가 없었다.】 굶주림과 추위가 절박해지자, 사람의 도리가 완전히 무너지고 끊겨서 부자간과 부부간에도 서로 버리는 경우가 많아서 도로에서 굶주려 죽은 시체가 골짜기를 가득히 메웠다.【사람들이 말하기를 "해인사에서 시체를 끌고 나오는 자가 하루에 7,8명이 못되지 않는데, 이들은 모두 굶주려 죽은 백성의 시체이다."라고 한다.】

또 이해 겨울부터 전염병이 크게 치성해서 온 마을 사람들이 몸져눕고 온 집안사람들이 죽었는데, 경내마다 그렇지 않은 곳이 없고 고을마다 그렇지 않은 곳이 없었다. 또 생업을 잃은 백성들이 서로 모여 도둑이 되어서 밤낮으로 멋대로 다니면서 남은 백성을 노략질하였는데, 그 행태(行態)가 왜적과 다름이 없었다. 이 때문에 당시에 사람이 죽게 된 경로가 한두 가지가 아니어서 왜적에게 죽고, 토적(土賊)에게 죽고, 굶주림에 죽고, 추위에 죽고, 전염병에 죽고, 전쟁에 죽고, 죄로 죽고, 죄가 아닌 것으로 죽었으며, 또 수급을 베어 공(功)을 구하는 자에게 죽었다. 이 때문에 산 사람이 다 없어지게 되어서 비록 깊은 고을과 궁벽한 마을로 왜적이 들어오지 않은 경내라 할지라도 사람들이 흩어지고 도망하여 텅 빈 것은 똑같으니, 이는 운수(運數)가 이렇게 만든 것이 아니겠는가.

12월 보름 사이에 처형의 형제가 가야산에서 나를 만나보러 왔는데, 나는 그들이 돌아갈 때에 부인을 의탁하여 보냈다. 이 누님이 우거하는 곳의 물자가 겨울이 지나면 다할 것이고 다른 세 누님이 모두 좌도(左道)의 고을에 있었으며, 또 부인이 그들에게 가서 따르고자 하므로 먼저 부인을 보내면서 하여금 노친을 뵌 뒤에 길을 떠나게 한 것이었다. 설이 되자 누님의 집에서 또다시 제수(祭需)를 장만하여 보냈기에 이에 곡(哭)하고 제수를 올릴 수 있었으니, 이날이 계사년(癸巳年 1593) 정월 초하루였다. 달아나 숨어 지내는 중에 마침내 해가 바뀌는 것을 보았는데,【왜적으로 인한 환란의 극심함이 이 지경에 이르렀으니, 어찌해야 하는가? 백성들의 곤궁함이 이 지경에 이르렀으니, 어찌해야 하는가?】 오직 한 해의 운이 이미 다하여 새봄을 만나 좋은 운이 오기를 바라는 마음뿐이었으니, 온 나라 사람들이 모두 그러하였다.【정월 초하루에 서로 위로하고 사람마다 축원한 것이 이것이었다.】

이달 초엿새에 나는 이 누님과 아이들과 작별하였는데, 누님과 아이들이 문에 나와 나를 전송할 적에 통곡을 그치지 못하니 나는 차마 볼 수가 없어서 급히 손을 휘젓고 나왔다. 그런데 이 작별이 평생 다시 보지 못할 작별이 될 줄을 어찌 알았겠는가. 그 자형(姊兄)이 나를 골짜기 입구까지 전송하고 돌아갔다.【나는 간생(間生)으로 하여금 책보를 짊어지게 하였다.】 마침내 어린 딸을 데리고 가야산을 향하여 길을 떠났다.【점심 무렵 한 고개에 이르렀는데, 고개는 바로 거창 땅이었다. 고개 위에 복병(伏兵)이 있어서 사람들이 오고 가는 것을 살폈는데, 나무를 세워 문을 만들어 방비(防備)를 하였다. 문을 지키는 병졸이 막고 감히 받아주지 않으면 반드시 동행(同行)하던 한 사람을 보내서 그 장수를 찾아가 고하기를 "아무 땅 사람 아무개는 이름이 아무개인데, 아무개와 인연이 있으므로 아무개가 아무 땅으로 가려는 것입니다."라고 해야하니, 그 장수가 반드시 통과해도 좋다고 허락한 뒤에야 일행(一行)이 모두 통과할 수 있었다. 나 또한 그 살피고 방비하는 절차를 거치느라 오랜 뒤에야 고개를 넘을 수 있었다. 병든 뒤에 멀리 보행하는 것은 이것이 첫 번째 걸음인지라 다리가 피곤하고 발이 부르텄다.】

어렵사리 두 개의 큰 고개를 넘어서 해인사 앞에 이르렀는데, 해가 저물었으므로【절에 호남 의병이 있어서 번잡하고 소란스러웠다.】 마침내 그 수침막(水砧幕)에 투숙하였다.【얼음과 눈이 수침막을 뒤덮고 찬바람이 휘몰아치니, 불을 때서 죽을 쑤어 마셨는데도 추위를 이길 수 없어서 그대로 앉아 아침이 되기를 기다렸다.】 일찍 아침밥을 먹고 출발하여【절 뒤의 작은 길을 따라 우회(迂回)하였다.】 얼음을 밟고 눈을 헤치면서 넘어지기도 하고 고꾸라지기도 하면서 갔는데, 벼랑이 높고 길이 미끄러워 부여잡고 오르기가 괴로우니, 딸아이가 울면서 걸어갔다.

점심 무렵 백운대(白雲臺)라는 암자에 도착하였다.【백운대는 바위 모서리에 있는데 위아래가 모두 높은 바위로 각각 열 길〔丈〕이 넘고, 위아래로 모두 좁은 길이 있는데 반드시 개미처럼 붙어 왕래해야하니, 만약 한 발을 잘못 디디면 즉사하여 몸이 그의 소유가 아니게 되니 참으로 난을 피하기에 좋은 곳이었다. 처형(妻兄) 송후창(宋後昌)이 지난해 가을부터 그 가솔들을 모아 이 암자에서 우거하였다.】 내가 이 암자에 도착하자, 처가(妻家)의 형제들이 열흘이나 한 달쯤 머물기를 청하였다.【나 또한 좌도로 가려면 마땅히 왜적이 왕래하는 길을 지나야 하기 때문에 감히 가볍게 출발하지 못하고, 우선 머물러 있으면서 형세가 나아지기를 기다렸다.】 며칠 동안 머물러 쉬고 나서야 비로소 암자 앞에 나가보았더니, 대석(臺石)은 깊은 골짜기를 굽어보고 있는데 몇 길이나 되는지 알 수 없었으며, 좌우의 절벽은 깎아지른 듯이 100인(仞)[34]이나 높이 솟아 있었

34 100인(仞) : 인(仞)은 고대에 길이를 측정하던 단위로, 7척(尺)이 1인이라고 한다. 일설에는 8척이 1인이라고도 한다.

다.【동남 지방의 여러 고을로부터 곧바로 낙동강 귀퉁이에 이르기까지가 모두 한 번 바라보는 시야 가운데에 있었다. 언덕을 따라 또 뒤의 정상으로 오르면 가야산의 구름 낀 정상이 바로 그 북쪽 10여 리 지점에 있는데, 크고 작은 암자와 사찰이 푸른 언덕에 별처럼 빼곡하게 나열되어 있는 것이 울창한 숲 사이로 은은히 보였다.】

가야산은 참으로 경상도의 명산(名山)인데도 일찍이 유람하지 못하였는데, 이제 난리 때문에 이곳으로 도망해 숨었으니, 진실로 일찍이 생각지도 못한 것이었다. 이때 마침 초봄이어서 남은 추위가 아직도 혹독하니, 비록 한가로운 날이 있어 구경하였으나 두루 보지는 못하였다. 그래도 그 수많은 바위와 골짜기, 층층의 봉우리와 첩첩의 산을 보았는데, 큰 듯 작은 듯, 둥근 듯 뾰족한 듯, 곧은 듯 기운 듯 바른 듯한 것들이 모두 기이하고도 특이하여 무서워 근접할 수 없었다. 설령 왜적이 와서 수색하고자 하더라도 반드시 이곳을 엿보고 헤아려서 손을 대거나 발을 붙이지 못할 것이니, 아마도 마땅히 혼란하고 가슴이 떨려서 혼비백산(魂飛魄散)하여 물러갈 것이다.【이 암자는 부령(副笭)의 남쪽에 있는데, 또한 화식(火食)하는 속세의 사람의 종적이 범접할 수 있는 곳이 아니기 때문에 '백운(白雲)'이라 이름 한 것이다. 새벽에 앉아 창문을 열면 곧바로 해가 먼 산머리로 떠오르는 것이 보이는데, 마치 몸소 푸른 바다 위에 임한 듯하였다. 바위 아래에 작은 샘이 있는데, 평소에는 승려가 나무통을 사용하여 그 샘물을 대어 저장해서 겨우 아침저녁의 식수(食水)를 이어나갔다. 그런데 지금은 사람들이 많이 마셔서 샘 근원이 쉽게 고갈되고 나무통이 깨진 지 이미 오래되어 다시는 물을 저장할 수 없게 되었으니, 이때에는 눈을 끓여 물을 얻어서 식수로 사용하였다. 좌우의 바위에 석이버섯이 있어서 이것을 따서 삶아 먹었는데, 그 맛이 참으로 담박하여 진실로 산중 사람의 입에 적합한 것이었다.】 옛날 신라 말엽에 최 학사(崔學士) 고운(孤雲)[35]이

35 최 학사(崔學士) 고운(孤雲) : 신라 말의 학자이자 문장가인 최치원(崔致遠, 857~?)으로, 고운은 그의 자이고, 본관은 경주(慶州)이다. 당(唐)나라에 유학하여

세상을 멀리 피하여 홀로 한가로이 노닐 적에 이 산을 매우 좋아하여, 산에 신선의 자취가 참으로 많이 있었다.【생각건대 그는 마음껏 유람하고 감상하면서 수천 개의 바위를 밟았을 것이니, 대석 또한 그가 휘파람 불고 시를 읊던 하나의 장소가 아니라고 어찌 장담하겠는가.】 이 일을 생각함에 눈으로 보는 듯 완연(宛然)하여 스스로 속세를 떠나 초연하게 홀로 서 있고 싶은 생각을 금할 수 없었다.

이때 성주 목사는 성이 저씨(諸氏)인 자이고 그 판관은 성이 우씨(禹氏)인 자인데, 모두 바닷가의 무부(武夫 군인)였다. 지난해 겨울 정 목사가 임시로 부임한 지 한 달 남짓에, 조정에서는 저씨가 군공(軍功)이 있다 하여 실제 목사로 제수하였다. 그러므로 정 목사는 이미 체직되어 돌아간 터였다. 그런데 목사와 판관이 모두 너무 무식하여 왜적에게 분탕질을 당한 지역을 다스리면서 오직 자신의 이익을 취할 것만 바라고 백성을 살릴 뜻이 없으니, 고을 백성들이 애통해 하였다.【이달 보름날 간생(間生)이 나를 만나 보러 왔기에 나는 몹시 위안이 되었다. 간생은 인하여 자신의 서모가 전염병을 앓아 장차 전염병이 치성할 근심이 있음을 말하고 또 자신이 오는 도중으로부터 곽란(癨亂)의 증세가 있다고 하면서 밥을 주어도 먹지 않았다. 다음날에도 병이 낫지 않으므로 하여금 머물러 조리하게 하였는데, 그 다음날에도 병이 차도가 없자 이에 돌아갈 것을 청하였다. 나 또한 이곳이 내가 홀로 거처하는 곳이 아니고, 혹시라도 남에게 폐가 될까 염려해서 종으로 하여금 간생을 호송하여 가게 하였다. 종이 돌아와서 생질(甥姪 간생)이 몹시 피곤하여 돌아갔다고 말하고 또 그가

18세에 빈공과(賓貢科)에 장원급제하였고, 고변(高駢)의 종사관으로 복무하면서 〈토황소격문(討黃巢檄文)〉을 지어 명성을 떨쳤다. 885년(헌강왕11)에 신라로 돌아와 시독 겸 한림학사(侍讀兼翰林學士) 등을 지냈으나, 국정의 문란함을 통탄하며 외직을 요청하여 떠돌다가 관직에서 물러났다. 만년에 가야산 해인사(海印寺)로 들어간 이후의 행적은 자세하지 않다. 저서로 《계원필경(桂苑筆耕)》, 《고운집(孤雲集)》이 있으며, 고려 시대에 문묘에 배향되고 문창후(文昌侯)에 추봉(追封)되었다.

우거하는 곳의 사람들 중에 병으로 몸져누운 자가 많다고 말하니, 비로소 그것이 참으로 전염병의 기운임을 알게 되었다. 그러나 그가 우거하는 곳의 물자가 넉넉하고 게다가 자형이 또 치밀해서 반드시 매사에 능히 살펴 대처하고 잘 구제하여 마땅히 큰 우환이 없을 것이므로, 그리 크게 염려하지는 않았다. 암자 안에도 전부터 앓는 아이가 있어서 이로 인하여 병증이 전염되었는데, 함께 우거하는 자들이 거의 병으로 누웠고 또 증세가 몹시 심하였다. 나는 마침내 바위 북쪽의 언덕에서 따로 우거하였는데, 바위에 나무를 세워 둥지를 만들고 대나무 잎으로 덮었다. 산이 깊고 숲이 울창하여 멀리서 왜적이 침공해오는 소리가 끊겼으며 샘물이 있어서 죽을 끓일 수 있고 나무 섶이 있어서 불을 지펴 밥을 지을 수 있었다. 그러나 봄추위가 아직 떠나가지 않아서 산 위는 더욱 추웠으며 눈이 연이어 내려쌓이고 검은 구름이 길게 뻗어 있으니, 외지고 높은 산언덕에서 지내는 고통을 감내할 수 없었다.】

이때 명(明)나라 군대가 이미 정월 초여드레에 평양의 왜적을 격파하여 많은 군대가 마땅히 빠른 기세로 휩쓸고 내려올 것이라는 말이 들려오니, 듣는 자들이 기뻐 날뛰었다. 우리 주(州)의 왜적이 2월 초이틀에 성을 나가 떠나갔고 개령(開寧)의 왜적도 같은 달 20일 사이에 성을 나갔다. 나는, 주의 왜적이 이미 나갔고 산막(山幕)에서 지내는 것이 몹시 고통스러웠으므로, 암촌(巖村)의 옛 집이 아직 몇 칸 남아 있고 종들 몇 명이 논의 피를 주워 연명하고 있으며 또 봄나물이 막 새로 나와서 이것으로도 죽을 끓여 먹을 수 있다는 말을 듣고는, 2월 하순에 가야산을 나왔다.

그런데 도중에 여씨에게 시집간 누님의 일가가 병으로 한번 몸져누운 와중에 모두 죽고 단지 두 아이만 목숨을 부지(扶持)했다는 말을 들었다. 이때는 누님과 작별한 지가 겨우 한 달이었는데 변고가 이 지경에 이르렀으니, 참혹하고 놀라고 애통해서 스스로 진정할 수가 없었다. 여형(呂兄)은 참으로 선한 사람이었다. 효도와 우애가 천성(天性)에서 우러나왔고 신의가 향론(鄕論)에서 드러났으나, 학문을 일

삼지 않고 농사짓고 누에를 키우는 일을 자신의 분수로 여겼으므로, 사람들 중에 그의 선함을 아는 자가 적었다. 그러나 그의 마음가짐과 덕행, 선을 좋아하고 악을 미워하는 실제는, 비록 동시대의 스승과 벗을 추종하고 고상한 담론과 큰 의논을 하는 자라도 능히 미칠 수 없었다.【어찌하여 타고난 운명이 기구하고 박복해서 시골에서 궁색하게 묻혀 지냈으며, 수명도 짧고 집안도 패망하였는가? 알지 못하겠다. 남은 경사(慶事)가 장차 살아남은 아이에게서 드러날 수 있을 것인가.】

나는 이틀 밤을 유숙한 뒤에 암촌에 도착하였다. 암촌은 바로 성주(星州)의 땅으로 우리 선대(先代)가 대대로 거처하신 마을이다. 난리를 만나 모든 것을 다 탕진한 뒤에 선대의 자취가 남겨진 땅을 밟으니, 이날 울적하고 선조를 그리워하는 마음을 스스로 억제할 수가 없었다.【촌 안에 있는 옛 마을은 모두 빈터가 되었고 오직 살아남은 몇 명의 남녀가 있었는데, 모두 굶주리고 수척하며 병들고 궁색하여 푸르뎅뎅한 얼굴빛과 귀신의 기색이 더 이상 사람의 모습이 아니었다. 나에게도 종 하나가 있었는데 금수(禽獸)의 마음과 습관에 젖어서 옛 주인을 보기를 마치 길 가는 사람처럼 하였다. 그러나 황폐한 밭과 폐허에 채소가 한창 풍성하였고 인동에 있는 왜적이 왼쪽으로 강을 건너는 것을 어렵게 여겼으므로, 우선 머물면서 또 형세를 기다렸다.】

3월 10일이 지나자, 나는 세 명의 누님을 보러 가서 난리로 적조했던 회포를 다소나마 펴고 또 찾아가 기숙하는 것이 편한지의 여부와 왜적이 왕래하는 길이 통하는지 막히는지를 살피고자 해서, 마침내 종 하나를 데리고 몸을 떨치고 일어나 찾아갔다.【노상에서 유리하다가 굶주리고 피곤한 백성들이 언덕과 골짜기에 쓰러져 죽어 있는 것과 죽음을 눈앞에 둔 자가 혹 왼쪽에서 오른쪽으로 향하고 혹 오른쪽에서 왼쪽으로 향하기도 하는 것을 보았다. 또 강가에서 강을 건너기를 기다리면서 체류하는 자가 무수히 많았다.】 이날 팔거(八莒)에서 유숙하니, 이곳은 내가 지난 가을 달아나 숨었던 땅이다. 그때에는 여염(閭閻)의 사람과 물건에 아직도 남은 흥성함이 있었다.【소를 탄 자,

말을 탄 자, 짐을 등에 진 자, 짐을 머리에 인 자가 들로 달려가 들을 뒤덮고 산으로 달려가 산을 뒤덮었으니, 곳곳마다 이와 같았다.】 그런데 지금은 촌락이 쓸쓸하여 인적이 모두 사라져 텅 비었으니,【1백 가호가 되는 마을에 겨우 몇 집만 남았고, 1백 명이 살던 마을에 겨우 몇 사람만 남았다.】 만일 목석(木石)과 같은 무정한 마음이 아니라면, 어찌 서글퍼하고 애통하지 않을 수 있겠는가.

다음날 또다시 인동촌에서 유숙하였는데,【인동촌에는 그 터를 지키는 옛 종이 있었는데, 그 마을 안에 사람들이 얼마나 살아있는지를 물으니, 만 명 중에 한두 사람밖에 없다고 하였다. 이는 인동이 왜적의 피해가 다른 고을보다 심하였기 때문이다. 종이 산의 꽃과 채소를 삶아주면서 나에게 허기를 달래라고 하였다. 그 다음날은 반드시 왜적이 통행하는 길을 지나가야 했다.】 밤중에 일어나 재촉하여 밥을 지어 먹고 출발하였다.【산길을 따라 우회하노라니, 동네 골짜기가 나타났다 사라졌다 하였다.】 다행히 왜적이 출동하지 않는 틈을 타서 위험한 지경을 벗어날 수 있었다. 저녁에 의성(義城)의 탄지촌(炭池村)에 도착하였다. 이 마을에는 집안의 어른이 와서 우거하고 계시므로 찾아뵙고 안부를 여쭈었는데, 여러 친족의 생사(生死) 여부를 자세히 알 수 있었다.

다음날 큰 누님이 우거하는 곳으로 찾아갔다.【우거하는 곳은 이 현의 남촌 가장 궁벽한 곳이었다. 노구중(盧懼仲)이 내가 곤궁하게 오고 있다는 말을 듣고 도중에 소를 보냈기에, 소를 타고 그가 우거하는 곳으로 달려갔다.】 이때 큰 누님이 막 전염병을 앓고 있었으므로【노경건(盧景健)과 노경임(盧景任)은 곁에서 모시고 병을 간호하였는데, 경임 또한 전염이 되어 몸져누웠다. 노구중은 밖에 있으면서 양식과 물건을 마련하여 들여보냈고, 노경륜(盧景倫)은 떠돌며 머물던 마을에서 돌아왔다가 어버이 병환이 다소 덜하므로 돌아갔다. 문안하고 나서 다시 나왔다.】 나는 다만 노구중, 노경륜과 서로 안부를 물었을 뿐, 큰 누님은 뵙지 못하였다.【또 곁에서 모시는 두 생질도 보지 못하였다.】

다음날 노구중과 작별하고, 박순백(朴純伯)을 그가 우거하는 승방으로 방문하여 하룻밤을 자면서 이야기를 나누었다. 다음날 임(任)씨에게 시집간 누님이 있는 곳을 찾아서【현의 남쪽 50리쯤 되는 사곡리(舍谷里)에 있었다.】 누님에게 절하고 서로 위로하고 자형에게 절하고 서로 위로하고는 4,5일을 머물렀다. 또 채씨(蔡氏)에게 시집간 누님이 안동 땅에 있다는 말을 듣고 가서 절하고는 이틀을 머물다가 또다시 작별하였다. 이어서 최형(崔兄)을 그가 우거하는 곳으로 방문하였는데, 이 형 또한 의성(義城)의 깊은 마을에서 전염병을 막 치른 터라 양식과 물자가 모두 떨어졌으므로, 내가 갖고 있던 양식을 가지고 다소나마 도와주었다.【이씨 집으로 시집갔던 그의 딸이 어린 나이에 과부가 되었는데 아버지를 따라 이곳에 와 있었다. 나는 그 아이가 멀리 떨어진 곳에서 죽는 것만 못하다고 말하였다.】 이 마을에서 족형(族兄)의 딸을 보았는데, 오랫동안 굶주려 거의 죽게 된 채 나에게 말하기를 "부모형제는 모두 이리저리 떠돌다가 돌아가셨습니다. 제가 홀로 살아 있으나 또한 오직 오늘뿐입니다." 하였다. 비록 지극히 애처롭고 불쌍하였으나 도울 수가 없었다.

하룻밤을 묵고 임씨에게 시집간 누님이 우거하는 곳에 도착했다. 다음날【작별할 적에 포목 몇 필을 나에게 주어서 식량을 마련할 밑천으로 삼게 하였다. 나는 사곡리를 출발하였다.】 또 박순백의 처소에서 묵었다. 다음날 또다시 탄지(炭池)에 투숙하였다.【노구중이 중씨(仲氏)의 상(喪)을 처음 만났기에 위로하고 나서 함께 묵었다.】 다음날 아침 일찍 출발하였다.【도중에 비를 만났으나 다시 왜적이 왕래하는 길을 지나가는 것을 위급하게 여겨서 비를 무릅쓰고 진흙탕을 밟고 갔으니, 또다시 위험한 땅을 편안히 지나갈 수 있었다.】 다시 인동촌에 묵고 또 팔거에 묵고 마침내 암포로 돌아왔다.

이번 걸음에 도로에서 죽은 자를 본 것이 이루 셀 수 없을 정도로 많았다. 지극히 어리석은 것이 백성이니, 저들이 무슨 죄가 있단 말인가. 곤고(困苦)함이 이 지경에 이르렀으니, 원망이 장차 어디로 돌아가겠는가. 이때 가솔들은 내가 멀리 위험한 지역에 가서 오랫동안 돌아오지 않는다 하여 심지어는 울면서 기다리기까지 하였다.【이때 좌도는 곡물이 우도보다 더 비싸서 목필(木匹) 값이 겉곡 한 말의 값과 같았고, 큰 소와 말의 값이 채 벼 한 섬의 값이 되지 못하였으며, 건장한 노비도 혹 소와 말의 값에 미치지 못하였으니, 유리하는 사람들이 의뢰하여 살기가 매우 어려웠다. 그럼에도 불구하고 나는 생사를 함께할 수 있는 세 누님이 있으므로 이들 또한 모시고 나아가고자 하였다. 그러나 왜적이 왕래하는 길을 지나는 것이 부녀자와 아이들에게는 더욱 어려우므로 이에 우선 오른쪽 고을에 머물 수밖에 없었다. 그러나 암촌은 인동과 겨우 두 식경(息頃)의 거리라서 왜적이 올까 더욱 염려스러웠다.】

마침내 4월 보름이 지난 뒤에 다시 가야산 아래로 가서 신당촌(新堂村)에 투숙하였다.【마을 사람 이승증(李承曾)은 입암(立巖)에서 낳고 자란[36] 자인데, 그의 빈집 몇 칸이 마을 위에 있으므로 인하여 그곳에 가서 우거하였다. 그의 활과 화살을 빌려서 무료함을 달래고, 때로 이군과 만나보고는 하였다.】 외부의 소식을 얻어들으니, 이때 평안도·황해도·함경도 세 도의 왜적이 모두 경사(京師)로 모였는데, 명나라 유격장(遊擊將) 심유경(沈惟敬)[37]은 왜군의 진영을 출입하면서 서로 화친(和親)을 의논하였고, 도독(都督) 이여송(李如松)은 또 여러 번 공격하는 것을 꺼리고 있다고 하였다. 화친하자는 약속이 이루어지고 나자 왜적이 비로소 경사에서 후퇴하였으

36 낳고 자란 : 원문의 '정(亭)'은 '정독(亭毒)'의 줄임말로, 《노자(老子)》 제51장에 도(道)가 만물을 낳고 덕(德)이 길러줌을 표현한 "도가 낳고 덕이 기르니, 키우고 기르고 이루고 익히고 먹이고 덮어준다.〔道生之, 德畜之, 長之育之, 亭之毒之, 養之覆之.〕"라는 말에서 유래하였다. 고형(高亨)은 《노자정고(老子正詁)》에서 '亭'과 '成', '毒'과 '熟'은 모두 고음(古音)이 같아 통용한 글자라고 하였는데, 인신하여 양육, 화육의 뜻으로 쓰인다.

37 심유경(沈惟敬) : 명나라의 무장(武將)으로, 임진왜란 때 유격장군(遊擊將軍)으로 조선에 파견되어 일본과의 강화 교섭을 도맡아 처리하였다. 여러 번 일본에 왕래하면서 본국에는 거짓으로 화의(和議)가 성립되었다고 보고하였는데, 이후 정유재란(丁酉再亂)으로 이 사실이 탄로나자, 일본으로 망명하던 도중 의령(宜寧) 부근에서 명나라 장수 양원(楊元)에게 붙잡혀 처형되었다.

니, 이 일은 4월에 있었다. 이때 사람들은 비록 왜적이 물러가는 것을 기뻐하면서도, 왜적을 크게 공격하여 깊은 수치를 통쾌하게 설욕하지 못한 것을 지극한 한(恨)으로 여겼다. 왜적이 비록 화친하고 물러갔으나, 명나라 군대가 왜적을 몰아내고 우리나라에 오고 우리나라 각 도의 병마(兵馬)도 모두 내려오니, 한 도 전체가 소요하여 대소(大小· 귀천(貴賤), 존비(尊卑), 장유(長幼))를 막론하고 모두 동요하였다. 호남(湖南)에서는 곡식을 수송하는 행렬이 도로에 이어졌다.【신당촌 앞은 바로 그 큰길이라 사람과 말이 지나가는 소리가 새벽부터 밤중까지 끊이지 않았다.】

5월 보름 사이에 나는 인동에 왜적이 없다는 말을 듣고 즉시 가솔들을 데리고 신당촌에서 길을 출발하였다.【회연(檜淵)을 지나갔는데, 회연 위는 바로 정한강(鄭寒岡)[38]의 옛 마을이다. 예전에는 초당이 있었는데 이미 왜적의 손에 불타 없어졌고 오직 매화 숲과 화초가 빈터에 무성하니, 지극히 한탄스러운 일이었다.】 저녁에 월오강(月烏江)을 건넜다.【대곡(大谷)에 있는 조공(趙公)의 집에 투숙하였다. 나는 지난해에 병으로 이곳에 몸져누워 있었는데, 주인이 지극정성으로 구호해 준 덕분에 그에 힘입어 죽지 않았다. 그 뒤에 그의 아들 신남(辰男)은 왜적에게 사로잡혀 가고 그 자신도 왜적의 칼날에 죽었으며, 그의 부모와 여러 아우도 남김없이 다 죽었다. 지금은 홀로 과부와 두 어린 사내아이가 남아 있으나 또한 장차 유리하여 목숨을 보전하기가 어려울 것이니, 눈앞의 불쌍하고 가련한 실정이 어떠하겠는가. 돌아보건대 그 은혜에 보답할 길이 없으니 더욱 통탄할 일이었다.】 도촌(道村)에 도착하고 나서 나는 각기병을 앓게 되었다.【또 비가 와서 이로 인하여 도촌에서 조금 체류하였다.】

38 정한강(鄭寒岡) : 정구(鄭逑, 1543~1620)로, 자는 도가(道可), 본관은 청주(淸州)이며, 한강은 그의 호이다. 김굉필(金宏弼)의 외증손으로, 퇴계(退溪) 이황(李滉)과 남명(南冥) 조식(曺植)에게서 성리학을 배웠다. 자세한 내용은 43쪽 각주 28) 참조. 여헌 장현광은 정구의 조카사위로, 정구를 통해 퇴계와 남명의 학통을 전수받았다.

나는 본래 각기병이 없었는데 지금 처음으로 그 증세가 생겼다. 이로부터는 비록 긴 노정을 멀리 유람하고 높은 산과 깊은 내의 경계를 마음껏 걷고 싶어도 할 수가 없다. 사람들은 모두 말하기를 "난리통에 동분서주(東奔西走)하면서 냉하고 습한 기운에 많이 손상되어 피가 제자리를 얻지 못하였기 때문에 이 병이 되었다."라고 하였다.

그러나 나는 다음과 같이 생각하였다.

"사람은 하늘과 땅 사이에 태어났으니, 본래 마땅히 행해야할 도(道)가 있기 마련이다. 그런데 이 도는 마음속에 뿌리하여 만사에 도달하고 자기 몸에 근본하여 천하에 행해져서, 하늘이 높다 하여 통하지 않음이 없고 땅이 깊다 하여 통하지 않음이 없다. 해와 달이 교대하여 밝음에 도가 이와 더불어 함께 밝고, 산과 내가 조화롭게 모임에 도가 이와 더불어 함께 조화를 이루어서, 음양(陰陽)과 함께 굴신(屈伸 진퇴(進退))을 하고 귀신(鬼神)을 따라 길흉(吉凶)을 안다. 그리하여 복희(伏羲)·황제 헌원씨(黃帝軒轅氏)·요(堯) 임금·순(舜) 임금의 경지에 나아갈 수 있고, 탕왕(湯王)·문왕(文王)·주공(周公)·공자(孔子)의 행보(行步)를 좇을 수 있으니, 그 도는 높고 큼이 어떠하며, 길고 멂이 어떠한가? 혹시라도 이 도에 한 걸음을 내딛지 않고 한 자〔尺〕의 땅을 일구지 않아도 오히려 삼재(三才)에 참여하는 직분에 결함이 있다. 그런데 더구나 나는 나이가 마흔이 넘어서 시골 사람의 경계를 벗어나지 않다가 이 천경지위(天經地緯 영원히 변하지 않는 도리)가 어그러져 혼란하고 실추하여 끊길 때를 당해서도 여전히 이 도를 유지하고 수립할 계책이 없으니, 그 마땅히 행해야할 도를 폐한 것으로 무엇이 이보다 더 심하겠는가. 이 때문에 하늘이 길을 가는 발에 병을 내려서 도를 제대로 행하지 못하는 죄를 드러내 보인 것이다."

6월 초가 되자【발의 병이 비로소 편안해졌고, 큰비도 마침내 그쳤다.】 즉시 출발하여 인동으로 향하였는데, 경내를 지나다 보니 옛날 다니던 길이 잡초가 무성하지 않은 곳이 없었고, 옛날 경작하던 들이 황폐하지 않은 곳이 없었으며, 옛날 번성하던 촌락이 빈터가 되지 않은 곳이 없었고, 옛날 살던 인민들이 다시는 형적이 없었으며, 보이는 것은 오직 골짜기 가운데 낭자한 백골뿐이었다. 더디고 더디게 길을 건노라니, 오열(嗚咽)을 견딜 수가 없었다. 고을 가운데 이르니, 산과 들과 묘소가 가리는 곳 없이 한눈에 다 들어오는데,【수목이 모두 불타 없어지고 담장이 모두 무너졌다.】 관사(官舍)와 촌의 마을과 향교와 이사(里社)[39]가 완전히 쑥대밭이 되어서 그 땅을 분명히 알 수 없었다.【이는 바로 별도의 한 경계이니, 내가 태어나고 자란 땅이라는 것을 깨닫지 못하였다.】

그 한 중앙에는 오직 왜적의 보루가 있는데, 성으로 빙 둘러싸고 참호로 빙 둘러싸서 마치 멧돼지의 굴과 같고 뱀의 구멍과 같은 것이 이리저리 어지럽게 분포되어 지맥(地脈)을 멋대로 끊어놓고 있었다.【이때 호남(湖南) 지방의 양식이 수읍(守邑)의 역참으로 오자, 각각 푸줏간과 부엌을 만들어서 공양하고 접대하는 일에 대비하였고, 또 임시로 집을 만들어서 높은 사람과 낮은 사람을 대하니, 중국(中國 명나라) 군사들의 말하는 소리와 사람의 흔적이 이 때문에 모여 있었다. 그리고 사방으로 흩어졌던 읍내 사람들 중에 왜적이 나갔다는 말을 듣고는 각각 고향을 그리워하는[40] 생각이 일어서 혹 와서 모인 자가 있었으나, 성(城)도 비어있고 들도 비어있어서 살아갈 계책이 없으니, 날마다 중국 군대가 남긴 밥과 호남 사람들이 발로 차서 주는 음식[41]에 의지하여 아침저녁의 끼니를 때웠다.

39 이사(里社) : 고대 동리(洞里)에서 토지신(土地神)에게 제사 지내던 장소를 말한다.

40 고향을 그리워하는 : 원문의 '수구(首丘)'는 사람이 태어난 근본이나 고향을 잊지 못하는 것을 비유하는 말로, 《예기》 〈단궁 상(檀弓上)〉에 "옛사람의 말에 '여우가 죽을 때는 제가 살던 언덕으로 머리를 똑바로 향해 죽는데, 이것은 인이다.' 했다.〔古之人有言曰 : 狐死正丘首, 仁也.〕"라고 한 데서 온 말이다.

와서 모인 사람들은 머물러 거처할 곳이 없어서 모두 왜적의 굴에 가서 의탁하였는데, 나도 여러 사람과 함께 그 안에 머물러 유숙하였다.】

다음날 아침 마침내 선대(先代)의 산소가 있는 곳에 올라가서 선영(先塋)의 산소에 절하고 성묘하였다. 곡(哭)을 마친 다음 봉분을 둘러보니, 아직은 다른 폐해가 없는 듯하였다. 나는 난을 피해 달아나 도망한 초기로부터, 왜적이 지나는 곳마다 반드시 새로운 묘를 도굴한다는 말을 자주 들었다.【심지어는 관곽(棺槨)을 깨뜨려서 그 시신을 꺼내어 욕을 보였으니, 이는 가짜로 분묘(墳墓)의 모양새를 만들어서 보물을 감췄다고 의심하였기 때문에 도굴한 것인데, 시신이 있는 관을 보고서는 분묘가 의심을 불러일으켰다고 노여워하여 이렇게 한 것이다.】 나는 선비(先妣)를 장례할 때에 선고(先考)의 묘소를 함께 수리해서 두 묘소를 모두 새로 봉분을 하였는데, 또한 왜적들에게 의심을 받게 될까 두려워하였으니,【선영이 왜적의 소굴과 가까워서 더욱 염려스러웠다.】 깊이 근심되는 것은 항상 여기에 있었다. 그런데 지금 와서 성묘를 함에 이 근심을 면하게 되었으니, 이보다 더 큰 다행이 어디 있겠는가.【그러나 선산(先山)은 왜적의 도끼질로 민둥산이 되었고, 다만 비와 이슬 덕분에 푸르러진 새싹들이 있을 뿐이었다.】 선영을 성묘한 다음 다시 집터에 와서 먼저 선대의 나무신주를 보관한 곳을 보았는데, 나무신주를 묻은 구덩이는 그대로 남아 있었으나 나무신주가 있는 곳은 보이지 않으니, 왜적의 손에 화(禍)를 당한 것이 분명하였다.

저 남의 자손이 된 자의 경우, 그 몸은 바로 부모의 유체(遺體 남겨주신 몸)이고 부모의 몸은 바로 조부모의 유체이고 조부모의 몸은 바로

41 발로……음식 : 원문의 '축사(蹴食)'는 밥을 발로 차서 주는 것으로, 매우 멸시함을 비유하는 말이다. 《맹자》 〈고자 상(告子上)〉의 "한 그릇의 밥과 한 그릇의 국을 얻으면 살고 얻지 못하면 죽더라도, 혀를 차고 욕하면서 주면 길 가는 사람도 받지 않으며 발로 차서 주면 걸인도 달갑게 여기지 않는다.〔一簞食一豆羹, 得之則生, 弗得則死, 嘑爾而與之, 行道之人弗受, 蹴爾而與之, 則乞人不屑也.〕"에서 온 말이다.

증조부모의 유체이며 증조부모의 몸은 바로 고조부모의 유체이다. 이렇게 미루어 올라가보면 선조(先祖)와 시조(始祖)에 이르게 되고 또 자손이 미처 알지 못하는 맨 처음 생명을 받은 부모에 이르게 되니, 실로 모두 지금 나의 이 몸이 근본한 바이다. 똑같은 한 기운이 전해져서 이 몸에 이르렀으니, 그렇다면 이 몸이 이 기운에 근본한 바에 있어서 어찌 멀고 가까움의 차이가 있겠는가. 오직 그 정(情)이 도달하지 못하는 바가 있고 형세가 미치지 못하는 바가 있기 때문에, 선왕(先王)이 예(禮)를 제정할 적에 각각 귀천(貴賤)의 신분에 따라 그 죽은 분(선조(先祖))을 섬기는 제도에 차등을 두었으니, 이에 후세에 나무신주를 세울 적에 사(士)는 4대(代)에 그치게 한 것이다.

나는 우리 성씨(姓氏)에서 소종(小宗)[42]으로 나뉘어졌는데도 4대가 꽉 찼으므로 4대의 신주 수에 선고(先考)와 선비(先妣)를 합하여 여덟 신위(神位)가 되었고, 또 방친(傍親) 두 분의 신위와 아내의 신위가 있어서 모두 11개의 신위이다. 부모가 별세하시고 나서 그 형체를 지하에 매장했다면 흩어지지 않은 정혼(精魂)이 의탁하여 지낼 곳이 없게 되니, 이는 자식으로서 잠시라도 차마 하지 못하는 것이다. 그런데 정혼이 의탁하여 지낼 곳이 없게 되면, 자식의 망극(罔極)한 마음이 비록 살아계신 분을 섬기듯이 돌아가신 분을 섬기는 정(情)을 지극히 하고자 하나 따라서 지극히 할 곳이 없으니, 이 때문에 나무신주의 제도가 생기게 된 것이다. 이 나무신주를 세워서 부모의 정혼이 이에 의탁하여 지내게 되면, 자손들은 부모를 나무신주에 견주어서 부모를 섬기던 방법으로 나무신주를 섬기지 않겠는가. 그렇다면 나무신주는

42 소종(小宗) : 종가(宗家)인 대종(大宗)에서 갈려나온 방계(傍系)로, 고조(高祖)를 잇는 소종이 있고, 증조(曾祖)를 잇는 소종이 있고, 조(祖)를 잇는 소종이 있고, 부(父)를 잇는 소종이 있다.

바로 나의 부모인 것이다.

지금 나는 11개의 신위 중에 선비의 신주가 막 궤연(几筵)에 있었기 때문에 이것만 짊어지고 나와서 난을 피해 도망하여 숨어 지내는 중이다. 그러므로 집에 보관되어 있던 것은 열 분의 신위였는데 모두 잃었으니, 나무신주를 잃은 것은 바로 부모를 잃은 것이다. 이는 부모로부터 물려받은 나의 몸이 죄악이 크고 지극하여 천지에 용납될 수 없으므로 화(禍)가 우리 선조에게까지 미친 것이 아니겠는가. 사람이 1대의 부모를 잃어도 오히려 자신을 죄인으로 자처하는데,【의복이 보통사람과 다르고 음식이 보통사람과 다르고 거처와 동정(動靜)이 보통사람과 다른 것은, 이와 같이 하지 않을 수가 없기 때문이다.】 더구나 지금 나는 부모를 잃은 것이 4대에 이르니, 그렇다면 이 몸을 처신하는 것이 마땅히 어떠해야 옳겠는가. 수해(水害)와 화재(火災)의 재앙으로 신주를 잃었더라도 오히려 그 처참하고 애통한 마음을 비할 데가 없는데, 더구나 왜적의 손에 잃음에 있어서이겠는가.

상상컨대, 우리 선대(先代)의 부모의 정령(精靈)은 아마도 틀림없이 화(禍)를 만난 날에 놀라 흩어져 날아가고 화를 당한 뒤에는 오르내리며 방황해서, 향화(香火)를 올려도 의지할 만한 곳이 없고 상석(床席)을 마련해도 의지할 만한 곳이 없으며, 사당에도 의지할 만한 곳이 없고 목석(木石)에도 의지할 만한 곳이 없을 것이니, 생각이 이에 이르면 차마 말을 할 수가 없고 차마 말을 할 수가 없다. 이 유체의 지각(知覺)은 본래 부모의 정혼(精魂)이 오고감에 미치지 못하지만, 매우 밝으신 정혼이 유체가 있는 곳을 밝게 비추어 응집(凝集)하고 광명(光明)하여 드높이 올라가 크게 떨쳐서, 이 몸이 불초무상(不肖無狀)[43]하

43 불초무상(不肖無狀) : 못나고 변변치 못한 자식을 비유하는 말이다. '무상'은 잘하는 것이 없는 것으로 '불초'와 같은 뜻인데, 정도의 지극함을 표현할 적에 이처럼 연결하

다 하여 끊어버리지 않고서 마침내 잠시잠깐 호흡하는 사이에 와서 의지하고, 4대의 부모를 합쳐 완전히 한 몸이 되어서 이 몸이 동쪽으로 가든 서쪽으로 가든 달아나든 숨든 이 몸이 있는 곳을 따라서 일찍이 잠시도 떠난 적이 없을 것인데, 나만 홀로 알지 못하는 것이 아니라고 어찌 장담하겠는가. 참으로 그러한가. 참으로 그러하지 않은가. 나는 감히 반드시 그렇다고 말할 수는 없으나, 또한 그럴 이치가 없다고도 말할 수 없을 것이다. 그렇다면 불초무상한 이 몸이 일찍이 선대(先代)의 부모가 모두 이 몸에 의지하고 계심을 헤아리지 못해서 마침내 이 몸이 더욱 소중하다는 것을 알지 못한 것이다. 그리하여 언어를 삼가지 않고 동작을 삼가지 않으며 마음을 보존함을 삼가지 않고 몸가짐을 삼가지 않으며 일을 처리함에 삼가지 않고 남을 접함에 삼가지 않아서 선대의 부모를 욕되게 하였으니, 이는 더욱 두려워할 만한 일이다. 그러나 비록 내가 불초무상하나 능히 이 몸을 소유해서 선대의 부모의 정혼으로 하여금 구름이 사라지고 연기가 흩어지는 지경으로 돌아가지 않고 의지하실 곳이 있게 한다면, 다행함이 다시 어떻겠는가. 그렇다면 마땅히 새로운 신주(神主)를 모두 만들어서 이 마음을 재계(齋戒)하고 이 몸을 깨끗이 하며 하늘에 구하고 땅에 구하여 선대의 부모의 정혼을 오시게 해서 하여금 의지할 곳이 있게 하여야 할 것이다. 그러나 이때 난리가 아직 그치지 않아서 후일을 보존하는 것을 기필하기 어려운데다가 또 재력이 더욱 미치지 못하여 이 때문에 결국 실행하지 못하였다.

더욱 가슴 아픈 것은, 7대 조고(祖考)의 진상(眞像 화상(畫像))을 우리 집의 사당에 직접 받들어 모셨기 때문에 매년 설에 우리 일가 친족을

여 사용한다.

모아 제사를 받들 때마다 모두 우러러 흠모하였는데, 그 분의 신채(神彩 풍채)와 의용(儀容 용모)을 2백 년 뒤에도 접할 수 있으니, 그 자손에게 위로되고 다행스러움이 어떠하였겠는가마는, 난리 때에 나무신주와 함께 한 궤짝에 보관하였는데 마침내 모두 화를 당하였으니, 이것이 더욱 가슴 아픈 일이다. 나무신주는 그래도 다시 만들 수가 있지만 의용은 다시 모사(摹寫)할 수가 없으니, 불초무상한 이 몸의 죄가 이에 더욱 크다. 나는 난리가 나기 10여 년 전부터 여러 번 꿈을 꾸었는데, 꿈속에서 사당에 들어가 여러 신위의 신주가 모두 훼손되어 부서지고 망가져 흩어져서 신주의 앞면과 받침대가 뒤바뀌고 의자와 탁자가 뒤집혀 있는 것을 보았다. 나는 통곡하면서 수습하여 이것들을 합치려 하였으나 합쳐지지 않기에 근심하며 괴로워하다가 잠을 깨곤 하였다. 잠을 깨서 홀로 가만히 생각해보고는, '내가 무슨 죄를 지었기에 이런 꿈을 꾸게 되었는가?' 하여 항상 경계하는 마음을 품고서 감히 조금도 해이하지 않았다. 그러나 오늘날의 변고가 바로 이때에 이미 드러난 것임을 어찌 알았겠는가.

나는 또 동산을 두루 둘러보았는데, 다만 쑥대 사이에 매화(梅花)나무와 황벽(黃蘗) 나무가 무리지어 자라고 포도나무가 새로 가지를 치고 국화가 아직 지지 않았고 가는 대나무가 여전히 남아있는 것을 보았을 뿐, 나머지는 볼 만한 것이 없었다. 마침내 지팡이에 의지하여 서서 불타 잿더미가 된 가운데를 손가락으로 짚어보았는데, 저기는 당(堂 대청)이 있던 곳이고 저기는 방이 있던 곳이고 저기는 내실(內室)이 있던 곳임을 모두 구별할 수가 있었다. 선비(先妣)는 신묘년(辛卯年) 겨울에 별세하셨는데, 선비가 살아계실 때에 기거동작(起居動作)하시고 웃고 말씀하시던 모습을 상상해보면 마치 어제와 같이 분명하다. 그런데 지금 선비를 영원히 뵙지 못하게 되었고 또 별세하신 지 3년이 못 됐는데도 기거동작하시고 웃고 말씀하시던 자리가 모두 쑥대

밭이 되었으니, 어찌 다만 뭉클하고 서글픈 심정이 우로(雨露)를 밟고 서리를 밟는 등의 일[44]에 감동해서일 뿐이겠는가. 하늘을 향해 울부짖고 땅을 쳐봐도 스스로 그 심정을 진정할 수가 없기에 끝내 눈물을 뿌리고 길로 나왔다. 당병(唐兵 명나라 군대)을 만나서 잠시 왜적의 형세를 물었는데, 말이 통하지 않았으나 나무젓가락만으로도 땅에 그어가며 글자를 써서 문답할 수 있었다.【또다시 왜적의 굴에서 잤다.】

다음날 마침내 의성(義城)으로 향하였다.【장차 권속(眷屬 가솔)을 데리고 가서 의탁하려 하였으므로 그 우거할 만한 형세가 편한지의 여부를 살피려고 해서였다. 이날 후혈촌(後穴村)에서 잤는데, 후혈촌은 바로 최형(崔兄 셋째 자형(姊兄)인 최취흡(崔就潝))의 첩의 집이 있는 곳이었다. 최형이 이곳에 와서 우거한다는 말을 듣고 다시 만나보고자 하였으므로 가서 투숙한 것이다.】 다음날 귀지산(龜智山)에 도착했는데, 누님이 이미 집으로 돌아와서 작게나마 농사를 짓고 있었다. 나는 와서 의탁하기를 원하여 자형의 허락을 받고서 며칠을 머물다가 탄지(炭池)에 가서 큰누님을 뵈었다. 이때 처음으로 노경건(盧景健)이 왜적에게 죽었고 그의 아내 또한 절개를 지키려고 죽었다는 것을 알게 되었다.

경건은 노씨(盧氏) 생질 중에 장남이다. 품성이 순후(醇厚)하고 착실하며 마음씀이 온화하고 순해서, 어머니를 받듦에 온화하고 형을

44 우로(雨露)를……일 : 돌아가신 부모님을 그리워하는 마음을 말한다. 《예기(禮記)》〈제의(祭義)〉에 "가을에 서리와 이슬이 내리면 군자가 이것을 밟고 반드시 슬픈 마음이 생기니, 이는 날씨가 추워져서 그런 것이 아니다. 또 봄에 비와 이슬이 내려 땅이 축축해지면 군자가 이것을 밟고 반드시 뭉클해지는 마음이 생겨 마치 돌아가신 부모를 곧 만날 듯이 여긴다.〔霜露既降, 君子履之, 必有悽愴之心, 非其寒之謂也. 春雨露既濡, 君子履之, 必有怵惕之心, 如將見之.〕"라고 한 데서 온 말이다. 이에 봄의 한식(寒食) 즈음에 선조의 사당과 묘소에 제사를 지내고 초겨울인 10월에도 다시 제사를 지내는 것이다.

섬김에 공경하였으며 두 아우와 우애하고 노복(奴僕)들을 자애롭게 대하니, 친척들은 그의 후덕하고 유순함을 좋아하고 마을에서는 그의 신실함을 칭찬하였다. 그러나 자신이 가업(家業)을 주관하느라 학문을 힘쓸 겨를이 없자 두 아우에게 권면하여 학문에 전심(專心)하게 하고 몸소 부지런히 장만해서 그들의 옷과 식량을 계속 대주었으니, 두 아우가 성장하여 자립한 것은 모두 그의 덕(德)이었다. 아내는 송씨(宋氏)로 상주(尙州) 선비의 딸인데, 덕(德)도 정숙하고 유순하여 그 남편에게 배필이 될 만하였고, 또 부인이 갖춰야 하는 재주도 많아서 일마다 모두 남보다 뛰어났다. 그러므로 비록 곤궁하게 살았으나 의복과 음식에 정통하여 남보다 뒤지지 않았으며, 위로는 시어머니 마음을 순히 받들고 아래로는 남편의 뜻을 잘 따라서 아무리 힘든 일을 하더라도 오랠수록 게을리하지 않았다. 난을 피해 달아나 도망하는 중에는 친정집에 있었으니, 시어머니가 의성(義城)에 계셨으나 우거하는 데 필요한 비용이 이미 부족하였으므로 스스로 자기의 입을 덜기 위해 와서 모시지 못했던 것이다. 그런데 노경건은 장모의 부음(訃音)을 듣고 갔다가 돌아오지 못하고서 왜적을 만나 부부가 함께 죽었다. 아, 우리 한 가문이 이에 훌륭한 사람을 잃었으니, 이보다 더 심한 불행이 무엇이 있겠는가.

다음날 곧바로 팔거(八莒)로 향하여 인동(仁同) 길로 나오니, 길에 오고가는 명(明)나라 군사가 있었는데, 한 사람을 만나서 왜적의 형세를 물었다. 다시 한 사람을 만났는데, 나의 종이로 만든 자리를 빼앗아 갔다. 저녁에 현촌(縣村) 옛 종〔奴〕의 초막에 가서 묵으니, 바로 3월에 왕래할 때 유숙한 곳이다. 다음날 팔거에 이르러서 하루를 머물렀다. 가솔들을 거느리고 장차 의성으로 향하려고 하여 또다시 현촌 옛 종의 초막에 투숙하였다.

이때 장내범(張乃範)이 영해(寧海)에서 소를 끌고 기장을 가지고 와서 인동에서 농사를 짓고자하였다. 나는 그의 소를 빌려서 아내와 딸아이를 태우려고 잠시 머물면서 소가 오기를 기다렸다. 이 마을은 예전에는 거주하는 백성이 많았는데 지금은 모두 사망해서 오직 빈터만 남았는데, 나무는 예전 그대로였다. 데리고 간 노복들이 날마다 푸른 감을 따다가 물에 담가 달아질 때까지 우려주어서 굶주린 배를 채웠다. 머문 지 4, 5일이 지나 소를 가지고 왔기에 또다시 길을 떠났는데, 아내와 딸아이를 번갈아 소에 태워서 길 가는 피로를 덜게 하였다. 읍내를 지나 가촌(加村)에서 투숙하였는데, 이 마을에 이웃사람이 와서 우거하고 있기에 그 초막에 가서 유숙하였다. 이 사람은 평소 우리와 이웃하여 살던 자인데, 이날 나를 보고 통곡하였다.【아마도 이 난리통에 서로 소식이 막혔다가 처음으로 구면(舊面)을 보았기 때문일 것이다.】 나는 그가 굶주리고 있는 것을 가엾게 여겨서 내 밥을 나누어 먹게 하였다. 밤에는 난리통에 겪은 이런저런 고생을 말하고 또 세월이 태평해지면 같이 옛 이웃을 찾기로 약속하였다.

다음날 일찍 출발하여【도중에 소낙비를 만났으나 곧바로 갰다. 젖은 옷을 햇볕에 쪼여 말린 뒤에 떠날 수 있었다.】 저녁에 누님의 집에 도착하였다. 만나서는 서로 위로하였는데, 누님은 한편으로는 슬퍼하고 한편으로는 기뻐하였으며 또 생활에 필요한 물자를 마련하는 것이 어려울까 염려하였다. 며칠을 묵었는데, 누님 집 곁에 빈 집이 있어서 자형(姊兄)이 나를 그곳에 거처하게 하였다. 인석(茵席 왕골이나 부들로 만든 돗자리), 솥과 그릇, 양식과 반찬 등 모든 것을 구비해놓고서 나로 하여금 우거할 자료로 삼게 하였다. 이로부터 정해진 거처가 생겼으니, 몸은 믿을 데가 있고 마음은 붙일 데가 있어 동(東)으로 서(西)로 이리로 저리로 끊임없이 황황(遑遑)히 도망하는 탄식을 면할 수 있었다. 집에 무너진 누대가 있어서 잠시 몸을 쉴 수 있기에, 내 말하기를 "이 위에 앉고 누워서 찢어진 책 몇 권을 얻어 무료함을 달래겠다." 하였다.

이때 왜적이, 화의(和議)에 따라 해구(海口)로 후퇴하였으나 여전히 바다를 건너갈 뜻이 없더니, 마침내 병력을 총동원하여 우리의 진주성(晉州城)을 포위하였다. 진주에는 경상우도(慶尙右道) 여러 진영(陣營)의 군대와 전라도(全羅道)의 의병(義兵)과 충청도(忠淸道)의 장병(將兵)이 있어 힘을 합하여 함께 막았는데, 밖에 지원하는 군대가 없고 왜적의 형세가 매우 치성하여 끝내 함락을 당하였으니, 참으로 애통할 만한 일이다. 듣자하니, 진주성이 포위당했을 때에 왜적 진영의 12명의 대장이 모두 와서 합세하여 진주성 뒤에 있는 주산(主山)을 점거하고서 성안을 굽어보고, 또 그 옆에 흙을 쌓아 별도로 다른 산을 만들어서 대포를 쏘는 장소로 삼았으며, 나무를 묶어 해자를 메워서 길을 만들고, 온전한 나무를 사용하여 작은 집을 만들고서 왜병들이 이 가운데에 들어가 밀면서 전진하여 성 밑에 이르러 성을 파서 무너뜨리니, 우리 군사들은 큰 돌을 던져서도 깨뜨리고 꺾을 수가 없었다고 한다. 저들은 또 주머니에 모래를 담아 물길을 막아 돌려 성안에 마구 주입하고자 하여 천백 가지의 계모(計謀)로 그 기변(奇變)을 다하였으며, 12명의 대장 모두가 각각 소속된 부하를 거느리고 번갈아 나와 싸웠다고 한다.

저 왜적의 군대는 항상 쉬고 우리의 병졸들은 항상 수고로웠으니, 이것이 진주성이 반드시 함락될 수밖에 없었던 형세인 것이다. 그러나 진주성은 삼면(三面)이 험준하여 일면(一面)만 방어하면 되니, 만일 그 방어를 엄하게 해서 왜적으로 하여금 틈을 탈 수 없게 했다면, 비록 백만 명의 왜적이라도 손 쓸 곳이 없었을 것이다. 그리고 패전할 때에 만약 하루만 더 지체하였더라면 저들은 이미 후퇴할 계책이 있었는데, 한 곳에서 수비를 잘못하여 마침내 온 성이 함락되게 되었으니, 어찌 함락되게 한 빌미가 실로 우리 군대로부터 비롯된 것이 아니겠는가.

사람들은 모두 말하기를 "만약 김시민(金時敏) 장군이 여기에 있었으면 진주의 병력만 거느리고도 충분히 잘 방어할 수 있었을 것이다.” 라고 하였다. 김시민 장군이 있을 때에는, 장수는 병졸의 마음을 알고 병졸은 장수의 뜻을 알아서 마치 심복(心腹)과 같고 수족(手足)과 같았으므로, 아무리 강한 적이라도 그 틈을 타기 어려웠다. 그런데 이때에는 그렇지 않아서 각 도(道)의 군대와 각 진(陣)의 장수들이 한마음이 되지 못하고 협력하지 못하였으며 또 왜적을 막는 데에 익숙하지 못하였으므로 함락을 당한 것이다.

성이 함락되자, 왜적들은 우리 군대를 마치 어린 풀을 베듯 마구 죽였는데, 심지어는 왜적의 병사가 모두 칼날이 무뎌지고 어깨가 피곤함에도 불구하고 끊임없이 베어 죽여 한 사람도 남겨두지 않은 지경에 이르렀으니, 그런 뒤에야 살육을 멈췄다. 이어서 또 진주성을 철거하고 훼손해서 높은 곳을 밀어 구덩이를 메우고 평평하게 마당을 만들어서 예전의 자취를 깨끗이 없애고 돌 하나, 나무 한 그루도 그 땅에 남겨두지 않았다. 이는 지난해에 패전한 것을 분하게 여겨서 진주성을 기필코 함락한 뒤에야 그만둔 것이니, 그 관백(關伯)의 명령에 의한 것이었다.

총병관(摠兵官) 유정(劉綎)[45] 또한 명(明)나라 장수이다. 이때 합천(陜川)에 있었는데 진주(晉州)와의 거리가 멀지 않았으나 군사가 적어서 구원하지 못하였다. 유공(劉公)은 다만 장수의 재능이 있을 뿐만 아니라, 칭찬할 만한 훌륭한 점이 많이 있었다. 평양(平壤)에서 승전을 한 뒤에 왜적이 경성(京城)에 있었는데, 대장으로부터 이하가 모두 왜적과의 화의(和議)를 논하는 가운데 유독 유공만 마땅히 왜적을 공

45 유정(劉綎) : 1558~1619. 명(明)나라의 무장(武將)으로, 임진왜란 때 보병 5천을 이끌고 조선에 와서 왜군을 방어하고 정왜부총병(征倭副摠兵)으로 승진하였다. 경상도 대구 팔거현(八莒縣)에 오래 주둔하였는데, 당시 법을 만들어 군중(軍中)에 남아도는 미곡을 모두 팔아 병란과 기근으로 뿔뿔이 흩어진 백성들을 도왔다고 한다. 1594년 9월에 본국으로 돌아갔다가 정유재란 때 서로(西路)의 제독으로 재차 출병하였다.

격해야한다는 의논을 폈으나, 아랫사람의 처지에 있어서 끝내 뜻을 이루지 못하였다. '영웅이 그 지혜를 쓸 수 없다.'는 말은 바로 그가 스스로 말한 것이니, 그렇다면 그의 뜻을 이 말에서 엿볼 수 있다.【8월에 장내범(張乃範)이 영해(寧海)에서 가솔들을 거느리고 와서 내가 우거하는 집에 우거하였다. 그가 영해에 있을 때에, 그의 계모가 인동(仁同)의 왜적이 이미 나갔다는 말을 듣고 고향 사람들 중에 고향으로 돌아가는 사람들과 함께 돌아가려고 하였다. 그는 만류하지 못하여 그대로 함께 돌아가는 사람들에게 부탁하고서 전송하였다. 늙고 병들고 굶주리고 피곤한 나머지 힘이 다하여 걸어갈 수가 없자 마침내 길 곁의 보리밭에 들어갔다가 밭주인에게 매를 맞고 부상을 당해서 거의 죽을 지경에 이르렀으나 숨이 끊어지지 않고 엉금엉금 기어 사람들을 따라 와서 인동의 경계에 이르렀다. 그런데 동행하던 사람들이 버리고 먼저 가는 바람에 끝내 고향으로 돌아오지 못했으니, 아마도 길에서 죽었을 것이다. 장내범의 선친(先親)은 바로 나의 족형(族兄)인데 친분이 또 특별히 깊었으며, 장내범 또한 어릴 때부터 나를 따라 배워서 정의(情義)가 이미 견고하였다. 그런데 이제 집안의 변고를 보게 되니, 비록 난리통이라고는 하나 어찌 측은하지 않겠는가. 그가 직접 모시고 오지 못한 뜻을 물어보니, 자기는 이미 오랫동안 염병(染病)을 앓다가 막 나아서 걸어갈 힘이 없었고 그 아우 또한 이미 길을 떠났는데, 계모가 먼저 나갈 것을 청하였으므로 홀로 계모만 보냈다고 하였다. 나에게 조처할 방법을 묻기에, 나는 말하기를 "상복(喪服)을 입는 것은 마땅히 예(禮)를 따라야 한다." 하였다. 마을에 우거하는 사람이 농사를 조금 지어서 이미 올벼를 수확하였는데 혹 보내주기도 하였으니, 나는 이 덕분에 가을을 보낼 수 있었다. 우거하는 집 앞에 시내가 있는데 때로 시냇가를 배회하다가 손을 씻고 발을 씻으면서 그윽하고 답답한 회포를 풀 수 있었다. 노구중(盧懼仲)이 탄지촌(炭池村)에 있었는데 때로 정생(挺生)을 데리고 내가 우거하는 곳까지 걸어와서 큰누님께 절하고 안후를 살피고는 인하여 노구중과 함께 서로 마음속에 있는 말을 터놓고 돌아가니, 왕래하는 수고로움을 잊을 수 있었다. 이때 정생은 내가 의성(義城)에 있다는 말을 듣고는 자기가 이미 부모를 잃어 의지할 곳이 없다 하여 마침내 와서 함께 머물고 있었다. 그러므로 나는 출입할 일이 있을 때마다

매번 그를 데리고 다녔다.】

이해 봄에 경작할 수 있는 것이 얼마 되지 않아서 밭과 들이 모두 황폐하여 가을이 되어서도 굶주린 백성들이 수확할 것이 없었다. 그런데 들에는 자생(自生)하는 메기장이 있어서 겨우 이삭이 패면 사람들이 다투어 뽑아서 햇볕에 말려 절구에 찧어 죽을 쑤어 먹었으니, 이렇게 하면서 하루를 지낼 수 있었다. 나 또한 데리고 온 계집종으로 하여금 날마다 이삭을 뽑아오게 하여 먹을거리로 삼았는데, 그 맛이 써서 먹을 수가 없었다.【또 황폐한 밭에 자생하는 콩이 있기에 뽑아 와서 절구에 찧어 죽을 쑤어 먹었는데, 메기장보다 훨씬 맛이 좋았다.】

대체로 굶주린 백성들이 먹는 것 중에, 풀 열매로는 자생하는 메기장이 있고 까만 콩이 있고 별두(鱉豆)가 있고 토사자(兎絲子 새삼) 열매가 있고 공장초(空場草) 열매가 있고 좌괴(佐槐 자귀) 열매가 있고 마다(馬茶) 열매가 있고 여귀꽃〔蓼花〕 열매가 있고 마교초(馬嚙草) 열매가 있고 차〔茗〕 열매가 있고 근기 영초(根起縈草)의 열매가 있고 두사(頭莎)의 열매가 있으며, 나무 열매로는 상수리 열매가 있고 오디가 있고 면죽(綿竹 솜대)의 열매가 있으며, 풀잎으로는 먹지 못하는 것이 별로 없어서 이루 다 들어 말할 수가 없다. 나뭇잎으로는 파기(婆嗜) 잎이 있고 녹퇴(綠堆) 잎이 있고 시모(猜冒) 잎이 있고 뇌립(餒立) 잎이 있고 감나무 잎이 있고 고염〔羊棗〕 잎이 있으며, 풀뿌리로는 몰위(沒萎) 뿌리가 있고 모시 뿌리〔苧根〕가 있고 참마〔眞薯蕷〕가 있고 까만 감자〔烏薯〕가 있고 마서(馬薯)가 있고 도라지〔桔梗〕가 있고 산삼(山蔘)이 있고 융예(戎艾) 뿌리가 있으며, 나무뿌리로는 느릅나무 뿌리가 있으며, 나무껍질로는 소나무 껍질이 있고 측백나무 껍질이 있으며, 살아있는 물건으로는 곤충과 개구리, 여우와 쥐, 까마귀와 까치가 있으니, 모두 굶주린 백성들이 먹는 것이었다.

하늘과 땅이 만물을 낼 적에 귀한 것이 있고 천한 것이 있다. 풀과 나무는 가지와 잎이 있는 종류로 만물 중에 가장 천한 것이므로 뿌리가 땅에 박혀 있어서 다만 비와 이슬을 의지하여 자라고, 새와 짐승과 곤충과 물고기는 혈기(血氣)가 있는 종류로 만물 중에 풀과 나무 다음으로 천한 것이므로 반드시 무언가를 먹고 마셔야만 살 수 있는데, 먹는 것이 각각 편벽된 바가 있어서 풀을 먹는 놈은 열매를 먹지 못하고 열매를 먹는 놈은 고기를 먹지 못한다. 그런데 오직 사람은 만물 중에 가장 귀한 존재이므로 풀과 나무의 뿌리, 잎, 꽃, 열매와 혈기(血氣)가 있는 곤충과 물고기, 새와 짐승 등 먹지 못하는 것이 없는데, 먹는 것 중에서도 거칠고 천한 것을 싫어하여 반드시 아름답고 좋은 것을 가려 먹는다. 그러므로 풀 중에 아름다운 것을 취하여 채소(菜蔬)라 하고 풀의 열매 중 아름다운 것을 취하여 곡식(穀食)이라 하고, 나무 열매 중 아름다운 것을 취하여 과일이라 하고, 혈기가 있는 물건 중에 아름다운 것을 취하여 물고기와 육류라 하니, 이것이 인간이 가장 신령스럽고 가장 귀중하여 만물의 우두머리가 되는 까닭이다. 그러므로 하늘과 땅이 사귀어서 태운(泰運)이 되면[46] 이 기운을 얻어 물건이 된 것은 모두 아름답고 귀한 것이니, 이에 인민(人民)이 번성하여 온갖 채소와 온갖 과일과 온갖 곡식과 육축(六畜)[47]이 번성하지 않음이 없는 것이다. 하늘과 땅이 사귀지 못하여 비운(否運)이 되면[48] 이 기운을 얻어 물건이 된 것은 모두 거칠고 천한 것이니, 이에 인민이 번성하지

46 하늘과……되면 : 천지의 기운이 크게 통하여 만물이 이루어지는 때를 말한다. 《주역》〈태괘(泰卦 ䷊) 상(象)〉에 "하늘과 땅이 사귀는 것이 태이다.〔天地交, 泰.〕" 하였다.

47 육축(六畜) : 집에서 기르는 여섯 가지 가축으로, 소·돼지·닭·개·양·말을 이른다.

48 하늘과……되면 : 천지의 기운이 통하지 않아서 만물이 통창(通暢)하지 못한 때를 말한다. 《주역》〈비괘(否卦 ䷋) 상(象)〉에 "하늘과 땅이 사귀지 못하는 것이 비이다.〔天地不交, 否.〕" 하였다.

못하여 온갖 채소와 온갖 과일과 온갖 곡식과 육축이 모두 번성하지 못하는 것이다.

그런데 그 비운의 지극함이 오늘과 같은 때가 없어서 하늘과 땅 사이에 귀하고 아름다운 것은 모두 없어지고 고갈되어 번성하지 못하고 천하고 추악한 것은 때를 얻어 성하니, 이 패망한 뒤에 죽지 않고 살아남은 백성들은 먹고 사는 것이 가장 어려워졌다. 온갖 곡식이 결핍되면 곡식이 아니어도 먹지 못하는 풀의 열매가 없고, 온갖 과일이 부족하면 과일이 아니어도 먹지 못하는 나무열매가 없고, 온갖 채소가 부족하면 채소가 아니라도 먹지 못하는 풀이 없고, 육축이 다 없어지면 육축이 아니라도 먹지 못하는 고기가 없다. 그리하여 예전에 취하지 않던 것을 지금은 취하고 예전에 먹지 않던 것을 지금은 먹으며, 심지어는 나는 새, 달리는 짐승과 그 먹는 것을 같이 하니, 먹는 것이 이미 나는 새, 달리는 짐승과 똑같다면 그 마음 또한 금수(禽獸)와 똑같아지지 않을 자가 드물 것이다. 이에 이미 정도가 심해져서 사람이 서로 잡아먹는 지경에 이르고 또 더욱 심해지면 부자간, 형제간, 부부간에도 서로 잡아먹는 지경에 이를 것이니, 천고(千古)의 이전에도 이러한 변고가 있었는가. 사람이 사람 된 도리가 이미 끊겼으니, 또 어찌 다만 금수와 함께 돌아갈 뿐이겠는가. 이는 양명(陽明)하고 순정(順正)한 기운이 이미 다하고 음려(陰戾)하고 사악(邪惡)한 기운이 막 성하기 때문에 사람이 사람답지 못하고 음식이 음식답지 못하고 마음이 마음답지 못하기 때문이 아니겠는가.

혹자가 물었다.

"사람은 비운(否運)의 가운데에서는 사악한 기운을 만나기 마련이다. 그렇다면 오늘 혹 이 난리가 난 때를 틈타서 그 세력을 믿고 기름진 농토를 멋대로 취하여 밭두둑을 이어가고 굶주린 백성들을 멋대로 모아 가정(家丁 집에서 부리는 남자 일꾼)으로 만들어서 여러 사람이 굶주린 때에 홀로 배부르고 백성들이 곤궁한 날에 홀로 부유하며, 몸으로 부도덕한 짓을 행하여도 아무도 죄로 여기지 않고 입으로 무례한 말을 하여도 아무도 그르다 하지 않아서 기염(氣焰)이 널리 군읍(郡邑)에 행해지고 위세(威勢)가 절로 향려(鄕閭)를 제압하는 자가 있으니, 이 사람은 홀로 비운 가운데 처하여 사악한 기운을 만나지 않는 것인가?"

이에 내가 다음과 같이 말하였다.

"흉한 운(運)을 타고 일어난 자는 흉한 부류이고, 간사한 기운(氣運)을 만나 흥왕(興旺)한 자는 간사한 부류이다. 같은 운 가운데에서도 안과 밖의 차이가 있고 같은 기운 가운데에서도 주(主)와 객(客)의 구별이 있으니, 이 당시에 강하고 큰 자는 흉한 운의 안에 처하여 사악한 기운의 주인이 된 자요, 이 당시에 약하고 패망한 자는 흉한 운의 밖에 처하여 사악한 기운의 객이 된 자이다. 안에서 주인이 된 자는 흉하고 사악한 권세자루를 잡고, 밖에서 객이 된 자는 흉하고 사악한 해독을 입는다. 저들이 강하고 커진 이유는 흉한 기운을 마구 자행하여 강함을 이루고 사악한 계책을 멋대로 사용하여 크게 된 것이다. 도(道)에 맞지 않는 방도로 얻은 음식으로 배를 불리고 이치에 합당하지 않는 방도로 얻은 곡식으로 부자가 되며, 바르지 못한 기운으로 강해지고 정직하지 못한 힘으로 커진 것이니, 그렇다면 그 배부름은 도(道)에 맞지 않는 방도로 얻은 음식으로 배를 불린 것이고, 그 부유함은 이치에 합당하지 않는 방도로 얻은 곡식으로 부유해진 것이며, 그 강함은 마땅히 강해서는 안 되는데 강해진 것이고, 그 큼은 마땅히 커서는 안 되는데 커진 것이다. 하늘과 땅이 이를 굽어보고 해와 달이 이를 밝게 비추고 귀신이 이를 알고 수많은 백성들이 이를 바라본다. 나는 도(道)에 맞지 않는 방도로 얻은 음식으로 배부른 것으로는 능히 끝내 배불렀다는 말을 듣지 못하였고,

이치에 합당하지 않는 방도로 얻은 곡식으로 부유해진 것으로는 능히 끝내 부유했다는 말은 듣지 못하였으며, 마땅히 강해서는 안 될 때에 강한 것으로는 능히 끝까지 강하고 마땅히 커서는 안 될 때에 큰 것으로는 능히 끝까지 컸다는 말은 듣지 못하였다. 그렇다면 그 배부름은 결국 그를 굶주리게 하고, 그 부유함은 결국 그를 곤궁하게 하고, 그 강함은 결국 그를 약하게 하고, 그 큼은 결국 그를 작게 하는 것이니, 나는 그가 강하고 크다는 것을 알지 못하겠다."

혹자가 또 말하였다.

"흉한 운을 타고 일어난 자를 그대는 흉한 부류라 하고, 사악한 기운을 만나 흥왕한 자를 그대는 간사한 부류라 하였다. 그렇다면 탕왕(湯王)과 이윤(伊尹)은 하(夏)나라 백성들이 몹시 곤궁한 때에 창성하였고, 문왕(文王)과 무왕(武王)과 주공(周公)과 여상(呂尙)은 은(殷)나라 백성들이 몹시 위험한 때에 창성하였으니, 이는 흉한 운을 타고 일어나고 사악한 기운을 만나 흥왕한 자가 아닌가?"

이에 내가 다음과 같이 말하였다.

"그렇지 않다. 흉한 운을 타고 일어난 자를 흉한 부류라 한 것은 흉한 방도를 사용하여 일어났기 때문이요, 사악한 기운을 만나 흥왕한 자를 사악한 부류라 한 것은 사악한 방도를 사용하여 흥왕하였기 때문이다. 탕왕과 이윤, 문왕과 무왕과 주공과 여상으로 말하면, 통태(通泰)한 도(道)를 사용하여 비색(否塞)한 운(運)을 열어놓은 것이고, 양명(陽明)한 도를 사용하여 음암(陰暗)한 세대를 변화시킨 것이며, 정대(正大)한 도를 사용하여 사악하고 어지러운 기운을 개혁한 것이다. 귀해지기를 바라지 않았으나 천자의 지극히 높은 지위가 되었고, 부유하기를 바라지 않았으나 사해(四海)의 지극히 넓음을 소유하였고, 강해지기를 바라지 않았으나 오랑캐와 중화(中華)가 그 의(義)에 복종하고, 커지기를 바라지 않았으나 하늘과 사람이 그 인(仁)에 귀의하였으니, 이들이 어찌 부귀와 강대함에 뜻을 둔 자이겠는가. 그렇다면 흉한 운을 타고 흉한 방도를 사용하며 사악한 기운을 만나 사악한 도를 사용하는 자는 음(陰) 가운데의 음이니 반드시 패망할 자요, 통태한 도를 사용하여 비색함을 열어놓고 양명함을 사용하여 음암한 세대를 변화시키고 정대한 도를 사용하여 사악하고 어지러운 기운을 개혁하는 자는 음 가운데의 양(陽)이니 반드시 창성할 자이니, 그 도가 하늘과 땅처럼 큰 차이가 나지 않겠는가. 아! 어이하면 당일의 비색한 운을 기울게 하고 '천지교태(天地交泰)'의 조화를 만나서 은(殷)나라의 도가 소강(少康)의 덕에 부흥을 하고 주(周)나라 왕업이 선왕(宣王)의 도에 다시 창성해서,[49] 해마다 풍년이 드는[50] 부유함을 이루고 배를 두드리는 백성들을 볼 수 있겠는가?"

이때에 대가(大駕 임금의 수레)가 비로소 옛 서울로 돌아오셨는데, 궁전과 대각(臺閣)이 모두 쑥대밭이 되고 종묘와 사직이 모두 잿더미가 되어 모두 사가(私家)에 남아있는 것을 빌려다 썼다.

나는 9월에 또다시 정생(挺生)을 데리고 석본촌(石本村)에서 박순백(朴純伯)을 만나보았는데, 이 마을은 바로 군위(軍威)의 땅이었다. 【그는 난리가 나기 전부터 이 마을에 농토를 소유하고 있었는데, 왜적이 물러간 뒤에

49 은나라의……창성해서 : 소강(小康)은 하(夏)나라 6대 임금으로, 태강(太康)이 사냥에 빠져 정사를 돌보지 않다가 후예(后羿)에게 빼앗겼던 나라를 되찾아 우(禹) 임금의 옛 공업(功業)을 중흥시켰으며, 선왕(宣王)은 주(周)나라 유왕(幽王)의 아들로 유왕이 학정(虐政)을 일삼다가 거의 망하게 한 주나라를 중흥시켰다. 여헌이 은나라라고 한 것은 착오인 듯하다.

50 해마다 풍년이 드는 : 원문의 '누풍(屢豐)'은 해마다 풍년이 든다는 뜻으로, 《시경》 〈주송(周頌) 환(桓)〉에 "천하 만방을 편하게 하시니, 해마다 풍년이로다.〔綏萬邦, 屢豐年.〕"라고 보인다.

와서 조와 콩을 심어서 수확한 것이 제법 있었다. 6, 7일 동안 나를 머물게 하였는데, 조밥을 지어 배불리 먹고 과일을 따서 목을 적셨다. 누워서는 혹 옛날이야기를 하고 앉아서는 혹 책을 보았으며, 조를 수확하는 것을 감독하기도 하고 보리 심는 것을 보기도 하였으며, 혹은 뒷산에 올라가 가을 회포를 펴고 혹은 시냇가를 거닐면서 들녘의 정취를 감상하였다. 경치가 자못 그윽하고 조용해서 머물면서 쉴 수 있는데다가 또 땅이 기름지고 비옥해서 경작할 만하였으며, 물에서 낚시질을 하면 물고기를 먹을 수 있고 산에서 채취하면 맛난 산채를 먹을 수 있는데다가 또 왜적이 왕래하는 길과 다소 떨어져 있었다.】 함께 우거하면서 세상이 변하기를 기다리자고 서로 약속하였다. 돌아올 때에 박순백은 자기의 두 아들을 거느리고 시냇가까지 와서 나를 전송하였다. 우거하는 곳으로 돌아온 지 며칠 만에 또다시 탄지촌(炭池村)에 갔는데, 간 김에 이씨(李氏) 집에서 《역학계몽(易學啓蒙)》[51]을 빌려왔다.

이때 명(明)나라 장수 이여송(李如松)[52]은 요동(遼東)으로 돌아가 주둔하고, 총병관(總兵官) 유정(劉綎)이 도독(都督)으로 승진하여 우리나라에 주둔하고 있었다. 이때에 유 도독(劉都督)은 성주(星州)의 팔거현(八莒縣)에 진영을 설치하였는데, 그 주둔지의 형세를 따라 진

51 역학계몽(易學啓蒙) : 주자(朱子)가 초학자를 위해 지은 《주역》의 해설서로, 4권으로 구성되어 있다. 주자는 《주역본의》에서 점서(占筮)와 의리(義理)를 융합하여 《주역》의 본의를 밝혔고, 《역학계몽》에서는 역(易)의 도식, 점서에 대한 수리적 설명에 주력하였다. 이 책은 조선조에서도 간행되어 유학자들 사이에 널리 읽히고 연구되었다.

52 이여송(李如松) : 1549~1598. 명나라의 무장으로, 젊을 때부터 아버지 이성량(李成梁)에게서 병법을 배워 전투에도 능했다. 임진왜란이 일어나자 아우 이여백(李如柏), 이여매(李如梅) 등과 함께 4만의 군사를 이끌고 조선에 들어와 소서행장(小西行長)의 왜군을 격파하고 평양성을 탈환하였으며, 아울러 개성도 수복하였다. 벽제관(碧蹄館) 전투에서 패하였으나, 이후 한양(漢陽)을 수복하고 귀국하였다. 1597년에 요동 총병관(總兵官)이 되었는데, 이듬해 토만(土蠻)의 침공을 받아 반격하던 중 전사하였다.

영을 세우고 부대를 배치하였으며 군대를 통제하는 호령(號令)이 모두 법도와 규율이 있으니, 보는 자들이 감탄하였다. 그리고 사방의 굶주린 백성들이 진영 주변으로 구름떼처럼 모여들자, 유 도독은 군량을 덜어 구원하였다. 나는 유공이 이미 보통사람이 아니고 명나라 군대의 규율에도 또한 마땅히 옛법이 있을 것이라는 말을 듣고는 가서 구경하고자 하였으나, 몸에 상복(喪服)을 입고 있어서 끝내 가지 못하였다.

이때 의성 현감(義城縣監)은 군공(軍功)을 세워 당상관(堂上官)으로 승진한 무인(武人)이었는데, 그는 관직에 있을 적에 체모(體貌)를 무시하고 법도를 저버렸으며 백성의 고통에는 전혀 관심이 없고 날마다 향락(享樂)을 즐기는 것을 일삼을 뿐이었다.

난리가 난 뒤로부터 군공을 세운 것을 본도(本道)의 경우를 가지고 말하면, 한두 성(城)의 승리는 진실로 한 도에서 함께 아는 바이고 두세 명의 장수의 공은 진실로 여러 사람들이 함께 믿는 바이지만, 그 나머지 이른바 '아무 전투에서 참수(斬首)한 왜적이 몇 명'이라는 것과 '아무개가 활을 쏘아 잡은 왜적이 몇 명'이라는 것이 실제로 그 숫자와 같은 경우가 과연 얼마나 되겠는가. 머리는 반드시 왜적의 머리가 아니라도 머리카락이 없는 민머리면 빌려오고, 귀는 반드시 왜적의 귀가 아니라도 뚫은 것이 없으면 빌려왔으며, 다른 사람이 참수한 것을 사는 자도 있었고 혹은 수하의 병졸이 참수한 것을 뺏은 자도 있었다. 한 진(陣)의 장수는 여러 병졸들이 참수한 것을 모두 자기 공으로 삼았으므로 한 진영 가운데의 진위(眞僞)를 구분하지 못하였고, 한 도(道)의 장수는 여러 진영의 승리를 모두 자기의 공으로 삼았으므로 한 도 가운데의 진위를 구분하지 못하였으며, 심지어는 공로를 기록하는 관서에서도 여러 장수가 바친 것을 그대로 믿어서 그 수급(首級)의 수에 따라 번번이 직첩(職牒)을 베풀었다. 그러므로 여러 진영에 출입하는 자들 중에는 직첩이 없는 사람이 없었고, 몸에 장수라는 이름을 가진 자들은 모두 머리에 옥관자를 드리운 망건을 쓴 관원이었다. 이 군공이 있는 자로 결원된 관직을 메꿨기 때문에 군현(郡縣)을 맡은 자들이 대부분 적임자가 아니었으니, 백성들이 날로 곤궁해지고 기강(紀綱)이 날로 문란해진 것은 바로 이 때문이었다.

이달에 생질 최벌(崔橃)이 죽었다는 말을 들었다. 최벌은 바로 셋째 누님의 아들인데, 성품이 매우 질박하고 솔직하며 문예(文藝)에 재주가 있어서 우리 집안에서도 그를 몹시 소중히 여겼다. 그런데 이제 그를 잃었으니, 애통하고 애석함이 어떠하겠는가. 과부가 된 셋째누님은 의지하고 살 곳이 없어서 마침내 내가 우거하는 곳으로 오셨다.【누님 또한 너무 굶주려 쇠약하고 기력이 손상되어서 생명을 보존할 수 없을 지경에 있었다.】

나는 10월에 선비(先妣)의 재기(再朞 두 번째 기일(忌日)인 대상(大祥))를 만났는데, 또다시 누님 집안에서 여러 제수를 골고루 마련해주었다. 미루어 생각해보니, 지난해 초기(初朞)의 날에 여형(呂兄 다섯 째 자형인 여륜(呂倫)))이 마음을 다하여 제찬(祭饌)을 장만하였다. 그리고는 또 말씀하기를 "다음 해 재기에 만약 왜적이 물러가고 시절이 태평해지면, 여러 형과 여러 누님이 반드시 모두 모여서 상사(喪事)를 끝마치게 될 것이니, 거의 유감이 없을 것이다." 하였는데, 오늘날 사람이 눈앞에 있지 않은데도 그의 말은 여전히 귀에 가득할 줄을 어찌 알았겠는가. 큰누님은 탄지촌(炭池村)으로부터 이틀 먼저 도착하셨는데, 노경륜(魯景倫)이 모시고 왔다. 그의 아우 경임(景任)도 상산(尙山)에서 왔다.【그의 형 경건(景健)이 상산에서 죽어서 길가에 임시로 초빈(草殯)하였으므로, 경임이 칠성판(七星板)을 마련하여 개장(改葬)하고 돌아왔다.】 제삿날에 두 누님, 두 생질과 함께 곡(哭)을 하였는데, 임형(任兄 넷째 자형인 임이중(任而重))도 참여하였다.

나는 신묘년(辛卯年, 1591)에 모친상을 만났다. 그런데 다음 해인 임진년(壬辰年) 4월에 난리가 나서 달아나 숨은 뒤로부터는 제수를 올리는 예(禮)를 폐하고 마음으로는 슬픔을 잊고 몸에는 상복을 걸치지 못하고 입으로는 곡소리를 내지 못하였으니, 어머니가 별세한 것이 얼마나 큰일인데 마침내 오직 이 한 몸이 온전히 살기를 도모하는 지경에 이르렀단 말인가? 산으로 달아나고 들로 달아나면서 처소를 가리지 않았고, 사람을 마주하여 이야기하고 웃으면서 평인(平人 상(喪)을 당하지 않은 사람)과 다름이 없어서 행실이 신명(神明)에게 거슬려 병을 이루었는데, 게다가 또 어물과 육류를 먹은 것이 3개월이었다. 이와 같이 초기(初朞)를 지내고 또 이와 같이 재기를 맞이해서 기년(朞年)이 이미 두 번 지났으니, 장차 다시 어찌하겠는가.

아, 사람이 이 몸을 소유하고 있는데, 이 몸은 어디로부터 얻었는가? 사람 중에 혹 한 대바구니의 밥과 한 덩이의 고기를 주는 자가 있으면, 또한 모두들 기뻐하여 반드시 그 사람에게 마음을 다할 것을 생각한다. 저 한 대바구니의 밥은 다만 하루아침의 배부름을 취할 수 있을 뿐이고 한 덩이의 고기는 다만 한 번 먹을 때의 자미(滋味)를 갖출 수 있을 뿐이다. 그 은혜가 지극히 가벼운데도 오히려 이에 감사하는 마음이 있는데, 하물며 이 한 몸은 왕공(王公)으로부터 서인(庶人)에 이르기까지 스스로 소중히 여기지 않는 자가 있겠는가. 이 몸의 소중함을 모르는 자가 없는데 이 소중하게 여기는 몸을 어디로부터 얻었는지를 알지 못해서야 되겠는가.

생각건대, 나의 이 한 몸의 터럭 하나와 피부 한 조각도 아버지와 어머니의 혈기(血氣)가 아닌 것이 없다. 비유하면 아버지는 하늘이고 어머니는 땅이니, 하늘과 땅이 없으면 만물이 따라 생길 곳이 없는 것이다. 그렇다면 사람이 아버지와 어머니가 없이 능히 이 몸을 소유할 수 있겠는가. 사람은 작은 수고로움이 있으면 이것을 꺼리지 않는 이가 없고, 사람은 작은 병이 있으면 이것을 아파하지 않는 이가 없다. 생각건대, 우리 자애로우신 어머니께서는 몸소 자식을 뱃속에 가지고서도 병으로 여기지 않으셨고 태(胎) 속에 자식을 열 달 동안 품고 있으면서도 수고롭게 여기지 않으셨으니, 귀하게 여겨 세상에 드문 보물에 견주고 소중하게 여겨 얻기 어려운 보배와 같이 대하셨다. 거처할 적에는 행여 태 속에 있는 자식에게 손상이 있을까 염려하고, 음식을 마시고 먹을 적에는 행여 자식에게 해로움이 있을까 염려한다. 또 자식이 출생한 뒤에는 행여 다칠세라 손으로 가볍게 어루만지고 행여 땅에 떨어질세라 두 팔로 들어올린다. 억지로라도 부드럽고 기름진 것을 마셔서 젖을 불어나게 하고 억지로라도 맛있는 음식을 먹어서 젖이 나는 기운을 보충해주며, 또 추울까 염려되어 따뜻하게 해주고 더울까 염려되어 시원하게 해주고 굶주릴까 염려되어 배부르게 해주고 목마를까 염려되어 목을 적셔주신다. 어머니가 길러주고 애를 쓰신 실제는 〈육아(蓼莪)〉의 시[53]를 읽어보면 상상할 수 있다. 또 자식을 위하여 제모(諸母 자식을 둔 첩)를 가려 익히게 하고 스승을 가려 가르쳐서, 덕은 성현(聖賢)과 군자(君子)가 되기를 바라고 귀함은 공경(公卿)과 대부(大夫)가 되기를 바라며, 장차 딸을 시집보낼 적에는 귀한 사위를 생각하고 장차 아들을 장가보낼 적에는 어진 며느리를 생각한다.

자식을 사랑하는 것은 반드시 그 몸을 사랑할 뿐만이 아니고 자식에게 바라는 것은 반드시 그 몸을 바랄 뿐만이 아니니, 그 성심(誠心)에서 나와서 스스로 그만둘 수 없는 것은 어째서이겠는가? 부모와 자식은 똑같은 한 기운이 나뉘고 똑같은 한 피가 흐르기 때문이다. 이 때문

53 〈육아(蓼莪)〉의 시 : 〈육아〉는 《시경(詩經)》 소아(小雅)의 편명으로, "……아버님 날 나으시고 어머님 날 기르심에, 보듬어주시고 먹여 주시며, 길러 주시고 안아 주시며, 돌보시고 또 돌보시고, 들며 나며 품어 주셨네. 그 은혜를 갚으려 할진댄 저 하늘처럼 끝이 없네……〔……父兮生我, 母兮鞠我, 拊我畜我, 長我育我, 顧我復我, 出入腹我, 欲報之德, 昊天罔極.……〕"라고 하여 부모의 깊은 사랑과 수고로움을 노래하였다.

에 성인(聖人)이 자식이 되었을 때에는 부모의 몸을 자기 몸으로 여겨서 자기 몸을 자기의 것으로 여기지 않고, 부모의 마음을 자기 마음으로 여겨서 자기 마음을 자기의 것으로 여기지 않는 것이다. 자식이 잘못되는 바는 항상 자기 몸을 자기의 몸으로 여기고 자기 마음을 자기의 마음으로 여김에 있으니, 이미 부모의 몸을 자기의 몸으로 여기고 부모의 마음을 자기의 마음으로 여길 수 있다면, 어찌 자식의 직분을 다하지 않는 자가 있겠는가. 형체는 부자간으로 나뉘었으나 실제는 한 몸이고 형체는 위와 아래로 나뉘었으나 실제는 한 기운이니, 사람이 터럭 하나를 뽑고 손가락 하나를 다쳐도 오히려 그 아픔을 느껴서 혹 눈물을 떨구기까지 하는데, 더구나 그 부모의 죽음에 차마 그 고통을 참을 수 있겠는가. 똑같은 한 몸인데 부모는 돌아가시고 자기는 살아있으며, 똑같은 한 기운인데 부모는 세상에 계시지 않고 자식은 남아있는 것이다. 사망(死亡)한 자는 지각(知覺)이 없지만 생존(生存)해있는 자는 지각이 있으니, 그렇다면 지각이 있는 자식의 몸으로 지각이 없는 부모의 몸을 생각하면, 그 애통하고 절박함을 형언할 수 있겠는가.

부여잡고 흐느끼며 가슴을 치고 뛰는 것[54]도 이 때문이고, 오내(五內 오장(五臟))가 찢어지는 것도 이 때문이다. 이 때문에 성인(聖人)이 최질(衰絰)[55]로 그 의복을 바꾸고 미음과 죽으로 그 음식을 바꾸고 흙덩이 베개로 그 침식(寢息)을 바꾸고 흐르는 눈물로 그 면모를 바꾸고 통곡으로 그 음성을 바꾸고 근심과 슬픔으로 그 성정(性情)을 바꾸는 것이니, 반드시 삼년상을 지낸 뒤에야 정상으로 회복하는 것도 진실로

54 부여잡고……것 : 원문은 '반호벽용(攀號擗踊)'으로, 군주나 부모(父母)의 상(喪)을 당하여 극도로 슬퍼함을 형용하는 말이다.

55 최질(衰絰) : 상중(喪中)에 입는 삼베옷으로, 상복과 수질(首絰) 및 요질(腰絰)이 있다.

이 때문이다. 그러나 3년도 자식의 마음에는 스스로 만족할 만한 것이 아니지만, 죽은 자의 연고 때문에 산 사람의 도리를 폐할 수가 없으므로 이에 절제하는 것이니, 이는 부득이한 것이다. 아! 자식이 부모를 섬기는 것은 삼년상을 지내면 끝난다. 이미 삼년상을 끝마친 뒤에는 비록 순(舜) 임금의 큰 효도[56]와 증삼(曾參 증자(曾子))의 지극한 효도로도 오히려 그 정을 바치고 그 직분을 다할 곳이 없게 되니, 그렇다면 삼년상의 예를 어찌 차마 소홀히 할 수 있겠는가. 공자가 말씀하시기를 "사람 중에 자신의 정성을 다하지 않는 자가 있으나, 그런 자도 부모의 상(喪)에는 반드시 정성을 다하는구나!" 하셨으니,[57] 바로 이것을 말씀한 것이다.

나는 태어난 지 8년이 되는 해에 아버지가 돌아가셨는데, 겨우 어물과 육류를 먹지 않을 수 있었으니, 어찌 평생의 망극한 애통함을 알았겠는가. 이는 상복을 입지 않은 것과 똑같은 것이다. 그리고 또 어머니 상에는 겨우 6개월의 복(服)을 입고 난리를 만나 법도를 잃었으니, 이는 다만 6개월의 복을 입은 것이다. 아버지에게는 복을 입지 않고 어머니에게도 다만 6개월 복을 입었으니, 죄악의 크고 지극함이 어찌

56 순(舜) 임금의 큰 효도 : 《맹자》 〈이루 상(離婁上)〉에 "맹자가 말씀하셨다. '천하 사람들이 크게 기뻐하며 자기에게 귀의하려 하는데, 천하 사람들이 기뻐하며 자기에게 귀의해 오는 것을 초개처럼 여기신 분은 오직 순 임금이 그러하셨다. 순 임금은 부모를 기쁘게 하지 못하면 사람이 될 수 없고, 부모를 도에 따르게 하지 못하면 자식이 될 수 없다고 여기셨다. 순 임금이 부모 섬기는 도리를 다하자, 아버지 고수도 기뻐하게 되었다. 고수가 기뻐하게 되자 천하가 감화되었고 고수가 기뻐하게 되자 천하의 부자간이 안정되었으니, 이를 두고 대효(大孝)라 하는 것이다.'〔天下大悅而將歸己, 視天下悅而歸己, 猶草芥也, 惟舜爲然. 不得乎親, 不可以爲人, 不順乎親, 不可以爲子. 舜盡事親之道而瞽瞍底豫, 瞽瞍底豫而天下化, 瞽瞍底豫而天下之爲子者定, 此之謂大孝.〕"라고 보인다.

57 공자가……하셨으니 : 이 내용은 《논어》 〈자장(子張)〉에 보인다.

이보다 더 심할 수 있겠는가. 내가 살펴보니 난리가 난 이래로 사람의 도리가 사라져서, 부모가 죽었는데도 자식이 평상시와 똑같이 생활하고 남편이 죽었는데도 부인이 평상시와 똑같이 생활해서 의복과 음식과 기거(起居)와 웃고 말하는 것이 평인(平人)과 다름이 없으니, 이들은 모두 불초무상(不肖無狀)한 나와 똑같은 부류이다. 내 몸에 돌이켜보면 더욱 몸을 편히 둘 데가 없지만, 나 또한 본래 목석(木石)이 아니라서 하늘이 다하도록 실추됨이 없는 천성(天性)이 아직도 없어지지 않았으니, 이 재기(再朞)의 날을 만나 어찌 하늘이 끝나는 듯한 애통함을 견딜 수 있겠는가. 스스로 추복(追服)[58]을 하여 사사로운 정을 다하고 싶으나, 예(禮)에 허락하지 않는 바이므로 이에 감히 못하는 것이다.

대상제(大祥祭)를 지낸 뒤 두 생질이 돌아갔는데, 나는 큰누님에게 담제(禫祭 대상을 치른 다음다음 달에 지내는 제사)를 마칠 때까지 머물러 있어줄 것을 청하였다. 나는 진보 현감(眞寶縣監)이 바로 친척이기에 그에게 담제의 제수를 구하기 위하여 남의 종과 말을 빌려서 갔다. 진보 현감을 만나보고는 승방(僧房)에 잠시 머물 것을 청하였는데, 듣자하니 재암(齋庵)이 현 서쪽 10리쯤에 있다 하므로 마침내 가서 투숙하였다.【정생(挺生) 또한 나를 따라왔다.】 문을 닫고《역학계몽》을 보았는데, 마음을 오로지하고 생각을 가다듬고 열흘을 지내면서 마음의 신령스러운 근원이 우환과 초상과 난리를 겪었으나 아직도 다 없어지지 않았음을 스스로 증험하였다.

나는 젊었을 때 선창(禪窓 선방(禪房))에 묵는 것을 좋아하였으나 중년에는 괴롭게도 우환을 만났기 때문에 속박을 당하였으니, 떨치고

58 추복(追服) : 상을 당했을 때 부득이한 사정으로 성복(成服)하지 못한 사람이 추후에 상복을 입는 것을 말한다.

일어나서 옛 자취를 그윽히 탐색하지 못하는 것을 늘 한탄하였다. 더구나 또 병난(兵難)이 난 이래로는, 깊은 산의 사찰(寺刹)이 아니면 모두 왜적에게 분탕질을 당하였으므로 산사(山寺)에 묵을 길을 찾기가 더욱 어려웠다. 그런데 이번 길에 우연히 이 조용하게 묵을 곳을 얻었으니, 참으로 기뻐할 만하였다. 현감은 양식과 물건을 계속 대주었고 사찰의 승려는 또 자못 후대해주었다. 승려가 말하기를 "여름철에 정 생원(鄭生員)도 이곳에 묵었습니다." 하니,【10여일 있다가 돌아갔다고 하였다.】 그가 말한 '정 생원' 또한 나의 친척 형이다. 돌아올 때에 사찰의 승려가 종이 한 묶음과 신 한 켤레와 하얀 순무 30여 뿌리를 선물하였는데, 나는 그 뜻이 간곡함에 감동하여 물리치지 못하였다. 원(員)[59]에게 작별을 고하자, 원은 제물(祭物) 약간을 보내주어 자못 후대(厚待)하는 뜻이 있었다. 이때 족제(族弟) 장제원(張悌元)과 친구 박성일(朴成一) 또한 일찍이 이 현에서 떠돌며 우거하다가 서로 격조(隔阻)했던 회포를 펴니, 더욱더 위로되고 마음이 편안하였다. 돌아오는 길에 채형(蔡兄 둘째 자형인 채응곤(蔡應鯤)))을 찾아뵙고자 하였으나, 길이 서로 어긋나 만나뵙지 못하였다.

내가 진보(眞寶)에 있을 때에, 경주(慶州)로부터 왜적이 쳐들어왔다는 소식이 들려왔다. 나는 이 때문에 급히 돌아왔는데, 돌아와서 들으니, 왜적은 승승장구한 것이 아니라 다만 가까운 경내를 분탕질한 것이었고, 부(府)의 진영의 명(明)나라 군대가 왜적과 싸웠는데 명나라 군대가 패전하여 죽은 자가 매우 많았다고 하였다. 내가 우거하는 곳에 도착한 지 며칠 만에 최씨(崔氏 셋째 자형인 최취흡(崔就潝))에게 시집간 누님의 딸이 내가 우거하는 곳에서 죽으니, 즉시 칠성판을 장만하여

59 원(員) : 각 고을을 맡아 다스리던 지방관들을 통틀어 이르는 말로, 절도사, 관찰사, 부윤, 목사, 부사, 군수, 현감, 현령 따위를 이른다. 높여서 원님이라고 하였다.

우거하는 곳의 곁에 있는 산에 장례하였다. 최씨에게 시집간 누님은 우리 집안에서 가장 먼저 별세하였고, 2남 1녀가 있었는데 지금 모두 다 죽었으며 최형(崔兄)은 또 죽은 곳마저도 알지 못하니, 하늘로부터 버림을 받는 것이 이와 같을 수 있단 말인가.

11월에 나는 우거하는 중에 양식이 떨어졌기에 면포(綿布) 두 필[60]을 얻어서 정생(挺生)과 계집종 아이를 데리고 의흥(義興)의 시골 장터로 달려가서 곡식 한 말과 바꾸려 하였다. 이날 마침 큰 바람이 불어 매우 추웠다. 정생이 기운이 약하여 몸이 얼고 혀가 얼어붙고【말을 하지 못하였다.】 다리가 굳었기에,【걸음을 걸을 수 없었다.】 마침내 내 옷을 벗어 둘둘 싸서 말 위에 태웠는데, 몸이 나무처럼 뻣뻣하여 제대로 굽히고 펴지 못하더니 도중에 말에서 떨어져 머리가 땅에 거꾸로 박히면서 정수리가 찢어져 피가 흘렀다.【피가 옷을 적셨다.】 나는 정생이 반드시 죽을 것이라고 여겨져서 그를 꽉 묶어 말에 태워 급히 달려서 탄지촌(炭池村)으로 들어갔다. 따뜻한 국을 마시게 하였더니 점점 생기가 돌므로 다음날 우거하는 곳으로 돌아왔다. 나는 한탄하기를 "내 스스로 몸을 돌볼 계책이 없어서 몸소 이익을 좇는 땅(시장)으로 가서 면포 두 필을 가지고 한 말의 곡식과 바꾸려 하였다. 그런데 그 고생 끝에 외로운 아이를 거의 얼어 죽을 뻔하게 하였으니, 자못 서글프다." 하였다.【생질 노경임(盧景任)이 노친(老親)에게 하직인사를 하고 장차 서울로 가려고 하였는데, 그 길에 곡식 한 섬을 구해다가 나에게 주어서 겨울을 지내게 하였다. 저 노경임은 정묘년(丁卯年, 1567) 가을에 급제하여 바로 교서관 정자(校書館正字)가 되었고, 난리 뒤에 저작(著作)으로 승진하였는데, 서울에 갈 노자가 없어서 대번에 가지 못하고 있다가 이때에야 비로소 길을 떠났다.】

60 필 : 원문의 '단(端)'은 고대 면포의 길이를 측량하던 단위로 그 길이에 대해서는 여러 설이 있으나, 송(宋)나라 홍매(洪邁)의 설을 따랐다.

이해에 윤(閏)10월이 있기에 나는 12월에 날짜를 가려서 우선 담제(禫祭)를 행하려고 하였는데, 다음날 노구중(盧懼仲)이 큰 누님을 모시고 탄지촌으로 돌아왔다. 갑오년(甲午年, 1594)에 왜적이 지난해 정월 초하루와 같이 경내(境內)에 있었으므로, 간략히 제철의 제수를 장만하고 종이를 사용하여 각 대(代)의 각각의 신위를 지방(紙榜 종이로 만든 신위)에 써서 한 잔 술을 올렸는데, 명절에 제수를 올리는 의식과 같이 하였다. 이때 축문(祝文)을 지어서 '불초무상(不肖無狀)하여 화(禍)가 선대에까지 미친다.'는 뜻을 고유(告由)하고는, 이어서 각 대의 지방을 봉안하였다가 절차에 따라 펼쳐 놓고서 제수를 올리는 일을 행하였다.

3월에 유 도독(劉都督)이 장차 팔거(八莒)의 진영을 철수하고 호남(湖南)의 남원(南原)으로 진영을 옮기려 하므로, 나는 그가 출발하기 전에 가서 군대의 법도나 장비 등을 보고자 하였다. 일찍이 지난겨울에 여비(旅費)가 이미 다 떨어져서 데리고 있던 종을 팔아 계속 이어오고 있던 터라, 이번 길에는 데리고 갈 종이 없었으므로 계집종으로 하여금 양식을 지고 가게 하려 하였다. 군위현(軍威縣) 앞에 이르러서 유 도독이 이미 출발했다는 말을 듣고 따라잡을 수 없음을 헤아리고는, 마침내 석본촌(石本村) 쪽으로 우회하여 박순백(朴純伯)을 방문하려고 하였다. 석본촌에 도착했는데, 박순백은 이미 본래 살던 곳으로 돌아가고 없었다.【나는 마침내 촌가(村家)에 투숙하였다.】

이해 봄에 백성들의 굶주림이 더욱 심하여【굶어죽은 시신이 시궁창에 연이어 있었다.】 토적(土賊)들이 벌떼처럼 일어나서 도처에 일어나지 않는 곳이 없었는데, 이들은 굳이 재물을 탐해서가 아니라 사람을 죽여 그 고기를 먹기 위해서였다. 그러므로 비록 한 말의 곡식이나 한 자의 삼베도 갖지 않은 몸에 누더기 옷[61]을 걸친 자라도 모두 죽임을 당하였다.【선산(善山) 사람 생원(生員) 김석규(金錫圭)는 재주 있는 선비였다. 몸에 아무것도 가진 것이 없이 고촌(古村)을 향해 길을 떠났는데 끝내 간 곳이 없으니, 이는 아마도 사람을 잡아먹는 자의 손에 죽은 것일 것이다. 나는 이번 걸음에 계집종 하나만 데리고 갔다.】 석본촌의 유민(遺民)들 또한 모두 굶주린 자들로 얼굴빛이 푸르뎅뎅하고 누렇게 떠서 금수(禽獸)의 모습과 눈매를 하고 있었는데, 내가 자루를 갖고 있는 것을 보고는 모두들 눈독을 들였다. 이날 밤에 나는 앉아서 활과 화살을 차고 한 번도 눈을 부치지 못하고 날을 새웠다. 다음날 아침 일찍 출발하여 성령(星嶺)을 넘어 고촌에 도착하였는데,【이 마을은 바로 박순백의 본가가 있는 곳이다.】 박순백은【막 습종(濕腫)을 앓고 있어서 일어나 다닐 수가 없었다.】 나를 보고 기뻐하여 내가 머물러 유숙하는 3일 동안 날마다 산채(山菜)를 따서 제공하니, 참으로 시골에서만 먹을 수 있는 귀한 맛이었다. 성묘하러 갔다가 집안의 계집종 중에 석적촌(石積村)에 우거하는 자가 있기에 마침내 거기에서 투숙하였다. 다음날 도촌(道村)에서 투숙하였는데, 이 마을에는 전염병의 증세가 있어서 가는 곳마다 사람들이 모두 병으로 누워있는 까닭에 묵을 곳을 가릴 수가 없어서 병자와 함께 잤다. 다음날 석적촌으로 돌아왔다.

나는 이번 걸음에 성주(星州)를 지나면서 여러 친구들이 죽었는지 살았는지를 묻고 또 돌아가신 누님의 딸이 그 숙부에게 의탁해 있으므로 인하여 찾아보려고 하였으며, 또 안음(安陰)에 가서 전처(前妻)의 모친을 만나뵈려고 하였다.【전처의 모친이 동서인 성변규(成辨奎)와 함께 안음에 숨어있었으므로 가려고 한 것이었다.】 그런데 길에서 들으니, 전처의 모친은 이미 관동(關東)으로 향하셨다고 하였다.【한강(寒岡) 정구(鄭逑)를 따라

61 누더기 옷 : 원문의 '현순(懸鶉)'은 해져서 너덜너덜한 옷을 비유하는 말로, 메추라기가 꼬리 부분에 털이 없어 마치 옷이 해진 것 같은 데서 온 말이다. 《순자(荀子)》 〈대략(大略)〉에 "자하는 가난하여 옷이 메추라기를 매달아 놓은 것과 같았다.〔子夏貧, 衣若懸鶉.〕"라고 보인다.

강릉부(江陵府)로 가셨으므로, 이에 걸음을 멈추었다. 그러나 누님의 딸은 성주에 있었다.】 이에 성주로 가서 차례로 선산의 여러 산소에 절하였다. 암포(巖浦)로 들어갔는데, 쑥대가 집을 에워싸고 있어서 헤치고 들어갈 수가 없었다. 집안으로 들어가서 방문을 열어보았는데, 백골이 어지럽게 쌓여있으므로 즉시 문을 닫고 나왔다. 이 마을에 그 빈집으로 돌아온 친척이 있어서 잠시 만나 회포를 풀고 성안에 이르러 누님의 딸이 있는 곳을 물었는데, 숙부는 이미 토적의 손에 죽었고,【누님의 딸은 숙모와 함께 성 옆에 와서 우거하고 있었다.】 형세가 너무 곤궁하여 내내 앉아 죽을 것을 기다리고 있었다. 나는 차마 볼 수가 없어서 다음날 함께 가자고 불러서 다시 석적촌으로 왔다. 그러나 의성(義城)에서 우거하는 것은 겨우 나의 몇 식구를 살릴 수가 있을 뿐, 진실로 남은 재력(財力)이 없는데다가 또 남에게 붙어 지내는 것은 편치 못한 형편이 많이 있기 마련이다. 형편상 다시 이 아이를 데려갈 수가 없으니, 그렇다면 조처할 방법을 생각하여 다만 그 아이가 목숨을 이어가기를 도모할 뿐, 다른 혐의쩍은 것은 따지지 않았다. 동향(同鄕)에 자못 진실하여 믿을 만하고 또 명망이 있는 족성(族姓) 출신의 사람이 있는데, 그에게 혼인(婚姻)하기를 바라는 아들이 있었다. 나는 그와 더불어 혼인을 상의하였는데, 저 또한 나를 믿어서 기꺼이 나와 친척이 되려하기에, 마침내 계집종의 집에서 혼례를 간략히 치르고 누님의 딸을 보내었다.

이때 나는 감기를 앓고 있어서 병중에 누님의 딸을 시집보냈고, 또 데리고 온 계집종 아이가 병으로 누운 지 여러 날이었다.【낫지 않는 것이 마치 전염병인 듯하였다.】 계집종이 낫기를 기다릴 수가 없어서 나 혼자 먼저 돌아왔다.【또 도중에서 병이 나 고생고생하며 걸어서 돌아왔는데, 우거하는 곳에 도착하니 다소 편안하였다.】 그 뒤에 병든 계집종은 석적촌에서 죽었고 시집보낸 누님의 딸도 남편의 집에서 병들어 죽었으니,【그 남편의 집에도 전염병이 있었는데, 누님의 딸이 무슨 병으로 죽었는지는 알 수 없었다. 돌아보건대 별세한 누님의 자식으로 오직 1남 1녀가 있으나 그 생사(生死)조차도 알 수가 없었다. 그런데 딸이 이미 다소 장성하여 먼저 시집을 가서 집안을 이루었으니, 얼마나 다행스러운 일이었는가마는 또 갑자기 요절(夭折)을 하고 말았다.】 애통함을 어떻게 참을 수 있겠는가. 계집종이 죽은 것은 그다지 애석할 것이 없으나, 난리가 난 초기로부터 데리고 다녀서 여러 험한 일을 차례로 겪었고, 위급한 상황에도 떠나지 않아서 우리 집안에서 공도 많았는데 또 여기서 생명을 보존하지 못하였으니, 자못 측은한 노릇이었다.

난리가 난 이래로 전염병이 연이어 치성(熾盛)해서【임진년(壬辰年)과 계사년(癸巳年) 두 해 사이에는 죽은 자가 대부분 전염병 때문에 죽었다. 이해 봄에 또다시 전염병이 치성하였는데 다만 통증이 가볍고 덜하여 지난해의 병처럼 매우 독하지는 않았다. 그러나 사람들이 모두 굶주리고 곤궁하였기 때문에 죽은 자 또한 많았다.】 내가 이미 여러 번 병을 앓았고 또 5월 사이에 딸아이도 여러 번 병을 앓으니, 사람들이 자못 전염병인가 의심하므로 누님의 집안과도 왕래하지 않았다.

나는 이해 봄에 노구중(盧懼仲)이 봄보리 두 말을 보내주었으므로 마침내 자형 집의 밭에 심고 사람을 빌려 호미질하고 가꾸어서 자못 수확할 만하였는데, 침수(沈水)를 당하여 또 손해를 입었다. 수확할 때에 나는 정생(挺生)을 데리고 손수 보리를 베었는데, 이리저리 돌아다니고 몸을 굽혔다 폈다 하면서 낫을 잡고 보리를 손으로 쥐어 한 줌을 쌓아 한 단을 이루고 한 단을 쌓아 한 짐을 이루니, 또한 모두 조리(條理)가 있어서 이룰 수 있었다. 나는 일찍이 밭두둑 사이에서 농사일을 한 적이 없는데 지금 난리통에 어느덧 한 농부가 되었다. 이로부터 마땅히 벼를 심고 거두는 농사일이 보배임을 알아서 자신의 힘으로 먹고 사는 것이 나의 분수(分數)임을 스스로 편안하게 여길 것이니, 이른 새벽 잡초를 김매주고 달빛을 두르고 호미를 메고 돌아오는 것은 비단 도연명(陶淵明)의 한가한 정취[62]가 될 뿐이 아닐 것이다.

지금은 모두 황폐한 밭과 버려진 들로 온 경내가 그렇지 않은 곳이 없지만, 왜적이 만약 평정되고 나면 어디 간들 땅이 없겠는가. 오늘내 한 번 시험해보겠다.

그리하여 내가 혼자 마음속으로 말하기를 "이윤(伊尹)은 신야(莘野)에서 농사짓고 제갈공명(諸葛孔明)은 남양(南陽)에서 농사지었으니, 옛날 이분들은 모두 몸소 밭을 가는 촌사람이었다. 그런데 세상을 구제할 때를 당하고 백성을 구원할 기회를 만나자, 이윤은 성탕(成湯)의 세 번에 걸친 초빙에 응하여 천하를 당(唐)·우(虞)시대로 되돌려 놓았고, 제갈공명은 한제(漢帝 촉한(蜀漢)의 소열제(昭烈帝) 유비(劉備))의 삼고초려(三顧草廬)에 감동하여 이미 기운 왕업(王業)을 붙들었으니, 이는 진실로 벼슬하고 은둔하는 것이 때가 있고 굽히고 펴는 것이 변화에 따르기 때문이다. 지금 나는, 이윤이 쟁기자루를 벗어놓은 때에 있는데 그 쟁기자루를 잡을 것을 생각하고, 제갈공명이 밭가는 것을 그만둔 때를 당하였는데 그 밭가는 것을 직업으로 삼고자 하여, 옛사람이 나가 벼슬할 적에 나는 은둔하고 옛사람이 펼 때에 나는 굽히니, 어찌 괴이하지 않은가." 하였다.

그러나 곧바로 스스로 해명하기를 "이윤이 성인(聖人)이 된 까닭은 밭을 잘 가는 데에 있지 않고 요(堯)·순(舜)의 도를 즐거워하는 데에 있으며, 제갈공명이 현자(賢者)가 된 까닭은 몸소 밭을 가는 데에 있지 않고 이윤과 여상(呂尙)의 재주를 가지고 있는 데에 있었으니, 그 도

62 이른……정취 : 도연명의 시 〈귀전원거(歸田園居)〉에 "남산 아래에 콩 심으니, 풀은 무성하고 콩 싹은 드문드문하네. 새벽에 일어나 잡초를 김매고, 달빛을 두르고서 호미를 메고 돌아오네. 좁은 길에 초목이 자라고, 저녁 이슬이 내 옷을 적시네. 옷 젖는 것이 아까울 리 있으랴, 그저 농사만 잘됐으면 하네.〔種豆南山下, 草盛豆苗稀, 晨興理荒穢, 帶月荷鋤歸. 道狹草木長, 夕露沾我衣, 衣沾不足惜, 但使願無違.〕"라고 보인다.

(道)가 아니면 백성을 구원할 수가 없고 그 재주가 아니면 세상을 구제할 수가 없었을 것이다. 이에 이윤은 끝내 신야의 촌사람이 되지 않았고, 제갈공명은 끝내 남양의 농부가 되지 않은 것이다. 막 굽히고 있으면서도 펼 수 있는 도가 있고 이미 은둔하고 있으면서도 마땅히 출사(出仕)할 도구가 있었으니, 어찌 항상 굽히고 오랫동안 은둔할 수 있는 자이었겠는가. 지금 나는 도(道)로 말하면 요·순의 도가 없고 재주로 말하면 이윤과 여상의 재주가 없으니, 세상이 비록 난리가 났으나 내가 구제할 수 있는 것이 아니요, 백성들이 비록 도탄(塗炭)에 빠졌으나 내가 구원할 수 있는 것이 아니다. 이것이 내가 굽힘만 있고 폄이 없으며 은둔함만 있고 출사가 없어서 끝내 밭두둑의 촌사람이 됨을 면치 못하는 이유이다. 또 이윤이 출사한 것은 그가 스스로 출사한 것이 아니라 성탕(成湯)이 있어서 능히 그를 출사하게 한 것이며, 제갈공명이 일어나 세상에 나온 것은 그가 스스로 일어난 것이 아니라 한제(漢帝)가 있어서 능히 그를 일어나게 한 것이다. 만약 당시에 세 번 초빙한 성탕이 없었으면 이윤은 일개 신야(莘野)의 촌사람으로 일생을 마쳤을 것이요, 제갈공명 또한 삼고초려한 한제가 없었으면 일개 남양(南陽)의 농부로 일생을 마쳤을 것이다. 더구나 성현(聖賢)이 어찌 출사와 은둔, 굽히고 폄에 마음을 두셨겠는가. 나가 벼슬하는 것도 때이고 은둔하는 것 또한 때이며, 굽히는 것도 도(道)이고 펴는 것 또한 도이다. 한 번 출사하고 한 번 은둔함에 때가 그러한 것이요, 한 번 굽히고 한 번 폄에 도는 그대로 있는 것이다. 만약 이윤이 신야에서 농사짓던 때에 왕의 초빙에 응하려는 마음이 있었다면 어찌 이윤이라 하여 높이며, 제갈공명이 남양에서 농사지을 때에 치달리며 무언가를 이루려는 마음이 있었다면 어찌 공명이라 하여 높이겠는가. 하늘과 땅 사이에 일 아닌 것이 없고 땅 아닌 곳이 없으니, 마땅히 밭을 갈아야 해서 밭을 갈게 되면 내가 할 일이 여기에 있는 것이요, 마땅히 초야에 있어

야 해서 초야에 있게 되면 내 땅이 여기에 있는 것이다. 이 때문에 하늘과 땅이 너르고 너른 것이요, 우리 도가 크고 큰 것이요, 성인의 마음이 크고 너른 것이다."라고 하였다.

내 마음과 입이 서로 말하는 사이에 날은 이미 점심 무렵이 되었는데, 이때에 검은 구름이 갑자기 사라지고 막 나온 해가 열기를 뿜어내니, 나는 마침내 낫을 거두고 돌아왔다.【가솔들은 자못 이 보리에 의지해서 이 여름을 지낼 수 있었다.】

이달 그믐 사이에 탄지촌으로 가서 서쪽으로 가는 노구중(盧懼仲)을 전송하였으니, 그는 안기 찰방(安奇察訪)에 제수되어 장차 사은숙배(謝恩肅拜)하려는 것이었다. 풍기 군수(豐基郡守)는 바로 전 인동 현감(仁同縣監)을 지낸 유 사군(柳使君)인데, 이해 봄부터 나를 부른다는 소식이 있었으니, 이는 내가 타지에서 떠돌며 지내는 곤궁함을 듣고서 자기 고을에서 다소 쉬게 하여 난리통에 겪은 어려움과 고생을 위로하고자 해서인 듯하였다. 나 또한 소백산(小白山)이 군(郡)의 경내에 있다는 말을 듣고 한 번 올라가서 구경하고 번거로운 흉금(胸襟)을 펴고자 하여 마침내 노구중에게 종과 말을 빌렸다.【노구중은 이미 출발하였다.】 나는 즉시 우거하는 곳으로 돌아왔다. 장현도(張顯道)가 성주(星州)에서 왔는데, 혼잣말하기를 "형세가 곤궁하고 계책이 없어서 돌아갈 곳이 없다."고 하였다. 나는 그를 애처롭게 여겨서 우선 내가 지내는 곳에서 임시로 우거하게 하였다.

6월 초사흘에 노구중에게 빌린 종과 말이 왔으므로 즉시 장현도를 데리고 풍기로 향하였는데, 철파(鐵破)에서 유숙하였다. 다음날은 운산(雲山)에서 유숙하고, 다음날은 안기(安奇)에서 유숙하고, 그 다음날은 영천(榮川) 땅에서 유숙하였다. 다음날 풍기로 들어가서 군수를 만나 보았는데, 군수는 내가 목숨을 보전(保全)하고 있는 것을 위로하고 나를 관사 곁 사가(私家)에 머물게 하였으니, 군수는 바로 생질 노경임(盧景任)의 장인이었다. 이때 노경임은 좌랑(佐郎)에 제수되었으나 병으로 즉시 부임하지 못하고 있었는데, 막 출발하려할 때에 체직(遞職)이 되었다는 말을 듣고는 마침내 걸음을 멈추고 군에 머물렀다. 풍기군 사람 황영(黃瑛)은 나의 척족(戚族)이 되는 사람인데, 이때 향임(鄕任)[63]으로 있어서 자주 만나볼 수가 있었다. 나는 군수에게 청하여 잠시 소백산에 머물고자 하였다. 또 내가 고문(古文)《주역(周易)》[64]을 필사(筆寫)하고자 하였으나 종이와 붓을 마련할 수 없었는데, 이때에 이르러 종이와 붓을 얻었고 또《주역》책을 빌렸으니, 조용한 곳에 가서 쓰고 싶은 생각이 더욱 간절하였다. 군에 머문 지 며칠 만에 소백산에 올라가니, 산에는 초암(草庵)이라는 절이 있었다.【이곳은 내가 머물던 곳이다. 절은 산의 깊은 골짝 가운데에 있는데, 사방으로 바라보이는 것이 없고 다만 그윽하고 외진 땅일 뿐이었다.】 다음날《주역》책을 필사하기 시작하였다.【7,8일을 머물면서 다만 상·하경(上下經), 상·하단전(上下彖傳), 상・하상전(上下象傳)만 필사하였다.】

좌랑(佐郎 노경임)이 나를 따라 산에 왔는데, 그도 함께 며칠 머물렀다.【절 앞에 시내가 있는데, 시냇가에는 우뚝 솟아오른 큰 돌이 있고 그 돌 위에는 마주 선 늙은 나무가 있었다.】 하루 저녁은 군(郡)의 관아(官衙)에서 술 한 병과 안주 한 상자를 보내주었다. 좌랑이 나에게 필사하는 것을 멈추고

63 향임(鄕任) : 조선 시대 지방 자치 기구의 하나인 유향소(留鄕所)의 임원으로 좌수(座首)나 별감(別監) 등을 가리키는데, 이들은 향리(鄕吏)를 규찰하고 수령의 자문에 응하고 풍속을 단속하였다.

64 고문(古文)《주역(周易)》: 비직(費直)의 고역(古易)을 말한다. 비직은 한(漢)나라의 학자로, 역학(易學)에 조예가 깊었는데, 고문으로 쓰인《주역》에 근거하여《주역》을 재정리하였으므로 그가 정리한《주역》을《고문역(古文易)》이라고 한다. 상·하경(上下經) 2편과 공자의 십익(十翼) 10편이 각각 별도의 책으로 되어 있던《주역》을 단전(彖傳)과 상전(象傳)으로 경문을 해석하고 경문의 뒤에 붙였다.

시냇가의 돌을 보러 나가자고 청하고는, 늙은 승려를 불러 술과 안주를 가지고 뒤따라오게 하였다. 시냇가에 도착하자마자 갑자기 시원한 바람에 얼굴이 상쾌해짐을 느낄 수 있었다. 사찰(寺刹)의 승려가 앞장서서 길을 인도하여 돌 위로 올라갔는데, 앉고서 둘러보니 푸른 절벽과 푸른 나무, 푸른 시냇물과 푸른 이끼가 그 사이에서 환하게 비추고 있었다. 술을 데우고 안주를 내오게 하여 술을 마시면서 이야기를 나누노라니, 잠깐 사이에 아름다운 정취(情趣)가 일어 종일토록 휘파람을 불고 시(詩)를 읊었다. 난리가 난 이래로 한가하고 조용하기로는 여기 한 곳뿐이고, 편안하고 여유롭기로는 오늘 하루뿐이었다. 달아나 숨어 지내는 때에 그윽하고 아름다운 곳을 가보지 않은 것은 아니다.【금오산(金烏山)과 가야산(伽倻山)은 높고 험준하며 기이하고 빼어나니, 영남(嶺南)에서 가장 이름난 산이다. 한 번 놀러가고 싶었으나 가지 못한 지가 여러 해가 되었는데, 근년에 달아나 숨어 지내면서 비로소 이 산을 가보았으니, 평소에 노닐고 싶었던 뜻으로 보면 어찌 다행스럽지 않았겠는가.】 그러나 달아나 숨어 지내는 것이지 노닐며 감상하는 것이 아니었고, 곤궁하고 급박한 것이지 한가하고 조용한 것이 아니었으며, 분분하고 갑작스러운 것이지 편안하고 여유로운 것이 아니었다. 그리하여 반드시 오늘의 사람들이 있지는 않았고 반드시 오늘의 술잔이 있지는 않았으니, 이 때문에 높고 험준하며 기이하고 빼어난 곳을 가도 재미를 알지 못한 것이었다.

그런데 오늘은, 이 산이 주위와 4백 여리 떨어져 있어서 땅이 깊고, 왜적들이 막 항복하려는 마음이 있어서 시절이 태평해지려 하고, 편안하고 조용한 시냇가의 사람들 또한 한가롭다. 또 서로 더불어 진리를 논하고 현오(玄奧)한 이치를 말함에 좋은 사람이 있고, 서로 더불어 근심을 잊고 염려를 떨쳐냄에 술도 있다. 귀에 들리는 것은 시냇물 소리이고, 눈에 보이는 것은 푸른 산빛이다. 푸른 못이 마음을 깨끗하게 하고 시원한 바람이 흉금(胸襟)을 상쾌하게 하니, 그윽하고 조용한 곳에 앉아있으면 정신을 편안하게 할 수 있고, 밝고 깨끗한 물가에 내려가면 정신을 수양할 수 있다. 이에 세상의 근심은 모두 사라지고 세속의 생각은 일어나지 아니하여 산 밖의 분분(紛紛)한 것이 모두 내 마음속에 들어오지 않았다. 그리하여 태호 복희씨(太皞伏羲氏)와 황제 훤원씨(皇帝軒轅氏)[65]의 지극한 덕의 유풍(遺風)과 무회씨(無懷氏)와 갈천씨(葛天氏)[66]의 교화(敎化)가 막 하나의 돌 위에서 만들어지니, 이것은 처한 자리와 만난 때가 능히 사람을 바꿔놓는다는 것이 아니겠는가. 이로써 보면 군자(君子)가 처하는 자리는 훌륭한 자리를 얻지 않으면 안 되는 것이다.

밖에 있는 것을 빌어서 몸이 여기에 처하더라도 오히려 하루의 한가롭고 고요함을 얻을 수 있는데, 더구나 마음 위의 진경(眞境)을 얻어 오랫동안 여기에 처한다면 그 한가롭고 고요한 즐거움이 마땅히 어떠하겠는가? 오늘 잠시 빌린 것은 산이고 때이고 시냇물이고 돌이고 술이고 바람인데도 오히려 세상의 근심을 잊고 세속의 생각을 끊을 수 있다. 그런데 더구나 넓고 넓은 하늘에 맡기고 너르고 너른 땅에 노닐어서 귀에 들어오는 것이 참된 교화 아님이 없고 눈에 보이는 것이 참된 경계 아님이 없어서 거함에 편안하고 밟음에 평탄하여 조화(造

65 태호 복희씨(太皞伏羲氏)와 황제 훤원씨(皇帝軒轅氏) : 중국 고대 전설에 나오는 인류 문명의 창시자로, 염제(炎帝) 신농씨(神農氏)와 함께 삼황(三皇)이라고 불린다. 복희씨는 팔괘(八卦)와 서계(書契)를 처음으로 만들고 그물을 발명하여 고기 잡는 방법을 가르쳤다고 하며, 헌원씨는 처음으로 천문을 살펴 달력을 만들고 산수(算數)와 음악(音樂)을 만들었으며 배와 수레를 만들었다고 한다.

66 무회씨(無懷氏)와 갈천씨(葛天氏) : 상고 시대 태평성대를 이룩한 제왕으로, 도잠(陶潛)의 〈오류선생전(五柳先生傳)〉에 "술을 마시고 시를 지으면서 자신의 뜻을 즐기니, 무회씨의 백성인가, 갈천씨의 백성인가?〔酣觴賦詩, 以樂其志, 無懷氏之民歟? 葛天氏之民歟?〕"라고 보인다.

化)와 함께 오고가고 귀신(鬼神)과 함께 나가고 들어오니, 어느 곳이 이보다 한가하며 어느 곳이 이보다 조용하겠는가. 또 산에서 빌린 것은 산을 나오면 그윽함이 사라지고 때에서 빌린 것은 때가 지나가면 즐거움이 다한다. 그리하여 시냇물을 떠나면 시냇물 소리가 끊기고 돌을 떠나면 땅이 진세(塵世)가 되고 술이 깨면 근심이 다시 일어나고 바람이 멈추면 어둠이 다시 생겨나니, 어찌 그 한가하고도 조용한 정취를 오래도록 보존할 수 있겠는가.

진경(眞境)에 있는 사람으로 말하면, 땅을 가리지 않고 조용하며 때를 가리지 않고 한가해서 비록 경황이 없고 위급한 순간에도 이에 항상되고 비록 어렵고 위험한 곳이라도 이에 한결같다. 여기에서 부귀(富貴)를 누리고 여기에서 빈천(貧賤)하게 살며 여기에서 이적(夷狄)을 만나고 여기에서 환란(患亂)을 만나서, 사는 것과 죽는 것, 곤궁한 것과 영달(榮達)한 것이 여기에 있지 않음이 없으니, 어찌 가는 곳마다 얻지 못하는 경우가 있겠는가. 내가 이러한 뜻으로 시 한 수(首)를 읊어서 좌랑(佐郞)에게 보였고 좌랑 또한 따로 시를 지었으나, 모두 기억이 나지 않았다. 술기운이 다하자 돌 위가 차갑게 느껴지기에 이에 비로소 사찰(寺刹)로 들어왔다.

그 다음날 또다시 좌랑과 함께 백운암(白雲庵)에 올랐다. 백운암은 산꼭대기에 있는데, 초암(草庵)으로부터 거리가 5리쯤 되었다.【일찍 밥을 먹은 뒤에 승려로 하여금 앞장서서 길을 인도하게 하였다.】 자잘한 돌길이 높은 벼랑을 향해 구불구불하게 나있는데,【끊어진 산기슭 곁에 수풀을 말끔하게 뚫어 길을 내었다.】 휘감아 돌며 여러 번 꺾였으므로 나아가기도 하고 물러나기도 하면서 엉금엉금 기어 올라갔다. 벼랑이 다한 곳에 이르자 확 트여 막힘없이 통창(通暢)한 곳이 있으니, 이곳이 바로 암자가 자리하고 있는 곳이었다. 암자는 새로 창건한 것으로 제도(制度)가 매우 높고 상쾌한데, 암자를 세운 승려가 이때 암자 안에 있었다. 승려는 휴양(虧

陽) 사람이고 또 이미 늙었는데도 마침내 이처럼 기이한 명승지(名勝地)를 찾아내어 이처럼 높은 건물을 지었으니, 마음의 기지(機智)가 있는 자가 아니면 어찌 이 일을 할 수 있었겠는가. 승려가 말하기를 "난리 전에 막 공사를 시작하였으므로 채 공사를 끝마치지 못한 곳이 있습니다." 하였다. 암자를 백운암이라고 한 뜻을 물었더니, 처음 와서 이 땅을 얻었을 때에 흰 구름이 날아와 이 정상을 덮고 있었으므로 자기가 마침내 이로 인하여 직접 이름을 지었다고 하였다. 암자 안에서 유숙하였는데, 밤이 되자 경내가 더욱 빼어나게 아름다워서 정신이 한껏 깨끗하고 시원해졌다.

다음날 아침【두부를 실컷 먹고 내려왔다.】 초암으로 돌아와서 하룻밤을 지냈다. 군(郡)에서 종과 말을 보내왔으므로 마침내 좌랑과 함께 백운서원(白雲書院)을 찾아갔다. 향화(香火)를 구하여 사당에 배알하고 물러나와서 잠시 원우(院宇)에서 휴식하였는데, 서원이 비록 크고 화려하지는 않았으나 재당(齋堂)이 조용하고 평안하여 참으로 배우는 자들이 장수(藏修)[67]하기에 적합한 장소였다. 서원 터는 바로 옛날 순흥부(順興府)의 경계였다.【산이 에워싸고 물이 깨끗하며 땅이 매우 평평하고 넓었다. 은행나무가 있는데, 원가지는 이미 말라 죽었으나 곁가지가 아직도 무성하였는바, 사람들은 순흥(順興)이 부(府)였을 때에 심은 것이라고 하였다. 고금(古今)의 흥망성쇠(興

67 장수(藏修) : 한결같은 마음으로 학업에 매진하거나 학업을 닦는 것을 말한다. 《예기(禮記)》 〈학기(學記)〉에 "군자는 배움에 있어 장하고, 수하고, 식하고, 유한다.〔君子之於學也, 藏焉, 修焉, 息焉, 遊焉.〕"라고 하였는데, 공영달(孔穎達)은 소(疏)에서 "장(藏)은 마음속에 항상 학업을 생각하는 것이고, 수(修)는 닦고 익히기를 그만두지 않는 것이고, 식(息)은 일하다가 피곤하여 쉴 때에도 배움에 마음을 둠을 이르고, 유(游)는 한가하여 일이 없어 놀러 다닐 때에도 마음이 배움에 있는 것이니, 이는 군자가 배움에 대해 잠시도 중지하는 때가 없음을 말한 것이다.〔藏謂心常懷抱學業也, 修謂修習不廢也, 息謂作事倦息之時而亦存學也, 游謂閒暇無事游行之時亦在於學, 言君子於學無時暫替也.〕"라고 하였다.

亡盛衰)에 운수(運數)가 있지 않음이 없으니, 순흥이 막 부(府)였을 때에는 반드시 오늘의 황폐함이 있을 줄 몰랐을 것이다. 그렇다면 오늘 황폐한 때에 또 훗날 순흥에 다시 관부가 있게 될지를 어찌 알겠는가.】

막 해가 질 무렵 군에 도착하여 또다시 4, 5일을 머물렀다. 노구중이 서울에서 오는데 이미 그 사람과 말과 함께 돌아가기로 약속하였으므로 이곳에 머물며 기다렸다. 구중이 오자, 내가 즉시 군수(郡守)에게 돌아갈 것을 고하니, 군수는 군색한 형편에 보탤 물자를 주면서 융숭하게 대접하였다. 애당초 은혜를 바라서가 아닌데 나의 행동은 마치 은혜를 구한 듯하니, 비록 사양하지는 못했으나 진실로 이른바 "내 마음이 불쾌(不快)하다."[68]라는 것이었다.【좌랑 또한 일행을 지어 만나러 왔다.】 안기(安奇)에 도착해서 하루를 머물고 또 철파(鐵破)에서 유숙하였는데, 우거하는 곳에 도착하니 7월 초하루였다. 나는 풍기에 있을 때에 후처(後妻)의 모친의 부음(訃音)을 들었는데, 우거하는 곳에 도착해서야 비로소 아내를 보고 조문하였다.【이해 봄에 누님의 집에서 심은 올벼 두 말을 나에게 주면서 이것을 종자로 삼아 김매고 다스려서 거둬먹으라고 하였는데, 마침내 7월 그믐 사이에 수확하니, 바로 세 석(石)이었다. 이것을 얻고 나니 겨울을 지날 염려가 완전히 사라졌다.】

이때에 채형(蔡兄)이 마침 와서 이틀 동안 머물며 이야기를 나누고, 나에게 늦가을에 내가 우거하는 곳으로 와서 함께 우거하기로 약속하였기에, 떠나든 머무르든 그와 거취를 함께할 것을 바랐었다. 그런데 이번에 만나 뵌 것이 마지막 인사가 되고 이 말씀이 영결(永訣)의 말씀

68 내 마음이 불쾌(不快)하다 : 《주역》 〈여괘(旅卦) 구사(九四)〉의 효사인 "나그네로 있으면서 재물과 도끼를 얻었으나, 내 마음은 불쾌하다.〔旅于處, 得其資斧, 我心不快.〕"에서 온 말로, 여헌이 군수에게 물자를 얻었으니 나그네로서는 그런대로 잘 된 일이나, 왜란으로 인하여 편히 지낼 안정적인 거처가 없고 남의 도움을 받아야만 하는 자신의 처지 때문에 마음이 편치 않음을 나타낸 것이다.

이 될 줄을 어찌 알았겠는가. 8월에 나는 팔거(八莒)로 가서 후처의 모친을 장례하였는데, 오는 길에 박순백(朴純伯)을 방문하고 돌아왔다.【채형은 이미 늦가을에 반드시 오기로 약속했으나, 초겨울이 되어도 오지 않았다.】 10월 보름 아침에 채형이 우거하는 곳으로부터 사람이 와서 채형이 등에 등창이 나서 매우 위태롭다고 말하였다. 나는 이에 대한 약을 찾아 가지고 즉시 길을 떠나서 밤을 무릅쓰고 달려가 자형이 우거하는 곳에 도착하였는데, 자형은 이미 별세한 뒤였다. 자형을 미처 뵙지 못한 것도 통한스러운데, 늙고 병든 누님이 거의 운명할 듯 울부짖고 통곡하는 모습은 더욱 차마 볼 수가 없었다. 나는 6, 7일을 머물면서 관곽(棺槨)을 장만하여 우거하는 동쪽 산에 임시로 장례하였다. 돌아와서 다시 사람과 말을 장만하고는, 11월 초엿새에 가서 누님을 모시고 내가 우거하는 곳으로 돌아왔다.

내가 우거하는 곳은, 지금은 같은 마을 사람인 이유장(李有章)의 집이다. 이 사람은 이전에 누님의 집과 이웃하여 살았는데, 내가 평소 누님 집을 오갈 때부터 반드시 나를 만나보러 와서 얼굴을 안 지가 오래되었다. 이때에 난을 피해 달아나 숨으려고 왔는데도, 그는 항상 나에게 지극한 정을 다하니 나는 항상 감사하였다. 이해 가을에 내가 우거하고 있는 집이 심하게 파손되어서 겨울을 지내기가 어려울 듯하기에 딴 곳으로 옮겨 우거하고자 하였으나 그럴 만한 곳이 없었다. 그에게 손님을 접대하는 장소인 대청(大廳)이 있기에 내가 이것을 얻어 살기를 청하였더니, 그는 어려워하는 기색을 보이지 않을뿐더러 더하여 자못 정성스럽게 나를 초청하였다. 그리고 그의 생질 김경원(金敬元)과 김경남(金敬男)도 힘을 도왔는데, 서로 함께 띠풀을 엮고 나무를 모아 부족한 것을 보충해서 밥을 짓는 곳을 따로 만들어주고 방아 찧는 곳에는 천막을 쳐주었으며, 또 앞면을 가려서 내외(內外)의 구분이 있게 하였다.【나는 9월 21일에야 비로소 이곳으로 옮겨왔다.】

내가 예전에 우거하던 곳에 있을 적에는, 살던 집이 파손되고 또 땅이 낮아 습하였다. 그리하여 집이 항상 폭삭 내려앉을 듯하였고 또 마치 진흙 속에 앉아있는 듯하여 하루도 마음이 편안하지 못하였다. 그런데 이곳으로 옮겨 우거한 뒤로부터는 마치 내 집에 거처하는 듯하여 기거(起居)하고 앉고 눕는 것이 뜻에 맞지 않는 것이 없었다. 주인은 또 정성을 다하여 나를 환대해서 손님과 주인의 간격을 두지 않았고 김경원 형제도 자기 외숙이 대하는 것처럼 나를 극진히 대우하니, 나는 이에 힘입어 이곳에서 편안하게 지낼 수가 있었다. 대개 주인은 천성(天性)이 활달하고 명민(明敏)하며 충신(忠信)하여 배우지 않아도 그러하였는바, 자신을 단속하고 집안일을 처리하는 것과 남을 대하고 일을 처리하는 것은 모두 세속사람들이 능하지 못한 것인데 능히 하였으니, 이는 억지로 힘씀에서 나온 것이 아니었다. 김경원 형제도 모두 명민하고 자못 글을 잘 알아서 배울 수 있는 재주가 있었으니, 나는 몹시 그들을 사랑하였다.【11월에 장현도(張顯道)가 성주(星州)에서 돌아왔다.】

을미년(乙未年)에도 지난해와 같이 왜적이 경내에 있으므로, 정월 초하루 명절에 선조에게 올리는 제수(祭需)는 예전의 의식을 따랐다. 주인의 자형은 만호(萬戶) 장한(張瀚)인데,【서울에서 이 마을로 왔으니, 그의 가솔들이 난을 피해 도망하여 이 마을에 숨어 있기 때문이었다.】 장 만호(張萬戶)는 북쪽에서 수(戍)자리 살 때의 군공(軍功)으로 허통(許通)[69]이 되어 출신(出身)하였는데, 무관(武官)의 재주가 있고 옳고 그름을 알았으며,【그는 이미 주인과 한집안이었다.】 나와도 구면(舊面)이었다. 담 하나를 사이하여 우거하였는데, 날마다 함께하며 적료함을 풀어서 정이 매우 돈독하였다. 이해 봄에 주인이 나에게 밭을 주어 보리를 심게 하고

69 허통(許通) : 벼슬길이 막힌 천인(賤人)이나 서얼(庶孼)에게 벼슬길을 열어주는 것을 말한다.

논을 주어 벼를 심게 하였는데, 보리는 이미 수확하였고 벼는 장차 가을을 기다리고 있다.

나는 날마다 여러 사람들과 함께 나무꾼을 따라 산기슭에 가거나 혹은 물고기 잡는 사람을 따라 시냇가에 갔으며, 시냇물을 옆에 두고 오가거나 혹은 들을 따라 이리저리 거닐기도 하였다. 술이 있어서 초청하면 일찍이 가지 않은 적이 없었고, 정이 없이 대하면 감히 억지로 좋은 낯빛을 하지 못하였다. 찢어진 책과 끊긴 죽간(竹簡) 사이에서 성현(聖賢)을 대하기도 하고 혹은 하늘을 이불 삼고 땅을 자리 삼고 누워서 아이들의 장난을 구경하기도 하였다. 정생(挺生)이 섶을 져오고 일하는 하녀가 물을 길어 와서 천한 아내가 아침저녁으로 죽을 쑤어 주니, 또한 충분히 만난 바에 편안할 수 있었다.

이때에 명(明)나라 조정에서 왜적과 화친할 것을 허락하고 평수길(平秀吉)을 왕으로 봉하였다. 심유경(沈惟敬)이 이미 적진에 가서 이러한 뜻을 고하였고 명나라 사신 또한 장차 올 것이다. 사람들은 왜적이 마땅히 돌아갈 것이라고 말하나, 과연 그렇게 될지는 알 수 없다.

만력(萬曆) 을미년(乙未年)[70] 계하(季夏) 초순(初旬)에 구지산(龜智山)의 우거하는 집에서 기록하다.

70 만력(萬曆) 을미년(乙未年) : 선조 28년인 1595년이다. 만력은 중국 명(明)나라 신종(神宗) 때의 연호(1573~1619)인데, 조선에서는 청나라를 오랑캐의 왕조라 하여 청나라의 연호를 사용하지 않고 명나라의 연호를 그대로 사용하였다.

나는 피란(避亂)한 자초지종을 다 기록하고 나서 마침내 다음과 같이 탄식하였다.

"나라가 한 번 다스려지고 한 번 혼란한 것은 시대마다 서로 이어지는 것이다. 상고 시대(上古時代)에는 다스려지는 날이 항상 많고 혼란한 날이 항상 적었으나, 중고(中古) 이후로는 다스려지는 날이 항상 적고 혼란한 날이 항상 많았다. 그렇다면 혼란한 세상을 만난 것이 어찌 다만 오늘날 우리 동방(東方)의 사람뿐이겠는가. 그러나 혼란이 심하고 화란(禍亂)이 혹독하기로는 오늘과 같은 적이 일찍이 있지 않았다. 내 경우를 가지고 말하면, 일가친족과 내외(內外)의 문족(門族) 가운데에 살아남은 자가 겨우 백 명 중에 하나이니, 그렇다면 다 없어진 것에 가깝지 않겠는가. 비단 우리 일가와 일문(一門)만 그런 것이 아니다. 내가 듣고 본 바로는, 근방의 대성 거족(大姓巨族)의 그 많은 사람들 가운데 천 명 중에 열 명, 백 명 중에 한 명이 살아남아있으면 다행이니, 이야말로 참혹한 것이 아니겠는가.

혼란하고 망한 이유를 찾아보면, 모두들 국운(國運)에 운수를 돌리거나 혹은 모두들 평수길(平秀吉)에게 원망을 돌리니, 이는 모두 그 이유를 나에게 있지 않은 것에서 찾고 나에게 있는 것에서 찾지 않는 것이다. 나는, 국운이 이렇게 되게 한 것은 사람이고 왜적을 불러들인 것은 나라고 생각한다. 사람에게 혼란하고 망할 방도가 없으면, 국운이 어찌 사람이 부르지 않았는데 스스로 오겠는가. 내게 혼란하고 망할 근본이 없으면, 왜적이 어찌 내가 부르지 않았는데 스스로 오겠는가. 저 혼란함은 다스려짐의 반대이고 망함은 보존됨의 반대이니, 다스리지 못하기 때문에 혼란하고 보존하지 못하기 때문에 망하는 것이다. 다스릴 수 있는 자가 능히 다스렸는데도 혼란한 경우는 있지 않았고, 또 보존할 수 있는 자가 능히 보존했는데도 망한 경우는 있지 않았다. 다스려짐은 무슨 이치가 이것이며, 보존됨은 무슨 도(道)가 이것인가?

이치가 제자리를 얻는 것을 '다스려짐'이라 하고 도가 그릇을 떠나지 않는 것을 '보존됨'이라 하는데, 인물(人物 사람)은 이치의 주체이고 국가는 도의 창고이니, 인물의 이치가 먼저 내 안에서 어지러워진 뒤에 저들로부터의 혼란이 이에 이르며, 국가의 도가 먼저 안에서 망한 뒤에 밖으로부터의 망함이 이에 미치는 것이다.

이는 나의 집안을 들어 살펴보면 징험할 수 있다. 나는 본래 기(氣)가 혼탁(昏濁)한데다가 자질(資質)이 또 부박(浮薄)하여, 몸은 한 집안의 주인이 되었으나 마음을 보존하여 본성을 기르지[71] 못하였고 뜻을 지극히 하여 행실을 돈독히 하지 못하였다. 그리하여 지식이 이 때문에 지극하지 못하고 뜻이 이 때문에 성실하지 못하고 마음이 이 때문에 바르지 못하고 몸이 이 때문에 닦여지지 못해서 집안사람들로 하여금 취하여 본받을 바가 없게 하였으니, 그렇다면 이것을 '사람의 이치가 다스려졌다'고 말할 수 있겠는가. 제사를 지냄에 정성이 없고 어버이를 섬김에 효성이 없고 어른을 섬김에 공경심이 없고 아랫사람을 거느림에 자애로움이 없고 일을 처리함에 의로움이 없고 사람을 대함에 충성스러운 마음이 없어서, 한 집안으로 하여금 희희낙락(喜喜樂樂)하여 모든 것이 뒤바뀌어 어그러지게 하였으니, 이것을 '집안의 도가 보존되었다'고 말할 수 있겠는가. 사람의 이치가 다스려지지 않으니 이는 혼란함의 근본이요, 집안의 도가 보존되지 못하니 이는 망함의 근본이다. 혼란함과 망함의 근본이 이미 나에게 있다면, 나의 오늘날의 혼란함과 망함이 있는 것은 당연하지 않은가.

내가 집안에서 징험해본 것이 이와 같으므로, 내 억측컨대, 국가가

71 마음을……기르지 : 원문은 '존심 양성(存心養性)'으로, 《맹자》 〈진심 상(盡心上)〉의 "그 마음을 보존하여 그 본성을 기름은 하늘을 섬기는 것이다.〔存其心, 養其性, 所以事天也.〕"에서 유래하였다.

혼란하게 되고 망하게 되는 것 또한 이에서 벗어나지 않는다고 생각된다. 근년(近年) 이래로 우리 국가가 위로 군주 한 사람으로부터 아래로 수많은 백성에 이르기까지 그 이치가 잘 다스렸다고 할 수 있겠는가. 위로 조정(朝廷)으로부터 아래로 여항(閭巷)에 이르기까지 그 도가 잘 보존됐다고 할 수 있겠는가. 군주와 공(公)과 경(卿)과 대부(大夫)와 사(士)와 백성들이, 이러한 명칭은 있으나 자신의 직분을 직분으로 여기는 것을 보지 못했으니, 그렇다면 사람의 이치가 다스려졌다고 말할 수 없는 것이다. 의론(議論)과 정사(政事)와 인물의 취사선택과 시비(是非)의 분별과 학교의 교육(教育)과 군대의 정사가, 이러한 일은 있으나 그에 따른 실제를 실제대로 하는 것을 보지 못했으니, 그렇다면 나라의 도가 보존되었다고 말할 수 없는 것이다. 이치가 이미 혼란한데 인물이 혼란하지 않는 것은 그럴 이치가 있지 않고, 도가 이미 망하였는데 국가가 망하지 않는 것 또한 그럴 도가 있지 않은 것이다. 그렇다면 이치가 혼란한 지 오래되었고 도가 망한 지 오래되었는데, 다만 사람들이 스스로 알지 못했을 뿐인 것이다. 스스로 그 이치를 어지럽히고 스스로 그 도를 망하게 하고는 말하기를 '오늘날의 혼란함은 나라의 운수이고, 오늘날의 망함은 왜적 때문이다.' 하니, 이 또한 깊이 생각하지 않은 것일 뿐이다. 이전의 자취를 따르고 오랜 전철(前轍)을 따라서 한갓 일의 지엽적인 것에만 급급하여 말하기를 '혼란해진 이치를 다스릴 수 있고, 망한 도를 보존할 수 있다.'라고 하면, 어찌 능히 그럴 수 있겠는가. 나는 알지 못하겠다."

혹자가 말하기를 "그대가 피란(避亂)을 기록하는 것은 마땅히 자기 한 몸과 자기 한 집안의 위급하고 곤궁한 자취에만 그쳐야 한다. 그런데 바깥일을 포괄한 것이 많고 또 자기의 의논을 내고 있으니, 이것이 옳은가?" 하기에, 나는 이렇게 말하였다. "일은 비록 밖에 있으나 그 일을 들은 귀는 내 몸에 있고, 자취는 비록 남에게 있으나 그것을 본

눈은 나에게 있다. 더구나 시비를 분별하고 취사선택하는 마음이 또 나에게 있으니, 그렇다면 피란하는 가운데에 듣고 본 일과 자취를 기록하는 것이 또 어찌 문자(文字)를 번거롭게 기록하기를 좋아하는 것이겠는가."

용사일기

제2권

後避亂錄
후피란록

후피란록 後避亂錄

내가 을미년(乙未年, 1593) 여름에 막 문소(聞韶 의성(義城)의 옛 이름)의 우거하는 곳에 있었는데, 내가 임진년(壬辰年, 1592) 여름부터 을미년 여름까지 왜란(倭亂)을 피해 도망한 온 사적(事跡)을 기록하였다. 이때 왜적이 아직도 남쪽 변방에 모여 주둔하고 있었으니, 난리가 아직 끝난 것이 아니었다. 그런데 나는 예전에 일기(日記)가 없어서 세월이 오래되면 반드시 난리통에 겪은 것을 잊을까 염려되므로 마침내 그 여름 이전의 일을 기록하였는데, 자세히 기록하지 못하고 그 대강만을 기록하였다. 그 뒤의 일 또한 모두 피난한 행적이었다.

정유년(丁酉年, 1597) 가을이 되자 왜적이 또다시 크게 침략을 하였으니, 물러갔다가 소굴로 돌아와서 예전의 주둔지를 점거하고 있다가, 무술년(戊戌年, 1598) 겨울이 되어서야 비로소 철수하고 바다를 건너갔다. 나는 이 사이에 몇 번 낭패(狼狽)를 겪고 오늘날에 이르렀는데, 오늘날에도 여전히 옛 고향으로 돌아가지 못하고 예전처럼 나그네로 떠돌며 지내고 있으니, 어찌 혹독한 난리를 겪은 뒤의 곤궁함이 아니겠는가. 또 을미년 이후에 떠돌며 피난한 자취도 오래되면 다 잊어버림을 면치 못할까 우려되기에, 이에 기억이 나는 것을 수습하여 기록하고 마침내 《피난후록(避亂後錄)》이라고 이름을 붙였다.

내가 전록(前錄)을 만든 것이 을미년 계하(季夏 음력 6월) 초순(初旬)이었으니, 그달 이전은 출입하는 것이 없었고, 그달 20일 저녁에 노구중(盧懼仲)이 갑자기 안기(安奇)에서 죽었다는 말을 들었다.【안기는 바로 그가 찰방(察訪)으로 있는 본래의 역참이다. 뜻밖의 부고가 와서 나는 애통해하고 또 한편으로는 괴이하게 여겼는데, 본 역참의 사람들이 그의 본가(本家)로 달려가 고해서 아우 노경륜(盧景倫)이 즉시 달려갔다고 하니, 그렇다면 과연 그 말이 헛소문이

아님을 알 수 있었다.】

나는 다음날 김경원(金敬元)과 함께 또다시 안기로 달려갔는데, 그날 저물 무렵 상차(喪次)에 이르니, 우리 노구중이 과연 죽어있었다. 장막을 걷고 들어가 곡하였는데, 슬프고 참혹한 마음을 말로 형용하기 어려웠다. 곡하고 난 다음 그가 무슨 병으로 죽었는지를 물으니, 그 옆에 있는 자들 또한 무슨 증세인지를 분명히 알지 못하였다. 노구중은 착한 사람이다. 일찍부터 가정교육을 받았고 또 그가 사는 고향은 선산(善山)이었는데, 선산이란 고을은 예로부터 현인(賢人)과 군자(君子)가 많아서 그가 이분들에게서 취한 것이 깊고 또 넓었다. 그러므로 노구중은 효도하고 우애하는 행실과 충직하고 신실(信實)한 덕이 있었으며, 말년(末年)에 성취한 것이 더욱더 돈후(敦厚)하고 진실하니 그의 여러 아우들이 장성하여 입신(立身)한 것은 모두 그의 공덕이었다. 또 난리통에 힘을 다하고 정성을 다해서 한 집안을 보호한 것은 더욱 일반인이 미칠 수 있는 바가 아니었다.

나는 노구중과 생년(生年)이 같은 갑인년(甲寅年, 1554)이고 또 우리 큰누님이 그의 계모(繼母)가 되었다. 그러므로 나는 10여 세부터 그와 한 곳에서 함께 배웠으며 장성해서는 정의(情意)가 더욱 친밀하였다. 내가 피난하여 문소(聞韶)에 있을 적에 처음부터 끝까지 의뢰하여 산 것 또한 대부분 그의 공이었다. 대체로 그 마음이 선량하고 그 뜻이 견고하고 반듯하여 그 조예(造詣)가 반드시 여기에 그치지 않을 것이었다. 그러므로 후일에 바라는 바가 깊었는데, 불행히 갑자기 이 지경에 이르니 내 마음의 애통함이 어떠하겠는가.

또 노경륜(盧景倫)과 노경임(盧景任) 두 생질이 형을 잃고 형세가 더욱 외롭고 약해졌으니 더욱 한탄스럽고 애석할 만하였다. 이 사람은 진실로 충직하고 신실(信實)하였으니, 이는 바로 그의 천성이었다. 그러므로 찰방이 된 이후로 또 일이 많은 시기를 만나서 그가 책임진

것이 역참의 일뿐만이 아니었고 게다가 관찰사(觀察使)의 신임과 소중히 여김을 받아서 본직(本職) 외에 관리하는 일이 또 많았는데도, 이 사람은 그 수고로움을 마다하지 않고 일마다 힘써 시행하여 일이 더욱 모이고 수고로움이 더욱 심해져서 심지어 죽을병에 걸렸는데도 스스로 알지 못하였다.

나는 안기에서 이틀을 머물면서 그의 초상 일을 살펴 도왔다.【이때 관찰사가 다른 찰방으로 하여금 그의 상을 치르는 것을 담당하게 하였고, 선산부(善山府)의 부사(府使)도 자못 도와주었다. 대렴(大殮)하는 날 저녁에 노경륜이 어지러워 땅에 쓰러져서 마치 곧 운명할 듯하였으니, 이는 먼 곳에서 상사(喪事)에 달려와 연일(連日) 상을 치르는 곁에 있으면서 수고롭게 일하고 슬퍼한 나머지 기운이 약해져서 스스로 버티고 감당하지 못해서 그런 것이었다. 여러 사람들이 급히 약물(藥物)을 써서 구원하였다.】

그 이튿날 나는 마침내 돌아왔다. 이달 24일은 바로 선친(先親)의 기일(忌日)이었으나 미처 와서 제전(祭奠)을 올리지 못하였다. 7월초에 노구중(盧懼仲)의 상여(喪輿)가 안기(安奇)를 출발하여 문소(聞韶)를 지날 적에【장차 선산(善山)에 있는 선영(先塋)으로 향하려는 것이었다.】 나는 또다시 제문(祭文)을 지어서 길가에서 노제(路祭)를 지냈다.

이달 초 4일 사이에 박순백(朴純伯)이 선산에서 내가 우거하는 곳으로 와서 머무르니, 그는 장차 나와 함께 초정(椒井)에서 목욕하고자 해서였다. 나는 마침내 가솔들로 하여금 양식과 물건을 마련하여 그를 따르게 하고서 박순백과 함께 문소에서 출발하였다.【비를 만나 멀리 갈 수가 없어서 칠곡촌(漆谷村)의 한 집에 투숙하였다.】 다음날 안동(安東) 길안현(吉安縣)의 만음촌(晩音村)에 도착하였는데, 이 마을에 아는 사람이 몇 명 있어서 방문하였다. 이때 마을에 칠석회(七夕會 칠석모임)가 있어서 그 사람들은 모두 이 모임에 가 있었는데, 내가 왔다는 말을 듣고 굳이 초청하므로 마침내 박순백과 함께 그리로 갔다.

몇 사람이 술을 대접하였는데, 술잔이 몇 번 돌자 술자리를 파하고는 그대로 그곳에서 유숙하였다.【그 사람들이 모두 말하기를 "초정은 굳이 멀리 갈 것이 없습니다. 여기에서 10리쯤 떨어진 곳에도 초정이 있는데 초정욕이 자못 효험이 있습니다."라고 하기에, 이에 박순백과 한 번 가서 살펴보았다. 그곳에 가보니 이른바 '초정'이라는 것이 시냇가에 있는데 빗물에 뒤덮여서 거의 다 없어졌고, 또 그 물을 맛보았는데 톡 쏘는 기운이 있는지를 발견하지 못하였다. 즉시 마을 집에 투숙하였다.】마을에 진사(進士) 이광언(李光彦) 어른이 국가에 곡식을 바치고 첨지(僉知)가 되었는데, 내 일찍이 한 번 뵌 적이 있고 박순백 또한 구면(舊面)이 있다 하기에 함께 방문하였다.【나이가 많아 청력(聽力)을 잃어서 그와 말할 적에 높은 소리로 말하지 않으면 소통하기가 어려웠다.】 저녁에 이씨(李氏) 어른이 채소를 보내주었다.

다음날 아침 청송(青松)을 향해 출발하였다. 산길과 돌길을 따라갔는데, 이슬을 맞은 무성한 풀을 헤치고 지나려니 의상(衣裳)이 모두 흠뻑 젖었다. 박순백이 나를 돌아보고 말하기를 "모름지기 이처럼 깊고 험한 경계와 시절을 지나가야 비로소 좋은 의사(意思)가 생기는 것을 느끼게 된다."라고 하니, 그의 말에 비록 좋은 의사가 있으나 어찌 굳이 험한 곳을 건너고 위험한 곳을 밟는 것을 좋다고 할 수 있겠는가. 이는 바로 내가 산길과 돌길을 가는 것을 괴로워하는 뜻이 있을까 염려되므로 일부러 이런 말을 하여 위안하는 것이었다.【해가 느지막이 개었을 때 골짝 밑에서 말에서 내려 시냇가에 앉고는 종들에게 아침밥을 장만하게 하였다. 이번 걸음에 박순백이 데리고 온 사람은 계집종 한 명과 남자종 두 명인데, 남자종의 아내 또한 병이 있어서 목욕하러 따라왔다. 내가 데리고 간 사람은 어린 생질뿐이었다. 아침밥을 먹고 또다시 길을 떠났다.】

오후에 청송을 지났다.【부(府)의 서쪽 5리쯤 되는 곳인 청송에도 초정이 있었다. 나는 기축년(己丑年, 1589) 가을에 와서 목욕하였는데 자못 효험을 본 듯하였다. 다만 초정이 시냇물 가운데에 있기 때문에 목욕을 하려면 반드시 시냇물을 막아서 초정 곁으로 옮겨 주입시켜서 초정 안에 외부의 물이 들어오지 못하게 해야 하니, 그런 뒤에 초정의 약수(藥水)가 비로소 온전하여 목욕할 수 있었다. 그러나 시냇물의 흐르는 기세가 곧장 내달려서 만약 조금이라도 비가 오면 막아놓은 것이 반드시 터지므로, 막자마자 곧바로 터진 것을 해마다 고쳐 막고 목욕하였다. 이때에 지나면서 물어보니, 막 초가을에 접어들어서 목욕하는 사람들이 아직 오지 않기 때문에 시냇물도 막지 않고 초정도 수리하지 않았다고 하였다. 나는 마침내 이곳을 지나 진성현(眞城縣) 초정으로 향하였다.】

이날 진성현으로 가서 한 초막(草幕)에 들어갔다. 초막 주인은 바로 영천(榮川)의 김 참판(金參判)의 종이라고 하는 자로, 우리가 유숙하는 것을 허락하지 않았는데 말투도 자못 불손(不遜)하였다. 이에 옆집으로 옮겨 들어가니, 바로 진성현의 수리(首吏)[1]의 집이었다. 비록 우리를 거절하지는 않았으나 여기서도 또한 청방(廳房)이 있던 자리에 묵게 하지 않아서 빈집에서 잤다. 다음날 아침 김순생(金順生)에게 사람을 보냈는데, 김순생은 바로 서울 사람으로 고(故) 통정대부(通政大夫) 김미(金亹)의 서자(庶子)이다.【난리가 난 초기에 마침 진성현에 왔는데 난리에 막혀서 서울로 돌아가지 못하였다.】 군공(軍功)이 있어서 허통(許通)이 되고 또 출신(出身)하여 첨정(僉正)의 직책을 받고 진성현에 우거하고 있었다.

나는 옛날 서울에서 왕래할 적에 그 형 김영생(金寧生)과【영생은 그의 이름인데, 관상감 판사(觀象監判事)를 지낸 자이다.】 친분이 있었는데, 그 사람됨이 자못 단아하고 근엄하였다. 그런데 또 계사년(癸巳年, 1593) 겨울에 진성에서 김순생을 만나보니, 그 형과 매우 유사하였다. 그와 더불어 말을 하다가 그 형에 대해 언급하였는데, 그 형은 이미 난리통에

1 수리(首吏) : 지방 관아의 우두머리 아전으로, 주로 이방(吏房)을 가리킨다.

패전하여 죽었다고 하였다. 이로 인하여 김순생과도 친분이 생겼으므로 이번 걸음에 방문하였는데, 김순생이 나에게 자기 집을 방문해 줄 것을 청하기에 마침내 박순백(朴純伯)과 함께 방문하였다.

김순생은 술과 음식을 장만하여 잘 대접하고는 또 함께 목욕하러 갈 것을 청하였다. 허락하고서 점심 무렵이 되서야 마침내 초정을 찾아갔는데, 초정은 현의 동쪽 20리 지점에 있었다.【경내가 외지고 길이 험해서 걷다가 쉬다가 하였는데, 한 늙은 할미가 지름길을 자세히 가르쳐 준 덕분에 초정에 쉽게 도달할 수 있었다.】 초정에 이르러보니, 초정은 수리가 되지 않고 황폐한 채로 버려져 있었다. 왕년(往年)에 관찰사(觀察使)가 와서 목욕함으로 인하여 초정 곁에 천막을 쳤었는데 그 터가 그대로 남아있었다. 박순백이 마침내 두 종으로 하여금 즉시 초정을 수리하여 옛 물을 빼버리고 새로운 샘물을 저장하게 하니, 그 물을 마시고 나서 또 한바탕 목욕을 하였다.【박순백은 바로 이 물에 점심밥을 말아서 마셨다. 초정 가 몇 리쯤 되는 곳에 산점(山店 산의 객점)이 있기에 그리로 가서 유숙할 장소로 삼았다.】

그날 이미 해가 저물었을 적에 깊은 골짝 가운데에서 급히 말을 몰아오는 자가 있었는데, 오고나서 보니 바로 정군섭(鄭君燮)이었다. 이해 여름 사이에 내가 정군섭의 집에 가서 누님을 문안하고 인하여 정군섭과 함께 초정에 가서 목욕하기로 약속하였으므로 정군섭은 가을이 되기를 기다리다가 곧바로 문소에 가서 우거하는 곳으로 나를 찾아왔는데, 내가 이미 출발하였으므로 나를 뒤따라 와서 똑같은 날 함께 초정에 도착한 것이다. 그가 출발할 적에 청송에서 먼저 묻고는【초정을 물은 것이다.】 바로 부의 북쪽을 따라 큰 고개를 넘어 곧바로 왔으므로 온 길이 다르고 더욱 심하게 험한 곳을 지나게 된 것이었다.

다음날 아침 일찍 죽을 쑤어서 함께 먹고 초정에 가서 아침 목욕을 하였다. 이날 저녁에 김순생이 뒤따라 왔다. 매번 목욕할 때마다 네 사람이 초정을 함께 하여 서로 이야기를 하기도 하고 혹 웃기도 하노라니, 냉기를 견디는 고통을 잊을 수 있었다. 박순백은 처음 도착한 날 저녁부터 설사하는 이질(痢疾)을 앓아서 밤에는 반드시 너댓 번 설사를 하고 낮에 거동할 때에도 무수히 측간에 가니, 이로 인하여 기운이 부족해서 보통사람처럼 목욕을 자주 하지 못하였다.

나는 그가 기운이 약하여 지탱하지 못하리라고 의심해서 기력이 다 손상되어 버릴까 매우 염려하였다. 그러나 목욕하기를 그치지 않으니, 며칠 뒤에 이질의 증세가 점점 사그라졌다. 나는 정군섭과 함께 매우 기뻐하였으니, 아마도 박순백이 앓던 병이 중한 냉습(冷濕)이었던 듯하다.【이보다 앞서는 초정에서 목욕한 적이 없었고, 이제 처음으로 와서 목욕하였다.】 초정의 냉기가 능히 박순백이 본래 앓던 증세와 서로 맞았는지의 여부를 알 수 없지만, 여러 번 목욕한 뒤에 이질의 증세가 이미 사라져서 정신이 자못 깨끗하게 소생함을 느꼈다. 박순백 스스로도 기뻐하여 다행으로 여겼고 나 또한 깊이 위안이 되었다.

며칠 뒤에 김순룡(金舜龍) 여윤(汝允)이 박순백과 내가 초정에 있단 말을 듣고 술을 가지고 와서 위로하니, 여윤은 바로 이 현의 선비로 자못 고아하고 깨끗하여 사랑할 만하였다. 안지는 비록 오래되지 않았으나 나는 이미 그 사람됨을 좋아하였다. 만나 서로 위로하고 마침내 한 번 목욕하고 하룻밤을 유숙하고는 먼저 돌아갔다.【박순백의 장남 홍경(弘慶)이 이때 예안(禮安)에 있었으니, 예안은 바로 그의 처가였다. 부친이 초정에 왔다는 말을 듣고 술과 음식을 장만하여 또한 와서 그대로 머물면서 기다렸다. 김순생은 하루 먼저 돌아갔다.】 나는 박순백, 정군섭과 함께 하루 이틀 더 목욕하려고 하였으나, 우거하는 마을의 사람이 손님들이 오래 머무르는 것을 자못 싫어하는 기색을 말소리와 얼굴빛에 많이 드러냈으므로, 이에 그만두고 목욕하지 않았다.

다음날 마침내 출발하여 돌아올 적에 오후에 현의 향교(鄕校)에 가니, 김순생이 국수를 가지고 와서 동행하는 사람들에게 먹였다. 이때 동행한 사람들은 모두 형편상 다음날 마땅히 길을 나누어 헤어지게 되어 있었다. 박순백은【그 아들 홍경과 함께이다.】 전전하여 예안으로 들어가고, 정군섭은 그 조비(祖妣)의 묘소가 안동(安東)에 있으므로【임하(臨河)이다.】 그곳에 가서 성묘한 뒤에 다시 만음촌(晩音村)에서 나와 만나기로 하였고, 나는 곧장 돌아오는 길을 취해야 했으므로 향교에서 함께 자고 작별하려고 하였다.

이때 진성현의 원(員)은 바로 평해(平海) 사람 황응청(黃應淸)이었다. 그는 기개가 있고 세속의 악착스러움을 좋아하지 아니하여, 생원(生員)으로 여러 번 참봉(參奉)에 제수되었으나 부임하지 않았다. 갑오년(甲午年) 사이에 시폐(時弊)에 분노를 느껴 상소해서 아뢰자, 성상(聖上)께서 이를 가납(嘉納)하고 특명으로 직책을 높여주었으니, 이 때문에 이 현에 제수된 것이다.【나 또한 일찍이 그 사람에 대해서 들었다.】 지금 와서 만나보니, 이때 그의 나이가 70여 세였다. 하얗게 센 머리에 늙어 야윈 얼굴이 예스러운 모양으로 존경할 만하고, 말하는 소리를 들어보니 자못 충후(忠厚)한 기상이 있었다. 몇 차례 술잔을 돌리고 또 저녁밥을 제공해주었다.

이날 예안(禮安)의 원(員) 신순천(申順天)이 나에게 보내온 편지가 있었는데, 그 편지에서 내가 보은 현감(報恩縣監)에 제수된 일을 말하였다. 얼마 있다가 문소(聞韶)에 있는 임형(任兄 넷째 자형인 임이중)이 또 종을 보내왔고, 정한강(鄭寒岡)[2]의 편지도 서울에서 전전하여 왔는데 한강 또한 보은 현감을 제수한 뜻을 말씀하고는 또 이르기를

2 정한강(鄭寒岡) : 정구(鄭逑, 1543~1620)를 가리킨다. , 자는 도가(道可), 시호는 문목(文穆)이며, 한강은 그의 호이다. 퇴계 이황과 남명 조식에게서 성리학을 배웠으며, 과거를 단념하고 학문에만 열중하였다. 성주(星州) 출신으로, 창녕 현감(昌寧縣監)에 이어 공조 참판, 대사헌 등을 역임하였다.

"서울로 올라오지 않으면 안 된다." 하셨다. 나는 명령을 듣고 크게 놀라고는, 세상을 속인 것이 심하고 또 더하여 심지어는 하늘(임금을 가리킴)을 속이게 된 것을 스스로 부끄러워하였다. 박순백은 말하기를 "우리들이 직첩(職帖)을 받고 취임하지 않는 것은 자못 옳지 않은 뜻이 있으니, 그대는 깊이 생각하라." 하였다.【마침내 향교의 누대에서 함께 유숙하였다.】

다음날 박순백과 작별하였는데, 박순백은 작별할 때에 거듭 '거취를 살피지 않으면 안 된다'는 뜻을 말하였다.【정군섭 또한 임하로 향하고, 나만 홀로 직로(直路)를 따라갔는데 정군섭의 복마(卜馬 짐 싣는 말)는 나를 따라왔다.】 점심 무렵 김여윤(金汝允)의 집에 가니, 그 집은 진성현의 어천(漁川)에 있었다. 다음날 점심 무렵 만음촌에 도착하였는데, 정군섭은 이미 먼저 와있었다. 저녁에 정군섭과 함께 채형(蔡兄)의 묘소에 가서 절하고 함께 슬피 오열하고 돌아왔다. 다음날 문소의 우거하는 곳으로 돌아왔는데, 정군섭도 함께 따라왔다.

내 일찍이 출처(出處)와 거취(居就)의 의리를 논하였는데, 하나를 고집하여 논할 수가 없었다. 출사(出仕 세상에 나아가 벼슬함)하지 않는 것은 의리가 아니지만,[3] 학문이 뛰어나지 못하면 출사할 수가 없고, 학문이 뛰어나더라도 때가 불가(不可)하면 출사할 수가 없고, 때는 가하더라도 군주의 예(禮)가 지극하지 않으면 출사할 수가 없다. 염치를 무릅쓰고 함부로 나아가는 것[4]은 의(義)가 아니지만, 때가 비록 불

3 출사(出仕)하지……아니지만 : 《논어》〈미자(微子)〉편에 자로(子路)가 세상을 버리고 은거하는 노인에 대해 "출사하지 않는 것은 의리가 아니니, 장유(長幼)의 예절도 없애서는 안 되는데 군신(君臣)의 의리를 어떻게 없앨 수 있겠는가. 이는 자기 한 몸을 깨끗하게 하기 위해 큰 인륜을 어지럽히는 것이다.〔不仕無義, 長幼之節不可廢也, 君臣之義如之何其廢之? 欲潔其身而亂大倫.〕"라고 한 내용이 보인다.

4 염치를……것 : 원문은 '冒進'으로, 앞뒤를 살피지 않고 무턱대고 세상에 나아가 벼

가하더라도 예(禮)가 이미 지극하면 부름에 응할 수 있고, 학문이 비록 뛰어나지 못하더라도 어버이가 이미 늙으셨으면 출사할 수 있고, 가난하여 스스로 생존할 수 없으면 출사할 수 있는 것이다.

염치를 무릅쓰고 함부로 나아가는 것은 굳이 말할 것이 없지만, 출사하지 않는 가운데에 또 '해서는 안 되는 한 가지'와 '수치스러울 만한 한 가지'가 있으니, 한갓 몸을 깨끗이 하는 것이 고상함이 된다는 것만 알고 군신간의 대의(大義)는 알지 못해서 일절 벼슬길에 나아갈 뜻이 없는 것 이것이 이른바 '해서는 안 되는 한 가지'요, 안으로 스스로를 지키는 실제가 없고 밖으로 스스로를 소중히 여기는 행적을 빌려서 이로써 자기 이름을 빛내고 자기의 성가(聲價)를 높이려고 하는 것 이것이 이른바 '수치스러울 만한 한 가지'인 것이다.

'해서는 안 되는 한 가지'는 바로 이른바 '아는 것이 과하고 행실이 과하다'[5]는 것인데, 이것이 인륜(人倫)을 어지럽히고 의리를 해쳐서 사도(斯道 유학(儒學))의 폐해가 되는 것이 진실로 크지만, 과하여 잘못되는 것은 그래도 이러한 사람들이 드물다. 그러나 '수치스러울 만한 한 가지'에 이르러서는 말세(末世)의 공통된 병폐이니, 어째서인가? 벼슬하지 않는다는 이름은 참으로 아름다운 듯하니, 학문이 뛰어나지

슬하는 것을 말한다. 한유(韓愈)의 〈쟁신론(爭臣論)〉에 "건괘(蹇卦)의 육이(六二)처럼 신하의 위치에 있으면서 임금을 섬기지 않는 마음을 고상하게 여긴다면, 함부로 관직에 나아가는 화환(禍患)이 생기고 직무를 저버린다는 비난이 일어날 것이니, 그 뜻이 본받을 만하지 못하고 그 허물이 끝내 없지 않을 것이다.〔以蹇之六二在王臣之位, 而高不事之心, 則冒進之患生, 曠官之刺興, 志不可則, 而尤不終無也.〕"라고 하였다.

5 아는……과하다 : 《중용장구(中庸章句)》 4장에 "도가 행해지지 못하는 이유를 내가 아노니, 지혜로운 자는 지나치고 어리석은 자는 미치지 못하기 때문이다. 도가 밝아지지 못하는 이유를 내가 아노니, 어진 자는 지나치고 불초한 자는 미치지 못하기 때문이다.〔道之不行也, 我知之矣, 知者過之, 愚者不及也; 道之不明也, 我知之矣, 賢者過之, 不肖者不及也.〕"라고 보인다.

못하다 하여 벼슬하지 않는 자는 뜻이 크고, 때가 불가하다 하여 벼슬하지 않는 자는 도(道)가 바르고, 예가 지극하지 않다 하여 벼슬하지 않는 자는 의리가 높으니, 뜻이 크고 도가 바르고 의리가 높은 것은 아름다운 이름이 아니겠는가.

이 때문에 그 실제가 없으면서 그 행적을 빌리는 자가 이것을 취하는 것이다. 그가 벼슬하지 않고 있을 때에, 세상에서는 그의 뜻이 크다고 말하지 않으면 반드시 도가 바르다고 말하고, 도가 바르다고 말하지 않으면 반드시 의리가 높다고 말한다. 그러나 그 실제는 뜻이 큰 것이 아니고 뜻이 심히 작은 자이며, 도가 바른 것이 아니고 심히 간사한 자이며, 의리가 높은 것이 아니고 심히 낮은 자이다. 그 심술(心術 마음)의 속임수가 마침내 비루하고 천박하게 염치를 무릅쓰고 함부로 나아가는 것보다 더 심하니, 그 수치스러울 만함이 어떠한가.

그렇다면 학문이 뛰어나지 못하고 때가 불가하고 예가 지극하지 못하다 하여 벼슬하지 않는 자는 벼슬하지 않는 중에 옳은 것이요, 몸을 깨끗이 하려 하여 인륜을 어지럽히고 이름을 바라서 성가(聲價)를 높이려는 자는 벼슬하지 않는 중에 그른 것이다. 이 사이에 혹 뜻이 큰 듯하나 끝내 그 큼을 채우지 못하고 도가 올바른 듯하나 끝내 그 올바름을 지키지 못하고 의리가 높은 듯하나 끝내 그 높음을 성취하지 못하여, 밖으로는 비록 인작(人爵)[6]을 능히 사양했다는 아름다운 이름(명성)이 있으나, 안으로는 실제로 천작(天爵)을 스스로 닦는 올바른 학

6 인작(人爵) : 사람이 준 작위(爵位)를 이른다. 《맹자》 〈고자 상(告子上)〉에 "천작이 있고 인작이 있다. 인의충신(仁義忠信)하고 선(善)을 좋아하여 게을리 하지 않음이 천작이요, 공경과 대부는 인작이다.〔有天爵者, 有人爵者. 仁義忠信, 樂善不倦, 此天爵也. 公卿大夫, 此人爵也.〕"라고 보이는데, 천작은 자신이 인의충신을 행하여 자연적으로 높아짐을 이르고, 인작은 제왕이나 권력자가 공경, 대부의 관직을 인위적으로 제수하여 높아짐을 이른다.

문이 없다면, 그 처음은 비록 수치스러워할 만한 이름을 바라고 성가를 높이는 자가 되는 것은 아니지만, 필경은 자기 몸을 속이고 한 세상을 속이는 것을 면치 못하는 자가 많을 것이다.

그러므로 나는 속으로 생각하기를, '처음에는 큰 듯하나 끝내 작고 처음에는 올바른 듯하나 끝내 잘못되고 처음에는 높은 듯하나 끝내 낮은 것보다는, 차라리 처음에 우선 나아가 명(命)에 응하고 스스로를 높이는 자취를 드러내지 않고 있다가 때와 형세를 서서히 살펴보고 진퇴(進退)하여 자기 뜻이 편안히 여기는 바를 찾는 것이 더 옳을 것이다.' 하였다. 더구나 벼슬과 학문은 두 길이 아닌데다가 때는 또 옛날과 지금의 차이가 있고 직책은 또 크고 작은 구별이 있으니, 때에 따라 명에 응하면 도(道)가 이 가운데에 있는바, 요점은 그 의리를 잃지 않음에 달려있을 뿐이다.

나로 말하면 학문에 뜻이 없다고 말할 수는 없으나, 젊었을 때에 학문할 기회를 잃어서 늙어서도 이룬 것이 없다. 또 때는 막 큰 난리를 만나서 국가의 형세가 혼란하니, 나처럼 용렬하고 졸렬한 자가 준례(準例)에 따라 나아가고 준례에 따라 물러가는 때가 아니다. 이른바 '예(禮)'라는 것은 또 후세에는 행하지 않아서 비록 진실로 위대한 현인과 훌륭한 학자가 있더라도 만일 과거에 급제하여 따라 출사하지 않으면 반드시 관직을 제수하여 나오게 할 뿐이다. 이 밖에는 다른 일이 없으니, 그렇다면 용렬하고 천한 내가 감히 논할 수 있는 바가 아니다.

그리고 나는 집안에 연로한 어버이가 계시지 않고 또 가난 때문에 벼슬을 구하는 때가 아니다. 이와 같으면 못난 성품을 지키고 분수를 편안히 여기면서 산야(山野)에서 구속을 받지 않고 마음대로 지내는 것이 진실로 당연한 것인데, 다만 세상에 허위(虛僞)의 유풍(遺風)이 있어서 천한 나의 이름이 한때에 잘못 알려졌다. 그리하여 지난번 신묘년(辛卯年, 1591) 겨울에 전옥서 참봉(典獄署參奉)이 제수되었는데,

이때에 나는 모친상(母親喪)을 당하여 막 복중(服中)에 있었고, 또 갑오년(甲午年, 1594) 봄에 예빈시 참봉(禮賓寺參奉)이 제수되었는데 이때는 내가 또 이리저리 떠돌면서 곤궁하여 명에 달려갈 수가 없었고, 그해 가을에 또다시 제릉 참봉(齊陵參奉)에 옮겨 제수되었으나 또한 직책에 나아갈 수가 없었으니, 이는 모두 때가 직책에 나아갈 수 없었던 것이요 감히 내가 벼슬하러 나아가지 않은 것이 아니었다.

이번에 마침내 벼슬을 높여 6품에 제수해서 전성(專城)의 임무[7]를 제수하셨으니, 돌아보건대 내게 무슨 거두어 쓸 만한 재주가 있기에 마침내 이 지경에 이른단 말인가. 그야말로 스스로를 속이고 세상을 속인 것이 크다 하겠다. 그러나 마음이 절로 편치 못하고 또 만약 벼슬에 달려가지 않으면 그 행적이 스스로를 과시하는 것에 더욱 관계되니, 끝내 반드시 크게 수치스러운 지경에 이르지 않을 것이라고는 장담하지 못할 것이다. 그러므로 한 번 잠시 나가서 이 행적을 덮어 가린 뒤에 끝내 내가 스스로 좋아하는 바의 뜻을 구할 것을 생각하였다.

나는 마침내 왕명(王命)에 달려가겠다는 뜻을 정군섭(鄭君燮)에게 말하였는데,【이튿날 정군섭은 내가 우거하는 곳에 머물렀고, 그 다음날 정군섭은 집으로 돌아갔다.】 며칠 후에 보은(報恩)의 하인이 왔다. 상산(尙山 상주(尙州))의 이준숙(李峻叔)은 난리가 나기 전에 충청도(忠淸道)의 도사(都事)가 되었는데 붉은 안장을 보내왔고, 이조(吏曹)에서는 본도(本道 경상도)의 감사(監司)에게 잘 대우하여 보내게 하였는데, 그 관자(關字 공문)가 인동(仁同)에서 왔다.

7월 25일 길을 떠났다. 이때 나는 이리저리 떠도는 중이라 여비를 장만할 수 없었는데, 임형(任兄)이 자기의 옷과 물건 및 모든 물자를

7 전성(專城)의 임무 : '전성'은 지방관이 되어 한 고을을 맡아 다스리는 것으로, 여기서는 저자인 장현광이 보은 현감에 제수된 일을 말한 것이다.

장만해 주었고, 우거하는 집 주인 이유장(李有章)도 옷을 주었으며 정군섭도 옷과 물건을 보내왔다. 수행하는 사람은 임형의 종 한 명과 이유장의 종 한 명이였고 타는 말은 임형의 말이었다. 이때 마을에 우거하는 사람 정대남(丁大男)이 일 때문에 서울에 가게 되어 나를 수행하기를 청하였는데, 나는 그가 무인(武人)이어서 길을 호위할 요량으로 동행을 허락하였다.

마침내 안동(安東), 영주(榮州), 풍기(豐基)를 거쳐서 죽령(竹嶺)으로 가는 길을 택하였다. 고개 위에 도착하니, 군인 10여 명이 있었는데,【장작을 패는 자도 있고 흙을 져 나르는 자도 있었다. 길가에는 한 칸짜리 혹은 두 칸짜리의 작은 막사가 몇 곳에 배열되어 있었다.】 크고 작은 나무를 길의 좌우에 배열해서 울타리 모양으로 만들고 있었다.【가운데는 통하게 하여 왕래하는 문으로 삼은 것이다.】 물어보니, 말하기를 "이것은 파수(把守 경계하여 지킴)하기 위한 것인데, 이곳에 장수가 있습니다."라고 하였다.【아마도 조정에서 이 고개가 경상좌도(慶尙左道)의 중요한 관문이라 하여 이것을 설치해서 왜적을 대비하는 듯하였다.】

죽령을 넘어 단양(丹陽)을 경유하였는데, 단양은 이른바 '산수(山水)가 좋은 고을'이었다. 일찍이 이 고을에 대해 실컷 들었으나, 길을 감에 정해진 기한이 있어서 기이하고 아름다운 경치를 찾아 구경하지 못하는 것이 큰 한(恨)이 되었다. 길가에서 참봉 곽수지(郭守智)를 만났는데,【마침내 함께 밥을 먹으면서 이야기를 나누었다.】 그는 나와 함께 6품의 수령에 뽑힌 자가 30명인데 호남(湖南)과 영남(嶺南) 사람이 그중 절반을 차지하였으며, 공론(公論)이 그 사이에 불거져 나왔는데 선임이 공정하지 않다고들 말한다고 하였다. 나는 이 말을 듣고 더욱 내심 불만스러웠으나, 이미 길을 나선 터라 중지할 수가 없었다. 마침내 충주(忠州)를 경유하였는데, 충주성 안팎에 여염(閭閻)집이 즐비하게 늘어서 있는 것이 완연히 도성과 같았다.

이날 성문(城門)으로 들어오니, 깨진 기와장과 쌓인 돌덩이, 잿더미가 아직까지 쌓여있었으며 무성한 풀이 길 양쪽에 자라서 동쪽과 서쪽을 구별할 수 없었다.【이 가운데에 허물어진 집 한 채가 있으니, 바로 공청(公廳)이 남아있는 것이었다. 마침내 이곳에 가서 투숙하였다.】 이때 이영도(李詠道)가 연원 찰방(連原察訪)으로 있다가 판관(判官)으로 승진하여 충주의 일을 총괄하였는데, 내가 왔다는 말을 듣고 나와서 접대하였다.

다음날 누암(樓巖)을 지나니, 누암은 바로 충주의 유명한 마을이었다. 두 강이 합류하는 지역에 있는데, 난리가 나기 전에는 뱃길이 도성(都城)과 통하여 삼도(三道 충청도, 전라도, 경상도)의 사람이 서울로 올라가려면 반드시 여기에서 처음 배를 탔다.【서울에서 아래 삼도로 내려올 때에도 또한 여기에서 처음 배에서 내렸다. 그러므로 무릇 조정의 선비와 과거보는 생도(生徒)와 세리(稅吏)와 행상(行商)들이 모두 이곳에 모였다.】

배를 갖추고 이익을 추구하는 자가 즐비하였는데, 그들이 거처하는 곳마다 보화와 재물을 낭자하게 쌓아놓았으며 집집마다 누대를 만들어 흐르는 강물을 굽어보고 술과 고기를 많이 장만하여 여행하는 손님을 대접하였다. 내가 옛날 과거를 보러 오고갈 적에 일찍이 이것을 보고 훌륭하게 여기지 않은 적이 없었는데, 오늘 지나갈 때에는 쑥대밭만 눈에 가득 보이니, 만일 목석(木石)의 심장을 가진 자가 아니라면 어찌 시대를 서글퍼하는 눈물을 흘리지 않을 수 있겠는가.

또 여주(驪州)를 경유하여 광주(廣州)의 경내를 지나가는데,【가는 곳마다 모두 먼 길에 작은 오솔길이었는데, 등라(藤蘿)와 갈대가 해를 가리고 하늘을 가리니, 사람들은 손을 펼 수가 없고 말은 꼬리를 흔들 수가 없었다. 종일토록 가도 사람을 만나지 못하였다. 날이 저물려 하기에 하룻밤 묵고 갈 요량으로 연기가 나는 집을 보고는 바로 투숙하였다. 여주 터를 따라 광주 경내로 들어갔다.】 길가 높은 봉우리 위에서 부역하는 사람의 목소리가 들려왔다. 누구인가 물었더니, 바로 산성을 쌓는 승군(僧軍)이었다.

도성(都城)에 들어간 날에【동대문 밖에서 아침밥을 먹었다. 산을 등지고 골짝을 가로지른 큰 집이 있는데 전원(田園)이 있고 못이 있으니, 만약 공자(公子)의 집이 아니면 반드시 경상(卿相)의 집일 것이다. 그런데 섬돌은 잡초에 묻히고 담장은 무너졌으니, 어느 성씨(姓氏)가 이 집의 주인인지 알 수 없었다. 점심 무렵 도성에 들어갔다.】 처음으로 동대문의 좌우를 따라 머리를 돌려 바라보니 달리 보이는 것은 없고, 오직 온갖 풀이 무성하게 덮여있고 옛날부터 있던 냇물이 졸졸 흐르는데 무너진 담장과 버려진 계단 틈에 혹 찰기장과 메기장, 차조와 수수가 비오는 가운데에 어지러이 패어있는 것이 보일 뿐이었다.

궁전은 어느 곳에 있었으며, 대성(臺省)은 어느 곳에 있었으며, 종묘는 어느 곳에 있었으며, 사직은 어느 곳에 있었는가? 예전에 번화했던 문물(文物)이 전부 어느 곳으로 돌아갔는가? 내심 놀라고 서글퍼서 차마 눈을 뜨고 볼 수 없는 것이 다시는 옛날에 구경하던 모습이 아니었다.【오직 백악산(白岳山)은 옛날 그대로의 산악이고 남산(南山)은 옛날 그대로의 산이고 사대문(四大門)은 옛날 그대로의 문이고 냇물은 옛날 그대로의 냇물이라는 것을 알고서야 비로소 이곳이 도성이라는 것을 믿게 되었다. 그렇지 않았다면 이곳이 과연 옛날의 도성이었음을 알지 못했을 것이다.】

이는 하늘의 운수인가, 땅의 운수인가? 귀신이 화(禍)를 내린 것인가, 사람이 한 일이 불러들인 것인가? 그 누가 이 지경이 되게 만들었는가? 만약 통곡을 하지 않으면 장차 슬픈 마음을 덜어낼 수가 없을 듯하였다. 나는 말 위에서 혼자 말하고 혼자 서글퍼하고는 마침내 먼저 호현방(好賢坊)을 찾아갔는데, 이 호현방은 바로 서천군(西川君)[8]의

8 서천군(西川君) : 정곤수(鄭崑壽, 1538~1602)로, 본관은 청주(淸州), 자는 여인(汝仁), 호는 백곡(栢谷)이다. 초명은 규(逵)이며 곤수는 선조(宣祖로부터 하사받은 이름이다. 1587년(선조20)에 황해도의 관찰사로 특별히 임명되어 백성들의 진휼에 큰

고택으로 한강(寒岡) 또한 막 여기에 계셨다. 한강을 뵙고 난 뒤에 또다시 서천군을 뵙고서 한동안 꼼짝도 하지 않고 앉아있었다.

이때 오익승(吳翼承)[9]이 또 왕명에 달려나오니, 그 또한 나와 함께 동시에 천거를 받고 함께 읍재(邑宰)에 제수되었으므로 온 것인데, 그가 맡은 고을은 바로 호남의 진안(鎭安)이었다. 이에 그와 함께 한 관사를 사용하였다. 이날 즉시 새문〔新門 돈의문〕 밖으로 나와서 유 참판(柳參判)을 뵈었는데, 유 참판은 바로 선친의 외종제(外從弟)로, 이때 나이가 거의 80세에 가까웠다.【아직도 예조 참판(禮曹參判)의 직함을 갖고 있었다.】 그의 본택은 바로 남대문 밖으로 바로 내 조비(祖妣 돌아가신 조모(祖母))의 세거지(世居地)인데, 난리를 겪었는데도 왜적의 화염을 면하였으니 매우 위안이 되었다.【참판이 온화하고 편안한 방을 구했기에 마침내 거처를 새문 밖으로 옮겼다.】

선친과 유 참판은 함께 한 집안에서 양육되어 정(情)이 친형제와 같았는데, 선친이 일찍 세상을 떠나셨다. 유 참판은 매번 나를 볼 때마다 친자식이나 친조카와 다름없이 다정하게 어루만져주셨다. 이날 난리를 겪은 뒤에 나를 보시고는, 내가 살아있는 것을 위무(慰撫)하고 또 내가 왕명을 받고 현감이 된 것을 기뻐하셨다. 나 또한 유 참판의 얼굴 모습을 살펴보았는데, 기력이 아직도 강령하였으므로 지극히 스스로 위안이 되고 기뻤다.【저물녘에 호현방으로 다시 들어왔다.】

다음날 아침 진안 현감 오익승과 함께 대궐에 나아가 사은(謝恩)하

성과를 거두었으며, 이듬해에 첨지중추부사(僉知中樞府事)가 되고 서천군에 봉해졌다. 임진왜란이 일어나자 의주로 선조를 호종하였다. 저자인 장현광의 처삼촌이다.

9 오익승(吳翼承) : 오장(吳長, 1565~1617)으로, 본관은 함양, 호는 사호(思湖)이며, 익승은 그의 자이다. 임진왜란 때 의병 활동을 하였고, 1610년(광해군2) 문과에 급제하여 사간원 정언 등을 지냈다. 영창대군의 죽음에 대해 상소한 정온(鄭蘊)이 제주에 유배되자, 이에 반대하는 소를 올렸다가 토산(兎山)에 유배되어 그곳에서 죽었다.

고 또 함께 대서(臺署)를 들르고는, 또다시 같은 날 조정에 들어가 하직하고 나가기로 약속하였다. 이른바 '대궐'이라는 것은 개인 소유의 집을 빌린 것이었다.【이때 대성(臺省)과 백사(百司 모든 관서)는 모두 개인 소유의 집에 칭호를 배열하고 관청을 설치한 것이었다.】

서울에 머물던 날에 가서 만나뵌 분은 김동강(金東岡)과 유 영상(柳領相)[10]이었다. 유 영상은 일찍이 만나뵌 적이 없었으나, 이때 여러 번 사람을 보내 서로 안부를 묻고 또 생질 노경임(盧景任)이 그의 조카사위가 되어서 집안끼리 인척(姻戚)의 친분이 있는 듯하므로 마침내 가서 뵈었다. 김동강은 나에게 이르기를 "옛날에는 천거한 주인을 만나보는 경우가 있었으니, 좌상(左相) 김응남(金應南)[11]을 찾아가 뵈라." 하였으니, 이는 내가 천거를 받을 때에 김 좌상(金左相)이 반드시 무슨 말씀을 하셨기 때문일 것이다. 그러나 나는 뵈러 가지 않았다.

조정을 하직하는 날에 또다시 오진안(吳鎭安 진안 현감 오익승)과 함께 동강을 방문하였는데, 동강은 술상을 내와 전별해주었다. 이에 오진안과 함께 말을 나란히 하여 도성을 나왔다.【과천(果川) 길을 택하였다. 수원

10 김동강(金東岡)과 유 영상(柳領相) : 김동강은 김우옹(金宇顒, 1540~1603)으로, 자는 숙부(肅夫), 본관은 의성(義城)이며, 동강은 그의 호이다. 조식(曺植)과 이황(李滉)의 문하에서 수학하였으며, 1567년(명종22) 별시 문과(別試文科)에 급제하여 홍문관 정자를 시작으로 홍문관 부제학, 이조 참판, 대사성을 지냈다. 유 영상은 유성룡(柳成龍)을 가리킨다.

11 좌상(左相) 김응남(金應南) : 1546~1598. 본관은 원주(原州), 자는 중숙(重叔), 호는 두암(斗巖)이다. 1568년 증광 문과에 을과로 급제했다. 1583년 제주 목사(濟州牧使)로 좌천되었으나, 성심껏 기민(飢民)을 구휼하고 교육을 진흥시키며 민속을 바로잡는 데 힘써 2년 뒤 우승지(右承旨)에 제수되었다. 1591년 성절사(聖節使)로 명나라에 다녀왔으며, 임진왜란 때 선조를 호종하였다. 1594년에 우의정, 다음해에 좌의정이 되어 영의정 유성룡과 함께 왜란 뒤의 혼란한 정국을 수습하였다. 시호는 충정(忠靖)이다.

(水原)에 이르러 또 길가에 산성을 쌓는 부역을 하는 사람들이 있는 것을 보았다.】 길을 가는 도중에 추석을 만났는데, 나는 오진안과 함께 각각 술 한 병씩을 장만하여 함께 따라 마시며 이야기를 나누었다. 3일을 가서 천안(天安)에서 유숙하였다. 천안 군수(天安郡守)는 바로 정호인(鄭好仁)[12]으로, 오익승도 그를 알고 있었고 나 또한 친척의 연분이 있었는데, 오익승이 먼저 들어가 만나보았다.

다음날 아침 천안 군수가 또다시 나와서 만나보고 이야기를 하였는데, 나는 잠시 술잔을 나누고 헤어졌다. 이날 오진안과 갈림길에서 작별할 적에, 달을 번갈아 사람을 보내 편지를 주고받으며 서로 안부를 묻기로 약속하였다.【현에 도착할 즈음에, 회인현(懷仁縣)이 난리를 겪어 쇠잔하여 거의 사라져서 보은현(報恩縣)에 합쳤으므로 먼저 회인현에 갔는데, 쇠약하고 지친 하인들이 그래도 스스로 대여섯 부류로 나누어 줄을 서서 번갈아 접견하고 물러갔으며, 또 양반 대여섯 명이 와서 접견하였다. 혹자는 말하기를 "이들은 예전에는 교안(校案 향교에 소속된 유생들의 명부(名簿))에 이름이 올라있었는데, 지금은 포도장(捕盜將)이 되고 혹은 군관(軍官)이 되었다."라고 하였다. 관사(官舍)가 모두 왜적의 난리에 불탔으므로 하인의 초가집을 머물러 묵을 장소로 삼았다.】

다음날 길을 출발하여 보은현으로 향했는데, 중간에 한 고개가 있었다. 고개에 이르러 동북쪽을 바라보았는데, 여러 봉우리가 구름 가에 아득히 보이니 바로 이른바 '속리산(俗離山)'이었다. 보은현에 도착했는데, 여기에도 관사가 없고 평시(平時)의 향사당(鄕射堂)이라는 것이 남아있었다. 나를 인도하여 향사당으로 들어가 앉으니, 바로 난리 뒤에

12 정호인(鄭好仁) : 1597~1662. 자는 자견(子見), 호는 양계(暘溪), 본관은 영일(迎日)이다. 의병장 정세아(鄭世雅)의 손자로, 장현광을 사사하였으며 문장과 재행(才行)이 탁월하였다. 1627년(인조5) 문과에 급제하였다. 1636년 병자호란 때에는 향리에서 의병을 일으켜 관군을 도왔으며 지방관을 두루 역임하여 진주 목사에 이르렀는데 청빈으로 이름이 높았다. 문집으로 《양계집》이 있다.

사신(使臣)을 접대하는 곳이 바로 이곳이었다. 하인들이 준례에 따라 접견한 뒤에 향품관(鄕品官)[13] 10여 명도 접견하였고 향교의 생도 15명이 또 접견하였다.

이 보은현은 영남(嶺南)과 호서(湖西)가 교차하는 지점에 있어서 궁벽한 듯하나 들에 비옥한 토지가 많고 예로부터 품관(品官)이 많아서 비록 난리 뒤이긴 하지만 살아남은 자 또한 많았는데, 이날 접견하러 온 자는 몇 명 안 되었다. 그리고 서울 사람 중에 난리 때문에 와서 거주하는 자 또한 많았는데, 하인도 부리기에 충분하였고 거주하는 백성도 적지 않았다. 해가 저물 무렵 또다시 나를 5리쯤 되는 곳으로 인도하여 한 작은 집으로 들어갔는데, 바로 이른바 '아사(衙舍 관아의 건물)'로 아전의 집을 빌린 것이었다. 이 집은 너무 좁아서 몸을 곧게 펴고 서있을 수가 없었고 또 아침저녁으로 연기가 방안에 가득하여 눈을 뜰 수가 없었다. 나는 마침내 그 옆에 초가집을 만들게 하고는 방과 대청을 마련해서 내가 거처하는 장소로 삼았다.

다음날 장차 성묘(聖廟)[14]를 배알하려 하였는데, 성묘 또한 병화(兵火)를 만났으나 향교의 한 생도가 위판(位版)을 잘 보호하였다가 왜적이 물러가자 마침내 서원으로 봉안하였다. 이 서원은 바로 김충암(金沖庵)과 성대곡(成大谷)[15]을 위하여 창립한 것인데, 사당은 이어서 보은

13 향품관(鄕品官) : 주현(州縣)의 수령을 보좌하고 풍속을 바로잡고 향리(鄕吏)를 규찰(糾察)하기 위하여 각 고을에 유향소(留鄕所)를 설치하였는데, 유향소의 좌수(座首), 별감(別監), 유사(有司) 등의 지방 벼슬아치를 말한다.

14 성묘(聖廟) : 성균관이나 향교에 설치된 공자(孔子)의 사당(문묘(文廟))을 이른다.

15 김충암(金沖庵)과 성대곡(成大谷) : 김충암은 김정(金淨, 1486~1521)으로, 자는 원충(元冲), 본관은 경주(慶州)이며 충암은 그의 호이다. 1507년(중종2) 증광 문과에 장원한 뒤 순창 군수(淳昌郡守)를 거쳐 이조 참판, 형조 판서 등을 역임하였다.

현의 선비들이 장수(藏修)하는 지역이 되었다. 현의 동쪽 10리쯤 되는 삼년성(三年城) 안에 있기에 내가 가서 배알하였다. 현의 선비들은 예전부터 향교와 서원이 안(案)을 따로 하였으니, 향교는 재주와 행실과 문벌(門閥)을 가리지 않고 부역을 면할 수 있는 자이면 모두 이름을 안(案)에 기록하였고, 서원은 반드시 재주가 있고 행실이 있고 또 모름지기 문벌의 자제를 가린 뒤에야 안에 기록하였다.

이날 향교와 서원의 유생(儒生)들이 모두 모였다.【나는 먼저 묘원(廟院)에서 선성(先聖 공자(孔子))을 배알하였다.】 선성을 막 이 서원의 사당에 봉안하였으므로 충암과 대곡은 곁채로 옮겨 봉안하였는데, 나는 또 이 두 분에게도 배알하였다. 그리고 동주(東洲) 성제원(成悌元)은 일찍이 본현의 읍재를 지냈는데 백성을 교화한 공이 매우 커서 현의 사람들이 그를 잊지 못하여 향사당 북쪽에 사당을 세워서 해마다 제사를 올렸는데, 이 또한 왜군의 손에 불타 없어졌으나 그 위판을 서원의 재사(齋舍)에 받들어 보존하였기에 나는 또 가서 배알하였다.

배알하고 나서 명륜당(明倫堂)에 앉으니, 향교와 서원의 유생들이 모두 그 자리에 있었다. 마침내 병란 중에 선성(先聖)과 선현(先賢)의 사당이 모두 치욕과 재앙을 당하는 지경에 이르름을 면치 못하여 마침내 위판을 봉안한 곳이 제자리가 아니고 재질이 있고 나이가 젊어서 장족(長足)의 진전을 할 수 있는 자들도 모두 학업을 폐한 것을 한탄하였다. 그런데 지금부터는 다소 수습할 수 있으니 서로 더불어 진작

조광조(趙光祖)와 함께 사림파를 대표하는 인물로, 기묘사화 때 투옥되었다가 금산(錦山)에 이어 제주(濟州)에 안치된 뒤에 사사(賜死)되었다. 성대곡은 성운(成運, 1497~1579)으로, 자는 건숙(健叔), 본관은 창녕(昌寧)이며, 대곡은 그의 호이다. 을사사화 때 형 우(遇)가 화를 당하자 속리산(俗離山)에서 은거하였다. 여러 차례 관직에 제수되었으나 출사하지 않았으며, 이지함(李之菡), 서경덕(徐敬德), 조식(曺植) 등과 교유하면서 학문에 정진하였다.

(振作)하겠다는 뜻을 나에게 말하고 인하여 술을 세 순배 돌리고 파하였다.

이 보은현에는 전에는 충암(沖庵)이 있었고 뒤에는 대곡(大谷)이 있었으며 또 고을의 선진(先進)들이 자못 본받을 만한 유풍(遺風)이 있었고 또 성 동주가 읍재가 되어 백성들을 진작하고 장려한 교화가 있었다. 그러므로 현의 선비들 중에 자못 엄숙하고 반듯한 자가 많았는데, 지금은 난리로 인하여 지치고 고단하여 자신의 몸을 다스릴 겨를이 없다고 하였다. 나는 생각하기를, 읍의 수령이 된 자는 의례히 수령을 속이고 고을을 침탈하는 것이 바로 아랫사람들의 본래 습관이고 평소의 마음이라고 하여 다시는 그들에게 교도(教導)가 미칠 수 있다고 여기지 않아서, 성품이 유순한 자는 버려두고 묻지 아니하여 아랫사람들로 하여금 더욱 방자하게 굴게 하고, 성질이 강한 자는 억제하여 제압해서 그들이 개과천선(改過遷善)할 길을 막으니, 이는 모두 그 합당함을 얻지 못한 것이다. 나는, 저들도 사람이고 깨우쳐 인도할 이치 또한 없지 않다고 여겨서, 마침내 지방의 공론(公論)에 물어서 아전 중에 다소 순박하고 진실한 자를 가려 차임(差任)하여 '이찰(吏察)'이라고 칭하고 그로 하여금 아래 아전들 사이에 권선징악(勸善懲惡)하는 일을 맡게 하였고, 종 중에 다소 삼가고 두려워하는 자를 가려 차임하여 '노찰(奴察)'이라고 칭하고 하여금 관노들 사이에 권선징악하는 일을 맡게 하였다. 그리하여 모든 선한 일과 악한 일이 있을 때에 반드시 나에게 아뢰어서 상벌(賞罰)의 규칙을 시행하게 하니, 듣는 자가 혹은 비웃었다.

그리고 한 고을의 권선징악에 이르러서는 또다시 그 고을의 식견이 있고 명망이 있는 자를 가려 맡기고, 각 마을에는 또다시 각각 유사(有司)를 두어 맡겼다. 매월마다 반드시 모임이 있었는데, 품관(品官)은 초하룻날 모여서 서로 백성들의 이롭고 해로움, 사무(事務)의 잘잘못,

풍속의 좋고 나쁨 등의 일을 의논하여 나에게 아뢰어서 상벌을 시행하게 하였으며, 유생은 보름날 모여서 서로 더불어 경사(經史)를 토론하고 학교의 일을 의논하고 선을 권면하고 잘못을 바로잡는 등의 일을 논하게 하였다.

내가 현에 부임한 지 10여 일에 상번(上番 외방의 군인이 서울로 번을 들러 올라가는 것)하는 군대를 거느리고 달려오라는 공문이 왔는데, 마침내 천안(天安)에 이르러 점검하고는 그대로 도성 안으로 달려가서 먼저 유 참판(柳參判)을 만나 뵈었다.【이때 한강(寒岡)이 승지(承旨)로 문안사(問安使)가 되어서 명(明)나라 사신이 머무는 곳으로 가셨으므로, 내가 서울에 들어간 날에 잠시 만나 뵐 수 있었다.】 지방관이 도성으로 들어오면 숙배(肅拜)하는 예가 있기에 마침내 대궐에 나아가 숙배를 행하고 나왔다. 거느리고 온 군대가 다 모이지 않았으므로 5, 6일을 더 머물렀다.

김동강(金東岡)이 거느리고 있는 군대의 일이 이미 끝난 것을 보고 또다시 대궐에 나아가 절하고 하직하고는 도성을 나왔다. 정씨(鄭氏) 장모와 동서인 빈여(賓如) 성변규(成辨奎)의 내씨(內氏 부인)는 일찍이 한강을 따라 강릉(江陵)으로 갔었는데, 이때 서울에 와서는 남쪽으로 돌아가고자 하므로 내가 마침내 모시고 왔다.【또 과천(果川)과 수원(水原) 길을 택하였다.】 현으로 돌아온 지 며칠째 되는 날에 일 때문에 속리현(俗離縣)에 가서 유숙하였다.【이때 마침 명나라 사람들의 소요(騷擾)가 있었고 또 날이 추워서, 산에서 노닐며 구경하지 못하였다.】 속리현에서 그대로 대곡(大谷)까지 가서 대곡정사(大谷精舍)에 들어가 보니, 창문이 영롱하고 그윽하고 밝아서 과연 고상한 사람이 세상을 버리고 깊이 은둔하는 장소로 적합하였다.【정사의 옆에 작은 시내가 있고 시냇가에 작은 바위가 있는데 고목(古木)이 울창하고 계단과 담장이 깨끗하여 참으로 사랑스러웠다.】 이어서 선생의 묘소를 방문하여 간략히 제수를 장만하고 제문을 지어 제사하였는데, 현의 선비들이 제법 많이 모였다. 제사를 지낸 뒤에 잠시 술잔을 나누고 이야기를 하였는데, 선생의 옛 자취를 자세히 묻다가 저녁때가 되어 돌아왔다.

나는 본래 오랫동안 현에 머물 계획을 한 것은 아니었으나, 현에 부임한 이래로 당시의 정사가 본현(本縣)에 미치는 것이 본현의 시세와 모순되지 않는 것이 없으니, 만약 일의 형세를 헤아리지 않고 하나하나 문자(文字)가 미치는대로 곧바로 응하고자 한다면 반드시 근저(根柢 백성을 가리킴)를 탕진한 뒤에야 끝날 것이요, 만약 근본을 보호하고자 하여 실제가 없는 빈 문자의 일에 응하지 않으면 단지 수령의 도리에 온당치 못한 바가 있을 뿐 아니라 책임과 벌이 또 따라 미칠 것이다. 이때를 당하여는 진실로 용렬한 재주와 졸렬한 솜씨가 능히 할 수 있는 것이 아니니, 어찌 오랫동안 여기에 머물러서 위로는 국가가 백성들을 사랑으로 다스리는 직임을 맡긴 뜻을 저버리고, 아래로는 백성들의 생활이 흩어져 도망하는 고통을 당하게 하며, 가운데로는 내 평소의 본심을 잃을 수 있겠는가.

이때에 병사(兵使 병마절도사)는 원균(元均)[16]으로【본영(本營)이 내지에 있어서 적이 왕래하는 길과 만나는 것이 아니라 하여 조정의 명령에 따른 것이었다.】 문의(文義)로 영을 옮겼는데, 모든 요구하는 것이 평상시와 똑같기를 바라서 각 읍에서 조금이라도 명령에 미치지 못하면 반드시 곤장을 쳐서 담당 관리를 잔인하게 형벌하고자 하였다.【내가 사람들에게 들어보니, 그 형벌하는 곤장으로 볼기를 맞으면 배가 안에서 터지므로 곤장을 맞고서 즉사하지 않는 이가 없다고 하였다.】

16 원균(元均) : 1540~1597. 자(字)는 평중(平仲)이다. 임진왜란 때 경상 우수사(慶尙右水使)로, 왜군이 침입했을 때에 이순신의 도움으로 승리하였으나, 이순신이 삼도 수군통제사(三道水軍統制使)가 된 것에 불복하여 충청도 병마절도사(兵馬節度使)로 좌천되었다.

그리고 순안어사(巡按御史)는 이시발(李時發)[17]로 나이가 젊고 재기(才氣)가 있었는데, 재기를 제멋대로 부려 기이한 태도를 드러내 세우고자 하여 자못 대체(大體)를 손상하였다. 또 이른바 '선봉장(選鋒將)'이라는 것이 있으니, 이는 바로 유 영상(柳領相)이 건의하여 설치한 것이다. 그 처음에는 서얼(庶孽) 중에 지모(智謀)와 용력(用力)이 있는 자 4명을 뽑아서 선봉장이라고 이름하여 각각 호서(湖西)의 네 군데 경계 지역을 관장하게 하고는 마침내 이들로 하여금【이들은 네 사람이다.】 각자 정예(精銳)한 군사를 뽑아서 그의 병졸로 삼게 하였다.

그런데 이때에 네 사람은 군읍(郡邑)을 멋대로 다니면서 교만하게 기세를 부려서 비록 품계(品階)가 높은 수령이라도 용서하지 않는 바가 있었다.【그 병졸들을 뽑을 즈음이다.】 출입하고 진퇴하는 것을 오직 자기들 마음대로 하고, "군량을 마련해 내라." "병기를 만들어 내라." 하면서 어지럽게 소요(騷擾)하는 것을 이루다 말할 수가 없었다.【청주(淸州)의 경계를 맡았는데, 본현의 속리사(俗離寺)를 그 진(鎭)으로 삼았다. 현에는 또 예로부터 내려오는 산성(山城)이 있으니, 바로 서원이 있는 곳이다. 현의 사람들이 전하는 말에 의하면, 신라(新羅) 때 축조한 것으로 쌓은 지 3년 만에 이루어졌으므로 삼년성(三年城)이라 한다고 하였다. 그러나 이 말이 과연 옳은지는 알 수 없었다.】

이때에 조정은 막 산성을 가지고 적을 방어하는 첫 번째 계책으로 삼았다. 그러므로 본현의 삼년성 또한 마땅히 축성해야 할 성 가운데 하나였다. 삼년성의 축성으로 인한 이해득실은 나처럼 케케묵은 유자(儒者)가 능히 알 수 있는 바가 아니지만, 난리 이후 피폐해진 백성들

17 이시발(李時發) : 1569~1626. 본관은 경주(慶州), 자는 양구(養久), 호는 벽오(碧梧), 시호는 충익(忠翼)이다. 1589년(선조22) 증광 문과에 병과로 급제하여 임진왜란 때 도체찰사(都體察使) 유성룡(柳成龍)의 종사관으로 활약하였다. 광해군 때 경상도 관찰사와 병조 참판 등을 역임하였으나 폐모론에 반대했다가 탄핵을 받아 사직하였다. 인조반정 이후 형조 판서를 지냈다.

의 불안과 동요(動搖)는 이로 인해 더욱 극심해졌다. 현에는 또 파수장(把守將)이 있으니,【본현은 영남(嶺南)의 상주(尙州)와 접경으로 그 요해처가 된다 하여 마침내 파수(把守)를 설치한 것이다.】 장수를 배치하고 병졸을 배치하여 장수는 한 명이고 병졸은 한 번(番)이 열 명이었는데, 현에서 그 양식을 제공하였다. 현에는 또 채은관(採銀官)이 있는데【속리산 아래에서 은(銀)이 생산되었다.】 조정에서 또 서얼 중에 부지런하고 능력이 있는 자를 뽑아서 은을 채굴하고 주조하는 것을 관장하면서 역군(役軍)의 식량과 물건을 모두 본현에서 책임지고 내게 하였다.

이때 우상(右相) 이원익(李元翼)[18]이 사도 체찰사(四道體察使)로 영남의 성주(星州)의 영(營)에 머물고 있었다.【4도는 바로 영남(嶺南), 관동(關東), 호서(湖西), 호남(湖南)이다.】 명나라의 봉왜사(封倭使)는 정사(正使)는 이종성(李宗誠), 부사(副使)는 양방형(楊邦亨)인데, 이때 동래(東萊)의 왜군 진영에 있었다. 나는 12월에 순찰사(巡察使) 박홍로(朴弘老)[19]에게 신병(身病)으로 사직하는 글을 세 번 올렸으나, 계파(啓罷 아뢰어 파직시키는 것)를 허락하지 않고 우선 멈추고 올리지 아니하여 병신년(丙申年, 1596))에도 여전히 앉아서 휘파람 부는[20] 자리에 있었다.

18 이원익(李元翼) : 1547~1634. 본관은 전주(全州), 자는 공려(公勵), 호는 오리(梧里), 시호는 문충(文忠)이다. 1569년(선조2) 문과에 급제한 후 형조 좌랑・동부승지・지의금부사・이조 판서・우의정・영의정 등 요직을 두루 역임하였다. 임진왜란이 일어났을 때 이조 판서로서 평안도 도순찰사가 되어 내려갔고, 평양이 함락된 후에는 정주로 가서 군졸을 모집하고 관찰사 겸 순찰사가 되어 왜적 토벌에 공을 세웠다. 1595년 우의정 겸 사도도체찰사(四道都體察使)로 임명되었는데, 영남(嶺南)에 독부(督府)를 개설하고 왜적 토벌에 힘썼다. 저서로 《오리집》・《오리일기》 등이 있다.

19 박홍로(朴弘老) : 1552~1624. 본관은 죽산(竹山), 자는 응소(應邵)이다. 1582년(선조15) 문과 식년시에 합격하였고, 돈녕부정(敦寧副正) 등을 지냈다.

20 앉아서 휘파람 부는 : 지방관이 정사를 속관(屬官)에게 맡기고 한가하게 지내는 것을 말한다. 후한(後漢) 때에 성진(成瑨)이 남양 태수(南陽太守)가 되어서 잠질(岑

병사(兵使)가 청주 목사(淸州牧使)를 상장(上將)으로 삼아서 여러 고을의 군사를 모아 청주에서 진법(陣法)을 익힐 적에, 나도 본현의 군대를 거느리고 달려가고 청안 현감(淸安縣監) 서행보(徐行甫)[21] 또한 군대를 거느리고 왔다. 진법을 익히던 날에 모두 군복을 입고 진영으로 달려갔는데 서행보와 말 위에서 서로 마주보며 웃었다. 진법을 익히는 것이 끝나자, 청주 목사가 잠시 술자리를 베풀어 여러 관원들을 초청해서 술잔을 나누고 이야기를 하였다. 청주 목사는 바로 이엄(李巖)으로, 그는 고을을 잘 다스리기로 한 도(道)에 이름이 났다.

나는 2월 말에 또다시 신병으로 사직하는 글을 세 번 올렸다. 정직(鄭稷), 정보(貞甫)가 장모를 뵈러 왔는데, 나는 벼슬을 그만둘 결심을 하였으므로 정보에게 장모를 모시고 경성(京城)으로 돌아갈 것을 청하였다. 내씨(內氏)는 세전(歲前)에 이미 안음(安陰)으로 돌아갔다. 나는 비록 사직하는 글이 받아들여지지 않았으나 길을 떠날 것을 결심하였으니, 바로 3월 3일이었다. 본현의 품관과 선비들이 교외(郊外)에서 전별하는 잔치를 베풀었는데, 나는 말에서 내려 선비들의 술잔만 받고 품관에게는 사양하였다.

현의 경계를 벗어나자, 거꾸로 매달려 있던 고통에서 해방된 것처럼[22] 초연(超然)해졌다. 나는 이날부터 또 곧바로 이리저리 떠도는 신

晊)을 공조(功曹)로 삼아 그에게 정사를 모두 맡기자, 민간에서 노래하기를 "남양 태수는 바로 잠공효이고, 홍농의 성진은 앉아 읊조리기만 하누나.〔南陽太守岑公孝, 弘農成瑨但坐嘯.〕"라고 한 데서 온 말이다.《後漢書 卷97 黨錮列傳》공효는 잠질의 자이다.

21 서행보(徐行甫) : 서사원(徐思遠, 1550~1615)으로, 호는 미락재(彌樂齋), 본관은 달성(達城)이며, 행보는 그의 자이다. 한강(寒岡) 정구(鄭逑)의 문인으로, 주자학(朱子學)을 깊이 연구하였다. 선조 때 학행으로 천거되어 감역(監役)과 찰방(察訪)을 지내고 청안 현감(淸安縣監)에 부임하였으나, 이후로는 오직 학문의 진흥과 후진 양성에 힘썼다.

세가 되었다. 전에는 비록 의성(義城)에 우거하였으나 의성은 본래 내가 살던 곳이 아니니 다시 갈 수가 없고, 옥산(玉山)은 비록 나의 본고향이나 풀만 무성한 빈터일 뿐이니 돌아가 의지할 곳이 없었다. 오직 박순백(朴純伯)이 일찍이 일선(一善)으로 들어갔는데 옛 살던 곳에 가서 의탁할 수가 있을 것이라 하여 마침내 상주(尙州) 길을 택하여 상주 안에서 유숙하였다.

이날 밤에 성협(成浹) 사열(士悅)[23]이 나를 보러 왔다. 다음날 선산부(善山府) 안에 있는 역(驛)의 마을에서 투숙하고 다음날 월파진(月波津)을 건너서 곧바로 고촌(古村)으로 들어갔다. 박순백과 박성백(朴誠伯)은 내가 온 것을 보고 한편으로는 기뻐하고 한편으로는 괴이하게 여겼는데,【나는 벼슬을 버리고 와서 의탁한 뜻을 말해주었다.】 마침내 방 하나를 비워 거처하게 하였다.

이때 고촌 사람 중에 허의(許顗) 인숙(仁叔)과 또 허형(許兄) 응호(應虎)가 있었는데, 지난겨울에야 비로소 서쪽 변방에서 고향으로 돌아왔다.【그의 본래 마을에는 머물 곳이 없었기 때문에 이들 또한 이 마을로 와서 의탁한 것이다.】 또 고충운(高沖雲) 여룡(汝龍)이 고개 너머의 땅에 있었는데 서로 왕래하면서 이야기를 하였다.【박순백과 박성백은 밤낮과 아침저녁

22 거꾸로……것처럼 : 매우 곤궁한 상태에서 벗어난 것을 비유하는 말이다. 《맹자》 〈공손추 상(公孫丑上)〉에 "만승의 나라에서 인정을 행한다면, 백성들이 거꾸로 매달린 것을 풀어 주는 것처럼 기뻐할 것이다.〔萬乘之國行仁政, 民之悅之, 猶解倒懸也.〕"라고 하였다.

23 성협(成浹) 사열(士悅) : 성람(成灠, 1556~1620)으로, 호는 청죽(聽竹), 본관은 창녕(昌寧)이며, 사열은 그의 자이다. 이이(李珥)와 성혼(成渾)을 사사하였다. 과거에 뜻을 두지 않고 성리학 연구에 몰두하였으며, 의학(醫學)에도 뛰어나 많은 사람들의 질병을 치료하였다. 임진왜란 이후에는 상주(尙州)에 살면서 정경세(鄭經世) 등과 교유하였다. 효릉 참봉(孝陵參奉), 무주 현감(茂朱縣監) 등을 역임하였다. 협은 그의 초명(初名)이다.

으로 항상 함께 거처하였다.】 또 어린이로는 박순백의 네 아들과 허인숙의 두 아들과 나의 생질 노정생(盧挺生)이 있었고, 장내범(張乃範) 또한 그 아들 경회(慶回)를 데리고 따랐으며, 나의 종제 현도(顯道)도【일찍이 보은(報恩)에서 나와 함께 왔다.】 내가 우거하는 가운데에 함께 있었다. 그리하여 혹은 서책을 보고 혹은 농사짓고 누에치는 이야기를 하고 혹은 세상의 변고를 한탄하고 혹은 난리에 겪은 어려움과 고통을 말하고 혹은 함께 산과 들을 배회하면서 소일(消日)하였다.

이때 왜적이 국경 가에 주둔하고 있었으니, 명나라 사신은 미처 배를 출발하지 못하였고 명나라 장수는 군대를 거느리고 서울에 주둔해 있었다. 명나라 군대에서 임명한 관원과 본국의 사신들이 도로에 이어졌는데, 각 도마다 고을의 저축이 텅 비어 그들을 접대하고 공양할 길이 없으니, 수령이 된 자들이 명나라 사람에게 핍박을 당하고 혹은 여러 사신들에게 견책과 노여움을 샀다.

일찍이 천안 군수(天安郡守) 정호인(鄭好仁)이 명나라 사람에게 노여움을 사서 명나라 사람이 칼등으로 그의 등을 어지럽게 쳐서 거의 사상(死傷)하는 지경에 이르렀던 것을 보았고, 청주 목사(淸州牧使) 이엄(李巖)은 병사(兵使)인 원균(元均)에게 거슬려 마침내 볼기에 곤장을 맞았고 심지어는 끌려다니며 곤욕을 치른 경우도 무수히 많았다. 그러므로 길가의 군읍을 맡은 수령들은 실로 피할 방법을 도모하는 경우가 도처에서 즐비하게 있었으니, 조정에서는 벼슬을 버리고 가는 형률을 특별히 엄하게 하였다.

나 또한 이미 반드시 중한 죄를 받을 줄을 알았고 사람들 또한 이 때문에 내가 돌아오는 것을 만류하고자 하였다. 그러나 내 속으로 스스로 헤아려보니, 벼슬을 버리는 죄는 죄가 정해진 법률이 있지만 만약 오랫동안 직책을 수행하지 못하는 자리에 있어서 임금님을 속이고 백성을 속이고 또 내 마음을 저버린다면 그 죄는 비견할 수 있는 법률이 없었다. 그러므로 마침내 돌아올 것을 결심하였고, 돌아온 뒤에는 항상 잡아들이라는 명이 오기를 기다렸다. 과연 20일 뒤에 의금부(義禁府) 사람이 오니, 이때 충청 감사(忠淸監司)는 이정복(李廷馥)이었다.

처음 경내에 이르러 사납게 위엄을 부리던 때에 마침내 내가 돌아왔다는 말을 듣고는 장계(狀啓)의 글을 엄중하게 하고 나에게 죄를 돌리기를 준엄히 하였다. 그러므로 임금께서도 노하여 이에 잡아들이라는 명령이 있었던 것이다. 다음날 마침내 길을 떠났는데, 박순백은 송별할 때에 내가 길에서 쓸 기물을 마련해주었고, 박성백은 옷을 벗어서 의금부 사람에게 주었으며, 종제 현도는 따라왔다.【마침내 선산부 안의 역참에서 유숙하고, 다음날 상주에서 유숙하였다. 성사열(成士悅)이 또다시 나를 보러 왔다.】

의금부 사람은 조령(鳥嶺) 길을 따르지 않고 굳이 보은 길을 택하려고 하여【아마도 본현에서 의례히 주는 돈이 있을 것이라고 생각해서인 듯하였다.】 다음날 보은현 안의 촌가(村家)에서 잤다. 밤중에 현의 품관(品官)과 선비들이 많이 모였는데, 혹자가 술병을 따라 위로하였다. 나는, 죄인이 길을 가고 있으니 관(冠)은 비록 머리를 가리지 않을 수 없으므로 착용해야 되지만 망건(網巾)은 착용할 수 없다고 생각해서, 마침내 망건을 벗고 갔었다. 그런데 서울 사람인 한 선비가 말하기를 "무릇 나라의 옥에 들어가는 자는 관은 벗고 망건은 벗지 않는다." 하기에 내 마침내 다시 망건을 착용하였다.

다음날 청안(淸安)에 도착했는데, 서행보(徐行甫)가 나를 보고 웃기에 나 또한 웃었다.【청안에서 3일을 갔다.】 수원(水原)에 도착하였는데, 이날 파발(把撥 공문을 급히 보내기 위하여 설치한 역참)로부터 왕래하는 명나라 사람이 자못 급박해서 전날과 다른 듯하다는 말을 들었다.【이는 명나라 정사(正使)인 이종성(李宗誠)이 왜적의 진영에 머무른 지 이미 오래 되었으나 즉시 바다를 건너가지 못하니 출발하기 전에 변고가 있을까 두려워하였고 또 바다를 건너가더라도 또다시 측량하기 어려운 근심이 있을까 염려해서 마침내 왜군의 진영에서 몸을 빼 도망나왔으므로 이런 소요(騷擾)가 있었던 것이다.】 그러나 나는 그 자세한 내용을 알지 못하였고, 다만 왜적이 혹 다시 공격해올까 근심할 뿐이었다.

과천(果川)에 도착해서야 비로소 명나라 사신이 도망했다는 말을 들었으니, 이때 경성(京城)이 흉흉하고 불안해하여 왜적이 장차 쳐들어올 것이라고 여겼으므로 명나라 사신이 도망한 것이었다. 시중에서는 화물(貨物)값이 비싸고 쌀값이 싸니,【삼베 한 필의 값이 쌀 한 섬과 같고, 짚신 한 짝의 값이 백미 5승(升)과 같다고 한다.】 이는 성안의 사람들 모두가 도망할 장비를 마련하고 가벼운 물건을 팔아서 도망가려고 했기 때문이었다. 이날 유 참판(柳參判) 댁에서 투숙하였다.

다음날 아침 의금부에 들어가니, 의금부 병졸이 쇠사슬로 나의 목을 묶어서 의금부 뜰까지 끌고 갔는데, 의금부의 관원이 나를 옥에 가두었다.【이때 나보다 먼저 갇혀있는 자는, 무관으로 당상관(堂上官)이 된 자가 한 사람이고, 또 전 보은 현감(報恩縣監)도 현감으로 있을 때에 처신(處身)을 삼가지 않았다 하여 막 갇혀서 심문을 받고 있었으며, 또 무관으로 전에 군수를 지낸 한 사람인데, 이들은 나와 함께 옥에 들어가 구금되었다. 이들은 다만 나와 함께 갇혀 지내는 자들이고, 다른 곳에 갇혀 있는 자들은 내가 알지 못한다.】

아침밥을 먹은 후에,【의금부의 관원이 수안(囚案 죄수에 대해 기록한 문서)을 살펴보고 차례대로 의금부 뜰로 나오게 하니, 원정(元情)[24]을 신문(訊問)하기 위해서였다.】 의금부 병졸이 또 쇠사슬로 나를 묶어 의금부 뜰까지 끌고 갔는데,【나를 앉게 하고는, 곤장을 안고 온 자가 내 뒤에 서서 내 머리를 따라서 내 앞으로 곤장을 재빨리 던졌으니, 이는 의금부의 위엄을 보이는 관례(慣例)였다.】 이윽고 나

24 원정(元情) : 원정(原情)으로 보고 번역하였다. 원정(原情)은 범죄혐의자에게 사건의 진상을 묻는 일 또는 범죄혐의자가 진술한 사건의 진상을 말하는바, 여기서는 장현광이 벼슬을 버리고 도망간 사정을 말한 것이다.

로 하여금 의금부 청사(廳舍) 아래로 나아가서 비로소 원정(元情)을 받게 하였는데, 이 일이 끝나자 나를 다시 옥에 가두었다. 이날 아침에 옥에 들어가 갇히자, 즉시 아무개가 옥에 갇힌 일을 가지고 성상께 계문(啓文)을 올렸으니, 이는 바로 의금부의 법칙이었다.【천한 나의 성명 또한 이미 이날 아침에 진달(進達)되었다.】

그러나 체포하라는 명이 이미 내려진 뒤에, 경연관(經筵官)이 선비를 대우하는 도리에 체포하여 국문(鞫問)하는 것은 합당하지 않다 하여 임금께 말씀을 아뢰었고 또 순안어사(巡按御史) 이시발(李時發)도 나를 구호(救護)하는 뜻을 아뢰었으므로, 임금님의 뜻은 이미 풀려 있었다. 그리하여 옥에 갇힐 죄수의 명단이 올라가자 즉시 죄수를 석방하라는 분부가 있었는데, 교지(敎旨)가 아직 의금부에 이르지 않았으므로 마침내 원정을 묻는 일이 있었던 것이다.【또한 여러 친척들이 의금부 관원에게 번갈아 청하여서 국문하는 일을 속히 끝마치게 하니, 이 일은 끝나기가 쉽기 때문이었다.】 내가 뜰로부터 옥으로 가서 겨우 한 식경(食頃)이 되었을 적에 임금의 명령이 마침내 의금부에 내려오니, 의금부 관원이 즉시 구금을 풀고 내보낼 것을 명하였다.

나는 새문 밖으로 나가서 유 참판(柳參判)을 배알하고 즉시 호현방(好賢坊)에 가서 장모를 뵙고 또 서천군(西川君)을 찾아뵙고 또 김동강(金東岡)에게 가서 만나뵈었다. 보은 사람들이 목면과 쌀과 콩 등의 물건을 수레에 실어 서울로 보내어서 옥살이의 비용으로 쓰게 하였는데, 내가 이미 석방되었으므로 모두 받지 않고 돌려보냈다. 다음날 나는 장현도(張顯道)를 데리고 돌아왔는데,【한강에서 길을 따라 죽산으로 3일 동안 길을 걸었다.】 청안(淸安)에 도착해서 하루를 묵었다. 나는 선산(善山)에 있을 때 우리 집의 계집종이 박순백(朴純伯)의 계집종을 꼬여서 윗길을 향해 도망했었는데, 지금 그들이 와서 인접하여 살고 있다는 말을 듣고는 청안 현감에게 청해서 잡아오게 하였다. 나는 우리 집의 계집종은 공손하지 못하여 다시 가까이 둘 수 없으므로 즉시 쫓아 버렸고, 박순백의 계집종만 데리고 왔다.

박순백의 이 계집종은【바로 지난해 진성(眞城)의 초정(椒井)에서 목욕할 때에 따라온 자이다.】 자못 부지런하고 성실하여 부릴 만하였다. 나는 청안에서 산골짝 길을 택하였는데, 빼어나게 기이한 곳이 자못 많았다. 용화촌(龍化村)에 이르러 투숙하였는데, 마침 난리 전에 도망간 종제(從弟)의 계집종이 이곳에 살고 있기에, 다음날 그 계집종도 함께 데리고 왔다. 길가에 작은 초막이 있어서 장현도가 길을 묻느라 들어갔는데, 그 초막의 주인은 나와 잠시 알고 지낸 적이 있었다. 내가 이곳을 지나간다는 말을 듣고는 막걸리를 가지고 왔는데, 당귀(當歸)의 새 줄기 삶은 것을 안주로 삼아서 길 왼쪽으로 나와 대접하였다.

나는 자못 맛있게 먹었는데, 이는 그 술과 채소가 맛있어서가 아니라 산중의 술이 산촌에서 나왔고 또 산채(山菜)를 안주로 삼았으니, 이것이 산중의 정취가 되고 입에 맞았기 때문이었다. 이날 종일 간 길이 모두 산골짝이었는데 흐르는 시냇물 곁에 수목이 울창하여 하늘의 해가 보이지 않았고 깎아지른 듯한 바위산과 우뚝 솟은 산봉우리가 곧바로 하늘을 찌를 듯하였으며, 철쭉이 활짝 피어서 길가의 붉은 그림자가 흐르는 시냇물에 거꾸로 비쳤다. 그리하여 굽이마다 돌마다 모두 앉아서 감상할 만하였으나, 나의 걸음이 한가하고 여유롭지 못하여 구경할 겨를이 없었다.

이로부터 이틀 밤을 묵고 선산의 우거하는 곳으로 오니, 박순백과 박성백(朴誠伯)이 나를 보고 안심하고 기뻐하였다. 우리는 못가의 오동나무 아래에 함께 앉아서 막걸리를 마시면서 기쁜 마음을 나누었다. 내가 한 번 벼슬하러 나간 것은 본래 좋아해서가 아니었으니, 필경 낭패하여 마침내 이 지경에 이르렀다. 비록 이처럼 낭패를 하였지만, 이렇게 함으로써 내가 얽매여 굽히기를 좋아하지 않는 뜻은 이루어진 것이다.

사람들은 혹 '이미 벼슬하러 나갔으면 어찌하여 즉시 돌아오는가? 만일 즉시 돌아오려고 했다면 나가지 않는 것만 못하니, 처음에는 무슨 마음으로 나가 벼슬하고 지금은 또 무슨 일로 갑자기 들어온 것이가?' 라고 생각할 수도 있을 것이다. 그러나 나는, '의리상 진실로 나갈 만하면 어찌 곧이 들어올 만한 형세를 미리 헤아려서 이 때문에 나가지 않겠는가. 또 형편상 만약 들어올 만하다면 어찌 곧이 이미 나간 자취에 거듭 집착해서 이 때문에 들어오지 않겠는가. 나갈 때에는 들어올 것을 기약하지 않았고 들어올 때에는 나간 것에 얽매이지 않아서 한 번 나가고 한 번 들어옴과 오래 머물고 속히 떠나옴을 때에 맞게 한 것뿐이니, 이것이 옳지 않은가.

더구나 만약 잘못 나갔다면 더더욱 속히 들어와야 할 것이니, 나간 것이 이미 잘못되었는데 또 따라서 오래 머문다면 그 잘못이 더욱 심할 것이다. 어찌 속히 물러나서 그 예전의 잘못을 보충하는 것만 하겠는가.'라고 생각하였다. 나의 소견이 이와 같으므로 전후에 비록 사람들의 비방(誹謗)하는 말이 있었으나 스스로 미혹되지 않았다. 나는 이 뒤로 하늘(임금)이 놓아준 자유로운 몸이 되어서 날마다 마음을 알아주는 친구들과 마음껏 숲과 시냇가에서 소요(逍遙)하면서 이미 지나간 자취를 추억하니, 이것은 바로 남가일몽(南柯一夢)[25]일 뿐으로 이것이 어찌 능히 나의 종적을 뒤쫓아 얽맬 수 있겠는가.

나는 열흘 남짓 머물러 쉬고는 또 성산(星山)의 선대의 묘소를 오랫

25 남가일몽(南柯一夢) : 덧없는 한때의 꿈에 불과하다는 것을 비유하는 말이다. 이공좌(李公佐)의 《남가기(南柯記)》에 "순우분(淳于棼)이 괴목(槐木) 아래에서 술에 취해서 자다가 꿈에 괴안국(槐安國)에 갔는데 왕이 남가 군수를 제수하였으므로 영화를 누리다가 깨어 보니 개미굴이 남쪽 가지까지 올라갔다."라고 보인다.

동안 성묘하지 못했기에 떡과 술을 만들고 부침개와 어물과 과일 몇 가지를 장만해서 종제를 데리고 갔다. 먼저 인동(仁同)을 경유하여 마침내 성주(星州)로 가서 여러 산소를 차례로 성묘하고 이어서 암포(巖浦)에 있는 여러 친척들을 방문하였다. 또 여씨(呂氏 여륜(呂倫))에게 시집 간 누님의 부부와 자녀가 모두 계사년(癸巳年, 1593) 전염병에 죽어서 선영(先塋)의 아래에 임시로 매장하였다고 하였으나, 나는 그 때에 이리저리 떠도는 중이라 찾아보지 못했으니, 이번 걸음에는 반드시 찾아보고 가을을 기다려서 마땅히 장사를 지내주겠다고 생각해서 마침내 그 묘산(墓山)을 찾았던 것이다. 그런데 원당촌(元堂村)에 이르러 묘소를 발견하고는 마침내 풀을 헤치고 절하고 곡하고 제수를 올렸다. 제사를 지내고 남은 음식은 산 아래에 사는 사람들을 불러 먹게 하였다.

이어서 소야촌(蘇冶村)으로 향하여 고조(高祖)의 산소에 성묘하고 절을 올렸다.【해가 저물어 친척의 서얼(庶孼)인 이순적(李順迪)의 초막에 투숙하였다.】 다음날 암포로 돌아와서 다시 여러 친척들과 이야기를 나누었다. 마침내 인동으로 돌아왔는데, 장내범(張乃範)이 나를 위하여 제수를 장만하였기에 고비(考妣 부모)의 산소에 제를 올리고는 이어서 여러 친족을 차례로 방문하여 격조하고 답답하던 심정을 모두 토로(吐露)하였다. 그런 뒤에 마침내 고촌(古村)의 우거하는 곳으로 돌아왔는데, 또 술과 음식을 장만하여 어린아이들로 하여금 이것을 받들고 최씨(崔氏)에게 출가한 누님의 묘로 가서 올리게 하였다.【묘는 고촌에서 7, 8리쯤 떨어져 있는데, 바로 최씨 문중의 산이었다.】

최씨에게 출가한 누님은 일찍이 계미년(癸未年, 1583)에 죽었는데,【이때는 평상시였으므로 자못 후하게 장례하였다.】 무덤 아래가 무너져서【다만 매년 이어지는 난리를 겪은 탓에 무너져 주인 없는 무덤이 되었다.】 떨기가 무성한 나무와 어지러이 자란 풀이 묘역을 완전히 덮고 있었는데 들불이 또 따라서 태워서 남은 가지와 불탄 줄기가 낭자하게 주위에 널려있었다. 마침내 여러 아이들과 이것을 철거하고 또 산소를 청소한 뒤에 제수를 올렸다. 누님에게는 본래 2남 1녀가 있었는데 모두 난리 중에 죽었고 자부(姊夫)는 또 어디에서 죽었는지 알지 못하므로 누님의 묘소는 영원히 외로운 무덤이 되었으니, 그 슬픈 감회를 이루 말할 수 없었다.

누님의 묘소 위에 좌윤(左尹) 최응용(崔應龍)의 묘가 있으니, 좌윤은 바로 자부의 막내 작은아버지이다. 나는 젊었을 때에 인척이 된 연분으로 일찍이 뵌 적이 있었으므로 마침내 그의 무덤에 가서 예(禮)를 하였다.【무덤 아래에 있는 석물(石物)은 지극히 웅장하고 컸는데, 좌윤의 서자인 홍검(弘儉)이 이것을 만들었으며, 비문(碑文)은 제독(提督) 고응척(高應陟)[26]이 지었다. 돌아올 때에 철상촌(鐵床村)을 지났는데, 바로 길야은(吉冶隱)[27]의 후손들이 사는 곳이었다. 무너진 담장과 깨진 계단이 풀 사이로 어렴풋이 보이는데, 꿩과 토끼가 떼지어 놀 뿐이었다. 담장 옆에 무르익은 황매(黃梅)가 있었는데 아이들이 다투어 따먹었다.】

저녁이 되자 우거하는 곳으로 돌아왔다. 이때 우거에 필요한 물자가 비록 여러 번 끊겼으나, 박순백이 주인이 된 덕에 얻어 썼고 또 친구들

26 제독(提督) 고응척(高應陟) : 1531~1605. 본관은 안동(安東), 자는 숙명(叔明), 호는 두곡이다. 1561년(명종16) 문과에 급제하여 풍기 군수·회덕 현감·성균관 사성·경주 제독 등을 지냈다. 저술로 《두곡집》이 있다.

27 길야은(吉冶隱) : 길재(吉再 1353~1419)로, 야은(冶隱)은 그의 호이다. 본관은 해평(海平), 자는 재보(再父), 시호는 충절(忠節)이다. 후학 교육에 힘써 그의 문하에서 김숙자(金叔滋) 등 많은 학자가 배출되었고, 김종직(金宗直), 김굉필(金宏弼), 정여창(鄭汝昌), 조광조(趙光祖)로 그 학통이 이어졌다. 금산의 성곡서원(星谷書院), 선산의 금오서원(金烏書院), 인동(仁同)의 오산서원(吳山書院)에 종사되었고, 이색, 정몽주와 함께 고려의 삼은(三隱)으로 일컬어졌다. 저서로 《야은집(冶隱集)》이 있고, 《야은언행습유록(冶隱言行拾遺錄)》이 전한다.

이 도와 보내주는 것을 받아서 충분히 아침저녁의 끼니를 이어나갈 수 있었으며, 또 분수에 따라 술과 음식을 만들어서 명절날과 기일(忌日)에 제전(祭奠)을 올릴 수 있었다.

5월 열흘 뒤에는 또 채씨(蔡氏)에게 출가한 누님이 영양(永陽 영천(永川))의 정군섭(鄭君燮) 집에 있었는데 해가 지나도록 찾아뵙지 못했으므로 그리로 갔는데, 두 아이와 종 하나를 데리고 출발하였다.【부계(缶溪)의 도원예(都元禮) 집에서 투숙하였다.】 다음날 영양(永陽)의 명항(鳴項 울목)에 도착했는데, 바로 정군섭의 집이었다. 들어가 누님을 뵙고, 물러나 여러 친구들과 안부를 나누었다. 정군섭의 막내 작은아버지는 이름이 삼근(三近), 자가 덕일(德一)로, 나와 똑같이 갑인(甲寅)생이다. 젊었을 때 서로 알고 지내다가 중간에 20여 년 동안 소식이 끊겼었는데, 지난해 여름 난리가 난 뒤에 서로 만나보고는 옛 정의(情義)를 잊지 못하여 간곡한 정을 두터이 보여주었었다.

그런데 지난겨울에 이미 죽었으므로 마침내 그의 묘소에 가서 곡하였다. 이어서 영양의 명항에서 10일 동안 머물렀는데, 날마다 정여섭(鄭汝燮), 정군섭과 함께 거처하였다. 이 마을은 바로 정포은(鄭圃隱) 선생이 옛날에 살던 곳으로,【정군섭의 형제는 바로 선생의 방계 후손이었으므로 선생이 살던 옛터에 대대로 살았다.】 마을 입구에 효자비(孝子碑)가 있는데 여기에 선생의 호가 쓰여 있으며【세월이 오래되어 글자의 획이 분명하지 못하였다.】

위에는 지붕을 세워 비석을 가리고 현판(懸板)에는【그 북쪽 문미(門楣)에 걸린 현판이다.】 손순효(孫舜孝)[28]가 지은 글을 새겼으니, 그 첫 번째

28 손순효(孫舜孝) : 1427~1497. 자는 경보(敬甫), 호는 물재(勿齋), 본관은 평해(平海)이다. 1457년(세조3) 문과에 급제하여 도승지, 병조 판서, 의정부 좌참찬 등을 역임하였다.

구에 이르기를 "문 승상(文丞相)과 충의백(忠義伯)[29]은 간담(肝膽 참되고 충성스러운 마음)이 서로 통한다." 하였고, 그 아래에는 또다시 손공(孫公)이 지은 글로 사모하는 마음을 지극히 하는 뜻을 서술하였으니, 이는 바로 정군섭의 조고(祖考)인 진사(進士) 정거(鄭琚)가 지은 것이었다.

손공이 경상도(慶尙道)의 감사(監司)가 되었을 때에 순행 차 본군에 왔었는데, 밤에 꿈에서 선생을 뵙고는 놀라 일어나서 군수(郡守)를 불러 선생의 옛 자취를 물었더니, 군수는 또 하인들에게 물어서 마침내 선생이 살던 옛 마을이 이 군의 땅에 있고 비(碑)가 이곳에 있음을 처음으로 알게 되었다. 손공이 듣고 서글퍼하여 즉시 다음날 비가 있는 곳으로 달려가 예를 올렸으며, 또 군수에게 명하여 비각(碑閣)을 세워 비를 보호하고 담장을 빙 둘러쳐서 비각을 보호하게 하고는, 이어서 직접 글을 지어 공경하고 사모하는 뜻을 지극히 하였다.

또 세월이 오래되어 현판이 훼손되었으므로 진사공이 마침내 그 현판을 새로 바꿔 그 글을 다시 썼고 또 그 비각을 중수하면서 약간 크게 하였다고 한다. 이로써 손 관찰공 또한 보통사람이 아님을 알았으며, 진사 정공은 또 방계 후손으로서 선생의 옛터를 지키고 선생의 효행비를 보호하여 선조의 뜻을 계승하고 전술하는 의리를 열어놓았으니, 자손에 있어서 그야말로 다행인 것이다.

또 병난이 났을 때에도 이 비각은 다행히 보존되었는데, 마을 옆에 사는 한 사나운 지아비가 난리 중에 정씨 일문이 흩어져 도망가서 모두

29 문 승상(文丞相)과 충의백(忠義伯) : 문 승상은 남송 말의 승상이자 충신인 문천상(文天祥, 1236~1282)으로, 자는 송서(宋瑞), 호는 문산(文山)이다. 원(元)나라에 패하여 3년 동안 연경(燕京)의 옥(獄)에 갇혔었는데, 온갖 회유에도 굴하지 않고 〈정기가(正氣歌)〉를 지어 자신의 충절(忠節)을 나타내고 죽었다. 저서로 《문산집(文山集)》이 있다. 충의백은 포은 정몽주의 작호(爵號)이다.

옛날 살던 곳에 있지 않은 틈을 타서 그 비각의 기와를 걷어다가 자기 집을 덮었다.【마침 한 선비가 지나다가 이것을 보고 통렬히 꾸짖고 금하였으므로, 비각의 기와가 완전히 철거되는 것을 면하였다.】 정군섭 형제가 돌아와서 이 말을 듣고 분통을 터뜨리며 그를 원수로 여겼는데, 마침내 한 관원에게 이 말을 전달해서 인하여 기와를 걷어간 자를 잡아다가 여러 번 곤장을 친 뒤에 석방하였으니, 그렇다면 비록 여러 사람의 분한 마음을 크게 상쾌하게 하지는 못했으나 마을의 완악하고 사나운 무리로 하여금 오히려 선생의 의리를 높이고 소중히 여길 줄 알게 하였다. 그렇다면 또한 불행이 아닌데 그 정성을 능히 바칠 수 있었던 것은 실로 바로 정군섭 형제가 능히 계승하고 능히 전술한 효도에 연유한 것이다. 그렇다면 진사공의 뜻이 영원히 실추되지 않고 선생의 절의(節義) 또한 이로 말미암아 더욱 빛날 것이다.

비를 '효자비'라고 정표(旌表)하였으니, 아마도 이 비를 세운 것이 선생이 큰 절개를 아직 세우기 전에 있었던가 보다. 선생의 학문의 위대함으로 말하면 효는 다만 한 가지의 행실일 뿐이요, 선생의 절의의 높음으로 보면 효는 바로 한 가문의 선행(善行)일 뿐이다. 그러나 그 학문의 큼을 이루고 절의의 높음을 세울 수 있었던 것은 오직 하나의 효가 근본이 되었기 때문이 아니겠는가. 학문의 위대함은 동방(東方) 도학(道學)의 종통(宗統)이 되었고 절의의 높음은 동방 억만년의 강상(綱常)을 붙들었으니, 선생의 효는 참으로 위대하도다. 나는 마침내 군섭 형제와 함께 여러 번 가서 우러르며 흠모하였다.

명항(鳴項)의 서북쪽 5리 되는 곳에 외로운 능(陵)이 하나 있는데,【이 고개는 큰들 가운데 흐르는 시냇물 가에 있다.】 군(郡)의 사람들이 선생을 위하여 서원의 사당을 이곳에 세운 지가 오래되었다. 그 지세(地勢)의 높고 깨끗함은 진실로 사당을 높이는 체제에 알맞고 그 면세(面勢)의 상쾌하고 넓음 또한 학생들이 장수(藏修)[30]하고 인재를 배양(培養)하는 곳에 적합하였다. 더구나 선생의 옛날 사시던 집터와 멀지 않고 그 비각(碑閣)은 바로 앉으나 서나 바라보고 우러르는 가운데에 있으니, 사람의 양심을 감발하여 흥기하는 자리로 삼음에 더욱 절심함이 있었다.【군(郡) 사람들이 이미 그 재력을 크게 바쳤고 선비 중에 직함을 갖고 남쪽으로 온 자들은 모두 선생을 위하여 그 정성을 바쳤다. 그러므로 사당과 당재(堂齋)가 완비된 것과 노복(奴僕)과 재화가 충실한 것이 다른 서원에 비하여 뛰어났다.】그런데 마침내 임진년(壬辰年)에 쳐들어온 왜적의 손에 불타서 지금은 그 빈 터만 있기에 나는 또 정군섭(鄭君燮) 형제와 한 번 가서 보았다.

정군섭 형제가 나와 함께 돌아오고자 하여 함께 선산(善山)에 도착하였는데 이번 길에 박순백(朴純伯)을 방문하고 마침내 그 달 하순(下旬) 사이에 명항에서 출발하였다. 이때 정군의 두 친구가 나를 이끌고 먼저 입암(立巖)을 탐방한 뒤에 길을 떠났다. 입암은 영양(永陽)의 동북쪽 가장 깊은 경계로, 흐르는 시냇물 가에 높이가 10여 장(丈) 되는 바위가 우뚝 서 있고 바위의 북쪽 수십 보(步) 되는 지점에 산이 굽어돌고 물이 감돌아 흘러서, 터를 잡아 집을 짓고 살기에 가장 적합하였다.

정군섭과 다른 몇몇 친구들이 피난을 다니다가 이 땅을 얻고서 각각

30 장수(藏修) : 원문의 '장수(莊修)'는 장수(藏修)로 보고 해석하였는바, 한결같은 마음으로 학업에 매진하는 것을 말한다. 《예기(禮記)》〈학기(學記)〉에 "군자는 배움에 있어 장하고, 수하고, 식하고, 유한다.〔君子之於學也, 藏焉, 修焉, 息焉, 遊焉.〕"라고 하였는데, 공영달(孔穎達)은 소(疏)에서 "장(藏)은 마음속에 항상 학업을 품는 것이고, 수(修)는 닦고 익히기를 그만두지 않는 것이고, 식(息)은 일하다가 피곤하여 쉴 때에도 배움에 마음을 둠을 이르고, 유(游)는 한가하여 일이 없어 놀러 다닐 때에도 마음이 배움에 있는 것이니, 이는 군자가 배움에 대해 잠시도 중지함이 없는 것이다."라고 해석하였다.

초가집을 지었었는데, 난이 비록 끝났으나 몇몇 친구들은 이곳을 깊이 깃들어 쉴 장소로 삼고자 하였으니, 이는 비단 깊고 궁벽하여 난세에 거처할 곳으로 적합할 뿐만 아니고 또 입암의 아름다운 경치를 버리고 가고 싶지 않기 때문이었다.【이날 종일토록 시냇가 벼랑을 따라갔는데, 들어갈수록 더욱 깊어졌다. 시냇물은 백 번 돌아 흐르고 길은 백 번 꺾여서 혹은 푸른 숲을 뚫고 가고 혹은 높은 바위를 우회하였는데, 돌멩이가 시냇가에 어지러이 널려있는 곳이 있고 반석(磐石)이 못가에 펼쳐져 있는 곳이 있어서 모두 한 번 앉아 감상할 만하였으나, 해가 저물까 염려되어 여기저기 두루 앉을 겨를이 없었다.】

날이 저물자 말을 돌길로 재촉해서 한 동네의 문으로 들어갔는데, 두 산의 사이에 드높이 우뚝 홀로 서서 한 골짝의 어귀를 가로막고 있는 바위가 있어서 곧바로 그 형세를 드러내고 있으니, 이것이 바로 이른바 '입암'이었다. 두 친구가 손가락으로 가리켜 보여주기에 내가 말을 타고 힘껏 내달려서 마침내 바위 아래에 이르렀는데, 가까이 가서 우러러보니 참으로 기이한 경관이었다. 두 친구가 나를 인도하여 바위의 남쪽을 따라 시냇물을 건너 북쪽으로 가서 말에서 내려 우회하여 걸어 한 소나무가 있는 언덕에 오르니, 바로 입암 뒤에 있는 한 절벽으로 입암과 가까이 마주서있고 그 위는 평평하고 높이 솟아있었는데, 몇몇 친구들이 그 위를 잘 다듬어 고르고 또 그 곁에 돌을 쌓아서 대(臺)로 만든 것이었다.

권극립(權克立) 강재(强哉)는 정군섭의 고모부였고 손경남(孫慶南) 길보(吉甫)와 이우열(李友說) 여익(汝益)은 모두 정군섭과 뜻을 같이 하는 친구였는데, 이들은 모두 정군섭과 함께 이곳에 터를 잡아 집을 지은 자들이었다. 이 몇 친구가 주인이 되어 나를 손님으로 대접하여 서로 대 위에 나란히 앉아서 술을 가져오게 하여 술잔을 돌리는데, 솔바람은 불어와 가슴을 상쾌하게 하고 시내의 물빛은 허공을 쏘아 비쳐서 완연히 한 선경(仙境)이니, 화식(火食)하는 인간의 마을이 아닌 듯하였다.

다음날 이곳에서 머물렀는데, 몇몇 친구가 나를 인도하여 혹은 대 위로 올라가고 혹은 시냇가에 앉으며 혹은 서로 손 잡고 소요(逍遙)하고 혹은 나란히 앉아 술잔을 주고받다가 그물로 작은 물고기를 잡아 회를 뜨고 어린 닭을 구워 안주로 삼았다. 술이 취하자, 물에 씻겨 닳고 닳은 흰 돌조각을 가져다가 정군섭으로 하여금 어른과 어린이의 성명(姓名)을 쓰게 하여 깨끗한 놀이의 계(契)를 만들려고 하였다. 그리하여 입암을 가리켜 맹세하고 이 돌에 써서 철권(鐵卷)으로 삼아 바위를 잘 오르는 자로 하여금 이것을 바위틈에 보관하여 후일 이 일을 상고하게 하였다.

다음날 아침 마침내 세 친구와 작별하고 정군섭 형제와 함께 곧바로 입암의 서산(西山)을 경유하여 문소(聞韶)로 향하였는데, 종일 지나온 곳이 모두 숲이 울창하고 빽빽해서 인적이 드물게 이르는 길이었다. 나는 맹수를 두려워하여 말 위에서 장검을 뽑아 휘두르니 광채가 지극하였다. 혹은 나무들이 무성하게 하늘을 뒤덮고 있어서 관과 옷이 걸려 걸리적거리므로 반드시 손으로 검을 휘둘러서 막힌 것을 쳐내서 헤쳐 연 뒤에야 지나갈 수 있었다.【점심 무렵 실현(實峴)에 도착하였는데, 산 북쪽 깊은 골짝 가운데에서 말에서 내려 숲 사이에서 술을 데워 마시고 싸가지고 온 밥을 풀어서 먹었다.】

복분자가 한창 농익어서 길가에 푸른 풀들을 붉게 덮고 있으니, 아이들이 다투어 따면서 많이 딴 것을 자랑하느라 심지어는 마시고 먹는 것도 잊었다. 복분자를 가져다가 보니, 크기는 감만 하고 둥글기는 석류알과 같았다. 마침내 아이들을 재촉하여 길을 떠났는데, 간혹 길을 잃었으나 물어볼 만한 사람이 없었다. 한 골짝에 작은 객점과 여러 주막이 있기에 물어보니, "이곳은 청송(靑松) 땅입니다."라고 하였다.

해가 저물녘에 한 마을에 투숙하였는데,【마을 앞에 큰 나무가 있기에 그

나무 아래로 가서 저녁밥을 지어 먹었다.】 주인이 밖에서 오기에 그의 성명을 물었더니 "달성 서씨(達城徐氏)입니다."라고 하였고, 이 지역이 어디인가 물어보았는데, 의성(義城) 경계였다. 마침내 산부(產婦)의 방을 비워서 우리들을 맞아들여 자게 하고는 술과 과일을 내와서 대접하였다.

다음날 아침 빙산사(氷山寺)에 도착하여【아침밥을 먹은 뒤에 두 친구를 데리고 갔다.】 빙혈(氷穴)[31]에서 얼음을 구경하니【하천(下川)의 상사(上舍 진사나 생원) 신응순(申應純) 등 여러 사람과 가음(嘉音)의 양반 몇 분도 이 절로 왔다. 빙산 아래에 서당이 있으므로 인하여 들어가서 잠시 휴식하였다.】 저녁에 탄지(炭池) 안에서 투숙하였으니, 큰누님이 막 노구중(盧懼仲)의 집에 계셨으므로 들어가 문안하고 뵙기 위해서였다.【정군섭 형제는 그 선친이 노구중과 같이 연방(蓮榜)에 들어[32] 대대로 친분이 있었으므로 청하여 들어가서 노구중의 궤연(几筵)에 곡하고 제물을 올렸다.】 다음날 아침 하천에 도착하여 임형(任兄 넷째 자형인 임이중(任而重))과 누님을 뵙고 이유장(李有章)의 집에서 유숙하고는 이어서 며칠을 여기에서 머물렀다.

6월초에 비로소 고촌(古村)으로 돌아오니, 박순백, 박성백 형제는 내가 두 친구를 데리고 온 것을 기뻐하여 서로 위로하고 담소를 나누었다. 두 친구는 고촌에서 며칠을 머물렀다. 박순백과 함께 월파정(月波亭)에 가서 구경하였는데, 누대 위에서 막걸리 한 병을 따라 마셨다.【저

31 빙혈(氷穴) : 의성의 빙산(氷山)에 있는 큰 바위 밑에 돌구멍〔石穴〕이 두 개가 있는데, 큰 돌구멍은 풍혈(風穴)이라고 하고, 작은 돌구멍은 빙혈이라고 한다. 《국역 신증동국여지승람 제25권 경상도 의성현》

32 연방(蓮榜)에 들어 : 생원(生員)이나 진사(進士)를 뽑는 소과(小科)인 사마시(司馬試)에 합격한 것을 이른다. 대과(大科)인 문과(文科)에 급제한 자에게는 월계화(月桂花)를 내리고 소과에 합격한 자에게는 흰 연꽃을 내렸기 때문에, 대과에 급제한 자의 명부를 계방(桂榜)이라 하고 생원이나 진사를 뽑는 사마시에 합격한 자의 명부를 연방이라고 한다.

녁에 여차촌(餘次村)에서 유숙하였으니, 생질 노경륜(盧娚倫)이 이곳에서 우리를 기다렸기 때문이었다. 마침 장맛비를 만나서 두루 둘러보지 못하고 돌아왔다.】

두 친구는 집을 떠난 지가 이미 오래되었고 또 선친의 기일이 있어서 오랫동안 머물지 못하였다. 비록 몇 달을 서로 종유(從遊)하였으나 정이 흡족하지 못하였는데 작별에 임하니 자못 서글프고 그리운 생각을 금할 수 없었다.【나는 우거하고 있는 방이 지세가 낮아 습하고 또 협소하여 울타리가 없었는데 박순백이 또다시 집 뒤의 서재를 비어주워 거처하게 하였다. 그리하여 자못 상쾌하여 시끄러움이 없어서 거처하기가 매우 편했는데 다만 물을 길러 오는 길이 다소 멀어서 여종[33] 하나가 이 때문에 괴로워하였다.】

나는 갑오년(甲午年, 1534) 여름에 《주역(周易)》의 대문(大文)을 썼으나 이천(伊川)의 정전(程傳)과 주자(朱子)의 본의(本義)가 없는 것을 큰 흠으로 여겼었는데, 마침내 현감직을 해임하고 온 뒤에야 비로소 책자(冊子)를 갖추어 썼다.【박성백에게 《주역》 한 질이 있었으므로 이를 상고하여 전사(傳寫)하였다.】 박성백은 서당이 있었는데,【대청과 방이 각각 한 칸이었다.】 여기에 '풍뢰당(風雷堂)'이라고 현판을 걸었다. 박순백은 또 난리 전에 대청을 새로 건축하였으나 채 덮지 못했었는데 이번 봄에 기와를 주워 덮었다. 비록 대청에 판자를 깔지는 못했으나 높고 넓어서 더운 여름철에 마땅하니, 이 두 집이 병란에 화재를 면한 것은 바로 큰 다행이었다. 마침내 박순백 형제와 새벽에 일어나면 반드시 이곳에 모여 앉아서 세 사람이 붓을 돌려가며 책을 썼다.【밥을 먹을 때도 반드시 마주하여 밥을 먹고 술을 마실 때에도 반드시 마주하여 술을 마셔서 일찍이 서로 떨어지

33 여종 : 원문의 '적각(赤脚)'은 여자 종을 이른다. 한유(韓愈)의 〈기노동(寄盧仝)〉 시에 "옥천 선생은 낙양성 안에 사는데, 가진 거라곤 낡은 집 두어 칸뿐이네. 남자 종 하나는 긴 수염에 머리도 못 싸맸고, 여자 종 하나는 맨다리에 늙어서 이도 없네.〔玉川先生洛陽裏, 破屋數間而已矣, 一奴長鬚不裹頭, 一婢赤脚老無齒.〕"라고 한 데서 유래하였다. 《韓昌黎集 卷5》

지 않았다. 해가 저물어야 비로소 파하였는데, 잠을 잘 때에도 베개를 나란히 하고 자서 밤에 함께 거처한 적이 많았다.】

《주역전의(周易傳義)》를 다 쓰자, 나는 또다시 교정하여 구두(句讀)에 붉은 점을 찍었다. 또 박순백이 당본(唐本 중국본)의 《예기(禮記)》를 갖고 있었으므로 내가 또다시 책자를 장만하여 이것을 썼는데, 종이가 부족해서 다 전사하지는 못하고 그 중에 가장 긴요한 것 10여 편을 취하여 썼다. 나는 이번 여름부터 안질(眼疾)을 앓아서, 쓰던 두 책자 중에 박순백과 박성백이 손수 쓴 것이 많았다. 혹은 젊은이들에게 구두를 가르쳐주고 혹은 다른 책을 서로 보면서 강론하였으며, 손님이 있으면 접대하고 일이 있으면 응대하였다.

또 혹 바람이 온화하고 경치가 좋으면 어른과 아이가 서로 손 잡고 걷기도 하고 말을 타기도 하면서 오직 마음 가는대로 하여 하루 종일 소요하였으니, 가까이는【우거하는 북쪽의 송림(松林)이고, 못가의 오동나무 그늘이었다.】 동네 어귀의 비구(碑丘)이고, 조금 멀면【동네 남쪽의 율령(栗嶺)과 동네 북쪽의 박령(朴嶺)이었다.】 동네 서쪽의 창염정(蒼髥亭)이었으며, 또 조금 더 멀면 보전(寶田)의 강가와 석현(石峴)의 봉수대가 있는 고개였다.

이른바 '비구'라는 것은 박순백과 박성백의 할아버지이신 용암공(龍巖公)[34]의 효자비이다. 공은 박송당(朴松堂)[35]에게 수학하여 진락당(眞樂堂) 김공(金公)[36]과 금난(金蘭)의 벗[37]이 되었는바, 학문과 덕행이

34 용암공(龍巖公) : 박운(朴雲, 1493~1562)으로, 자는 택지(澤之), 본관은 밀양(密陽)이며, 용암은 그의 호이다. 선산 출신으로 1519년(중종14)에 진사(進士)가 되었으며, 송당(松堂) 박영(朴英)의 문하에서 공부하였다.

35 박송당(朴松堂) : 박영(朴英, 1471~1540)으로, 자는 자실(子實), 본관은 밀양이며, 송당은 그의 호이다. 본래 무관(武官) 출신이었으나 뒤에 신당(新堂) 정붕(鄭鵬)을 사사하고 학문에 힘써 대학자가 되었다.

후학이 감히 말할 수 있는 바가 아니었는데 덕을 숨기고 세상을 마쳤으나, 효(孝)는 공의 드러난 행실이었다.【마을 사람들이 조정에 아뢰어 정려(旌閭)를 하니, 공이 효자가 된 것은 비의 음기(陰記)에 대략 드러나 있다. 비의 음기를 지은 것은 좌윤(左尹) 최응룡(崔應龍)[38]이고 이것을 쓴 자는 박순백이다. 비는 동네 어귀에 서 있는데, 앞으로 큰 들을 마주하고 있다. 이때 배회하면서 사모하는 생각을 다했을 뿐만 아니라 바람과 안개를 바라보면서도 충분히 답답한 마음을 풀 수 있었다. 박령은 바로 고촌(古村)의 주산(主山)이다.】

창염정은 바로 고두곡(高杜谷)의 앞 기슭으로, 정자를 창염(蒼髥)이라고 한 것은 두곡(杜谷)이 이름한 것이다. 두곡은 이름이 응척(應陟)으로, 세상의 일에 소원하여 당시에 쓰임이 되지 못하였는데, 날마다 문장을 짓는 것을 즐겼으며, 또 성리학(性理學)을 말하기 좋아하였으나, 나는 성리학을 알지 못하여 자세히 듣지 못하였다. 이때 안동제독(安東提督)에 제수되어 본거지에 왕래하였으므로 내가 자주 뵐 수 있었다. 고두곡은 대체로 성품이 질박함을 좋아하고 마음에 공교롭게 꾸미는 것을 싫어하였으니, 아마도 좋은 사람이겠지만 너무 자기의

36 진락당(眞樂堂) 김공(金公) : 김취성(金就成, 1492~1550)으로, 자는 성지(成之), 본관은 선산(善山)이며, 진락당은 그의 호이다. 송당 박영의 문하에서 성리학(性理學)을 전공하였다.

37 금난(金蘭)의 벗 : 매우 돈독한 우의(友誼)를 의미하는 말로, 《주역》 〈계사전 상(繫辭傳上)〉에 "두 사람이 마음을 같이하니, 그 단단함이 쇠를 끊을 만하도다. 마음을 같이하는 말은 그 향기가 난초와 같도다.〔二人同心, 其利斷金. 同心之言, 其臭如蘭.〕"라고 한 데서 유래하였다.

38 최응룡(崔應龍) : 1514~1580. 본관은 전주(全州), 자는 견숙(見叔), 호는 송정(松亭)이다. 박영(朴英)・이황(李滉)에게 글을 배웠으며, 박운(朴雲)・김취문(金就文) 등과 더불어 교분이 두터웠다. 1546년(명종1) 증광 문과에 장원으로 급제, 사관(史官)이 되었고, 지평・의주 목사・병조 참지・공조 참의・우부승지 등을 역임하였다. 선산(善山)의 송산서원(松山書院)에 제향 되었다.

감정대로 곧바로 행하여 사리를 잘 알지 못하였으므로, 사람들이 모두 그를 우활하다고 하였다.

이상의 여러 지역은 멀수록 더욱 넓어지고 올라갈수록 더욱 상쾌하였으나, 박순백은 평소 병이 많아서 습한 것과 바람을 싫어하였고 나 또한 안질(眼疾)이 있어서, 이 때문에 마음껏 가서 노닐며 즐기지 못하였다. 박순백과 박성백이 나를 위하여 경작할 몇 뙈기의 밭을 마련해주었으므로, 한 명의 종과 한 명의 계집종으로 하여금 날마다 가서 김을 매고 다스리게 하였다.【종은 이름이 목석(目石)이고 계집종은 이름이 아목덕(阿木德)인데, 종은 송씨(宋氏) 부인의 집에서 왔고 계집종은 경기(京畿)에서 와서 모두 옛날부터 부리는 자들이 아니다. 종은 성질이 조급하고 경솔하여 진실성이 없었고 계집종 또한 성품이 그와 유사하였는데, 두 사람이 마침내 서로 암컷과 수컷이 되어서 경솔함과 조급함으로 서로 선동하여 능히 부지런하고 착실하지 못하였다. 이는 이른바 '동복(童僕)의 정(貞)함'[39]이 아니라는 것이니, 나그네가 이 때문에 곤궁함이 심한 것이다.】

이해 가을 8월에 윤달이 있었는데, 윤8월 초하루에 일식(日蝕)이 있어서 이미 대낮에 곧 어두워졌다. 나는 박순백, 박성백과 함께 막풍뢰당에 있다가 이것을 눈으로 직접 보고 서글퍼하고는 젊은이들로 하여금 〈일식부(日蝕賦)〉를 짓게 하고 나 또한 〈일식부〉를 지어서 박순백과 박성백에게 보여주었다. 이때 우상(右相) 이원익(李元翼)[40]이

39 동복(童僕)의 정(貞)함 : 《주역》 〈여괘(旅卦) 육이(六二)〉에 "나그네가 머물 곳에 나아가고 물자를 오게 하며 동복의 충직함을 얻도다.〔旅卽次, 懷其資, 得童僕貞.〕"라고 하였는데, 〈상전(象傳)〉에서 "'동복의 바름을 얻음'은 끝내 허물이 없는 것이다.〔得童僕貞, 終无尤也.〕"라고 보인다.

40 이원익(李元翼) : 1547~1634. 자는 공려(公勵), 호는 오리(梧里), 본관은 전주(全州)이다. 임진왜란 때 평안도 도순찰사로 평양을 탈환한 공로로 숭정대부(崇政大夫)에 가자되었고, 우의정 겸 사도체찰사를 지냈다. 선조와 광해군, 인조 조에 다섯 차례나 영의정에 올랐고, 청백리의 대명사로 꼽힌다.

사도(四道)의 도체찰사(都體察使)가 되어서 막 성주(星州)에 진영을 설치하고 있었다. 이 정승은 사람됨이 청백함으로써 몸을 단속하고 간략함으로써 덕을 지켰으며 충성으로써 군주를 섬기고 공손함으로써 남을 대하여, 사람의 마음을 감동시키는 정성이 있었고 또 번거로운 일을 잘 처리하는 재주가 있었다.

일찍이 평안 감사(平安監司)가 되었을 때에 서쪽 지방의 백성들이 그를 마치 부모처럼 사랑하고 떠받들었으며, 마치 간성(干城)처럼 믿고 의뢰하였으므로, 한때의 인망(人望)이 '지금의 제갈량(諸葛亮)'이라고 여겼다. 지금 체찰사로 남쪽 지방에 와서 다스리니, 그가 여러 사람의 뜻을 고무시키고 민심을 감동시키며 탐관오리를 단속하고 사나운 지아비를 두렵게 한 것이 옛날의 명재상에 뒤지지 않을 듯하다. 다만 그의 단점은 큰 체통(體統)을 수립하지 못하고 큰 기축(機軸 일의 중심이 되는 중요한 부분)을 전환하지 못하는 것이니, 그러므로 식견이 있는 자들은 그가 끝내 큰 공업(功業)을 세우지 못할 줄을 이미 알았다.

이때에 조정에서는 산성(山城)을 쌓는 것을 왜적을 막는 데에 바꿀 수 없는 좋은 계책이라고 여겼다. 내 일찍이 이 산성을 쌓는 한 가지 일을 가지고 감히 사견(私見)으로 그 이해(利害)를 헤아려 보았는데, 저 하늘의 험함은 올라갈 수가 없고 땅의 험함은 산천과 구릉이니, 왕공(王公)이 험한 성과 해자를 만들어서 자기나라를 지키는 것은 성인의 가르침이다.[41] 그렇다면 험한 곳을 점거하여 적을 막는 것은 진실로 안 할 수 없는 것이다.

41 하늘의……가르침이다 : 〈감괘(坎卦) 단전(彖傳)〉에 "하늘의 험함은 올라갈 수가 없고 땅의 험함은 산천과 구릉이니, 왕공이 험한 성과 해자를 만들어서 자기 나라를 지키니, 험(險)의 때와 쓰임이 크다.〔天險, 不可升也; 地險, 山川丘陵也; 王公設險, 以守其國, 險之時用大矣哉.〕"라고 보이는데, 〈단전〉은 공자가 지은 것으로 알려져 있기 때문에 성인의 가르침이라고 한 것이다.

그러나 성이 비록 험하더라도 성을 지키는 자는 군사요, 군사가 비록 있더라도 군사를 잘 운용하는 자는 장수이다. 그러므로 훌륭한 장수가 있은 뒤에 이에 걸맞는 군사가 있을 수 있고, 군사가 있은 뒤에 능히 그 성을 보유할 수 있는 것이다. 훌륭한 사람을 얻지 못하면 비록 장수가 있다고 하나 장수가 없는 것과 똑같은 것이요, 쓸 만한 백성을 얻지 못하면 비록 군사가 있다고 하나 군사가 없는 것과 똑같으며, 훌륭한 장수를 보유하고 쓸 만한 군사를 보유하지 못하면 비록 성이 있다고 하나 성이 없는 것과 똑같은 것이다.

그렇다면 무엇을 일러 '장수가 훌륭한 사람을 얻었다.'라고 하는가. 오직 능히 인자함이 있고 위엄이 있고 지혜가 있고 용맹이 있는 자가 바로 장수로서 훌륭한 사람인 것이니, 인자함이 있은 연후에 능히 군사들의 마음을 결속시켜서 배반하지 않게 할 수 있으며, 위엄이 있은 연후에 군사들의 마음을 두렵게 하여 장수의 명령을 어기지 않게 할 수 있으며, 지혜가 있은 뒤에 능히 적을 헤아리고 변화에 대처해서 반드시 승리를 취할 수 있으며, 용맹이 있은 뒤에 능히 강한 적을 막고 많은 적을 상대해서 반드시 승리를 결단할 수 있는 것이다.

인자함은 고식적이고 유약함을 말하는 것이 아니요, 위엄은 각박하고 혹독하여 형벌을 참혹하게 내림을 말하는 것이 아니요, 지혜는 함부로 일을 만들고 교묘하게 피함을 말하는 것이 아니요, 용맹은 필부(匹夫)의 약삭빠르고 민첩함을 말한 것이 아니다. 군사들의 마음을 순히 따라 사람의 재능을 다하게 하는 것이 진짜 인자함이요, 호령(號令)을 분명히 하고 상벌(賞罰)을 신실(信實)하게 하는 것이 진짜 위엄이요, 형체가 없는 것을 미리 발견하고 일이 드러나기 전에 살피는 것이 진짜 지혜요, 결사적으로 싸울 마음을 이끌어내어 최대의 역량을 얻는 것이 진짜 용맹이니, 인자함과 위엄은 군사를 거느리는 기본이고 지혜와 용맹은 적을 제압하는 도구이다.

장수는 이 네 가지를 가지고 있어야 하니, 그런 뒤에야 군사들의 마음이 귀속되는 바가 있고 안정되는 바가 있고 믿는 바가 있고 복종하는 바가 있어서 감히 자기 마음을 각자의 마음으로 삼지 못하고 오직 장수의 마음을 자기 마음으로 삼으며, 감히 자기 몸을 각자의 몸으로 여기지 못하고 오직 장수의 몸을 자기 몸으로 여겨서, 더불어 수고로워도 수고롭다고 여기지 않고 더불어 죽어도 그 죽음을 꺼리지 않게 된다. 이러한 장수가 이러한 군사를 거느린다면 비록 평원(平原)과 광야(廣野)에서 사나운 적과 강한 적을 만나더라도 그들이 계책을 펴서 우리의 예봉(銳鋒)을 범할 수가 없는데, 더구나 험한 곳을 점거하여 기세를 탄 땅에 있어서이겠는가.

그렇지 아니하여 장수가 훌륭한 적임자가 아니라면, 가장 신령스러운 것이 백성의 마음이니 어떻게 군사들의 마음을 결속하여 감히 배반하지 못하게 하며, 어떻게 두렵게 해서 감히 어기지 않게 하며 어떻게 믿게 해서 안정시킬 수 있으며 어떻게 복종시켜 한 곳으로 돌아가게 할 수 있겠는가. 비록 백만의 병졸이 있더라도 수비를 잘하고 전투를 잘하리라고 보장하기가 어려운데, 하물며 군사가 백만의 많은 군사가 아닌 경우에 있어서이겠는가. 비록 백이(百二)[42]의 관문(關門)이 있더라도 잘 보존하고 온전히 할 수 있을지를 믿기 어려운데, 하물며 성(城)이 백이의 험한 곳이 아닌 경우에 있어서이겠는가.

이제 성스러운 군주는 위에서 하루 종일 바쁘게 정무(政務)를 돌보시고[43] 어진 정승은 아래에서 밤낮으로 수고하고 있으니, 그 중흥(重

42 백이(百二) : '백이산하(百二山河)'와 같은 말로, 요새의 험고함을 뜻한다. 전국시대에 진(秦)나라 땅이 매우 험고(險固)하여 진나라 군사 2만 명으로 제후의 군사 백만 명을 당해 내기에 충분하다고 한 데서 온 말이다.

43 하루……돌보시고 : 원문의 '소간(宵旰)'은 '소의간식(宵衣旰食)'의 준말로, 정무

興)의 방도에 있어 어찌 마음을 쓰시는 바가 없겠는가. 그러나 이미 떠나간 천심(天心)은 돌릴 수가 없고 이미 떠나간 민심(民心)은 거둘 수가 없다. 그리하여 장수는 훌륭한 적임자가 아니며 군사들은 죽지 않고 살아남은 백성이며 군대는 온갖 병기를 모두 마련하지 못하였으며 군량은 여러 진영 모두에 쌓아놓은 것이 없으니, 이때를 당하여 비록 험고한 여러 성(城)이 있더라도, 무슨 군대로 이것을 지키며 어느 장수로 이것을 주관하며 무슨 양식으로 이것을 이어나가며 무슨 병력으로 이것을 방어하겠는가?

조정에서 장수의 재주를 헤아리지 않고 백성의 심정을 헤아리지 않고 재력(財力)을 생각하지 않고 형세를 논하지 않고서 오직 산성(山城)을 많이 쌓는 것을 지극한 계책으로 여기고 있으니, 그렇다면 경박하고 조급한 무리와 윗사람의 뜻에 영합하는 무리들이 험한 성을 쌓는 계책을 다투어 올리고 백성을 수고롭게 하는 부역을 다투어 일으키고는 말하기를 "아무 산에는 옛 성이 있으니 수리할 수가 있고, 아무 지역은 지형이 좋으니 성을 쌓을 수 있다."라고 한다. 그리하여 능히 성을 쌓는 이로움을 말하는 자가 있으면 반드시 그를 칭찬하여 말하기를 "이 사람은 시무(時務)를 안다."라 하고, 능히 성을 쌓는 땅을 말하는 자가 있으면 반드시 말하기를 "이 사람은 국사(國事)를 근심하는 자이다."라고 한다. 그러므로 본도(本道)의 안에 당시에 쌓은 성이 10곳에 이른다.

난리에 살아남은 백성들을 부역시켜 옥과 돌을 다듬게 하여 농사가 제철을 잃고, 등에 지고 머리에 이고서 노동하는 백성들을 몰아 군량을 수송하게 하여 백성들이 힘을 다 소진하였다. 장수가 없고 군사가 없고 병기가 없고 양식이 없는 성을 공연히 쌓으니, 사람들이 모두 '반드시

가 많아서 임금이 해가 뜨기 전에 일어나 옷을 입고 해가 진 뒤에야 저녁밥을 먹는다는 뜻에서 정사에 수고로움을 이른다.

함락되고 반드시 패하고 반드시 죽고 반드시 다 없어질 땅이다.'라고 생각하는데도, 지금 노약자와 부녀자들을 몰아 함께 그 가운데로 집어넣으니, 식견이 있는 자들이 근심하고 미친 자가 비웃고 어리석은 자가 분통을 터뜨린다. 근심하는 자는 조정의 잘못된 정사를 근심한 것이요, 비웃는 자는 헛되이 성을 쌓는 것이 효과가 없음을 비웃는 것이요, 분통을 터뜨리는 자는 백성을 사지(死地)로 몰아넣는 것에 분통을 터뜨린 것이었다.

이때 이 체상(李體相)[44]이 막 그 부역을 감독하고 있었는데, 배설(裵楔)[45]이 일을 주간하는 재능이 있고 장수의 재주가 있다 하여 밀양 부사(密陽府使)에서 옮겨 선산부사(善山府使) 겸 방어사(防禦使)로 삼아서, 그로 하여금 금오산(金烏山)의 축성을 맡게 하였다. 내가 우거하는 곳이 바로 그 경내였으므로 날마다 성역(城役)의 정사(政事)를 들었는데, 그 내용에 의하면 '아무 날에 체찰사가 금오산성으로 올라갔다. 아무 날에 아무 주, 아무 군, 아무 현의 군사가 부역했다. 아무 날에 가마솥 등을 거두어 성으로 들여보냈다. 아무 날에 길고 짧은 자리를 거두어 성으로 들여보냈다. 아무 날에 크고 작은 옹기(甕器)를 거두어 성으로 들여보냈다. 아무 성에는 승군(僧軍)이 아무 부역에 달려가고, 아무 관청의 장인(匠人)들은 아무 공사를 시작하여 우물을 몇 곳 파고 나무를 몇 보(步)[46] 베었다. 아무 임무를 맡은 자는 아무 형벌을 받았

44 이 체상(李體相) : 당시의 도체찰사(都體察使)인 이원익(李元翼)을 가리킨다.

45 배설(裵楔) : 1551~1599. 조선 중기의 무신으로 본관은 성주(星州), 자는 중한(仲閑)이다. 1583년(선조16)에 별시 무과에 급제하였다. 임진왜란이 일어나자 경상우도 방어사 조경(趙儆)의 군관으로 남정(南征)하였고, 부산 첨사 · 진주 목사 · 경상우수사(慶尚右水使) 등을 역임하였다. 선산 부사가 되었을 때에 금오산성(金烏山城)을 쌓았다.

46 보(步) : 고대에 길이를 재는 단위로, 주(周)대에는 8척(尺)이 1보, 진(秦)대에는

다. 아무 땅에는 군인 몇 명이 부역에서 죽었고, 소와 말 몇 필이 도로에서 쓰러졌다.' 하였다. 또 명령을 내리기를 '각 마을의 크고 작은 백성들은 늙고 약한 남녀를 모두 장부에 적어 올려라.' 하였고, 또 명령을 내리기를 '크고 작은 백성들은 각각 개인소유의 곡식 몇 섬을 장부에 올려라.' 하였으니, 그 보고 들은 해괴하고 참혹한 것들을 어찌 다 기록할 수가 있겠는가.

저 조정이 성을 쌓아 백성을 그 안으로 들이는 이유는 단지 나라를 위하여 적을 막으려는 것뿐만이 아니고 또한 백성을 보호하여 살리려는 것인데, 백성들이 도리어 원망하고 비방하게 되는 까닭은 어째서인가. 훌륭한 장수가 없고 부릴 만한 군사가 없고 병기와 양식이 없기 때문이다. 난리가 나기 전 신묘년(辛卯年, 1591) 사이에 국가는 왜적이 반드시 침입해올 것을 우려해서 그때에도 성을 쌓는 것을 큰일로 여겼다. 감사(監司) 김수(金睟)가 스스로 시무(時務)를 담당하였다고 여겨 남쪽 변방에 변고가 있으면 자기 몸으로 막아내겠다고 작정하고는, 민부(民夫 관아에서 불러 쓰는 인부)을 독려하여 징발해서 수리하지 않는 성이 없어서 겨울에도 부역을 그치지 아니하여 추위에 얼어 죽은 자가 무수히 많으니, 이 때문에 남쪽 고을의 민심이 이미 모두 흩어진 터였다.

이때를 당하여는 태평한 지 백 년이 되어, 군졸들이 많지 않은 것이 아니고 병기가 구비되지 않은 것이 아니고 양곡(糧穀)이 충만하지 않은 것이 아니었으나, 남쪽 변방의 여러 진영 중에 한 진영도 장수를 훌륭한 적임자를 얻은 곳이 없었고, 김수가 성을 쌓는 조처는 또 따라서 민심을 크게 잃었다. 그러므로 성을 쌓은 흙이 마르기도 전에 바다

6척이 1보 등으로 시대별로 차이가 있었다.

건너 왜적이 갑자기 쳐들어오자, 여러 진영의 군졸들은 왜적이 침입한다는 소식만 듣고도 스스로 궤멸하였다. 그렇다면 병기의 예리하고 예리하지 않음과 양곡의 풍족하고 풍족하지 않음과 성과 해자의 견고하고 견고하지 않음을 누가 물었겠는가. 남쪽 고을 백성들은 일찍이 이것을 보았으므로, 더욱더 오늘날 산성을 쌓는 것으로 나라와 고을을 지킬 수 있다고 생각하지 않은 것이다.

혹자가 말하기를 "난리 초기에 있었던 장수들은 과연 모두 적임자가 아니었을 것이다. 그러나 오늘날 적을 섬멸하고 발신(發身)하여 일어나 백부(百夫) 가운데 걸출(傑出)한 자들은 다시 옛날 장수의 무능한 무리가 아닌데 그대는 마침내 장수를 훌륭한 적임자를 얻지 못했다고 말하니, 이는 어째서인가?" 하기에, 내가 다음과 같이 말하였다.

"군정(軍情)을 가지고 징험해보겠다. 장수가 과연 훌륭한 적임자라면 군사들의 마음이 자연 사수를 사랑하고 두려워하며 복종하고 믿을 터인데, 지금 이른바 '장수'라는 자 중에 어찌 능히 이와 같은 자가 있겠는가. 그 사이에 비록 혹 저 사람이 이 사람보다 나은 경우가 있더라도 또한 능히 몇 명이나 되겠는가? 저 사람이 이 사람보다 나은 경우도 몇 명이 안 되는데, 산성을 쌓는 것은 그 장소가 한두 곳이 아니니, 그렇다면 비록 이들로 하여금 구차하게나마 장수의 이름을 감당하게 하더라도, 어찌 능히 전투하고 수비하는 책임을 다할 수 있겠는가."

혹자가 말하기를 "그대는 장수를 훌륭한 적임자를 얻지 못했다고 말하는데, 만일 훌륭한 적임자를 얻고자 한다면 우리나라에도 능히 그럴만한 사람이 있는가. 만일 과연 그럴만한 사람이 있다면 또 장차 무슨 방법으로 얻겠는가?" 하기에, 내가 다음과 같이 말하였다.

"길(吉)과 흉(凶), 화(禍)와 복(福), 치(治)와 난(亂), 흥(興)과 망(亡)은 번갈아 운행하여 상대하지 않음이 없다. 이미 난과 망, 흉과 화를 불러올 때가 있으면 또한 반드시 길과 복, 흥과 치를 불러올 때도 있는 것이요, 이미 치와 난, 망과 화를 다스릴 사람이 있으면 또한 반드시 길과 복, 흥과 치를 불러올 사람이 있는 것이다. 요체는 이들을 구할 방도에 있으니, 윗사람이 능히 그 정성을 다할 뿐이다. 윗사람에게 이들을 구하려는 정성이 있으면 어찌 아래에 그럴만한 사람이 없음을 염려하겠는가."

혹자가 묻기를 "진실로 그대의 말과 같이 하여 장수를 과연 훌륭한 적임자를 얻는다면, 오늘날 산성을 모두 철거하고 쌓지 않아야 하겠는가?" 하기에, 나는 다음과 같이 말하였다.

"어찌 그러하겠는가. 대장(大將)이 된 자를 진실로 훌륭한 적임자를 얻으면 인자함과 위엄과 지혜와 용맹이 저절로 군사들의 마음을 거느려 다스릴 수 있고, 계획과 조처가 반드시 바로 사기(事機)에 부합할 수 있을 것이다. 그러니 오직 그 형세(形勢)가 어떠한가와 시세(時勢)가 어떠한가와 병력(兵力)이 어떠한가와 물정(物情)이 어떠한가를 잘 살펴서, 성을 쌓을만하면 쌓되 쌓는 것은 반드시 지킬 수 있는 형세를 따라야 하고, 쌓을 수 없으면 쌓지 않되 쌓지 않는 것은 반드시 지킬 수 없는 형세를 따라야 하니, 이와 같이 한다면 성을 쌓는 것도 괜찮고 성을 쌓지 않는 것 또한 괜찮은 것이다. 한 번 축성하고 한 번 축성하지 않는 것은 요컨대 우리나라를 호위하고 우리 백성을 보호하고 저 적을 막으려고 하는 것뿐이니, 어찌 지킬 수 없는 성을 헛되이 쌓아서 괜스레 난리에 살아남은 백성들의 원망을 쌓을 수 있겠는가."

나는, 이틈에 여씨(呂氏 다섯 째 자형인 여륜(呂倫))에게 출가한 누님의 매장을 하지 않으면, 다시 병화(兵火)가 있어서 끝내 죽은 누님의 뼈가 제자리를 얻지 못하게 될까 염려되어, 9월 10일 뒤에 성주(星州)에 가기로 마음먹었다. 박순백(朴純伯)은 성주 목사 허잠(許潛)이 바로 혼인으로 맺어진 인척이고 또 그와 서로 인정하는 의리가 있다 하여 마침내 나와 함께 방문하고자 하였다. 나 또한 허 목사(許牧使)가 일찍이 고촌(古村)을 지나다가 잠시 대면한 연분이 있었으므로 마침내 성주의 관아에 들어갔는데, 인하여 부역하는 인부와 목수들을 청하였다.

뒤에 박순백은 먼저 돌아갔고, 나는 산역(山役 시체를 묻고 묘를 만들거나 이장하는 일)하는 곳으로 가서 관(棺) 3개와 곽(槨) 하나를 장만하였는데, 자형과 누님은 관은 달리하고 곽은 함께 하였으며, 관 하나는 마땅히 누님의 장자인 노간생(盧間生)을 위해 쓰기로 하였다. 마침내 인동(仁同)의 토기산(土岐山) 마을의 부역하는 인부와 성주의 군인을 구해서 묘역(墓域)과 구덩이를 정리하고, 또 관 안에 들어갈 물건을 구비하고서야 겨우 해골을 가리고 보호할 수 있었으니, 그 참혹하고 비통한 형상을 어찌 말로 형언할 수 있겠는가.

장례가 끝난 다음 허 목사가 제수를 장만하여 보냈으므로 마침내 이것을 가지고 제를 지냈다. 며칠 뒤에 노간생의 시체가 증산(甑山)에서 왔기에 또다시 그 부모의 묘 아래에 부장(附葬)하였다. 암포(巖浦)로 돌아와 또다시 목수와 관목을 준비해서 종제인 장현도(張顯道)와 함께 인하여 숙모(叔母)의 장례를 치렀다. 네 명의 장례를 마친 다음 또다시 인동을 경유하여 고촌으로 돌아왔다.

발문 跋文

위는 우리 선조이신 문강공(文康公)[47]이 피난한 기록이다. 기록은 전록(前錄)과 후록(後錄)이 있는데, 임진년(壬辰年, 1592)부터 을미년(乙未年, 1595) 계하(季夏) 초순(初旬)까지가 전록이고, 정유년(丁酉年, 1597) 뒤로부터 무술년(戊戌年, 1598)에 이르기까지가 후록이다.

선생은 임진왜란(壬辰倭亂)을 당하였을 당시 모부인의 상중에 계셨는데, 신주(神主)를 받들고 가솔들을 거느리고 동서남북으로 달아나 숨었는바, 몸소 겪은 것이 어느 하루도 위태로운 지경[48] 아닌 것이 없었다. 이제 이 기록을 읽어보면, 그 놀랄만하고 두려울만하고 경악할만한 것이 완연하여 마치 당일의 모습을 직접 보는 듯하니, 선생의 자손된 자가 비록 이에 대해서 감읍하지 않고자 하나 그럴 수 있겠는가.

아! 선생이 평소에 저술한 것은 진실로 엄청나게 많은데,[49] 이중에 사문(斯文)의 계개(繼開)[50]에 관계가 되는 것은 사림(士林)들이 이미

47 문강공(文康公) : 문강은 여헌 장현광의 시호이다.

48 위태로운 지경 : 원문의 '刀山劍水'를 '刀山劍樹'로 보고 해석하였다. 도산검수는 불교에서 말하는 지옥의 형벌 중 하나로, 죄를 지은 사람이 지옥에 들어가면 칼로 산을 만들고 검을 빽빽하게 세워두고 녹은 구리물을 마신다고 한다.

49 저술한……많은데 : 원문의 '충한(充汗)'은 유종원(柳宗元)의 〈문통선생육급사묘표(文通先生陸給事墓表)〉에 "그 글로 말하자면, 집에 두면 마룻대까지 가득차고, 내다가 수레에 실으면 마소가 땀을 뻘뻘 흘린다.〔其爲書, 處則充棟宇, 出則汗牛馬.〕"라고 한 데서 온 말로, 저서(著書)나 장서(藏書)가 매우 많음을 뜻한다.

50 계개(繼開) : '계왕성 개래학(繼往聖開來學)'의 준말로, 옛 성현의 학문을 잇고 앞으로 올 후학의 길을 열어 준다는 뜻이다. 주자(朱子)의 〈중용장구서(中庸章句序)〉에 "우리 공 부자(孔夫子)로 말하면, 비록 지위를 얻지는 못하셨으나 옛 성인을 잇고 미래

그 간행하는 일을 함께하여 세상에 공포(公布)되었다. 그러나 이 기록으로 말하면, 기록한 바가 단지 한때의 경험을 기록한 것이어서 계개에 크게 관계되는 것이 아니므로 아직까지도 상자 속에 방치되어 있었고, 또 이것을 전사(傳寫)하여 자손들이 가가호호(家家戶戶) 보관하지 못한 탓에 자손들 집에 보관한 것도 한두 권에 불과하였다. 지금 사해(四海)가 크게 요동치고 세상의 변고가 끝이 없으니, 만일 혹 이 한두 권마저도 제대로 보유하지 못한다면, 선생이 피난하신 행적을 상고할 수가 없을 것이다.

또 생각건대 선생의 이 기록은 을미년 문소(聞韶)에서 우거하던 중에 이루어졌는데, 말씀하시기를 "세월이 오래되면 반드시 그 겪은 일들을 잊을까 두려우므로 마침내 그 여름 이전의 일을 기록한다." 하셨다. 그렇다면 이 기록이 세월이 오래되어 전해지지 않게 된다면, 또 어찌 선생이 자손들에게 기대하신 바이겠는가. 이 때문에 나는 종군(宗君 제사를 받드는 종손)인 창익(昌翼)과 상의하여 기씨(剞氏 판각하는 사람)에게 맡겨서 이것을 널리 배포하여 자손들이 소장하게 하였다. 일이 끝나고 나서 그 전말(顚末)을 삼가 써서 뒤에 붙이니, 선생이 별세[51]하신 지 326년 후인 임인년(壬寅年, 1962) 10월이다. 12대손 병기(炳驥)는 삼가 기록하다.

우리 선조 여헌(旅軒) 문강 선생(文康先生)이 임진왜란을 만나 피난

의 후학들에게 열어 주었으니, 그 공이 도리어 요순보다 더함이 있다.〔若吾夫子, 則雖不得其位, 而所以繼往聖開來學, 其功反有賢於堯舜者.〕"라고 보인다.

51 별세 : 원문의 '전영(奠楹)'은 훌륭한 사람의 죽음을 완곡하게 표현하는 말이다. 《예기(禮記)》 〈단궁 상(檀弓上)〉에 공자가 "내가 지난밤 꿈에 두 기둥 사이에 앉아서 궤전(饋奠)을 받았다.……나는 아마 곧 죽을 것이다.〔予疇昔之夜, 夢坐奠於兩楹之間.……予殆將死也.〕"라고 한 말씀에서 유래하였다.

한 것을 기록한 한 책이 있으니, 바로 이것이 그 기록이다. 이때 선생은 선비(先妣)의 상중에 계셔서 신주를 받들고 산골짝과 숲 사이로 달아나 숨었는데, 지나며 겪은 바가 날마다 위험한 경계 아님이 없었다. 지금 이 기록을 읽어보면, 당일에 어지러이 들끓던 왜적의 기세와 화와 곤액을 당하는 백성들이 선생이 직접 지나며 겪은 것에 모두 다 골고루 기재되어 있어서 사람들로 하여금 눈물을 흘리게 하니, 더구나 그 자손이 된 자에 있어서이겠는가. 아! 선생의 학문은 크고도 넓으며,[52] 저술하신 문자는 엄청나게 많은데, 이중에 사문(斯文)에 우익(羽翼)이 될 만한 것은 모두 조리(棗梨 판각하는 사람)에게 맡겨서 세상에 공포되었지만, 이 기록은 아직까지도 상자 속에 있었으니, 선대가 미처 하지 못하신 것이다. 나는 족대부(族大父)인 병기(炳驥)씨와 상의하여 이것을 기씨에게 맡겼는데, 이는 자손들의 집에 사사로이 보관하고자 한 것이니, 능히 세상에 널리 배포하지 못한 것은 비단 물력(物力)이 미치지 못할 뿐만 아니라 또한 본손(本孫)이 소장하는 일을 급하게 여겼기 때문이었다. 공사가 임인년 9월에 시작되어서 2개월을 지나 완성되었기에, 이에 대한 전말을 위와 같이 삼가 기록하노라. 임인년 소춘절(小春節 동지(冬至))에 14대손 창익(昌翼)은 삼가 기록하다.

52 학문은 크고도 넓으며 : 원문의 '지해(地海)'는 '지부해함(地負海涵)'의 준말로, 대지는 만물을 실어주고 바다는 모든 강물을 다 받아들인다는 의미인데, 학덕(學德)이 크고 넓음을 비유하는 말이다.

旅軒及門諸賢錄
여헌급문제현록

범례 凡例

1. 이 기록의 내력은 다음과 같다. 이미 집안에서 전해 오는 옛 기록이 있었고 또 삼년상 안의 만사(挽詞)와 제문(祭文)을 올린 제현(諸賢)이 있어서 이를 합하면 300여 명이었는데, 모두 성과 휘(諱) 세 글자만 있고 자・호・생년・행적을 상고할 수 있는 것이 없으니, 당시 전수하고 전수받은 의리와 직접 가르침을 받은 도를 징험할 수 없었고 오늘날 후생들도 말미암아 우호를 도모할 수 없었다. 이 때문에 각 집안의 유묵(遺墨)에서 자・호・생년・행적을 수집하고 자손이 거주하는 곳과 사문(師門)으로부터 물려받은 문자를 함께 하나로 통합해서 책을 이룬 것이다.

1. 《이학통록(理學通錄)》 편 머리에는 〈휘국 문공 주선생 행장(徽國文公朱先生行狀)〉을 앞에 놓았으니, 이는 도학의 종통(宗統)이 고정(考亭)에서 근원하였음을 밝힌 것이다.[1] 《이학통록》은 실로 주자(朱子) 문하의 여러 제자들을 기록한 것이고 이 책은 바로 여헌(旅軒) 문하의 이학을 기록한 것이니, 그렇다면 체제가 그 준례를 따르는 것이 불가하지 않을 듯하다. 그리하여 이제 선생의 신도비문(神道碑文)을 편 머리에

1 이학통록(理學通錄)……것이다 : 《이학통록》은 《송계원명이학통록(宋季元明理學通錄)》으로 퇴계 이황이 송말(宋末)・원(元)・명(明) 시기 이학자(理學者)의 언행을 편찬한 것이다. 도통(道統) 의식에 입각하여 정통 주자학자를 위주로 수록하고 다른 학파는 일부만 외집(外集)에 수록하였다. 휘국공(徽國公)은 주자를 추봉(追封)한 봉호이고 문공(文公)은 그의 시호이다. 고정(考亭)은 주자가 만년에 제자를 가르친 곳의 지명으로 주자를 가리킨다.

두어서 선생의 출처(出處)와 이력(履歷)의 중대한 일을 증험하게 하였다.【이제 《여헌선생전서》를 간행함에 연보(年譜)의 부록 중에 신도비문을 이미 기재하였으므로 여기서는 다시 쓰지 않았다.[2]】

1. 차서는 모두 연치를 순서로 삼았으니, 이 또한 근세의 《계문제자록(溪門諸子錄)》[3]의 준례를 따른 것이다.

1. 혹 생년을 상고할 수 없거나 실제 행실을 상고할 수가 없어서 이 차서에 들지 못한 분은 별도로 표제를 만들어 후일 추보(追補)하는 뜻을 갖추었다.

1. 급문의 제현 중에 아들·사위·아우·조카로서 문하에 오른 실제 행적이 있는 자를 함께 기재하였다.

2 이제……않았다 : 1916년과 1919년에 간행된 《여헌선생 급문록(旅軒先生及門錄)》에는 범례 다음에 허목(許穆)이 지은 신도비문을 수록하였는데, 이를 생략한 것을 말한다. 이 번역의 저본은 《여헌선생전서》(1983년 간행)에 수록된 《여헌선생 급문제현록》인데, 이하의 본문과 소주에도 1919년 본(기미본(己未本))을 첨삭한 것이 많다.

3 계문제자록(溪門諸子錄) : 퇴계 이황 문인들의 행적을 기록한 것으로 18세기 초에 권두경(權斗經)이 편찬하였고, 이후에 이황의 후손인 이수연(李守淵)과 이야순(李野淳)이 차례로 추보하여 1854년에 《도산급문제현록(陶山及門諸賢錄)》이란 이름으로 간행되었고, 1922년에 다시 추보하여 간행되었다.

여헌 선생 급문제현록 旅軒先生及門諸賢錄

허목 許穆　자는 문보(文父)이며 호는 미수(眉叟)이다. 은일(隱逸)로 우의정을 지냈고 시호는 문정(文正)이며 양천(陽川) 사람이니, 선조(宣祖) 을미(1595)생이다.

○공은 선생의 문하에 유학하였는데, 선생께 올린 제문[4]에 이르기를

"그 도(道)는 하늘이 덮어 주고 땅이 실어 주고 만물이 함께 길러지는 바이니, 요(堯)와 순(舜)이 이를 얻어 군주가 되었고, 이윤(伊尹)과 부열(傅說)이 이를 얻어 신하가 되었고, 공자가 이를 얻어 시중(時中)을 하셨고, 백이(伯夷)와 이일(夷逸)과 유하혜(柳下惠)가 이를 얻어 은일을 하였으며, 성인과 현인이 살아서는 이로써 한 시대 백성의 신망을 받고 죽어서는 이로써 백세토록 의심할 수 없는 스승이 되는 것입니다. 아! 우리 도가 막 곤궁하여 또다시 훌륭한 원로를 잃으니, 성학(聖學)이 이로 말미암아 전해지지 못하고, 인심(人心)이 이로 말미암아 더욱 어두워지고, 세도(世道)가 이로 말미암아 더욱 혼란할 것입니다."

하였다.

공이 지은 선생의 신도비명(神道碑銘)에 이르기를

"널리 통달한 학문과 만물을 이롭게 하는 인(仁)과 깊고 후한 덕이,

4　선생께 올린 제문 : 장현광에 대한 제문은 《여헌연보》, 《여헌속집》, 《여헌선생속부록(旅軒先生續附錄)》에 나뉘어 수집되어 있다. 이는 앞서 미처 수록하지 못한 제문을 뒤에 간행한 것으로 보인다.

깊고 통달하며 온화하고 돈후하며 엄숙하고 공경하셨으니, 아! 권도를 행할 수 있고 사람들을 흥기할 수 있고 법칙으로 삼을 수 있다." 하였다.

공은 도량이 넓고 흉금이 깨끗하며 청렴하고 담박하여 욕심이 없어서 선풍도골(仙風道骨)의 기상이 있었다. 종일토록 정좌(靜坐)하였는데, 산새가 스스로 날아와서 혹은 관복(冠服) 위에 앉기도 하고 혹은 밥상 가에 앉기도 하였으니, 능히 기심(機心)을 잊어서[5] 남과 다툼이 없었다.

공의 자명(自銘)에 이르기를

"눈썹이 길어서 눈을 덮으므로 스스로 호를 '미수(眉叟)'라 하였고, 태어났을 때 손에 문(文) 자 모양의 손금이 있었으므로 자를 '문보(文父)'라 하였다. 고문(古文)을 독실히 좋아하여 만년에 문장을 이루었는데 그 글이 매우 호방하였다. 뜻이 높아 큰소리치며 성현의 글을 읽었으나 잘못을 보완한 것이 하나도 없다."

하였다.【살펴보건대 《동국문헌록(東國文獻錄)》에 공이 선생의 문하에 첫 번째로 기재되어 있으므로[6] 이에 따라 첫 번째로 기재하였다. ○자손이 경기도 연천(漣川)에

5 기심(機心)을 잊어서 : 기심은 목적을 가지고 교묘하게 속이는 마음을 말한다. '기심을 잊음[忘機]'은 담박하여 세속의 일로 다투지 않음을 비유한다. 《열자(列子)》 〈황제(黃帝)〉에, 갈매기를 좋아하는 어떤 사람이 수많은 갈매기와 함께 노닐었는데, 그 아버지가 갈매기를 잡아 오라고 하자 다음날부터 갈매기가 그에게 오지 않았다는 고사가 있다. 이를 '구로망기(鷗鷺忘機)'라 하니, 기심이 없었던 때에만 갈매기를 가까이할 수 있었다는 것이다.

6 동국문헌록(東國文獻錄)에……있으므로 : 교정자가 김성은(金性溵)인 《동국문헌》과 편자가 백두용(白斗鏞)·강하형(姜夏馨)인 《동국문헌록》은 모두 역대 인물을 유형별로 수록한 책인데, 《동국문헌록》이란 서명으로 혼용되고 있다. 여기에 언급한 내용은 《동국문헌》 권3 〈문생(門生)〉에 보이며, 《동국문헌록》에는 해당하는 편이 없다.

거주한다.】

양송(樑頌)[7] 십오현(十五賢)

김종효(金宗孝)・장제원(張悌元)・장광한(張光翰)・장내범(張乃範)・조희도(趙熙道)・이수언(李秀彦)・박유문(朴有文)[8]・장내도(張乃度)・장덕원(張德元)・신우덕(申祐德)・장내정(張乃貞)・박지유(朴之毌)[9]・장경우(張慶遇)・장내목(張乃睦)・이충민(李忠民)

【살펴보건대 동락(東洛) 부지암정사(不知巖精舍)[10]의 상량문(上樑文)에 기재된 십오현(十五賢)은 최초로 선생의 문하에 올랐다. 들보의 배〔腹〕에 있는 글[11]에 "부지암은 낙동강의 명승지이다. 지난날 여헌 장 선생이 유도(儒道)를 강론하고 밝혀서 후학을 일으키자 그 문도 십오현 등이 함께 이곳에 정사를 지어서 학문에 전념하는 곳으로 삼았다."라고 하였다.】

7 양송(樑頌) : 상량문(上樑文)으로 부지암정사(不知巖精舍)의 상량문을 가리킨다.

8 박유문(朴有文) : 본관은 울산(蔚山)이고 장광한(張光翰)의 형인 장경한(張景翰)의 사위이다. 《仁同張氏凰頹派世譜》

9 박지유(朴之毌) : 본관은 죽산(竹山)이고 장경한(張景翰)의 사위이다. 《仁同張氏凰頹派世譜》

10 동락(東洛) 부지암정사(不知巖精舍) : 부지암은 현재 구미시 임수동의 낙동강 강가에 있는 바위 이름으로 양송 십오현이 관여하여 1610년에 부지암의 동남쪽 언덕에 정사를 지었다. 부지암정사는 장현광이 강학하던 곳으로 그의 사후인 1655년에 서원으로 창건되었고 1676년에 '동락'으로 사액되었다. '동락'은 장현광이 〈부지암정사기(不知巖精舍記)〉에서 낙동강이 정자(程子)가 강학하던 낙수(洛水)의 이름과 같다고 한 것에 유래한다.

11 들보의……글 : 이는 장제원(張悌元)의 《심곡문집(深谷文集)》 권2〈부지암정사양복문(不知巖精舍樑腹文)〉에 보인다.

만력(萬曆) 38년(1610, 광해군2) 4월 2일에 상량(上樑)하고 장제원(張悌元)이 삼가 썼다.【토목공사를 주관한 것은 유희서(劉希瑞)와 박인생(朴仁生)이다.】

장제원 張悌元 자는 중순(仲順)이고 호는 심곡(深谷)이다. 사마시에 합격하였으며 옥산(玉山) 사람으로 학거(鶴渠) 순(峋)[12]의 아들이니, 명종 병진(1556)생이다.

○공은 선생보다 두 살이 적었는데, 일찍 선생에게 종유(從遊)하며 배워서 선생으로부터 깊이 칭찬을 받았다. 선생이 지은 초은시(招隱詩)가 있는데, 여기에 대략 이르기를

그대와 나의 마음 하나이니	旣一君我心
어찌 피차의 몸 구분하겠는가	寧分彼此體
그대가 미혹하면 내가 혹 깨우쳐 주고	君迷我或牖
내가 혼미하면 그대가 혹 열어 주었지	我昧君或啓
서로 물처럼 담박하게 사귐을 기약하였고	相期澹若水
단술처럼 사귐을 본받지 않았네	不效甘似醴

하셨다.

공은 타고난 자품이 총명하고 어릴 때부터 뜻이 독실하고 학문을 연구하여 오리(梧里) 이 상공(李相公)[13]의 추천을 여러 번 받았으나 깊은 골짝에 은거하면서 글을 지어 뜻을 보였다.

공이 별세한 뒤에 선생이 지은 제문에 이르기를

"그대와 내가 친애하는 정분(情分)은 그대가 잘 아는 바이오. 만약

12 학거(鶴渠) 순(峋) : 장현광의 종5대조 장보(張俌)의 고손으로 자는 경앙(景仰), 호는 학거이다. 장현광은 14세 경에 장순에게 배웠다.

13 이 상공(李相公) : 이원익(李元翼, 1547~1634)으로 자는 공려(公勵), 호는 오리, 본관은 전주(全州)이다. 선조・광해군・인조 때 영의정을 지냈다.

서로 같은 점을 말한다면 친가와 외가가 모두 관향이 같으니[14] 한 근원에서 나누어진 것이 모두 멀지 않으며, 나이가 나보다 두 살 아래이니 또한 거의 동년에 가깝소. 고을이 같고 마을이 같으며 어렸을 때 배운 책이 똑같고 장성하여 노닌 것도 방소가 다른 경우가 드물었소. 평소 서로 따라다녀서 만약 질병과 원행(遠行)이 아니면 하루도 함께하지 않은 적이 없었소."

하였다.

공은 선생에게 올린 글이 매우 많은데, 〈여헌설(旅軒說)〉과 〈여헌서(旅軒序)〉가 문집에 실려 있다.[15]【자손이 인동(仁同)의 진평(眞坪)에 거주한다.】

장광한 張光翰 자는 사거(斯擧)이고 호는 자성정(自惺亭)이다. 인동(仁同) 사람으로 죽정(竹亭) 잠(潛)의 손자[16]이니, 명종 신유(1561)생이다.

○공은 어릴 때부터 총명하여 범상한 아이들과 견줄 바가 아니었다. 선생의 문하에 오르자 위기지학(爲己之學)을 배우고서 스승의 가르침을 마음속에 간직하여 익히고 독서에 전념하였으며 은거하여 과거 공부를 그만두어 문장과 행실이 세상의 추존을 받았다. 선생이 공에게 화답한 시에 이르기를

'수방심' 세 글자가　　　　收放心三字

14 외가가……같으니 : 장현광의 모친은 경산 이씨(京山李氏)이고 장제원의 모친은 성산 이씨(星山李氏)인데, 경산과 성산은 모두 성주(星州)의 옛 이름이다.

15 문집에 실려 있다 : 1927년에 간행된 《심곡문집(深谷文集)》에는 〈송여헌선생서(送旅軒先生序)〉가 보인다.

16 잠(潛)의 손자 : 장잠은 장현광의 종5대조 장보(張俌)의 증손으로 자는 호원(浩源)이고 호는 죽정이다. 장광한은 장잠의 장남 장곤(張崑)의 아들이다.

공부의 첫 번째라오　工夫第一頭
그대가 이제 훌륭한 시구(詩句) 지었으니　君今有傑句
내 그대의 수렴 공부 본받고자 하오　我亦師君收

하셨다. 별세하자 선생이 공의 묘갈문을 지으셨다.【자손이 인동의 봉상(鳳頦)에 거주한다.】

정사상 鄭四象 자는 여섭(汝燮)이고 호는 우헌(愚軒)이며 오천(烏川) 사람이니, 명종 계해(1563)생이다.

○공은 아우 수암(守庵 정사진(鄭四震))과 권동봉(權東峰)[17]·손윤암(孫綸庵 손우남(孫宇男))의 여러분과 입암(立巖)[18]의 강석(講席)에서 강론하니, 선생이 말씀하시기를 "네 군자[19]는 나와 도의(道義)로 사귄 벗이다." 하셨다. 또 선생이 일찍이 칭찬하시기를 "여섭의 순박하고 후덕한 자질은 옛날 사람에게서 찾아도 쉽게 얻지 못한다." 하셨고, 또 선생이 공의 형제에게 준 시[20]에 이르기를

다행히도 그대는 지엽을 싫어하여　喜君厭枝葉

17 권동봉(權東峰) : 권극립(權克立, 1558~1611)으로 자는 강재(强哉)이고 호는 동봉이며 본관은 안동(安東)이다.

18 입암(立巖) : 지금은 포항에 속하고 과거에는 영천에 속하였던 마을 이름으로, 그 시냇가에 있는 바위의 이름이기도 하다. 장현광이 강학한 곳이자 고종한 곳이며 그의 〈입암기(立巖記)〉와 〈입암정사기(立巖精舍記)〉가 있다. 그의 사후에 입암서원이 건립되었다.

19 군자 : 원문의 '군(君)'은 정사상의 《우헌선생실기(愚軒先生實記)》〈행장(行狀)〉에 '군자(君子)'로 되어 있다.

20 형제에게 준 시 : 시의 전문(全文)은 《여헌집》 권1 〈주회암(朱晦庵)이 장남헌(張南軒)과 작별할 때에 지은 시 여섯 구가 회암(晦庵)의 연보 가운데에 있는 것을 마침 보고 그 운으로 차운하여 정여섭(鄭汝燮)과 군섭(君燮) 두 친구를 작별하다〉에 보인다.

한마음으로 근본을 향해 연구하였지 一心向本根

하셨다.【공의 행장에 보인다.】

몽암(蒙巖) 정희(鄭熺)가 지은 공의 묘지(墓誌)[21]에 이르기를

"무신년(1608, 선조41)에 장(張) 선생이 가솔을 데리고 입암으로 들어갔을 적에 공이 아우 수암공(守庵公)과 함께 날마다 옆에서 모셔서 직접 가르침을 더욱 친절하게 받았다……"

하였다.【자손이 영천(永川)의 우항(愚巷)에 거주한다.】

장내범 張乃範 자는 정보(正甫)이고 호는 극명당(克明堂)이다. 참판에 추증되었으며 옥산 사람이니, 명종 계해(1563)생이다.

○선생께 올린 제문에 이르기를

"소자는 선생님보다 아홉 살이 적은데, 부모처럼 선생님을 우러러보았고 태산처럼 선생님을 의지하였습니다. 혹 하루라도 선생님의 곁을 떠나면 그 심정이 유모와 떨어져 우는 어린아이가 반드시 유모를 만난 뒤에야 울음을 그치는 것보다 간절하였습니다."

하였다.【제문에 보인다.】

일찍 한강(寒岡 정구(鄭逑))과 여헌 두 선생의 문하에 유학하여 낙재(樂齋) 서사원(徐思遠),[22] 모당(慕堂) 손처눌(孫處訥),[23] 석담(石潭) 이윤우(李潤雨)[24]와 도의(道義)의 교분을 맺고는 거처하는 곳에 편액

21 몽암(蒙巖)……묘지(墓誌) : 정희(鄭熺, 1723~1793)는 정사상의 족손(族孫)으로 자는 용회(用晦)이고 호는 몽암이다. 묘지는 《우헌선생실기(愚軒先生實記)》 권1에 보인다.

22 서사원(徐思遠) : 1550~1615. 자는 행보(行甫)이고 호는 낙재(樂齋)·미락재(彌樂齋)이며, 본관은 달성(達城)이다. 정구(鄭逑)의 문인이다.

23 손처눌(孫處訥) : 1553~1634. 자는 기도(幾道)이고 호는 모당(慕堂)이며, 본관은 일직(一直)이다. 정구(鄭逑)의 문인이다.

하기를 '극명(克明)'이라 하였고 스스로 호를 반계거사(磻溪居士)라 하였다. 성품이 너그럽고 넓고 소탈하고 후중해서 장자(長者)의 풍모가 훌륭하였으며, 학문에 있어 공부하지 않은 것이 없었으나 더욱 예학(禮學)에 밝았다.【묘갈명에 보인다.】

장공(張公)의 학문은 고명하고 광대해서 거센 물결을 막고 있는 지주산(砥柱山)[25]의 기상이 있었다.【도지암(都止巖)의 본집(本集)에 보인다.[26]】 임진왜란에 의병을 일으켰는데,【서애(西厓 유성룡(柳成龍))의 《징비록(懲毖錄)》에 보인다.】 사서(沙西) 전식(全湜)[27]이 와서 계책을 물었다. 젊어서 질병이 많아 양생술을 체득하였는데, 사람들이 그 법칙을 묻자 대답하기를 "분노를 징계하고 기욕(嗜慾)을 끊으며 말을 적게 하고 심기(心氣)를 화평하게 하는 것이 나의 네 가지 금단〔四葉金丹〕이다." 하였다.【본집에 보인다.[28]】

여헌 선생이 그의 서재에 쓰기를

듬성한 대나무는 집 앞에 심어져 있고 疏竹植軒前

24 이윤우(李潤雨) : 1569~1634. 자는 무백(茂伯)이고 호는 석담(石潭)이며, 본관은 광주(廣州)이다. 정구(鄭逑)의 문인이다.

25 거센……지주산(砥柱山) : 원문의 '퇴파지주(頹波砥柱)'에서 '퇴파'는 흘러내려 가는 물살로, 퇴락하는 세상의 풍속을 비유하고, '지주'는 황하 중류의 바위산으로, 난세에 지조를 지키는 사람을 비유한다.

26 도지암(都止巖)의 본집(本集)에 보인다 : 이 내용은 지암(止巖) 도신수(都愼修)의 문집인 《지암선생문집(止巖先生文集)》 권4 〈강학록(講學錄)〉에 보이며, 또 장내범의 문집인 《극명당실기(克明堂實紀)》 권2 〈습유(拾遺)〉에 인용되어 있다.

27 전식(全湜) : 1563~1642. 자는 정원(淨遠), 호는 사서(沙西), 시호는 충간(忠簡)이고 본관은 옥천(沃川)이다. 임진왜란에 의병을 일으켜 전공을 세웠으며, 대사간·예조참판·대사헌 등을 역임하였다.

28 본집에 보인다 : 《극명당실기(克明堂實紀)》 권1 〈양생금단계(養生金丹契)〉에 보인다.

꼿꼿한 소나무는 집 뒤에 서 있구나 貞松擁宅後
이 사이에 앉아 있는 사람은 坐作此間人
친구 간의 정 영구하기를 생각한다오 托盟要永久
벽 위에 걸려 있는 절의의 글자 壁上節義字
고황제(高皇帝 주원장(朱元璋))의 손에서 나온 것이라네 晝從高皇手

하셨다. 소암서원(嘯巖書院)[29]에 배향되었다.【자손이 인동의 성곡(省谷)에 거주한다.】

송후창 宋後昌 자는 중유(仲裕)이고 호는 고헌(孤軒)이다. 벼슬은 창신교위(彰信校尉)이며 야성(冶城) 사람으로 옥제(玉梯) 정(淨)[30]의 아들이니, 명종 계해(1563)생이다.

○공은 어릴 때로부터 총명이 뛰어나고 식견이 넓고 밝으며 과거 공부를 좋아하지 아니하여 도학(道學)에 잠심(潛心)하였다. 선생의 문하에 오르자 더욱 위기지학에 돈독하여 선생으로부터 깊이 칭찬을 받고 향당에서 추중(推重)되었다.【자손이 칠곡(漆谷)의 도탄(道灘)에 거주한다.】

손우남 孫宇男 자는 덕보(德甫)이고 호는 윤암(綸庵)이다. 생원시에 합격하였으며 일직(一直) 사람이니, 명종 갑자(1564)생이다.

○선생이 입암(立巖)에 들어가셨을 적에 공이 동봉(東峰) 권극립(權克立), 우헌(愚軒) 정사상(鄭四象), 수암(守庵) 정사진(鄭四震)과

29 소암서원(嘯巖書院) : 지금의 경북 칠곡군 기산면에 있었던 서원으로 투암(投巖) 채몽연(蔡夢硯)과 그 아들 백포(柏浦) 채무(蔡楙)를 제향하였고 1847년에 장내범을 추가 배향하였다.

30 옥제(玉梯) 정(淨) : 송정은 장현광의 후취한 부인 송씨(宋氏)의 부친이다.

일제당(日躋堂)[31]에서 함께 수업을 받았는데, 선생이 매양 이들을 나의 네 벗[32]이라 하셨다. 도의(道義)를 강마하고 요결(要訣)을 간직하고 익혀서 사림의 추앙을 받았으며, 정한강(鄭寒岡 정구(鄭逑))·박대암(朴大庵)[33]·서낙재(徐樂齋 서사원(徐思遠)) 등 여러 현자와 도의의 교분을 맺었다. 공이 별세하자 선생은 만사에 이르기를

그대 진실로 온화하고 공손하여 君誠溫且恭
사랑스러움이 의심할 것 없었네 可愛無可疑
사람을 향하면 반드시 마음을 열었으니 向人必開心
어찌 일찍이 외면에 딴 마음 두었겠소 何曾置毛皮

하셨다. 판서 장석룡(張錫龍)[34]이 지은 묘비의 음기(陰記)에 이르기를 "선생을 일제당에서 맞이하여 마침내 스승으로 삼았다." 하였다.【자손이 영천의 동산(東山)에 거주한다.】

송유관 宋惟寬 자는 경홍(景弘)이고 호는 석천(石泉)이다. 여산(礪山) 사람이니, 명종 갑자(1564)생이다.

○공은 타고난 자품이 영특하고 우뚝이 홀로 서서 도를 구하는 뜻이 있었는데, 일찍이 선생의 문하에 유학하여 위기지학의 도를 알게 되었다. 임진왜란에 왜구가 갑자기 몰려 왔는데, 공은 칼 한 자루를 가지고

31 일제당(日躋堂) : 입암정사(立巖精舍)의 부속 건물이다.

32 나의 네 벗 : 이들은 '입암사우(立巖四友)'라고 불리며, 입암서원에 장현광과 함께 제향되었다.

33 박대암(朴大庵) : 박성(朴惺, 1549~1606)으로 자는 덕응(德凝)이고 호는 대암이며 본관은 밀양(密陽)이다. 정유재란에 주왕산성 대장(周王山城大將)으로 활약하였다.

34 장석룡(張錫龍) : 1823~1908. 자는 진백(震伯)이고 호는 유헌(遊軒)·운전(雲田)이며 본관은 인동(仁同)이다. 공조판서를 지냈으며 저서로 《유헌집(遊軒集)》이 있다.

왜적 수십 명의 수급을 베고 모부인(母夫人)을 업고서 금오산(金烏山)으로 들어가서 맛있는 음식의 공양에 부족함이 없었다. 강호에 은거하여 명성과 영달을 구하지 않고 지성으로 어버이를 섬겨서 효성으로 세상에 알려졌다.【행장과 묘갈문에 보인다.】 강가에 집을 짓고는 '무민(无悶)'이라고 편액하여 시를 읊으며 유유자적하였다. 선생을 부지암(不知巖)에서 뵙고는 저녁에 돌아올 적에 모래사장에 갈매기가 달빛 아래서 있고 물고기 잡는 등불이 온 강에 가득하자 배가 정박한 곳에서 말을 내려 배를 타고 배가 가는 대로 내버려 두었다.【일기(日記)[35]에 보인다.】 신재(新齋) 장석우(張錫愚)가 발문을 지었는데[36] "암재(巖齋)[37]에서 가르침을 받았다." 하고, 또 "신나재(申懶齋 신열도(申悅道))·조시암(趙時庵 조상우(趙相禹))과 서로 도를 강론했다." 하였다.【자손이 칠곡의 오평(梧坪)에 거주한다.】

이지백 李知白 자는 계진(季眞)이고 호는 독락당(獨樂堂)이다. 벼슬은 내자시 봉사(內資寺奉事)이며 벽진(碧珍) 사람으로 경은(耕隱) 맹전(孟專)[38]의 5대손이고 학면정(鶴眠亭) 수겸(守謙)[39]의 아들이니, 명종 을

35 일기(日記) : 송유관의 문집인 《석천실기(石泉實記)》의 〈수록일기(手錄日記)〉를 가리킨다.

36 장석우(張錫愚)가 발문을 지었는데 : 장석우(1787~1846)는 자가 성백(省伯), 호가 신재, 본관이 인동(仁同)이다. 목천(木川) 현감 등을 역임하였고 《상례찰요(喪禮撮要)》, 《신재유고(新齋遺稿)》 등의 저서가 있다. 《석천실기(石泉實記)》에 장석우가 지은 〈유사후지(遺事後識)〉가 있으나 여기에 인용한 내용은 보이지 않는바, 이 '발문'은 미상이다.

37 암재(巖齋) : '암재'라고 하면 부지암정사와 입암정사의 서재가 모두 가능한데, 앞에 부지암을 말하였고 또 송유관이 칠곡 출신이므로 여기의 암재는 부지암정사를 말한 것으로 보인다. 부지암정사는 지금의 구미에 소재하고 입암정사는 지금의 포항에 소재한다.

축(1565)생이다.

○공은 타고난 성품이 훌륭하며 인자하고 어질고 자상하고 신중하였는데, 일찍 선생의 문하에 유학하여 아침에 도를 들으면 저녁에 죽어도 좋다는 뜻을 들었다. 겸하여 시례(詩禮)의 가정에서 받은 교훈이 있어서 친구들의 추중을 받았다. 임진왜란 뒤에는 원각리(元覺里)에 산정(山亭)을 짓고 소요하여 유유자적하였으며 사문(斯文)을 흥기하는 것을 자기의 임무로 삼고 후학을 권장하여 나아가게 하였다. 선생은 '독락(獨樂)'으로 정자의 문미(門楣)에 편액하도록 명하고 효우(孝友)와 문학을 칭찬하여 지은 시의 원운(原韻)이 있었는데, 사림들이 많이 이에 화운(和韻)하였다.【영천 읍지(永川邑誌)에 기재되어 있다. 자손이 영천의 원각(元覺)에 거주한다.】

이선술 李善述 자가 효백(孝伯)이고 호가 수헌옹(隨軒翁)이다. 벼슬은 현감이며 전주(全州) 사람으로 세종 대왕의 6대손이고 이조 판서와 양관 대제학(兩館大提學)에 추증된 빈(馪)[40]의 아들이니, 명종 을축(1565)생이다.

○공은 부귀한 왕족으로 일찍 학문을 닦고 벼슬하지 않았는데, 두

38 경은(耕隱) 맹전(孟專) : 이맹전(1392~1480)은 자가 백순(伯純), 호가 경은, 시호가 정간(貞簡)이다. 사간원 정언(正言)·거창(居昌) 현감 등을 역임하였고, 생육신(生六臣)의 한 사람이다.

39 학면정(鶴眠亭) 수겸(守謙) : 이수겸(1526~1611)은 자가 양중(讓中), 호가 장계(獐溪)이고, 교서관 판교(校書館判校)에 제수되었다. 학면정은 이수겸의 아들 이희백(李喜白)이 부친과 백부·숙부를 모시기 위해 영천에 세운 정자로, 장현광이 〈학면정기(鶴眠亭記)〉를 지었다.

40 빈(馪) : 이빈(1550~1610)은 자가 방숙(芳叔), 호가 의곡(義谷)이며 예조정랑 등을 역임하였다.

번 군읍(郡邑)을 맡자 치적이 있었다. 병자년에 굴욕적인 맹약이 이루어지자 개연히 울분을 터뜨렸고 임진왜란에 위아래가 뒤바뀌자 표연히 남쪽 지방으로 내려와서 수동(壽同 인동(仁同))의 율리(栗里)에 자취를 감추었다. 선생의 문하에 유학하여 강습하고 절차탁마하였으며 요결(要訣)을 간직하고 익혀서 칭찬을 많이 받았다. 산중 사람의 두건과 촌사람의 복장으로 기수(沂水)에서 목욕하고 무우(舞雩)에서 바람 쐬는 지취(志趣)[41]가 있어서 스스로 만족하고 즐거워하면서 일생을 마쳤다. 유집(遺集)이 있다.【자손이 인동의 율리(栗里)에 거주한다.】

박민 朴敏 자는 행원(行遠)이고 호는 능허(凌虛)이다. 좌승지(左承旨)에 추증되었으며 태안(泰安) 사람이니, 명종 병인(1566)생이다.

○공은 모습이 빙옥(氷玉)과 같이 깨끗하고 수려하였으며 총명이 보통 사람보다 뛰어나서 다섯 살에 능히 글을 지었다. 12살에 아버지의 병환이 위독하자 손가락을 잘라 피를 입에 넣어서 소생시켰는데, 상을 당하게 되자 거의 몸이 훼손되어서 죽을 뻔하였다. 모년(某年) 3월에 선생을 선산(善山)의 월파촌(月坡村)에서 배알하고 《주역》을 질문하였다. 선생이 말씀하기를 "나는 일생 동안 이 책에 종사하였으나 오히려 감히 자신할 수 없으니, 어찌 함부로 남에게 말해주겠는가." 하시고는 공과 더불어 《주역》의 건괘(乾卦)를 논하고 감탄하시기를 "자못 내가 미치지 못하는 부분이 있다." 하셨다.【행장에 보인다.[42]】 공은 사우록

41 기수(沂水)에서……지취(志趣) : 은거하여 유유자적하는 뜻을 말한다. 《논어》 〈선진(先進)〉에 증점(曾點)이 "늦봄에 봄옷이 이미 이루어지면 관(冠)을 쓴 어른 대여섯 명과 동자 예닐곱 명과 함께 기수에서 목욕하고 무우에서 바람 쐬고서 노래하며 돌아오겠습니다."라고 자신의 뜻을 말한 것에서 나왔다.

42 행장에 보인다 : 박민의 문집인 《능허집(凌虛集)》의 권3 〈연보(年譜)〉와 행장에 보인다.

(師友錄)[43]이 있으며, 문집 가운데 선생의 전후 이력과 사적이 있고 또 왕복한 편지가 있다. 정묘호란에 선생은 호소사(號召使)로서 공을 영남우도 의병장으로 추대하였다.【행장에 보인다. ○자손이 진주(晉州)의 기산(岐山)에 거주한다.】

노경륜 盧景倫 자는 명중(明仲)이고 호는 역락재(亦樂齋)이다. 천거로 후릉 참봉(厚陵參奉)이 되었으며 경주(慶州) 사람으로 송암(松庵) 수함(守諴)[44]의 아들이니, 명종 병인(1566)생이다.

○공은 어렸을 때부터 특이한 자질이 있고 성품이 매우 인자하고 어질었다. 어린 시절부터 학문에 향하는 뜻이 있어 부형의 곁을 떠나지 않았다. 여덟 살에 송암공의 상을 당하여 곡하고 가슴을 치기를 성인과 같이 하였다. 장성하자 외숙인 여헌 장 선생에게 배워서 잠심하여 학문에 힘썼으니, 훈도를 받은 것이 가장 오래되었다. 역락(亦樂) 고빙운(高聘雲)과 활계(活溪) 김진호(金震護)와 도의의 교분을 맺어서 강마하기를 그치지 않았다.【행장에 보인다.】 모부인이 96세에 별세하였을 적에 공도 62세였는데 노쇠했다고 해서 곡하고 뛰는 예절을 게을리하지 않았고, 3년을 하루같이 시묘살이를 하였다. 임진왜란에 박건재(朴健齋)[45]·최인재(崔認齋)[46]와 중형인 역정(櫟亭 노경필(盧景佖)), 계씨인

43 사우록(師友錄) : 증손 박태무(朴泰茂)가 편찬한 것으로 《능허집》 권4에 있다.

44 송암(松庵) 수함(守諴) : 1516~1573. 자는 경부(敬夫)이고 호는 송암이다.

45 박건재(朴健齋) : 박수일(朴遂一, 1553~1597)로 자는 순백(純伯)이고 호는 건재·명경(明鏡)이며 본관은 밀양(密陽)이다. 임진왜란에 의병을 일으킨 공으로 군자감 참봉이 되었으나 정유재란 때 전사하였다.

46 최인재(崔認齋) : 최현(崔晛, 1563~1640)으로 자는 계승(季昇)이고 호는 인재이고 시호는 정간(定簡)이며 본관은 전주(全州)이다. 정구(鄭逑)와 고응척(高應陟)의 문하에서 수학하였고, 부제학과 강원도 관찰사 등을 역임하였다.

경암(敬庵 노경임(盧景任))[47]과 함께 상의하고 의병을 일으켜서 임기응변하며 상주(尙州) 일대를 차단하니 적이 감히 멋대로 통행하지 못하였다.【묘갈문에 보인다. ○자손이 선산(善山)의 문동(文洞)에 거주한다.】

조종악 趙宗岳 자는 경앙(景仰)이고 호는 구암(龜巖)이다. 벼슬은 훈련원 봉사(訓鍊院奉事)이며 한양(漢陽) 사람이니, 명종 병인(1566)생이다.

○공은 지위 높은 세족(世族)으로 품성이 훌륭하고 효도와 공경을 천성으로 타고났는데, 선생의 문하에서 배워 덕업을 성취하였다. 임진년(1592, 선조25)과 계사년(1593)의 난리를 당하여 화산(花山) 권응수(權應銖)[48]의 의병 진영으로 달려가 군정(軍政)에 참여하여 결정해서 왜적을 베고 사로잡은 것이 매우 많으니, 이 사실이 선무녹권(宣武錄券)[49]에 기재되었다. 정묘호란에 선생이 호소사(號召使)의 명을 받고 한 도의 의병을 일으킬 적에 공은 아우 종대(宗岱)와 함께 호소사의 진영으로 가니, 선생은 기뻐하며 맞이해서 의병장으로 차임하고 권면

47 중형인……경암(敬庵) : 《경암집(敬庵集)》 해제에 의하면 노경륜은 8형제로 노경필이 셋째, 노경륜이 다섯째, 노경임이 여섯째이다. 노경필(1554~1595)은 자는 구중(懼中)이고 호는 역정이며, 정구(鄭逑)의 문하에서 수학하였고 안동 부사(安東府使)가 되었다. 노경임은 이 문인록에 보인다.

48 권응수(權應銖) : 1546~1608. 자는 중평(仲平)이고 호는 백운재(白雲齋)이고 선무공신(宣武功臣) 2등으로 화산군(花山君)에 봉해졌으며 본관은 안동이다. 경상좌도 수군절도사 박홍(朴泓)의 휘하에 있다가 고향 영천으로 돌아가 의병을 모집하여 영천성을 탈환하였고 문경(聞慶) 당교(唐橋) 전투 등에서 전공을 세웠다. 경상도 방어사 등을 역임하였다.

49 선무녹권(宣武錄券) : 선무원종공신녹권(宣武原從功臣錄券)을 가리키니, 이는 임진왜란 때 공을 세운 선무원종공신의 공훈을 기록한 문서이다. 1604년에 18명의 선무공신에게 녹권을 발급하고 1605년에 9,060명의 선무원종공신에게 녹훈하였다.

하기를 "그대의 뛰어난 재주로서 임진왜란에 의병을 일으켜, 공이 선무녹권에 기재되어 있다. 조씨 가문의 곧은 충성과 높은 절개가 대대로 변함이 없다." 하셨다. 명암(明庵) 벽진 이공(碧珍李公) 태일(泰一)[50]이 지은 묘갈문에 이르기를 "공은 일찍 선생의 문하에 올라서 학문하는 큰 방법을 듣고 덕업을 성취했다." 하였다.【자손이 영천의 덕천(德川)에 거주한다.】

손상운 孫祥雲 자는 경서(景瑞)이고 호는 조은(釣隱)이다. 밀성(密城) 사람이니, 명종 병인(1566)생이다.

○공은 간송(澗松) 조임도(趙任道)와 함께 폐백을 올려 선생을 뵙고는 《주역》의 팔괘(八卦)와 〈홍범(洪範)〉의 구주(九疇)가 서로 표리(表裏)가 되는 설[51]을 물었는데, 〈홍범〉에서는 음양을 말하지 않았으나 음양의 쓰임이 그 가운데 있고 《주역》에서는 오행을 말하지 않았으나 오행의 쓰임이 그 가운데 있다고 하였다. 또 《중용》·《대학》의 논변이 있어서 인심(人心)·도심(道心)과 솔성(率性 성을 따름)·수도(修道 도를 조목조목 품별함)와 하도(河圖)·낙서(洛書)가 경위(經緯)가 되는 설을 논하였다. 공의 아들 봉후(奉後)가 선생께 올린 제문에 이르기를 "지난날 저희 선친이 선생님을 곁에서 모셨고 부족한 이 소자도 보살핌을 받았습니다. 두 대에 은혜가 높으니 감동의 눈물을 억누르기 어렵습니다." 하였다.【자손이 영천의 상리동(上梨洞)에 거주한다.】

50 태일(泰一) : 이태일(李泰一, 1860~1944)은 자가 삼수(三叟), 호가 명암(明庵), 본관이 벽진(碧珍)이다. 저서로 《명암집(明庵集)》이 있다.

51 역(易)의……설 : 유흠(劉歆)은 "하도(河圖)와 낙서(洛書)는 서로 경위(經緯)가 되고, 팔괘와 구장(九章 구주(九疇))은 서로 표리(表裏)가 된다."라고 하였다. 《周易傳義大全 周易朱子圖說》

정사진 鄭四震 자는 군섭(君燮)이고 호는 수암(守庵)이다. 은일(隱逸)로 세마(洗馬)를 지냈고 오천(烏川) 사람으로 형양군(滎陽君) 습명(襲明)[52]의 후손이니, 명종 정묘(1567)생이다.

○열세 살에 달성(達城)의 채공(蔡公)[53]의 집에서 선생을 배알하니, 선생은 그의 뜻을 가상히 여겨서 보통 아이로 대하지 않았다. 또 정랑공(正郎公)[54]을 따라 서울에 가서 유람하니, 서울에 있는 인사들이 공을 사랑하고 공경하지 않는 이가 없었다. 임진왜란에 고을의 부로(父老)를 따라 의병을 일으켰다. 전쟁으로 소란한 가운데 부친의 상을 만나 상례를 극진히 갖추니, 보는 자들이 공경하고 탄복하지 않는 이가 없었다. 병오년(1606, 선조39)에 조정에서 은일로 천거하였으나 모두 부임하지 않았다. 입암의 일제당(日躋堂)에서 선생을 따라 은거하며 이곳을 의귀할 곳으로 삼아 날마다 곁에서 모시고 사서(四書)와 《이락연원록(伊洛淵源錄)》[55]을 통독하였으며, 의심스러운 것을 묻고 답하여 부지런히 힘쓰고 게을리하지 않았다. 별세하자 선생은 하늘이 나를 망하게 했다는[56] 애통함을 이기지 못하고 몸소 상례를 점검하여 다스렸

52 형양군(滎陽君) 습명(襲明) : 정습명(?~1151)은 호가 형양이고 고려 의종(毅宗) 때에 추밀원 지주사(樞密院知奏事) 등을 역임하였다. 의종에게 간언하다가 미움을 받아 자결하였다.

53 달성(達城)의 채공(蔡公) : 채응곤(蔡應鯤)으로 정사진의 부친인 정삼변(鄭三變)의 외숙이며 장현광의 자형이다. 정사진은 어렸을 때 달성의 채응곤의 집에서 양육된 적이 있다. 《聽天堂集 卷4 洗馬鄭公墓誌》

54 정랑공(正郎公) : 정사진의 부친인 정삼변(鄭三變, 1544~1593)으로 자는 덕전(德全)이고 호는 죽애(竹崖)이며 공조 정랑(工曹正郎)에 제수되었다.

55 이락연원록(伊洛淵源錄) : 주자가 편찬한 책으로 송나라 도학의 연원과 전승을 기술하였다.

56 하늘이……했다는 : 아끼는 사람의 죽음에 탄식하는 말이다. 제자인 안연(顔淵)이 죽자 공자가 "하늘이 나를 망하게 하였구나.〔天喪予!〕"라고 하였다. 《論語 先進》

으며 제문을 지어 고별하였다. 또 묘갈명에 쓰기를 "행실이 온전하고 덕이 구비하다." 하셨으니, 백세의 뒤에도 공의 덕행을 증명할 수 있을 것이다. 입암서원에 종향(從享)되었다.【자손이 경주(慶州)의 대동(大洞)에 거주한다.】

김녕 金寧 자는 여화(汝和)이고 호는 둔봉(遯峰)이고 문과에 급제하여 병조 참지(兵曹參知)를 지냈으며 일선(一善) 사람이니, 명종 정묘(1567)생이다.

○공은 어릴 때부터 타고난 자품이 매우 훌륭하였고 성품이 또 효성스럽고 우애하였으며, 재주가 있고 총명하여 가르치고 감독하지 않아도 능히 스스로 분발해서, 한결같이 《소학》을 따라 어버이를 섬기고 어른을 공경하였다. 25세에 인의방(仁義坊)[57]에서 폐백을 바치고 선생을 배알하니, 선생은 평소 공의 훌륭한 행실을 들었기에 반갑게 맞이하여 《대학장구(大學章句)》를 논하였다. 공이 돌아가자 선생은 문인들에게 이르시기를 "이 사람이 부지런하고 후덕하고 침묵하니 반드시 세상에 이름난 큰 학자가 될 것이다." 하셨다. 정묘호란에 선생이 호소사(號召使)로서 공과 이민환(李民寏)을 종사관(從事官)에 차임하였다. 장차 행재소(行在所)로 달려가려 하였는데, 얼마 지나지 않아 화친을 허락하고 전쟁을 그만두었다는 말을 듣고 마침내 멈추었다.【연보에 보인다.[58] ○자손이 선산의 몽대(夢臺)에 거주한다.】

이원생 李元生 자는 선백(善伯)이고 호는 쌍벽당(雙碧堂)이다. 수직

57 인의방(仁義坊) : 인동부(仁同府)에 속한 지명으로 지금의 구미시 인의동(仁義洞)이며 장현광이 태어난 곳이다.

58 연보에 보인다 : 김녕의 문집인 《둔봉집(遯峰集)》의 연보에 보인다.

(壽職)으로 절충장군(折衝將軍)에 올랐으며 벽진(碧珍) 사람이니, 명종 정묘(1567)생이다.

○공은 일찍 선생의 문하에 유학하여 아침에 도를 들으면 저녁에 죽어도 좋다는 요결(要訣)을 듣게 되었다. 임진왜란에 어머니를 업고 피난하였고, 갑자년(1624, 인조2) 이괄(李适)의 변란에 의병을 일으켰다. 둘째 아들에게 명하여[59] 군대를 거느리고 적에게 달려가게 하였는데, 굴욕적인 맹약을 했다는 말을 듣고 시를 지어 서글퍼하고는 소나무와 대나무에 의탁하여 스스로 마음을 진정하였다.【자손이 대구(大邱)의 단산(丹山)에 거주한다.】

김일주 金日柱 자는 여경(汝擎)이고 호는 운포(雲圃)이며 경주(慶州) 사람이니, 명종 정묘(1567)생이다.

○공은 타고난 자품이 범상치 아니하여 용모가 바르고 깨끗하였다. 취학을 하자 조부 모정공(茅亭公)[60]이 기특히 여기고 사랑하여 말씀하기를 "한미한 우리 집안이 장차 이 아이에게 기대하게 될 것이다." 하였다. 마침내 문예(文藝)가 일찍 성취되어서 고을과 이웃에 알려졌다. 부형의 명령으로 폐백을 올리고 선생을 뵈었는데, 임진왜란 이후에 선생이 부지암정사(不知巖精舍)에서 도를 강론하실 적에 고을의 선비들이 대부분 선생을 스승으로 공경하고 배웠는데, 공은 특별히 선생의 칭찬을 받았다. 선생이 돌아가시자 만사에 이르기를

59 둘째 아들에게 명하여 : 이원생의 문집인 《쌍벽당시집(雙碧堂詩集)》의 행장에 의하면 이는 정묘호란 때에 둘째 아들 이수변(李守忭)에게 명한 것으로 보인다.

60 모정공(茅亭公) : 김응시(金應時, 1522~1590)로 자는 경기(景期), 호는 모정이다. 지금의 경북 영천시 화남면 삼창리의 한천(漢川) 마을로 이주하여 모암정(茅巖亭)을 지었다.

천랑(天狼)이 자미원(紫微垣)을 씹으니[61] 星狼噬紫微
선생님이 기미를 보고 은둔하셨다 夫子見機遯
입암의 돌처럼 우뚝하니 卓乎立巖石
굳은 절개[62]는 나의 가슴속이 되었다 介如作我蘊
오고 가는 것은 한결같이 예와 지금이요 去來一今古
열리고 닫힘은 본래 건곤의 이치라오 闔闢自乾坤
내 도가 여기에 있으니 吾道在於此
복희씨의 자취 이미 드러났네 包羲跡已陳
오는 후학을 열어 주고 옛 성인을 이으니 開來繼往聖
한 자의 눈이 정자(程子)의 문에 쌓였다[63] 尺雪擁程門
귀한 거울이 무엇을 비추지 않으랴 寶鏡何不照
큰 물결에는 저절로 혼탁함이 있는 법 洪波自有汶
산하의 바른 기운을 붙드니 山河扶正氣

61 천랑(天狼)이 자미원(紫微垣)을 씹으니 : 천랑은 천랑성(天狼星)으로 침략을 주관하는 별이고, 자미원은 천제가 거처하는 북극의 중심에 위치한 별자리이다. 술수학(術數學)에 "천랑성이 자미성(紫微星)을 범하였으니, 내년에는 틀림없이 병란(兵亂)이 있을 것이다."라는 말이 있다고 한다. 《與猶堂全書 1集 11卷 五學論5》

62 굳은 절개 : 단호하게 결단하여 은둔함을 가리킨다. 《주역》 〈계사전 하〉에 '돌과 같은 절개[介如石]'에 대하여 "군자는 기미를 보고 떠나가서 하루가 마치기를 기다리지 않는다. 역(易)에 이르기를 '돌처럼 절개가 굳은지라 하루를 마치지 않으니, 정(貞)하고 길(吉)하다' 하였으니, 절개가 돌과 같으니, 어찌 하루를 마치겠는가. 결단함을 알 수 있다."라고 하였다.

63 한 자……쌓였다 : 제자들이 스승을 존경함을 말한다. 이 고사는 다음과 같다. 정이천(程伊川)이 눈을 감고 명상하고 있었는데, 스승을 공경하는 제자들이 떠나지 못하고 서 있었다. 정이천이 눈을 뜬 뒤에 제자들이 밖에 나오니 문밖에 눈이 한 자나 쌓여 있었다고 한다. 《近思錄集解 卷14 觀聖賢》

나라의 요망한 기운 사라졌네 邦國掃妖氛
갑자기 세상을 떠나시니 遽爾啓手足
누가 조정의 계책 세울고 誰劃廟堂算

하였다.【자손이 영천의 한천(漢川)에 거주한다.】

이언영 李彦英 자는 군현(君顯)이고 호는 완석정(浣石亭)이다. 문과에 급제하여 부승지(副承旨)를 지냈으며 벽진(碧珍) 사람이니, 선조 무진(1568)생이다.

○정사년(1617, 광해군9)에 공은 선생을 모시고 앉아서 공자 문하 여러 제자들의 거취의 올바름을 논하였는데, 공이 말하기를 "감히 묻겠습니다. 자로(子路)는 어떠한 사람입니까?" 하니, 선생은 말씀하기를 "성인 문하의 높은 제자이다." 하셨다. "어찌하여 아버지가 없는 나라의 난[64]에 죽었습니까? 저는 어머니가 없는 조정[65]에서는 벼슬하고 싶지 않습니다." 하니, 선생이 한동안 탄식하고 "뜻밖에 오늘 다시 백세의 스승을 보게 되었다." 하셨다.

정묘호란에 조정은 여헌 선생을 호소사로 임명하여 인심을 결속하고 진정하려 하였다. 공이 남쪽 지방에서 돌아오니, 어떤 자가 묻기를 "장공(張公)이 적병을 공격할 수 있는가?" 하였다. 공은 웃으며 말하기를 "어찌 봉황이 꿩이나 토끼를 공격했다는 말을 들었습니까." 하니, 그 사람이 잘못 물은 것을 대번에 사과하였다.【묘지(墓誌)에 보인다.[66]】

64 아버지가……난 : 춘추 시대 위(衛)나라 임금인 첩(輒)이 자기 아버지 괴외(蒯聵)와 정권을 다툰 것을 가리킨다. 자로는 첩에게 벼슬하다가 이 전란에 죽었다.

65 어머니가 없는 조정 : 광해군이 인목대비(仁穆大妃)를 유폐하고 핍박한 것을 가리킨다.

66 묘지(墓誌)에 보인다 : 이언영의 문집인 《완정집(浣亭集)》 권7에 보인다.

광해군 계축년(1613)에 이이첨(李爾瞻)이 큰 옥사를 꾸미자 공은 형제를 편안하고 온전히 하는 의리[67]를 강력히 주장하니, 듣는 자들이 크게 떠들면서 역적을 비호한다고 말하였다. 화가 장차 측량할 수 없게 되었는데, 공이 하루에 연달아 세 차례나 상소하여 독계(獨啓)하였다.[68]【비문에 보인다.】

공이 선생께 올린 제문에 이르기를

"옛날 봄에 선생을 여러 사람 가운데에서 바라보니 실로 특별하셨습니다. 다행히 저를 외면하지 않으시니 이에 연유하여 왕래하며 앞뒤에서 도덕을 살펴보고 좌우에서 가르침을 들었습니다."

하였다.【자손이 성주(星州)의 명곡(椧谷)과 칠곡(漆谷)의 상지(上枝)에 거주한다.】

이군빈 李君賓 자는 중관(仲觀)이고 호는 남포(南浦)이다. 벼슬은 사재감 정(司宰監正)이며 성주(星州) 사람[69]으로 고려의 개국 공신인 성산부원군(星山府院君) 능일(能一)[70]의 후손이고 처야당(處野堂) 언기(彦

67 형제를……의리 : 원문의 '안전지의(安全之義)'는 영창대군(永昌大君)에 관하여 말한 것이다. 비문에 의하면, 이 일은 이언영이 이정귀(李廷龜)·이항복(李恒福)과 함께 이이첨을 만나 여덟 살의 왕자가 어찌 역모를 알겠느냐고 책망한 것이다. 《浣亭集 卷8 遺墟碑銘》

68 화가……독계(獨啓)하였다 : 비문에 의하면, 이는 강화도에 위리안치(圍籬安置)되었던 영창대군이 강화부사 정항(鄭沆)에게 살해되고 이에 관련하여 논쟁이 벌어졌을 때의 일로, 앞에 언급한 계축년 다음해의 일이다.

69 성주(星州) 사람 : 이군빈은 성산(星山) 이씨이니, 아래에 아우인 이용빈(李用賓)은 '성산 사람'이라 하였다. 성주(星州)의 여섯 이씨(李氏)들은 조선 정조 이전에는 본관을 모두 성산 또는 성주로 칭하다가, 이후에 각각 시조별로 본관을 구분하여 성주·성산·광평(廣平)·경산(京山)·벽진(碧珍)·가리(加利)로 칭하고 있다. 《향토문화전자대전 광평 이씨》

70 능일(能一) : 성산(星山) 이씨의 시조로 태조 왕건의 딸과 혼인하였으며 벼슬은

沂)[71]의 손자이니, 선조 무진(1568)생이다.

○공은 계씨(季氏)인 지오공(芝塢公 이용빈(李用賓))과 선생의 문하에 나아갔다. 임진왜란을 당하자 공은 분연히 눈물을 흘리고 백씨(伯氏)인 직장공(直長公)[72]에게 말하기를 "지금 국가에 큰 어려움이 있어 서울과 지방이 모두 함락되었으니, 어찌 군부(君父)가 몽진(蒙塵)하는 것을 가만히 앉아서 볼 수 있겠습니까." 하고는 고을의 군사들을 모집해서 백의로 진영에 달려가 화산(花山) 권응수(權應銖), 호수(湖叟) 정세아(鄭世雅),[73] 참판(參判) 정대임(鄭大任)[74]과 힘을 합하여 왜적을 쳐서 영양성(永陽城)을 수복하였다. 난리가 진정된 뒤에 원종공신(原從功臣)에 녹훈되어 사재감 정에 제수되었으나 나아가지 않았고 마침내 남포(南浦)[75]의 옛집으로 돌아왔다. 응와(凝窩) 이원조(李源祚)[76]가 지은 묘갈문에 이르기를 "소년 시절에 계씨인 지오공과 함께 여헌 장

사공(司空)에 이르렀다.

71 처야당(處野堂) 언기(彦沂) : 1499~1575. 자는 성원(聖源)이고 호는 처야당이며 천거로 영릉 참봉(英陵參奉)을 지냈다.

72 직장공(直長公) : 이국빈(李國賓, 1560~1624)으로 자는 여관(汝觀)이고 호는 국헌(菊軒)이다. 임진왜란 때 영천성(영양성) 전투에서 공을 세워 선무원종공신으로 녹훈되고 내자시 직장(內資寺直長)을 지냈다.

73 정세아(鄭世雅) : 1535~1612. 자는 화숙(和叔), 호는 호수, 시호는 강의(剛義)이며 본관은 영일(迎日)이다. 의병을 모집하여 영천과 경주에서 전공을 세웠으며 황산도 찰방(黃山道察訪)을 지냈다.

74 정대임(鄭大任) : 1553~1594. 자는 중경(重卿)이고 호는 창대(昌臺)이며 본관은 영일(迎日)이다. 의병장으로 영천과 경주의 수복에 공을 세웠고 경상좌도 병마우후를 역임하였다. 선무원종공신 2등에 녹훈되고 호조 참판에 추증되었다.

75 남포(南浦) : 남포정(南浦亭)이 있는 지금의 영천시 금호강 강가를 말한 듯하다. 남포정은 이군빈이 은거했던 정자이다.

76 이원조(李源祚) : 1792~1871. 자는 주현(周賢)이고 호는 응와이며 본관은 성산(星山)이다. 대사간·공조판서 등을 역임하였다. 문집으로 《응와집(凝窩集)》이 있다.

선생의 문하에 나아가서 위기지학(爲己之學)을 듣게 되었다." 하였다.
【자손이 영천의 완산(完山)에 거주한다.】

신열도 申悅道 자는 진보(晉甫)이고 호는 나재(懶齋)이다. 문과에 급제하여 지제교(知製敎)를 지냈으며 아주(鵝洲) 사람이니, 선조 기축(1589)생이다.

○공은 타고난 자품이 백옥처럼 깨끗하였다. 아홉 살에 선생을 배알하니, 선생은 기특히 여기고 사랑해서 정좌(正坐)를 가르쳤다. 십여 살에 이미 경사(經史)를 통달하고 글을 잘 지었다. 18세에 진사시에 합격하여 재주 있다는 명성이 자자하였다. 신유년(1621, 광해군13)에 체찰사(體察使)를 보내어 선비를 뽑을 적에 공이 또다시 천거되어 장원을 차지하고 갑자년(1624, 인조2) 전시(殿試)에 을과(乙科)로 급제하였다. 30년 동안 조정에서 벼슬하면서 중외의 관직을 역임하였다. 공은 옥산(玉山 인동(仁同))의 문하에서 선생을 모시어 깊이 감발(感發)하였다. 집에 있을 때에는 효도와 우애가 돈독하였고, 조정에서 벼슬할 때에는 편안하고 고요함으로 스스로 지켰으며, 백성을 다스릴 때에는 교화하고 학교를 일으키는 것을 근본으로 삼았다. 포위된 남한산성에 있었을 적에는 사람들이 모두 겁을 먹었으나 공은 홀로 스스로 상복(喪服)의 두건과 띠를 만들어 자결을 준비하고 집에 보낼 서신을 써서 종에게 맡기고 여유만만하였다. 선생이 돌아가시자 공은 제문을 지어 올리기를

> "돌아보건대 이 소자가 선생의 문하에서 청소하며 지낸 지가 이제 30여 년이 되었습니다. 선생이 소자를 사랑함은 자손과 같이 하셨으나 소자가 선생을 섬김은 끝내 한결같지 못한 부끄러움이 있습니다."

하였다.【자손이 의성(義城)의 우평(愚坪)에 거주한다.】

장덕원 張德元 자는 사순(士順)이고 호는 무민당(无悶堂)이다. 인동(仁同) 사람으로 기산(岐山) 압(岋)[77]의 아들이니, 선조 기사(1569)생이다.

○공은 일찍 선생의 문하에 올랐는데, 자품이 온화하고 순수하고 독실한 뜻으로 학문에 향하여 여러 번 선생의 칭찬을 받았다. 기산(岐山)[78]에 은거하여 기산 밖을 나가는 일이 드물었고 그 서당에 '무민(无悶)'이라고 편액하였다. 선생의 문집 가운데 '덕원이 기산으로 돌아가 오지 않는다'는 말씀이 있다.[79] 공이 선생께 올린 제문에 이르기를

> "명민하지 못한 자질로 선생의 슬하에서 자라던 때가 이제 벌써 몇 년 전입니까. 때로 문안하러 달려가면 웃으시며 기뻐하시니 마음에 감격하여 부모를 모시는 듯하였습니다."

하였다.【자손이 인동의 율리(栗里)에 거주한다.】

노경임 盧景任 자는 홍중(弘仲)이고 호는 경암(敬庵)이다. 문과에 급제하여 시독(侍讀)을 지내고 도승지(都承旨)에 추증되었으며 경주 사람으로 송암(松庵) 수함(守諴)의 아들이니, 선조 기사(1569)생이다.

○공은 태어나면서부터 특이한 자질이 있어서 타고난 자품이 독후(篤厚)하였고 풍채가 엄숙하며 기품이 의젓하였다. 선생의 생질로서 여러 해 동안 훈도를 받아 위기지학에 잠심하였다. 《심경(心經)》, 《근사록(近思錄)》, 《자경편(自警編)》[80]을 매우 좋아하여 막부(幕府)에서

77 압(岋) : 1538~1604. 자는 경안(景安)이고 호는 기산이다. 장현광의 종5대조 장보(張俌)의 고손이며 장순(張峋)의 아우이다.

78 기산(岐山) : 인동(仁同)에 속한 면이다.

79 문집……있다 : 《여헌집》 권4 〈답장사거(答張斯擧)〉에 "기촌(岐村)의 사순(士順)이 와서 모이지 않는다.〔岐村之士順不來聚.〕"라고 보인다.

80 자경편(自警編) : 송(宋)나라 조선료(趙善璙)가 송대 여러 인물의 언행을 기록한 책이다.

바쁜 가운데도 책을 놓은 적이 없었다. 평소 장난하고 웃는 기색이 없으니 보는 자들이 모두 송연(竦然)히 공경심을 일으켰다. 여러 번 군읍을 맡아 자못 치적이 있어서 거사비(去思碑)가 있기도 하였다. 관동 순무어사(關東巡撫御史)로 나가게 되어 장차 어전에 나아가 하직 인사를 올릴 적에 상소하여 열 가지 일을 아뢰니, 모두 임금의 마음을 바로잡는 내용이었다.[81] 밀암(密庵) 이재(李栽)[82]가 지은 행장에 이르기를 "차츰 자라서는 선생에게 종유(從遊)하며 배우고 또 서애(西厓) 유(柳) 선생의 문하에 유학하였다. 두 선생의 기대가 매우 커서, 가르쳐주신 바가 모두 원대한 것이었다." 하였다.【자손이 선산의 숭암(崇巖)에 거주한다.】

이용빈 李用賓 자는 계관(季觀)이고 호는 지오(芝塢)이다. 벼슬은 장사랑(將仕郞)이며 성산(星山) 사람으로 처야당(處野堂) 언기(彦沂)의 손자이니, 선조 기사(1569)생이다.

○공은 어릴 때부터 놀며 장난하는 것이 보통 아이들과 달라서 기대가 매우 컸는데, 장성하자 중씨(仲氏)인 남포공(南浦公 이군빈(李君賓))과 함께 선생의 문하에 올라서 《심암록(尋巖錄)》을 지었고, 서낙재(徐樂齋 서사원(徐思遠))·권동봉(權東峰 권극립(權克立))·손윤암(孫綸庵 손우남(孫宇男)) 등 여러분과 도의의 교분을 맺었다. 임진왜란에 백씨(伯氏)와 중씨 두 분이 의리를 주장하여 의병의 진영으로 달려가고 홀로 공을 남겨 두어 선영(先塋)을 지키게 하였다. 정해년(1587, 선조20)

81 상소하여……내용이었다 : 이 내용은 《경암집(敬庵集)》 권5의 행장에 보인다.

82 이재(李栽) : 1657~1730. 자는 유재(幼材)이고 호는 밀암이며 본관은 재령(載寧)이다. 아버지 이현일(李玄逸)에 이어 주리설(主理說)을 발전시켜 퇴계학파를 이끌었다.

봄에 과거(科擧)로 인해 도성에 들어가서 몇 달 동안 지은 시문이 20편인데, 이로써 서울 사대부들의 추중을 받았다. 판서 이원조(李源祚)가 지은 남포 이공(李公)의 묘갈문에 이르기를 "소년 시절에 계씨(季氏)인 지오공(芝塢公)과 함께 여헌 장 선생의 문하에 나아가서 위기지학을 듣게 되었다." 하였다.【자손이 영천의 대의(大儀)에 거주한다.】

조종대 趙宗岱 자는 경립(景立)이고 호는 자암(紫庵)이다. 벼슬은 선무랑(宣務郎) 교수(教授)이며 한양(漢陽) 사람으로 구암(龜巖) 종악(宗岳)의 종제(從弟)이니, 선조 기사(1569)생이다.

○공은 일찍 선생의 문하에 올라서 과거 급제를 위한 글을 좋아하지 않고 매번 성현의 책에 절실하였다. 선생이 당시 입암에 계시고 공은 자양(紫陽)[83]에 거주하였는데 입암에 왕래하며 훈자(薰炙)해서 학업이 이때 이미 성취되었다. 임진왜란에 백씨가 의병을 일으켜 진영으로 나가자 공은 어머니를 받들고 집에 있었는데, 자신을 대신해서 남자종 30명과 쌀 300곡(斛)을 내어서 군공(軍功)을 이루게 하였다. 성이 함락된 즈음에 오성(五聖)[84]의 위패를 받들고 또다시 임고(臨皐)로 달려가서 포은(圃隱)의 영정을 받들어 용기산(龍騎山)[85]의 석굴로 피난하였다. 난리가 평정된 뒤에 모두 받들어 다시 봉안하니, 성현을 존경하고 사모하는 정성이 이와 같은 자는 실로 백세에 한 사람뿐이었다. 정묘호란에 선생이 호소사를 맡아 의병을 일으키자 공은 백씨와 함께

83 자양(紫陽) : 자양은 지금의 영천시 자양면이고 입암은 지금의 포항시 죽장면 입암리인데, 자양을 지나는 자호천(紫湖川)의 상류에 입암이 있다.

84 오성(五聖) : 문묘(文廟)에 모셔진 공자(孔子)·안자(顏子)·증자(曾子)·자사(子思)·맹자(孟子)를 가리킨다.

85 용기산(龍騎山) : 기룡산(騎龍山)의 오류이다. 지금의 영천시 자양면에 위치하며 포은의 영정을 숨긴 석굴을 성혈(聖穴) 또는 성현암(聖賢巖)이라 부른다.

군막으로 달려가서 방략(方略)을 도와서 계획하였다. 선생은 조씨 가문의 곧은 충성은 대대로 변함이 없다고 칭찬하셨다.【자손이 영천의 덕동(德洞)에 거주한다.】

이명경 李明褧 자는 일초(一初)이고 호는 국암(菊庵)이다. 성산(星山) 사람으로 삼중대광(三重大匡) 광평군(廣平君) 능(能)의 후손이고[86] 황곡(篁谷) 선생 칭(偁)[87]의 아들이니, 선조 기사(1569)생이다.

○공은 총명이 절륜하고 문예가 일찍 이루어졌으며, 일찍 가정의 가르침을 받아 경사(經史)를 널리 통달하고 예학(禮學)에 더욱 깊었다. 임진왜란에 망우당(忘憂堂) 곽재우(郭再祐)와 함께 의병을 일으켜 계책을 도왔다. 정미년(1607, 선조40)에 한강(寒岡)과 여헌 두 선생을 따라 함께 용화강(龍華江)에서 뱃놀이를 하였다.[88]

부제학 이병관(李炳觀)이 지은 공의 묘갈문에 이르기를

"우리 선조(宣祖)와 인조(仁祖)의 성대한 시절에 성학(聖學)을 창도하여 밝히니, 이때에는 한강 정문목공(鄭文穆公)과 여헌 장문강공(張文康公) 같은 분이 천덕(天德)과 왕도(王道)를 가지고 경학을 윤식(潤飾)하여 함께 우뚝이 한 시대의 종사(宗師)가 되셨다. 그

86 성산(星山)……후손이고 : 이능은 고려 때 대원(對元) 외교에 공을 세워 광평군에 봉해졌다. 이능의 증조인 이무재(李茂材)를 시조로 하는 이씨는 광평(廣平) 이씨인데, 성산(星山) 이씨 또는 성산·광평 이씨라고도 한다. 성주(星州)의 여섯 이씨들은 조선 정조 이전에는 본관을 모두 성산 또는 성주로 칭하다가, 이후에 각각 시조별로 본관을 구분하여 칭하고 있다.

87 칭(偁) : 1535~1600. 자는 여선(汝宣), 호는 황곡이며, 이황(李滉)과 조식(曺植)의 문하에서 공부하였다. 임진왜란에 의병을 일으켰고 석성(石城) 현감을 지냈다.

88 용화강(龍華江)에서 뱃놀이를 하였다 : 이에 대한 기록으로 〈용화산하동범록(龍華山下同泛錄)〉이 있다. 용화강은 함안(咸安)의 용화산(龍華山) 아래 낙동강을 가리킨다.

후생인 국암 이 선생이 실로 두 선생의 문하에 종유(從遊)하여 절차탁마하고 분발해서 문단(文壇)을 아름답게 꾸미니, 진실로 선비는 배우지 않으면 안 되고 배움은 연원이 없어서는 안 된다.'"

하였다.【자손이 함안(咸安)의 대산(大山)에 거주한다.】

권집 權潗 자는 달보(達甫)이고 호는 묵옹(默翁)이다. 진사시에 합격하고 문과에 급제하여 보덕(輔德)을 지냈으며 안동(安東) 사람이니, 선조 기사(1569)생이다.

○공은 일찍 선생의 문하에 올라 여러 번 칭찬을 받았고 종유한 분이 모두 유명한 분과 덕이 훌륭한 분이었다. 공이 선생을 사사하여 앞뒤에서 가르침을 받으니, 그 기록이 행장과 묘갈문에 기재되어 있다. 아우 상암(霜巖)[89]과 함께 가서 선생을 배알하여 여러 날 강론하고 토론하였다.【《연방록(聯芳錄)》[90]에 보인다.】

공은 효성이 천성에서 우러나오고 평소에 의관을 정제하고 묵묵히 앉아 있으니, 의연하여 범할 수 없는 기색이 있었다. 그 학문은 경학에 근본하여, 의리와 시비를 분별하면 털끝만 한 것까지 반드시 정밀하게 분석하였고, 문장을 지으면 우아하고 깊고 순수해서 훌륭한 인의(仁義)의 말이었다.

을묘년(1615 광해군7) 이후에 준례에 따라 관직이 승진하였으나 모두 취임하지 않았다.[91]【자손이 산청(山淸)의 단계(丹溪)에 거주한다.】

89 상암(霜嵒) : 권준(權濬, 1578~1642)으로 자는 도보(道甫)이고 호는 상암이다. 삼척 부사(三陟府使), 광주 목사(光州牧使) 등을 역임하였다.

90 연방록(聯芳錄) : 권집과 권준(權濬)의 문집을 합편(合編)한 《연방집록(聯芳輯錄)》을 가리킨다.

91 을묘년……않았다 : 《연방집록(聯芳輯錄)》 권5의 행장에는 이 앞에 다음과 같은 내용이 있다. 권집은 1612년 문과에 급제하여 승문원에 선발되었으나 당시 권력을 장악

유시번 柳時藩 자는 위중(衛仲)이고 호는 사월당(沙月堂)이다. 문화(文化) 사람으로 연정(蓮亭) 요신(堯臣)[92]의 아들이니, 선조 기사(1569) 생이다.

○공은 일찍 선생의 문하에 올라서 여러 해 동안 직접 가르침을 받았으며, 선사(仙查)[93]에서 경서를 연구하고 도를 강론하는 자리에서 선생을 모셔 여러 번 칭찬받았다. 정한강(鄭寒岡)·서낙재(徐樂齋 서사원(徐思遠))·손모당(孫慕堂 손처눌(孫處訥)) 등 여러 선생이 공의 도에 뜻하고 학문에 계속 힘쓰는 부지런함을 가상히 여겨서 모두 원대함을 기대하였다. 청호서원(青湖書院)[94]에 제향되었다.【세보(世譜)와 읍지(邑誌)에 보인다. ○자손이 경산(慶山)의 신서(新西)와 대구(大邱)의 방촌(芳村)에 거주한다.】

이민성 李民宬 자는 관보(寬甫)이고 호는 경정(敬亭)이다. 문과에 급제하여 부제학을 지냈으며 영천(永川) 사람으로 학동(鶴洞) 광준(光俊)[95]

한 북인들의 미움을 받아 성균관에 옮겨 보임되었다. 그는 통색(通塞)에는 개의치 않았지만 세상일이 날로 잘못되어 가는 것을 보고 물러나 은둔하여 지조를 깨끗이 지켜 벼슬길에 나아가지 않았다.

92 연정(蓮亭) 요신(堯臣) : 1550~1618. 자는 성유(聖兪)이고 호는 연정이다. 정구(鄭逑)에게 수학하였으며 임진왜란에 소모종사관(召募從事官)으로 의병을 모집하였다.

93 선사(仙查) : 서사원(徐思遠)이 강학하던 선사재(仙查齋)를 가리킨다. 서사원은 이곳에서 장현광·정구(鄭逑)·정경세(鄭經世) 등과 교유하였다. 이후에 다시 이강서원(伊江書院)이 세워졌으며, 위치는 지금의 대구 달성군 다사읍(多斯邑) 이천리(伊川里)이다.

94 청호서원(青湖書院) : 손처눌(孫處訥)을 추모하기 위해 건립한 서원으로 유시번·정호인(鄭好仁)을 배향하고 손조서(孫肇瑞)를 추향(追享)하였다. 현재 대구 수성구 황금동에 있다.

95 학동(鶴洞) 광준(光俊) : 1531~1609. 자는 준수(俊秀)이고 호는 학동이다. 임진왜란에 강릉 부사로서 전공을 세웠으며, 형조 참의, 강원도 관찰사 등을 역임하였다.

의 아들이니, 선조 경오(1570)생이다.

○계묘년(1603, 선조36)에 공은 아우인 자암(紫巖) 민환(民寏)과 부지암정사로 가서 배웠다. 광해군의 폐모론(廢母論)이 일어났을 적에 공은 옥당(玉堂 홍문관)에 있었는데 차자(箚子)를 올려서 윤리를 무시한 북인들의 죄를 비난하였다. 광해군이 또다시 생모(生母)를 추존(追尊)하고 백관의 축하하는 전문(箋文)을 받을 적에 공은 노(魯)나라의 성풍(成風)이라는 말[96]로써 풍자하였다가 인하여 이이첨(李爾瞻)·정조(鄭造)·윤인(尹訒)[97] 등에게 지적과 무함을 받고서 끝내 삭탈관직과 금고(禁錮)를 당하였다. 인조가 반정(反正)하자 첫 번째로 등용이 되었고 문장과 절행(節行)이 한 세상에 드러났다. 두 번 명(明)나라에 가서 명성을 중국에 떨쳤다. 선생은 호소사로 있었을 때에 공을 천거하여 경상좌도 의병 대장으로 삼았다. 선생은 일찍이 공을 칭찬하여, 문장에서 어깨를 견줄 자가 누구냐고 하셨다. 선생이 빙계(氷溪)[98]로 오시자 공은 여러 유생들을 거느리고 모임에 달려와서 경전의 뜻을

96 노(魯)나라의 성풍(成風)이라는 말 : 광해군의 생모이자 선조의 후궁인 공빈(恭嬪) 김씨(金氏)를 성풍에 비유한 것이니, 성풍은 춘추 시대 노나라 장공(莊公)의 첩이며 희공(僖公)의 생모이다. 성풍에 관련된 《춘추》의 기사는 주석가에 따라 해석이 다른데, 광해군을 비판하는 입장에 적합한 것은 호안국(胡安國)의 해석이다. 호안국은 《춘추》의 경문을 풀이하여, 자식이 첩과 적부인(嫡夫人)의 구분을 어지럽히는 참람한 예로써 아버지를 비천하게 하는 것에 대한 경계라고 하였다. 《胡氏春秋傳 卷15》

97 정조(鄭造)·윤인(尹訒) : 정조(1559~1623)는 자가 시지(始之), 본관이 해주(海州)이고 형조 참판 등을 역임하였다. 윤인(1555~1623)은 자가 인지(訒之), 본관이 파평(坡平)이고 대사간 등을 역임하였다. 이들은 대북파로 모두 폐모론을 주도하였다가 인조반정 때 처형되었다.

98 빙계(氷溪) : 빙계서원을 가리킨다. 빙계서원은 김안국(金安國)·이언적(李彦迪)을 추모하기 위해 건립되었고, 이민성의 부친인 이광준이 지금의 경상북도 의성군 춘산면 빙계리(氷溪里)로 옮겨 세운 서원이다. 김성일(金誠一)·유성룡(柳成龍)·장현광을 추향(追享)하였다.

강론하였고 인하여 서원의 규칙을 의논하여 정하였다. 장대서원(藏待書院)[99]에 제향되었다.【자손이 의성의 산운(山雲)에 거주한다.】

배경가 裵褧可 자는 장보(章甫)이고 호는 달천(達川)이며 성산(星山) 사람이니, 선조 경오(1570)생이다.

○공은 자품이 온화하고 굳세며 도량이 크고 넓어서 꼿꼿하고 청렴하여 출중한 행실이 있었다. 임진왜란에 전귀당(全歸堂) 서시립(徐時立), 괴헌(槐軒) 곽재겸(郭再謙)[100]과 함께 삼성암(三聖菴)[101]에서 의병을 일으켰다. 선생의 문하에서 배워 덕업을 성취하였으며 학문이 정밀하고 식견이 해박하고 밝으니, 동시대의 제현들이 모두 추중하였다. 선생이 별세하자 공은 제문에 이르기를

> "불초한 소자가 실로 인척 관계[102]가 되어 후한 은택을 많이 받았습니다. 예전부터 덕을 우러러 마음에 훈자(薰炙)하고 은혜를 입어 골수에 무젖으며 스승을 모시고 따른 것이 얼마나 많은 시일이었습니까."

하였다.【자손이 대구의 위남(渭南)에 거주한다.】

99 장대서원(藏待書院) : 신지제(申之悌)를 추모하기 위해 건립된 서원으로 지금의 경상북도 의성군 봉양면 장대리(藏待里)에 있다. 이민성・신원록(申元祿)・김광수(金光粹)를 추향(追享)하였다.

100 곽재겸(郭再謙) : 1547~1615. 자는 익보(益輔), 호는 괴헌이며 본관은 현풍(玄風)이다. 임진왜란에 김성일(金誠一)을 도와 모병과 군량 수집에 공을 세웠고, 정유재란에는 사촌 아우 곽재우(郭再祐)와 함께 화왕산성(火旺山城)을 방어하여 부호군(副護軍)에 임명되었다.

101 삼성암(三聖菴) : 대구・경북의 팔공산(八公山)에 있었던 암자로 지금은 그 옛터에 삼성정이라는 정자가 있다.

102 인척 관계 : 제문에 의하면 배경가는 장현광의 재종질(再從姪)이다.

이준성 李俊成 자는 수경(秀卿)이고 호는 덕계(德溪)이며 월성(月城) 사람이니, 선조 경오(1570)생이다.

○공은 타고난 자품이 순수하고 아름답고 부지런하고 착실하고 기개가 깨끗하며 총명이 절륜하여 문예가 일찍 성취되었다. 선생의 문하에 오르자 위기지학을 듣고서 요결(要訣)을 간직하고 익혀서 향당에서 추중되었다. 채산(蔡山) 권상규(權相圭)[103]가 지은 도사(都事) 이공(李公)[104]의 묘갈문에 이르기를 "일찍이 듣건대 선대인(先大人)인 덕계옹(德溪翁)이 여헌 장 선생에게 배워서 일찍 과거 공부를 그만두고 은거하며 학문을 돈독히 했다." 하였다.【자손이 청송(靑松)의 하속(下涑)에 거주한다.】

김대진 金大振 자는 이원(而遠)이고 호는 사우당(四友堂)이다. 은일(隱逸)로 찰방(察訪)을 지냈고 서흥(瑞興) 사람으로 한훤당(寒暄堂 김굉필(金宏弼)) 선생의 5대손이니, 선조 신미(1571)생이다.

○공은 태어나면서부터 특이한 자질이 있었는데, 장성하자 선생의 문하에서 배워 성리학을 강론하고 밝혀서 칭찬을 많이 받았다. 임진왜란에 망우당(忘憂堂) 곽재우(郭再祐)와 함께 의병을 모집해서 왜적을 막았다. 학행(學行)으로 천거되어 경기전 참봉(慶基殿參奉)에 제수되고 김천도 찰방(金泉道察訪)에 제수되었으나 나아갈 뜻이 없어서 벼슬을 버리고 호연(浩然)히 돌아왔다. 그리하여 도동서원(道東書院)[105] 근

103 권상규(權相圭) : 1874~1961. 자는 치삼(致三), 호는 채산・인암(忍庵)이며 본관은 안동(安東)이다. 1896년에 의병을 일으켜 활동하였고, 1910년 경술국치 이후 세상과 인연을 끊고 동서양 역사 서적을 읽었다. 저서로 《인암집(忍庵集)》이 있다.

104 도사(都事) 이공(李公) : 이준성의 장남인 이형원(李亨遠)으로 벼슬은 의금부도사(義禁府都事)였다. 《邁埜集 卷5 德溪李公行狀》

105 도동서원(道東書院) : 김굉필(金宏弼)을 제향하는 서원으로 대구 달성군 구지면

처에 정자를 짓고는 '관수(觀水)'라고 편액하였으니, 이는 맹자(孟子)의 '여울물을 본다'는 뜻[106]을 취한 것이었다.

일찍이 박종주(朴宗胄)[107]와 친하였는데, 그 집에서 밥을 먹을 적에 국에 구더기가 있자 박종주가 즉시 음식을 만든 계집종을 끌어내어 죽이려고 하였다. 공이 말하기를 "죽이나 버리나 똑같이 버리는 것이니, 차라리 나에게 주어 밥 짓고 물 긷는 수고를 돕게 하는 것이 낫지 않겠는가?" 하며 억지로 요구하니 한참 뒤에야 박종주가 허락하였다. 그리하여 즉시 데리고 오다가 고령(高靈)의 개진(開津)에 이르러서 계집종에게 지시하기를 "네 마음대로 하라." 하고는 풀어 주었다. 즉시 박종주에게 편지를 보내어 절교하고 평소 왕복한 기록을 뒤져서 모두 보내 버렸다. 뒤에 박종주가 망하자 그의 일당이 모두 연좌되었으나 공은 홀로 초연히 화를 면하였다.

선생께 올린 제문이 있고 유집(遺集)이 있다. 사미헌(四未軒) 장복추(張福樞)[108]가 지은 묘갈문에 이르기를

"공은 태어나면서부터 총명과 지혜가 비범하였고, 장성하자 우리 선조 여헌 선생을 따랐는데, 가솔을 데리고 이웃에 살면서 아침저녁

(求智面) 도동리(道東里)에 있다.

106 맹자(孟子)의……뜻 : 여울물을 보면 수원(水源)에 근본이 있음을 알 수 있다는 뜻으로, 《맹자》 〈진심 상(盡心上)〉에 "물을 구경하는 데에 방법이 있으니, 반드시 그 여울물을 보아야 한다.〔觀水有術, 必觀其瀾.〕"라고 하였다.

107 박종주(朴宗胄) : 1591~1623. 자는 언중(彦中)이고 본관은 고령(高靈)이다. 정언(正言)·수찬(修撰)·헌납(獻納) 등 청요직을 역임하였다. 광해군 때 대북(大北) 정권에 적극 참여하였다가 인조반정 이후에 처형되었다.

108 장복추(張福樞) : 1815~1900. 자는 경하(景遐), 호는 사미헌이며 장현광의 8대손이다. 여러 차례 벼슬을 제수받았으나 사양하고 학문과 강학에 전념하여 당대 영남의 큰 학자로 존경받았다. 《숙흥야매잠집설(夙興夜寐箴集說)》, 《가례보의(家禮補疑)》, 《사미헌집(四未軒集)》 등의 저술이 있다.

으로 훈도(薰陶)를 받았다. 경학을 강론하고 질정하면 견해가 탁월하여 사우(師友)들의 추중을 받았다."

하였다.【자손이 현풍(玄風)의 지동(池洞)에 거주한다.】

권응생 權應生 자는 명세(命世)이고 호는 노헌(魯軒)이다. 벼슬은 현감이며 안동(安東) 사람이니, 선조 신미(1571)생이다.

○공은 일찍이 선생에게 수학할 적에 뜻이 독실하고 학문에 힘써서 칭찬을 크게 받았다. 학행(學行)으로 천거되어 침랑(寢郞)에 제수되었는데, 얼마 안 있다가 광해군의 정사가 혼란한 때를 만나자 벼슬을 버리고 물러났다. 도내(道內)의 선비들과 함께 상주(尙州)에 모여서 항거하는 상소를 올려 영창대군의 억울함을 밝혔으며, 주목(朱穆)의 편지[109]를 써서 대북파(大北派)와 절교하였다. 공은 세 아들을 선생에게 보내어 수학하게 하였으며, 선생의 교명(敎命)을 받들어 《동경지(東京誌)》를 편찬하였다. 선생이 별세하자 공은 유문(遺文)을 편수하고 위패를 봉안하는 등의 일에 특별히 힘을 다하였다. 신체인(申體仁)[110]이 지은 공의 행장에 이르기를 "공은 일찍이 여헌 장 선생의 문하에서 수학하여 뜻이 독실하고 학문에 힘쓰니, 선생이 깊이 칭찬하셨다." 하였다. 공이 별세하자 당시의 제현들은 공에 대한 제문에 이르기를 "문장과 덕업이 사문(斯文)에 깃발을 세웠으며, 유림의 영수(領袖)가 되어서 후생들이 공경하였다." 하였다. 유집(遺集)[111]이 있다.【자손이 경

109 주목(朱穆)의 편지 : 절교의 편지를 뜻한다. 주목은 동한(東漢)의 학자로 당시 풍속의 천박함에 분개하여 〈절교론(絶交論)〉을 지었다. 또 〈유백종과 절교하면서 준 시〔與劉伯宗絶交詩〕〉가 전한다.

110 신체인(申體仁) : 1731~1812. 자는 자장(子長), 호는 회병(晦屛)이며 본관은 아주(鵝洲)이다. 이상정(李象靖)의 문하에서 수학하였으며, 저술로 《회병집(晦屛集)》, 《숭경록(崇敬錄)》 등이 있다.

주의 두류(頭流)에 거주한다.】

김진호 金震護 자는 고풍(古風)이고 호는 활계(活溪)이다. 일선(一善) 사람으로 매돈(梅墩) 번(藩)[112]의 아들이니, 선조 신미(1571)생이다.

○공은 타고난 자품이 탁월하여 겨우 열 살에 학문에 뜻을 두어 경서와 역사서를 두루 섭렵하여 대의를 통달하였다. 일찍이 감개(感慨)하여 말하기를

"사람이 세상에 태어날 적에 똑같이 성명(性命)을 부여받았으니, 학문이 공자·안자(顔子)만 못하고 문장이 한유(韓愈)·구양수(歐陽脩)만 못하면 똑같이 부여받아 사람이 된 의의가 어디에 있는가."

하였다. 장성하자 더욱 경(敬)을 주장하고 성(誠)을 보존하는 공부에 힘을 썼다. 선생이 일선(一善)의 월파촌(月波村)으로 와서 우거(寓居)하시자 공은 폐백을 올리고 뵈었는데, 대의를 듣고서 종신토록 가슴에 간직하여 친구들의 추중을 받았다.

선조 무오년[113]에 호남의 고경리(高敬履)[114]라는 자가 상소해서 본조

111 유집(遺集) : 아들인 권임(權恁), 증손인 권경명(權慶命)과의 합저인《두고세고(杜皐世稿)》가 있다.

112 매돈(梅墩) 번(藩) : 자는 창중(昌中), 호는 매돈이다. 퇴계 이황의 문인인 조목(趙穆)에게 수학하였다.

113 무오년 : 무신년(1608)의 오류이다.《광해군일기》즉위년(무신년) 4월 24일에 고경리가 올린 상소가 나오고, 김진호의 행장에도 무신년으로 되어 있다.《晦屛集 卷11 故處士活溪先生金公行狀》

114 고경리(高敬履) : 1559~1609. 자는 이척(而惕), 호는 창랑(滄浪)이고 본관은 장흥(長興)이다. 김장생(金長生)의 문인이다. 정철(鄭澈)과 성혼(成渾)을 두둔하는 상소를 올렸는데, 이 상소에서 정여창(鄭汝昌)·김굉필(金宏弼)·조광조(趙光祖)·이황(李滉)을 사현(四賢)으로 언급하며 이언적(李彦迪)을 제외한 것으로 인해 종신금고에 처하여졌다.

(本朝)의 오현(五賢)을 말하면서 회재(晦齋 이언적(李彦迪)) 이 선생을 헐뜯어 배척하자 공은 한 도의 유생들과 함께 그 모함받은 것을 변론했는데 문사가 통창(通暢)하고 의리가 확고하니, 상소문의 원본이 문집[115]에 남아 있다. 화강서원(華江書院)에 제향되었다.【자손이 선산의 봉계(鳳溪)에 거주한다.】

손흥운 孫興雲 자는 자룡(子龍)이고 호는 계은(溪隱)이다. 밀성(密城) 사람으로 상운(祥雲)의 아우이니, 선조 신미(1571)생이다.

○공은 성품이 본래 효성스럽고 우애하며 학식이 뛰어나서, 어버이를 섬김에 지극히 효도하여 그 뜻을 극진히 봉양하였으며 형 상운과 함께 폐백을 올리고 선생을 뵈어서 덕업을 성취하였다. 기해년(1599, 선조32) 봄에 선생이 임고(臨皐)에서 강장(講長)으로 제생들을 모아 경서의 뜻을 강론할 적에 물으시기를 "《논어》에는 성(誠)을 말하지 않았고 《대학》에는 의(義)를 말하지 않은 것은 어째서인가?" 하였다. 공이 대답하기를 "《논어》의 '충신을 주장함〔主忠信〕'이 바로 성이고, 《대학》의 '지선에 그침〔止至善〕'이 바로 의입니다." 하니, 선생은 훌륭하다고 칭찬하셨다.【자손이 영천의 이동(梨洞)에 거주한다.】

이수언 李秀彦 자는 사미(士美)이고 호는 추모헌(追慕軒)이다. 성산(星山) 사람으로 문과에 급제하여 김산 군수(金山郡守)를 지낸 여신(汝信)[116]의 7세 손이고 사헌부 지평(持平)을 지낸 요년(堯年)[117]의 손자이

115 문집 : 김진호의 《활계집(活溪集)》과 그 아버지 김번(金蕃)의 《매돈집(梅墩集)》, 아들 김암(金培)의 《완수재집(玩睡齋集)》을 모아 《일선세고(一善世稿)》로 간행되었다.

116 여신(汝信) : 성산 이씨 14세로 김산공파(金山公派)의 파조(派祖)이다. 이색(李

니, 선조 신미(1571)생이다.

○공은 타고난 자품이 뛰어났으나 과거 공부에 종사하지 않고 성봉(星峰) 아래에 은거해서 남이 알아주기를 바라지 않았으며 학문에 독실하고 행실에 힘썼다. 아우인 현감 수준(秀俊)과 함께 선생의 문하에 올라 많은 훈도를 받았다. 십사현(十四賢)[118]과 함께 선생을 위하여 부지암정사를 건축하여 스승을 높이고 도를 호위하는 정성이 독실하였다.【행장에 보인다.】

견산(見山) 장명상(張命相)[119]이 지은 묘갈문에 이르기를

"옛날 우리 선조이신 문강(文康) 선생이 낙동강 북쪽에서 도학을 강론할 적에 문하의 십오현(十五賢)이 스승을 위하여 정사를 부지암에 건축하니, 그 스승을 높이고 도를 호위한 정성이 어찌 우연이겠는가. 이공(李公) 휘 수언(秀彦)의 이름이 여섯 번째에 있다."

하였다.【자손이 칠원(漆原)의 가연(佳淵)과 선산(善山)의 임천동(林泉洞)에 거주한다.】

김취려 金就礪 자는 시가(試可)이고 호는 남강(南岡)이다. 벼슬은 판관(判官)이고 경주(慶州) 사람으로 노항(魯巷) 연(演)[120]의 아들이니, 선

穡)의 문하에서 수학하였고, 고려의 국운이 기울자 벼슬을 버렸다.

117 요년(堯年) : 자는 성수(聖壽)이고 계유(1513)생이다.

118 십사현(十四賢) : 이수언은 부지암정사의 상량문(上樑文)에 기재된 십오현(十五賢) 가운데 한 명이다.

119 장명상(張命相) : 1865~1937. 자는 성초(性初), 호는 견산이며 본관은 인동(仁同)이다. 장복추(張福樞)의 문인으로 예학에 밝았다. 《견산집(見山集)》 등의 저술이 있다.

120 노항(魯巷) 연(演) : 1552~1592. 자는 언홍(彦洪), 호는 노항이다. 임진왜란에 의병을 일으켜 영천성 수복에 참여하였고 경주 전투에서 전사하였다.

조 임신(1572)생이다.

○경신년(1620, 광해군12) 봄에 처음으로 선생의 문하에 나아가 《중용》과 《대학》을 배웠고 예설(禮說)과 리기설(理氣說)을 논변하여 지극한 칭찬을 받았다. 서낙재(徐樂齋 서사원(徐思遠))·박대암(朴大庵 박성(朴惺))·장청천(張聽天)[121]·권동봉(權東峰 권극립(權克立))·장만회(張晩悔 장경우(張慶遇))·정우헌(鄭愚軒 정사상(鄭四象))·정수암(鄭守庵 정사진(鄭四震)) 등 제현들과 함께 도학을 연구하고 성리설을 종합하여 고찰했다. 월담(月潭) 최여해(崔汝諧)는 말하기를 "김모(金某)는 지금 세상의 유종(儒宗)이다." 하였고, 낙재(樂齋) 서사원(徐思遠)은 말하기를 "영남에서 처음으로 훌륭한 풍도(風度)를 보았다." 하였다. 오졸재(吾拙齋) 박공(朴公)의 공에 대한 제문에 이르기를 "기운은 산악의 정기를 모았고 명망은 태산북두처럼 중하니, 충신(忠信)의 옛 모범이고 성현의 전승자였다. 큰 집의 동량(棟梁)이고 넓은 바다의 지주(砥柱)였다." 하였다. 척암(拓庵) 김도화(金道和)[122]가 지은 노항(魯巷)의 묘갈문에 이르기를 "취려라는 아들 하나를 두었으니 호는 남강이고 여헌 선생의 문인이다." 하였다.【자손이 영천의 황강(黃岡)에 거주한다.】

이민환 李民寏 자는 이장(而壯)이고 호는 자암(紫巖)이다. 문과에 급제하여 형조 참판을 지냈고 호성공신(扈聖功臣) 2등에 녹훈되어 이조판서에 추증되었으며 시호는 충간(忠簡)이다. 영천(永川) 사람으로 학

121 장청천(張聽天) : 장응일(張應一, 1599~1676)로 자는 경숙(經叔), 호는 청천당(聽天堂)이다. 장현광의 종제(從弟)인 장현도(張顯道)의 아들이며 장현광에게 입양되었다. 부제학·대사간 등을 역임하였다.

122 김도화(金道和) : 1825~1912. 자는 달민(達民), 호는 척암이며 본관은 의성(義城)이다. 유치명(柳致明)의 문인이며, 을미사변과 단발령에 항거하여 안동에서 의병을 일으켰다.

동(鶴洞) 광준(光俊)의 아들이고 경정(敬亭) 민성(民宬)의 아우이니, 선조 계유(1573)생이다.

○공은 타고난 자품이 영특하고 기국이 컸다. 어릴 때부터 배우기를 좋아하여 열 살에 《춘추》의 대의를 통달하였으며, 장성하자 경학에 침잠하여 해박하지 않은 것이 없었다. 별세하자 성상은 의례대로 부의를 하사하고 예관(禮官)을 보내어 조제(弔祭)하였다. 공은 형 경정공(敬亭公)과 함께 부지암정사에 가서 선생을 배알하니 이때[123] 선생이 성리설(性理說)을 지으셨는데, 공이 강론하고 의심나는 것을 질정하자 선생이 공의 조예가 깊음을 지극히 칭찬하셨다. 선생이 별세하자 제문을 가지고 와서 곡하기를 "돌아보건대 불초한 제가 여러 번 경계와 가르침을 받으니, 자리에는 봄바람 불고 문밖에는 눈이 쌓이는데,[124] 선생님 가까이에서 받들어 모셨습니다." 하였다. 유집(遺集)과 《박약집설(博約集說)》[125] 및 〈건주견문록(建州見聞錄)〉[126]의 여러 책이 있다.【자손이 의성의 산운(山雲)에 거주한다.】

윤홍선 尹弘宣 자는 백임(伯任)이고 호는 훈재(塤齋)이다. 진사시에

123 이때 : 위의 이민성의 조목에 의하면 계묘년(1603, 선조36)이다.

124 자리에는……쌓이는데 : 정명도(程明道)의 온화한 인품에 대한 고사와 정이천(程伊川)의 제자들이 스승을 공경한 고사를 인용한 것이다. 정명도를 만나고 돌아온 제자가 "내가 봄바람 속에서 1개월 동안 앉아 있었다." 하였으며, 정이천의 제자들은 명상하고 있는 스승을 떠나지 못하고 문밖에 눈이 한 자나 쌓일 때까지 옆에서 모시고서 있었다고 한다. 《近思錄集解 卷14 觀聖賢》

125 박약집설(博約集說) : 공자의 제자 안회(顏回)의 언행과 그 주석을 모아 편찬한 책이다.

126 건주견문록(建州見聞錄) : 건주의 만주족 상황을 기록한 것으로 이민환이 명과 후금 사이에 벌어졌던 심하전역(深河戰役)에 파견되었다가 포로가 되어 17개월 동안 억류되었을 때의 견문록이다. 《자암집(紫巖集)》 권6에 수록되어 있다.

합격하였고 파평(坡平) 사람이니, 선조 계유(1573)생이다.

○칠암(七巖) 김몽화(金夢華)[127]가 지은 행장에 이르기를 "박아(博雅)하고 훌륭한 선비로서 문강공 장 선생의 문하에 유학했다."[128] 하였고 또 말하기를 "김운천(金雲川)[129] 외 10여 명의 유현(儒賢)이 도의(道義)의 교분을 맺어서 장 선생의 문하에 왕래하니, 이때 선생이 금오서원(金烏書院)[130]을 이건(移建)하고자 하셨는데 공이 함께 그 일을 주간하였다." 하였다. 계축년(1613, 광해군5)에 선생이 남산서원(藍山書院)에 이르러 여러 학자들과 강론할 적에 공을 돌아보고 말씀하기를 "서로 멀지 않은 곳에 있는데 어찌 이처럼 만나기 어려운가. 그대의 말을 들어 보고 행실을 살펴보면 말과 행실이 서로 돌아본다고 이를 만하다." 하시고는 인하여 노(魯)나라에 군자가 있다는 감탄[131]을 하셨

127 김몽화(金夢華) : 1723~1792. 자는 성민(聖民), 호는 칠암이며 본관은 선산(善山)이다. 한성부 좌윤 등을 역임하였다.

128 박아(博雅)하고……유학했다 : 행장의 원문에는 '박아하고 훌륭한 선비로서 한강(寒岡)과 여헌 두 선생의 문하에 유학하여 서로 도의를 탁마(琢磨)하여 자신을 선하게 한 자들이 어깨를 나란히 하고 세상에 나왔는데 윤홍선도 그중 한 사람'이라고 하였다. 《七巖文集 卷3》

129 김운천(金雲川) : 김용(金涌, 1557~1620)으로 자는 도원(道源), 호는 운천이며 본관은 의성(義城)이다. 임진왜란이 일어나자 안동에서 의병을 일으켰고, 이조 좌랑·체찰사 종사관(體察使從事官)·여주 목사(驪州牧使) 등을 역임하였다. 선산 부사(善山府使)로 있을 때 금오서원을 이건하였다.

130 금오서원(金烏書院) : 야은(冶隱) 길재(吉再)를 추모하기 위해 금오산(金烏山) 밑에 건립한 서원으로 임진왜란 때 소실되었다가 남산(藍山) 기슭에 이건하였다. 김종직(金宗直)·정붕(鄭鵬)·박영(朴英)·장현광을 추가로 배향하였다. 남산서원(藍山書院)이라고도 하였으며 지금의 경상북도 구미시 선산읍(善山邑) 원리(院里)에 있다.

131 노(魯)나라에……감탄 : 사람을 칭찬하면서 그 부형(父兄)과 사우(師友)로 인해 덕을 이루었다고 말함으로써 칭찬을 지극히 하는 것이다. 공자가 제자 자천(子賤)에 대하여 "군자답다, 이 사람이여. 노나라에 군자가 없었다면 이 사람이 어디에서 이러한

다.【이 일이 《남원돈사록(藍院敦事錄)》에 기재되어 있다.】 공이 일생 동안 마음을 보존하고 일을 처리한 것을 선생이 자천(子賤)에 대한 공자의 가르침에 견주셨으니, 어찌 그럴 만한 이유가 없이 가벼이 허여하셨겠는가.【자손이 선산의 봉계(鳳溪)에 거주한다.】

우진 禹鎭 자는 정중(定重)이고 호는 수암(修庵)이다. 벼슬은 생원·진사시에 합격하여 주부(主簿)를 지냈고 단양(丹陽) 사람이니, 선조 계유(1573)생이다.

○공은 일찍 선생의 문하에 유학하여 문학과 훌륭한 행실로 세상에 알려졌는데, 선생이 별세하자 고을의 동지들과 함께 제문을 가지고 와서 곡하였다. 눌은(訥隱) 이광정(李光庭)[132]이 지은 공의 행장에 이르기를

"인조 갑자년[133]에 공은 군대를 거느리고 평양에 있는 도원수(都元帥) 장만(張晩)의 진영으로 달려가 계책을 세웠다. 적진을 대하여 화살과 포석(砲石)을 무릅쓰고 적 수십 명을 공격하여 죽였으며 승세를 타고 추격하여 황주(黃州)의 신교(薪橋)에 이르렀는데, 이때 피가 발목까지 뿌려지니 포탄이 다리를 뚫은 것이었다. 여러 사람들은 모두 놀라고 탄복하였다.

병자년에 남한산성에서 대가(大駕)를 호종하려고 하였는데, 가다가 조령(鳥嶺)에 이르러 화의가 이미 이루어졌다는 말을 듣고 통곡

덕을 취했겠는가.〔君子哉, 若人! 魯無君子者, 斯焉取斯?〕"라고 한 데서 나왔다.

132 이광정(李光庭) : 1674~1756. 자는 천상(天祥), 호는 눌은이며 본관은 원주(原州)이다. 벼슬을 여러 차례 사양하고 문장가로서 일생을 보내며 《망양록(亡羊錄)》 등의 주목할 만한 문장을 많이 지었다.

133 갑자년 : 이괄(李适)의 난이 일어난 1624년이다.

하고 피를 토하여 들것에 실려 고향으로 돌아왔다.”

하였다.【자손이 함양(咸陽)의 경백(敬白)에 거주한다.】

장내도 張乃度 자는 입보(立甫)이고 호는 검곡(儉谷)이다. 옥산(玉山) 사람으로 극명당(克明堂) 내범(乃範)의 아우이니, 선조 계유(1573)생이다.

○공은 타고난 자품이 깊고 후덕하며 기국이 커서 세상의 추중을 받았다. 임진왜란에 비록 곤경을 겪으며 유랑하는 중에도 마음가짐이 더욱 꿋꿋하고 바르며 몸을 단속함이 더욱 돈독하고 삼가니, 마을의 완악하고 비루한 사람들이 모두 교화되고 원근의 사우(士友)들이 한 번 덕스러운 모습을 가까이 보는 것을 영광으로 여겼다. 일찍이 선생의 문하에 유학하여 강론함이 깊고 지극하였는데 역학(易學)에 더욱 정밀하였다. 선생이 도설(圖說)을 지을 적에 반드시 공과 더불어 산수(算數)를 의정(擬定)하였다.【《옥산지(玉山誌)》에 기재되어 있다. ○자손이 인동의 성곡(省谷)에 거주한다.】

배상룡 裵尙龍 자는 자장(子章)이고 호는 등암(藤庵)이며 성산(星山) 사람이니, 선조 갑술(1574)생이다.

○공은 총명한 자질로 요결(要訣)을 강론하고 밝히는 것에 더욱 유념하였는데, 중간에 집안의 화(禍)[134]를 만나서 다시는 과거에 응시하지 않았다. 대부인(大夫人)을 봉양함에 사랑과 공경이 모두 지극하였으며, 아우 진사공(進士公 배상호(裵尙虎))이 집상(執喪)하다가 병이 나

134 집안의 화(禍) : 아버지인 경상우수사 배설(裵楔)이 칠천해전(漆川海戰)에서 도망한 죄로 참형된 것을 이른다. 배설은 뒤에 무공이 인정되어 선무원종공신 1등에 책록되었다.

서 어찌할 수 없는 지경에 이르자 공이 단지(斷指)하여 피를 내어서 먹여 온전하게 하였다. 장청천(張聽天 장응일(張應一))이 지은 묘지(墓誌)에 이르기를

"공은 일찍 한강(寒岡) 정 선생의 문하에 오르고 또 우리 선친에게 유학하여 두 문하를 출입하여 섬기기를 똑같이 하였다. 정묘년에 호란을 만나 우리 선친이 호소사(號召使)로 임명되시자 공은 군막으로 따라가서 군정(軍政)에 참여하여 결정했다."

하였다. 선생이 격문(檄文)을 초하라고 명하자 공은 곧바로 수천 자를 쓰니, 선생은 말씀하기를 "충분히 사람들로 하여금 감동하여 눈물을 흘리게 한다." 하셨다.【연보[135]에 보인다. ○자손이 성주의 후포(後浦)에 거주한다.】

신적도 申適道 자는 사립(士立)이고 호는 호계(虎溪)이다. 이조 참의에 추증되었고 아주(鵝洲) 사람으로 회당(悔堂) 원록(元祿)[136]의 손자이고 성은(城隱) 흘(仡)[137]의 아들이니, 선조 갑술(1574)생이다.

○선생은 공의 현에 부임하셨었다.[138] 공은 아우인 나재(懶齋) 열도

135 연보 : 배상룡의 문집인 《등암집(藤庵集)》의 연보를 가리킨다.

136 회당(悔堂) 원록(元祿) : 1516~1576. 자는 계수(季綏), 호는 회당이다. 조식(曺植)·주세붕(周世鵬)·이황(李滉)의 문인이다. 효성이 지극하여 정려(旌閭)가 세워졌으며, 장천서원(長川書院)을 건립하고 향약을 실행하고 빈민을 구제하는 등의 향내 사업을 벌였다.

137 성은(城隱) 흘(仡) : 1550~1614. 자는 구지(懼之), 호는 성은이다. 임진왜란에 의병을 일으켰고, 조정의 명으로 《난중사적(亂中事蹟)》을 편찬하였다.

138 공의 현에 부임하셨었다 : 장현광은 1603년에 의성(義城) 현령으로 부임하였는데 이때 문묘에서 경전(經傳)의 뜻을 강론하였고, 1604년에 파직되었다. 《旅軒續集 卷9 拜門錄》

(悅道)와 함께 성균관에 올라서 명성이 자자하였다.[139] 갑인년(1614, 광해군6)에 부모상을 거듭 만나 빈(殯)을 하고 장례하는 의절을 반드시 선생에게 여쭈어 행하였다. 3년 동안 시묘살이를 하고서 비로소 스승의 문하에 올라 《중용》·《대학》 두 책을 가져다가 장(章)마다 그림을 걸어 놓고 요결(要訣)을 강론하여 밝혔다. 일찍이 빙계(氷溪)의 수석(水石)을 좋아하여 장천서원(長川書院)을 세워서[140] 학문에 전념하는 곳으로 삼고 공부하는 과정을 엄격히 세워서 학교를 일으키고 인재를 양성하는 것에 힘썼다.

정묘호란에 선생이 호소사(號召使)로서 공을 의병장으로 차임하였는데, 화친했다는 말을 듣고는 군대를 해산하고 항거하는 소를 올려 화친을 배척하였다. 마침내 학산(鶴山)[141]의 미곡(薇谷)으로 들어가서 채미헌(採薇軒)을 짓고 날마다 《춘추》를 강론하니, 당시 사람들이 그를 칭찬하기를 "소주(韶州 의성(義城)의 옛 명칭)의 숲 골짜기에 대명(大明)의 해와 달이 떠 있다."[142] 하였다. 뒤에 사림들이 단구서원(丹邱書院)[143]에 제향하였다.【자손이 의성의 비정(飛亭)과 팔지(八智)에 거주한다.】

139 아우인……자자하였다 : 이는 신적도의 행장에 의하면 1606년의 일이다.

140 장천서원(長川書院)을 세워서 : 장천(長川) 가에 있던 장천서원을 빙계로 옮겨 건립한 것이다. 임진왜란으로 장천서원이 거의 무너졌는데, 그 터가 사람이 많이 다니는 곳이어서 학문에 전념하기에 적합하지 않으므로 빙계로 옮겼다고 한다. 《伊溪集 卷5 氷溪書院記》 옮겨진 서원은 빙계서원이라 하였다.

141 학산(鶴山) : 지금의 경상북도 의성군 옥산면(玉山面) 금학리(金鶴里)이다.

142 대명(大明)의……있다 : 명나라가 멸망하였지만 존주대의(尊周大義)의 명분을 지키고 있다는 뜻이다.

143 단구서원(丹邱書院) : 신적도·신달도(申達道)·신열도·신채(申埰)를 추모하기 위해 건립한 서원으로 지금의 경상북도 의성군 봉양면(鳳陽面)에 있었다.

정사물 鄭四勿 자는 역안(亦顔)이고 호는 곤봉(昆峰)이다. 직장(直長)에 추증되었고 오천(烏川) 사람으로 형양군(滎陽君) 습명(襲明)의 후손이고 공조 판서 광후(光厚)[144]의 8대손이니, 선조 갑술(1574)생이다.

○공은 아우인 쌍봉공(雙峰公 정극후(鄭克後))과 함께 선생의 문하에 수학하여 부지암정사에서 모시고 강학하면서 칭찬을 많이 받았다. 선생은 공의 자를 이름하기를 '역안(亦顔)'이라 하고 편지로 권면하였다.[145] 공은 자양동(紫陽洞) 선원(仙源)[146]의 상류에 덕연정(德淵亭)을 지어서 머물며 도를 강학하는 장소로 삼았다. 임진왜란에 참판공(參判公)[147]을 따라 흥해(興海)[148]에서 의병을 일으키고 곽망우당(郭忘憂堂 곽재우(郭再祐))과 화왕산성(火旺山城)에서 회맹하였다. 만년에 아우인 쌍봉공과 함께 이의당(二宜堂)이라는 정사를 곤계봉(昆季峰)[149] 아래에 건축하여 우애의 돈독함이 늙어도 쇠하지 않았다. 저서로는 유집(遺集 곤봉집

144 광후(光厚) : 1344~?. 고려 때 공조 판서를 역임하였고, 영천 지역 입향조(入鄕祖)이다.

145 자를……권면하였다 : 장현광은 정사물에게 보낸 편지에서, 《논어》에 종사하여 지극한 맛을 얻는다면 자신이 정사물의 자(字)를 역안(亦顔)이라 한 것도 자에 으레 쓰는 말이 되지 않을 것이라 하였다. 《旅軒集 卷4 答鄭亦顔》 역안은 '또한 안연(顔淵)과 같이 되라'는 뜻이니, 안연은 공자에게 사물(四勿)의 가르침을 받은 제자이다.

146 선원(仙源) : 지금의 영천시 임고면(臨皐面) 덕연리(德淵里)와 선원리(仙源里)를 지나 자호천(紫湖川)과 합류하는 선원천(仙源川)을 가리킨 듯하다.

147 참판공(參判公) : 정사물의 부친인 정삼외(鄭三畏, 1547~1615)이다. 임진왜란에 조운(漕運)의 공로가 있어 군자감 주부(軍資監主簿)에 제수되었으며, 호조 참판에 추증되었다.

148 흥해(興海) : 지금의 포항시 흥해읍을 중심으로 한 지역으로, 고려·조선 시대에는 군(郡)이었다.

149 곤계봉(昆季峰) : 지금의 경주시 안강읍(安康邑) 검단리(檢丹里)에 소재한 곤제봉이다. 이의당(二宜堂)은 그 북쪽의 대동리(大洞里)에 소재한다.

(昆峰集))과 《도통지(道統志)》[150] 및 《진방명현록(震方名賢錄)》이 있다. 〈석양부(夕陽賦)〉는 당시 사람들이 전하여 외어서 악부(樂府)에 기재되었다.[151] 선생에게 올린 제문에 이르기를 "소자가 우매하였는데 약관의 나이에 문하에 수학해서, 이끌어 주신 바를 공손히 받들어 의귀하게 되었습니다." 하였다.【자손이 경주의 하동(霞洞)에 거주한다.】

도세순 都世純 자는 후재(厚哉)이고 호는 암곡(巖谷)이다. 성주(星州) 사람으로 운재(雲齋) 균(匀)[152]의 증손이고 참의(參議) 몽기(夢麒)[153]의 아들이니, 선조 갑술(1574)생이다.

○공은 총명이 보통 사람보다 뛰어나고 문학이 일찍 성취되었다. 백씨인 행산공(杏山公)[154]과 함께 부지암에서 선생에게 수학하여 극기복례(克己復禮)하는 가르침을 듣고 종신토록 실천하였다. 임진왜란을 당하여 어버이를 업고 피난해서 나물과 열매를 채취하여 봉양하였는데, 이를 기록한 《용사일기(龍蛇日記)》가 있다. 선생이 《경산지(京山誌)》[155]를 편찬하도록 명하셨는데, 총명하여 옛것을 해박하게

150 도통지(道統志) : 성현들의 행적과 사상을 도통의 차례대로 기술한 책이다.

151 석양부(夕陽賦)는……기재되었다 : 《곤봉집(昆峰集)》의 행장에 "일찍이 최문창(崔文昌 최치원(崔致遠))의 〈영효부(詠曉賦)〉를 사랑하여 이를 본떠 〈석양부〉를 지으니, 당대 사람들이 전하여 외어서 악부에 기재되었다.〔嘗愛崔文昌《詠曉詞》, 作《夕陽賦》以擬之, 一時傳誦, 載之樂府.〕"라고 보인다. 악부는 본래 관청의 이름이고 시체(詩體)의 이름인데, 여기서는 악부의 범주에 속하는 시를 모은 책의 의미인 듯하다.

152 운재(雲齋) 균(匀) : 1483~1549. 자는 사전(士銓), 호는 운재이며 김굉필(金宏弼)의 문인이다.

153 몽기(夢麒) : 1542~1594. 자는 인숙(仁叔)이다.

154 행산공(杏山公) : 도세옹(都世雍, 1569~1626)으로 자는 시재(時哉), 호는 행산(杏山)이다.

155 경산지(京山誌) : 성주의 읍지이다. 도세순 등이 집필을 시작하였으나 완성하지

알고 식견이 공정하다는 칭찬을 많이 받았다.【성주 읍지(星州邑誌)에 기재되어 있다.】

등암(藤庵) 배상룡(裵尙龍)의 만사에 이르기를 "집안에서 행한 것은 공평함과 용서함을 위주하였고, 고을에서 의론을 내는 것은 공정함과 정직함에 힘썼다." 하였으며, 사미헌(四未軒) 장복추(張福樞)가 지은 묘갈문에는 "타고난 효도와 우애에 재주를 겸하였고, 고금에 해박하고 통달하여 대나무를 쪼개는 형세였다." 하였으니, 여기에서 당시에 공이 실천한 공정함과 지니고 있었던 해박함을 볼 수 있다.【자손이 성주의 수촌(樹村)에 거주한다.】

정논복 鄭論復 자는 극복(克復)이고 호는 지은(枝隱)이다. 동래(東萊) 사람으로 동평군(東平君) 종(種)[156]의 6대손이니, 선조 갑술(1574)생이다.

○공은 일찍 선생의 문하에 올라서 학업을 성취하였다. 임진왜란을 당하여 나이가 겨우 19세였는데, 성주에서 전전하여 팔공산(八公山)으로 들어가 의병을 모아 왜적을 토벌하고 인하여 북지(北枝)의 경계에 거주하였다. 만초(晩樵) 배두환(裵斗煥)이 지은 묘갈문에 이르기를 "공은 휘가 논복이고 자가 극복이니, 여헌 선생의 문인이다." 하였다.【자손이 경산(慶山)의 대정(大亭)에 거주한다.】

못하였고, 이도장(李道長)이 일을 맡았다가 그의 아들 이원정(李元禎)이 뒤를 이어 완성하였다.

156 동평군(東平君) 종(種) : 1417~1476. 자는 묘부(畝夫), 호는 오로재(吾老齋)이다. 이징옥(李澄玉)의 난과 이시애(李施愛)의 난에 공을 세웠으며, 동평군에 봉해지고 경주 부윤(慶州府尹)을 지냈다.

권도 權濤 자는 정보(靜甫)이고 호는 동계(東溪)이다. 안동(安東) 사람으로 문과에 급제하여 대사간(大司諫)을 지내고 이조 판서에 추증되었으며 시호가 충강(忠康)이니, 선조 을해(1575)생이다.

○천성이 강직하고 충실(忠實)하며 임금에게 선언(善言)을 아뢰고 그 잘못된 마음을 바로잡아서 아는 것이 있으면 모두 아뢰었다. 원종(元宗)의 시호를 의논할 때에[157] 계사(啓辭) 가운데 "성대한 덕과 큰 업적을 찾을 수 있는 자취가 없다."라는 등의 말이 있어서 남해(南海)[158]로 정배(定配)되니 정직하다는 명성이 조야(朝野)에 진동하였다. 당대의 유명하고 높은 공경(公卿)들이 강가에 나와 전별할 적에 모두 시로써 위로하였다. 상소하여 뇌물 수수 사건을 논하니, 대신들이 많이 공경하고 두려워하였으며, 도덕과 문장으로 세상에 유명하였다. 서울에서, 선생이 별세했다는 부음을 듣고 신위를 설치하여 애도를 표할 적에 사대부와 선비들이 많이 와서 조문하였는데, 조문객을 기록하여 선생의 본가로 보내었다.【신도비문에 보인다.】 완계서원(浣溪書院)[159]에 제향되었다. 문집이 세상에 유행하였다.【자손이 단성(丹城)의 단계(丹溪)에 거주한다.】

신달도 申達道 자는 형보(亨甫)이고 호는 만오(晩悟)이다. 문과에 급제하여 수찬(修撰)을 지내고 도승지에 추증되었으며 아주(鵝洲) 사람으

157 원종(元宗)의……때에 : 원종은 인조(仁祖)의 아버지인 이부(李琈, 1580~1619)로 인조 10년(1632)에 왕으로 추존되었는데, 이때 그의 시호를 개정(改正)하는 논의가 있었다.

158 남해(南海) : 권도의 행장에는 해남(海南)으로 되어 있다.《大山集 卷49 東溪權公行狀》

159 완계서원(浣溪書院) : 권도를 추모하기 위해 건립한 서원으로 권극량(權克亮)이 추가 배향되었다. 경상남도 산청군 신등면에 소재한다.

로 호계(虎溪) 적도(適道)의 아우이니, 선조 병자(1576)생이다.

○공은 십여 세에 이미 경전(經傳)과 자사(子史)를 통달하고 문장을 지으면 성대하게 옛사람의 기세가 있었다. 장성하자 선생을 뵙고 리(理)·기(氣)의 분합(分合) 등의 설을 강론하고 질정하였다. 갑자년(1624, 인조2) 이괄(李适)의 변란에 공은 차관(差官)으로서 즉시 부마(夫馬) 500필을 장만하여 기한에 민첩하게 맞추니, 사람들이 모두 훌륭하게 여겼다. 대간(臺諫)의 직책으로 훈재(勳宰)[160]가 교만하고 멋대로 행동하는 병폐를 논하였다가 상의 뜻을 거슬러 파직되니, 상이 크게 노하여 특명으로 체포하여 추고(推考)하게 하였다. 이때 정직하다는 명성이 조야에 진동해서 세상에서는 삼학사(三學士)라고 칭하였으니, 공과 윤공 황(尹公煌)[161]·조공 경(趙公絅)[162]을 가리킨 것이다. 부지암에서 선생과 문답한 것[163]이 있는데, 번거로워 여기에는 기록하지 않는다.【묘지(墓誌)에 보인다. ○자손이 의성의 탑리(塔里)에 거주한다.】

채선근 蔡先謹 자는 택중(擇仲)이고 호는 대곡(大谷)이다. 인천(仁川) 사람으로 시호가 정의공(貞義公)인 귀하(貴河)[164]의 후손이니, 선조 병

160 훈재(勳宰) : 인조반정의 공신이고 당시 병조 판서였던 이귀(李貴)를 가리킨다.

161 윤공 황(尹公煌) : 1572~1639. 자는 덕요(德耀), 호는 팔송(八松)·노곡(魯谷)이며 본관은 파평(坡平)이다. 대사간 등을 역임하였고 정묘·병자호란 때 척화를 주장하였다.

162 조공 경(趙公絅) : 1586~1669. 자는 일장(日章), 호는 용주(龍洲)이며 본관은 한양(漢陽)이다. 대제학, 형조 판서 등을 역임하였고 병자호란 때 척화를 주장하였다.

163 부지암에서……것 : 신달도의 문집인 《만오집(晩悟集)》 권7 〈남산문목(南山問目)〉과 《여헌속집(旅軒續集)》 권9 〈배문록(拜門錄)〉에 보인다. 위에 언급한 리·기의 분합(分合)에 관한 강론도 같은 곳에 보인다.

164 귀하(貴河) : 호는 다의당(多義堂)이다. 달성 출신으로 젊어서부터 영천의 정몽주와 교유하였고, 호조 전서(戶曹典書)를 지냈다. 고려가 망하자 개성의 두문동(杜門

자(1576)생이다.

○공은 타고난 자품이 온아(溫雅)하고 품성이 순정(純正)하였으며, 문학에서는 한번 보면 곧바로 이해하였다. 선고(先考)인 월애공(月涯公)[165]이 더욱 가르치고 감독하였으며 손수 '충신성경(忠信誠敬)' 네 글자를 써서 주었다. 아홉 살에 부친상을 당하니 상례를 성인과 같이 집행하였다. 홀어머니를 지성으로 섬겨서 도리에 지극히 합당하게 하고 형제들과 우애하며 친척들과 화목하였다. 경인년(1590, 선조23)에 외숙인 여헌 장 선생을 찾아가 배알하고 의심스러운 것을 질문하였다. 교리(校理) 이만규(李晩煃)가 지은 묘갈문에 이르기를 "인하여 머물러 수학하였는데, 선생은 그 뜻이 매우 독실함을 사랑하셨다." 하였다. 을사년(1605, 선조38)에 한 고을의 동지들과 약속하여 향교의 문묘(文廟)를 중건하였으며, 계축년(1613, 광해군5)에 연경서원(研經書院)[166]을 수리하고 학칙을 거듭 밝혀서 후학들을 권면하여 나아가게 하였다. 공이 별세하자 선생은 곡하고 만사에 이르기를 "그대의 재주로 중도에 요절하다니, 하늘의 뜻을 알 수 없도다." 하셨다.【자손이 달성의 연경(研經)에 거주한다.】

이뢰 李磊 자는 여안(汝安)이고 호는 구계(龜溪)이다. 벼슬은 선무랑(宣務郎) 군자감 판관(軍資監判官)이며 벽진(碧珍) 사람으로 경은(耕隱) 맹전(孟專)의 6대손이고 통정대부 학면정(鶴眠亭) 수겸(守謙)의 손자이

洞)과 황해도 평산(平山)에 은거하며 절의를 지켰다.

165 월애공(月涯公) : 채선근의 양부(養父)이자 장현광의 자형인 채응곤(蔡應鯤)으로 자는 복서(復瑞), 호는 월애이다.

166 연경서원(研經書院) : 이황(李滉)을 기리기 위하여 창건된 서원으로 정구(鄭逑)와 정경세(鄭經世)를 추가 배향하였고 별사(別祠)를 건립하여 전경창(全慶昌)과 이숙량(李叔樑)을 제향하였다.

고 성균 생원(成均生員) 대암(臺嵒) 희백(喜白)[167]의 아들이니, 선조 병자(1576)생이다.

○공은 뛰어난 자품으로 일찍 도가 있는 분을 찾아가서 깊이 생각하고 힘써 행하여 부지런히 위로 향하였다. 일찍 선생의 문하에 올라, 들어가서는 가정의 시례(詩禮)의 교훈을 받고 나와서는 사문(師門)의 도의(道義)의 의논을 받들어 지켰다. 덕기(德器)가 성취되고 학업이 깊게 나아가서, 심오한 성리(性理)에 대해서도 사문에 질정하여 여러 번 칭찬을 받았다. 선생이 별세하여 상여를 고향으로 모시고 돌아가게 되자 아우 정(晶),[168] 곤봉(昆峰) 정사물(鄭四勿)과 함께 선생께 올린 제문에 이르기를 "선생이 암재(巖齋)로 들어오실 적에 이 길을 왕래하신 것이 몇 해나 되었는지 모르겠습니다."[169] 하였다. 또 선생이 지은 〈학면정기(鶴眠亭記)〉에 이르기를 "생원(이희백)에게 능히 무궁한 복의 근원을 닦을 아들과 손자가 있다." 하시니, 사우(士友)들이 공경하고 존중하였다.【자손이 영천의 토동(土洞)에 거주한다.】

167 대암(臺嵒) 희백(喜白) : 1548~1608. 자는 백진(白眞), 호는 대암이다. 조호익(曺好益)의 문인이며 임진왜란 후에 임고서원(臨皐書院)을 중건하였다. 부친과 백부·숙부를 모시기 위해 학면정(鶴眠亭)이라는 정자를 지었다.

168 아우 정(晶) : 벽진 이씨 족보에 의하면 이뢰의 친아우는 없고 사촌 아우로서 이상백(李尙白)의 아들 이정(李晶)이 보인다.

169 선생이……모르겠습니다 : 이는 제문의 원문에 "선생이 임고(臨皐)에서 암재(巖齋)로 들어오실 적에 작은 수레로 이 길을 왕래하신 것이 몇 해나 되었는지 모르겠으며, 이 동(洞)의 연장자와 젊은이가 모두 모여 달려가서 우러러 바라보며 풍성(風聲)을 들어서 심취하고 덕에 훈도되어 개과천선한 자가 또한 몇 명인지 모르겠습니다.〔先生之自臨皐入巖齋也, 小車之來往此路者, 不知其幾年, 而是洞之長少, 咸集奔走, 仰望聞風, 而心醉薰德而改善者, 亦不知其幾人.〕"라고 되어 있다. '임고에서 들어왔다'고 하였으므로 여기의 '암재'는 입암정사(立巖精舍)를 가리키는 것으로 보인다. 《旅軒先生續附錄》

조준도 趙遵道 자는 경행(景行), 호는 방호(方壺)이다. 벼슬은 우통례(右通禮)이고 함안(咸安) 사람으로 어계(漁溪)[170]의 5대손이니, 선조 병자(1576)생이다.

○공은 정렬(貞烈)을 대대로 물려받아 자품이 고결하였으며 스승을 따르고 벗을 사귀어 학문에 힘을 다하였다. 갑자년(1624, 인조2) 8월에 부지암에서 폐백을 올리고 선생을 뵈어 당제(堂弟)인 간송(澗松) 임도(任道)와 함께 《심경부주(心經附註)》와 《대학연의(大學衍義)》의 의심스러운 뜻을 질문하였다. 정묘호란에 선생이 호소사(號召使)가 되시어 공을 의병장으로 차임하였다. 갑술년(1634, 인조12)에 종제(從弟)인 치원(致遠)과 함께 선생을 원회당(遠懷堂)에서 뵙고[171] 연일 강학하고 토론하였다. 정축년(1637, 인조15) 9월에 선생의 부음을 듣고 아들 함일(咸一)을 보내어 가서 곡하고 장례를 치르게 하니, 이때 병이 들어 몸소 가지 못해서 고을의 선비로 하여금 제문을 지어 대신 제수를 올리게 하였다. 유집(방호집(方壺集))이 있다.【자손이 청송의 안덕(安德)에 거주한다.】

신활 申活 자는 경탁(景濯), 호는 죽로(竹老)이다. 영해(寧海) 사람이니, 선조 병자(1576)생이다.

○공은 장성하자 선생을 사사하여 예로써 자신을 다스렸으며, 벼슬

170 어계(漁溪) : 조려(趙旅, 1420~1489)로 자는 주옹(主翁), 호는 어계이다. 생육신의 한 사람이다.

171 치원(致遠)과……뵙고 : 치원(致遠)은 앞에 언급한 간송(澗松) 조임도(趙任道)이다. 조임도의 자는 본래 치원(致遠)이었는데 만년에 덕용(德勇)으로 고쳤다. 《간송별집》 권1 〈취정록(就正錄)〉과 《여헌속집》 권9 〈언행일록략(言行日錄略)〉에 이때의 기록이 있다. 원회당(遠懷堂)은 장현광이 강학하던 곳으로 지금의 구미시 선산읍 생곡리에 소재하였다.

에 나아가려는 생각이 적었고[172] 별도로 서숙(書塾)을 짓고서 날마다 강학하기를 그치지 않았다. 부모의 상에 매우 엄격히 예제(禮制)를 따라서 3년 동안 시묘살이를 하였다. 일찍이 곽충익(郭忠翼 곽재우(郭再祐))의 막하에 달려가서 의병대를 굳게 결성하였다.[173] 인조 초기에 훈신들이 권력을 행사해서 잘못된 정사를 다 개혁하지 못하였는데, 공이 이에 봉사(封事) 만여 자를 써서 올리니, 말씀이 매우 간절하였다. 선생에게 올린 편지에 상례(喪禮)에 대한 문목(問目) 여러 조항이 있다.【행장에 보인다. ○자손이 영해(寧海)의 미곡(美谷)에 거주한다.】

이수준 李秀俊 자는 사호(士豪), 호는 □□이다. 문과에 급제하여 현감을 지냈고 성산(星山) 사람으로 추모헌(追慕軒) 수언(秀彦)의 아우이니, 선조 병자(1576)생이다.

○공은 타고난 자품이 순수하고 아름답고 재주와 지혜가 비범하였다. 형인 추모헌 수언과 함께 일찍 선생의 문하에 올라 많은 훈도를 받아서 지위와 명망이 모두 높았다. 향교와 서원을 창건하고 수리하니 사림들이 추앙하였다.【세보(世譜)에 보인다. ○자손이 약목(若木)과 성주(星州)에 거주한다.】

정극후 鄭克後 자는 효익(孝翼)이고 호는 쌍봉(雙峰)이다. 벼슬은 대군사부(大君師傅)이며 오천(烏川) 사람으로 고려 때 지주사(知奏事)를

172 벼슬에……적었고 : 원문의 '薄進就念'은 신활의 묘지문에 "벼슬에 나아가려는 생각이 적어서 비록 여러 번 향시(鄕試)에 합격하였으나 혹여 성시(省試)를 보러 가지 않았다.〔薄進取念, 雖屢捷解額, 或不赴省試.〕"라고 되어 있다. 《竹老集 卷4 墓誌銘》

173 곽충익(郭忠翼)의…… 결성하였다 : 행장에 아버지를 따라 화왕산성(火旺山城)으로 갔다고 하였다. 《竹老集 卷4 行狀》

지낸 형양군(滎陽君 정습명(鄭襲明))의 후손이니, 선조 정축(1577)생이다.

○공은 타고난 자품이 호매(豪邁)하고 재주와 지혜가 비범하였다. 형인 곤봉공(昆峰公 정사물(鄭四勿))과 함께 선생에게 종유(從遊)하며 배우니, 선생이 한번 보고 기특하게 여겨 매번 책상을 마주하여 강론할 때마다 나를 흥기시킨다는 감탄을 자주 하시고 붕우의 예로써 대하였다. 물러간 뒤에는 왕래한 서신이 모두 절차탁마하는 내용이었다. 선생이 별세하자 제문을 지어 곡하기를

> "학문에 어두운 소자가 일찍 개발(開發)의 가르침을 받아서, 문하에 출입한 지가 삼십여 년이 되었습니다. 비록 노둔한 재주를 다하였으나 엉성함이 예전과 똑같으니, 항상 불초하여 선생님의 교육을 저버릴까 두려워합니다."

하였다. 문집(쌍봉집(雙峰集))이 있다. 성산서원(聖山書院)[174]에 제향되었다.【자손이 경주의 하곡(霞谷)에 거주한다.】

강홍중 姜弘重 자는 임보(任甫)이고 호는 도촌(道村)이다. 문과에 급제하여 감사(監司)를 지냈으며 진주(晉州) 사람이니, 선조 정축(1577)생이다.

○공은 온몸에 재주가 충만하고 몸가짐이 온아(溫雅)하였으며, 경학을 전하는 가업(家業)에 종사하여 훌륭하게 가문의 명성을 이루었다. 일본에서 부사(副使)의 직책을 받드니[175] 오랑캐들이 깨끗한 지조

174 성산서원(聖山書院) : 정극후를 추모하기 위하여 건립한 서원으로, 흥선대원군 때 훼철되어 강당만 남아 있다가 성산서당으로 개칭되었다. 경주시 안강읍 하곡리에 소재한다.

175 부사(副使)의 직책을 받드니 : 원문의 '승윤(承綸)'은 자세하지 않으나 '사신의 보좌 역할을 받들었다'는 뜻인 듯하다. 강홍중은 1624년(인조2)에 회답사(回答使)의 부사로서 일본에 갔다.

에 탄복하였으며, 홍양(洪陽 홍주(洪州))에서 수령을 맡으니 관리와 백성들이 인자한 풍도를 그리워하였다.[176]【강원 감사(江原監司)[177] 교유문(敎諭文)에 나온다.】

선생께 올린 제문에 이르기를

"진실로 선생이여, 참으로 대성하셨습니다. 돌아보건대 용렬한 저는 일찍이 선생의 고상한 풍도를 존경하고 사모하였습니다. 지난번 임금의 은혜를 받들어 절월(節鉞)을 받들고 동쪽에 왔습니다. 마땅히 여가를 기다려 오래도록 문하에서 모시려 하였는데, 어찌 하룻밤에 갑자기 별세하실 줄을 알았겠습니까."

하였다.【《여헌속집》〈부록〉[178]에 보인다. ○자손이 □…□에 거주한다.】

최팽수 崔彭壽 자는 덕경(德卿)이고 호는 낙지(樂芝)이다. 경주(慶州) 사람으로 문창후(文昌侯) 고운(孤雲 최치원(崔致遠)) 선생의 25대손이니, 선조 정축(1577)생이다.

○공은 천성이 너그럽고 후덕하고 지조가 확고하였다. 지난번 임진왜란으로 인하여 자손이 흩어져 사니, 공의 풍모와 일과 행실은 불분명하여 자세히 알 수 없다. 참봉 권병락(權丙洛)이 지은 묘갈명에 이르기를

176 오랑캐들이……그리워하였다 : 정두경(鄭斗卿)이 지은 강홍중의 묘비에, 일본에서 "관백(關白) 및 연로(沿路)에서 바치는 금은과 잡화(雜貨)가 아주 많았는데도 하나도 받지 않았다. 그러자 오랑캐들이 모두 공경하면서 소중히 여기었다."라고 하였고, 홍주 목사(洪州牧使)가 되었을 적에 "정사를 폄에 있어서 청렴함과 간략함을 위주로 하여 다스리자, 고을 사람들이 거사비(去思碑)를 세워 기렸다."라고 하였다. 《동명집 권14 악군인 강원도 관찰사를 지내고 이조 판서에 추증된 강공의 묘비》

177 강원 감사(江原監司) : 강홍중은 1633년에 강원도 관찰사(감사)에 제수되었다.

178 여헌속집 부록 : 원문의 '속부록(續附錄)'은 《여헌선생속부록(旅軒先生續附錄)》을 가리키는 듯하나 강홍중의 제문은 《여헌속집》에 실려 있다. 아래 여이재(呂爾載)의 조목에서 "續集附錄"이라 하였으니, 여기서도 "續集附錄"이 되어야 할 듯하다.

"내가 일찍이 고로(古老)에게 전해 오는 말을 들으니, 공이 여헌 장 선생에게 인정을 받아서 선생이 입암(立巖)에 오고 가실 적에 반드시 공을 방문하여 그대로 지난 적이 없으셨다고 한다. 반드시 단정한 벗을 취하는 장 선생이 어찌 까닭 없이 그러셨겠는가."

하였다. 담재(淡齋) 장일상(張一相)이 지은 낙지정(樂芝亭)[179] 상량문에 이르기를

"문창후를 선조로 하여 집안에서 대대로 본 바가 있으니 금장(金莊)에서 이 마을로 이주해 오고, 여옹(旅翁)을 사사하여 학문이 연원(淵源)의 전승(傳承)이 분명하게 되었으니 입암의 강당에 가서 선생을 모셨다."

하였다.【자손이 영일(迎日)의 지동(芝洞)에 거주한다.】

박춘우 朴春遇 자는 양중(陽仲)이고 호는 구봉(九峰)이다. 무과에 급제하여 훈련원 주부(訓鍊院主簿)와 선산 부사(善山府使)를 지냈으며 밀양(密陽) 사람이니, 선조 정축(1577)생이다.

○공은 타고난 자품이 순수하고 아름답고 영특하고 호걸스러웠으며 충신(忠信)하고 근신(謹愼)하며 효도와 우애를 함께 겸비하였는데, 양친의 상을 당하자 3년 동안 시묘살이를 하였다. 관직에 있을 때 시무(時務) 열두 조항을 아뢰어서 자못 훌륭한 명성이 있었다. 일찍 선생의 문하에 올라 학문을 하는 요점을 듣게 되었고 성리서(性理書)와 《심경(心經)》, 《근사록(近思錄)》의 뜻을 잠심하여 연구했다.【세보(世譜)에 보인다. ○자손이 영일의 기계(杞溪)에 거주한다.】

179 낙지정(樂芝亭) : 지금의 포항시 북구 죽장면 지동리(芝洞里)에 소재한다. 인근의 죽장면 입암리는 입암서원이 소재하는 곳이다.

김효가 金孝可 자는 공계(公繼)이고 호는 졸정(拙亭)이다. 벼슬은 사헌부 감찰(司憲府監察)이고 의성(義城) 사람으로 문정공(文貞公) 동강(東岡)[180] 선생의 아들이니, 선조 무인(1578)생이다.

○공은 타고난 성품이 효도하고 우애하고 공손하고 검소해서, 분잡하고 화려한 것을 좋아하지 않았으며, 전원에서 수양하고 거처하면서 즐거워하고 근심을 잊어서 쓸쓸한 초가집에 다만 무릎이나 겨우 들어가는 작은 방에서 살았다. 일찍이 작은 정자를 짓고 '졸정(拙亭)'이라 하고는 작은 못을 파고 연꽃과 대나무를 심어서 그곳에서 노년을 마칠 계획이었다. 자손을 교훈함에 의로운 방법을 잃지 않았다. 괴산(槐山)과 강음(江陰)의 수령을 역임하고 또 사헌부 감찰에 제수되었는데, 관직에 오래 있지 않았다. 선생을 사사하여 성리학을 배우고 한결같이 자신을 감추고 은거하여 득실을 마음에 두지 않았다. 이 때문에 명성과 지위가 그리 높지 않으니, 식자들이 애석히 여겼다.【자손이 성주의 칠봉(七峰)에 거주한다.】

심익 沈瀷 자는 순부(純夫)이고 호는 만송(晩松)이다. 문과에 급제하여 이참(吏參)을 지냈고 청송(青松) 사람이니, 선조 무인(1578)생이다.

○공은 타고난 자품이 순수하고 문예가 일찍 성취되었다. 선생을 사사하여 나재(懶齋) 신열도(申悅道), 쌍봉(雙峰) 정극후(鄭克後), 백암(栢巖) 안응창(安應昌), 성재(省齋) 권봉(權崶), 수암(修巖) 유진(柳袗) 등 여러 현자와 도의를 강마하였다. 타고난 성품이 호매(豪邁)하고 효성과 우애가 돈독하고 지극하였다. 세상의 변고가 비상해서

180 문정공(文貞公) 동강(東岡) : 김우옹(金宇顒 1540~1603)으로 자는 숙부(肅夫), 호는 동강·직봉포의(直峰布衣), 시호는 문정(文貞)이다. 조식(曺植)의 문인이며 이조 참판, 한성 좌윤, 대사성, 대사헌 등을 역임하였다.

윤리가 무너지자 개연히 항소(抗疏)를 올리고자 하였으나 구중궁궐이 너무 깊어서 뜻을 이루지 못하니, 즉시 관직을 버리고 가족들을 데리고 돌아가서 천수를 마쳤다. 선생께 올린 제문에 이르기를

"미련하고 어리석은 소자가 여러 해 동안 학업을 물었습니다. 글로 지식을 넓혀 주시고 예로 행실을 단속하게 하심에 도야(陶冶)하고 훈목(薰沐)하였습니다. 재능이 없어 훌륭한 재목이 못 되는데 어찌 바른 법도를 따르겠습니까."

하였다.【자손이 산청의 묵곡(默谷)에 거주한다.】

서시립 徐時立 자는 입지(立之)이고 호는 전귀당(全歸堂)이다. 호조좌랑(戶曹佐郞)에 추증되었으며 달성(達城) 사람이니, 선조 무인(1578)생이다.

○공이 일찍이 부지암정사로 가서 선생을 배알하고 의심스러운 뜻을 강론하고 질정하니, 선생이 크게 칭찬하셨다. 또 입암에 왕래하니, 선생이 여러 번 권면하셨다. 성품과 행실이 순박하고 선량해서 어렸을 때부터 효성으로 부모를 봉양하여 칭찬받았다. 판부사(判府使) 김공 윤안(金公允安)[181]이 와서 모부인 강씨(康氏)를 축수하고 백안정사(百安精舍)[182]를 지어 주었으며, 고을의 인사가 또 전귀당(全歸堂)을 지어서 오봉(五峰) 이호민(李好閔)[183]의 편액을 게시하였다. 효도와 학문으

181 김공 윤안(金公允安) : 1562~1620. 자는 이정(而靜), 호는 동리(東籬)이며 본관은 순천(順天)이다. 유성룡(柳成龍)의 문인이며 대구 부사, 대사간을 역임하였다.

182 백안정사(百安精舍) : 김윤안의 문집인 《동리집(東籬集)》 연보에 의하면, 1614년에 효자 서시립을 위해 그가 거주하는 백안촌(百安村)에 백안정(百安亭)을 지었다.

183 이호민(李好閔) : 1553~1634. 자는 효언(孝彦), 호는 오봉(五峯)·남곽(南郭)·수와(睡窩)이며 본관은 연안(延安)이다. 임진왜란 때 요양(遼陽)에 가서 명나라의 지원을 요청하였고, 예조판서·대제학·좌찬성 등을 역임하였다. 이호민은 서시립의

로 천거되어 참봉에 제수되었다. 효행・우애・권학(勸學)・수기(修己)의 네 잠(箴)과 손수 기록한 실기(實記)와 시문이 있다. 뒤에 정려(旌閭)의 명을 받았고 백원서원(百源書院)[184]에 제향되었다.【자손이 대구의 도동(道洞)에 거주한다.】

송시영 宋時詠 자는 지흥(志興)이고 호는 사전(砂田)이다. 야성(冶城) 사람으로 야계(倻溪) 충숙공(忠肅公) 희규(希奎)[185]의 현손이고 송간(松磵) 광정(光廷)[186]의 아들이니, 선조 기묘(1579)생이다.

○공은 어려서 맑고 순수하고 총명하여 남의 글 읽는 소리를 들으면 번번이 묵묵히 생각하여 이해하였으며, 서책이 어지러이 흩어진 것을 보면 반드시 정돈하여 소중히 보관하였다. 공부를 시작하자 번거롭게 가르치고 감독하지 않아도 스스로 능히 경서의 구두를 떼고 뜻을 분별하였다. 여헌 선생에게 종유(從遊)하며 배우게 되자 의심스러운 예(禮)를 논변하고 질정하였고, 물러가서는 문생・자제들과 서로 강론하고 질정하였다. 선생의 대를 이은 아들 청천당(聽天堂) 응일(應一)이 공의 매형이 되었으므로 이로 인해 더욱 끊임없이 왕래하게 되었다.【행장에 보인다.】 공은 일찍이 문장을 잘한다는 명성이 있었고 필법이 또한 정묘하니, 세상에서는 막 관각(館閣)의 고수에 견주었으나 강사(强仕)의 나이에 마침 광해군이 인륜을 무너뜨리는 때를 당하였다.[187]

집을 방문하여 그의 효도를 칭찬하는 시를 짓고 그 당을 전귀(全歸)라고 이름하였다고 한다.《晦堂集 卷29 全歸堂徐公文集跋》

184 백원서원(百源書院) : 전귀당과 함께 지금의 대구 동구 도동에 소재한다.

185 희규(希奎) : 1494~1558. 자는 천장(天章), 호는 야계산옹(倻溪散翁), 시호는 충숙(忠肅)이다. 홍해 군수, 사헌부 집의, 대구 부사 등을 역임하였다.

186 송간(松磵) 광정(光廷) : 1556~1607. 자는 찬재(贊哉), 호는 송간이다. 정구(鄭逑)의 문인이고 벼슬은 부사(府使)에 이르렀다.

인조의 청명한 때를 만나서는 장차 훌륭한 일을 할 수 있을 듯하였는데, 공은 병에 걸려 세상을 떠나고 말았다.【자손이 성주의 고산(高山)에 거주한다.】

장내정 張乃貞 자는 정보(貞甫)이고 호는 수훈재(守訓齋)이다. 벼슬은 군수이고 인동(仁同) 사람으로 죽정(竹亭) 선생 잠(潛)의 증손이니, 선조 기묘(1579)생이다.

○공은 어렸을 때부터 선생의 문하에 수학하여 직접 요결(要訣)을 받고 칭찬을 많이 받았다. 모든 배운 것을 몸에 체행하여 일생 실용하는 바탕으로 삼았다. 동문인 십오현(十五賢)과 의논하여 부지암정사를 세워 선생이 머물며 도를 강학하는 장소로 삼았다. 선생이 별세한 뒤에 산적한 많은 일을 조간송(趙澗松 조임도(趙任道))·김학사(金鶴沙 김응조(金應祖))·유수암(柳修巖 유진(柳袗))·장남파(張南坡 장학(張嶨)) 등 여러분과 하나하나 조치하며 마음과 힘을 다해서 부모와 임금처럼 스승을 섬기는 정성을 끝마쳤다.【자손이 인동의 각산(角山)에 거주한다.】

김광계 金光繼 자는 이지(以志)이고 호는 매원(梅園)이다. 교관(教官)에 천거되었으며 광산(光山) 사람으로 문순공(文純公) 후조당(後凋堂)[188]의 손자이니, 선조 경진(1580)생이다.

○공은 광해군의 혼조(昏朝)를 만나 문을 닫고 은둔하였다가 인조가

187 강사(强仕)의……당하였다 : '강사의 나이'는 마흔 살을 이른다. 송시영이 마흔 살이 된 1618년에 광해군은 폐모론에 따라 인목대비(仁穆大妃)를 서궁(西宮)에 유폐시켰다.

188 문순공(文純公) 후조당(後凋堂) : 김부필(金富弼, 1516~1577)로 자는 언우(彦遇), 호는 후조당, 시호는 문순(文純)이다. 이황(李滉)의 문인이며, 벼슬을 사양하고 학문에 정진하였다.

반정한 뒤에 감사가 학행으로 교관과 재랑(齋郎)에 천거하였으나 모두 취임하지 않았다. 병자호란에 고을 사람들이 의병장으로 추대하자 행군하여 죽령(竹嶺)[189] 밑에 이르렀는데, 남한산성을 지키지 못했다는 말을 듣고 서쪽을 향하여 통곡하고 돌아와서 숭정처사(崇禎處士)[190]로 일생을 마쳤다. 공이 선생에게 올린 제문에 이르기를

저 소자는	曰余小子
일찍 선생의 가르침을 받들어	早承謦咳
높은 풍도를 공경하고 우러른 지가	欽仰高風
삼십여 년이었습니다	三十餘年
세속의 잡된 일에 골몰하여	汩沒塵冗
세월이 흘러가니	歲月推遷
책 상자를 짊어지고 스승을 따르던	負笈從師
옛사람에게 부끄러웠습니다	有愧古人
의심스러운 것을 질정할 길이 없는 것은	無路質疑
오랫동안 인자(仁者)를 가까이하지 못해서니	久未親仁
병자년 여름에	丙子之夏
남쪽으로 가기로 결심하였습니다	決意南征
문하에 명함을 올리자	投刺門下
선생께서는 기꺼이 나와 맞이하셨습니다	欣然出迎
조용히 모시고서	陪奉從容

189 죽령(竹嶺) : 원문의 '영(嶺)'은 김광계의 《매원일기(梅園日記)》에 의하면 죽령을 가리킨다.

190 숭정처사(崇禎處士) : 명나라가 멸망한 뒤에 절의를 지켜 은거한 처사를 이른다. 숭정은 명나라의 마지막 황제인 의종(毅宗)의 연호이다.

열흘 동안 머무르니	留止旬日
선생의 덕기에 훈도되어	德氣薰人
마음으로 기뻐하고 진실로 복종하였습니다	心悅誠服
물러나 오두막에 살면서	退伏衡門
선생을 향하는 마음 더욱 간절하니	嚮往益切
정성이 감통해서	精誠感通
꿈에서도 뵈었습니다.	夢寐相接
행여 자주 뵈어	庶幾源源
학업을 마치고자 하였는데	以期卒業
갑자기 의귀할 곳을 잃으니	遽失依歸
소자가 어디에 의탁하겠습니까	小子何托

하였다.【자손이 안동의 오천(烏川)에 거주한다.】

신영도 申泳道 자는 여함(汝涵)이고 호는 별담(鱉潭)이다. 통덕랑(通德郎)이고 아주(鵝洲) 사람으로 호계(虎溪) 적도(適道)의 종제이니, 선조 경진(1580)생이다.

○공은 일찍 선생의 문하에 올라서 문학과 훌륭한 행실이 세상에 알려졌다. 선생이 별세하자 제문을 가지고 와서 제사하였다. 《의성승감(義城勝鑑)》[191]에 이르기를 "공은 일찍 여헌 장현광의 문하에 유학하였는데, 문학이 정밀하고 심오하여 사림의 중망(重望)이 있었다." 하였다. 집안에 대대로 전하는 〈세덕편(世德編)〉[192]에 이르기를

191 의성승감(義城勝鑑) : 의성의 읍지(邑志)로 1962년에 박재구(朴在九)·임태순(任台淳)이 편찬한 《의성승감(義城勝鑑)》 권2 〈인물(人物)〉에 인용한 내용이 보인다.

192 세덕편(世德編) : 《아주 신씨 회당공파 세보(鵝洲申氏悔堂公派世譜)》 〈세덕편〉

"공은 회당(悔堂) 원록(元祿)의 손자이고 홍계(興溪) 심(伈)[193]의 아들이니, 타고난 성품이 명민하고 뜻과 기개가 강하고 굳세어 가정의 효도하고 우애하는 도리를 이어받고 경사(經史)와 시례(詩禮)의 학문을 통달하였다. 겨우 열세 살에 임진왜란의 변고를 당하여 별곡담(鱉谷潭) 주변에서 병란을 피하고 인하여 호를 삼았으며 과거 공부에 종사하지 않았다. 여헌 선생의 문하에 나아가 폐백을 바치고 배알하여 질의하고 문난(問難)하여 마음으로 터득한 것이 많이 있었다."

하였다. 선생이 별세하자 지어 올린 제문에 이르기를 "의귀할 곳이 없으니, 문을 닫고 병을 다스리며 여생을 마치겠습니다." 하였다.【자손이 의성의 원흥(元興)에 거주한다.】

주선원 周善元 자는 지언(止彦)이고 호는 우재(于齋)이다. 벼슬은 판결사(判決事)이고 상주(尙州) 사람이니, 선조 경진(1580)생이다.

○공은 일찍 선생의 문하에 유학하여 경전에 마음을 다하여 학식이 해박하고 실천이 독실하니, 선생이 매양 청백한 은군자로 추중하고 인정하셨다. 기양서원(沂陽書院)[194]에 제향되었다.【행장에 보인다. ○자손이 칠원(漆原)의 무기(舞沂)에 거주한다.】

장경우 張慶遇 자는 태래(泰來)이고 호는 만회당(晩悔堂)이다. 진사

에 여기 인용한 것과 유사한 내용이 보인다.

193 홍계(興溪) 심(伈) : 1547~1615. 자는 희지(喜之), 호는 홍계이다. 장현광·서사원(徐思遠)과 도의의 교분을 맺었고, 임진왜란에 아우 신흘(申仡)과 함께 의병을 일으켰다.

194 기양서원(沂陽書院) : 주세곤(周世鵾)·주선원·주각(周玨)·주재성(周宰成)·주도복(周道復)을 제향하는 상주 주씨의 문중 서원으로 경상남도 함안군 칠원읍 무기리에 소재하였다.

시에 합격하여 참봉을 지냈고 좌승지(左承旨)에 추증되었으며 옥산(玉山) 사람으로 극명당(克明堂) 내범(乃範)의 아들이니, 선조 신사(1581)생이다.

○〈기문록(記聞錄)〉[195]에 이르기를

"나는 일찍 선생의 문하에 올라서, 선생께서 이끌어 주신 방법과 가르치고 경계하신 방도가 천지의 낳고 이루어 주는 덕과 같았으나 제대로 따라 행하지 못하였다. 갑자기 의귀할 곳을 잃으니, 이에 '만회(晩悔)'라고 스스로 호를 지었다."

하였다. 공은 선생이 머물며 도를 강학할 장소가 없는 것을 안타깝게 여겨서 남산(南山)[196]에 몇 칸의 집을 지으니, 바로 지금의 모원당(慕遠堂)[197]이다.

외가의 정자 터가 낙동강 강가에 있었는데, 외족(外族)에게 강력히 간청하여 서명을 받아 문권(文券)을 작성해서 정사를 건립하여, 선생이 지팡이 짚고 노니는 곳이 되었고 인하여 제수를 올려 추모의 정성을 표하는 자리가 되었으니, 이곳이 부지암서원이다.

광해조(光海朝)에 적신(賊臣) 이이첨(李爾瞻)이 권세를 부리며 나라를 그르쳐서 국모를 유폐하여 윤리와 강상이 무너지고 종묘사직이 거의 위태롭게 되었다. 영남의 선비들이 창의하여 항거하는 소를 올려서 상소의 행렬이 영(嶺)을 넘었는데, 이이첨의 앞잡이인 이종영(李宗英)이 이들을 무함하여 '활과 화살을 가지고 수로와 육로로 함께 전진

195 기문록(記聞錄) : 《여헌속집》 권9에 나온다.

196 남산(南山) : 지금의 경북 구미시 인의동(仁義洞)에 위치한 마을이며, 그곳에 있는 산의 이름이기도 하다.

197 모원당(慕遠堂) : 장현광의 집이 임진왜란 때 소실되었는데, 그 터에 1606년에 건립되었다.

해 온다'는 등의 말을 아뢰어 일망타진할 계책을 하였다. 상소하는 선비들이 차츰차츰 도망가서 기상이 매우 참담하고 처지가 더욱 위태롭게 되었다. 이때 공이 상소하는 선비들에게 글을 써 보이기를 "우리들이 이번 걸음에 마땅히 죽어야 하니, 떠나고 싶은 자는 모두 떠나라." 하자, 이로 말미암아 사람들의 마음이 차츰 진정되었다.【장청천당(張聽天堂 장응일(張應一))이 지은 묘갈명에 보인다.】

정묘년(1627, 인조5) 건주(建州) 오랑캐의 변고에 공이 의병장이 되어서 군대를 모집하고 군량을 모아 장차 강도(江都)의 행재소로 달려가려 하였는데, 화친을 허락하였다는 말을 듣고 마침내 중지하였다. 호소사(號召使) 우복(愚伏) 정경세(鄭經世) 선생이 복명(復命)하여 성상에게 아뢰기를

"인동(仁同)의 의병장 장경우가 마음을 다하여 의병을 불러 모집하였으니, 백관(百官)의 임무를 맡길 만합니다. 전조(銓曹)로 하여금 선발해서 후일에 격려하고 권장하는 바탕으로 삼아야 합니다."

하였다. 광해군 병진년(1616)에 전시(殿試)에 응시하였는데, 종인(宗人) 중에 명사(名士)로 일컬어지며 고시관이 된 자가 공을 사사로이 도우려고 하자 공은 의연히 응하지 않았다. 그 사람은 뉘우치고 탄복하고서 오래지 않아 벼슬을 버리고 관동(關東)으로 들어가서 끝내 말년의 화를 면하였다.【유낙파(柳洛坡)[198]가 지은 행장에 보인다.】 동락서원(東洛書院)[199]에 종향(從享)되었다.【자손이 인동의 성곡(省谷)에 거주한다.】

198 유낙파(柳洛坡) : 유후조(柳厚祚, 1798~1876)인 듯하다. 유후조는 자는 재가(載可), 호는 매산(梅山)·낙파(洛坡)·영매(嶺梅)이며 본관은 풍산(豊山)이다. 우의정·좌의정·판중추부사 등을 역임하였다.

199 동락서원(東洛書院) : 부지암정사의 자리에 부지암서원으로 건립되었다가 1676년에 다시 '동락'이라고 사액되었다.

박진경 朴晉慶 자는 명술(明述)이고 호는 와유당(臥遊堂)이다. 참봉이고 밀성(密城) 사람이니, 선조 신사(1581)생이다.

○나이 열여섯에 부친 건재공(健齋公 박수일(朴遂一))이 명하여 선생에게 가서 배우게 하였다. 이때 왜구가 가득하여 선생이 청부(青鳧 청송(青松))로 피난하였다가 전전하여 봉성(鳳城 봉화(奉化))으로 들어오셨는데 공이 책 상자를 짊어지고 따라왔다. 동문의 학자들과 거처할 적에 웃고 말하는 것을 좋아하지 않으니, 선생은 항상 사람들에게 말씀하기를 "박 모(朴某)는 정기(精氣)를 안에 보관하여 밖에 드러나지 않는 자이다." 하셨다.

병자년에 네 고을의 의병을 거느리고서 천 리 길을 달려가서 눈물을 닦으며 군사들에게 맹세해서 충의(忠義)가 늠름하였다. 화친하였다는 말을 듣고 명예와 이익을 헌신짝처럼 버리고 관작과 녹봉을 하찮게 보고는 화친을 주장하는 시론을 끊고 친하던 전관(銓官)의 제안을 사양하고[200] 물러나 낙동강 강가에 은거하여 선생의 유지를 따랐다. 거처하는 집에 밝은 창가와 고요한 책상을 마련하고 꽃과 대나무를 심고서 그 사이에 시를 읊어 깨끗하게 진세(塵世)를 벗어난 기상이 있었다.【행장에 보인다. ○자손이 선산의 괴곡(槐谷)에 거주한다.】

김공 金珙 자는 자량(子亮)이고 호는 욕담(浴潭)이다. 문과로 부제학(副提學)이고[201] 선산(善山) 사람으로 구암(久庵) 취문(就文)[202]의 손자이

200 전관(銓官)의 제안을 사양하고 : 행장에 의하면, 전조(銓曹)에 있던 사서(沙西) 전식(全湜)이 박진경을 왕자 사부(王子師傅)로 의망(擬望)하였는데, 박진경은 이를 강력히 물리쳤다. 《古溪集 卷7 臥遊堂朴公行狀》

201 문과로 부제학(副提學)이고 : 묘갈명과 《향토문화전자대전》에 의하면 김공은 벼슬을 하지 않은 듯하니, 이 내용은 분명하지 않다. 《定齋集 卷27 浴潭處士金公墓碣銘》

202 구암(久庵) 취문(就文) : 1509~1570. 자는 문지(文之), 호는 구암이며 벼슬이

니, 선조 신사(1581)생이다.

○공은 성품이 깊고 후하고 총명이 보통 사람보다 뛰어났다. 선생의 문하에 오르자 요결(要訣)을 간직하고 익혀서 세상의 추중을 받았다. 열두 살에 임진왜란을 만나서 아버지 찰방공(察訪公)[203]이 북천(北川)의 전투[204]에서 전사하자 모부인을 받들고서 금오산(金烏山) 속으로 피난하였다. 관직에 있을 적에 청렴하고 검소하였으며 임금의 명에 따라 올린 상소가 모두 임금의 마음을 바로잡는 내용이었다. 선생이 별세하자 올린 제문에 이르기를

"소자 공(玒)이 지난번 갑오년(1594, 선조27)에 소백산(小白山)의 절[205]에서 선생님을 모시게 되어 다행히 동자(童子)의 대열에 참여하였습니다. 3년 뒤 병신년(1596)에 찰방(察訪) 노공(盧公)[206]의 문하에 들어가니, 노공은 선생과 한집안 사람이었는데 특별히 돌보아 주시는 은혜를 베풀어서 남들에 비해 가장 후대해 주셨습니다. 인연하여 문하에 출입한 지가 44년이나 되었습니다."

하였다. 학사 김공(鶴沙金公 김응조(金應祖))과 나재 신공(懶齋申公 신열도(申悅道))이 선생의 유문을 편집하자는 뜻을 공에게 편지로 보내어 부탁

대사간에 이르렀다.

203 찰방공(察訪公) : 김종무(金宗武, 1548~1592)로 자는 의백(毅伯)이고 찰방(察訪)을 지냈다.

204 북천(北川)의 전투 : 순변사 이일(李鎰)과 상주의 의병이 북상하는 왜군의 주력부대와 싸우다 순절한 전투이다. 경북 상주시 만산동에 전적지가 있다. 북천은 상주시를 지나 낙동강에 유입하는 강이다.

205 소백산(小白山)의 절 : 장현광은 이해에 소백산 초암(草庵)에 머물며 《주역》을 전사하였고 또 백운암(白雲庵)에 올랐다. 《龍蛇日記》

206 찰방(察訪) 노공(盧公) : 노경필(盧景佖, 1554~1595)로 자는 구중(懼中), 호는 역정(櫟亭)이다. 장현광의 자형인 노수함(盧守諴)의 아들이고 노경륜(盧景倫)·노경임(盧景任)의 형이며 김공의 장인이다.

하였다. 남강서원(南岡書院)[207]에 제향되었다.【자손이 선산의 평성(坪城)에 거주한다.】

신우덕 申祐德 자는 여가(汝嘉)이며 참판에 추증되었고 사시(私諡)는 진정(眞靜)이고 평산(平山) 사람이니, 선조 신사(1581)생이다.

○공은 임진왜란을 당하여 나이가 겨우 십여 살이었는데, 어떤 중국 사람이 보고 기특하게 여기어 "이 아이는 반드시 구족(九族)에 덕을 미칠 것이다." 하고는 수레에 태워 함께 중국으로 돌아가고자 하였다. 공이 어버이가 있다고 사양하니, 중국 사람은 즉시 후하게 선물을 주어 보내었다. 장성하자 선생을 사사하니, 선생이 자주 칭찬하시고 여러 제자에게 말씀하시기를 "몸가짐을 마땅히 신 모(申某)와 같이 해야 한다." 하셨다. 기해년(1659, 효종10)[208]에 회혼(回婚) 잔치를 베풀고 여러 아들이 영달하고 이름을 떨친 것을 눈으로 보았는데, '항상 스스로 겸손하며 지극히 성대함을 깊이 두려워하여 청렴하고 부지런하게 공무를 받들라'는 뜻으로 자제들에게 훈계하였다. 별세하자 남파(南坡) 장학(張斆)이 옛사람이 추후에 호를 붙였던 뜻으로 사시(私諡)를 짓기를 진정(眞靜)이라 하였으니, '얼굴과 등에 저절로 드러나니 도도이 진원(眞源 본성)에서 흘러 나오고, 귀와 눈이 외물에 사역되지 않으니 적막히 고요한 경지〔靜境〕에 머물러 있다'는 뜻이었다. 선생이 별세하자 올린 제문에 이르기를 "소자가 다행히 선생님이 강학하는 고을에서 태어나 문하에 출입한 지가 이제 40년이 넘습니다." 하였다. 곤산서원(崑山書院)[209]에 제향되었다.【자손이 인동의 약목(若木)에 거주한다.】

207 남강서원(南岡書院) : 김종무(金宗武)·김공(金玒)·김양(金瀁), ·박진경(朴晉慶)을 제향한다. 남강서원(南崗書院)으로도 쓰며 구미시 고아읍 문성리에 소재한다.

208 기해년(1659, 효종10) : 신우덕의 졸년은 1663년이다.《平山申氏齊靖公派譜》

김윤려 金潤礪 자는 치정(致精)이고 호는 석정(石亭)이다. 벼슬은 훈련원 정(訓鍊院正)이고 경주(慶州) 사람으로 노항(魯巷) 연(演)의 종질이니, 선조 신사(1581)생이다.

○공은 종형 취려(就礪)와 함께 선생의 문하에 출입하여 학업을 성취하였다. 타고난 성품이 영특하고 기국이 크고 넓어서 탁월하고 비범하였다. 일찍 병법을 좋아하여 활 쏘고 말 타는 기술을 익혔고 재략이 보통 사람보다 뛰어났다. 병자호란을 당하여 선생이 동지들을 권하고 타일러서 의병을 일으키자 공은 아우인 광려(光礪)[210]와 함께 초유(招諭)에 응하여 근왕(勤王)해서 적을 토벌할 것을 마음에 맹세하였다. 쌍령(雙嶺)의 진에 이르러 죽음을 무릅쓰고 힘써 싸울 적에 화약고에서 불이 났으나 불 속에서 빠져나와 몸소 시퍼런 칼날을 밟으며 여러 번 전공을 세워서 진무(振武) 공신에 녹훈되었다.【일이 《여지지《輿地志》에 기재되었다.[211] ○자손이 영천의 당동(塘洞)에 거주한다.】

황원록 黃元祿 자는 공기(公記)이고 호는 인헌(忍軒)이다. 장례원 판결사(掌隷院判決事)에 추증되었으며 창원(昌原) 사람으로 예빈시 참봉(禮賓寺參奉) 여식(汝埴)의 아들이니, 선조 신사(1581)생이다.

○공은 타고난 성품이 순후하고 고요하며 실천이 독실하였다. 효성으로 어버이를 봉양하고 시골집에 한가로이 은둔해서 임천(林泉)의

209 곤산서원(崑山書院) : 신우덕과 신익황(申益愰)을 제향하며 경북 칠곡군 약목면에 소재한다.

210 광려(光礪) : 1585~1636. 자는 여정(汝精), 호는 계정(溪亭)이다. 병자호란에 전사하였다.

211 여지지(輿地志)에 기재되었다 : 《동국여지지(東國輿地志)》 권2 〈광주목(廣州牧)〉에, 쌍령현(雙嶺峴)에서 경상 병사 허완(許完) 등이 오랑캐와 만나 싸움에 패해 죽으니, 죽은 군졸의 수가 3000여 명이라고 하였다.

즐거움을 마음껏 누렸으며 성리설을 궁구하고 경례(經禮)를 널리 통달하였다. 일찍 선생의 문하에 유학하여 덕업과 문학을 성취하는 방법을 듣게 되자 비로소 연원(淵源)의 바름을 이루어 덕망이 온 세상에 높았다. 오봉(梧峰) 신지제(申之悌)[212], 간송(澗松) 조임도(趙任道), 청봉(晴峰) 성호정(成好正)[213]과 함께 도의의 교분을 맺었는데, 별세하자 이들이 모두 제문을 지어 제사하였다. 사림들이 공의 훌륭한 행실을 조정에 아뢰어 장례원 판결사에 추증하였다. 실기(實紀)가 있으며 유계사(柳溪祠)[214]에 제향되었다.【자손이 창원의 유원(柳原)에 거주한다.】

유진 柳袗 자는 계화(季華)이고 호는 수암(修巖)이다. 은일(隱逸)로 지평(持平)을 지냈고 풍산(豐山) 사람으로 문충공(文忠公) 서애(西厓 유성룡(柳成龍)) 선생의 셋째 아들이니, 선조 임오(1582)생이다.

○공은 태어나면서부터 아름다운 자질이 있어서 겸손하고 후덕하고 단정하고 성실하였으며 총명이 일찍 이루어져 식견과 취향이 고원하였다. 문충공이 선생의 문하로 보내어 덕업을 성취하였다. 겸손하고 혼후(渾厚)해서 한계를 볼 수 없었고, 고아하고 순박하며 장엄하고 온화해서 규각(圭角)을 드러내지 않았다. 분노하거나 사나운 기운이 얼굴에 나타나지 않고 기지(機智)를 쓰는 사사로움이 마음에 싹트지 않았다. 평소 돈독하게 삼가서 인후(仁厚)한 기운이 얼굴에 드러나니, 바라보

212 신지제(申之悌) : 1562~1624. 자는 순보(順甫), 호는 오봉·오재(梧齋)이며 본관은 아주(鵝州)이다. 성균관 직강, 창원 부사 등을 역임하였다.

213 청봉(晴峰) 성호정(成好正) : 미상이다. 정구(鄭逑)의 문인이며 조임도(趙任道)와 교유한 성호정(成好正, 1589~1639)이 있는데, 그는 자가 상부(尙夫), 호가 강재(彊齋)이다.

214 유계사(柳溪祠) : 창원 황씨 회산부원군(檜山府院君)계의 인물을 모신 곳으로 경남 함안군 칠원면 유원리에 소재한다.

면 도가 있는 군자임을 알 수 있었다. 공의 학문은 겸손하고 공손하고 독실함을 근본으로 삼고, 안정되고 확고함으로써 이를 지키며 겸손하고 사양함으로써 이를 나타내며 오랫동안 쌓음으로써 이를 지키며 공평하고 정직함으로써 이를 행하였다. 명성이 이미 이루어졌으나 처신을 더욱 겸손히 하였고, 덕이 이미 높았으나 겸허하여 없는 것처럼 여겼다. 공의 아들 유천지(柳千之)[215]가 청천당(聽天堂 장응일(張應一)) 장 선생에게 올린 제문에 이르기를 "옛날 우리 선친이 일찍이 노선생(老先生)의 문하에서 수업하였다." 하였다. 병산서원(屛山書院)[216]에 제향되었다. 유집(수암집(修巖集))이 있다.【자손이 상주(尙州)의 우천(愚川)에 거주한다.】

김민행 金敏行 뒤에 이름을 태일(泰一)로 고치니, 자는 도일(道一)이고 호는 퇴은(退隱)이다. 문과로 응교(應敎)를 지냈고 경주(慶州) 사람으로 판서 을화(乙和)[217]의 8대손이니, 선조 임오(1582)생이다.

○공은 타고난 성품이 명민하고 신채(神彩)가 영특하고 호걸스러웠으며 효성과 우애를 겸비하고 재주가 절륜하였다. 선생의 문하에 오르자 더욱 깊은 가르침을 받아서 선생의 장려를 지극히 받으니, 문학과 훌륭한 행실로 당세에 추중되었다. 성품이 또 강직해서 권세 있는 간신에게 무함을 받아 벼슬을 빼앗기고 시골집으로 쫓겨났다. 은거하여 세상을 피하고는 노래암정사(魯來巖精舍)를 지어 잠심하여 도를 구하

215 유천지(柳千之) : 1616~1689. 자는 자강(子强), 호는 어은(漁隱)이다. 단양 군수, 사헌부 장령 등을 역임하였다.

216 병산서원(屛山書院) : 유성룡을 추모하기 위해 건립한 서원으로 경북 안동시 풍천면에 소재한다.

217 을화(乙和) : 1404~?. 자(字)는 지화(志和), 호는 존양재(存養齋)이다. 이종무(李從茂)의 대마도 정벌에 우군 절제사로 참여하였고 예조 판서에 올랐다.

였다. 항상 미수(眉叟) 허문정공(許文正公 허목(許穆))과 함께 선현의 사업을 강론하였다. 선생이 별세하자 제문을 가지고 와서 제사하였다. 【자손이 영천의 동산포(東山浦)에 거주한다.】

권익린 權益鄰 자는 인재(鄰哉)이고 임금이 대명옹(大明翁)이라는 호를 하사하였고 호는 금곡(琴谷)이다. 안동(安東) 사람으로 송소(松巢) 우(宇)[218]의 아들이니, 선조 계미(1583)생이다.

○공은 타고난 자품이 단아하고 고결하며 지조와 행실이 견고하였다. 일찍 선생의 문하에 유학하여 학문하는 대요(大要)를 듣게 되었다. 명예나 이익을 구하지 않고 자득(自得)하려는 뜻이 있어서 당시 사림의 추중을 받았다. 인조조(仁祖朝)에 사마시에 합격하여 반궁(泮宮)에 유학하였는데, 섣달 그믐날 밤에 지은 시에 이르기를

평생 즐거운 땅을 찾겠다고 스스로 말하더니　　自謂平生尋樂地
오늘 밤 무슨 일로 종남산에 머물러 있는고　　今宵何事滯終南
봄이 매화 가지에 들어왔건만 사람은 돌아가지 않으니　　春入梅梢人未返
꿈속에서도 항상 부지암을 감도노라　　夢魂長繞不知巖

하였으니, 부지암은 바로 선생이 학문에 전념하시는 곳이다.

정축년(1637, 인조15)에 남한산성의 변고를 당하여 개연히 도해(蹈海)의 뜻[219]을 품었고 마침내 태백산에 들어갔다. 청음(淸陰) 김상헌

218 송소(松巢) 우(宇) : 1552~1590. 자는 정보(定甫), 호는 송소이다. 이황(李滉)의 문인이며 왕자 사부에 제수되었다.

219 도해(蹈海)의 뜻 : 청나라가 지배하는 세상에 나가지 않고 은둔하겠다는 뜻을 말한다. 도해(蹈海)는 중국 전국시대의 노중련(魯仲連)이 '진(秦)나라가 천하를 다스리게 되면 자신은 동해에 빠져 죽을지언정 진나라 백성이 될 수 없다'고 한 고사에서

(金尙憲)을 만나 시사(時事)를 언급하고는【수창(酬唱)한 시가 있다.】 함께 눈물을 흘렸다. 인조가 그 뜻을 장하게 여겨서 인하여 '대명옹(大明翁)'이라는 호를 하사하였다. 임종할 때에 유언하기를 "대명(大明)의 한 진사(進士)이면 충분하니, 신주에 관작을 쓰지 마라." 하였다. 유집이 있다.【자손이 문경(聞慶)의 근암(近巖)에 거주한다.】

배숙전 裵淑全 자는 원선(元善)이며 벼슬이 장사랑이고, 흥해(興海) 사람으로 임연재(臨淵齋) 삼익(三益)[220]의 손자이고 금역당(琴易堂) 용길(龍吉)[221]의 장자이니, 선조 계미(1583)생이다.

○공은 성품이 준엄하고 지조와 행실이 견고하고 확실하였으며 가정에서 의로운 방도의 가르침을 받들어서 일찍 깊은 조예(造詣)에 이르렀다. 금역당 공이 선생과 교분이 매우 두터웠는데, 공은 어버이 명을 받들고 선생의 문하에 가서 배알하여 학문하는 요점을 듣게 되었다.【가장(家狀)과 족보 주에 보인다. ○자손이 안동의 도목(道木)에 거주한다.】

곽이정 郭以楨 초명은 이완(以完)이고 자는 위경(衛卿)이고 호는 양헌(讓軒)이다. 무공랑(務功郞)이고 청주(淸州) 사람으로 사오(沙塢) 용백(龍伯)[222]의 아들이니, 광해군 기미(1619)생이다.

나왔다.

220 임연재(臨淵齋) 삼익(三益) : 1534~1588. 자는 여우(汝友), 호는 임연재이다. 이황(李滉)의 문인이며 사간(司諫), 황해도 관찰사 등을 역임하였다.

221 금역당(琴易堂) 용길(龍吉) : 1556~1609. 자는 명서(明瑞), 호는 금역당·장육당(藏六堂)이다. 김성일(金誠一)의 문하에서 수학하였으며 임진왜란에 의병을 일으켜 부장(副將)으로 활약하였고 충청도 도사(都事)를 지냈다.

222 용백(龍伯) : 1588~1646. 초휘는 준립(峻立), 호는 사오이다. 고성(固城) 현령, 성균 사예(成均司藝) 등을 역임하였다.

○공은 타고난 자품이 빼어나고 명석하였으며 총명이 절륜하였다. 일찍 선생의 문하에 유학하여 문장과 학행이 세상에 알려졌다. 여러 번 은일(隱逸)로 천거되었으나 문을 닫고 벼슬하지 않고 임천(林泉)에서 덕을 길러 종신토록 스스로 즐거워하였다. 선생이 별세하자 고을의 동지들과 함께 올린 제문에 이르기를 "위로 퇴도(退陶 이황(李滉))를 스승으로 모시고 아래로 한강(寒岡 정구(鄭逑))을 벗으로 삼으셨다." 하였다.【자손이 함창(咸昌)의 이안(利安)에 거주한다.】

조임도 趙任道 자는 덕용(德勇)[223]이고 호는 간송(澗松)이다. 은일(隱逸)로 지평(持平)이고 함안(咸安) 사람이니, 선조 을유(1585)생이다.

○공은 선생의 문하에 출입한 지가 모두 40여 년이었으니, 가르침을 받은 것이 친밀하고 절실하였다. 공의 학문은 경학을 근본으로 삼고 정주학(程朱學)의 책에 잠심하였으며 어진 스승 및 벗과 종유(從遊)하여 도가 이루어지고 덕이 확립되었다. 남방의 학자들이 일제히 높이고 믿어서, 천 길 절벽이 서 있는 기상이고 황하(黃河)가 만 번 꺾여도 반드시 동쪽으로 흐르는 지조라고 칭찬하였다. 여러 번 나라의 부름을 받았으나 모두 취임하지 않았다. 현종이 별유(別諭)를 내리시기를

"그대는 훌륭한 행실로 온 도(道)의 칭찬을 받아 선비들이 추앙하고 따르니, 선왕조 때부터 여러 번 그대를 포상하고 등용하였다. 이제 연령이 더욱 높아져 마땅히 장려하는 도를 베풀어야 하니, 도신(道臣)으로 하여금 쌀과 고기를 넉넉히 하사해서 조정의 칭찬하고 장려하는 뜻을 보이게 하라."

하셨다. 또 말씀하기를 "용화산인(龍華山人)[224]은 그곳을 그림으로

223 덕용(德勇) : 조임도의 구자(舊字)는 치원(致遠)이다.

224 용화산인(龍華山人) : 조임도의 호이다. 조임도는 함안의 용화산 기슭 낙동강

그려서 임금이 열람할 수 있게 하라." 하시니, 공은 마침내 글을 올려서 정치하는 도 40개 조목[225]을 아뢰었다.

공이 선생께 올린 제문에 이르기를

소자가 미련하고 게을러서	小子惷懶
비록 경서를 직접 배우지는 못했어도	縱未執經
중심에 사모하고 기뻐하여	中心慕悅
배웠으나 능하지 못하였습니다	學而未能
외람되이 인자한 사랑을 받아서	猥蒙仁愛
문하에 출입하니	出入門屛
선생은 저를 우둔하다 여기지 않고	不我愚魯
인자를 가까이하도록 허락하셨습니다	許以親仁

하였다.【자손이 창녕(昌寧)의 용산(龍山)에 거주한다.】

이지영 李之英 자는 자실(子實)이고 호는 수월당(水月堂)이다. 문과에 급제하여 북평사(北評事)를 지내고 사간원(司諫院)에 추증되었으며[226] 전의(全義) 사람이니, 선조 을유(1585)생이다.

○공은 타고난 자품이 총명과 지혜가 보통 사람보다 뛰어났다. 일찍 선생의 문하에 올랐는데, 이때 이미 어버이를 사랑하고 어른을 공경하는 도리를 알았다. 계축년(1613, 광해군5)에 문과에 급제하니, 형제가 동시에 급제한 것이었다. 경신년에 성절사 서장관(聖節使書狀官)으로

강가에 합강정사(合江精舍)를 짓고 독서하였다.

225 40개 조목 : 《간송집(澗松集)》의 연보에는 이때 올린 상소의 내용을 14개 조목으로 정리하였다.

226 사간원(司諫院)에 추증되었으며 : 이지영은 사간원 사간(司諫)에 추증되었다. 《全城世稿 卷3 水月堂集 年譜》

서 북경에 갔는데, 황제가 그의 문장을 기특히 여겨서 서책과 옥피리를 상으로 내렸다. 광해군 말기에 조정이 매우 혼란하자 공은 벼슬을 버리고 하빈(河濱)[227]으로 돌아와서 한가로이 놀며 세상을 잊고 지낸 것이 5년이었다. 계해년(1623, 인조1)에 반정(反正)한 뒤 공을 불러 북청절도판관(北青節度判官)으로 삼았는데, 치적이 있자 성상은 옷감 한 벌을 하사하였다. 뒤에 어버이가 늙었다 하여 벼슬을 버리고 고향으로 돌아왔다. 《여지승람(輿地勝覽)》 개정 초본에 이르기를 "계축년에 다포(茶浦) 지화(之華)는 형 지영과 함께 문과에 급제하였는데, 장여헌(張旅軒) 문하에서 수업하였다." 하였다. 문집[228]이 있다.【자손이 대구의 하빈(河濱)에 거주한다.】

조정생 曺挺生 자는 이령(以寧)이고 호는 도계(陶溪)이다. 문과에 급제하여 한림(翰林)을 지냈고 창녕(昌寧) 사람이니, 선조 을유(1585)생이다.

○공은 어려서 특이한 자질이 있어서 식견과 도량이 원대하며 기상이 크고 굳세니 사람들이 모두 그가 원대한 기국이 될 것을 알았다. 장성하자 엄친의 가르침을 받들어 선생을 찾아가 배알하고서 더욱 힘써 학업을 마쳤다. 이로 말미암아 덕이 높아지고 업(業)이 넓어져서 당대의 여러 사람이 모두 감히 공보다 앞선다고 여기지 못하고 공을 덕이 성대한 위인(偉人)으로 추앙하였다. 경신년(1620, 광해군12)에 정언(正言)에 제수되었으나 시폐(時弊)에 대한 상소를 극진히 아뢰고

227 하빈(河濱) : 대구도호부의 속현으로 지금의 대구 달성군 하빈면이다.

228 문집 : 전의 이씨 가문 인사들의 문집을 합간한 《전성세고(全城世稿)》 가운데 권3이 이지영의 《수월당집(水月堂集)》이다. 앞에 언급한 《여지승람》 개정 초본의 내용은 이지화의 문집인 《전성세고》 권4의 《다포집(茶圃集)》에 부록되어 있다.

관직에 나아가지 않았다. 같은 해에 또다시 헌납(獻納)에 제수되었는데, 조정의 의논이 대립하여 국시(國是)가 잘못됨을 보고는 사은(謝恩)만 하고 물러나 돌아와 국록을 먹지 않았다. 갑오년(1594, 선조27)[229]에 부친상을 당하여 3년 동안 시묘살이를 했다.【행장에 보인다. ○자손이 합천(陜川)의 안성(安城)에 거주한다.】

여작 呂焯 자는 회중(晦仲)이고 호는 호계(虎溪)이다. 벼슬은 도사(都事)이고 성산(星山) 사람이니, 선조 병술(1586)생이다.

○공은 천성이 굳세고 엄숙하니, 고을 사람들이 공경하고 감복하였다. 경신년(1620, 광해군12)에 선생의 문하에 유학하여 위기지학(爲己之學)을 독실히 믿었다. 병자년에 백씨인 석촌공(石村公)[230]을 따라 의병을 거느리고 선생이 군사를 모집하는 곳으로 달려왔다. 굴욕적인 맹약을 했다는 말을 듣고는 탄식하며 벼슬할 마음을 버리고 호계정사(虎溪精舍)를 지어 스스로 즐거워하였다. 용강(龍岡)과 하동(河東)의 수령을 역임하였는데 모두 청렴과 검소로 자신을 지켰다.

무자년(1648, 인조26)에 임금의 명에 따라 시폐(時弊) 13조목을 올렸는데, 성상의 비답에 이르기를 "그대의 상소를 살펴보니, 가상하고 지극한 언론이다. 내 마땅히 깊이 생각해서 채택하여 시행하겠다." 하셨다. 인하여 비변사에 내리자 비변사에서 회계(回啓)하기를 "시폐를 자세히 알아서 이런 상소를 올렸습니다. 마땅히 특별히 관직을 제수하

229 갑오년(1594, 선조27) : 조정생의 양부인 조명인(曺命仁)의 졸년이다. 《창녕조씨 태복경공파보(昌寧曺氏太僕卿公派譜)》에는 조명인이 젊은 나이에 죽어 생졸년이 전하지 않는다고 하였다. 참고로 조정생의 졸년은 1645년이며 조정생의 생부인 조응인(曺應仁)의 졸년은 만력 갑자년(1624)이다.

230 석촌공(石村公) : 여찬(呂燦, 1579～1646)으로 자는 회백(晦伯), 호는 석촌이다.

여 가상히 여기는 뜻을 표해야 합니다." 하니, 특별히 통례원 상례(通禮院相禮)에 제수되었다. 임금이 승하하시자 공 또한 얼마 되지 않아 체직되었다.

응와(凝窩) 이원조(李源祚)가 지은 공의 문집 서(序)에 이르기를 "원정(圓亭)[231]의 자손으로 한강(寒岡)과 여헌 두 선생의 문하에 유학했다." 하였다. 선생이 별세하자 제문을 지어 제사하였다.【자손이 성주의 수촌(樹村)에 거주한다.】

성이량 成以諒 자는 여정(汝貞)이고 호는 송암(松庵)이다. 진사시에 합격하였고 창녕(昌寧) 사람으로 모암(慕庵) 립(立)[232]의 아들이니, 선조 병술(1586)생이다.

○공은 젊었을 때부터 명예와 이익을 사절하고 선생의 문하에 나아가 바로잡아서 위기지학을 듣게 되었다. 임천(林泉)에서 덕을 길러 문학과 훌륭한 행실이 세상의 추중을 받았다. 선생이 별세하자 올린 제문에 이르기를

"온화하고 선량한 덕과 진실하고 바른 학문으로 세상 사람들의 모범이 되시고 어두운 길에 해와 달이 되셨습니다. 여기 영천은 비록 참으로 아름답지는 못하나 바위 가운데 수석(水石)은 일찍이 선생이 정취를 느끼신 곳입니다. 금년 봄에 지팡이 짚고 거닐어 다시 왕림하시니, 마을이 더욱 빛나고 산림이 광채로 일렁거렸습니다. 길이 이 곳에서 노닐며 쉬려 하였는데 하늘은 어찌 남겨 두지 않아 선생이

231 원정(圓亭) : 여희림(呂希臨, 1481~1553)으로 자는 천지(天之), 호는 원정이며 여작의 증조이다. 고향에서 《여씨향약(呂氏鄕約)》을 시행하였고 지평을 지냈다.

232 모암(慕庵) 립(立) : 1558~1627. 자는 탁이(卓爾), 호는 모암이다. 임진왜란 때 곽재우(郭再祐)의 의진(義陣)에 참여하였다.

갑자기 별세하신 것입니까. 나라에는 기둥과 들보가 부러지고 선비들은 의귀할 곳을 잃으니, 산봉우리도 부모를 잃은 듯하고 시냇물 소리도 슬픔을 머금고 있습니다. 생각이 이에 이르니 통곡한들 어찌 하겠습니까."

하였다.【자손이 영천의 덕천(德川)과 오길(五吉)에 거주한다.】

여욱 呂煜 자는 희원(熙遠)이고 호는 현수(玄叟)이며 성산(星山) 사람이니, 선조 병술(1586)생이다.

○공은 어렸을 때부터 자품이 온화하고 순수하고 재주와 행실이 탁월하여 선고(先考)인 참의공(參議公)[233]이 기특히 여기고 사랑하였다. 무오년(1618, 광해군10) 가을, 공은 15세에[234] 종형인 호계공(虎溪公 여작(呂焯))과 선생의 문하에 가서 배알하여 질의하고 문난(問難)하였다. 경학에 잠심하여 과거 공부를 하지 않고 효도와 우애를 근본으로 삼았다. 정묘호란에 선생이 군사 모집의 명을 받으시자 공은 등암 배공(藤庵裵公 배상룡(裵尙龍))과 함께 선생에게 가서 군중의 사무에 참여하여 결정하였다. 선생이 입암으로 들어오실 때에 공이 모시고 따라왔다. 이해 9월에 선생이 병환이 있다는 말을 듣고 가서 한결같이 약시중을 하였다. 선생이 별세하자 한결같이 선생의 명을 따라서 호상(護喪)하고 고향으로 반장(返葬)하였다. 공의 문적(文蹟)은 병란에 분실되었다. 이완석정(李浣石亭 이언영(李彦英))의 사우록(師友錄)에 이르기를 "뜻이 높고 행실이 걸출하여 우뚝 서 있는 절벽과 같은 기상이 있

233 참의공(參議公) : 여윤충(呂允忠, 1550~1609)으로 자는 사신(士信)이고 공조 참의에 증직되었다.

234 무오년(1618, 광해군10)……15세에 : 여욱은 무오년에 33세이니, 이는 분명하지 않다.

다." 하였으며, 사미헌(四未軒) 장복추(張福樞)가 지은 묘갈문에는 "정한강(鄭寒岡)과 우리 선조이신 여헌의 문하에 유학하여 부모와 임금처럼 스승을 섬기는 도를 다하였다." 하였다.【자손이 성주의 수촌(樹村)에 거주한다.】

허돈 許燉 자는 덕휘(德輝)이고 호는 창주(滄洲)이다. 문과에 급제하여 예조 정랑(正郞)을 지냈고 김해(金海) 사람이니, 선조 병술(1586)생이다.

○공은 타고난 자품이 순수하고 아름다웠고 학식이 해박하였다. 무오년(1618, 광해군10) 여름에 부지암에서 폐백을 올리고 선생을 뵈었는데, 선생은 흔쾌히 맞이하여 이르시기를 "그대가 지은 괘관시(掛冠詩 관직을 그만두며 지은 시)를 외운 지 오래이다." 하셨다. 선생은 인하여 공을 머물게 하여 며칠간 함께 이야기하고, 떠나갈 때 눈길을 주어 보내며 말씀하기를 "허 모(許某)는 기국이 완전한 사람이다." 하셨다. 공이 돌아가서 조간송(趙澗松 조임도(趙任道))에게 준 편지에 이르기를 "지난번 선생을 배알하여 외람되이 칭찬을 받았다……." 하였다.【연보에 보인다.】 광해군의 정사가 혼란하자 공은 벼슬을 버리고 고향으로 돌아와서 시를 짓기를

남쪽 지방의 농어는 가을에 한창 살지니	南國鱸魚秋正肥
관을 걸고 천리 길 호연히 돌아간다	掛冠千里浩然歸
이제 나는 창주[235]에 취미가 있으니	從今我有滄洲趣
만죽교 곁에 낚시터 하나 있다오	萬竹橋邊一釣磯

하였다. 고암서원(古巖書院)[236]과 덕림서원(德林書院) 두 곳에 제향

235 창주 : 물가에 있는 은자(隱者)의 거처를 뜻한다.

되었다.【자손이 삼가(三嘉)의 오도(五道)에 거주한다.】

황중신 黃中信 자는 자정(子貞)이고 호는 노암(魯庵)이다. 생원시에 합격하였고 평해(平海) 사람이니, 선조 병술(1586)생이다.

○공은 동봉(東峰) 권극립(權克立)의 사위로서 일찍 선생의 문하에 올라 학식과 훌륭한 행실로 세상에 알려졌다. 계축년(1613, 광해군5)에 관학(館學)에 거재(居齋)하였는데, 당시 의론이 서로 어긋나고 시끄러워서 반궁(泮宮)의 많은 무리가 모두 괴이한 의론에 따랐으나 공은 홀로 항거하여 배척하고 굽히지 않으니, 사람들이 모두 훌륭하게 여겼다. 임진왜란에 아들 연(鏔)을 데리고 양계(暘溪) 정호인(鄭好仁)의 의병진으로 달려가서, 《영양사란창의록(永陽四難倡義錄)》에 열거되었다.[237] 선생이 별세하자 제문을 지어 제사하였다.【자손이 영천의 죽곡(竹谷)에 거주한다.】

김응조 金應祖 자는 효징(孝徵)이고 호는 학사(鶴沙)이다. 문과에 급제하여 한성 우윤을 지냈고 풍산(豐山) 사람으로 허백당(虛白堂) 양진(楊震)[238]의 현손이니, 선조 정해(1587)생이다.

○공은 어렸을 때로부터 총명하고 단정하고 성실하여, 친압하며 희

236 고암서원(古巖書院) : 노흠(盧欽)・이흘(李屹)・임진부(任眞怤)를 제향하고 허돈을 추향한 서원으로 지금의 경남 합천인 삼가현(三嘉縣)에 소재하였다.

237 임진왜란에……열거되었다 : 《영양사란창의록》은 임진왜란, 정묘호란, 병자호란, 이인좌(李麟佐)의 난에 영양(永陽 영천)에서 창의한 기록이다. 황중신과 황연은 《영양사란창의록》 〈병자창의록(丙子倡義錄)〉에 기록되어 있는바, '임진왜란'은 병자호란의 오류이다. 황연은 자가 정숙(精叔)이다.

238 허백당(虛白堂) 양진(楊震) : 1467~1535. 자는 백기(伯起), 호는 허백당이며 대사간, 예조 참의 등을 역임하였다. 양진(揚震)으로 오기된 자료들이 종종 있다.

롱함을 좋아하지 않았다. 장성하자 선생의 문하에 유학해서 질의하고 문답하여 선생이 심히 공경하고 존중하였다. 선산(善山) 부사로 나가자 선생의 진영(眞影) 세 본을 모사해서 한 본은 본현(本縣)의 원당(元堂)[239]에 걸고 한 본은 인동(仁同)의 동락(東洛)[240]에 걸고 한 본은 영천(永川)의 입암에 걸었다. 뒤에 헌납(獻納)에서 옮겨 인동 부사로 왔는데, 이때 선생의 기년상(朞年喪)이 이미 끝나자 제생들을 거느리고 의논하여 부지암에 사당을 세우고 문집을 처음으로 간행하였으며 또 오산서원(吳山書院)[241]에 선생을 병향(幷享)하였다.

공의 학문은 떳떳한 윤리와 날마다 쓰는 법칙에 근본하고 의(義)와 이(利)가[242] 환하게 트인 경지를 보아 공명정대하며 해박하고 두루 통하여, 조정에서 벼슬하고 세상에 쓰일 적에 항상 한결같이 성실하고 돈독하고 공경하였고, 크게는 의(義)와 이(利)의 분변이 정밀하고 완숙하여[243] 우뚝하게 사림의 사표가 되었다.【묘지(墓誌)에 보인다. ○자손이 영주(榮州)의 오록(梧麓)에 거주한다.】

배익겸 裵益謙 자는 도형(道亨)이고 호는 부훤당(負暄堂)이다. 흥해

239 원당(元堂) : 선산의 원당에 있는 원회당(遠懷堂)을 가리킨다. 원당은 지금의 구미시 선산읍 생곡리이고 원회당은 장현광이 강학하던 곳이다.

240 동락(東洛) : 부지암정사를 가리킨다. 동락은 낙동강을 정자(程子)가 강학하던 낙수(洛水)에 견주어 말한 것이며, 부지암은 지금의 구미시 임수동의 낙동강 강가에 있다.

241 오산서원(吳山書院) : 길재(吉再)를 추모하기 위해 건립한 서원으로 지금의 구미시 오태동에 소재하였다.

242 의(義)와 이(利)가 : 원문의 '義利'는 묘지(墓誌)에 '도의(道義)'로 되어 있다. 《鶴沙集 附錄 墓誌銘》

243 의(義)와……완숙하여 : 원문의 '義利精熟'은 묘지에 '의리가 정밀하고 인(仁)이 완숙함〔義精仁熟〕'으로 되어 있다. 《鶴沙集 附錄 墓誌銘》

(興海) 사람으로 낙암(洛庵) 득인(得仁)[244]의 아들이니, 선조 정해(1587)생이다.

○공은 본성이 담박하여 명예와 이익을 바라지 않았다. 강가에 정자를 짓고서 산수헌(山水軒)이라 편액하고는 후학들을 장려하여 나아가게 해서 성취한 바가 많았으며, 또 시를 잘한다는 명성이 있었다. 선생의 문하에 올라 요결(要訣)을 익혔으며, 선생이 별세하자 향교의 유생들과 연명한 제문을 올렸다.【자손이 안동의 도목(道木)에 거주한다.】

손해 孫瀣 자는 중호(仲浩)이고 호는 월산(月山)이다. 벼슬은 선무랑(宣務郞)이며 일직(一直) 사람으로 윤암(綸庵) 우남(宇男)의 아들이니, 선조 정해(1587)생이다.

○일찍이 선생의 문하에 유학하였는데 친상(親喪)을 당하자 장례와 우제의 의심스러운 예절을 선생에게 물어서 예를 따라 유감이 없게 하였다. 병자호란에 고을 사람들이 의병장으로 추대하였다. 임신년(1632, 인조10)에 문학의 명망으로 태학 박사에 선발되어 장의(掌議)로 추대되었다. 유수암(柳修巖 유진(柳袗))·장만회(張晩悔 장경우(張慶遇))·정양계(鄭暘溪 정호인(鄭好仁))와 도의지교를 맺었다.【자손이 영천의 동산(東山)에 거주한다.】

이충민 李忠民 자는 여직(汝直)이고 호는 모암(慕巖)이다. 벼슬은 동지중추부사이며 벽진(碧珍) 사람으로 판서 건지(建之)[245]의 8대손이고

244 낙암(洛庵) 득인(得仁) : 1566~1623. 자는 영중(榮仲), 호는 낙암이다.

245 건지(建之) : 1357~1415. 사명(賜名)은 천달(天達), 자는 자춘(子春), 시호는 정헌(正獻)이다. 중국에 유학하여 갑과에 급제하고 안남(安南) 정벌에 종사관으로 종군하였다. 조선에 돌아와 경략사(經略使)를 지냈고 이조 판서로서 하정사(賀正使)가

참의 탁이(卓爾)[246]의 아들이니, 선조 무자(1588)생이다.

○공은 타고난 자품이 질실(質實)하고 독후(篤厚)하였는데, 일찍 선생의 문하에 올랐다. 행하는 바가 마음과 다르지 않고 아는 바가 행실과 다르지 않아서, 학술이 통명(通明)하고 덕행이 순수하게 갖추어졌다. 하담(荷潭) 김공 시양(金公時讓)[247]이 영남 관찰사가 되었는데, 조정에서 현량을 천거하라는 명령이 있자 공을 첫 번째로 아뢰었다. 인조가 왕명을 내려 직언을 구하자 공은 글을 올려 정치하는 방도를 논하였는데 본말이 모두 갖추어졌다. 원종(元宗)의 추숭에 관한 의논이 일어나자 문장공(文莊公) 정경세(鄭經世)와 함께 소종(小宗)을 대종(大宗)의 계통에 합쳐서는 안 됨을 지극히 말하였다.[248] 구와(龜窩) 김굉(金㙆)[249]이 지은 묘표에 이르기를

> "임진왜란 이후에 공은 부지암정사를 창건하니, 부모와 임금처럼 스승을 섬기는 의리에 돈독함이 또한 이와 같았다. 공과 더불어 일을 함께한 자가 모두 십오현(十五賢)인데 이들을 모두 들보의 배에 이름을 써서 후일의 상고에 대비하였다."

하였다. 후인들이 옥동서당(玉洞書堂)을 건축하여 존경하고 사모하

되어 중국에 가던 중에 졸하였다

246 탁이(卓爾) : 1560~1593. 자는 입여(立如)이고 공조 참의에 증직되었다.

247 김공 시양(金公時讓) : 1581~1643. 자는 자중(子中), 호는 하담이며 본관은 안동이다. 인조 때 병조 판서에 올라 팔도 도원수, 사도(四道) 체찰사를 겸임하고, 척화를 주장하였다

248 원종(元宗)을……말하였다 : 원종은 선조의 5남이자 인조의 아버지인 정원군(定遠君) 이부(李琈)인데 인조 10년에 원종으로 묘호를 정하여 왕으로 추숭되었다. 정원군의 추숭에 대한 논란이 있었을 때 정경세 등은 소종인 정원군을 대종의 계통에 합쳐서는 안 된다고 비판하였다. 《仁祖實錄 1年 9月 11日》

249 김굉(金㙆) : 1739~1816. 자는 자야(子野), 호는 구와이며 본관은 의성(義城)이다. 이상정(李象靖)의 문인이며 단양 군수, 예조 참판 등을 역임하였다.

는 장소로 삼았다. 문집(모암집(慕巖集))이 있다.【자손이 성주의 명곡(椧谷)에 거주한다.】

허후 許厚 자는 중경(重卿)이고 호는 관설(觀雪)이다. 은일(隱逸)로 장령이며 양천(陽川) 사람으로 문정공(文正公) 목(穆)의 종제이니, 선조 무자(1588)생이다.

○공은 태어나면서부터 총명하고 배우기를 좋아하였다. 어린 시절 장난할 때에, 공자가 제자들로 하여금 예의를 익히게 했던 일을 하였다. 장성하자 법도를 지키는 것이 엄격하여, 알면 반드시 행하고 행하면 반드시 계속 쌓았다. 의리가 더욱 정밀해지고 인(仁)이 더욱 완숙해져서 종족에게 돈독하고 사귀는 벗에게 마음을 다하며 크게는 남을 사랑하고 만물을 이롭게 하는 것에 미루어 나갔다. 전부(田賦), 병률(兵律), 형서(刑書), 천문, 지리, 음양의 운행과 조화 등에 대해서도 연구하지 않은 것이 없었다.【행장[250]에 보인다.】

선생이 별세하자 만사에 이르기를 "선생께 나아가 내 일찍 모셨는데, 한 말씀 간곡하여 이미 가슴에 간직하였네." 하였다.【자손이 경기(京畿)의 연천(漣川)에 거주한다.】

이지화 李之華 자는 이실(而實)이고 호는 다포(茶圃)이다. 문과에 급제하여 한림과 참의를 지냈고 전의(全義) 사람이니, 선조 무자(1588)생이다.

○공은 일찍이 선생의 문하에 유학하여 문장과 덕망으로 당대에 추중받았다. 광해군의 정사가 혼란하자 형인 북평사 지영(之英)과 〈손을

250 행장 : 허목(許穆)이 지었다. 《記言別集 卷26》

잡고 함께 돌아가다〔携手同歸〕〉[251]라는 시를 짓고는 관직을 그만두고 고향으로 돌아갔다. 계해년(1623)에 인조가 반정한 뒤에 품계가 승진되었다.【행장[252]에 보인다.】

공은 선생에게 올린 제문에 이르기를

이 소자가	曰余小子
먼 친척으로	葭莩遠族
일찍 가르침을 받들어서	早承提撕
외람되이 두텁고 친밀한 정을 받았습니다	猥荷敦睦
선생께서 어머니 묘지문을 지어서	誌母之墓
명도를 꾸며 주시니	用賁冥途
영원히 남을 은혜	恩垂不朽
감격스럽고 보답하기 어렵습니다	感篆難報
공사 간에 애통하여	慟以公私
강한처럼 끝이 없습니다	江漢無極

하였다. 정묘호란에 선생의 막하로 들어가서 군량을 주관하였다. 병자년에 남한산성이 포위되었을 때 의병에 의지해서 근왕(勤王)하여 충주(忠州)의 연풍(延豐) 땅에 이르러 적을 만나 겨우 죽음을 면했는데, 인조가 남한산성에서 나와 항복했다는 말을 듣고 돌아왔다. 광해군 때에 정언으로 이이첨(李爾瞻)의 다섯 가지 죄를 논하고 장인인 이영(李覮)[253]과 절연하였다.【자손이 고령(高靈)의 상곡(上谷)에 거주한다.】

251 손을……돌아가다 : 《전성세고(全城世稿)》 권3의 《수월당집(水月堂集)》과 권4의 《다포집(茶圃集)》에 보인다.

252 행장 : 장복추(張福樞)가 지었다. 《四未軒集 卷11》

253 이영(李覮) : 1561~1623. 자는 사영(士瑩), 호는 이환(泥丸)이며 본관은 전주

박윤무 朴胤武 자는 선승(善承)이고 호는 기은(岐隱)이다. 벼슬은 무공랑이며 함양(咸陽) 사람이니, 선조 무자(1588)생이다.

○공은 타고난 자품이 순수하고 성실하며 품부받은 것이 훌륭하였다. 일찍 선생의 문하에 오르니, 선생이 공의 모부인의 친족이어서 또 사사로운 척분도 있었다. 선생이 일찍이 말씀하기를 "뜻이 돈독하구나, 이 사람이여! 박학하나 남이 알아주기를 바라지 않으며 존양을 하면서 겉모습은 꾸미지 않으니, 뜻이 돈독하구나, 이 사람이여!" 하셨다. 공이 다섯 살에 임진왜란을 당하였는데 목숨을 보전하도록 지휘해 준 것은 실로 선생의 은혜였고, 이름과 자도 모두 선생이 지어 준 것이었다. 선생이 별세하자 올린 제문이 있다.【자손이 인동의 기산(岐山)에 거주한다.】

이전 李瑑 자는 옥여(玉汝)이고 호는 삼은(三隱)이다. 고성(固城) 사람으로 양헌공(襄憲公) 원(原)[254]의 7대손이니, 선조 무자(1588)생이다.

○공은 일찍부터 선생이 계신 부지암에 유학하여 문장과 덕망이 당세에 알려졌다. 침잠하고 온화하고 순수하였으며 성리학을 연구하였다. 선생이 별세하자 고을의 동지들과 제문을 지어 제사하였다.【자손이 청도(淸道)의 홍선(興善)에 거주한다.】

한몽삼 韓夢參 자는 자변(子變)이고 호는 조은(釣隱)이다. 벼슬은 외대(外臺) 찰방(察訪)이며 서원(西原 청주) 사람이니, 선조 기축(1589)생이다.

(全州)이다. 대사헌, 우참찬 등을 역임하였다. 폐모론을 주장하여 인조반정 후에 처형되었다.

254 양헌공(襄憲公) 원(原) : 1368~1429. 자는 차산(次山), 호는 용헌(容軒), 시호는 양헌이다. 정몽주(鄭夢周)의 문인이며 대사헌, 좌의정 등을 역임하였다.

○선생의 손자인 위솔공(衛率公) 영(鍈)[255]이 지은 행장에 이르기를 "공은 32세에 조간송(趙澗松 조임도(趙任道))과 함께 선조인 문강공(文康公) 문하에 폐백을 올렸는데, 스승을 섬기는 예와 묻고 배우는 방도가 한결같았다.[256] 선생이 별세하자 부음을 듣고서 달려갔고 장례를 지낼 때 달려갔으며 제문을 지어 술잔을 올려 사문이 길이 애통해하는 뜻을 표시하였다. 병자년에 남한산성이 포위되자 의병장이 되었는데, 미처 출발하기 전에 성이 이미 함락되니 북쪽을 바라보고 통곡하였다. 효종이 대군으로서 청나라에 가게 되자 조정에서는 공을 사부로 의망(擬望)하여 수행하게 하려고 했다."

하였다. 진주(晉州)의 임천사(臨川祠)[257]에 제향되었다.【자손이 삼가(三嘉)의 덕촌(德村)에 거주한다.】

손기업 孫起業 자는 홍언(興彦)이고 호는 은암(隱庵)이다. 밀양(密陽) 사람으로 추천(鄒川) 영제(英濟)[258]의 아들이니, 명종 을축(1565)생이다.

○공은 태어나면서부터 총명하여 겨우 말을 배우자마자 능히 자서(字書)의 글자를 분별하였다. 7세에 취학하였는데 번거롭게 가르치고 감독하지 않아도 식견이 날로 성취되었다. 장성하자 조예가 더욱 깊어

255 위솔공(衛率公) 영(鍈) : 1622~1705. 자는 명세(鳴世), 호는 소매당(訴梅堂)이며 세자익위사 위솔(世子翊衛司衛率)을 지냈다.

256 한결같았다 : 원문의 '如一'은 행장 원문에 "정 선생을 섬기던 것과 똑같았다.〔一如事鄭先生.〕"라고 되어 있다. 한몽삼은 정구(鄭逑)의 문하에서 배우다가 정구가 졸한 후에 장현광의 문하에 유학한 것이다.

257 임천사(臨川祠) : 이준민(李俊民), 강응태(姜應台), 성여신(成汝信), 하징(河澄), 한몽삼을 제향하며 지금의 경남 진주시 금산면 가방리에 소재한다.

258 영제(英濟) : 1521~1588. 자는 덕유(德裕), 호는 추천이다. 이황(李滉)의 문인이며 예안(禮安) 현감, 사헌부 지평 등을 역임하였다.

졌는데, 어버이의 명으로 부지암에서 선생에게 폐백을 올리고 배알하여 무극이면서 태극인 이치를 강론하니, 동문의 여러 제자들이 다 그 간결하고 심오함에 탄복하였다. 선생이 일찍이 공에게 편지를 보내기를 "이 풍파가 일렁이는 세상에서 다행히 어진 그대와 함께 마음을 허여하여 서로 질문할 수 있게 되었다." 하시고, 또 말씀하기를 "학문을 간단(間斷)하지 말아야 하니, 독실히 연구하는 것은 끝내 내가 억지로 권면한다고 해서 되지 않을 것이다." 하셨다.

종형인 기양(起陽)[259]과 함께 본향의 창의소(倡義所)에 달려가서 방략(方略)을 지휘하였으니, 이 일이 읍지(邑誌)에 기재되어 있다. 유집(遺集)이 있다.【자손이 대구의 옥분(玉盆)에 거주한다.】

박민수 朴敏修 자는 손지(遜之)이고 호는 매산(梅山)이다. 벼슬은 선무랑이며 밀양(密陽) 사람으로 대암(大庵) 성(惺)의 아들이니, 선조 경인(1590)생이다.

○공은 소탈하고 고상한 자질과 준엄하고 깨끗한 행실로 쓸데없는 문식을 통렬히 제거하고 독실히 배우고 실천하였다. 선생이 입암에 계실 적에 대암(大庵) 노인도 청부(靑鳧)에 우거해서 서로 왕래하기에 편하였는데, 공의 관례에 선생을 초대하여 빈(賓)으로 삼고 인하여 선생의 문하에 수학하여 위기지학을 듣게 하였다. 예로써 선조를 받들고 정성으로 손님을 접대하고 자제에게 효도를 가르치고 종족에게 화목을 가르치니, 선생이 크게 칭찬하셨다. 저술한 저서로 《옥찬(玉纂)》 9권이 있다.【자손이 현풍(玄風)의 창동(倉洞)에 거주한다.】

259 기양(起陽) : 1559~1617. 자는 경징(景徵), 호는 오한(聱漢)·송간(松磵)이다. 정구(鄭逑)·정경세(鄭經世) 등과 교유하였고, 영천 군수, 창원 부사 등을 역임하였다.

장내겸 張乃謙 자는 익보(益甫)이고 호는 지와(止窩)이다. 학거(鶴渠) 순(峋)의 손자이고 심곡(深谷) 제원(悌元)의 아들이며 좌승지에 추증되었고 옥산(玉山) 사람이니, 선조 경인(1590)생이다.

○공은 타고난 자품이 온화하고 고아하였다. 선친의 가르침에 따라 선생의 문하에 출입해서 위기지학을 듣게 되었고, 벼슬길에 나아가는 것을 바라지 않아서 세상을 피하여 은둔하면서도 근심하지 않았다. 전하는 유적이 모두 화재를 당하여 집안에 간직된 것이 없다. 공이 선생께 올린 제문이 선생의 집안에 있는데 이 역시 선생의 상이 끝날 때의 글이었다. 소략함이 심한데 그 글 뜻을 보면 예전의 정을 기록한 듯하나 이 또한 누락되었으니, 한탄스러움을 이루 다 말할 수 있겠는가.【자손이 인동의 진평(眞坪)에 거주한다.】

전유성 全有性 자는 경부(敬夫)이고 호는 경산(耕山)이다. 벼슬은 통덕랑이며 용궁(龍宮) 사람으로 국파(菊坡) 원발(元發)[260]의 10대손이니, 선조 신묘(1591)생이다.

○공은 일찍 선생의 문하에 유학하여 문학과 훌륭한 행실이 선비들의 추중을 받았다. 선생이 별세하자 제문을 지어 제사하였다.【자손이 영천의 조동(棗洞)에 거주한다.】

강대수 姜大遂 자는 학안(學顏)이고 호는 한사(寒沙)이다. 문과에 급제하여 부제학을 지냈고 진주(晉州) 사람이니, 선조 신묘(1591)생이다.

○선생이 남쪽 지방에서 도학을 창도하자 선비들이 사방에서 많이 귀의하였는데, 공의 선친인 당암공(戇庵公)[261]이 공을 선생에게 보내

260 국파(菊坡) 원발(元發) : 국파는 호이다. 고려 말에 원나라에 가서 병부상서 겸 집현전 태학사를 지냈고 귀국하여 축산부원군(竺山府院君)에 봉해졌다.

어 사사하게 하였다. 공은 덕기(德器)를 성취하여, 유자(儒者)의 행실을 굳게 지키고 효도와 우애가 돈독하였으며 남이 알아주기를 구하지 않고 청탁을 분별하였다. 50년 동안 조정에서 벼슬하면서 정성스러운 마음으로 근신(謹愼)하여 보익(補益)한 것이 많았다. 광해군이 아우를 죽이자 논쟁하여 죄를 얻고는 문을 닫고 자취를 감추었다. 정묘호란에 공은 호소사(號召使)가 되어서 우복(愚伏) 정경세(鄭經世)와 함께 영남에서 종사하여[262] 의병을 모집하였는데, 남한산성이 함락되자 군대를 해산하였다. 석천정(石泉亭)을 지어 배우러 오는 자들을 대비하였고 본군(本郡)의 이연서원(伊淵書院)[263]과 의령(宜寧)의 덕곡서원(德谷書院)[264]을 창건하여 유학에 더욱 정성을 다하였다. 선생이 별세하자 만사에 이르기를

"일찍이 다행히 강학하시는 자리를 가까이하였습니다. 스스로 헤아려 보건대 참으로 변변치 못한데 특별히 비루하게 여기지 않는 은혜를 받았으며, 밤에는 침상을 맞대고 곁에서 모셨습니다."

하였다.【자손이 합천의 흑석(黑石)에 거주한다.】

김우익 金友益 자는 택지(擇之)이고 호는 두암(斗巖)이고 또 다른

261 당암공(戇庵公) : 강익문(姜翼文, 1568~1648)으로 자는 군우(君遇), 호는 당암이다. 지평, 사간 등을 역임하였다.

262 호소사(號召使)가……종사하여 : 묘갈문에는 "호소사 정경세의 종사관이 되었다.〔爲務召使鄭公經世從事.〕"라고 하였고, 행장에는 "호소사의 종사관이 되었다.〔爲號召使從事官.〕"라고 하였다.《寒沙集 卷7》

263 이연서원(伊淵書院) : 김굉필(金宏弼)과 정여창(鄭汝昌)을 제향하며 지금의 경남 합천군 가야면 매암리에 소재하였다.

264 덕곡서원(德谷書院) : 이황(李滉)을 제향하며 지금의 경남 의령군 의령읍에 소재한다.

호는 금학헌(琴鶴軒)이다. 문과에 급제하여 한성 서윤을 지냈고 예안(禮安) 사람으로 문절공(文節公) 담(淡)[265]의 5대손이니, 선조 신묘(1591)생이다.

○공은 타고난 자품이 순수하고 성실하며 효도와 우애가 돈독하였다. 선생의 문하에 오르자 요결(要訣)을 직접 배우고 성리학을 연구하여 많은 선비의 추중을 받았다. 공은 5대조인 문절공의 신도비문을 선생에게 청하여 세웠다. 영원(寧遠)과 해미(海美) 두 고을의 수령을 역임하여 모두 치적이 있으니, 한평군(韓平君) 이경전(李慶全)[266]의 만사에 이르기를 "동향(桐鄕)[267]을 맡아 채 기년이 못 되었으나 지금까지 백성들의 칭송이 큰 송덕비보다 더하다." 하였다. 공이 해서(海西)의 막하에 있을 적에 감사 백대형(白大珩)이 도내의 유배된 자들을 해치려 하였는데, 공이 억제한 덕분에 이 계책이 실현되지 못하였다.[268] 학사(鶴沙) 김공 응조(金公應祖)가 공의 묘갈명에 쓰기를

265 문절공(文節公) 담(淡) : 1416~1464. 자는 거원(巨源), 호는 무송헌(撫松軒), 시호는 문절이다. 집현전 박사, 충주 목사 등을 역임하였으며 《칠정산내편(七政算內篇)》을 비롯하여 여러 천문 역서를 교정하고 편찬하였다.

266 이경전(李慶全) : 1567~1644. 자는 중집(仲集), 호는 석루(石樓), 본관은 한산(韓山)이다. 이산해(李山海)의 아들이며, 좌참찬, 형조 판서 등을 역임하였고 한평부원군(韓平府院君)에 봉해졌다. 문집으로 《석루유고(石樓遺稿)》가 있다.

267 동향(桐鄕) : 전임 수령의 선정을 그리워하는 고을을 뜻하는데, 특히 조상이 다스리던 곳을 가리킨다. 김우익의 6대조인 김소량(金小良)은 영유(永柔) 현령을 지냈는데, 영유(永柔)는 김우익이 다스린 영원(寧遠)을 포함하는 지역이었다.

268 백대형(白大珩)이……못하였다 : 백대형(1575~1623)은 자가 이헌(而獻), 본관이 수원(水原)이며, 이이첨(李爾瞻)의 심복으로 폐모론을 주장하였고 인조반정 이후 처형되었다. 백대형은 황해도 감사(관찰사)로 있을 적에 이이첨과 적대하던 해주 목사 최기(崔沂)를 투옥하여 옥사하게 하였다. 또 이 일에 연루된 황해도의 인사들을 해치려 하였는데, 황해도 도사로 있던 김우익이 주선하여 많은 사람을 구하였다.

높은 기개요 軒然氣
확고한 의지이며 確然志
넓은 재주요 恢然才
거룩한 기국이니 偉然器
훌륭한 일을 할 것 같았는데 若有爲
여기서 그치고 말았도다 而止於是

하였다.【자손이 영주(榮州)의 우금(友琴)에 거주한다.】

김광악 金光岳 자는 이직(以直)이고 호는 야일재(野逸齋)이다. 생원시와 진사시에 모두 합격하였으며 광산(光山) 사람으로 문순공(文純公) 부필(富弼)의 손자이니, 선조 신묘(1591)생이다.

○공은 타고난 자품이 깨끗하고 순수하며 총명하여 배우기를 좋아하였다. 일찍 선생의 문하에 유학해서 문학과 훌륭한 행실이 세상에 알려졌다. 광해군이 폐모(廢母)할 때에 상소하여 이이첨(李爾瞻)을 참수할 것을 청하였다. 병자호란에 형인 매원공(梅園公 김광계(金光繼))과 함께 의병을 일으켰는데 남한산성을 지키지 못했다는 말을 듣고 청량산(淸凉山) 포속동(逋俗洞)으로 들어가서 숭정처사(崇禎處士)로 일생을 마쳤다. 유집이 있다.【자손이 의성의 초전(草田)에 거주한다.】

이여익 李汝翊 자는 비경(棐卿)이고 호는 수봉(秀峰)이다. 문과에 급제하여 시강원 보덕을 지냈고 벽진(碧珍) 사람이니, 선조 신묘(1591)생이다.

○공은 타고난 자품이 명민하고 기개가 깨끗하며 총명이 절륜하고 문예가 일찍 성취되었다. 신미년(1631, 인조9) 9월에 부지암에서 선생을 배알하고 이후로 왕래하면서 의심스러운 것을 질정하여 사문(師門)

의 추중과 인정을 받았다. 을유년(1645, 인조23)에 양산(梁山) 군수로 있을 적에 선생의 《역학도설(易學圖說)》을 간행하는 곳으로 좋은 재목을 보내오니, 청천당(聽天堂) 장공(張公 장응일(張應一))이 답서를 보냈다. 병자년에 인조가 남한산성에서 나와 항복했다는 비보를 듣고 눈물을 흘리고 음식을 먹지 않았다. 신사년(1641, 인조19)에 왕세자를 모시고 돌아오기 위해 서장관으로 심양(瀋陽)에 갔다. 돌아와 충주(忠州) 목사에 제수되어서 '국사에 마음을 다하니 옷 한 벌을 하사한다'는 유지를 받았다. 고을의 수령을 역임하여 암행어사의 포창(褒彰)과 관찰사의 포창이 세 번 이르니, 인조는 가상히 여겨서 이것을 병풍에 써 두었고, 은택이 미친 다섯 고을은 모두 거사비(去思碑)를 세웠다. 문집이 세상에 유행한다. 사미헌(四未軒) 장공 복추(張公福樞)가 묘갈명을 지었다.【자손이 합천의 합산(合山)에 거주한다.】

노형도 盧亨道 자는 행보(行甫)이고 호는 수분당(守分堂)이다. 풍천(豐川) 사람으로 풍고(風皐) 주(冑)[269]의 차자(次子)이니, 선조 신묘(1591) 생이다.

○공은 타고난 성품이 깨끗하고 순수하며 의용(儀容)이 단정하고 후중하였다. 선생의 문하에 출입해서 덕업을 성취하니, 효성을 다하여 어버이를 섬기고 형제간에 우애하였으며, 유자의 행실을 굳게 지키고 남이 알아주기를 바라지 않았으며, 청탁을 변별하고 구차히 세속을 따르지 않았다. 스스로 '수분(守分)'이라는 두 글자를 당호(堂號)로 게시하니, 이는 분수를 지켜 행하는 편안함을 취한 것이었다. 병자호란에 백씨인 소암공(素菴公 노형운(盧亨運))과 함께 의병을 일으켰는데 조령

269 풍고(風皐) 주(冑) : 1557~1617. 자는 경승(景承), 호는 풍고이다.

(鳥嶺)에 이르러 굴욕적인 맹약을 했다는 소식을 듣고 통곡하고는 회군하여 돌아와서 은둔하고 벼슬하지 않았다.【자손이 함양(咸陽)의 개평(介坪)에 거주한다.】

권봉 權對 자는 흥서(興瑞)이고 호는 성재(省齋)이다. 벼슬은 부호군(副護軍)이며 안동(安東) 사람으로 동봉(東峰) 극립(克立)의 아들이니, 선조 임진(1592)생이다.

○공은 어렸을 때부터 선생에게 종유(從遊)하며 배우니, 당시에 선생에게 배우는 선비가 매우 많았는데 공이 가장 인정받았다.【〈유사(遺事)〉[270]에 보인다.】

정축년(1637, 인조15)에 선생이 다시 입암으로 들어가던 날에 선생이 공을 돌아보고 말씀하기를

"내가 영원히 선영(先塋)을 하직하고 이곳에 터를 잡아 장차 입암과 함께 여생을 마치고자 하노니, 네가 나와 함께하기를 예전에 선공(先公)이 살아 계실 때와 같이 하겠느냐?"[271]

하셨다. 공은 이날부터 선생을 모시고 또한 의귀할 곳으로 삼았다.【〈사문기문록(師門記聞錄)〉에 보인다.】

밤낮으로 선생을 모시고 강론하였으며, 선생이 별세하여 상여를 고향으로 모시고 돌아가는 날에 이르러 곡하러 온 사방의 사우(士友)들이 매우 많았는데 공은 모든 재물을 털어 음식을 대접하였으니, 당대에

270 유사(遺事) : 이는 권극립, 권봉 등 안동 권씨 4인의 문집인 《영가세고(永嘉世稿)》 권4 《성재공일고(省齋公逸稿)》에 보인다. 아래에 나오는 〈사문기문록(師門記聞錄)〉도 같다.

271 선공(先公)이……하겠느냐 : 권봉의 부친 권극립은 이른바 '입암의 네 벗' 중 한 명으로, 장현광이 입암에서 우거하고 강학하는 것을 도왔다.

공자 문하의 자공(子貢)으로 지목하였다.【〈유사〉에 보인다. ○자손이 영천의 입암(立巖)에 거주한다.】

김여려 金汝礪 자는 백열(伯說)이고 호는 둔곡(屯谷)이다. 문과에 급제하여 감찰을 지냈고 경주(慶州) 사람이니, 선조 임진(1592)생이다.

○공은 아우 이려(以礪), 재종형 취려(就礪)와 함께 입암에서 선생을 배알하여 성리학을 배웠다. 타고난 자품이 효성스럽고 우애하여, 어버이 상에 3년 동안 시묘살이를 하였고, 아우와 함께 살며 대암(大菴)·소암(小菴)이라고 편액을 달아 우애가 돈독하였다. 병자년에 선생이 동지들을 권유하여 의병을 일으키시자 공은 권유에 응하여 군사를 정돈하였는데, 굴욕적인 맹약을 했다는 소식을 듣자 해산하고 물러났다. 나라에서 부르는 명령을 여러 번 사양하고 임천(林泉)에서 일생을 마쳤다.【자손이 영천의 황강(黃岡)에 거주한다.】

박도원 朴道元 자는 일지(一之)이고 호는 농은(農隱)이며 경주(慶州) 사람이니, 선조 계사(1593)생이다.

○공은 타고난 자품이 호매(豪邁)하여 탁월함이 범상치 않았다. 총명이 일찍 이루어져서 서너 살에 능히 문자를 구별하였으며, 성품이 또 지극히 효성스럽고 순일(純一)하여 어버이가 살아 계실 적에 섬기고 돌아가셨을 적에 장례하고 제사함에 지극히 유감이 없게 하였다. 장성하자 선생의 문하에서 수학하여 날마다 선생을 모시니, 선생이 매우 가상히 여겨 칭찬하시고 가르침을 더 청할 때마다 매우 공경하셨다. 공은 말하기를 "문하의 사람에게 어찌 이처럼 공경을 지극히 하십니까?" 하니, 선생이 말씀하시기를 "공 등의 학문은 진실로 용렬한 학자의 수준이 아니니, 어찌 소홀히 할 수 있겠는가." 하셨다. 밤낮으로 훈도를 받아 지극한 의논을 들은 바가 매우 많았다. 선생이 별세하자

제문을 지어 제사하였다.【자손이 함안(咸安)의 평관(坪寬)에 거주한다.】

김응명 金應鳴 자는 이원(而遠)이고 호는 취죽당(翠竹堂)이다. 진사시에 합격하였고 경주(慶州) 사람이니, 선조 계사(1593)생이다.

○공은 다섯 살에 섬의 오랑캐가 창궐하는 때를 당하여 부친(김우련(金遇鍊))이 의병을 일으켜 곽망우당(郭忘憂堂 곽재우(郭再祐))의 진영으로 가자, 공은 아침저녁으로 하늘에 절하면서 부친이 왜적을 격파하고 일찍 돌아오시기를 정성을 다해 기도하였다. 무오년(1618, 광해군 10)에 어버이의 명으로 진사시에 응시하고서, 명예와 이익에 마음을 끊고 성리학에 전심하였다. 일찍이 여헌 장 선생과 종유(從遊)하여 위기지학을 듣게 되었는데, 선생이 별세하자 올린 제문에 이르기를

영남의 지남은	嶺南指南
오직 우리 선생이셨는데	惟我先生
선생이 이미 별세하니	先生既歿
어이하랴 앞길을 잃어 버린 것을	奈失前程

하였다. 사림들이 남천서원(南川書院)을 세우고 제향을 올린다.【자손이 경산(慶山)의 용성(龍城)에 거주한다.】

배상호 裵尙虎 자는 계장(季章)이고 호는 괴재(愧齋)이다. 진사시에 합격하였고 성산(星山) 사람으로 등암(藤庵) 상룡(尙龍)의 아우이니, 선조 갑오(1594)생이다.

○공은 어린 나이부터 정한강(鄭寒岡)의 문하에 유학하고 또 선생의 문하에 유학해서 스승과 벗들의 칭찬과 인정을 받고 여러 현철(賢哲)들의 추중을 받았다. 공이 예로써 선조를 받들고 정성으로써 손님을 대접하며 효행을 아들에게 가르치고 화목을 친족에게 가르치니, 온

집안에 화기(和氣)가 넘치고 질서가 정연하여, 법도 있는 가문이라 일컬어졌다.【청천당(聽天堂 장응일(張應一))의 기문(記聞)에 보인다.】

공은 집안에 거처할 적에 항상 새벽에 일어나서 백씨의 침소로 찾아가 안후를 살피고서 함께 가묘(家廟)를 배알하고는 방과 대청을 깨끗이 청소하고 경서와 역사서를 펼쳐 읽는 것을 매일의 일과로 삼았다.【만회당(晩悔堂 장경우(張慶遇))의 기문(記聞)에 보인다.】

선생은 공의 만시에 이르기를

지닌 재주는 능히 사업을 할 수 있었고	抱才堪做業
품은 뜻은 성공을 할 수 있었네	懷志擬成功
벗은 반드시 명사를 사귀고	取友須名輩
지론은 선비의 풍격을 높였네	持論亢士風

하였다.【자손이 성주의 후포(後浦)에 거주한다.】

장경주 張慶遒[272] 자는 태언(泰彦)이고 호는 만계(晩溪)이다. 벼슬은 통정대부이며 인동(仁同) 사람으로 극명당(克明堂) 내범(乃範)의 셋째 아들이니, 선조 갑오(1594)생이다.

○공은 태어나면서부터 영특하였고 장성해서는 총명하였다. 밖으로는 어진 스승인 여헌 선생이 있었고 안으로는 극명당과 만회당(晩悔堂 장경우(張慶遇))의 어진 부형이 있었다. 그리하여 부모를 섬길 적에 행여 부모의 마음을 자신의 마음으로 삼지 못할까 염려하였고, 집안을 다스릴 적에 법도가 있었고, 향당에 거처할 적에 예의가 있었고, 일을 처리하고 남을 대함에 반드시 부지런하고 검소하였으며, 공명과 부귀를 하찮게 보아서, 아름다운 말씀과 선한 행실이 후세에 모범이 될 만하였

272 장경주(張慶遒) : '遒'는 《인동장씨 대동보》에 '유(迺)'로 되어 있다.

다. 선생이 별세한 뒤 을유년(1645, 인조23)에 등암(藤庵) 배상룡(裵尙龍), 구암(龜巖) 김경장(金慶長)과 함께 의논하여 선사(先師)의 문집을 간행하였다. 담재(淡齋) 장일상(張一相)이 지은 묘갈문에 이르기를 "극명당 휘 내범은 가문의 친족으로서 아들과 손자를 거느려 삼대가 선생의 문하에서 배웠다. 명(銘)은 다음과 같다. '연원이 유래가 있으니 문강공(文康公)의 문도이다.'" 하였다.【자손이 인동의 반계(磻溪)에 거주한다.】

박이경 朴頤慶 자는 이술(而述)이고 호는 강환당(講歡堂)이다. 밀양(密陽) 사람으로 용암(龍巖) 운(雲)[273]의 증손이니, 선조 갑오(1594)생이다.

○공은 타고난 자품이 훌륭하고 재주가 일찍 성취되었다. 탁월한 재주로 일찍 선생의 문하에 유학하여 많은 지도를 받고 덕업을 성취해서 향리와 이웃의 추중을 받았다. 선생이 별세하자 제문을 지어 제사하였다.【자손이 선산의 괴곡(槐谷)에 거주한다.】

권기 權紀 자는 양정(養正)이고 호는 묵인재(默忍齋)이다. 벼슬은 선교랑이며 안동(安東) 사람으로 노헌(魯軒) 응생(應生)의 장자이니, 선조 병신(1596)생이다.

○공은 타고난 성품이 지극히 효성스러웠는데 부모상을 당하자 시묘살이를 하여 삼년상을 마치니, 당시 사람들이 그 산을 가리켜 산막동(山幕洞)이라 하였다. 서하(西河) 임귀호(任龜鎬)가 그 묘에 쓰기를

태중의 명[274]을 받아 太中有命

273 용암(龍巖) 운(雲) : 1493~1562. 자는 택지(澤之), 호는 용암·운암(雲巖)·지암(止庵)이다.

책 상자 지고 천릿길 찾아가고　負笈千里
스승을 모신 지 여러 해에　立雪多年
참된 말씀 분명히 받았네　的受眞旨
세 겹으로 입을 봉해　三緘金口
말없이 가르침을 보존하고　默以存諟
산막에서 삼년상을 마치니　山幕終制
사모하는 마음 어찌 끝이 있으랴　孝慕曷已

하였다. 유고(遺稿)가 있다.【자손이 경주의 두류(頭流)에 거주한다.】

이규 李煃 자는 여원(汝元)이고 호는 쌍벽헌(雙碧軒)이다. 사마시에 합격하였으며 영천(永川) 사람이니, 선조 병신(1596)생이다.

○공은 태어나면서부터 총명하고 자품이 영특하였다. 장성하자 선생의 문하에 찾아가 위기지학을 알게 되었고 요결(要訣)을 받들어서 선생의 칭찬을 많이 받았으며 아름다운 말씀과 선한 행실이 후세에 모범이 될 만하였다. 선생이 별세하자 제문을 지어 제사하였다.【자손이 영천의 양항(良巷)에 거주한다.】

이환 李皖 자는 문원(文遠)이고 호는 □□이다. 음직으로 참봉을 지냈으며 여강(驪江) 사람으로 문원공(文元公) 회재(晦齋 이언적(李彦迪)) 선생의 증손이니, 선조 병신(1596)생이다.

○공은 영특하고 호매(豪邁)한 자품으로 선생의 문하에 출입하여

274 태중의 명 : 자식에게 스승을 사사하도록 하는 아버지의 명을 가리킨다. 정호(程顥)・정이(程頤)의 아버지인 태중대부(太中大夫) 정향(程珦)은 당시 옥리(獄吏)에 불과하던 젊은 주돈이(周敦頤)를 알아보고 두 아들에게 명하여 주돈이를 사사하게 하였다.

훈도를 받고 눈으로 보고 감화되어 문장과 훌륭한 행실이 고을과 도의 추대를 받았다. 선생이 별세하자 올린 제문이 있다. 공이 별세하자 청천당(聽天堂) 장공(張公 장응일(張應一))이 지은 만사에 이르기를

도성에서 일찍이 선대인을 모셔서	京洛曾陪先大人
그대와 정의가 서로 믿음직하였네	與君情誼亦相孚
풍채는 동도의 호걸[275]에서 유래하고	風神自來東都傑
담론은 북해의 선비[276]와 같았네	談論應知北海儒

하였다. 옥산(玉山)의 유생이 공에 대한 제문에 이르기를

단정하고 진중한 자품과	端凝之資
혼후한 자질로	渾厚之質
가정의 교훈을 받아서	擩染家庭
시례의 가르침을 따랐습니다	詩禮遵業
옥은 비록 광채를 숨기지만	玉雖秘彩
난초는 향기를 숨길 수 없습니다	蘭不掩香

하였다.【자손이 경주의 양동(良洞)에 거주한다.】

서강인 徐强仁 자는 극천(克天)[277]이고 호는 월암(月巖)이다. 은일로 집의를 지냈으며 달성(達城) 사람으로 달성군(達城君) 미성(彌性)[278]의

275 동도의 호걸 : 동도는 경주 또는 낙양을 가리킨다. 이환의 선조인 이언적(李彦迪)이 경주 출신이기는 하지만, '동도의 호걸'은 아래의 '북해의 선비'와 대구이므로 후한(後漢) 때 낙양의 명사(名士)인 이응(李膺)·진번(陳蕃) 등을 가리키는 듯하다.

276 북해의 선비 : 후한 말기의 학자인 공융(孔融)을 가리킨다. 공융은 지금의 산동성에 속하는 북해(北海)의 상(相)으로 있으면서 언론과 풍류로 유명하였다.

277 극천(克天) : 족보에는 이름이 '강인(彊仁)', 자가 '극부(克夫)'로 되어 있다. 《大丘徐氏世譜 卷10 奉事公派》

8대손이고 첨지중추부사 도립(道立)[279]의 아들이니, 선조 병신(1596)생이다.

○약관의 나이에 어버이의 명에 따라 선생에게 폐백을 올리고 배알하여 학문하는 요점을 듣게 되었다. 더불어 교유한 자가 모두 당대의 지극히 훌륭한 자들이었으니, 쌍봉(雙峰) 정극후(鄭克後), 대암(臺巖) 최동집(崔東集),[280] 동고(東皐) 서사선(徐思選)은 그중에도 특별한 자들이었다. 공은 이들과 서로 절차탁마하여 덕업을 성취하였다. 어버이를 섬김에, 살아 계실 적에 봉양하고 돌아가셨을 적에 장례하고 제사하는 것을 한결같이 예를 따랐고, 형제간에는 항상 화락(和樂)하였다. 어떠한 외물에도 마음이 얽매여 동요되지 않았다. 문암(文巖) 주변에 초가집을 짓고 독서하고 수양하는 곳으로 삼았다. 만년에 '경학에 밝고 행실이 잘 닦여짐〔明經行修〕'으로 천거된 것이 세 번이었다. 선생이 별세하자 제문을 올려 제사하였다.【행장과 묘갈문에 보인다. ○자손이 영천의 북문(北門)에 거주한다.】

김휴 金烋 자는 겸가(謙可)이고 호는 경와(敬窩)이다. 천거로 참봉이 되었으며 의성(義城) 사람으로 운천(雲川) 용(涌)의 손자이니, 선조 정유(1597)생이다.

○공은 뛰어난 재주를 지녀서 젊은 시절 호기가 넘칠 때에는 문장을 구사하는 것을 스스로 좋아하여 예법에 급급하지 않는 자처럼 보였다.

278 달성군(達城君) 미성(彌性) : 1383~1431. 자는 자상(子常)이고 달천부원군(達川府院君)에 추증되었으며 서거정(徐居正)의 아버지이다. 사헌부 집의, 안주 목사 등을 역임하였다. '달성군'은 '달천군'이 되어야 할 듯하다.

279 도립(道立) : 1580~1623. 자는 중수(仲修), 호는 동천(東泉)이다.

280 최동집(崔東集) : 1586~1661. 자는 진중(鎭仲), 호는 대암이며 본관은 경주(慶州)이다. 정구(鄭逑)의 문인이며 봉림대군(鳳林大君)의 사부가 되었다.

그러나 소중히 여기는 바가 항상 묻고 배움에 있어서 침잠하고 완색(玩索)한 지 오래되자 학문하는 대요가 근독(謹獨), 불기(不欺 스스로 속이지 않음), 개과천선(改過遷善) 등 몇 가지 말에 지나지 않음을 알았다. 일찍 선생의 문하에 유학하니, 선생은 공의 재주와 뜻을 사랑하여 칭찬하고 기대하고 권면한 것이 모두 군자의 도였으며 자설(字說)[281]을 지어 주셨다. 또 우리 동방의 문헌이 희소하다 하여 공에게 문헌의 수집을 맡겼다. 성상이 조신(朝臣)에게 명하여 문학으로 등용할 만한 자를 천거하게 하자 용주(龍洲) 조공 경(趙公絅)이 공을 추천하여, 특별히 강릉(康陵) 참봉에 제수되었다. 선생이 별세하자 지어 올린 제문에 "부족한 저 소자가 문하에서 수학한 지 이제 이십여 년이 되었으나 광간(狂簡)하다고 소외하지 않으셨습니다." 하였다. 공이 지은 시문과 《해동문헌총록(海東文獻總錄)》[282]·《도동록(道東錄)》·〈조문록(朝聞錄)〉[283]·〈경모록(敬慕錄)〉[284]이 세상에 유행한다.【자손이 안동의 천전(川前)에 거주한다.】

김경장 金慶長 자는 덕승(德承)이고 호는 구암(龜巖)이다. 벼슬은 찰방이며 순천(順天) 사람으로 평양부원군(平陽府院君) 양경공(襄景公) 승주(承霔)[285]의 7대손이고 반월당(伴月堂) 종효(宗孝)의 아들이니, 선조

281 자설(字說) : 장현광이 김휴의 자를 자미(子美)에서 겸가(謙可)로 고쳐 주며 지은 것이다. 《旅軒集 卷8 金上舍字說》

282 해동문헌총록(海東文獻總錄) : 신라 이후의 우리나라 문헌 670여 종을 분류하고 해제(解題)한 책이다.

283 조문록(朝聞錄) : 경전 및 낙민(洛閩) 제현의 글에서 학문의 요체를 뽑아 도식을 그리고 설명한 것으로 《경와집(敬窩集)》 권5에 보인다.

284 경모록(敬慕錄) : 《여헌속집》 권9에 보인다.

285 승주(承霔) : 1354~1424. 호는 월담(月潭), 시호는 양경(襄景)이다. 야인(野

정유(1597)생이다.

○공은 용모가 준수하고 훌륭하며 음성이 크고 맑았다. 태어난 지 겨우 세 살에 손으로 하늘과 땅을 가리키며 말하기를 "이는 나의 커다란 한 집이다." 하니, 선생이 감탄하고 칭찬하시기를 "이 아이의 후일의 성취를 측량할 수 없다." 하셨다. 칠팔 세에 능히 《효경(孝經)》과 《소학(小學)》을 통달하였다. 어버이의 명에 따라 선생의 문하에서 수업을 청하여 저절로 마음으로 터득하고 몸으로 체행하는 징험이 있어서 선생으로부터 여러 번 칭찬을 받았다. 성품은 또 효성이 돈독해서 부모를 섬김에 정성과 효도를 다하니, 당시 사람들이 그가 사는 마을을 효자촌(孝子村)이라 이름하였다. 〈경원록(景遠錄)〉[286]에 이르기를

"나의 어린 시절 검은 머리가 이제 백발이 성성한데, 어리석음의 관문을 뚫고 뱁새의 울타리를 벗어나 늙은 농부와 늙은 말의 지식[287]을 다소 안 것은 털끝만 한 것까지도 모두 우리 부자(夫子)의 은혜이다."

하였다. 선생께 올린 제문에 이르기를

"소자가 불초하나 또한 용납하고 돌보아 주신 은혜를 입어서 매번 이끌어 주시는 가르침을 입었으니, 그 따뜻한 은혜와 어루만져 주신 사랑은 소자가 죽어서도 절대로 갚을 수 없습니다."

人)의 진압과 제2차 왕자의 난에 공을 세웠고 병조 판서를 지냈다.

286 경원록(景遠錄) : 《여헌속집》 권9에 보인다. 멀리 돌아가신 선생을 사모하는 회포를 기록한 것이라 하였다.

287 늙은 농부와……지식 : 원문의 '농마지지(農馬之知)'는 한 방면에 대해서만 아는 지식을 이른다. 한유(韓愈)의 〈상양양우상공서(上襄陽于相公書)〉에 관중(管仲)이 늙은 말을 따라 길을 찾고 공자가 번지(樊遲)에게 농사일은 늙은 농부에게 물어보라고 한 것을 인용하여 성인과 현인은 재능이 다양하지만 '늙은 농부와 늙은 말은 지식이 전일하다〔農馬之知專〕'고 하였다.

하였다.【자손이 인동의 북면(北面)에 거주한다.】

이륜 李綸 자는 경언(經彦)이고 호는 사월당(沙月堂)이다. 수직(壽職)으로 첨지중추부사가 되었으며 경산(京山) 사람으로 대사헌 홍문(興門)[288]의 후손이고 백천(白川) 천봉(天封)[289]의 아들이니, 선조 정유(1597)생이다.

○공은 용모가 풍후하고 기국이 크고 두터웠다. 일찍 가정의 가르침을 받고 또 선생의 문하에 올라 선생의 가르침을 마음에 간직하여 독실한 뜻으로 힘써 행하니, 선생의 기대가 매우 컸다. 선조를 추모하는 일에 정성스러워서 암서(巖棲)[290]·삼익재(三益齋)[291]·백천(白川) 세 부자의 묘갈을 세울 적에 선생에게 글을 청하니, 선생은 각각 그 비석 뒷면의 글을 써 주셨다. 낙동강 강가에 정자를 짓고 '사월(沙月)'이라고 편액하니, 당대의 유명한 선비들이 제영(題詠)한 것이 많다.

삼은(三隱) 이전(李瑔)이 뇌사(誄詞)에 이르기를 "공은 밝고 순수한 자품으로 삼익재와 백천의 시례(詩禮)의 가문에서 태어나 여옹(旅翁)의 문하에서 질정하였다." 하였다. 족질(族姪)인 생원 형만(亨萬)[292]은 또 말하기를 "여헌의 문하에서 스승을 모시고 아버지에게 예를

288 홍문(興門) : 1380~1451. 제주도 안무사(濟州道按撫使)를 지냈다.

289 천봉(天封) : 1567~1634. 자는 숙발(叔發), 호는 백천이다. 정구(鄭逑)의 문인이며 정묘호란에 의병을 일으켰고 의금부 도사에 제수되었다.

290 암서(巖棲) : 이륜의 조부인 이침(李忱, 1543~1580)으로 자는 사부(士孚)이다. 정구(鄭逑)와 함께 덕계(德溪) 오건(吳健)에게 수학하였고 동강(東岡) 김우옹(金宇顒)과 교유하였다.

291 삼익재(三益齋) : 이륜의 백부인 이천배(李天培, 1558-1604)로 자는 경발(景發), 호는 삼익재이며 정구(鄭逑)의 문인이다.

292 형만(亨萬) : 1623~1677. 학가재(學稼齋) 이주(李紬)의 셋째 아들로 자는 광세

익혀서 근심을 잊고 스스로 만족하니, 누가 그 즐거움을 알겠는가." 하였다.【자손이 성주의 암포(巖浦)에 거주한다.】

정헌세 鄭憲世 자는 경식(景式)이고 호는 죽헌(竹軒)이다. 진사시에 합격하였고 은일로 별검을 지냈으며 진양(晉陽) 사람으로 복재(復齋) 국성(國成)[293]의 손자이고 문장공(文莊公) 우복(愚伏 정경세(鄭經世))의 재종제이니, 선조 정유(1597)생이다.

○공은 총명하고 준수한 자질과 영특한 기운으로 일찍 선생의 문하에 올라서 가르침을 가슴속에 간직하고 익혀서 사우(士友)들의 성대한 추중을 받았으며 문학과 훌륭한 행실이 세상에 알려졌다. 강고(江皐) 유심춘(柳尋春)[294]이 지은 동산사(東山祠) 봉안문에 이르기를

장석의 동산[295]에	匠石之園
진실로 훌륭한 목재가 많고	固多良材
균계[296]의 숲에	菌桂之林
반드시 영지가 나옵니다	必產靈芝
진실로 공께서는	允矣維公

(匡世)이다.

293 국성(國成) : 1526~1592. 자는 숙거(叔擧), 호는 복재이다. 임진왜란 때 상주에서 의병을 일으켜 순국하였다.

294 유심춘(柳尋春) : 1762~1834. 자는 상원(象遠), 호는 강고이며 본관은 풍산(豊山)이다. 세자익위사익찬을 지냈다.

295 장석(匠石)의 동산 : 재능을 드러낼 수 있는 상황을 비유한다. '장석'은 좋은 목재를 잘 판별하는 장인(匠人)으로 《장자(莊子)》〈인간세(人間世)〉에 나온다. 한유(韓愈)는 〈위인구천서(爲人求薦書)〉에서 자신이 훌륭한 인물의 추천을 받은 것을 '장석의 동산에서 생장한 나무〔生于匠石之園〕'와 같다고 비유하였다.

296 균계(菌桂) : 계수나무의 일종인 향목(香木)이다.

이런 집안에 이러한 분이니	是家是人
침랑[297]의 자제이고	寢郎家兒
복재의 어진 자손입니다	復齋賢孫
시와 예를 배워서	載詩載禮
능히 선조와 유사하니	克類克似
대씨의 집[298]과 아름다움이 같고	匹美戴家
사씨 집안의 보배로운 나무[299]와 똑같습니다	齊寶謝氏

하였다.【자손이 상주의 사천(沙川)에 거주한다.】

최두립 崔㞳立 자는 내앙(乃仰)이고 호는 수헌(守軒)이다. 벼슬은 통덕랑이며 영천(永川) 사람으로 난포(蘭圃) 철견(鐵堅)[300]의 증손이고 연산군(燕山君) 한(漢)[301]의 후손이니, 선조 정유(1597)생이다.

○공은 자품이 영특하고 행실이 돈독하고 배우기를 좋아하여, 여헌 장 선생을 사사하고 낙와(樂窩) 조탁연(曺卓然)[302]과 교유하였다. 일찍

297 침랑(寢郎) : 선릉 참봉(宣陵參奉)인 정헌세를 가리키는 듯하다. 정헌세의 아버지 정이룡(鄭而龍)은 전생서 참봉(典牲署參奉)이었다.

298 대씨(戴氏)의 집 : 유종원(柳宗元)의 〈담주동지대씨당기(潭州東池戴氏堂記)〉는 대씨(戴氏 대간(戴簡))의 아름다운 집이 그의 고상한 덕과 어울린다는 내용인데, 이를 인용한 듯하다.

299 사씨……나무 : 동진(東晉)의 사현(謝玄)은 집안의 훌륭한 자제를 '향초와 아름다운 나무〔芝蘭玉樹〕가 집의 뜰에 자라는 것'에 비유하였다. 이에 유래하여 훌륭한 자제를 보수(寶樹)라고 한다.

300 철견(鐵堅) : 1525~1594. 자는 중경(重卿), 호는 난포이다. 임진왜란에 관군과 의병으로 공을 세웠다.

301 한(漢) : 영천 최씨의 시조로 고려 의종(毅宗)과 명종(明宗) 때 공이 있어 연산부원군(燕山府院君)에 봉해졌다.

과거 공부를 포기하고 성리학을 강론하고 밝혀서 칭찬을 많이 받았다.

【묘갈문에 보인다. ○자손이 경산(慶山)의 곡란(谷蘭)에 거주한다.】

장이유 張以兪 자는 자유(子裕)이고 호는 지분헌(知分軒)이다. 인동(仁同) 사람으로 죽정 선생(竹亭先生) 잠(潛)의 증손이고 개옹(豿翁) 봉한(鳳翰)[303]의 아들이니, 선조 무술(1598)생이다.

○공은 어렸을 때부터 총명하고 온아(溫雅)하였으며 재기(才器)가 일찍 이루어졌다. 무신년(1608)에 선조(宣祖)가 승하하자 공은 독서를 중지하고 7일 동안 밥을 먹지 않았다. 열한 살에 《논어》를 읽다가 증점(曾點)이 비파를 내려놓은 것에 이르러 무릎을 치며 감탄하기를 "가슴속에서 천 년 전의 기상을 체인(體認)할 수 있다." 하였다. 을묘년(1615, 광해군7) 여름에 어버이의 명령에 따라 선생을 찾아가 배알하여 학업을 청하고 동문의 제현과 강마하였다. 갑자년(1624, 인조2) 이괄(李适)의 변란에 선생을 찾아가 뵙고서 의병을 일으키는 일을 의논하였다. 을해년(1635, 인조13)에 〈퇴계변무소(退溪辨誣疏)〉[304]를 지었다. 임오년(1642, 인조20)에 고을 사람들에게 두루 알려서 선생을 천곡서원(川谷書院)[305]에 종사(從祀)하였다. 만년에 영귀당(詠歸堂)

302 조탁연(曺卓然) : 1555~1640. 자는 경성(景聖), 호는 낙와이며 벼슬은 참봉이다.

303 봉한(鳳翰) : 1566~1644. 자는 문거(文擧), 호는 개옹이다. 정구(鄭逑)의 문인이며 임진왜란에 의병에 참여하여 공을 세웠다.

304 퇴계변무소(退溪辨誣疏) : 경연에서 한필원(韓必遠)·최명길(崔鳴吉)이 이황(李滉)에게 상중에 서자를 낳았다는 상동(喪童)의 무함이 있다고 한 것으로 인해, 영남의 유생들을 대신하여 올린 것이다.

305 천곡서원(川谷書院) : 정이(程頤)·주자(朱子)·김굉필(金宏弼)·정구(鄭逑)·장현광을 제향하며 지금의 경북 성주군 벽진면 해평리에 소재하였다.

을 집 뒤에 짓고서 여러 벗들과 창수(唱酬)하며 옛사람이 기수(沂水)에서 목욕한 기풍을 사모하였다. 이양서원(伊陽書院)[306]에 배향되었다. 선생께 올린 제문에 이르기를 "불초한 소자는 외람되이 동성(同姓) 중에 한 사람이오니, 항렬로는 숙질간이고 의리로는 사제간입니다." 하였다.【자손이 성주의 가곡(家谷)에 거주한다.】

최동량 崔東亮 자는 자명(子明)이고 호는 송정(松亭)이다. 벼슬은 현감이며 경주(慶州) 사람으로 정무공(貞武公) 진립(震立)[307]의 아들이니, 선조 무술(1598)생이다.

○공은 어려서 총명하고 독서를 좋아해서 글을 몇 번 읽지 않아도 곧바로 외웠다. 지극한 성품이 있어서 부모를 섬김에 그 뜻을 어김이 없었다. 계해년(1623, 인조1) 가을에 인동의 부지암에서 폐백을 올리고 선생을 배알하였는데, 선생은 다정하게 대접하면서 말씀하기를 "나의 벗 군섭(君燮)[308]이 불행히 죽으니 자나 깨나 그리워하였는데, 이제 그대를 대하니 군섭을 만나 보는 듯하다." 하셨다. 모부인의 상을 당하여 초상과 대소상(大小祥)의 의심스러운 예를 선생에게 여쭈어 행하였다.

병자년에 대가(大駕)가 남한산성으로 들어가자 정무공이 공주진(公州鎭)에서 필마(匹馬)로 근왕하였다. 공은 이 소식을 듣고 울면서 말하기를 "주상이 포위를 당하여 가군(家君)이 전쟁터로 달려갔으니, 신하

306 이양서원(伊陽書院) : 장봉한(張鳳翰)·장이유를 배향하며 지금의 경북 성주군 벽진면 봉계리에 소재하였다.

307 진립(震立) : 1568~1636. 자는 사건(士建), 호는 잠와(潛窩), 시호는 정무(貞武)이다. 정유재란 때 서생포(西生浦)·도산(島山) 등에서 공을 세웠다. 경기 수사, 전라 수사, 공주 영장 등을 역임하였다.

308 군섭(君燮) : 정사진(鄭四震)의 자이다. 최동량은 정사진의 사위이다.

와 자식이 된 자가 어찌 감히 편안히 있겠는가." 하였다. 마침내 의병을 모집해서 출발하여 목천(木川)에 이르렀는데, 부친이 전사했다는 소식을 듣고 적의 칼날을 무릅쓰고 달려가서 옛 부하이던 아전과 시신을 찾아서 염습하여 관을 모시고 고향으로 돌아와 언양(彦陽)의 오지산(烏池山)[309]에 장례하고 3년 동안 시묘살이를 하였다.【자손이 경주의 가암(佳巖)에 거주한다.】

이돈서 李惇叙 자는 자륜(子倫)이고 호는 □□이며 연안(延安) 사람이니, 선조 무술(1598)생이다.

○공은 타고난 자품이 순수하고 아름다우며 어렸을 때부터 독서를 좋아하였다. 정묘년(1627, 인조5)에 모부인을 모시고 선산(善山)으로 피난하였다. 부지암정사에서 폐백을 올리고 선생을 배알하여 의심스러운 것을 질정하고 묻고 배워서 발명한 바가 많으니, 선생이 지극히 칭찬하셨다. 병자년(1636, 인조14)에 강도(江都)로 들어갔다가 적에게 사로잡히자 공은 말하기를 "우리 집안은 충효를 대대로 전하여 왔는데, 불행히 오랑캐에게 사로잡히고도 죽지 않는다면 내가 어찌 떳떳이 살 수 있겠는가." 하고, 즉시 자결하고자 하며 다만 노모를 염려할 뿐이었지만 그 방도가 없었다. 진강리(鎭江里)에 이르러 큰 구덩이에 물이 괴어 있자 즉시 투신하여 물에 빠져 죽었다. 효종 조에 형 돈오(惇五)[310]와 함께 정려(旌閭)를 받았다.【가장(家狀)에 보인다. ○자손이 상주의 장곡(長

309 언양(彦陽)의 오지산(烏池山) : 최진립의 묘갈에는 '언양현 오지연(烏池淵) 묘향(卯向)의 산'이라 하였다. 《龍洲遺稿 卷15》

310 돈오(惇五) : 1585~1637. 자는 자전(子典), 호는 일죽(一竹), 시호는 충현(忠顯)이다. 가평 군수를 지내다가 사직하였는데, 병자호란이 일어나자 강화도로 들어가 적과 싸우다가 전사하였다.

谷)에 거주한다.】

이숙 李塾 자는 경수(景受)이며 영양(永陽) 사람이니, 선조 무술(1598)생이다.

○공은 동봉(東峰) 권극립(權克立)의 사위로 일찍이 선생의 문하에서 수업하여 아침에 도를 들으면 저녁에 죽어도 좋다는 도리를 듣게 되었다. 가르침을 받고 가슴속에 간직하여 익혀서 칭찬을 많이 받았으며 문장과 훌륭한 행실이 고을과 이웃의 많은 선비들에게 추중을 받았다.【자손이 영천의 운천(雲川)에 거주한다.】

이주 李紬 자는 신언(愼彦)이고 호는 학가재(學稼齋)이며 경산(京山) 사람이니, 선조 기해(1599)생이다.

○공은 아홉 살부터 선생에게 취학하였다. 겨우 성동(成童 15세)이 되자 은미한 말씀과 깊은 뜻을 보면 번번이 이해하여 하나를 들으면 둘을 알았다. 선생을 섬기기를 어버이를 섬기듯이 하여 직접 가르침을 받은 것이 가장 많아 십철(十哲)[311]의 하나가 되니, 선생이 매우 기특히 여기고 사랑하셨다. 선생이 별세하자 지어 올린 제문에 이르기를

"의리는 생삼(生三)[312]으로서 중하고 은혜는 부자간과 같습니다. 다만 제가 미련하고 노둔해서 학문의 방도를 통달하지 못하여 외람되이 문하에 있으면서 보고 감화되지 못하였으니, 저 썩은 나무에 조각

311 십철(十哲) : 여헌 문하의 십철로 김경장(金慶長)·김응조(金應祖)·노형필(盧亨弼)·유진(柳袗)·신열도(申悅道)·이주(李紬)·장경우(張慶遇)·정극후(鄭克後)·정사진(鄭四震)·조임도(趙任道)를 지칭한다.

312 생삼(生三) : 임금·스승·아버지를 이른다. 사람은 이 세 분에 의해 생존하므로 한결같이 섬겨야 하는 의리가 있다고 말한다.

할 수 없는 것과 같았습니다. 다만 부끄러워하고 한탄하며 성대한 은혜를 저버렸습니다. 이 세상 어두운 길에 의귀할 바를 잃었으니 어찌한단 말입니까."

하였다. 또 문하의 제현들과 함께 선생의 별세한 뒤의 일을 다스리고, 또 행적을 기록하여 평소 보고 감화된 정성을 다하였다. 묻고 배움에 전념해서 요결(要訣)을 탐구하여 육경과 사서에 근본하고 제자백가를 널리 통하였다. 후학들을 불러 모아 이끌고 장려하여 나아가게 하니, 당대의 큰 학자와 훌륭한 선비가 문하에서 많이 나왔다. 스승의 언행을 기록한 25조목이 있다.[313] 덕암서원(德巖書院)[314]에 제향되었다.【자손이 성주의 암포(巖浦)에 거주한다.】

송섬 宋暹 자는 여휘(汝輝)이고 호는 즉학재(則學齋)[315]이다. 야성(冶城) 사람으로 고헌(孤軒) 후창(後昌)의 아들이니, 선조 기해(1599)생이다.

○공은 어려서부터 신채(神彩)가 빛나고 깨끗하며 재기(才氣)가 영민하고 준수하였다. 선생 부인의 친정 조카로서 일찍 선생의 문하에 올라서 아침에 도를 들으면 저녁에 죽어도 좋다는 도리를 듣게 되었다. 잠심하고 완색하여 요결(要訣)을 간직하고 익혀서 선생의 지극한 칭찬

313 스승의……있다 : 《여헌속집》 권10 〈경원록(景遠錄)〉을 이르는 듯하다.

314 덕암서원(德巖書院) : 이천배(李天培)·이천봉(李天封)·이주를 제향하며 지금의 경북 성주군 월항면 유월리에 소재한다.

315 즉학재(則學齋) : 이는 《논어》에 "제자가 들어가서는 효도하고 나와서는 공손하며……이것을 행하고 여력이 있으면 '이를 써서 글을 배워야 한다.〔則以學文〕'"라고 한 것에 유래한 호이므로 '즉학'으로 읽었다. 송섬은 어려서 배상룡(裵尙龍)에게 수학하였는데, 홀어머니를 봉양하기 위해 공부를 그만두고 집으로 돌아갔다. 이에 배상룡이 탄식하며 송섬에게 여력이 있으면 글을 배울 것을 권면하였으니, 이로 인해 호를 지은 것이다. 《默軒集 卷11 則學齋宋公行狀》

을 받았다. 병자호란 이후로 과거 공부를 폐지하였다. 지극한 효성으로 어버이를 섬기니 천신이 감동하여 몇 이랑의 밭에 홀로 비가 내리는 기이한 일이 있었는데, 고을 사람들이 모두 찬탄하였다.【행장에 보인다. ○자손이 칠곡의 도탄(道灘)에 거주한다.】

박려 朴璵 자는 군헌(君獻)이고 호는 현석(玄石)이다. 천거로 참봉이 되었으며 밀양(密陽) 사람으로 문절공(文節公) 문빈(文彬)[316]의 9대손이고 모헌(慕軒) 양춘(陽春)[317]의 아들이니, 선조 기해(1599)생이다.

○공은 용모가 맑고 깨끗하고 재기(才氣)가 영특하고 호걸스러웠다. 선생을 사사하여 위기지학을 듣게 되었고 더욱 스스로 돈독히 힘써서 고을 사람들의 추중을 받았다. 간송(澗松) 조임도(趙任道)와 《밀주지(密州誌)》를 다시 편집하였고 또 우리나라 현자의 사적을 수집하여 기록하였다. 선생이 별세하자 제문을 가지고 와서 곡하였다. 간송이 공에 대한 만사에 이르기를 "우정이 굳건한 친구 이제 지하로 가니, 우리들은 도가 더욱 궁해지네." 하였다.【자손이 청도의 흑석(黑石)에 거주한다.】

노세충 盧世忠 자는 사형(士亨)이고 호는 송운(松雲)이다. 천거로 사평(司評)이 되었으며 경주(慶州) 사람으로 역락재(亦樂齋) 경륜(景倫)의 아들이니, 선조 기해(1599)생이다.

○공은 타고난 자품이 순수하고 선하고 신채(神彩)가 빛나고 깨끗하였으며 재기(才氣)가 호매(豪邁)하였다. 일찍 여헌 선생을 사사하여

316 문빈(文彬) : 자는 도은(桃隱), 시호는 문절이다. 포은 정몽주, 목은 이색과 교유하였고 국자태사(國子太師)를 지냈다.

317 양춘(陽春) : 1561~1631. 호는 모헌이다. 효행으로 정려(旌閭)를 받았다.

위기지학을 듣게 되어 학문과 덕행이 당세에 추앙을 받았다.【세보(世譜)에 보인다.】 후손 규태(奎泰)가 지은 족보 서(序)에 이르기를

"사평공(司評公)은 역락재를 선고(先考)로 삼아 그 가르침을 받들어 스승 및 벗과 종유(從遊)하여 독실한 뜻으로 학문에 힘써 일찍 도(道)의 천거를 받았으나 불행히 요절하여 이름이 크게 드날리지 못했다."

하였다.【자손이 선산의 문동(文洞)에 거주한다.】

손항 孫沆 자는 계호(季浩)이고 호는 월봉(月峰)이다. 진사시에 합격하였으며 일직(一直) 사람이니, 선조 기해(1599)생이다.

○공은 어버이[318]의 명에 따라 백형[319]과 함께 입암에서 폐백을 올리고 선생을 배알하였다. 선생을 모시고 초천(椒泉 초수(椒水)가 나는 샘)에 가서 열흘이 넘게 있다가 돌아왔다. 선생이 별세하여 상여를 고향으로 모시고 돌아가는 날을 당해서 정성을 다하여 주선하였다.【고왕록(考往錄)[320]에 보인다. ○자손이 영천의 동산(東山)에 거주한다.】

여이재 呂爾載 자는 자후(子厚)이고 호는 해옹(海翁)이다. 문과에 급제하여 형조 판서를 지냈고 시호가 숙헌(肅憲)이며 함양(咸陽) 사람이니, 선조 경자(1600)생이다.

○공은 부모를 섬김에 지극히 효성스러웠고 형제를 우애로써 대하였으며, 관직을 맡음에 정성을 다하였고 백성을 평이함으로써 다스렸다. 광해군 때에 폐모론이 일어나자 제생들을 거느리고 항거하는 글을

318 어버이 : 손우남(孫宇男)으로 위에 보인다.

319 백형 : 손해(孫瀣)로 위에 보인다.

320 고왕록(考往錄) : 입암서원의 역사를 기록한 것인 듯한데 미상이다.

올려 역적을 토벌하니, 이 일이 국사(國史)에 기재되어 있다.【행장에 보인다.】

선생에 대한 만사에 이르기를

시서와 예악은 지금의 부자이시고	詩書禮樂今夫子
덕업과 문장은 회옹을 뒤따르셨네	德業文章後晦翁
공경히 서 있던 옛날 문밖에는 눈이 쌓였고	久立當年門外雪
한가한 날 바람 부는 자리에서 몇 번이나 모셨던가	幾承閒日坐間風

하였다.【선생의 〈연보 부록〉의 만장(挽章)에 보인다.】

선생께 올린 제문에 이르기를

"선생은 우리 동방의 부자(夫子)이시니, 부자의 위대함을 소자가 어떻게 말할 수 있겠습니까. 옛날 을묘년(1615, 광해군7)에 선친이 이 고을에 부임하셨을 때 소자의 나이는 16세였습니다. 선생이 차근차근 학문으로 잘 유도해주시니, 소자는 선생의 학문을 좋아하지 않은 것은 아니오나 바로 제자가 배울 수 없는 것이었습니다. 그 뒤에 선생이 두 번 서울의 저택에 오셔서 소자는 다행히 모시고 훌륭한 가르침을 받들었습니다. 불행히 지난해 영남으로 피난을 갔는데, 선생은 소자가 객지에서 곤궁함을 가엾게 여기셨으니, 소자가 이 지역에 우거(寓居)하게 된 것은 실로 선생이 명하신 덕분이었습니다."

하였다.【《여헌속집》 〈부록〉의 제문에 보인다. ○자손이 서울에 거주한다.】

권임 權恁 자는 화숙(和叔)이고 호는 퇴암(退庵)이다. 천거로 사옹원 참봉이 되었으며 안동(安東) 사람으로 노헌(魯軒) 응생(應生)의 둘째 아들이니, 선조 경자(1600)생이다.

○공은 총명하고 지혜로운 자질로 순수하고 정성스럽고 돈후하였

다. 어버이의 명령에 따라 일찍 선생을 사사해서 위기지학을 듣게 되었고 마침내 벼슬길에 나아가는 것을 단념하고 그 서당에 '퇴암(退庵)'이라고 편액하였다. 선생이 별세하자 올린 제문에 이르기를

지금은 옛날 거처하시던 곳인데 今來舊居
후일에는 궐리[321]가 될 것입니다 他日闕里
장례 지낼 날이 정해지니 卽遠有期
모시고 배울 길이 없습니다 摳衣無路

하였다. 신체인(申體仁)이 지은 노헌공(魯軒公)의 행장에 이르기를 "선생이 만년에 입암에 거주하실 적에 공이 이미 세 아들을 보내서 수학하게 했다." 하였다.【자손이 경주의 두류(頭流)에 거주한다.】

신홍망 申弘望 자는 망구(望久)이고 호는 고송(孤松)이다. 문과에 급제하여 지평을 지냈고 아주(鵝洲) 사람으로 오봉(梧峰) 지제(之悌)의 아들이니, 선조 경자(1600)생이다.

○공은 어려서부터 신채(神彩)가 밝고 맑으며 재기(才氣)가 영민하고 준수하니, 보는 자가 모두 원대한 기국(器局)을 칭찬하였다. 가정의 가르침을 받아 매우 부지런히 학문에 힘썼다. 일찍이 선생의 문하에 유학하니 선생이 칭찬하시기를 "신 모(申某)의 눈썹 사이에는 항상 춘풍의 온화한 기운이 있으며, 말씨와 모습과 행동거지가 능히 집안을 대대로 이어갈 자라고 이를 만하다." 하셨다. 선생이 별세하자 올린 제문에 이르기를

우리 선친과는 粤我先人

321 궐리(闕里) : 공자의 고향이다. 인용하여 주자, 이황(李滉), 최충(崔沖) 등의 큰 스승이 살던 곳을 '궐리'라고 한 용례가 있다.

친분과 정의가 매우 두터우시니	分義甚厚
이에 소자는	肆余小子
가장 은혜로운 대우를 받았습니다	最承恩遇
덕스러운 모습 우러러보았으니	瞻仰德範
어느 날인들 잊었겠습니까마는	何日忘之
과장에 골몰하고	科場汨沒
세상의 일에 바삐 달려가서	世累奔馳
길이 선생을 모시고	不得長侍
지팡이와 신의 곁에 있지 못하였습니다	杖屨之側
어둡고 어리석어 지금에 이르오니	貿貿至今
먹는 것 밖에 모르는 금수와 같았습니다	禽鹿視肉
몸을 어루만지며 스스로 서글퍼하오니	撫躬自悼
비록 후회하나 미칠 수 없습니다	雖悔莫及
지난해 봄에는	往歲之春
천지가 뒤집어지니[322]	天地飜覆
수레를 타고 동쪽으로 가시어	軒車徂東
구지[323]에 머무셨습니다	駐駕龜池
평상 아래에서 안부를 여쭙고	拜候床下
한동안 가르침을 받았습니다	承誨移時

322 천지가 뒤집어지니 : 조선이 청나라에 항복한 것을 이른다.

323 구지(龜池) : 장현광은 1637년에 입암으로 가면서 구지(龜智)에 여러 날 머물렀는데, 이에 관련된 지명인 듯하다. 《旅軒續集 卷9 拜門錄》 의성(義城) 구지산(龜智山)은 장현광의 자형인 임이중(任而重)의 집이 있는 곳이며, 신지제(申之悌)의 《오봉집(梧峯集)》 권5에는 '구지의 임씨 댁〔龜池任家〕'이라고 보인다.

어찌 알았겠습니까, 이 한 번의 하직이 那知一辭
곧 영결이 될 줄을 便成永訣

하였다.【자손이 의성의 구미(龜尾)에 거주한다.】

이위 李緭 자는 비언(斐彦)이고 호는 □□이다. 경산(京山) 사람으로 학가재(學稼齋) 주(紬)의 아우이니, 선조 경자(1600)생이다.

○공은 어렸을 때부터 백형인 학가재 공과 함께 선생의 문하에 수학해서 덕업을 성취하여 사우(士友)들의 추중을 받았다. 선생이 별세하자 고을의 동지들과 제문을 가지고 와서 곡하고 예법대로 복상(服喪)하고 돌아갔으며, 또 백형 학가재에게 배웠다. 공은 천성이 순진해서 부귀공명을 사모하지 않고 위기지학에 전념하여, 집안에서 효도와 우애에 종사하는 것을 종신토록 간직하는 중대한 부절로 삼았다.【행장과 묘갈문에 보인다. ○자손이 성주의 암포(巖浦)에 거주한다.】

고시항 高是恒 자는 자구(子久)이고 호는 간재(澗齋)이다. 은일로 도사를 지냈고 개성(開城) 사람으로 제학(提學)인 사원(士原)[324]의 7대손이니, 선조 신축(1601)생이다.

○공은 타고난 성품이 특별히 빼어나고 재주와 식견이 크고 원대하였다. 장성하자 선생의 문하에 유학하여 위기지학을 듣게 되어 덕업을 성취하여 "효도·우애와 충신(忠信)을 행하며 도덕과 문장을 갖추고 재물을 쌓으면서도 흩어 베풀 줄 안다.〔孝友忠信, 道德文章, 積而能散.〕"는 열두 글자를 종신토록 지니는 부절로 삼았다. 두 어버이의 상을 당하자 3년 동안 시묘살이를 하였다. 집안에서 자식을 가르치는 방법

324 사원(士原) : 호는 퇴산(退山)·청천당(聽天堂)이며 문경(聞慶)의 개성 고씨 입향조이다. 태종 때 예문관 직제학을 지냈다.

은 요점이 겸손하고 후덕하고 깨끗하고 검소함에 있었다. 사서(沙西) 전식(全湜)이 전선(銓選)을 맡아 공을 의금부 도사로 첫 번째에 천거하였는데, 다만 한 번 사은숙배하고 곧바로 돌아와서 임천(林泉)에서 덕을 길러 천명을 편안히 여기며 일생을 마쳤다. 선생이 별세하자 올린 제문에 이르기를

여러 현자의 뒤를 이어	群賢之後
쏟아지는 물결에 우뚝이 서니	獨立頹波
그 공을 깊이 생각하면	深惟厥功
어찌 우왕 아래에 있겠습니까[325]	豈在禹下
돌아보건대 이 소자가	顧惟小子
비록 간간이 달려가 뵈었으나	雖間趨造
하수처럼 멀리 적셔 주시니	河潤所霑
평소 산처럼 우러러보았습니다	山仰有素

하였다.【자손이 문경의 왕태(旺泰)에 거주한다.】

서강례 徐强禮 자는 신부(愼夫)[326]이고 호는 □□이다. 달성(達城) 사람으로 달성군(達城君) 미성(彌性)의 8대손이고 월암(月巖) 강인(强仁)의 아우이니, 선조 신축(1601)생이다.

○공은 형 월암공과 함께 일찍 선생의 문하에 올라서 위기지학을 알게 되었다. 학문의 진전을 구하여 성리설을 듣게 되니, 잠심하여

325 우왕 아래에 있겠습니까 : 쇠퇴한 세상의 흐름 속에서 우뚝이 성현의 학문을 이은 공이 마치 우왕이 치수(治水)를 한 공과 같다는 것이다.

326 신부(愼夫) : 족보에는 이름이 '강례(彊禮)', 자가 '愼不'로 되어 있다.《大丘徐氏世譜 卷10 奉事公派》

연구하고 물러나서는 매진하여 날마다 독실하게 힘썼다. 사람들은 혹 공을 천기(天祺)와 자약(子約)에 견주었는데,[327] 중도에 별세하니 고을 사람들이 애석히 여겼다. 선생께 올린 제문이 있다.【가장(家狀)에 보인다. ○자손이 영천의 자천(慈川)에 거주한다.】

김시성 金是聲 자는 문원(聞遠)이고 호는 금포(錦浦)이다. 벼슬은 무과에 급제하여 통제사, 금군별장, 포도대장을 지냈고 청도(淸道) 사람이니, 선조 임인(1602)생이다.

○공이 약관의 나이에 선생에게 수학하니, 선생은 세상에 이름날 그릇으로 여기고[328] 뜻과 기개가 출중하다고 허여하였다. 인조 병자년(1636)에 왕세자를 호종하여 심양(瀋陽)으로 갔다. 임인년(1662, 현종3)에 공이 통제영(統制營)에 있을 적에 배 두 척을 보내어서 선생의 묘소 일을 도우니, 한 배에는 신도비를 싣고 한 배에는 보조하는 물건을 실었다.

공은 여덟 살에 처음 수학하였는데 한 번 들으면 번번이 이해하였고 한 번 보면 번번이 외웠다. 독서를 부지런히 밤낮으로 계속하여 간혹 밥 먹는 것을 잊기까지 하였다. 역사책을 읽다가, 관운장(關雲長)이 밤새 등불을 밝힌 일[329]에 이르러서는 일어나 옷깃을 여미며 말하기를

327 천기(天祺)와 자약(子約)에 견주었는데 : 천기(天祺)는 장재(張載)의 아우인 장전(張戩)의 자이고, 자약(子約)은 여조겸(呂祖謙)의 아우인 여조검(呂祖儉)의 자이다. 이들은 현자의 아우로서 덕행이 있고 학문에 열중한 것으로 일컬어지는데, 서강례가 서강인의 아우로서 학문에 힘썼으므로 이들에 견준 듯하다.

328 세상에……여기고 : 이 내용은 행장에 정구(鄭逑)가 말한 것으로 되어 있다. 《古溪集 卷7 錦浦金公行狀》

329 관운장(關雲長)이……일 : 이는 관우(關羽)가 조조(曹操)에게 항복하였을 적에 조조가 일부러 관우에게 유비의 부인들과 같은 방을 쓰게 하자 관우는 밤새 등불을

"충성스럽고 의로운 선비는 마땅히 이와 같아야 한다." 하였고, 당(唐)나라 천자의 규문(閨門)의 일[330]에 이르러서는 책을 덮고 앉아서 말하기를 "읽으면 입이 더러워지니 다시 대하고 싶지 않다." 하였다.【실록(實錄)[331]에 보인다. ○자손이 하양(河陽)의 남하(南河)에 거주한다.】

이정상 李廷相 자는 입경(立卿)이고 호는 순호(蓴湖)이다. 문과에 급제하여 군수를 지냈고 영천(永川) 사람으로 자암(紫巖) 민환(民寏)의 아들이니, 선조 임인(1602)생이다.

○공은 자품이 깨끗하고 순수하고 기국과 도량이 온전하고 확고하였는데, 일찍 선생의 문하에 유학하여 위기지학을 듣게 되었다. 여러 고을의 수령을 역임하여 모두 훌륭한 치적이 있었다. 벼슬을 그만두고 전원으로 돌아와 노년을 마치려고 계획하였는데, 배우는 자들이 모여들었으므로 가르치기를 게을리하지 않았다. 정축년(1637, 인조15)에 선생의 부음을 듣고 올린 제문에 이르기를

주자의 적전이요	紫陽嫡傳
퇴계 문하의 정맥이셨네	溪門正脈
우뚝하신 선생이여	卓乎先生
후학의 종사이십니다	宗師後學

들고 문밖에서 지키고 있었다는 일화를 이른다.

330 당(唐)나라……일 : 당나라 태종(太宗)은 아우 소자왕(巢剌王)의 비(妃)를 맞아들이고, 고종(高宗)은 아버지 태종의 후궁인 무후(武后)를 맞아들이고, 현종(玄宗)은 아들 수왕(壽王)의 비인 양귀비를 맞아들인 등의 일을 이른다. 원문의 '唐宗閨門事'는 김시성의 문집인 《금포실기(錦浦實紀)》의 연보에는 '당 현종의 규문의 일〔唐玄宗閨門事〕'로 되어 있다.

331 실록(實錄) : 《금포실기(錦浦實紀)》를 가리키는 듯하다.

하였다. 문집이 있다.【자손이 의성의 산운(山雲)에 거주한다.】

홍흔 洪昕 자는 백승(伯昇)이고 호는 문곡(文谷)이며 부림(缶林) 사람이니, 선조 임인(1602)생이다.

○공은 타고난 자품이 순수하고 빼어나고 기국과 식견이 두루 자세히 갖추어졌다. 선생의 문하에 올라 의리를 연구하니, 선생은 공을 늦게 만난 것을 한스러워하시고 깊이 칭찬하셨다. 선생이 별세하자 공은 학업을 마치지 못한 것을 애통해하고 더욱 스스로 분발하여 날마다 경전을 탐구하고 본원(本源)을 토론하고 연구하였다. 선생에게 올린 제문에 이르기를

오늘날 태산이 무너지니	山頹此日
제가 장차 누구를 우러르며	吾將安仰
밝은 때에 도가 떨어지니	道墜明時
제가 장차 누구를 의지하겠습니까	吾將安倣
가르침을 베푸신 것을 생각하니	緬懷經敎
지나가신 곳마다 거의 교화되었습니다	所過幾化
국도로부터 고을에 이르러	自國而邑
학교와 서숙(書塾)에 미치니	學序庠舍
남은 교화가 미치는 바에	餘化攸及
그 누가 진실로 복종하지 않았겠습니까	孰不誠服
하지만 불초한 저는	而我無狀
끝내 학업을 마치지 못했습니다	未克卒業

하였다. 병자호란에 의병을 일으켰는데, 굴욕적인 맹약을 했다는 말을 듣고 마침내 문산(文山)으로 들어가서 동지들과 손을 잡고 한가로이 노닐었다. 본현(本縣)의 학당이 병란을 겪은 뒤로 여러 시설이 모두

무너지고 없어졌는데, 넓고 평탄한 땅으로 학당을 옮겨 지었다. 또 인각방(麟角坊)[332]에 선생을 위하여 외루(畏壘)[333]를 만들려 하였으나 야유(揶揄)하는 자가 있어서 끝내 성취하지 못하였다.【자손이 의흥(義興)의 대곡(大谷)에 거주한다.】

김고 金塙[334] 자는 확부(確夫)이고 호는 황고(黃皐)이다. 생원시에 합격하였으며 경주(慶州) 사람으로 남강(南岡) 취려(就礪)의 아들이니, 선조 임인(1602)생이다.

○공은 타고난 자품이 영특하고 호걸스럽고 기국과 도량이 컸다. 이미 가정의 교훈을 받고 일찍 선생의 문하에 유학하여 문장과 덕업이 충분히 세상에 쓰일 수 있는 자질이 되었다. 김시추(金是樞)[335]・채선견(蔡先見)[336]과 함께 상소하여 이이첨을 배척하였는데 말이 매우 준엄하여, 정직하다는 명성이 조야에 퍼졌다. 또 경학에 정밀하여 전시(殿試)에 올라 경연(經筵)에서 시강(侍講)할 적에 글 읽는 소리와 경전의 뜻이 통창(通暢)하고 대답이 민첩하였는데, 칠십 노인과 함께 견주게

332 인각방(麟角坊) : 의흥(義興 지금의 경북 군위)의 인각사(麟角寺)가 있는 지역이다. 행장에 의하면, 폐사(廢寺)가 된 인각사의 터는 임고서원(臨皐書院)의 위전(位田)이었는데, 이곳에 포은(圃隱)・서애(西厓)・여헌을 제향하는 서원을 창건하려고 하였다.《文谷集 卷3》

333 외루(畏壘) : 노자(老子)의 제자인 경상초(庚桑楚)가 은거한 산의 이름인데, 인하여 풍년이 들자 외루 사람들이 그를 위해 제사하였다. 여기서는 현인을 제향하는 시골이나 그 사당을 뜻한다.

334 김고(金塙) : '塙'의 음은《경주김씨 문선공파(文宣公派) 세보》의 음을 따랐다.

335 김시추(金是樞) : 1580～1640. 자는 자첨(子瞻), 호는 단곡(端谷)이다. 김성일(金誠一)의 손자이고 유성룡(柳成龍)・정구(鄭逑)의 문인이다.

336 채선견(蔡先見) : 자는 명보(明甫), 호는 양전헌(兩傳軒)이며 본관은 인천(仁川)이다. 조호익(曺好益)과 정구(鄭逑)의 문인이다.

되자 공은 태연히 양보하며 말하기를 "선생은 노년이고 저는 한창나이이니, 앞으로 다시 응시할 날이 적을 것으로 압니다." 하고 어려워하는 기색이 없이 물러갔다. 성상은 그 덕량(德量)을 가상히 여겨서 특별히 칠서(七書) 한 질, 흰 서질(書帙) 세 승(乘), 검은 옥돌 벼루 한 갑(匣), 붓과 먹 두 덩이를 하사하셨다.

병자호란에 당숙인 둔곡(屯谷) 여려(汝礪)와 소암(小庵) 이려(以礪), 족숙인 취죽당(翠竹堂) 응명(應鳴)과 함께 의병을 일으켜서 문경(聞慶)으로 달려갔는데, 화의가 이미 이루어졌다는 말을 듣고는 분개하여 답답하고 숨이 막혀 말에서 떨어져 병이 들어 수레를 타고 돌아왔다. 도신(道臣)이 효렴(孝廉)과 문장으로 여러 번 천거해서 재랑(齋郎)에 제수하는 명이 있었으나 병으로 사양하고 취임하지 않았다. 선생이 입암에서 별세하자 호상(護喪)하는 예절에 정성을 다하여 주선하였고 제문을 지어 제사하였다.【자손이 영천의 황강(黃岡)에 거주한다.】

채목 蔡楘 자는 여환(汝煥)이고 호는 돈암(遯庵)이다. 인천(仁川) 사람으로 대곡(大谷) 선근(先謹)의 아들이니, 선조 임인(1602)생이다.

○공은 어린 나이로부터 재주와 생각이 탁월하고 성품이 또 단정하고 엄숙하고 고요하고 신중하였다. 선생의 문하에 올라 선생이 유학에 뜻을 독실히 하라고 경계하시니, 이에 과거 공부를 폐하고 진실하게 내면으로 향하여 문을 닫고 책을 읽어서 남이 알아주기를 바라지 않았다. 공은 일찍 어버이를 잃고 조모 장씨(張氏)[337]를 지성으로 섬겨서 몸소 맛있는 음식을 마련하고, 받들어 순종하고 극진히 기쁘게 해 드렸으며, 상을 당하자 슬퍼하며 예를 다하여 몸이 쇠약해졌다. 서파(西坡)

337 조모 장씨(張氏) : 장현광의 누이이다.

유필영(柳必永)[338]이 지은 공의 묘갈문에 이르기를

"어린 나이에 강학할 때부터 선생이 일찍이 경계하시기를 '명예와 이익의 밖에 따로 유자(儒者)의 학문이 있다.' 하시니, 공은 선생의 지극한 가르침을 마음에 간직하여 진실한 학문에 전념하였다. 공이 스스로 닦아 덕을 이룬 것은 모두 선생의 은혜이다. 명(銘)은 다음과 같다. '내면을 소중히 여기고 외물을 가볍게 여겨서 스승의 가르침을 가슴에 새겼다.'"

하였다.【자손이 달성의 연경(研經)에 거주한다.】

임경윤 任景尹 자는 상지(尙之)이고 호는 귀은(龜隱)이다. 벼슬은 봉사이며 풍천(豐川) 사람으로 서하부원군(西河府院君) 자송(子松)[339]의 후손이니, 선조 임인(1602)생이다.

○선생의 자형은 바로 공의 백부(임이중(任而重))였다. 공의 나이 열여섯에 백부를 모시고 앉아 심부름하였는데, 선생은 공의 말과 행동이 법도가 있고 재주가 일찍 성취된 것을 보시고 매우 기특히 여기고 사랑하시고는 마침내 사위 박진경(朴晉慶)의 딸을 그에게 시집보냈다. 공은 이에 인연하여 선생의 문하에 출입해서 훈자한 바가 있어 감발(感發)하고 흥기하여 언행과 처사에 보통 사람이 미칠 수 없는 바가 많이 있었다. 원근에서 배우러 오는 자가 많았는데, 그들이 나아갈 방향을 자못 안 것은 모두 공이 가르쳐 주고 인도한 공이었다. 선생께 올린 제문이 있다.【행장에 보인다. ○자손이 의성의 구평(龜坪)에 거주한다.】

338 유필영(柳必永) : 1841~1924. 자는 경달(景達), 호는 서파이며 본관은 전주(全州)이다.

339 자송(子松) : 고려 충숙왕을 보필하여 서하군(西河君)으로서 1등 공신에 봉해졌고, 조적(曹頔)의 난에 충혜왕을 호종한 공으로 다시 1등 공신이 되었다.

정이호 鄭以護 자는 중화(仲和)이며 참판 대임(大任)의 손자로 연일(延日) 사람이니, 선조 임인(1602)생이다.

○공은 타고난 자품이 영특하고 호걸스러웠으며 재기(才氣)가 탁월하였다. 선생의 문하에 종유(從遊)하여 문장과 덕망이 세상에 알려졌다. 선생이 별세하자 제문을 지어 제사하였다.【자손이 영천의 녹전(綠田)에 거주한다.】

노세효 盧世孝 자는 사술(士述)이고 호는 □□이다. 집의에 추증되었으며 경주(慶州) 사람으로 역정(櫟亭) 경필(景佖)의 아들이니, 선조 계묘(1603)생이다.

○공은 재기(才氣)가 뛰어나고 문예가 일찍 성취되었다. 일찍 여헌장 선생을 사사하여 아침에 도를 들으면 저녁에 죽어도 좋다는 도리를 듣게 되었고 잠심하여 학문에 힘쓰니, 선생이 비범한 인물로 칭찬하였으며 함께 유학하는 선비들이 모두 장자(長者)로 추대하였다. 경암공(敬庵公)[340]이 모부인에게 아뢰기를 "이 아이가 종가의 제사를 받들 만하다." 하여 마침내 종사(宗嗣)로 정하였다. 선조를 공경히 제사하고 어버이를 효성으로 섬기자, 사람들은 모두 선조의 뜻과 사업을 계승하는 아름다움을 칭찬하였다.【세보에 보인다. ○자손이 선산의 신림(莘林)에 거주한다.】

이도장 李道長 자는 태시(泰始)이고 호는 낙촌(洛村)이다. 문과에 급제하여 응교를 지냈고 좌찬성에 추증되었으며 광주(廣州) 사람으로 석담(石潭) 윤우(潤雨)의 아들이니, 선조 계묘(1603)생이다.

340 경암공(敬庵公) : 노세효의 숙부인 노경임(盧景任)이다. 노세효의 아버지 노경필은 8형제 가운데 셋째였고, 노경임은 여섯째였다.

○병자년(1636, 인조14)에 주서에 제수되고 겨울에 대가(大駕)를 호종하여 남한산성으로 들어갔다. 오랑캐가 성을 급박히 포위하였는데 공이 성상의 앞에서 일을 잘 기록하니, 동렬에 있는 자가 서로 돌아보며 잘한다고 찬탄하였다. 성상이 권신(權臣)[341]의 계책을 따라 은밀히 두세 명의 신하와 함께 걸어서 남문으로 나가 강도(江都)로 옮겨 가시려 하였으나 얼음이 미끄러워 발걸음을 뗄 수 없어서 다시 산성으로 들어왔다. 여러 대신이 단신으로 빠져나가 홀로 가실 것을 청하니, 공이 아뢰기를 "대신 등은 자기 가솔이 강도에 있기 때문에 옮겨 가시기를 강력히 청하는 것입니다. 청컨대 체찰사 이하를 불러서 분명히 명하고 경계하시어, 성상의 뜻으로 결단해서 성을 지킬 계책을 굳건히 하소서." 하였다. 상은 말씀하기를 "훌륭한 말이다." 하시고는 즉시 청사(廳事)로 나오셔서 김류(金瑬) 이하 여러 대신들을 불러 갑옷과 투구를 갖추고 차례로 뜰에 엎드려 전교를 들어서 다른 의논을 하지 못하게 하니, 사람들의 마음이 비로소 진정되었다.

공이 선생에게 제사한 제문에 이르기를

불초하고 보잘것없는 제가	不肖無狀
외람되이 비루하게 여기지 않는 은혜를 받아서	猥蒙不鄙
문하에 의지한 것이	得依門墻
어릴 때부터였습니다	曰自幼穉
반평생 직접 가르침을 받아	半生親炙
정의가 부모와 같습니다	義均怙恃

하였다.【자손이 칠곡의 석전(石田)에 거주한다.】

341 권신(權臣) : 당시 영의정이었던 김류(金瑬, 1571~1648)를 가리킨다.

안응창 安應昌 자는 흥숙(興叔)이고 호는 백암(栢巖)이다. 벼슬은 왕자사부이고 순원군(順原君)에 봉해졌으며 순흥(順興) 사람이니, 선조 계묘(1603)생이다.

○병자년(1636, 인조14)에 소현세자(昭顯世子)가 봉림대군(鳳林大君)과 함께 인질이 되어 심양(瀋陽)에 갔을 적에 공은 말고삐를 잡고 빙설(氷雪)을 밟으며 호종하여 온갖 어려움과 위험을 겪으면서 2년을 지냈다. 동궁의 명에 의하여 〈일신잠(日新箴)〉을 지어 올렸다. 귀국하자 또 인평대군(麟坪大君)의 사부가 되었다. 선생께 올린 제문에 이르기를

> "소자가 가친의 은혜를 입어 스승을 배알하고 직접 가르침을 받았습니다. 귀에 대고 말씀해 주시고 대면하여 타일러 주시니 깊이 훈도되었을 뿐만 아니라 평소 덕에 감동하여 더욱 간절히 우러러 받들었습니다."

하였다. 부모상을 당하자 시묘살이하여 예를 지켰다. 각처에 있는 선대의 유허(遺墟)와 산소를 해마다 찾아보면서 모두 표지하여 지석(誌石)을 묻고 제전(祭田)을 마련하였다. 어진 이를 높이는데 더욱 간곡하여 모든 절사(節士)·명현(名賢)의 옷과 신을 보관하는 묘소와 화상(畫像)을 봉안한 곳에 반드시 몸소 가서 제전(祭奠)을 올렸다. 선생의 〈우주요괄첩(宇宙要括帖)〉에 대한 발문(跋文)을 썼다.【자손이 하동(河東)의 안계(安溪)에 거주한다.】

이성실 李成實 자는 공실(公實)이고 호는 사용당(四慵堂)이다. 한성좌윤에 추증되었으며 연안(延安) 사람으로 초당(草堂) 장원(長源)[342]의

342 장원(長源) : 1560~1649. 자는 호원(浩遠), 호는 초당이다. 정구(鄭逑), 장현광, 정온(鄭蘊) 등과 교유하였다.

아들이니, 선조 계묘(1603)생이다.

○공은 타고난 성품이 독특하여 장난하고 노는 것을 좋아하지 않았고 급박한 때에도 말과 행동거지의 잘못이 없었다. 그러므로 세상에서 공을 사랑하는 자는 적고 공을 두려워하는 자는 많았다. 선공의 명에 따라 신안(新安)의 소백산(小柏山) 아래에 우거하면서 인하여 왕래하여 선생의 문하에 수업을 청해서 자신에게 간절한 학문을 듣게 되었고 선생의 칭찬을 많이 받았다. 또 학가재(學稼齋) 이주(李紬), 지분헌(知分軒) 장이유(張以兪), 매와(梅窩) 최린(崔轔),[343] 만회(晩悔) 송세빈(宋世彬),[344] 단구(丹邱) 송세필(宋世弼) 등 제현들과 친분을 맺어 정이 특별히 깊었다. 그 서당에 '사용(四慵)'이라 편액하고, 담박하여 권세와 이익에 뜻이 없어서 서책으로 스스로 즐겼다. 유집(遺集)이 있다.【자손이 성주의 명천(明川)에 거주한다.】

여효증 呂孝曾 자는 노이(魯而)이고 호는 서암(西巖)이다. 문과에 급제하여 부사를 지냈고 성산(星山) 사람이니, 선조 갑진(1604)생이다.

○공은 어렸을 때부터 총명이 비범하여 책을 읽고 학업을 익힘에 번거롭게 감독할 필요가 없었고 문학이 일찍 성취되었다. 을축년(1625, 인조3)에 선생에게 종유(從遊)하며 배워서, 잠심하여 가슴속에 간직하여 명망이 자자하였다. 또 전서(篆書)를 잘 써서 선생을 모시고 가서 한훤당(寒暄堂) 김 선생(金先生 김굉필(金宏弼))의 신도비에 전서를 썼다. 병자호란에 선생이 의병을 모집하는 곳으로 가서 영(嶺)

343 최린(崔轔) : 1597~1644. 자는 사발(士發), 호는 매와이며 본관은 영천(永川)이다. 정구(鄭逑)의 문인이며, 장현광과 문답한 〈경원록(景遠錄)〉이 있다.

344 송세빈(宋世彬) : 1612~1677. 자는 빈빈(彬彬), 호는 만회정(晩悔亭)이며 본관은 야성(冶城)이다. 배상룡(裵尙龍)에게 수학하였다.

아래를 지키고 있었다. 성품이 편안하고 담박하고 지조를 지켜서 세상에 영합하지 아니하여 발자취가 부귀한 가문에 이르지 않았다. 벼슬에 있을 적에는, 일찍이 오랫동안 서울에 머물지 않고 번번이 관직을 그만두고 돌아와 어버이를 봉양하였으며, 군읍의 수령을 역임하였는데 고성(固城)의 백성들이 선정비(善政碑)를 세워 공덕을 칭송하고 임천(林川) 사람들은 떠나가는 길을 가로막고 유임하기를 원하였다. 고을에 있을 적에는, 선생을 받들어 천곡서원(川谷書院)에 배향하고, 향사(鄕祠)를 창건하고, 원규(院規)와 향안(鄕案)을 수정(修整)하였다. 만년에 어버이 나이가 백 세이므로 소명(召命)에 응하지 않고 매년 모부인의 생신에 손님을 불러 잔치하며 색동옷을 입고 춤을 추었다. 만연당(漫然堂)과 장귀정(將歸亭)을 건축하여 머물며 노년을 마칠 곳으로 삼고 후학들을 장려하여 나아가게 하였다.【고촌(孤村) 배정휘(裵正徽)[345]가 지은 묘비문에 나온다. ○자손이 성주의 수촌(樹村)에 거주한다.】

김양 金瀁 자는 여함(汝涵)이고 호는 양탄(陽灘)이다. 진사시에 합격하였고 선산(善山) 사람이니, 선조 갑진(1604)생이다.

○공은 품부받은 것이 독후(篤厚)하였고 또 겸하여 영특하고 총명하였다. 선생이 부지암에서 도를 강론하시자 공은 문하에 종유하였는데, 선생은 만나 보시고 매우 소중히 여기셨다. 원근의 학자들이 모두 구름처럼 선생에게 몰려왔는데, 공보다 앞서는 이가 없었다. 게다가 보고 감화됨에 힘입어 덕이 이루어지고 행실이 높으니, 사람들이 공의 깊이를 측량하지 못하였다. 정축년(1637, 인조15)에 선생이 영양(永陽)의 입암에서 별세하시자 공은 상여를 모시고 선생의 고향으로 돌아와 장

345 배정휘(裵正徽) : 1645~1709. 자는 미숙(美叔), 호는 고촌이며 본관은 성주(星州)이다. 배상호(裵尙虎)의 손자이며 사간원 헌납, 사헌부 장령 등을 역임하였다.

례하였다. 문집을 편사(編寫)하고 《역학도설(易學圖說)》을 차례로 엮어서, 판각하고 세상에 간행하여 스승의 도를 빛나게 하였다.【행장에 보인다. ○자손이 선산의 양진(養眞)에 거주한다.】

이유석 李惟碩 자는 대이(大而)이고 호는 매헌(梅軒)이다. 벼슬은 현감이며 성산(星山) 사람으로 국포(菊圃) 문룡(文龍)[346]의 아들이니, 선조 갑진(1604)생이다,

○공은 어렸을 때부터 총명이 절륜하여 크게 진보하리라는 기대가 이미 있었다. 일찍 선생의 문하에 올라 자신에게 간절한 학문의 요점을 듣게 되었고, 아침에 도를 들으면 저녁에 죽어도 좋다는 뜻을 깊이 깨달았으며, 박학하여 문장을 이루었다. 조정에 있을 때는 용감하게 말하여, 승진을 도모하지 않았다. 이 때문에 여러 번 군읍의 수령을 맡았는데 치적이 매우 드러났다. 별세하자 청천당(聽天堂) 장공(張公 장응일(張應一))의 만사에 이르기를 "서글퍼라. 친구 중에 이제 누가 남았는가. 백발에 바람을 맞으며 홀로 눈물 흘리네." 하였다. 기옹(畸翁) 박공구(朴犾衢)[347]의 만사에는 "대현(大賢) 문하의 삼천 제자 대열에 있었고 밝은 시대 조정의 사품관(四品官)이었다." 하였다.【자손이 고령의 관동(館洞)에 거주한다.】

손봉후 孫奉後 자는 군술(君述)이고 호는 눌암(訥菴)이다. 밀성(密城) 사람으로 조은(釣隱) 상운(祥雲)의 아들이니, 선조 갑진(1604)생이다.

346 문룡(文龍) : 1584~1655. 자는 회숙(晦叔), 호는 국포이며 정구(鄭逑)의 문인이다.

347 박공구(朴犾衢) : 자는 자룡(子龍), 호는 기옹이며 본관은 순천이다. 정구(鄭逑)의 문인이고 대군사부를 지냈다.

○공은 선생의 문하에 종유하여 덕업을 성취하였다. 선생이 별세하자 공이 올린 제문에 이르기를

원기가 모여 태어나시고	元氣之鍾
높은 산악의 정기를 받으셨습니다	喬岳之精
스승의 전수를 말미암지 않고	不由師承
도기가 저절로 이루어졌습니다	道器天成
자리 위는 온화한 봄바람이었고[348]	座上春風
가슴속은 갠 날의 달빛이었습니다[349]	胸中霽月
사문을 붙들어 세우고	扶植斯文
어진 자질을 도야하셨습니다	陶鑄良質
두 기둥의 꿈[350]을 꾸고 갑자기 별세하시니	楹夢奄化
뒤에 깨닫는 자를 누가 깨우치겠습니까	後覺誰覺
옛날 강론하는 자리에서	昔日函席
가르쳐 주시던 말씀 간곡하였는데	誨語諄複
이제 영구에는	今日靈馭

348 자리……봄바람이었고 : 스승의 온화한 인품을 가리킨다. 주광정(朱光庭)이 정명도(程明道)를 만나고 돌아와서 "내가 봄바람 속에서 1개월 동안 앉아 있었다."라고 한 데서 나왔다. 《近思錄集解 卷14 觀聖賢》

349 가슴속은……달빛이었습니다 : 고상한 인품을 가리킨다. 황정견(黃庭堅)이 주염계(周濂溪)에 대하여 "가슴속이 쇄락하여 비 갠 뒤의 바람과 갠 날의 달빛과 같다.〔胸中灑落, 如光風霽月.〕"라고 한 데서 나왔다. 《近思錄集解 卷14 觀聖賢》

350 두 기둥의 꿈 : 장차 죽게 될 징조의 꿈으로 여기서는 훌륭한 스승이 별세한 것을 이른다. 은(殷)나라 후손인 공자가 은나라 사람이 빈(殯)을 하는 '두 기둥〔兩楹〕'의 사이에서 전(奠)을 받는 꿈을 꾸고 얼마 뒤에 별세하였다는 고사에서 나온 말이다. 《禮記 檀弓上》

모습이 적막합니다	儀形寂寞
지난날 저희 선친이	頃吾先君
선생님을 곁에서 모셨고	得侍儿席
부족한 이 소자도	眇余小子
보살핌을 받았습니다	亦蒙俯恤
두 대에 은혜가 높으니	恩隆兩世
감동의 눈물 억누르기 어렵습니다	感涕難抑
붉은 여지(荔枝)와 노란 파초실(芭蕉實)을 올리니	荔丹蕉黃
제물은 비록 하찮지만	物雖菲薄
향 피우고 충정을 고함에	焚香告衷
정은 망극합니다	情則罔極

하였다.【자손이 영천의 상리(上梨)에 거주한다.】

권도 權燾 자는 원지(元之)이고 호는 모암(慕庵)이다. 안동(安東) 사람으로 노헌(魯軒) 응생(應生)의 아들이니, 선조 갑진(1604)생이다.

○공은 타고난 자품이 깨끗하고 순수하고 기상이 단정하였으며, 일찍 가정의 가르침을 받아 학문이 일찍 이루어졌다. 어린 나이에 선친의 명에 따라 입암에서 폐백을 올리고 선생을 배알하여 위기지학을 듣게 되니, 선생이 매우 사랑하시고 경전을 가르쳐 주셨다. 공은 스승의 가르침을 독실히 믿어 학업이 크게 진전되어서 세상의 추중을 받았다. 선생이 별세한 뒤에 문집을 편수하는 일과 사당에 봉향하고 제사하는 일에 더욱 정성을 다하였다. 선생께 올린 제문에 이르기를 "부자의 도는 공자와 맹자의 도이고, 부자의 학문은 회재(晦齋)와 퇴계(退溪)의 학문입니다. 한 시대의 태산북두가 되고 만세(萬歲)의 표준이 됩니다." 하였다.【자손이 밀양의 남기(南沂)에 거주한다.】

홍석과 洪碩果 자는 자인(子仁)이고 호는 지지헌(知止軒)이며 남양(南陽) 사람이니, 선조 갑진(1604)생이다.

○임술년(1622, 광해군14)에 공은 자형인 조영문(趙英汶)과 부지암정사에서 폐백을 올려 선생을 배알하고서 위기지학을 듣게 되어 학문이 일찍 성취되니, 선생이 깊이 칭찬하셨다. 임진왜란에 공은 성주(星州)의 암포(巖浦)에 우거했는데,[351] 이곳은 처가의 동네이므로 자주 부지암에 왕래하여 더욱 깊이 훈자하였다. 실천이 독실하고 덕업이 점점 높아져 향당에서 추중되었다.【자손이 함안의 파수(巴水)에 거주한다.】

노형필 盧亨弼 자는 정보(貞甫)이고 호는 운제(雲堤)이다. 벼슬은 대군사부이며 풍천(豐川) 사람으로 문효공(文孝公) 옥계(玉溪)[352]의 증손이고 성옹(省翁) 척(脊)[353]의 아들이니, 선조 을사(1605)생이다.

○공은 기국이 준엄하고 단정하고 뜻과 기개가 원대하였다. 학문이 일찍 이루어져 도덕이 융성하니, 원근의 명성과 칭찬이 한 시대를 압도하였다. 일찍 선생의 문하에 유학하여 지극한 추중과 인정을 받아서 여러 제자들이 미칠 수 없었다. 선생이 별세하자 올린 제문에 이르기를 "보살펴 주신 사랑과 장려하고 이끌어 주신 은혜는, 낳고 이루어 주는

351 임진왜란에……우거했는데 : 홍석과의 생년을 고려하면, 이는 '공의 가족이 우거했다'고 하는 것이 적절할 듯하다. 홍석과의 부친인 홍익(洪釴)의 묘갈문에 "정유재란이 끝난 뒤 성주의 암포에서 우거하였는데, 한강 선생과 여헌 선생이 매우 후하게 대접하였다."라고 하고, 갑진년(1604) 봄에 가족을 이끌고 고향으로 돌아갔다고 하였다. 《澗松集 卷5 奉事洪公墓碣銘》

352 문효공(文孝公) 옥계(玉溪) : 노진(盧禛, 1518~1578)으로 자는 자응(子膺), 호는 옥계·칙암(則庵), 시호는 문효(文孝)이다. 경상도 관찰사, 대사헌 등을 역임하였다.

353 성옹(省翁) 척(脊) : 1575~1643. 자는 임중(任仲), 호는 성재(省齋)이며 정구(鄭逑)의 문인이다.

덕과 똑같고 산악(山岳)과 같이 높습니다." 하였다. 나이 겨우 40에 부친상을 당하여 시묘살이를 하다가 미처 1년이 못 되어 별세하니, 향당에서 애석히 여겼다. 용암서원(龍巖書院)[354]에 제향되었다.【자손이 함양의 개평(介坪)에 거주한다.】

정호신 鄭好信 자는 덕기(德基)이고 호는 삼휴정(三休亭)이다. 벼슬은 승훈랑이며 오천(烏川) 사람으로 강의공(剛義公) 호수(湖叟) 세아(世雅)의 손자이니, 선조 을사(1605)생이다.

○공은 천성이 준걸스러워서 능히 스스로 분발하고 힘썼다. 이때 선생이 입암에 머물고 계셨는데, 공은 여러 종형제와 번갈아 서로 왕래해서 선생에게 직접 가르침을 받았다.[355] 일찍이 《심경(心經)》 한 권에 대하여 침잠하여 반복하고 말하기를 "수신·제가하고 치국·평천하하는 요점이 다만 하나의 경(敬)에 달려있다." 하였다. 정묘호란에 선생이 호소사(號召使)로서 문하생 중에 일을 감당할 만한 사람을 정하여 여러 고을을 나누어 맡아서 근왕하게 하시자, 공은 종형인 양계(暘溪) 호인(好仁)과 함께 고을의 무리를 규합해서 장차 국란에 달려가려고 했는데, 굴욕적인 맹약을 했다는 소식을 듣고 통분한 심정을 다하지 못하고서 군대를 해산하고 스스로 자양(紫陽)의 산속에 은둔하였다. 선생이 별세하자 제문을 지어 제사하였다. 문집《삼휴일고(三休逸稿)》이 있다.【자손이 영천의 구미(龜尾)에 거주한다.】

354 용암서원(龍巖書院) : 정몽주(鄭夢周)·황일호(黃一皓)·서식(徐湜)·박광옥(朴光玉)·변사정(邊士貞)·노형필을 제향하며 지금의 전북 남원시 운봉면 용산리에 소재하였다.

355 이때……받았다 : 행장에 의하면 정호신은 외숙인 손처눌(孫處訥)을 사사하였는데, 이때 장현광이 입암에 머물고 있자, 때때로 입암에 왕래하여 의심스러운 바를 질문하였다. 《梅山集 卷12》

김이후 金爾後 자는 자승(子承)이며 의성(義城) 사람으로 매은(梅隱) 안계(安繼)[356]의 손자이고 오우당(五友堂) 근(近)[357]의 둘째 아들이니, 선조 을사(1605)생이다.

○공은 약관의 나이에 선생의 문하에 올라, '자질이 아름답고 학문에 독실하며 세속의 풍습에는 초탈하다'고 칭찬을 받았다. 신미년(1631, 인조9)에 별세하니 향년이 27세였다. 선생은 그의 죽음을 애석히 여겨서 그 묘소에 쓰시기를 "예문(禮文)을 대략 따라 한 집안의 상례(喪禮)와 제례(祭禮)의 떳떳한 법을 지었으며, 임종할 때에 입으로 '효제충신(孝悌忠信)' 네 글자를 입으로 불렀다." 하셨다.【자손이 안동의 구미(龜尾)에 거주한다.】

김시형 金是瑩[358] 자는 옥여(玉汝)이고 호는 영모암(永慕庵)이다. 의성(義城) 사람으로 사봉(沙峰) 천택(天澤)[359]의 손자이니, 선조 을사(1605)생이다.

○공은 기풍이 중후하고 뜻과 기개가 원대하여 학문이 일찍 이루어졌는데, 선생의 문하에 오르자 더욱 면려(勉勵)하여 몸을 다스리고 행실을 삼갔다. 성품이 또 지극히 효성스러워서 상중에 3년 동안 죽만 먹었으며, 문장과 덕행이 세상의 추중을 받았다. 선생이 별세하자 제문을 지어 제사하였다. 문집이 세상에 유행한다.【가보(家譜)에 보인다. ○자

356 안계(安繼) : 1556~1599. 자는 순백(順伯), 호는 매은이다.

357 근(近) : 1579~1656. 자는 성지(性之), 호는 오우당이다. 장현광은 그를 당대의 유림 중에 노성(老成)한 분이라 칭하였다. 《大山集 卷48 五友堂金公墓碣銘》

358 김시형(金是瑩) : '瑩'의 음은 《의성김씨 세보》를 따랐다.

359 천택(天澤) : 1555~1595. 자는 대형(大亨), 호는 사봉이며 정구(鄭逑)의 문인이다.

손이 성주의 윤동(倫洞)에 거주한다.】

김왕 金迬[360] 자는 여정(汝定)이고 호는 불구당(不求堂)이다. 문과에 급제하여 직강을 지냈고 예조 참판에 추증되었으며 의성(義城) 사람이니, 선조 병오(1606)생이다.

○공은 어렸을 때부터 총명이 보통 사람보다 뛰어나고 기개와 의리가 특출하게 훌륭하였으며 효성과 우애를 겸비하였다. 무진년(1628, 인조6)에 선생을 인동의 부지암에서 배알하고 성리설을 배웠다.【연보에 보인다.】 갑술년(1634, 인조12)에 성균관에 유학하여 김망와(金忘窩)【김영조(金榮祖)[361]】·홍화포(洪花浦)【홍익한(洪翼漢)[362]】 등 여러분과 함께 동도회(同道會)[363]를 만들었다. 갑오년(1654, 효종5)에 성상의 명에 따라 시폐(時弊)에 대한 상소를 올려서 재앙을 부르는 병폐를 지극히 말하자 성상은 우악(優渥)한 비답을 내렸다. 청나라 사람이 우리나라에 군대를 보낼 것을 요구하자[364] 온 조정이 두려워 숨을 죽이고 한 사람도 감히 그 불가함을 말하며 저항하는 이가 없었는데, 공은 일신을 돌아보지 않고 분연히 일어나 많은 선비를 거느리고 홀로 그 의리를

360 김왕(金迬) : '迬'의 음은 《민족문화대백과》를 따랐다. 《의성김씨 세보》에는 '주'로 되어 있다.

361 김영조(金榮祖) : 1577~1648. 자는 효중(孝仲), 호는 망와이며 본관은 풍산(豊山)이다. 대사간, 이조 참판 등을 역임하였다.

362 홍익한(洪翼漢) : 1586~1637. 자는 백승(伯升), 호는 화포·운옹(雲翁)이며 본관은 남양(南陽)이다. 이정구(李廷龜)의 문인이며 병자호란 때 삼학사(三學士)의 한 사람이다.

363 동도회(同道會) : 서울에 있는 같은 도 출신의 관료와 생원·진사들의 모임을 이른다.

364 청나라……요구하자 : 1638년(인조16)에 청나라가 명나라를 정벌할 때의 일이다.

밝혔다. 여러 번 군읍을 맡았는데 치적이 매우 뛰어나서 거사비(去思碑)가 세워졌다. 구와(龜窩) 김굉(金㙆)이 지은 유사(遺事)에 이르기를 "여헌 장 선생과 종유(從遊)하여 정인군자(正人君子)의 의론을 듣게 되자 몸을 다스리고 행실을 삼가는 방법과 의(義)와 이(利), 사(邪)와 정(正)의 분변을 익숙히 강구했다." 하였다.【자손이 예천(醴泉)의 방송(芳松)에 거주한다.】

장내창 張乃昌 자는 성보(盛甫)이고 벼슬은 주부(主簿)이며 인동(仁同) 사람으로 무민당(无悶堂) 덕원(德元)의 아들이니, 선조 병오(1606)생이다.

○공은 태어나면서부터 특별한 자질이 있었고 선생의 문하에 왕래하며 훈자하여 공경하고 삼가며 태만하지 않았다. 훌륭한 행실로 예빈시 참봉에 제수되었으나 취임하지 않았다.【가장에 보인다. ○자손이 인동의 율리(栗里)에 거주한다.】

이도장 李道章 자는 태관(泰觀)이고 호는 감호당(鑑湖堂)이다. 벼슬은 직장이고 이조 참의에 추증되었으며 광주(廣州) 사람으로 석담(石潭) 윤우(潤雨)의 아들이니, 선조 정미(1607)생이다.

○공은 일찍 가정의 가르침을 받고 선생의 문하에 출입해서 보고 감화되고 직접 배워 뜻과 학업이 나날이 발전하였다. 병란 이후에 동지들을 이끌어 향약을 다시 시행하고 학당을 세웠으며 사양서원(泗陽書院)[365]을 창건하였다. 도신(道臣)이 문학으로 천거하여 성현 찰방(省峴察訪)에 제수되었는데, 역졸(驛卒)들이 공의 청덕비(淸德碑)를 세웠

365 사양서원(泗陽書院) : 정구(鄭逑)와 이윤우(李潤雨)를 제향하며 지금은 사양서당으로 경북 칠곡군 지천면 신리에 소재한다.

다. 직장이 되었는데 관직을 그만두고 돌아오면서 "벼슬은 나의 뜻이 아니다." 하였고, 한강(漢江)의 중류에 이르러 "백구가 드넓은 물결 위에 있으니, 만 리에 거침없이 나는 것을 뉘라서 길들이랴.〔白鷗波浩蕩 萬里誰能馴〕"[366]라고 하는 시구를 외웠다.

두 조카가 모두 현달하여[367] 금초(金貂)[368]가 빛났는데, 공은 매번 겸손하고 검약(儉約)할 것을 가르쳤다. 정승 허적(許積)[369]이 여러 번 만나 보려고 하였으나 공은 끝내 가지 않았다. 대신이 경연에서 공을 천거하자 상은 선발하여 등용하려고 했는데, 공이 늙고 병들었다는 말을 듣고 공의 아들을 등용하도록 명하였다. 석담(石潭)이 일찍이 감호당(鑑湖堂)을 지어서 편안히 거처하며 독서할 장소로 삼았는데, 만년에 이를 공에게 맡기니, 공은 인하여 자신의 호로 삼고 그 집에 '수월(水月)'이라 편액하였다.【행장에 보인다. ○자손이 칠곡의 매원(梅院)에 거주한다.】

허침 許琛 자는 숙헌(叔獻)이고 호는 남수(濫叟)이다. 벼슬은 동지중추부사이며 하양(河陽) 사람으로 간숙공(簡肅公) 주(周)[370]의 11대손이

366 백구가……길들이랴 : 두보(杜甫)의 〈증위좌승(贈韋左丞)〉에 나온다.

367 두……현달하여 : 형인 이도장(李道長)의 장남 이원정(李元禎)은 대사헌·이조판서·홍문관제학 등을 역임하였고, 차남 이원록(李元祿)은 대사간·대사헌 등을 역임하였다

368 금초(金貂) : 임금을 시종하는 높은 신하가 착용하는 관의 장식인 금고리〔黃金璫〕와 담비 꼬리〔貂尾〕를 이른다.

369 허적(許積) : 1610~1680. 자는 여차(汝車), 호는 묵재(默齋)·휴옹(休翁)이며 본관은 양천(陽川)이다. 우의정·좌의정·영의정을 역임하였다.

370 주(周) : 1359~1440. 자는 백방(伯方)·백공(伯公), 시호는 간숙(簡肅)이다. 경기도 관찰사, 판한성부사 등을 역임하였다.

니, 선조 정미(1607)생이다.

○공은 타고난 자품이 탁월하고 문학이 일찍 성취되었는데, 장성하자 폐백을 올리고 선생을 뵈오니, 선생은 한번 보시고서 기뻐하시기를 "이는 우리 유가(儒家)의 일을 할 만하다." 하셨고 또 말씀하시기를 "세상의 배우는 자들이 대부분 화려한 명성을 구하여 실제가 없는데, 뜻이 독실하여 속이지 않는 점은 내가 숙헌에 대해서 전혀 의심하지 않는다." 하셨다. 만년에 당주(溏洲)의 남호(濫湖)[371]를 좋아하여 집을 짓고 독서하였다. 동문의 제현 중에 소암(素庵) 노형운(盧亨運), 양탄(陽灘) 김양(金瀁), 운제(雲堤) 노형필(盧亨弼), 동계(東溪) 권도(權濤)와 같은 분이 더욱 공을 추중하여, 서로 함께 밤낮으로 강마하여 덕업을 성취하였다. 선생이 별세하자 종제인 택당(澤堂) 찬(瓚)과 함께 제문을 지어 제사하였다.【자손이 함양의 공배(功倍)에 거주한다.】

조함세 趙咸世 자는 현보(顯甫)이고 호는 오의정(五宜亭)이며 함안(咸安) 사람이니, 선조 정미(1607)생이다.

○공은 타고난 성품이 지극히 효성스러웠으니, 모부인이 풍비(風痺 중풍의 한 종류)를 앓자 모시고 앉아서 일상생활을 편안하게 해 드리고, 병이 위독해지자 단지(斷指)하여 피를 올렸다. 동명(東溟) 김세렴(金世濂)[372]이 학행(學行)으로 전조(銓曹)에 천거하여 하루에 세 번 능관(陵官)의 천망(薦望)에 들었다. 선생의 문하에 올라 아침에 도를 들으

371 당주(溏洲)의 남호(濫湖) : 허침 자손의 거주지인 경남 함양군 지곡면 공배리에 당주서원(溏洲書院)이 있었고 이곳에 남강(南江)의 지류인 남계천(濫溪川)이 지나는데, 이 부근의 지명인 듯하다.

372 김세렴(金世濂) : 1593~1646. 자는 도원(道源), 호는 동명, 시호는 문강(文康)이며 본관은 선산(善山)이다. 도승지, 호조판서 등을 역임하였다.

면 저녁에 죽어도 좋다는 도리를 듣게 되어서는, 배고픔을 참고 피로를 잊고서 경전의 가르침에 잠심하였으며 요결(要訣)을 간직하고 익혀서, 선생으로부터 칭찬을 많이 받았고 또 사우들의 추중을 받았다.【자손이 청송의 사부(沙夫)에 거주한다.】

송세필 宋世弼 자는 공언(公彦)이고 호는 단구(丹邱)이다. 진사이며 야성(冶城) 사람으로 충숙공(忠肅公) 야계(倻溪) 희규(希奎)의 5대손이고 사전(砂田) 시영(時詠)의 아들이니, 선조 정미(1607)생이다.

○공은 용모가 빼어나고 강개(慷慨)하여 큰 절개가 있었다. 청천당(聽天堂 장응일(張應一))의 처조카로서 인연해서 선생의 문하에 왕래하여 덕업을 성취하였다. 병자년에 의병을 일으켜 날짜를 손꼽으며 서쪽으로 달려갔는데 굴욕적인 맹약을 했다는 말을 듣고는 눈물을 흘리고 군대를 해산하였다. 마침내 다시는 세상에 마음을 두지 않고 임천(林泉)에 머물며 향약을 정비하고 가훈을 지었다.【자손이 성주의 고산(高山)에 거주한다.】

정폐 鄭檠 자는 경연(景衍)이며 오천(烏川) 사람으로 수암(守菴) 사진(四震)의 셋째 아들이니, 선조 정미(1607)생이다.

○공은 부형을 모시고 일찍 선생의 문하에 유학하여 덕업을 성취하고 문학과 훌륭한 행실이 세상에 알려졌다. 선생이 별세하자 제문을 가지고 와서 제사하였다.【자손이 경주의 산대(山臺)에 거주한다.】

구인계 具仁繼 자는 효중(孝仲)이고 호는 치암(癡菴)이며 능성(綾城) 사람이니, 선조 정미(1607)생이다.

○공은 효도와 우애를 독실히 행하고 이기(理氣)를 밝게 분변하였으며, 성(誠)과 경(敬)을 자신을 다스리는 부절(符節)로 삼아 날마다

《소학(小學)》〈경신편(敬身編)〉과 《대학(大學)》 성의장(誠意章)을 외웠다. 선생을 사사하여 경서의 뜻을 강론하고 질정하며 선생의 덕을 보고 많은 교화를 받은 것이[373] 하루 이틀이 아니었다. 사문(師門)의 상을 당하자 몹시 애통해하고 심상(心喪)을 예법에 따라 행하였다. 기제(忌祭)에 반드시 재계하고 소식(素食)하였는데, 종신토록 한결같았다. 산림에 깊이 은거하여 광채를 숨겼는데, 동문의 여러 친구들이 칭찬하기를 "두문불출하고 의리를 지켜서 남이 알아주기를 구하지 않고 더욱 그 뜻을 구하니, 향당에서 추중했다." 하였다. 유집이 있다. 선생께 올린 제문이 있다.【자손이 대구의 서무태(西無怠)에 거주한다.】

이혁 李爀 자는 회보(晦甫)이다. 벼슬은 찰방(察訪)이며 성산(星山) 사람으로 고은(孤隱) 선생 지활(智活)[374]의 후손이니, 선조 정미(1607)생이다.

○공은 타고난 성품이 총명하고 재기(才氣)가 보통 사람보다 뛰어났는데, 일찍 선생의 문하에 유학하여 위기지학을 듣게 되었다. 집에 있을 때는 법도가 있었고 관직에 있을 때는 치적이 특출하였으며 아울러 학문과 행실이 있어서 사림의 추중을 받았다.【읍지(邑誌)에 보인다. ○자손이 함양의 송평(松坪)에 거주한다.】

노세신 盧世信 자는 사언(士彥)이고 호는 □□이다. 벼슬은 장사랑

373 많은……것이 : 원문의 '음하(飮河)'는 스승의 큰 가르침을 자신의 도량만큼 배웠다는 말로 《장자》〈소요유(逍遙遊)〉에 "두더지는 황하의 물을 마셔도 자기 배를 채우는 데 지나지 않는다.〔偃鼠飮河, 不過滿腹.〕"라고 한 데서 나왔다.

374 지활(智活) : 1434~?. 자는 망기(忘紀), 호는 고은이며 본관은 성주(星州)이다. 수양대군이 단종의 왕위를 찬탈하였을 적에 벼슬을 버리고 은둔하였다.

(將仕郎)이며 경주(慶州) 사람으로 역락재(亦樂齋) 경륜(景倫)의 아들이니, 선조 정미(1607)생이다.

○공은 어려서부터 재기(才氣)가 절륜하였고 문학이 일찍 성취되었다. 백씨·중씨와 함께 부지암정사에서 폐백을 올리고 선생을 배알하여 자신에게 간절한 요점을 듣고 잠심하여 깊이 연구하였으며 효도와 우애에 더욱 돈독하였다. 학문과 덕행이 동료들의 추중을 받았다.【세보(世譜)에 보인다. ○자손이 선산의 문동(文洞)에 거주한다.】

여효주 呂孝周 자는 달부(達夫)이고 호는 남계(南溪)이다. 생원·진사시에 합격하여 참봉을 지냈고 성산(星山) 사람이니, 선조 무신(1608)생이다.

○공은 타고난 성품이 탁월하여 여덟 살에 매화와 대나무에 대해 지은 시에 "뜰 가의 매화와 동산 속의 대나무는 사철 푸르게 웃고 한철 붉히네.〔庭畔梅花園裏竹, 四時靑笑一時紅.〕" 하였는데, 선생이 특별히 사랑하셨다. 공의 삼종숙인 윤(倫)[375]이 선생의 자형이었으므로 선생이 항상 수촌(樹村)에 왕래하시니, 공은 어렸을 때부터 이미 선생을 모셨고, 무인년 봄에는 부지암정사에서 강학하여 질의하고 문난(問難)하여 많은 칭찬을 받았다.[376] 병자년(1636, 인조14)에 남한산성이 포위되자 마침내 발분하여 수백 자의 글을 짓고 이름하여 '한때 나라를 보존함과 만세에 강상(綱常)을 부지함'[377]이라 하니, 당당한 대의가 노(魯)

375 윤(倫) : ?~1593. 자는 중돈(仲敦)이다.

376 무인년……받았다 : 장현광의 졸년이 1637년이므로 '무인년(1638)'은 오류인 듯하다. 행장에는 "병인년(1626, 인조4)에 여헌 장 선생을 배알하고 학문을 여쭈었다."라고 보인다. 《凝窩集 卷21 參奉南溪呂公行狀》

377 한때……부지함 : 묘갈문과 행장에는 이 글의 제목을 〈부강변(扶綱辨)〉이라 하였다. 나라를 보존해야 한다는 최명길(崔鳴吉)의 주화(主和)와 강상을 부지해야 한다

나라의 《춘추》와 다름없었다.【자손이 성주의 수촌(樹村)에 거주한다.】

손창도 孫昌道 자는 군욱(君勖)이고 호는 오수(五守)이다. 밀양(密陽) 사람으로 생원 기서(起緖)[378]의 손자이니, 선조 무신(1608)생이다.

○공은 타고난 자품이 특이하고 총명이 보통 사람보다 뛰어났으며 어릴 때부터 천성으로 효성과 우애를 지녔다. 명예를 구하지 않고 깊은 숲속에서 자취를 감추어 오교(五敎)와 오상(五常)[379]을 마음속에 간직하고 인하여 오수(五守)라고 호를 지어 장차 그대로 일생을 마칠 듯이 하였다. 일찍 선생의 문하에 유학하여 덕업을 성취해서 동료들의 추중을 받았다. 선생이 별세하자 올린 제문에 이르기를

하늘이 사문을 없애려 하지 않으시니 天之未喪斯文兮
우리 선생이 시기에 응하여 우뚝이 나오셨는데 我先生應期而挺出
하늘이 이미 사문을 없애려 하시니 天之旣喪斯文兮
소자는 어디를 우러러 덕을 살펴보겠습니까 殆小子安仰而考德
시귀[380]가 떠나감에 지남차를 잃으니 蓍龜之去而南車失兮

는 김상헌(金尙憲)의 척화(斥和)에 관한 변(辨)으로, 강상을 부지하는 것이 나라를 보존하는 것보다 중요함을 말한 것이다. 《凝窩集 卷21 參奉南溪呂公行狀》, 《四未軒集 卷9 敬陵參奉南溪呂公墓碣銘》

378 기서(起緖) : 1542~?. 자는 현중(顯仲)이다.

379 오교(五敎)와 오상(五常) : 오상은 부자유친(父子有親), 군신유의(君臣有義), 부부유별(夫婦有別), 장유유서(長幼有序), 붕우유신(朋友有信)의 떳떳한 윤리 도덕을 가리키고, 오교는 이 오륜에 대한 가르침을 이른다. 또 오상은 인(仁)·의(義)·예(禮)·지(智)·신(信)의 본성을 가리키기도 하여, 부자유친은 인, 군신유의는 의, 부부유별은 지, 장유유서는 예, 붕우유신은 신에 해당시킨다.

380 시귀(蓍龜) : 점을 칠 때 쓰는 시초(蓍草)와 거북 껍데기로, 모범이 되는 스승이나 원로를 비유한다.

어디에서 질의하고 학업을 묻겠습니까 於何質疑而問業
강학하는 자리에서 席間函丈兮
가장 많은 훈자를 받았사오니 最承薰炙
영원토록 사모합니다 終天之慕

하였다.【자손이 청도의 대곡(大谷)에 거주한다.】

김경두 金景斗 자는 사앙(士仰)이고 호는 간와(澗窩)이다. 벼슬은 현감이고 신라의 국성(國姓)이니, 선조 무신(1608)생이다.

○공은 어려서부터 특이한 자질이 있어서 겨우 열 살에 뜻을 두어 학문에 힘썼다. 장성하자 족숙인 취죽당(翠竹堂) 응명(應鳴)과 함께 선생의 문하에 유학하여 성리학을 듣게 되었다. 하루는 시를 지어 선생에게 올리기를

아! 우리 군자의 학문은 嗟吾君子學
담담하기가 맑은 시냇물과 같습니다 淡淡似溪清
천리가 사욕을 이기니 天理勝私慾
조용히 은거하며 세상의 정을 멀리합니다 幽居遠世情

하니, 선생이 매번 공경하고 추중하였다. 정해년(1647, 인조25)에 도신(道臣)의 천거로 봉화(奉化) 현감에 제수되었는데, 덕으로 정사를 다스려서 한(漢)나라 때 순리(循吏)의 유풍이 있었다.【자손이 경주의 어연(魚淵)에 거주한다.】

채직 蔡櫶 자는 여무(汝武)이고 호는 운암(雲巖)이다. 벼슬은 부호군(副護軍)이며 인천(仁川) 사람으로 금탄(琴灘)[381]의 아들이니, 광해군 기

381 금탄(琴灘) : 채직의 양부인 채선길(蔡先吉, 1569~1646)로 자는 길중(吉仲),

유(1609)생이다.

○공은 성품이 단정하고 후중하며 장엄하고 공경하여 일찍부터 학문을 향하는 정성이 있었는데, 약관의 나이에 선생의 문하에 취학하자 선생이 《맹자》를 읽도록 권하셨다. 은일로 천거되어 별제(別提)와 현감(縣監)에 제수되었다. 손담(孫淡)이 공에게 제사한 글에 이르기를 "일찍 여헌 선생과 종유(從遊)하여 위기지학을 듣게 되었고 스스로 지키고 잃지 아니하여 임천(林泉)에서 덕을 길렀다." 하였다.【자손이 달성의 미대(美垈)에 거주한다.】

이광의 李光義 자는 의중(義仲)이고 호는 죽헌(竹軒)이다. 진사이며 고성(固城) 사람으로 삼은(三隱) 전(琠)의 재종질이니, 광해군 기유(1609)생이다.

○공은 타고난 성품이 영특하고 문무의 재주를 겸하였다. 재종숙인 삼은공(三隱公)과 함께 선생의 문하에 올라 훈도를 받으며 보고 감화되어 덕업과 문장이 동료들의 추중을 받았다. 선생이 별세하자 고을의 동지들과 제문을 가지고 와서 제사하였다.【자손이 청도의 단산(丹山)에 거주한다.】

김배 金培 자는 숙부(淑夫)이고 호는 하암(下巖)이다. 경주(慶州) 사람으로 남강(南岡) 취려(就礪)의 아들이고 황고(黃皐) 고(塙)의 아우이니, 광해군 기유(1609)생이다.

○공은 영특하고 호걸스러우며 순수하고 아름다운 자질로 효도와 우애를 겸비하였는데, 이른 나이에 선생의 문하에서 공부하여 덕업을

호는 금탄이다. 정구(鄭逑)의 문인이며 임진왜란에서 병자호란까지 병란이 있을 때마다 의병을 일으켰다.

성취해서 문학과 훌륭한 행실이 동류들의 추중을 받았다. 선생이 입암에서 별세하자 백형인 황고공(黃皐公) 고(塙)와 함께 제문을 지어 와서 제사하였다.【자손이 영천의 황강(黃岡)에 거주한다.】

송세륭 宋世隆 자는 공보(公輔)이다. 진사시에 합격하였고 야성(冶城) 사람으로 충숙공(忠肅公) 야계(倻溪) 희규(希奎)의 5대손이니, 광해군 경술(1610)생이다.

○공은 어려서부터 재기(才氣)가 절륜하였고 문학이 일찍 성취되었는데, 선생의 문하에 유학하여 요결(要訣)을 간직하고 익혔다. 남파(南坡) 장학(張學)의 공에 대한 제문에 이르기를

"지난 을축년에 제가 형과 함께 한유(韓愈)의 시를 선사에게 배웠는데, 이때 선사는 날마다 시구를 짓게 하시고 번번이 평가하시기를 '아무개가 글을 읽는 것은 침잠(沈潛)하는 기상이 있고 글을 짓는 것은 뚜렷한 태도가 있으니, 다른 무리들은 모두 미치지 못한다.'라고 하셨다. 2년 뒤에 형이 향시(鄕試)에 합격하고 장차 회시(會試)에 응시하려 하였는데, 선사는 붓과 먹을 주고 말씀하시기를 '부디 힘써 노력하여, 과거에 급제하여도 매우 빠르다고 기뻐하지 말고 급제하지 못하여도 너무 늦다고 한스러워하지 마라.' 하셨다. 당시 총애하고 이끌어 주신 정성스러운 말씀이 지금까지 귀에 남아 있다. 아! 일찍 형이 성취하였던 것을 회상할 수 있으니, 취할 만한 재주와 행실이 있지 않았다면 선배의 장려와 인정이 이처럼 간곡하였겠는가."

하였다.【가장(家狀)에 보인다. ○자손이 성주의 고산(高山)에 거주한다.】

신채 申埰 자는 자경(子卿)이고 호는 인재(忍齋)이다. 진사시에 합격하였고 아주(鵝洲) 사람으로 호계(虎溪) 적도(適道)의 아들이니, 광해군

경술(1610)생이다.

○공은 아홉 살에 《소학》을 배웠는데, 효도하고 공경한다는 등의 내용에 이르러 “이는 우리 집안의 책이다.”라고 하였다. 일찍이 선생을 문하에서 모시고 제현들과 강석(講席)에서 들은 것을 강론하고 밝히니, 홍목재(洪木齋)[382]・장남파(張南坡 장학(張㰒)) 같은 여러분이 모두 존경하는 벗으로 대우하였다. 성균관에 올라서 반장(泮長 대사성)과 함께 삼대(三代)의 남은 제도를 논하고 인하여 〈태학명(太學銘)〉을 지었으며, 성상의 교명(敎命)을 받들어 〈성학도명(聖學圖銘)〉을 짓고[383] 《책식(策式)》을 저술하여[384] 성명(聖明)하신 군주의 특별한 칭찬을 받았다. 기해년(1659, 효종10)에 반장이 육행(六行)[385]을 구비한 자를 천거할 적에 공이 으뜸이 되었다. 병진년(1856, 철종7)에 사림이 단구서원(丹邱書院)에 올려 제향하였다.【자손이 의성의 팔지(八智)에 거주한다.】

장해 張㰒

자는 거원(巨源)이고 호는 삼우당(三優堂)이다. 진사시에 합격하였고 옥산(玉山) 사람으로 만회당(晩悔堂) 경우(慶遇)의 아들이니, 광해군 경술(1610)생이다.

382 홍목재(洪木齋) : 홍여하(洪汝河, 1620~1674)로 자는 백원(百源), 호는 목재(木齋)・산택재(山澤齋)이며 본관은 부계(缶溪)이다. 병조 좌랑, 사간 등을 역암하였다.

383 성상의……짓고 : 이는 효종이 갑오년(1654, 효종5)에 알성례(謁聖禮)를 행하고 명륜당(明倫堂)에 거둥하여 퇴계의 《성학십도(聖學十圖)》의 뜻을 풀이하는 명(銘)을 짓도록 한 것이다. 《忍齋先生遺集 卷3 聖學十圖銘》

384 책식(策式)을 저술하여 : 이는 반장(泮長)의 뜻에 따라 여러 유생들을 위하여 책문(策文)의 모범이 되는 책을 지은 것이다. 《忍齋先生遺集 卷2 策式後識》

385 육행(六行) : 여섯 가지 훌륭한 행실로 효(孝)・우(友)・목(睦)・인(婣)・임(任)・휼(恤)을 말한다.

○공은 선생의 문하에 수업하였고, 병자년에 남한산성이 포위되자 어버이의 명령에 따라 선사의 가르침을 받들어 의병장이 되었다. 행군하여 상주(尙州)의 북천(北川)에 이르러 강화했다는 소식을 듣고서 검을 던지고 통곡하며 돌아오니, 이때 나이가 27세였다. 임오년(1642, 인조20)에 사마시에 합격하고 여러 번 천거를 받았다.【행록(行錄)에 보인다. ○자손이 인동(仁同)에 거주한다.】

이확 李確 자는 여고(汝固)이다. 수직(壽職)으로 통정대부가 되었으며 합천(陜川) 사람으로 징사(徵士)인 쌍청당(雙淸堂) 원(源)[386]의 후손이니, 광해군 경술(1610)생이다.

○공은 타고난 성품이 순수하고 정성스럽고 부지런하며 재주와 덕을 겸비하였는데, 임천(林泉)에서 한가로이 수양하고 명성을 구하지 않았다. 일찍이 선생의 문하에 수학하여 부지암정사에서 도를 강론할 적에 칭찬을 많이 받았다. 선생이 별세하자 제문을 지어 제사하였는데 '사문의 말씀을 가슴에 간직했다'는 구절이 있다.【자손이 함양의 송평(松坪)에 거주한다.】

도신징 都愼徵 자는 휴숙(休叔)이고 호는 죽헌(竹軒)이다. 벼슬은 공조 정랑이며 성주(星州) 사람으로 서재(鋤齋) 여유(汝兪)[387]의 아들이니, 광해군 신해(1611)생이다.

386 쌍청당(雙淸堂) 원(源) : 이원(李源, 1501~1568)은 이확의 고조로 자는 군호(君浩), 호는 청향당(淸香堂)이다. 조식(曺植)·이황(李滉)과 교유하며 평생 학문에 몰두하였다. '쌍청당'이란 호는 미상이다. 《인제대학교 족보도서관 陜川李氏 典書公派 權老 海平派》

387 여유(汝兪) : 1574~1640. 자는 해중(諧仲), 호는 서재이다. 정구(鄭逑)와 서사원(徐思遠)의 문인이며, 이괄(李适)의 난에 공을 세웠다.

○공은 타고난 자품이 강하고 굳세며 학문을 독실히 하여 실천하였으며 은둔하여 도를 닦아서 덕망이 세상에 중하였다. 여헌 장 선생이 서재공(鋤齋公)과 함께 지암(止巖)에서 노닐고 유숙하거나[388] 금호강(琴湖江)에서 배를 띄우던 날에 공은 항상 곁에서 모시면서 학문하는 요점을 많이 들었다. 선생에 대한 제문에 이르기를

어찌 두 기둥의 꿈[389]을 꾸어	何知楹夢
갑자기 별세하실 줄 알았겠습니까	遽易曾簀
사문이 이미 망했으니	斯文已喪
소자는 어디에 의탁합니까	小子何托
빈 당에 환한 달빛은	月白虛堂
맑은 기운 감돌고	怳挹精爽
천 길 높이 서 있는 바위는	巖立千仞
선생의 기상을 뵙는 듯합니다	如見氣像

라고 하였다. 묵헌(默軒) 이만운(李萬運)[390]이 지은 행장에 이르기를 "사람들은 혹 공이 귀한 재주를 지니고 낮은 지위에 머물러서 간직한 포부를 다 펴지 못한 것을 한스러워한다. 그러나 공이 올린 갑인년 상소[391]를 보면 한 선비로서 다섯 왕조의 예(禮)[392]를 밝히고 한마디

388 지암(止巖)에서 노닐고 유숙하거나 : 장현광은 도여유(都汝兪)의 스승인 서사원(徐思遠)의 미락재(彌樂齋)에 와서 유숙하고 지암(止巖)을 구경하곤 하였다. 《樂齋先生年譜 卷1》 미락재는 서사원이 임진왜란 이후 거처하던 곳으로 지금의 대구 달성군 다사읍에 소재하였다. 지암은 미락재 부근 금호강(琴湖江) 강가의 바위 이름으로 보인다.

389 두 기둥의 꿈 : 장차 죽게 될 징조의 꿈을 이른다.

390 이만운(李萬運) : 1736~1820. 자는 원춘(元春), 호는 묵헌이며 본관은 광주(廣州)이다. 안의(安義) 현감, 지평 등을 역임하였다.

말로 적통(嫡統)을 바로잡아서, 소중한 윤상(倫常)을 부식(扶植)하고 귀신과 사람의 분노를 깨끗이 풀어 주었다. 당당한 충절이 온 세상을 감동시키고 늠름한 직필(直筆)이 천추에 빛나니, 이는 의리를 바로잡고 도를 밝히는 참된 사업에 유감이 없는 것이다. 어찌 이해(利害)와 궁달(窮達)을 따지겠는가."

라고 하였다.【문집에 보인다. ○자손이 달성의 서재(鋤齋)에 거주한다.】

채영걸 蔡瀛傑 자는 백등(伯登)이고 호는 시산(是山)이다. 사마시에 합격하였고 인천(仁川) 사람이니, 광해군 신해(1611)생이다.

○공은 일곱 살에 입학하여 글 뜻을 정밀하고 분명하게 이해하였다. 열한 살에 어버이 명에 따라 부지암에 가서 선생을 뵙고 《대학》을 배우니, 선생은 그의 재주와 용모가 뛰어난 것을 보고 마음속으로 깊이 특이하게 여기시어 "《대학》은 대인(大人)의 학문이니, 너는 마땅히 유념해야 한다."라고 하셨다. 공이 "대인이 학문을 하는 소이는 어떤 것입니까?"라고 하자, 선생은 "청소하고 응대할 줄을 아는 것으로부터 시작하여 치국·평천하를 이루는 자리에서 그 덕을 밝혀서 장차 크게 훌륭한 일을 하고자 하는 것이 아니겠는가."라고 하셨다. 공이 "어떻게 하여야 명덕(明德)을 밝힐 수 있습니까?"라고 하자, 선생은 "무릇 이 도리

391 갑인년 상소 : 이는 1674년(현종15)에 서인들이 효종(孝宗)의 비(妃)인 인선왕후(仁宣王后)에 대한 시어머니 자의대비(慈懿大妃)의 상복을 중자부(衆子婦)의 대공복으로 결정하였는데, 도신징이 상소하여 장자부(長子婦)의 기년복을 주장한 것이다. 이로 인해 갑인예송(甲寅禮訟)이 일어나고 서인들이 처벌되었다.

392 다섯 왕조의 예(禮) : 도신징은 상소에서 주나라의 《주례(周禮)》, 당나라의 위징(魏徵), 송나라 주자(朱子)의 《가례(家禮)》, 명나라 구준(丘濬)의 《가례의절(家禮儀節)》, 조선의 국조경전(國朝經典), 정구(鄭逑)의 오복도(五服圖) 등을 언급하며 기년복을 주장하였다. 《竹軒集 卷1 議禮疏》, 《顯宗實錄 15年 7月 6日》

가 그리 고원(高遠)하여 행하기 어려운 것이 아니고 다만 일상생활하는 사이에 있으니, 오늘 강학하고 토론하는 것도 명덕을 밝히는 하나의 큰 방도이다."라고 하셨다.

선생이 일찍이 배우는 자들에게 이르기를

"성인의 수많은 말씀이 어느 것인들 간절하고 요긴하지 않겠는가마는 부자(夫子)의 '문을 널리 배우고 예로 요약함〔博文約禮〕'과 맹자의 '방심을 찾음〔求放心〕'과 정자(程子)의 '경을 주장함〔主敬〕'이 더욱 힘을 써야 하는 바이다."

라고 하시니, 공은 종신토록 이 말씀을 가슴에 간직하였다.【자손이 대구의 연경(硏經)에 거주한다.】

권상민 權尙敏 자는 지성(志聖)이고 호는 □□이다. 안동(安東) 사람으로 성재(省齋) 봉(封)의 아들이니, 광해군 신해(1611)생이다.

○공은 어릴 때부터 선생의 문하에 유학하여 오랫동안 교화와 인도를 받았다. 온아(溫雅)하고 순박하고 삼가며 침착하고 굳세고 소탈하고 과묵해서 일찍이 빠른 말과 다급한 얼굴빛이 없었다. 편안히 있을 적에 태만한 용모가 없고 여럿이 함께 있을 적에 진중하게 자기 몸을 지키니 친구들이 모두 공경하고 존중하였다. 선생이 별세하자 두 번 제문을 지어 제사하였다.【자손이 영천의 입암(立巖)에 거주한다.】

최진화 崔震華 자는 진숙(鎭叔)이고 호는 월주(月洲)이다. 영천(永川) 사람으로 관봉(鸛峰) 은(檼)[393]의 둘째 아들이니, 광해군 신해(1611)생이다.

393 은(檼) : 1583~1656. 자는 사행(士行), 호는 관봉이며 정구(鄭逑)의 문인이다.

○공은 태어나면서부터 기도(氣度)가 높고 명랑하며 재주가 출중하였다. 선생의 문하에 나아가 배우고 게다가 가정의 교훈을 받아서 문장과 훌륭한 행실이 온 세상에 뚜렷이 드러나니, 원근의 사우(士友)들이 모두 존경하고 본받았다. 병자호란 초기에 본주(本州)의 군사를 모집하는 유사(有司)로서 고령(高靈)에 설치된 의병진까지 선공을 모시고 달려갔다. 공산(恭山) 송준필(宋浚弼)[394]이 지은 공의 묘갈문에 이르기를

> "여헌 장 문강공이 부지암에서 도학을 강론하니, 이때 문하에 있는 제자들이 훌륭하여 한 시대의 영재들이 모두 모였는데, 가정의 소중한 교훈에다가 스승의 바른 가르침을 받은 분은 바로 휘는 진화, 자는 진숙인 월주 선생 최공일 것이다."

라고 하였다.【자손이 성주의 법산(法山)에 거주한다.】

김사총 金四聰 자는 달부(達夫)이고 호는 식송정(植松亭)이다. 청도(淸道) 사람으로 금포(錦浦) 시성(是聲)의 종숙이니, 광해군 임자(1612) 생이다.

○공은 어릴 때부터 온아하고 의젓하여 이미 성인(成人)의 풍도가 있었다. 장성하자 선생의 문하에 출입하여 학문하는 큰 방법을 듣고는 과거 공부를 폐지하고서 책을 읽고 뜻을 구하는 것을 일삼았다. 정사(精舍)를 남천(南川)[395] 가에 짓고 소나무 몇 그루를 심어서 날씨가 추워진 뒤에 소나무가 뒤늦게 시드는 뜻을 담았다. 정축년(1637, 인조 15) 9월에 선생이 별세하자 제문을 가지고 와서 곡하기를

394 송준필(宋浚弼) : 1869~1943. 자는 순좌(舜佐), 호는 공산이며 장복추(張福樞)와 김흥락(金興洛)의 문하에서 수학하였다.

395 남천(南川) : 지금의 경북 경산시를 지나 금호강에 유입하는 하천이다.

선생은 도가 백세에 으뜸이요　先生道宗百世
덕망이 온 나라에 중후하시니　德重一國
많은 선비들이 본받는 표준이고　多士準則
세상 사람들의 귀와 눈[396]이셨습니다　時人耳目
하루 저녁에 태산이 무너지니[397]　山頹一夕
많은 선비들은 어디에 의탁합니까　多士何托

라고 하였다.【유사(遺事)에 보인다. ○자손이 하양(河陽)의 강정(江亭)에 거주한다.】

이정기 李廷機 자는 자신(子愼)이고 호는 만옹(漫翁)이다. 문과에 급제하여 부사를 지냈고 영천(永川) 사람으로 경정(敬亭) 민성(民宬)의 아들이니, 광해군 계축(1613)생이다.

○공은 풍도가 드높았는데 일찍이 입시(入侍)하자 성상은 특이하게 여겨서 성명을 물으시고 손수 귤 두 개를 하사하시니, 당대 사람들이 영광이라고 일컬었다. 야당(野堂) 유공(柳公) 혁연(赫然)[398]이 공과 병사(兵事)를 논하고는 문무의 재주를 겸했다고 칭찬하였다. 선생이 별세하자 올린 제문에 "우매한 소자가 일찍 가르침을 받들었으니, 선생을

396 세상……눈 : 한유(韓愈)의 〈쟁신론(爭臣論)〉에 "귀와 눈은 몸에 있어, 귀는 듣는 일을 맡고 눈은 보는 일을 맡아 귀로 옳고 그름을 듣고 눈으로 험하고 평탄함을 본 뒤에야 몸이 편안할 수 있다. 그러므로 성현은 '세상 사람들의 귀와 눈〔時人之耳目〕'이고, 세상 사람들은 성현의 몸인 것이다."라고 보인다.

397 태산이 무너지니 : 스승이나 철인의 죽음을 이른다. 공자가 자신이 별세할 꿈을 꾸고 나서 "태산이 무너지고 대들보가 쓰러지니 철인도 시드는구나.〔泰山其頹乎, 梁木其壞乎, 哲人其萎乎.〕"라고 한 데서 유래한다.《禮記 檀弓上》

398 유공(柳公) 혁연(赫然) : 1616~1680. 자는 회이(晦爾), 호는 야당, 시호는 무민(武愍), 본관은 진주(晉州)이다. 무과에 급제하여 효종의 북벌 계획에 참여하였고, 형조 판서, 공조 판서, 우포도대장 등을 역임하였다.

길이 모시어 의귀할 곳이 있기를 바랐습니다."라고 하였다. 이헌경(李獻慶)[399]이 지은 공의 묘지문에 "공은 일찍이 여헌 장 선생을 사사해서 선생의 인정을 받았다."라고 하였다. 공이 별세하자 고을 사람들이 사당을 세우고 제사하였다.【자손이 의성의 산운(山雲)에 거주한다.】

송시진 宋時振 자는 사달(士達)이고 호는 매은(梅隱)이다. 야성(冶城) 사람으로 충숙공(忠肅公) 야계(倻溪) 희규(希奎)의 현손이고 용계(龍溪) 광계(光啓)[400]의 아들이니, 광해군 계축(1613)생이다.

○공은 어릴 때부터 재사(才思)가 뛰어나서 겨우 열 살에 《논어》를 배워 이미 대의를 통달하였다. 일찍 선친을 잃으니, 미처 효도로 봉양하지 못한 것을 항상 지극히 애통해하고 매월 초하루와 보름에는 반드시 성묘하여 비바람이 불어도 그만두지 않았다. 선생이 부지암에서 도학을 강론하자, 모부인의 명에 따라 부지암에 가서 선생을 섬겨 학문하는 방법을 듣고 여러 번 칭찬을 받았다. 공은 타고난 자품이 빼어나고 가학(家學)이 아름답고 사승(師承)이 올발랐는데, 초야에 은둔하여 자신의 재능을 애써 감추어 지은 글도 모으지 않고 버렸다. 51세에 별세하자 동시대의 제현들이 그의 행실을 서술하여 뇌사(誄詞)를 짓고, 장수하지 못한 것을 애석해하였다. 청천당(聽天堂) 장공(張公 장응일(張應一))은 함께 쓰레받기와 빗자루를 잡았었다는 글을 지어 매우 애통해하였다.【자손이 성주의 고산(高山)에 거주한다.】

399 이헌경(李獻慶) : 1719~1791. 자는 몽서(夢瑞), 호는 간옹(艮翁), 본관은 전주(全州)이다. 동부승지, 대사간 등을 역임하였다.

400 광계(光啓) : 1566~1615. 자는 군옥(君沃), 호는 용계이다. 정구(鄭逑)의 문인이며 벼슬이 정랑에 이르렀다.

권호민 權好敏 자는 학성(學聖)이고 호는 암재(巖齋)이다. 안동(安東) 사람으로 성재(省齋) 봉(對)의 아들이니, 광해군 갑인(1614)생이다.

○공은 어릴 때로부터 선생의 문하에서 물 뿌리고 청소하여 훌륭한 가르침을 듣게 되었다. 여러 형제가 모두 선생에게 배웠는데 첫째와 둘째[401]가 교육과 훈도의 유익함을 더욱 많이 받아서 문하에 있은 지가 거의 수십 년이었는데, 혹은 강학하는 자리에서 질문하고 혹은 산수가 좋은 곳에서 모시고 유람하였다. 이는 선생이 산중에 들어가신 뒤로부터 도를 높이고 덕을 숭상하는 정성과 스승을 따르고 도를 구하는 마음이 삼대에 걸쳐 변치 않은 것이다.[402] 선생이 별세하여 상여를 고향으로 모시고 돌아가는 날에 이르러 당시 24세였던 공은 초상을 치르고 장례를 행하는 모든 일에 정성과 힘을 다해서 극진하지 않음이 없었으니, 당시에 모두 말하기를 사문(斯文)을 보좌한 공은 권씨(權氏)가 최고라고 하였다.【자손이 영천의 입암(立巖)에 거주한다.】

장학 張學 자는 성원(聖源)이고 호는 남파(南坡)이다. 진사시에 합격하여 참봉을 지냈고 옥산(玉山) 사람으로 만회당(晩悔堂) 경우(慶遇)의 둘째 아들이니, 광해군 갑인(1614)생이다.

○공은 여덟아홉 살에 통사(通史)를 두루 읽었는데, 만회공이 일찍

401 첫째와 둘째 : 권상민(權尙敏)과 권호민을 이른다. 이하로 아우 구민(求敏)·진민(晉敏)·무민(務敏)이 있다.

402 산중으로……것이다 : 권극립(權克立), 권봉(權對), 권상민·권호민의 삼대가 장현광과 주로 종유(從遊)한 곳은 입암(立巖)이다. 장현광은 1596년에 입암에 우거하여 이른바 '입암의 네 벗'인 권극립·정사상(鄭四象)·손우남(孫宇男)·정사진(鄭四震)과 교유하였고 이후에 이들의 도움으로 입암정사에서 강학하게 되었다. 병자호란 이후 장현광이 입암에 들어가 여생을 마친 시기에는 권봉이 함께하여 공자 문하의 자공(子貢)으로 지목되었다.

이 말하기를 "이 아이가 아침에 반영(潘榮)의 〈총론(總論)〉[403]을 배우고 해가 저물기 전에 한 글자도 틀리지 않고 외웠다."라고 하였다. 열한 살에 선생을 사사할 적에 응대하는 것이 성인(成人)과 같았다. 갑술년(1634, 인조12)에 선생이 향교를 이건(移建)할 적에 힘이 부족함을 염려해서 감사에게 힘을 빌리고자 하였으나 이를 어려워하시자 공이 직접 글을 지어 감사에게 올렸다. 글의 뜻이 사람을 감동시켜서 끝내 일의 실마리가 풀렸으니, 선생이 매우 기특히 여기고 사랑하셨다. 정축년(1637, 인조15)에 정시(庭試)를 보러 갔다. 이때 선생은 영양(永陽)의 입암에서 세상을 피해 계시다가 병환을 치료할 수 없게 되니, 장모(張某)가 왔느냐고 여러 번 물으셨다. 공이 밤낮으로 달려와서 도착하자 선생은 재촉하여 사람들을 들어오게 해서 손을 잡고 몇 마디 말씀하셨는데, 말씀이 《역학도설(易學圖說)》에 미치고 별세하셨다.

을미년(1655, 효종6)에 영남 유생들이 장차 선생을 부지암정사에 제향하려 할 적에 공이 원임(院任)으로 이 일을 주간하여 계획을 정하고 조처하였다. 무신년(1668, 현종9)에 직접 소를 지어서 같은 경상도 선비들과 함께 대궐에 호소하여 오산서원(吳山書院)의 사액을 청하였다.

일찍이 사사로이 선생을 모시고 있었는데 선생이 조용히 이르시기를 "너는 끝내 발산하는 기운이 넘치고 침잠하는 기운이 부족하니, 의(義)로써 제재하고 경(敬)으로써 지켜서 오랫동안 함양하면 기질을 변화시킬 수 있다."라고 하셨다. 이에 공이 일어나 대답하기를 "종신토록 가슴에 새기겠습니다."라고 하였다.

403 반영(潘榮)의 총론(總論) : 《통감절요(通鑑節要)》에 수록된 〈자치통감총요통론(資治通鑑總要通論)〉을 가리키니, 〈통감총론〉이라고도 한다. 반영은 원(元)나라 학자로 자는 백성(伯誠)이고 양절 반씨(陽節潘氏)라 칭한다.

남산(南山)의 아래에 당(堂)을 하나 지어 '육약(六若)'이라 편액하고는, 작은 집에 살면서 큰 집처럼 여기며〔若大廈〕, 해진 도포를 입으면서 비단옷처럼 여기며〔若錦繡〕, 채소 뿌리를 먹으면서 고량진미처럼 여기며〔若膏粱〕, 언덕을 경작하면서 비옥한 논밭처럼 여기며〔若田土〕, 자제를 부리면서 심부름꾼을 둔 것처럼 여기며〔若使令〕, 훈고(訓詁)를 고찰하면서 정사를 과업으로 삼은 것처럼 여겼다〔若政事〕.【〈육약당기(六若堂記)〉에 보인다.】 타고난 자품이 영민하고 지혜로우며 우뚝한 기품이 걸출하니, '정신은 눈 위의 달빛처럼 깨끗하고 미목(眉目)에는 강산의 정기가 모여있다'는 평이 있었다. 〈사문언행록(師門言行錄)〉 아홉 조목이 있다.【자손이 인동의 장곡(長谷)에 거주한다.】

도한국 都翰國 자는 자번(子藩)이고 호는 오월당(梧月堂)이다. 성주(星州) 사람으로 운재(雲齋) 균(勻)의 현손(玄孫)이니, 광해군 갑인(1614)생이다.

○공은 타고난 자품이 화평하고 너그러우며, 질박하여 화려한 꾸밈이 없었으며, 용모와 말씨가 보통 사람보다 크게 뛰어났다. 신미년(1631, 인조9)에 선생을 배알하고 요결(要訣)을 받들어 간직하였다. 학가재(學稼齋) 이주(李紬), 서암(西巖) 여효증(呂孝曾), 남파(南坡) 장학(張㶅), 만회(晩悔) 송세빈(宋世彬), 삼로(三老) 정우(鄭堣)[404] 등 제현과 도의의 교분을 맺었다.【행장에 보인다.】 공의 청천당(聽天堂) 장응일(張應一)에 대한 제문에 이르기를

용렬하고 누추한 후생이　　庸陋後生

404 삼로(三老) 정우(鄭堣) : 1609～1687. 자는 일승(日昇), 호는 만성자(晩惺子), 본관은 동래(東萊)이다. 정훈(鄭塤)・정우(鄭堣)・정잠(鄭埁) 삼 형제의 우애가 돈독해서 한 당(堂)에서 노년을 함께하여, 당호를 삼로당(三老堂)이라 하였다.

다행히 높은 가문에 장가들고[405] 幸贅高門
이로 인연하여 출입해서 夤緣出入
또한 두터운 보살핌을 받았으며 亦承厚眷
선생을 모시고 따라서 陪隨函丈
더욱 간곡한 관심을 받으니 益垂繾綣
정의는 인척이요 情誼姻親
연원은 사우였습니다 淵源師友
뇌천의 가르침[406]을 가슴속에 간직하여 佩服雷天
감히 실추하지 못했습니다 罔敢失墜

라고 하였다. 향산(響山) 이만도(李晩燾)가 지은 행장[407]에 "만일 일찍 부지암의 문하에서 수학하고 멀리 한훤당(寒暄堂 김굉필(金宏弼)) 선생의 연원[408]을 이은 분이 아니라면 어찌 능히 이와 같겠는가."라고 하였다. 척암(拓菴) 김도화(金道和)가 지은 묘갈문에 "관례를 치르고 여헌 장

405 높은 가문에 장가들고 : 도한국의 부인은 장현광의 종제 장현도(張顯道)의 손녀이다.

406 뇌천의 가르침 : 뇌천(雷天)은 진괘(震卦)가 건괘(乾卦)의 위에 있는 대장괘(大壯卦 ䷡)를 뜻한다. 대장괘는 〈대상전(大象傳)〉에 "우레가 하늘 위에 있는 것이 대장(大壯)이니, 군자가 보고서 예(禮)가 아니면 행하지 않는다."라고 하여, 극기복례(克己復禮)의 교훈이 있다.

407 이만도(李晩燾)가 지은 행장 : 이만도(1842~1910)는 자는 관필(觀必), 호는 향산, 본관은 진성(眞城)이다. 사간, 집의 등을 역임하였다. 을미사변이 일어나자 의병장으로 활약하였고 경술국치 이후에 순국하였다. 이만도는 도한국의 가장(家狀)에 후지(後識)를 썼다.

408 한훤당(寒暄堂) 선생의 연원 : 가장(家狀)에 도한국의 고조부인 도균(都匀)이 한훤당에게 《소학(小學)》을 배우고 종신토록 힘써 행하였으며 기묘사화 이후 초야에 은둔하였다고 하였다. 《梧月堂文集》

선생을 배알하여 고인의 학문을 듣게 되었다."라고 하였다.【자손이 성주의 수촌(樹村)에 거주한다.】

김원귀 金元龜 자는 정서(廷瑞)이다. 서흥(瑞興) 사람으로 문경공(文敬公) 한훤당(寒暄堂 김굉필(金宏弼))의 7대손이고 사우당(四友堂) 대진(大振)의 손자이니, 광해군 을묘(1615)생이다.

○공은 타고난 자품이 명민하고 기국이 뛰어났는데, 일찍 선생의 문하에 유학하여 요결(要訣)을 분명히 전수받고 성리학을 연구하였다. 학행(學行)으로 헌릉 참봉(獻陵參奉)에 천거되었다.【족보 주(註)와 현풍(玄風)·달성(達城) 읍지에 보인다. ○자손이 현풍의 지동(池洞)에 거주한다.】

전순성 全純性 자는 이경(而敬)이고 호는 경운(耕雲)이다. 벼슬은 종사랑이며 용궁(龍宮) 사람으로 유성(有性)의 아우이니, 광해군 정사(1617)생이다.

○공은 일찍 선생의 문하에 유학하여 덕업을 성취하였다. 선생이 별세하자 종질인 상곤(尙坤)[409] 및 고을의 동지들과 함께 제문을 가지고 와서 제사하였다.【자손이 영천의 조동(棗洞)에 거주한다.】

이성 李綅 자는 장언(章彦)이고 호는 학포(學圃)이다. 경산(京山) 사람으로 대사헌 흥문(興門)의 후손이고 찰방 천증(天增)[410]의 아들이고 학가재(學稼齋) 주(紬)의 아우이니, 광해군 경신(1620)생이다.

○공은 어릴 때부터 이미 어버이를 섬길 적에는 마땅히 효도해야

409 상곤(尙坤) : 전순성의 백부인 전삼락(全三樂)의 손자이다.

410 천증(天增) : 1561~1631. 자는 계발(季發)이며 금교도 찰방(金郊道察訪)을 지냈다.

하고 어른을 섬길 적에는 마땅히 공경해야 함을 알았다. 겨우 15세가 되어 백씨인 학가재 공을 따라 선생의 문하에 올랐는데 지도를 받은 뒤 학문이 일취월장하니, 선생이 사랑하고 가르치기를 친자식·친조카와 다름없이 하셨다. 이 때문에 효도하고 우애하는 독실한 행실이 세상의 추중을 받았다. 또 문장이 심오하여 젊은 나이에 명성이 고을과 이웃에 자자하였다.【자손이 성주의 암포(巖浦)에 거주한다.】

김각 金塄 자는 익부(益夫)이고 호는 돈암(遯巖)이다. 경주(慶州) 사람으로 남강(南岡) 취려(就礪)의 아들이고 황고(黃皐) 고(塙)의 아우이니, 광해군 경신(1620)생이다.

○공은 성품이 본래 온아(溫雅)하고 재주가 일찍 성취되었으며 효성과 우애를 겸전하였다. 일찍 선생의 문하에 유학하여 훈도되고 보고 감화되는 도움을 받아 문학과 훌륭한 행실이 세상에 알려졌다. 선생이 별세하자 백형·중형과 함께 제문을 가지고 와서 제사하였다.【자손이 영천의 황강(黃岡)에 거주한다.】

김하천 金夏梴 자는 장경(長卿)이고 호는 삼매당(三梅堂)이다. 문과에 급제하여 호남 어사(湖南御史)를 지냈고 선산(善山) 사람으로 양탄(陽灘) 양(瀁)의 아들이니, 광해군 신유(1621)생이다.

○공은 성품이 본래 유아(儒雅)하고 효도와 우애가 겸하여 지극하였는데, 일찍 선생의 문하에 올라서 문학과 훌륭한 행실이 세상에 알려졌다. 경자년(1660, 현종1)에 증광시에 급제하여 화려한 관직을 역임하였고, 여러 번 군읍의 수령을 맡아서 모두 청덕비(淸德碑)가 세워졌다. 권신을 거슬러 배척되자 이후로 다시 벼슬하지 않았다.【자손이 김산(金山)의 장암(壯巖)에 거주한다.】

송문징 宋文徵 자는 백신(伯信)이고 호는 정양재(靜養齋)이다. 야성(冶城) 사람으로 즉학재(則學齋) 섬(暹)의 아들이니, 인조 계해(1623)생이다.

○공이 태어나던 날에 호랑이가 집에 들어와 산실(産室)의 문밖에 엎드리고 있었는데, 공이 태어난 뒤 호랑이가 홀연히 보이지 않으니, 사람들이 모두 기이하게 여겼다. 임신년(1632, 인조10)에 선생의 문하에서 수학할 것을 청하자 선생이 물으셨다. "네가 집에서 무슨 책을 읽고 무슨 일을 하였느냐?" 공은 대답하기를 "배운 것은 다만 《소학》이고, 한 일은 효도와 공경뿐입니다."라고 하였다. 선생은 공의 머리를 쓰다듬으며 감탄하시기를 "네 할아버지【고헌(孤軒) 후창(後昌)】의 손자이니 어찌 그렇지 않겠는가."라고 하시고, 바로 《자치통감강목(資治通鑑綱目)》을 가르쳐 주셨다.

병자년(1636, 인조14)에 청나라와 강화했다는 소식을 듣고 3일 동안 먹지 않았다. 조부가 밥을 먹으라고 꾸짖으면서 "동자인 네가 무엇을 안다고 그러느냐."라고 하니, 공은 즉시 눈물을 떨구고 미음을 마셨다. 선생이 도해(蹈海)의 지조를 지키신다는 말[411]을 듣고, 선생을 모시고 사빈(泗濱)[412]까지 갔다가 돌아왔다. 선생이 별세하자 즉시 가서 곡하고 제사를 지내고서 장례를 치른 뒤에야 돌아왔다.【가장(家狀)에 보인다. ○자손이 칠곡의 도탄(道灘)에 거주한다.】

411 도해(蹈海)의……말 : 장현광이 청나라가 지배하는 세상을 피하여 입암(立巖)에 은거한다는 말을 이른다. 도해(蹈海)는 중국 전국시대의 노중련(魯仲連)이 '진(秦)나라가 천하를 다스리게 되면 자신은 동해에 빠져 죽을지언정 진나라 백성이 될 수 없다'고 한 고사에서 나왔다.

412 사빈(泗濱) : 지금의 대구시 북구 사수동(泗水洞)인 듯하다. 사수동은 정구(鄭逑)가 강학하였던 사양정사(泗陽精舍)가 있는 곳으로 사빈(泗濱) 또는 사수(泗水)라고 불렸다.

이의백 李宜白 자는 여진(汝眞)이고 호는 봉강(鳳岡)이다. 벼슬은 내자시 봉사이며 벽진(碧珍) 사람으로 벽진 장군(碧珍將軍) 총언(悤言)[413]의 후손이고 주부(主簿) 수인(守認)[414]의 아들이니, 인조 계해(1623)생이다.

○공은 일찍 종백형인 대암공(臺嵒公) 희백(喜白)에게 수학하였고, 판관공(判官公) 상백(尙白),[415] 독락당(獨樂堂) 지백(知白)과 함께 학면정(鶴眠亭)[416]에서 주선하고 어버이의 명을 공손히 따랐으니, 어버이를 받드는 자리에서 강마(講磨)함이 더욱 절실하였고 형제간에는 자연히 스승과 벗이 되었다. 늦게 여헌 장 선생의 문하에 올라서, 미처 듣지 못한 것을 더욱 들었으니 공이 학문에 뜻한 것을 여기에서 볼 수 있다. 구암(究庵) 이광로(李光魯)[417]가 지은 묘갈문에 "늦게 여헌 장 선생의 문하에 폐백을 올리고 배알하여 미처 듣지 못한 것을 더욱 들으니, 고을에서 존경하였다."라고 하였다.【자손이 영천의 관정(官亭)에 거주한다.】

권진민 權晉敏 자는 전성(田聖)이다. 생원시에 합격하였으며 안동(安東) 사람으로 성재(省齋) 봉(崶)의 넷째 아들이니, 인조 계해(1623)생이다.

413 총언(悤言) : 858~938. 벽진 이씨의 시조이다. 지금의 경북 성주인 벽진의 호족으로 고려 태조 왕건을 도와 본읍(本邑)의 장군에 임명되었다.

414 수인(守認) : 1531~1602. 자는 인중(仁中)이다.

415 상백(尙白) : 1558~1618. 이희백의 아우로 자는 자진(子眞), 호는 소헌(素軒)이다. 유행(儒行)으로 판관에 제수되었다.

416 학면정(鶴眠亭) : 이희백이 백부 이수눌(李守訥), 부친 이수겸(李守謙), 숙부 이수인(李守訒)을 위해 세운 정자이다.

417 이광로(李光魯) : 1828~1903. 자는 경관(景觀), 호는 구암, 본관은 벽진(碧珍)이며 유치명(柳致明)의 문인이다.

○공은 일찍 선생의 문하에 올라서 학업을 성취하였다. 성품이 본래 유아(儒雅)하고 효도와 우애가 겸하여 지극해서 고을 사람들의 추중을 받았다. 성후원(成後元)이 지은 공에 대한 제문에 "눈 위의 달빛과 같은 정신이요 구름 속 학과 같은 흉금이다."라고 하였다.【자손이 영천의 입암(立巖)에 거주한다.】

박훤 朴烜 자는 경휘(景輝)이고 호는 □□이다. 고령(高靈) 사람으로 부사(府使) 효성(孝誠)[418]의 아들이니, 선조 갑오(1594)생이다.

○구당(久堂) 박장원(朴長遠)이 말하기를

"우리 선친이 선조부【휘는 효성(孝誠)이고 문과에 급제하여 부사를 지냈다.】를 선산(善山)의 임소에 따라가 모시니, 여헌 장 선생이 거주하는 인동(仁同)의 옆 고을이었다. 선조부께서는 선친에게 명하여 선생에게 가서 《논어》와 《맹자》를 수학하게 하였다. 그 뒤 인조 병인년(1626)에 여헌 선생이 대사헌으로 소명(召命)을 받고 서울에 오시자 선친은 문안을 드리러 객사(客舍)에 가셨는데, 이때 나는 겨우 15세였으나 따라가 배알해서 선생의 엄숙하고 덕이 있는 기상을 바라보았다."

라고 하였다.【아들 장원(長遠)의 《구당집(久堂集)》 〈기문(記聞)〉에 보인다. ○자손이 □…□에 거주한다.】

선우협 鮮于浹 자는 중윤(仲潤)이고 호는 돈암(遯庵)이다. 은일(隱逸)로 사업을 지냈고 평양(平壤) 사람으로 기자(箕子)의 후손이니, 선조 무자(1588)생이다.

○공은 어릴 때부터 총명하고 단아하고 고결하며 말과 행실을 항상

418 효성(孝誠) : 1568~1617. 자는 백원(百源), 호는 진천(眞川)이다. 예조 좌랑, 선산(善山) 부사 등을 역임하였다.

삼갔다. 여덟 살에 능히 수백 리를 걸어가니, 강건하여 힘이 있음이 이와 같았다. 일찍이 학문을 할 적에 마음을 다하여 조금도 게을리하지 아니하여, 우뚝하게 서토(西土)의 유종(儒宗)이 되었다. 마침내 동남쪽으로 유람하여 산천을 두루 구경하다가 도산서원(陶山書院)에 이르러 퇴계(退溪)의 유서(遺書)를 보고, 인하여 인동(仁同)의 부지암정사에 가서 폐백을 올리고 선생을 배알하였다. 사서(四書) 등의 글을 다시 익히고 말하기를 "우리 도가 여기에 있다."라고 하고, 마침내 여러 유생들과 용악산(龍岳山)[419]으로 들어가서 성리학을 연구하였다. 효종(孝宗) 때에 사업(司業)의 벼슬로 부르자 공은 상소하여 "《대학》은 규모가 크고 절목이 갖추어져 있으니, 왕자(王者)가 익숙히 읽고 정밀하게 생각해서 마음과 일치되게 해야 합니다.[420]"라고 하였다. 경연의 신하가 아뢰기를 "선우협은 학업이 매우 독실하고 식견도 높으니, 관서(關西)의 선비들이 다소 옳은 방향을 알게 된 것은 모두 이 사람의 힘입니다."라고 하였다. 저서에 《태극변해문답(太極辨解問答)》[421]이 있다. 【《동국기년(東國紀年)》[422]에 보인다.】 선생에 대한 제문에 "평소 덕에 감동되어 추앙하는 마음 더욱 간절하였습니다."라고 하였다.【자손이 평양(平壤)

419 용악산(龍岳山) : 지금의 평양시 만경대구역 용봉리에 소재하는 산이며 그 기슭에 선우협을 제향하는 용곡서원(龍谷書院)이 있다.

420 마음과……합니다 : 원문의 '與心爲以致其一'은 행장에 "지극한 이치를 정미(精微)하게 살펴 마음과 하나가 되게 한 뒤에야 그 쓰임을 다할 수 있습니다.〔硏幾至理, 與心爲一, 然後可以致其用矣.〕"라고 되어 있다.

421 태극변해문답(太極辨解問答) : 선우협의 저서로서 《태극변해(太極辨解)》와 '태극문답(太極問答)'을 구분하여 언급하는 것이 일반적이다. 그런데 태극에 관한 문답인 〈태극설 상(太極說上)〉은 분량이 적고 '제설(諸說)' 가운데 한 편이며, 선우협의 행장에도 '태극변해 제해 제설(太極辨解諸解諸說)'이 나오고 '태극문답'은 나오지 않으므로, 여기의 '태극변해문답'을 하나의 저술로 번역하였다.

422 동국기년(東國紀年) : 미상이다.

의 기자묘동(箕子廟洞)에 거주한다.】

박길응 朴吉應 자는 덕일(德一)이고 호는 진정재(眞靜齋)이다. 문과에 급제하여 참판을 지냈고 밀양(密陽) 사람이니, 선조 무술(1598)생이다.

○선생께 올린 제문에 이르기를

"소자가 어린 나이에 선생에게 종유(從遊)하여 《주역》, 《중용》, 《대학》, 《근사록(近思錄)》을 배우고 문하에 왕래하니, 선생은 항상 저를 경(敬)으로 인도하고 궁리(窮理)로 권면하셨습니다."

라고 하였다. 공은 일찍이 〈우주요괄첩(宇宙要括帖)〉을 읽고서 선생의 높은 학식과 큰 규모와 독실한 실천을 여기에서 헤아릴 수 있음을 알았다. 계사년(1653, 효종4)에 공은 병조의 우시랑(右侍郎)이 되어서 〈우주요괄첩〉을 정서(淨書)하여 임금께 바쳤으니, 이는 우리 임금이 우리 스승을 알아주기를 바란 것이었다. 그 상소문의 대략에

"먹고서 맛이 좋다면 미나리도 임금께 바칠 수 있는데,[423] 우리 임금께 유익한 말이 있으면 어찌 기꺼이 고하지 않겠습니까. 신이 일찍이 옛 유신(儒臣)인 장현광에게 수학하여 〈우주요괄첩〉과 〈표제요어(標題要語)〉를 보니, 진실로 마음에 기뻐하고 눈으로 항상 보아야 할 내용이었습니다. 지금 신이 이것을 정서하여 올리오니, 엎드려 원하건대 전하께서는 유념하여 체인(體認)하소서."

라고 하였다. 또 스승의 행실 세 조목을 기록하였다.[424]【자손이 □…□에

423 먹고서……있는데 : '미나리를 바침'은 하찮지만 정성이 담긴 물건을 바치는 것을 말한다. 옛날에 미나리를 좋아하는 사람이 부호에게 미나리를 칭찬했다가 비웃음을 산 고사에서 유래하였다.

424 스승의……기록하였다 : 《여헌속집》 권9 〈기문록(記聞錄)〉에 보인다.

거주한다.】

이잡 李礏 자는 □□이고 호는 □□이다. 벽진(碧珍) 사람으로 경은(耕隱) 맹전(孟專)의 6대손[425]이니, □□ □□생이다.

○공은 일찍 선생의 문하에 유학하여 덕업을 성취하였는데, 선생이 별세하자 선생께 올린 제문에

옷자락 잡고 띠를 매고	摳衣束帶
마침내 스승을 찾아갔습니다	遂趨函丈
덕을 상고하고 학업을 물음에	考德問業
영원히 무궁하기를 기대했는데	期永無疆
새벽의 노래 갑자기 들리니	晨歌忽起
기둥의 꿈이 어찌 그리 급합니까[426]	楹夢何忙
선비들은 모범을 잃고	士失模楷
나라에는 시귀[427]가 없어지니	國無蓍龜
자양동에서	紫陽洞裏
남기신 행적 이을 수 없는데	軌躅莫續
학면정의	鶴眠亭中

425 경은(耕隱) 맹전(孟專)의 6대손 : 이잡은 이희백(李喜白)의 아우인 이호백(李好白)의 둘째 아들이다. 자・호・생년이 족보에 기록되어 있지 않다.《碧珍李氏判書公派譜》

426 새벽의……급합니까 : '새벽의 노래'와 '기둥의 꿈'은 훌륭한 스승의 별세를 뜻한다. 공자가 두 기둥의 사이에서 전(奠)을 받는 꿈을 꾸고 나서 일찍 일어나 죽음을 예견하는 노래를 부른 고사에서 나온 것이다.《禮記 檀弓上》

427 시귀 : 점을 칠 때 쓰는 시초(蓍草)와 거북 껍데기로, 모범이 되는 스승이나 원로를 비유한다.

기문은 어제의 일 같습니다[428] 記文如昨"

라고 하였다.【자손이 영천의 덕동(德洞)에 거주한다.】

김종효 金宗孝[429] 자는 사행(士行)이고 호는 반월당(伴月堂)이며 순천(順天) 사람이니 계축(1553, 선조8)[430]생이다.【이하의 제현은 단자(單子)가 들어오지 않았으므로 연치의 차례를 따르지 못한다.】

조희도 趙熙道[431] 자는 경이(敬而)이고 함안(咸安) 사람이니 기사(1569, 선조2)생이다.

박유문 朴有文

박지유 朴之胄

장내목 張乃睦

428 학면정의……같습니다 : 학면정은 이잡의 백부인 이희백이 지은 것으로 지금의 영천시 자양면 성곡리에 소재하였다. '학면정의 기문'은 장현광이 지은 〈학면정기(鶴眠亭記)〉를 이른다.

429 김종효(金宗孝) : 양송(梁頌) 십오현(十五賢) 중 한 명이며, 김경장(金慶長)의 부친이다.

430 계축(1553, 선조8) : 이하의 조목에 생년의 간지(干支)만 말한 것에 대하여, 장현광의 생몰년, 각 인물의 행적 또는 친족의 생년, 기미본(己未本)에 보이는 연치의 차례 등을 고려하여 괄호 안에 생년을 표시하였다.

431 조희도(趙熙道) : 양송 십오현 중 한 명이며 간송(澗松) 조임도(趙任道)의 종형이다.

황거일 黃居一[432] 자는 정원(正元)이고 호는 명계(明溪)이다. 참의에 추증되었으며 평해(平海) 사람이니 무오(1558, 명종13)생이다.

유사온 柳思溫 자는 수보(粹甫)이고 호는 구정(龜亭)이다. 벼슬은 군자감 정이고 호조 참판에 추증되었으며 문화(文化) 사람이니 계유(1573, 선조6)생이다.

박홍경 朴弘慶 자는 효술(孝述)이고 호는 시정당(是政堂)이다. 사마시에 합격하였으며 밀양(密陽) 사람이니 갑술(1574, 선조7)생이다.

박형경 朴亨慶[433] 자는 선술(善述)이고 밀양(密陽) 사람이니 병자(1576, 선조9)생이다.

손로 孫魯 자는 여유(汝唯)이고 호는 연정(蓮亭)이며 월성(月城) 사람이니 무인(1578, 선조11)생이다.

서사선 徐思選 자는 정보(精甫)이고 호는 동고(東皐)이다. 벼슬은 참봉이고 달성(達城) 사람이니 기묘(1579, 선조12)생이다.

정수민 鄭秀民 자는 자빈(子賓)이고 호는 춘수당(春睡堂)이며 또 다른 호는 동리(東里)이다. 벼슬은 참봉이며 하동(河東) 사람이니 정축(1577, 선조10)생이다.

432 황거일(黃居一) : 황중신(黃中信)의 부친이다.

433 박형경(朴亨慶) : 박홍경(朴弘慶)의 아우이다.

황중윤 黃中允 자는 도광(道光)이고 호는 동명(東溟)이다. 문과에 급제하여 승지를 지냈고 평해(平海) 사람이니 정축(1577, 선조10)생이다.

신지도 申志道 자는 여원(汝遠)이고 호는 삼백당(三栢堂)이다. 사복시 정에 추증되었으며 아주(鵝洲) 사람이니 임오(1582, 선조15)생이다.

김경 金褧 자는 정여(靜如)이고 호는 탄옹(灘翁)이다. 생원시에 합격하여 현감을 지냈고 선산(善山) 사람이니 임오(1582, 선조15)생이다.

노형운 盧亨運 자는 시보(時甫)이고 호는 소암(素菴)이다. 벼슬은 참봉이고 풍천(豐川) 사람이니 갑신(1584, 선조17)생이다.

권극량 權克亮 자는 사임(士任)이고 호는 동산(東山)이다. 벼슬은 참봉이고 안동(安東) 사람이니 갑신(1584, 선조17)생이다.

이지선 李祗先 자는 자경(子敬)이고 호는 일치(一癡)이다. 진사시와 문과에 급제하여 참의를 지냈고 성산(星山) 사람이니 갑신(1584, 선조17)생이다.

곽습 郭霫 자는 시원(施遠)이고 호는 경우(敬宇)이다. 생원시에 합격하였고 현풍(玄風) 사람이니 갑신(1584, 선조17)생이다.

곽위국 郭衛國 자는 자고(子固)이고 호는 낙수(洛叟)이다. 은일(隱逸)로 지평을 지냈고 포산(苞山) 사람이니 정해(1587, 선조20)생이다.

우승범 禹承範 자는 보경(保卿)이고 단양(丹陽) 사람이니 무자(1588,

선조21)생이다.

장내극 張乃克 자는 명보(明甫)이고 호는 송재(松齋)이다. 군자감 정에 추증되었고 옥산(玉山) 사람이니 기축(1589, 선조22)생이다.

정전 鄭墍 자는 경휴(景休)이고 오천(烏川) 사람이니 신묘(1591, 선조24)생이다.

노형진 盧亨震 자는 동언(東彦)이고 풍천(豐川) 사람이니 신묘(1591, 선조24)생이다.

정유 丁瑜 자는 군헌(君獻)이고 호는 괴은(槐隱)이다. 진사시에 합격하였고 의성(義城) 사람이니 신묘(1591, 선조24)생이다.

황연 黃鋼 자는 정숙(精叔)이고 호는 죽람(竹覽)이다. 문과에 급제하여 사간을 지냈고 이조 판서에 추증되었으며 평해(平海) 사람이니 신묘(1591, 선조24)생이다.

노형정 盧亨鼎 자는 자신(子愼)이고 풍천(豐川) 사람이니 계사(1593, 선조26)생이다.

신지경 申之敬 자는 직부(直夫)이다. 벼슬은 통덕랑이고 아주(鵝洲) 사람이니 을미(1595, 선조28)생이다.

유석 柳碩 자는 덕보(德甫)이고 호는 개산(皆山)이다. 진사시와 문과에 급제하여 강원도 관찰사를 지냈고 좌찬성, 양관 대제학, 세자 이사에 추증되었으며 진양(晉陽) 사람이니 을미(1595, 선조28)생이다.

장용우 張龍遇 자는 운경(雲卿)이고 호는 단계(丹溪)이다. 생원시에 합격하였고 장악원 정에 추증되었으며 옥산(玉山) 사람이니 병신(1596, 선조29)생이다.

이협 李馦 자는 문백(聞伯)이다. 진사시에 합격하였고 영양(永陽) 사람이니 무자(1588, 선조21)생이다.

이정명 李廷蓂[434] 자는 군좌(君佐)이고 영양(永陽) 사람이니 □□생이다.

곽이륜 郭爾崙 자는 도심(道深)이고 호는 성암(省庵)이며 현풍(玄風) 사람이니 경자(1600, 선조33)생이다.

김익정 金益精 자는 윤중(允中)이고 호는 효우헌(孝友軒)이며 경주(慶州) 사람이니 정축(1577)생이다.

정호인 鄭好仁 자는 자견(子見)이고 호는 양계(暘溪)이다. 문과에 급제하여 정랑을 지냈고 오천(烏川) 사람이니 정유(1597, 선조30)생이다.

강연 姜演 자는 형원(泂遠)이고 호는 우헌(愚軒)이며 진양(晉陽) 사람이니 정유(1597, 선조30)생이다.

434 이정명(李廷蓂) : 기미본에 이협(李馦)의 둘째 아들이라 하였다.

권욱 權昱 자는 서화(瑞化)이고 호는 청강(淸江)이다. 호조 참의에 추증되었고 안동(安東) 사람이니 무술(1598, 선조31)생이다.

장용섭 張龍燮 자는 용경(用卿)이고 호는 자구재(自求齋)이며 옥산(玉山) 사람이니 기해(1575, 선조8)생이다.

이홍도 李弘道 자는 극문(克文)이고 합천(陜川) 사람이니 기해(1575, 선조8)생이다.

박이혁 朴以爀 자는 계회(啓晦)이고 호는 경천(鏡川)이다. 생원·진사시에 합격하였으며 반남(潘南) 사람이니 임인(1602, 선조35)생이다.

허국필 許國弼 자는 여경(汝敬)이고 호는 성회당(醒悔堂)이다. 사마시에 합격하였으며 김해(金海) 사람이니 임인(1602, 선조35)생이다.[435]

박감 朴鑑 자는 이온(以蘊)이고 호는 북애(北厓)이다. 은일(隱逸)로 장령을 지냈고 함양(咸陽) 사람이니 임인(1602, 선조35)생이다.

노형중 盧亨重 자는 덕후(德厚)이고 풍천(豐川) 사람이니 임인(1602, 선조35)생이다.

정후현 鄭後玄 자는 계언(季彦)이다. 벼슬은 통덕랑이고 서산(瑞山)

435 임인생이다 : 이는 미상이다. 본관과 자가 같은 허국필로 만력 무인(1578, 선조11)생인 자의 묘갈문이 있고, 기묘(1579)생인 자의 사마 방목이 있다.《訒齋集 卷12 進士許君墓碣銘》

사람이니 임인(1602, 선조35)생이다.

정학 鄭壆[436] 자는 경평(景平)이고 오천(烏川) 사람이니 임인(1602, 선조35)생이다.

유여장 柳汝樟 자는 사직(士直)이고 호는 명당(明堂)이다. 벼슬은 통사랑이고 문화(文化) 사람이니 임인(1602, 선조35)생이다.

이철견 李鐵堅 자는 수보(壽甫)이고 호는 매계(梅溪)이며 영양(永陽) 사람이니 계묘(1603, 선조36)생이다.

박탕 朴盪 자는 자상(子相)이고 벼슬은 승훈랑이며 함양(咸陽) 사람이다.

손희조 孫喜祖 자는 효열(孝悅)이고 경주(慶州) 사람이니 계묘(1603, 선조36)생이다.

정자 鄭垐 자는 경명(景明)이고 오천(烏川) 사람이니 갑진(1604, 선조37)생이다.

이홍철 李弘哲 자는 극인(克仁)이고 합천(陜川) 사람이니 갑진(1604, 선조37)생이다.

진탁 陳倬 자는 자고(子高)이고 호는 입암(立庵)이다. 벼슬은 군자감

436 정학(鄭壆) : 정사진(鄭四震)의 둘째 아들이다.

부정이고 여양(驪陽) 사람이니 갑진(1604, 선조37)생이다.

김하량 金夏樑 자는 여임(汝任)이고 호는 강탄(江灘)이다. 문과에 급제하여 한성 판윤을 지냈고 선산(善山) 사람이니 을사(1605, 선조38)생이다.

유여재 柳汝梓 자는 군직(君直)이고 문화(文化) 사람이니 을사(1605, 선조38)생이다.

정호문 鄭好問 자는 자유(子裕)이다. 벼슬은 종사랑이고 연일(延日) 사람이니 을사(1605, 선조38)생이다.

이휼 李霱 자는 공서(公瑞)이다. 벼슬은 부사과이고 벽진(碧珍) 사람이니 을사(1605, 선조38)생이다.

이담 李潭 자는 공흡(公洽)이고 호는 팔봉(八峰)이다. 사마시에 합격하였고 벽진(碧珍) 사람이니 을사(1605, 선조38)생이다.

장내창 張乃昌 자는 성보(盛甫)이다. 벼슬은 주부(主簿)이고 옥산(玉山) 사람이니 병오(1606, 선조39)생이다.【중복되었다.】

진흘 陳仡 자는 자성(子成)이고 여양(驪陽) 사람이니 병오(1606, 선조39)생이다.

권득중 權得中 자는 화보(和甫)이고 안동(安東) 사람이니 정미(1607, 선조40)생이다.

송시강 宋時綱 자는 기보(紀甫)이고 호는 존순재(存順齋)이며 야성(冶城) 사람이니 정미(1607, 선조40)생이다.

이정란 李廷蘭 자는 군욱(君郁)이다. 지평에 추증되었고 영천(永川) 사람이니 정미(1607, 선조40)생이다.

신균 申均 자는 자평(子平)이고 호는 안재(安齋)이며 아주(鵝洲) 사람이니 정미(1607, 선조40)생이다.

박황 朴愰 자는 통언(通彦)이고 호는 취석당(醉石堂)이며 밀양(密陽) 사람이니 무신(1608, 선조41)생이다.

이철강 李鐵剛 자는 자고(子固)이고 벽진(碧珍) 사람이니 기유(1609, 광해군1)생이다.

박협 朴恢 자는 호언(浩彦)이고 호는 희구당(喜懼堂)이며 밀양(密陽) 사람이니 경술(1610, 광해군2)생이다.

신한 申瀚 자는 경장(景藏)이고 호는 사오(四吾)이다. 사마시와 문과에 급제하여 성균 사예를 지냈고 평산(平山) 사람이니 경술(1610, 광해군2)생이다.

하정 河頲 자는 유직(孺直)이고 진양(晉陽) 사람이니 경술(1610, 광해군2)생이다.

하호 河灝 자는 응휴(應休)이고 호는 수졸재(守拙齋)이며 진양(晉陽)

사람이니 신해(1611, 광해군3)생이다.

우승주 禹承疇 자는 열경(說卿)이고 호는 문우당(文隅堂)이다. 벼슬은 세자 위솔(世子衛率)이고 단양(丹陽) 사람이니 신해(1611, 광해군3)생이다.

정취호 鄭就護 자는 계화(季和)이고 연일(延日) 사람이니 신해(1611, 광해군3)생이다.

성진정 成震井 자는 자성(子星)이고 창녕(昌寧) 사람이니 신해(1611, 광해군3)생이다.

박장원 朴長遠 자는 중구(仲久)이고 호는 구당(久堂)이다. 문과에 급제하여 이조 판서를 지냈고 시호는 문효공(文孝公)이며 고령(高靈) 사람이니, 임자(1612, 광해군4)생이다.

노형조 盧亨造 자는 도심(道深)이고 풍천(豐川) 사람이니 임자(1612, 광해군4)생이다.

권득경 權得經 용(鎔)으로 개명하였고 자는 수보(守甫)이다. 벼슬은 부호군(副護軍)이고 안동(安東) 사람이니 임자(1612, 광해군4)생이다.

김민 金敏 자는 광렬(光烈)이고 경주(慶州) 사람이니 임자(1612, 광해군4)생이다.

박률 朴慄[437] 자는 확여(廓如)이고 밀양(密陽) 사람이니 계축(1613, 광해군5)생이다.

장경달 張慶達 자는 태형(泰亨)이고 호는 만취당(晩翠堂)이며 옥산(玉山) 사람이니 계축(1613, 광해군5)생이다.

박예 朴堅 자는 이진(以振)이다. 장락원 정에 추증되었으며 함양(咸陽) 사람이니 계축(1613, 광해군5)생이다.

우희길 禹熙吉 자는 혜보(惠甫)이고 호는 남재(南齋)이다. 진사시에 합격하였고 단양(丹陽) 사람이니 계축(1613, 광해군5)생이다.

정벽 鄭壁 자는 준재(峻哉)이고 오천(烏川) 사람이니 계축(1613, 광해군5)생이다.

이면 李葂 자는 성시(聖時)이고 전주(全州) 사람이니 을묘(1615, 광해군7)생이다.

황담 黃潭 자는 군흡(君洽)이고 장수(長水) 사람이니 을묘(1615, 광해군7)생이다.

조정항 曺挺恒 자는 덕첨(德瞻)이고 호는 수재(秀才)이며 창녕(昌寧) 사람이니 정사(1617, 광해군9)생이다.

437 박률(朴慄) : 생부는 장현광의 사위인 박진경(朴晉慶)이고 양부는 박홍경(朴弘慶)이다.

이준 李俊 자는 활연(活然)이고 호는 송고(松皐)이며 경주(慶州) 사람이니 갑자(1624, 인조2)생이다.

이인 李仁 자는 선장(善長)이고 호는 백오(栢塢)이며 경주(慶州) 사람이니 병인(1626, 인조4)생이다.

한덕급 韓德及 자는 성재(聖哉)이다.[438]【자손이 홍주(洪州)에 거주하니, 판서 복리(宓履),[439] 광회(光會),[440] 봉조하 사득(師得)[441]이 있다.】

노증 盧增 자는 자겸(子謙)이고 광주(光州) 사람이다.

정사악 鄭四岳 자는 요좌(堯佐)이고 오천(烏川) 사람이다.

조영문 趙英汶 자는 경민(景閔)이고 호는 장암(場巖)이며 함안(咸安)

438 자는 성재(聖哉)이다 : 기미본(己未本)에는 이 아래에 "진사시에 합격하여 동지돈녕부사를 지내고 청녕군(淸寧君)에 봉해졌으며, 청원부원군(淸原府院君) 응인(應寅)의 아들이다.〔進同敦、淸寧君, 淸原府院君應寅子.〕"라고 하였다. 한덕급(1577~1660)은 자가 득지(得之), 호가 월곡(月谷), 본관이 청주(淸州)이며 사계(沙溪) 김장생(金長生)의 사위이다. '성재(聖哉)'라는 자는 미상이다. 부친 한응인(韓應寅, 1554~1614)은 호가 백졸재(百拙齋), 시호가 충정(忠靖)이며 우의정을 지내고 청평군(淸平君)에 봉해졌다.

439 복리(宓履) : 1796~1843. 자는 성백(成伯), 호는 한계(寒溪)이고 한덕급의 8대손이다. 홍문관 응교를 지냈다. '宓'의 음은 《淸州韓氏大同族譜 恭安公篇》을 따랐다.

440 광회(光會) : 1715~1792. 자는 문숙(文淑), 호는 우헌(愚軒)이고 한덕급의 5대손이다. 형조 판서, 이조 판서 등을 역임하였다.

441 사득(師得) : 1689~1766. 자는 계능(季能), 호는 지촌(芝村)이며 한덕급의 4대손이다. 도승지, 한성부 판윤, 판돈녕부사 등을 역임하고 봉조하로 기로소(耆老所)에 들어갔다.

사람이다.

장문익 蔣文益 자는 명보(明輔)이고 호는 조경당(釣耕堂)이며 아산(牙山) 사람이다.

정천섭 鄭天涉

신이휘 愼爾徽

최계식 崔繼寔

이심홍 李心弘 자는 의보(毅甫)이고 호는 고촌(孤村)이며 광주(廣州) 사람이다.

성력 成櫟 자는 자구(子久)이고 호는 진부(鎭浮)이다. 벼슬은 지중추 첨정(知中樞僉正)[442]이고 창녕(昌寧) 사람이다.

맹세형 孟世衡 자는 여평(汝平)이고 호는 만은(晩隱)이며 벼슬은 부사이다.

임세장 任世章[443] 자는 여정(汝貞)이고 호는 모성당(暮醒堂)이다.

442 지중추 첨정(知中樞僉正) : 사재감 첨정(司宰監僉正)의 오류이다. 《明齋遺稿 卷35 司宰監僉正贈左承旨成公墓表》

443 임세장(任世章) : 기미본(己未本)에는 임세장이 귀은(龜隱) 임경윤(任景尹, 1602~1666)의 아들이고 장현광의 외외손(外外孫 딸의 외손)이며, 장현광을 빙계서원

정호서 丁好恕[444] 자는 사추(士推)이고 나주(羅州) 사람이다.

허찬 許瓚 자는 백옥(白玉)이고 하양(河陽) 사람이다.

하홍상 河泓尙 자는 □□이고 진양(晉陽) 사람이다.

장사진 張士珍 자는 □…□이다.

허의 許顗 자는 윤겸(潤兼)이고 첨정에 추증되었으며 김해(金海) 사람이다.

허국보 許國輔 자는 □□이고 벼슬은 동지중추부사이며 김해(金海) 사람이다.

홍방 洪雱[445] 자는 경망(景望)이고 호는 지계(芝溪)이다.

이원수 李遠樹 자는 사직(士直)이고 호는 낙파(洛坡)이며 광주(廣州) 사람이다.

이산한 李山漢 자는 진숙(鎭叔)이고 호는 진계(進溪)이며 진사이다.

(氷溪書院)에 배향할 것을 청하는 상소를 올린 일을 언급하였다. 임세장의 생년은 장현광이 별세한 1637년이다.

444 정호서(丁好恕) : 기미본에 "문과에 급제하여 동래(東萊) 부사를 지냈고 정주(定州) 목사로서 이괄(李适)의 사자를 베었다.〔文萊伯, 以定州牧斬适使.〕"라고 하였다.

445 홍방(洪雱) : 기미본에 모당(慕堂)의 아들이라 하였다. 모당은 홍이상(洪履祥, 1549~1615)으로 본관이 풍산(豐山)이며 형조 참판, 대사성 등을 역임하였다.

신기한 申起漢 자는 □□이고 문과에 급제하여 정랑을 지냈다.

정두원 鄭斗源 자는 □□이고 호는 호옹(壺翁)이다.

진대봉 晉大鳳 자는 국상(國祥)이고 호는 인와(忍窩)이며 남원(南原) 사람이다.

허상원 許尙遠

김상원 金尙瑗 자는 백옥(伯玉)이고 호는 남애(南厓)이며 수직(壽職)으로 호군이 되었다.

김종일 金宗一 자는 관지(貫之)이고 호는 노암(魯庵)이며 문과에 급제하여 교리(校理)를 지냈다.

홍이일 洪履一[446] 자는 형오(亨五)이고 남양(南陽) 사람이다.

조상우 趙相禹 자는 우경(虞卿)이고 호는 시암(時庵)이며 벼슬은 참봉이고 양주(楊州) 사람이다.

조정형 趙廷珩 자는 헌경(獻卿)이고 진사이다.

김주우 金柱宇 자는 만고(萬古)이고 호는 이면당(易眠堂)이며 문과에

446 홍이일(洪履一) : 기미본에 휴휴당(休休堂)의 6대손이라 하였다. 휴휴당은 홍응(洪應, 1428~1492)으로 자가 응지(應之)이며 좌의정을 지냈다.

급제하여 도사를 지냈다.

윤형언 尹衡彦 자는 응성(應聖)이고 호는 회원(檜園)이며 문과에 급제하여 한림원의 아장(亞長)[447]을 지냈다.

박유동 朴惟東[448] 자는 □□이고 호는 일석(一石)이며 벼슬은 참봉이고 충주(忠州) 사람이다.

이석관 李碩寬 자는 □□이고 호는 연봉(蓮峰)이며 은일(隱逸)로 집의를 지냈고 전주(全州) 사람이다.

최철 崔喆 자는 중길(重吉)이고 호는 봉전(峰前)이다.

조전 曺輤 자는 □□이고 벼슬은 참봉이다.

이시만 李時萬 자는 □□이고 벼슬은 감사이다.

김익정 金益精[449] 자는 □□이고 의성(義城) 사람이다.

정직 鄭稷 자는 □□이고 벼슬은 직장이다.

447 한림원의 아장(亞長) : 윤형언은 예문관 한림(翰林), 홍문관 교리(校理) 등을 역임하였다. 《南原尹氏判官公派譜》

448 박유동(朴惟東) : 호·벼슬·본관으로 미루어 김장생(金長生)의 문인인 박유동(1604~1688)으로 추정된다. 이 박유동의 자는 시보(時甫)이다.

449 김익정(金益精) : 기미본에 장내량(張乃亮)의 장인이고 부원군 굉(紘)의 후손이라 하였다.

정유숙 鄭惟熟 자는 □□이고 벼슬은 참봉이다.

정유도 鄭惟燾 자는 □□이고 벼슬은 참봉이다.

구치용 具致用 자는 기지(器之)이고 호는 고산(高山)이며 능성(綾城) 사람이다.

이목 李楘 자는 문백(文伯)이고 호는 송교(松郊)이다. 문과에 급제하여 이조 판서를 지냈고 시호는 충정(忠正)이다.

강학년 姜鶴年 자는 자구(子久)이고 생원이며 진주(晉州) 사람이다.

박종무 朴樅茂 자는 계진(季眞)이고 호는 삼락당(三樂堂)이며 진사이고 반남(潘南) 사람이다.

형창운 邢昌運 자는 □□이고 호는 고천(古川)이다.

이우직 李友直 자는 자익(子益)이고 호는 도와(陶窩)이며 영천(永川) 사람이다.

이우열 李友悅 자는 여익(汝益)이고 영천(永川) 사람이다.

김곤 金崑 자는 계진(季鎭)이고 호는 죽계(竹溪)이다.

유석남 柳碩男

유시직 柳時稷

이수영 李秀英

이선립 李善立

이정욱 李廷郁

김양황 金諒榥

권혁 權赫

장경백 張警百

조이함 曺以咸

이도형 李道亨

이속 李涑

이호 李皡

김확 金鑊

김초 金鍫

남창우 南昌祐

남명핵 南溟翮

남필 南佖

김추임 金秋任

김이선 金履善 진사이다.

안세경 安世慶

이탁 李琢

신진 申稹

김영탁 金英卓

장문도 張文道

구본[450]의 발문 舊本跋

이는 우리 선조이신 문강공(文康公)의 급문제자록(及門諸子錄)이다. 병진년(1916)에 진주(晉州)에서 급문록[451]을 간행할 때에 수록한 제현이 170여 분이었는데, 문견이 고루해서 널리 찾고 방문하지 못하여 기록한 바가 이처럼 소략한 것을 매번 한하였다. 정사년(1917) 봄에 내가 종택(宗宅)의 문헌이 여러 대 매몰되어 있는 것을 안타깝게 여겨서 종손인 세명(世明)으로 하여금 집에 보관한 옛 종이를 찾아오게 하니, 바로 선조의 삼년상 안의 제문이 한 꾸러미인데, 종이가 해어지고 먹이 바래서 손댈 수 없었다. 나는 말하기를

"이것은 300년의 고적(古蹟)으로 온 나라와 도(道)의 수백 제현의 실정을 기록한 글이고, 온 나라와 도의 수백 집안이 우호를 다진 자취이다. 만일 이것을 다시 옛날 보관했던 곳에 넣어서 다시 내일이 옛날이 되듯이 시간을 보낸다면 벌레와 쥐에게 점차 갉아 먹혀 끝내 아무것도 남지 않게 될 것이니, 어찌 후회하고 한하여도 미칠 수 없어서 통석(痛惜)이 깊고 절실해질 일이 아니겠는가."

라고 하였다.

이에 삼종숙 정원(珽遠)씨, 족질 지구(志求), 종손 세명과 상의하여 종이를 사서 마을의 젊은이들로 하여금 종택의 대청에서 이것을 베끼게 하였다. 제문이 두 책이 되고 제문에서 제자(諸子)의 기록을 뽑아낸 것이 한 책이 되어, 이를 오랫동안 전하고 널리 배포할 계획을 세웠다.

450 구본 : 1919년에 장기상(張基相)이 간행한 《여헌선생 급문록(旅軒先生及門錄)》(국립중앙도서관 우촌古2510-29)을 가리킨다.

451 급문록 : 《여헌선생 급문록》(국립중앙도서관 우산古2513-516)을 가리킨다.

무오년(1918) 2월 15일에 동락당(東洛堂)[452]에서 도회(道會)를 열었을 적에 네 분의 도청(都廳)을 경상 남북도에서 천거하여 뽑으니, 이는 우리 유림 가운데 지벌(地閥)과 인망이 있는 분을 취한 것이었다. 의성(義城)의 신돈식(申敦植)은 호계(虎溪 신적도(申適道))의 후손이고, 영천(永川)의 김준희(金俊熙)는 남강(南岡 김취려(金就礪))의 종손이고, 함안(咸安)의 조성희(趙性熺)는 간송(澗松 조임도(趙任道))의 종손이고, 함양(咸陽)의 노종한(盧鍾漢)은 옥계(玉溪 노진(盧禛))의 종손이니, 모두 연원이 깊은 오래된 가문으로서 선조에게 제문을 올린 집안이었다. 오래될수록 더욱 없어질까 염려해서 기한을 급하게 정해서 부지런히 일할 계획을 세웠으나, 문자(文字)의 수집은 원근의 차이가 있어 똑같이 하기 어려워서, 계획을 성취하지 못하였다.

이해 7월 15일에 또다시 동락당에서 모였으니, 재정을 마련하는데 끝내 안배하는 계획이 없으면 바로 이른바 밀가루 없이 빚는 수제비인 것이고 또 이 일은 본래 본손(本孫)과 본향(本鄕)이 독단으로 할 수 있는 것이 아니라 온 나라와 도에서 함께할 공적인 일이라고 여겼기 때문이다. 그래서 제문의 부록[453]은 본손이 부담하고, 제자록 한 책은 신돈식과 김준희가 도의 공론에 따라 분담하였다. 문자는 족조(族祖)인 회당(晦堂) 석영(錫英)[454]씨와 족질인 여원(餘園) 지구(志求)가 함께 여러 해 동안 수습한 것인데, 대동소이하므로 조금 다른 것을 뽑아 통합하여 책을 이루었다.

452 동락당(東洛堂) : 동락서원은 훼철되었던 시기에 동락서당 또는 동락당이라 하였다.

453 제문의 부록 : 장기상(張基相)은 1924년에 《여헌선생속부록(旅軒先生續附錄)》을 간행하여, 《여헌속집》에 미처 실리지 못한 제문을 실었다.

454 석영(錫英) : 1851~1926. 국채 보상, 파리 장서, 제2차 유림단 등의 독립운동에 활약하였다.

아! 이는 삼백 년 동안 겨를이 없어 하지 못한 일로 후생들이 개탄하고 답답해한 지가 오래였는데, 내가 학식이 얕고 용렬함을 헤아리지 않고 마음과 힘을 오랫동안 허비하여 이 완성된 책이 있게 되었다. 이 가운데 제현들이 모두 당시 스승을 모시는 자리에서 직접 훈도를 받아 질의하고 문답하며 요결(要訣)을 받든 것이 마치 어제의 일처럼 분명하여 사람으로 하여금 감회를 일으키게 할 만하다. 각 집안의 후손은 마땅히 선조의 덕을 추념해서 신명처럼 받들어, 영원한 후세에 우호를 다지는 자료로 삼아야 할 것이다.

기미년(1919) 5월 모일에 11대손 기상(基相)[455]은 삼가 발문을 쓰다.

455 기상(基相) : 1886~1953. 판사와 변호사를 지냈다.

龍蛇日記

校勘·標點

卷一

避亂錄

序

古今人或在平日，自有日錄，以錄其一身動靜、一家事爲與夫耳目所聞見者，志於學者，有錄其進修鍊做之節焉；業乎農者，有錄其耕耘收獲之事焉；仕宦者，錄仕宦之業；隱逸者，錄隱逸之樂；遊於山者，錄其遊；會于友者，錄其會。雖其爲跡也有貴賤隱見，其爲業也有輕重大小，其爲錄也有工拙煩簡，然莫非其所跡、所業之實也。夫其一身動靜皆義理之所形，一家事爲皆德行之所著，而凡其一見一聞之中，是非邪正之鑑、取捨輕重之權，有以決人疑、開人惑，則雖曰"一身之跡、一家之事"，而實乃天下之儀則、萬世之楷範也。有其錄者，寧非世敎之大關、斯人之至幸歟？至於人非可法之人，家非守法之家，而其動靜也，止爲一身之跡，其事爲也，止爲一家之事者，其錄之有無，何與於損益哉？然雖無損益於人，而自以一身言之，凡其可喜、可愕、可改、可勉之事，一與歲月而俱過，茫然莫之記焉，則何以考其平生之事跡、已往之得失，而有所改、有所勉哉？不特此也。凡人之情，思益切於事去之後，想益深於物過之後。如能憂樂焉錄之，吉凶焉錄之，聞焉錄之，見焉錄之，及其白首之境、無聊之日，得閱其錄而考其跡，則所曾憂樂者，所經吉凶者，昭然若昨日之所過，而舊聞之事、舊見之人，依然若今日之聽覩，其所以慰孤索之懷者，不在是耶？人之有日錄者，蓋此意也。比者國家之亂，考諸往史而罕見者，焚溺萬生於水火之中者，于今四載，則縱有孑遺之無幾，而其顚沛困頓，九死十生之苦，有能免者乎？遭亂之中，余又有甚於人者，所居之縣，爲賊鋒直路，且久爲賊窟，其禍之酷急最矣，而身在衰中，且患危病，以此而顚沛萬狀，困頓百態，加之以門喪家禍，傷心慘目不可忍者無數焉。況於東奔西竄、南流北移之際，耳或有所聞，目或有所見者，亦非一二，則寧無一錄以爲後日者，而以其顚沛困頓之日劇焉，玆不暇操管墨以收拾也。及今幸獲寓中幽閑，竊恐歲月愈久而都忘其所過者，輒追憶其萬一而錄之。

避亂錄

是亂乃島夷之亂也，夷君姓名，曰“平秀吉”。平秀吉，本夷卒也，自有才力，夙抱異志，遂能張大其勢，因簒其君源氏之位，盡滅源氏。日養兵威，鍊軍馬，治戎器，擊降諸島，盡歸其握。於是自大其才，自雄其力，敢生猾夏之謀。以我朝鮮號稱强兵，世爲中國之藩，欲先攻拔，使大明失其藩籬，因取之以爲其羽翼，然後當肆凶於上國之境者，其凶計也。

欲作釁端，而無其說，先此十餘年間，送其使臣于我國，旣請借道，且願同事。彼亦知吾朝鮮守禮義者素矣，豈誠以爲叛中國從戎賊哉。但欲試之，以開兵端，且覘虛實也。而國運不幸，朝無炳幾伐謀之賢俊，野有邦本日伐之困苦，至於虜使往來至再至三，而視之尋常，無能爲計策者，乃發通信使以報之擧。吾一國旣落於虜術之中，以助其桀驁之勢，挑其呑幷之心。

當是時也，棟宇將焚，而燕雀之樂方深；豺狼方伺，而狐兎之眠自甘。將相之所相與言者，則曰：“我國天下之强兵也，破船摧賊，有吾大中筒焉；射疏及遠，有吾强弓矢焉，列邑務高其城而已，各陣務深其池而已。大其杖，足以立軍威也；急其令，足以制士卒也。”其孰知民力已竭、人心日散，瓦解土崩之勢，已成於敵未至之前乎？此所以有當日之亂也。

亂之作，在萬曆二十年壬辰四月。余於辛卯歲十月丁母憂，十二月畢襄事，自歲後始理書冊，至四月方讀《易》。親舊有送其子弟，請問句讀者，與之同在廬中。是月十五日午後，始聞賊變。【縣中喧傳十六日釜山陷城之聲到縣，乃於十二日已陷也。縣監趙詹是日領軍發行，至暮聞東萊、梁山連陷，擧縣洶洶，號哭之聲滿於閭閻，乃赴戰者之父母妻子也。十七、十八日間，賊聲尤酷，敗聞漸迫，邑居人民，始有逃散之心。】

是時巡察使金睟廻關于列邑，令人民掘地藏其家物。金巡察乃督民築城，專務刻迫者也。一道人心如疾仇讐，以其名睟字，與讐同聲，皆曰："巡察金睟，眞寃讐也。"其疾之之甚如此，而其啓辭則曰："慶尙一道願國家付之於臣。臣當有以處之。"至是高城深池，無如何於賊鋒之長驅，而睟在巡察之任，莫爲捍禦之策，轉其築城衛國之令，變爲掘地藏貨之言。關文所之，莫不痛之。

十九日，密陽、淸道又陷聞。是時各邑傳通絶而不至，蓋自守令以下皆聞聲遁散，不暇視事故然也。但因道路人，知賊陷某城、至某地。是月邑中老弱有先竄者，廬中幼少皆辭歸。余亦以家累先送于江西飛山村。【是村，姨娣夫許應虎所居也。村居金烏山近地，而許娣之子尙遠從余學者也。欲與之同竄，故送托家累，以婢兒一童奴一帶出。】

是時太平旣久，民饒餘財，當其奔竄，或載或負。【如其世家富人之多財者，貧而老羸者，未可輸出，則掘地埋藏，以冀其保。】余則素於貧者，且在喪葬之餘，固無餘物，雖或有粥餘之糧、襲餘之衣，旣無輸持之力。身且方在衰中，自分死滅，其敢有意於生全乎？玆用脫身而出。【只持糧粒四斗也。】

但不可不奉而行者，先世木主，而余以宗孫，且多旁親，主數幷十有餘位。其於顚沛蒼遑之際，難望其必保，而顧余不肖無狀，誠淺智薄，又不曾經變，無所驗證，遂掘堂側，幷祭器而櫃藏焉。豈料兵火之酷，閭閻並爲灰燼，地下之藏，亦不見其全保也。痛哭而已，尙忍言哉!【是日姊[1]夫星州 呂兄走奴飛簡，亦言賊勢已急，取其長子誾生歸焉。二十日，又取其次子挺生歸焉。】

是時變生旣累日矣，人日望巡邊防禦當領大軍必來。吾縣爲直路，日備供具以待，而擧縣男女老少晝夜恒立於縣舍，猶不苦之者，猶有庶幾於却賊之望，惟大軍之一下耳。然而卒不至也。

國家施澤於民二百年矣，鍊兵籍卒似無遺策矣，而賊至之日，路無所礙，今日陷一城，明日陷一城，分三道而來者，無處不然。而沿海諸鎭、一路各邑莫不棄城先遁，望風自潰，未聞有一將對敵設陣，一卒向城鳴弦，則忠君死長之風掃地盡矣，而其所以使之然者，何哉?

烽燧之設，誠報變之捷徑，而是時或有前烽未擧而後烽累擧者，或有前烽累擧而後烽不擧者。此其太平已久，無臨事之警者耶? 軍令乃弛，致顚倒之失者耶? 在縣之烽如是，一路之烽可知；擧烽之失如是，他律之失可知矣。

二十日，余聞賊烽已迫本縣，撤亡妣几筵，躬負木主，乘昏渡江以向飛山。【與張乃範·乃度、李埤偕之江頭。夜有軍卒散亡者低聲潛行，群至于渡口。問之，乃尙州軍人也。自云:“以州牧領行之卒，行至大丘，遇賊敗散。賊之前鋒已迫吾後矣。”雖料其妄傳，亦不敢自緩，促諸人急渡。】

夜深抵飛山，與姨娣一家及吾數家家屬，冒夜旋發，共向

1 姊 : 원문에는 娣로 되어있으나 장현광에게 5명의 손윗누이가 있었던 사실에 근거하여 姊로 바로잡음. 아래도 같음.

金烏山。山側有村曰荊谷。至谷夜已晨矣。暫憇村家，又上于山。【村人有云："村上之山，雖不甚深崖，壑稍僻，林木亦密。茲焉伏藏，亦足避亂，何必大山?"遂至其處，▨▨以待變。此二十一日朝也。凡吾家屬，吾夫婦及女兒，而妻娣之子趙童辰男，曾在余廬，亂未及還，故亦從焉。僕男女皆童而各一也。】卽於所住之崖，伐叢爲巢，以庇夜露，巢傍開石以安妣主，朝夕隨吾所餉而奠之。

二十二日，賊入仁同，【山卽善山地，而距仁同纔二十餘里，中隔大江。】自山嶺可遙見其群馳攔突之狀矣。余仁同人，且後生也，固不識他地事實，又不知前故舊事，只以吾鄉言之。【縣後之山乃天生城也。因巖作城，目其險而名之曰天生，此赫居代之所稱也。其時亦有變亂，據其城以避之，故迄今有是跡矣。自是以來幾閱治亂之世，而有是山河哉？山河無言，不敢問也。】

惟我朝二百年來，先王樂利之澤，廣矣深矣，邑無遺墟，野無荒田，屋以蓋茅爲羞，馬以乘牝爲恥，賤女下妾錦其衣裳，胥徒里夫食必列饌，堂不重茵，不敢請賓；宴不屠牛，不以爲盛。公館飛空，照耀湖山，村舍連楹，櫛比鱗交，轎不戴屋，婦不欲乘；勒不粧金，男不欲騎。麥秀西郊，十里烟浪；木花南阡，鋪地白雪。牛馬蔽野，鷄犬連聲。路因揮汗而成雨，人因連袂而成帷。街馳錦繡之俊彩，館接牙纛之貴客。

至於閣連烏嶽之橫雲，軒臨洛淵之游魚者，書院也，而絃誦不絶於四時。對鳳巖可以瞻仰乎尼丘，望洛波可以遡廻乎洙泗者，鄉校也，而冠裳進退於黌庭。雖曰偏邑，何其盛哉！那知文物之場，直見犬豕之奔衝；禮樂之鄉，乃作腥膻之窟穴?【一眼白之中，既見全盛之日月，復覩飜覆之天地，到此心情當何如也?況余籍貫是鄉，世居此土，祖先于此，子孫于此，墳墓于此，祠廟于此，族親于此，故舊于此，生于此，長于此，老于此，遊樂于此者也。今日慘痛，豈是凡人之憤慨也哉? 其翌日望之, 則烟焰衝天, 官舍、閭閻、山川、街谷渾莫之辨也。自是仁同已爲賊路, 往者過, 來者繼, 無日不火。此山可望不獨仁同也, 星州、大丘、義興、軍威、比安、善山等地皆可指點。】

賊由三路, 大丘、仁同、善山爲中路, 玄風、星州爲右路, 義興、軍威爲左路。烟焰無日不起, 無處不作, 遠近漫延, 渾爲一烟, 山川失形, 日月薄色, 呼天叫地, 此何等運數而滿目皆慘惔也? 自山去江纔十里許, 江有瀨最淺。我國人投賊降附者, 指引是路, 故賊自仁同向善山者, 必渡是瀨, 由山下路而往焉。

聞其賊將, 則平行長、平義智、玄蘇、清[2]正等十二人爲大將,【其餘諸將亦數百云。 平義智、玄蘇乃曩時爲使臣來往我國者也。我國軍兵虛實、山川險夷、將相有無皆其所嘗備悉, 故今日提兵入境如入無人之地。】軍號自謂百萬, 而其實十萬云。命將分部, 各領列邑, 又列陣各路留據要害者, 自釜山達平壤矣。【三路路傍避匿人, 言賊因各路上來者, 疊肩連劍, 重行累隊, 自朝至暮, 無日不然, 自四月至六月而不掇云。】

上下往來之賊及各陣留據之賊, 四出焚掠, 日以爲事, 故去賊陣一二日程者, 村無餘屋, 牛馬財物盡被搜掠, 男女虜戮沒盡閭閻矣。【荊谷之山旣近賊路, 且與仁同相接, 日來搜掠者, 馳逐谷中, 或搜覓林壑, 或追奔田野, 或牽牛馬者, 或擔貨物者, 或登山耀劍者, 或高聲相應者, 皆可見。】

竄伏之人皆夜炊而食, 未明而伏, 日入賊反, 然後始出林莽也。搜山之賊, 或因牛馬, 或因犬吠, 或因兒聲。故避匿者必捐牛馬鷄犬, 至棄稚兒。然深險茂密, 賊亦畏有弓矢, 不敢

2 清 : 원문에는 靑으로 되어있으나 清으로 바로잡음.

窮探，故多免焉。賊見持兵器者必殺，見衣冠者必殺云。故莫不捐弓矢刀劍，棄黑笠網巾，一時上下皆着平涼子。男而壯，女而色者，必虜之，不從則殺之。今日某妻某女爲所虜，某男某子爲所殺。其父母妻子雖欲號哭，不敢發聲。

國民無賴者，亦多假着倭服，成群横行，摽掠村閭，莫之禁也。【賊至閭里及山野，或遇婦女，則恣其淫穢，不避白晝。至於書院、鄕校及村家祠廟，若見位板與木主，則或火爇、或刀斫、或投之泥壤；見書冊，則毁裂汚褻，亦無不至。搜人貨物，則取其美好者，餘悉斫裂，或布地而履藉其馬。若米穀，則人馬俱飽，餘皆焚之，或散其糞壤。凡有酒醬、鹽醢，必撞碎其器，或糞溺其上。見鷄犬羔羊，則群馳衆逐，或射或伐。及其閭落俱焚，家畜皆散，群犬奔聚於山野，如野獸云。犬是戀主之物，失主無依，遑遑悲號於山野間者，雖無言語⊠，非心性之不自忍者哉。彼食君食、衣君衣者，其於此日能不愧於犬馬者，其有幾也。】

亂起之初，民心乖戾，不念國家，雖憂其敗産，憫其赴戰，然乃以賊來爲幸，不以國敗爲傷。【不但無死國之心，皆有樂敗之意，故城無死守之將，陣無戰死之卒。賊所以長驅者，以此也。】及其屠殺人民，焚燒閭閻，辱人妻妾，貪人貨財，然後人皆共憤焉。是時諸邑守令各携妻子，雜於齊民，同竄山谷。【劇賊踰嶺，進擣京師，國家敗亡，當在朝夕，而曾無一人慷慨垂淚，打掌奮起，惟以偸生爲幸，苟活爲心。況可望其死守城邑，躬犯矢石耶?】

當初聞變，以國家軍律不敢坐違，雖各領軍若將赴戰，或涕泣不能離衙，或中路逗留不進，或因夜警而潰散，或遇國兵而疑退。【尙牧金⊠發本州數日，始過仁同，至星州地八莒村前，將恐將⊠，欲進畏賊，欲退無辭。忽有村人靑其服者在路傍，以爲賊倭候軍，遂令斬之，卽回馬走還。一軍皆潰，顚倒馳奔，渡月塢津，軍糧、軍器亂棄路傍，路傍人有收取積置者云。向我初出渡江時，夜遇於江頭者，乃其餘卒也。其軍旣散，以數騎投餉于岐山村，村乃縣地也。村人見其入餉時，以頭一級置于座側。問之，則曰："倭頭。"其實乃八莒所斬靑服者之頭，而必持之者，欲以證其退軍之非妄，且徼一斬之功也。余在是山，已過一旬，其時風雨連日，許尙遠以雨傘庇余，傘不足掩臥，遂坐而終夜。同竄中持衣服什物者，雨不能藏，皆致濡濕腐傷，且艱輸持，或羡余無所持也。】

余以是山旣近賊陣，且近賊路，有移避之計。聞崇山村在金烏山足，谷深賊不易入。【上有大山，賊至可藏，且縣地也，當便於寓住。故令張乃範、李埤先率其家屬以往焉。後數日李埤來言："崇山可竄，果如所聞。"因請余移寓。余又請許娣同之。許娣及尙遠欲從，而其家奴僕以遠輸糧物爲可憚，爭言不可，故止之。余因辭別許娣，只携吾眷。】卽投崇山。【雖與本縣諸族相聚爲可慰，乃與許娣一家初同而後異，此爲缺然也。】

余至崇山村，乃五月初旬間也。【門族皆寓此村，兩縣官卒、村氓亦多聚矣。時縣監亦携衙眷，來竄于烏山 僧庵村，與左右賊路稍隔。門族鄕友日從相話，頗忘竄伏之苦。但賊雖不至，人懷恐怯，或有錯傳，或有虛驚，累致顚倒。故晝必登山，夜宿于村，又置望軍以候賊至也。時有牛馬者，知不可保，殺牛如伐鷄犬，雖非己牛，或有劫驅里牛而屠食者，人各手屠，不借屠手，故腥臭滿谷。余則憂人苦不能堪忍也。余四斗之糧旣盡，在荊谷資食於許娣。至崇山，聞縣倉有餘穀，求受爲糧，又慮口多而易乏，遂令節其朝夕，一口不過數合，兒輩苦之。是時賊踰鳥嶺幾逾月矣。】

上道消息一切無聞，其後旣久而聞，則已於四月二十八日，大軍見敗於忠州，二十九日，大駕西幸，五月初二日，賊入京師，旣入京師，旋陷松京，又未月而遂陷平壤云。【自釜山至平壤，城幾過也？嶺幾踰也？河幾渡也？城必開門而待，嶺必撤伏而待，水必具船而待者，何也？然則賊將非能用兵，我國無人故也。】竄崇村二十餘日，【賊入若木▨▨之後數日。】賊至是谷。【自是連日來掠，又將搜山。】

金烏雖峻險，崖谷不深，林莽不密。賊且以爲奇貨所萃之地，有必搜之勢。故余欲移竄，而又聞一二門族有避藏於本縣南村，山頗茂深，亦宜竄伏。【欲渡江以⊠，而漆津藏船以防賊渡，慮其難渡，姑留數日。】然余以殘山薄林，可以姑避。其日不登烏山，就谷東殘山匿焉。賊至，果以山殘林薄，無意搜索。【但有追⊠者，一賊適至山下而從。余同竄者有啼兒，便被搜出，猶皆免死。余一家以匿在他麓，故免焉。】

其翌日余又獨伏殘山，餘人皆入大山。賊果悉衆，來搜大山。山中竄者多死，婦人亦有被虜者也。是夜余挈家屬，出自崇山，尋向漆津。其來當過大路，若不乘夜，勢必遇賊，故驅逐婦童，竭力以行。時適大雨之後，匍匐顚沛，跋涉丘壑，衝泥陷坑，或至沒脛。思其困迫，今尙寒心。行至津上小山，日已曉矣。津邊有村曰吳泰村。人竄伏者，亦在其山。問船所在，則船在越濱云。津旣莫渡，日又將出，而江中賊船旣中流而泊。又若木之賊日至其村，勢實進退維谷，遂就其稍茂處伏焉。是朝在船之賊，下船入山下村掠去。朝後若木賊又果焚蕩吳泰。今日之免，亦甚幸也。

是日暮，門族諸人及本縣奔避者，皆去烏山，俱集津頭，而船旣不在，人分必死。余度不得渡，携家累，又藏於津上小麓。【卽刻忽有倭聲急叫山頂。津邊之人驚亂，莫之所措。已而聲止，人始定。蓋土賊假倭聲以驚人，仍欲乘散掠取者也。翌日賊又至村，取貨牽牛，往來麓下，而幸不搜林，故又免焉。】是夕諸人集板結桴，往取越濱所藏津船，分二運渡之。【余得先渡。】

余自崇山抵津之曉，遇二人於津上山腰，乃村老也。余於竄出之初，旣不可以喪服行，又嫌其不別於平人，乃着農笠以掩天日。【奔竄之後，常戴此笠。】二人者遇余，疑其爲賊，遂跪膝合掌，哀乞求生。【余雖曰：“余非賊也，乃縣居兩班也。”二人惑且甚矣，猶不敢信，累辨然後始解其惑。】蓋倭人所着，或似僧笠。以余着農笠而似之，故致其疑也。

津邊留伏之日，有一縣奴哀余飢，以漬米遺之，又有縣婢數人見余泣下，且持水飯請食。余以此獲療飢渴。津上有書院曰“吳山”，爲高麗忠臣吉注書立廟，又立碑於院傍峯頭。【刻砥柱中流四大字於其陽，刻記文數百語於其陰。大字乃首陽山下夷齊廟[3]前所刻立之本，而楊晴川筆畫也。陰記乃今首相柳成龍所撰也。院與碑乃柳相之兄雲龍宰縣時所建也。】是日院宇旣焚於賊手，殘瓦餘燼浪藉而已，惟有石碑屹然獨立，不爲賊害，使目之者不能無感慨也。豈不以忠義一脈，人必有傳東方文敎，當見再興，故造物者扶持之，而碑得存者耶?【院有供饋醬瓮埋在廚墟，渡口之人爭取之。】

余旣渡，夜將曉，又恐遇賊，急促家屬，且顚且仆，艱步登山，至竹坊寺而日出矣。【寺在山腰，本縣之賊日來侵掠云。不敢少憩，遂至山上。人就岑蔚而伏焉。】竹坊寺[4]有隣奴來竄者，亦見余下淚。余亦不得不爲之動心。以余背負神主，手足胼胝，困迫之狀滿於形貌，故見者哀之也。【是日午，賊果來掠於山下之村，可俯見也。暮抵墨坊寺，寺乃門族諸人所寓也。寓中上下諸人見余，皆賀免死，又慰跋涉。】此六月四日也。余留寓是寺。【張乃綱·乃範·乃維、李垾皆携其家眷，又共寓焉。】余自崇山來時，雖有餘粮，不能輸致，旣至是寺，無以資留。寺有一僧，【其名能印。】與余生同甲寅，自前致情者也。聞其有儲粟，余請資活，僧無難色，余遂托焉。留寺四五日，余病作。蓋以遭喪之冬，寢處濕突，病根

3 夷齊廟：원문에는 '夷齊墓'로 되었으나 '夷齊廟'로 바로잡음.

4 竹坊寺：원문에는 간주 원문 말미에 있었으나, 뒤의 본문에 연결하여 번역하였음.

已深，而奔竄之後，晝夜恒處者，皆林莽中冷濕地也。【雖甚風雨，不獲蔽避。崇山時，雖寓村家，家適卑濕，時且雨水，積濕凝冷。且於竄伏崖壑，薰蒸熱渴，飮不擇水，脾胃亦敗。】

自到寺之後，兩脚肌膚，片片青黑，廣如手掌，膝上膝下皆然。又其中節縮屈莫伸，旣不能起立，寧得運步？少有移動，匍匐如小兒狀，行厠必待人負，食飮漸廢，元氣澌敗。據縣之賊，雖日至其山，余不得竄藏，【委身恒臥。】只令家屬隨諸族往匿。賊至則甲僧每負余，藏寺傍林壑中。然寺近林淺，【賊若至寺，勢必遇賊。】人皆危我，我亦自危，而賊再至其寺，僥倖獲免。

余病日深，【足不得出門，食不得入口。】氣力澌困，喘息急促，若不可以支。吾欲資滋味以補脾胃，遂取菜物以助食味，又欲用魚肉以全軀命，而奔竄之中，無由求得。至是月二十二日，門丈手持小鮮，來勸余。余遂涕出而呑之。【然胃敗已極，不可以補，口雖已腥，無緣繼其味也。】張乃範覓鷄兒遺之，煮食一翼，終日滯苦。【蓋胃弱不能勝也。】

余思餠，甲僧爲具之；又思酒，又釀之；又思水菜，又採而進之。隨思輒具，非誠心而能然乎？病中聞許尙遠死於搜山之賊。尙遠自其稚時從余學字，稟性溫雅，開明持身，端詳恭謹，且有學問之才。余甚愛之。況於其家爲獨子，而其家君亂前往京，未還亂出，父子分竄於千里之外，死生不相聞。而今死於賊刃之下，痛慘不忍言也。

是時聞國兵攻賊大敗，賊在上道者，皆已敗散。自江原、忠淸兩道傳通繼至。竄伏之人，莫不喜賀。【以爲大兵當下，列陣之賊，其亦將不日而卷盡矣。】其後聞之，皆非實傳。則蓋此時人民方煎汨於水火之中，欲假爲快說，以致一時之慰悅者也。

【然終然無實，徒增萬姓之怨怒。且使賊徒聞之，其不益輕之耶?】

是月晦間，趙璧聞余在是寺，【其子辰男從余於此，故送奴來。尋家婢在八莒者，亦來。余令家屬偕辰男送于趙家，以余亦欲就其家而調病也。】後數日【趙璧共宋後慶。】來寺見余。【請余俱往。扶余登馬，行未下山，余病甚氣急，不能支堪於馬上。還扶下馬，臥置路傍。】歸備舁[5]具，【是夕送壯丁七八人。】遂舁其家。其家在八莒 大谷村。

自是趙公溫突以安之，布衣以涼之，日具可口之味以勸之。居未旬，乍覺有蘇氣，然病入骨髓，尙無望於差歇。且自崇山時有濕痢，【在墨坊痢益重。】 及至趙家愈甚。【趙公以生蜜能療痢，爲求而用之，亦不效。】一日余口渴思嚼西果，適有人遺西果於趙者，趙公卽賜余食之。【久病沈熱之中，新逢爽口之物，乘快多食，不計己病之利害。】旣而所患之痢轉作水痢，一晝夜間至數十餘注，自注後脚部似輕，神氣稍醒，蓋注盡積滯之濕毒也。【食漸知味，脚漸屈伸，靑黑肌膚漸還常色。】留調半月餘日，而便能自動，賊來，可乘牛馬以避之也。【此村在五六月間無賊患。以陣仁同者，焚蕩止其境內，未及他境。陣星州及若木者，以隔江不至。陣大丘者，地遠不至。】

余到之後，七月望前無奔避之患，【得安於調病者，以此也。】自七月望後賊始有患。【初遠漸近，初疏漸數，仁同之賊爲甚也。】余遂移抵道村，村乃妻家也。是時聞本道右道先唱討賊之義，陜川 鄭仁弘、高靈 金沔爲大將，近邑士類相聚贊成，募得武士，又定各邑召募官，令召集各邑之兵。【八莒則進士李守謙爲面有司，而趙璧、宋後昌皆里有司也。】

5 舁 : 원문에는 㚔로 되어있으나 舁로 바로잡음.

士人郭再祐亦首義之人也。當此時也，賊勢方張，擧國大小人民皆自竄伏之不暇。雖武夫勇士，不敢有彎弓杖劍之意，父母兄弟、親戚僚友之相愛者，鄕黨州閭之畏怯賊威者，莫不相戒以勿犯賊徒反受怒鋒。故雖兼人之勇、百夫之特者[6]亦皆遇賊自屈，束手受刃。【賊徒老弱一二人發劍而至，國中武勇數百人，莫不棄弓投戟，瓦解顚倒，被芟刈如草菅，而莫之抗焉。】再祐於是獨先奮起，招集射手，【見賊不怯，以少敵多，射斬無數。】所擊必勝，【人稱郭將軍。】自此一道之人，始知賊可討、義可從。武夫還集其弓，勇士復杖其劍者，皆其唱也。金、鄭二將據右道之上，以禦上道之賊；郭公居右道之下，以禦下道之賊。【時上道之賊不得入居昌、陜川以西諸邑，下道之賊不得入宜寧、草溪以西諸邑。】此時慶尙一道旣爲賊窟賊路，而右道之邑過半獲全，全羅一道之得完，亦莫非其力也。

列邑守令，賊至之初，皆脫身遁竄，惟恐形跡之少露。至是唱義之人，旣作聲勢，【皆知退伏之不安，又念前罪之或贖。】各還邑境，始爲聚兵之跡，而各邑之兵，皆已入於義兵，各陣且以各邑守令爲罪人，不肯就其招集。

於是諸邑守令皆有猜忌義兵之心，至或造言詛毁疾之如仇讐也。唯晉州判官金時敏，自變生之初，獨能整軍拒賊，不但使不得犯其境，亦能攻討傍邑之賊，多有功焉。【賊搜國貨民財，船載以運，故往來賊船，常蔽洛江。各陣義兵要於江邊，橫截攻取，郭公所獲尤多焉，至於先王文籍、宗廟器用，亦在攻獲之中云。】

是時大駕駐平安道，已發使告急于天朝。皇帝命將將兵

6 不敢有彎弓杖劍之意……百夫之特者 : 원문에는 간주원문으로 되어있으나, 앞뒤 내용에 의거하여 본문으로 보고 번역하였음.

救之。【唐兵先聲已播遠近。】擧國之人，日望其至焉。時金誠一以招諭使在右道，忠義激發，鼓動人心，奬勸義兵，使之振奮者，多其力焉。遂於各邑擇士人有名者，帖定義兵大將及召募官，故人爭奮義，各思效功也。金誠一，本我朝名臣也。前以通信副使入日本，一行諸官一聽倭人之指揮，莫敢抗義。獨此人能持風裁，得免大失體貌。【倭人亦頗加敬云。】

巡察使金睟仍在本道，而【自前大失一道人心，賊來之日，以一道之主先自逃遁，旣爲罪魁。】尙帶巡察之名，人皆痛之，又甚鄙之，雖有號令，莫不彼哉之也。旣爲公論所非，不可附於唱義之人，則自其所募之軍，曰:“官軍”，遂與竄伏守令相爲酬應。然守令等亦皆公義之所棄者也，安能濟其事乎？以此之故，睟排義兵如疾私仇。而郭再祐又作檄文，數其罪惡，示以當斬之義，則【益排義兵甚力，遣其軍官，欲斬郭再祐，而未能也。】又誣啓以郭再祐爲有不順之心。若非金招諭開諭鎭壓之力，則義兵之成，亦不可必矣。不久遞睟巡察，而金招諭代之也。

密陽府使朴晉，賊初長驅之日，【在密陽。】獨【以拒守爲心。】忘死赴賊，雖衆寡不敵，不能效功，【其視望賊深竄，爲齊民先者，亦遠矣。】朝廷賢之，遂爲左道兵使。【其爲兵使，雖無大功，性本慈詳，愛護士卒，奬勸武[7]勇，人頗屬心焉。】新寧人權應銖，爲列邑大將，率所部之兵，與永川義兵合勢，擊永川據城賊，大克之。【斬首幾七八百云。】

是時賊陣彌滿列邑。【列邑之賊，或稱牧使，或稱郡守，有官穀，則分給邑民，民多就受者。且其歸服，必給木牌，各令佩之。帶牌者，賊遇不殺，故無知民庶多就受牌，而皆云仁同人降賊尤甚。余乃縣人，殊可愧

7 武 : 원문에는 式으로 되어있으나, 武로 보고 번역하였음.

焉。】至是各稱義兵，隨處皆起，所在討擊，故深邑孤陣之賊，皆合於路傍大陣。【秋初聞江原一道賊亦彌滿， 時鄭寒岡爲通川郡守。人皆以爲寒岡於此時既居全城之任，臨賊處置，必有非凡人所及者矣。余亦罔所聞知，日俟其聲至。八月間，始聞其避免。蓋賊劇城殘，無可以着手者也。】

余在道村，病雖向瘳，猶不能步，【賊來連日，末由奔避。】幸賴妻兄宋後昌爲買馬以騎之，故余得免焉。【道村亦八莒地也，距仁同五十里，距大丘亦五十里，東有縣路上下之賊，西有船載往來之賊也。】峯峯面面皆置望軍，賊來自東則西避，自西則東避。【且或夜來圍之，未及避出，故宿于山野者，多其夜焉。】

一日余從山路馳避，後人云："賊來已迫。"余遂棄馬，就路傍松茂處投伏，與家屬暫隔。既而賊至，【林外亂突橫搜小頃。】乍聞有履葉聲，初疑賊蹤，屏息潛聽，聲漸在近，却疑聲從家屬處來，以爲女兒動木爲聲。余叩舌戒之，賊忽應吾舌聲，急叫走出。然後知賊本搜林，其入漸深，故其聲初遠終近。而余錯發舌聲，賊亦疑設機藏兵之地，故怯叫急退者。【余以告人，人皆幸吾之免也。】

奔竄之後，己身雖經疊險，尙獲生保，而絶不聞諸姊家消息，死病之中，憂念恒在於此矣。七月，始聞呂姊家避入深處，能措農事，次聞任姊家亦能善保。八月，又聞蔡姊家好全於公山。惟善山、海平兩家亦聞其全保，而猶不的其所在。然皆知其得免甚患，私心慰幸則極矣。【三姊所寓皆隔於賊陣，不敢計其往從。而惟公山與八莒不遠，故初意往投，又聞秋暮山寒，病人難堪故止焉。】

余自八月望後，自能步行，脾胃似實，病向全安，濱死而生，豈非祖先陰佑之力也？【余則爲不孝子孫，禍延先世，神靈失依，亡妣三年簞粥不繼，報恩贖罪，百思無路，可慟也哉!】是時從弟顯道來自巖村見余，自言其能保，而乃傳孼叔之死於賊刃。痛慘何言!【是日還。】余自九月初九日，食停滋味。是月初呂兄聞余在八莒，遣人存問，其旬又遣人送簡，招與同寓。卽日余率來人，乘昏發行，夜投上枝村。【村乃仁同地，而必由是村當赴呂兄寓地，故先至是村。村有一私奴，乃余戚屬也。尋投其幕，頗有迎待之色，因留寓焉。先送姊家奴，請復送馬於半途，以婦人女兒足繭不能行故也。是村頗深邃，距賊陣不邇[8]，居人能以隙日得治農事，秋稍有收。同縣之人，多竄於此也。】村上有寺，曰"大谷"。余於甲戌年間讀書于其寺，追憶其同棲之友、遊樂之跡、逍遙之地、幽寂之興，眞太平時事也。今見寺已焚蕩，只有丘墟，【余亦奔竄遑遑，古跡難尋。】亦一感歎者也。【是時與顯道寄處不遠，顯道來同數日于此也。留寓一旬，本縣之賊再至，外村殺掠甚多。】

是時兩縣留居之民，圖其姑息之便，服行賊令，收納貢米，則賊不焚蕩其里。故各里皆定倭勸農數人，日至賊陣，聽其教令。【賊亦自置色掌，分送各里，督其貢役。里民迎接，必具酒肉。惟此內外二村以其最遠，故前未從也。至是焚掠外村，聲言擊其不服之罪也。村人始皆畏怯，亦定倭勸農，收米貢賦，就聽賊令。然徵斂無數，秋獲已盡，少或違令，旋卽焚蕩。村民已知其不可支也。】

此乃村氓無識，但取姑息。而國兵各陣，又以其叛國服賊繼遣精兵，斬殺交通，則各陣精兵及非精兵而假稱者，利其奪貨，橫殺無忌。【縣民之盡，其以此也。】或於其間阿附賊陣，甘其賞貨，國兵動靜、諸陣虛實，俱通于賊，使賊先機預備，無隙可乘，而致令我軍每見奔潰，損威取辱者，皆此類也。又其

8 邇 : 원문에는 爾로 되어있으나 邇로 바로잡음.

甚者，作倭先鋒，指引要路，無深不探，無遠不掠，殺辱我民，有甚於賊者。【雖百誅，無以當其罪也。】

自亂初死節之婦，猶或有聞，而死義之臣，鮮有其人，由此而見性靜者能守其貞，性動者多移其志也。【是時賊竄諸邑，秋又無獲，孑遺無賴，飢寒已迫，皆歸賊陣，仰其衣食，斯民之窮極矣。余留此一旬，奔伏者三日，草宿者二夜。一日晨起，忽見奔避者急過。問之，曰："賊已迫矣"。余亦顚倒携家屬，奔入東麓，見山上有赤身露首者十許人急走，誤認爲倭，遂棄馬捐僕，提婦兒，走投深壑。移時乃出，則前見之人，非賊也，乃避賊者也。又一日奔至星州境。星人見吾農笠，皆訝其似於倭着，或有嗔罵者。余嫌此笠累惑人瞻，遂求平涼子。主人爲貿遺之，卽棄前笠。】

是月二十日，呂兄又送奴來迎，卽於是夕發於上枝，冒夜而行，【或騎或步，且跋且涉。】至虎坪，夜已曉矣。【呂甥間生牽二牛，先一日來。待旣炊，令間生引行，行過立巖。巖在伽川上流，谷深境幽，川晴石潔，乃一川名地，而巖可數丈者，直立溪上故名焉。州人李承搆亭巖側，坐其亭，便對玆巖之屹立也。平時余一遊賞而過矣。卽日思之，往跡依然，而亭則已焚，惟見溪石之舊色也。亭非賊焚，土[9]人恐因亭媒賊，焚之也。】

日暮抵甑山，有一草屋在山阪，乃姊家寓所也。拜姊相哭，拜兄又哭，哭止相以全活爲慰。【此二十一日也。】自此食焉同席，寢焉同房，日開阻鬱之懷也。甑山，在伽倻山北十餘里許，乃州之西面極深村也。距州二息，而山深路狹，傍多阻阨，州擄之賊未嘗一至是村也。山深土厚，所産甚豐，竄寓之人，拾取橡實，多者二十餘石。【小不下八九石。又多名菜，特肥而

9 土 : 원문에는 上으로 되어있으나 문맥에 따라 土로 바로잡음.

味，比之他山之産，則倍焉。姊寓橡實，亦可十餘石。】是兄性又周密勤實，雖在奔竄，頗治山田，豆粟木麥等穀各有所收，可以過冬。推其餘力，亦足資活弟眷，故招余同寓也。自是朝夕朔望不輟亡妣之祭，是兄恩義無以報也。

山葡萄、五味子皆在路傍，手自摘之，嚼以玩之，便覺深山之味。徜徉山畔，坐臥巖角，亦成幽閑之趣也，【谷有小麓，麓畔有廣石。秋暮葉老，山回地靜，石在其間，坐臥皆穩。余日至其石，以終日焉。】誠今日之桃源也。【有時山雪紛飄，滿衣掩石，而益覺淸閑，可忘飢渴也。余到此五六日，盧甥景倫以其府義兵事稟命于巡相，路過于此。意外相見，如見久死之人，因備悉其一家之全，益可慰也。留一日而別歸。余自亂離之後，在荊谷、在崇山、在墨坊、在八莒、在上枝，未嘗一日無戒心，夜必鷄鳴而起，促炊輕服，坐待望軍之報，報以無賊，然後小安。然不奔伏者，又幾日乎？及至此地，寢必達夜，坐必終日，或忘盜賊之有無，則始知深竄之得計，恨余不早來也。】

以余先妣小祥在其十月，是兄爲具祭需，且措練布。初余喪服奔竄時，必自負持，當在墨坊，病不自持，置之寓寺。【賊來開見，散布於地，猶不毁裂。】在大谷，又置于寓舍。【賊又開見，裂取燕尾，幷其外裍以歸焉。豈不由孤哀之身，心絶悲哀，事廢奠薦，旣自虧缺子職，故天非神怒，縱暴賊以示戒也？】至是祥日，易之以練，賴是兄盡心措辦，備需如平時，行事如古儀。【呂儆夫婦具酒爲來致奠。儆乃呂兄之弟，其婦吾姨娣之女也。】奔竄之中，得此靜地，得此盛需，得與是姊同聲而哭，同爵而獻，私心之幸不可量也。

余自亂後，【旣不暇於奔竄，又久抱劇病，無意讀書。】目不見字，手不把卷者，六朔矣。至是過祥之後，身旣無事，寓且幽寂，始有讀書之意。而以亂前始讀《周易》，故竄時【取輕。】只携《易》大文三卷出矣，【幸不墜失，尙在皮袋。】始取而讀之，乃十月望時也。寓居之傍過一壑，有山畔向陽處。【余偶坐其處，坐而安之。】乃與甥輩除治其地，又以節寒地冷，恐不堪處，集石作突，以煖其坐，構木編茅，以庇其上，纔可以獨坐對卷也。【是時人皆奔竄流離，行丐周乞，雖嘗⊠學之人，孰能暇於携卷看書者乎？余則衣能蔽膚，食不失時，足不出寓，心不他用，方且從容於黄卷之中，於是益覺呂兄之賜大也。每以過分謝于呂兄，呂兄亦喜余旣免於賊患，又免於死病，能有餘生，能看舊書爲可幸，而且不揣余不才無狀，若將有俟於他日事業也。是兄有三男：間生其長也，曾從余學，至是以餘力讀韓文，性行溫順，學問有才；挺生其次也，性雖癡鈍，可免輕薄，亦持《大學》請學；三曰英生，方在稚弱，而姿容秀拔，性度醇明，甚可愛也，常在余在。】

是時義兵將鄭仁弘除假牧于星州。朝廷以賊路阻塞，政不易通，凡郡邑除授，令各道巡察隨闕擇除，故鄭牧之除金巡察爲之也。星之前牧乃李德悅也，癖於土木，虐於賦役。【星民疲散，實由其手。至於賊聲方迫，匠役猶督，土民疾怨，亂後未已，故至是以鄭易之。鄭又素有仁聲，州民以爲得生道矣。】前判官，武人而高姓者也，貪婪無忌，【未有倫比，賂事權門，巧求名譽。】刻民膏血，利殫毫釐。一州四境之民，悉棄家室土田，各移隣近傍邑。設雖無是賊亂，若使前牧、前判留任一二歲，州境亦將荒廢矣。

余在八莒時，有一人以賊亂之苦，慰一老氓。氓曰："賊亂之苦，苦則苦矣。然自賊亂以來，吾門之前不見有荷網橐者，此吾所甚安也。"所謂荷網橐者，以前判時【徵斂之路千岐萬徑，弊政之出千門萬戶，或慢令而致期，或疊役而驟督，或一人而十罰，或一罰而十徵，名色多端，號令莫的，罰紙罰席，罰布罰鷄，凡魚肉、器皿、雜用、什物皆出罰。故旣徵而又徵，徵無虛日，旣督而又督，督不絶人，前罰纔酬，後罰繼責，牧牌纔答，判令又急，賣田而田盡，傾産而産窮，至不得支勝，流散逃移，然後止焉耳。】其徵斂之使，必荷網橐，故目之曰:“荷綱槖者”，而以不見爲大幸，玆非疾苦之言乎?【焚蕩屠掠，孰苦於賊亂? 而星州之氓以徵斂爲尤苦，則州政之虐，蓋有甚於暴賊者矣。民困至此，則有今日之亂，豈其怪哉? 人謂“高判當亂初赴防時，涕泣不能去。李牧甚鄙之，竟以失期當斬，亡命而逃”云。不知是否也。】

甑山去知禮縣不遠。知禮初有賊陣，九月間義兵擊破之。金山之賊，亦知勢薄，乃合於開寧賊。州據之賊，恃城自固。金、鄭二將亦曾聚兵來討賊。遂請兵于開寧，合勢出突，我兵皆潰，死者亦多矣。是時金將領上道兵陣于知禮，鄭將領下道兵陣于伽倻山下。【鄭將雖牧于星，尙仍爲大將也。】然皆不能快克全城之賊。鄭牧雖累送軍，或夜擊、或晝突，而多不利。金將亦累進軍，或但耀兵而還，或不利而退。故州賊慢語爲書以譏之，開寧賊亦無少挫焉。大槪二將雖忠義有餘，而將略不足，其行軍用兵之法、臨變制賊之機，不免有疎脫生澁，此大功之所以難成也。

又於是時竊聞金、鄭二將各領所屬之兵，旣作兩陣，勢分形判，則彼此町畦之際，互有不協之端，相存排傾之跡，此皆非宏大規模也。然二人皆君子，豈少有相忌之心而然哉? 是不過規模之異，識量之偏者，有以相梗也。不然則二人本以同志之人，同憤國家之亂，同議起事，同義唱奪，則形雖判，而當一其心；勢雖分，而當合其謀。相取其長，相恕[10]其短，不置彼此於兩間，不敢町畦於二陣。然後庶有共濟相須之勢，當爲立事成功之本矣。而當是時賊方張，劇憂在心，而各持孤弱之勢，反懷不協之心。余無見識，不敢持擧其病處，但不能無可歎也。然金將每受上旨，必痛哭而拜。人有出入

10 恕 : 원문에는 怒로 되어있으나 恕로 바로잡음.

於其陣者，言於余曰："金將每於中夜呼起參謀諸人曰：'賊在枕傍，諸君寢尙安乎？'慷慨憤歎，有以激動"云。鄭將慷慨，又其性也。爲星牧時，喪其獨子，在人情所不能忍者，而猶以國賊爲憂，不以私情廢公義。二將本心，擧此可以想矣。

是時各道皆有義兵，惟其忠心所憤，義膽所激，爲國討賊，爲君父復讐，吾心是盡，吾義是伸，吾力是竭，而其死生、其成敗、其利鈍，皆在其所不計者，固未知幾何人也。其間或擬功名之階梯，或爲聲譽之機柚，而不必根於忠心，出於義膽者，亦豈無其人哉？然旣曰"義兵"，而義是吾人秉彛公共之天性，則當此時杖是名者，豈不貴哉？大者聚諸邑而爲一陣，小者統一邑而爲一陣，【或結同志而爲陣，或募壯勇而爲陣。】要於路者有之，擊其尾者有之。雖不能陷巨陣、挫勍敵，猶能使賊知夫讐我者多，敵我者衆。一箇義者，爲我國經天緯地之大防，飛丸之所不能中，利刃之所不能斫，强不能劫，衆不能奪者。而成我國不勝之勝，致彼賊不敗之敗，則義兵之功，亦不爲深乎？

然義固天下之至德，而義之體，天地而準；義之用，千變萬化。天地而準，故有箇仁字而統之；千變萬化，故有箇智字而別之。大天下而莫載者，非義之體乎？小天下而莫破者，非義之用乎？是故有不盡於是義之體用者，未有致夫是義之功用，況徒其名而無其實者乎？此今日之人所以擧義者多，而成功者小也。蓋無私心合天理之謂仁，此義之體也；知時識勢，通微照遠之謂智，此義之用也。不能無私心，不能合天理，則其能服天下之心乎？不能知時識勢，不能通微照遠，則其能應天下之變乎？體不足以服天下之心，用不足以應天下之變，則雖有徒名，其如無實何哉？雖然，此則極其理而言之，豈可易言於今日哉？顧余庸才且無氣節，身雖無故，必不能振奮。設或出起圖事，當在人後，知無所成矣。而身適衰中，又抱劇病，況能有所爲耶？時乘病間，但看群兒之戲也。

是時湖南義兵來，與本道義兵合力同禦，雖無可記之功，其所以助其聲勢者，爲如何哉？又有僧義兵紛起於諸道，是則前代之所未聞也。安知捐君父、逃賦役、絶倫理、棄禮法，幻妄人世者，乃知有吾人之義字乎？其於彼此間得失吉凶、終始成敗，余固不可以經綸矣。大概豈非斯義也，根於天地性於吾人，不以儒而有，不以釋而亡，故亦能感憤於今日者乎？上道及忠淸、全羅莫不置將設陣，而本道之右道，則海印僧爲大將，亦與義兵相應攻守也。

是時晉州判官金時敏以能守其善禦衆賊，升爲牧使。其冬下道諸賊盛兵來圍其州，殫機窮謀期於必陷。時敏不動聲色，聚州妓，日鼓樂於城中，極備酒食、魚肉，令城中俱取醉飽，晝夜嚴防，無使投隙，自着一弊笠，不爲將帥儀容，常巡繞城邊，且射且勸，臨機善應，隨變輒破。賊圍累日知不可陷，遂引去。於是縱兵追擊，斬射無數。蓋亂生以來自初至今，擧一國諸城之將，莫不望賊奔潰，未有能拒守勝捷者，惟時敏 晉州之勝，爲第一大功也。不幸在圍時，頭骨中丸，踰月而死焉。

當時列邑流民轉移，無賊之地，【本道則左道之左、右道之右有完邑。他道則關東賊入旋出，湖南最爲全完，流離者多聚於兩道。開寧、善山、仁同流民，路由甑山，方入居昌，故扶老携幼，癃疲垂死者，日絡繹于其路。至於士族婦人，亦皆顚倒流泊，尤不可忍見。】飢寒旣迫，人理壞絶，父子夫婦亦多相棄，道路餓孚，塡滿溝壑。【人云："海印寺曳尸而出者，日不下七八人，皆飢民之死也。"】又自其冬癘氣大熾，全里而臥，合家而死者，無境不然，無邑不然。而失業之民相聚爲盜，晝夜橫行，摽掠餘民，無異倭賊。是以當時人死之路非一非二， 死於賊、死於土賊、死於飢、死於寒、死於癘、死於戰、死於罪、死於非罪、又死於斬給要功者。 此生人之所以就盡，而雖深邑僻巷，倭賊所不入之境，其散亡空虛，則同焉，玆非運數之然耶？

余於十二月望間，妻兄兄弟自伽倻山來見，余因其歸，托送迷婦，以姊寓之資，經冬垂盡。而三姊皆在左道之邑，又欲就彼而從之，故先送婦，令覲其老親然後行也。至歲時，姊家又措祭需，遂得哭奠，是癸巳歲正月元日也。奔竄之中，乃見改歲，【賊患之劇到此，如何也？ 人民之困到此，如何也？】惟以歲運既周，新春是遇，泰運之望，擧國皆然。【元日相慰人人所祝者，此也。】

是月初六日，余辭別是姊及諸兒，姊與諸兒出門送余，痛哭莫之止，余不忍見，遽揮而出，豈料此別爲平生永訣也哉？其兄送余于谷口而還。【余令間生負冊袱。】 遂携穉女， 行向伽倻山。【日午至一嶺，嶺乃居昌地也。上有伏兵，察其往來，設木作門以爲其防。守門之卒，拒不敢納，必令同行中一人就告其將，曰："某地人某，姓名某，與某緣，某故往某地。" 則其將須許過，然後一行人俱得過焉。余亦緣其防察，良久得踰。病後遠步，此初行也，脚困足繭。】艱踰二大嶺，至海印寺前，而日暮，【寺有湖南義兵煩紛擾。】 遂投其水砧幕止宿。【氷雪擁幕，寒風回搏，爨火飮粥，猶不勝寒，坐而待朝。】早炊而發，【紆由寺後之小徑。】履氷衝雪，且顚且仆，崖危路滑，苦於攀躋，女兒哭且行焉。

日午至庵， 庵曰"白雲臺"。【臺在巖角， 上下皆高巖而各十餘丈，自上自下皆有細路，而必蟻附往來，若失一足，身非其有，眞避亂地也。妻兄宋後昌自去歲秋，合其家屬，寓于此庵。】余既至庵[11]妻家兄弟請留旬朔。【余亦以左道之往當過賊路，不敢輕行，姑留以俟勢也。】留歇旣數日，始出庵前，臺石則俯臨深壑，不知其幾丈，而左右絶壁削立百仞。【東南列邑直至洛隅，擧在一望中也。緣崖又登後頂，則伽倻蒙頂正在其北十許里，而小大庵刹星布蒼崖，隱映於林蔚之間也。】

伽倻固一道名山，而曾莫之遊也，今因亂離奔竄於此，誠非曾所料也。時適初春，餘寒尙嚴，雖有閑日觀覽，不能周也。猶見其千巖萬壑層峰疊岑，若大若小、若圓若尖、若直若欹若正者，莫不奇奇怪怪，嚴不可近。設令賊來欲搜，必不能窺覘測度，下手着足，其當眩亂嚴凜，神遁魂喪而退也。【是庵在副苓之南，亦非烟火中人蹤所可勢也，故以白雲名也。晨坐開窓，直見火輪飛騰於遠峀之頭，恍若躬臨碧海上也。巖有微泉在巖下，平時僧用木槽，漑而儲之，纔能繼其朝夕。今則人多飮費，泉根易枯，槽破已久，不能復儲，是時煮雪取水以爲用也。左右巖有石茸，摘而煮之，其味最淡，誠合山人口者也。】舊有崔學士孤雲在新羅末，遠世孤遊，深愛此山，山有仙跡最多。【想其姿意遊賞，放踏千巖，則安知臺石亦一嘯咏之所哉?】思之宛然，自不禁遺世獨立之思也。

是時星牧諸其姓者，其判禹其姓者，皆海曲武夫也。前冬鄭牧假莅月餘，而朝廷以諸也有軍功除實牧，故鄭牧已遞歸也。牧判皆已無識，居蕩敗之地，惟求肥己，無意活民，州民痛之。【是月望日間生爲來見我，我甚蘇慰。因言其庶母患癘，將有熾蔓之患，且言其身自路上有癨亂之候，與飯不食。翌日又不見瘉，令留調，又翌日且不歇，乃請還。余亦以非我獨處之地，恐或累人，令奴護行。奴還言其甥困歸，又言其寓中人多臥者，始知其眞癘氣也。然其寓資旣優，兄且縝密，必能審處善救，宜無大患，不以爲甚慮也。庵中亦自其前有痛

11 余旣至庵 : 원문에는 간주이나 문맥에 따라 본문으로 수정.

兒，因爲染證，一寓幾臥病，又毒重。余遂別寓於巖北之崖，架巖爲巢，竹葉爲蓋。山深林密，賊遠聲絶，有泉可以煮粥，有薪可以供爨。然春寒未去，山上尤洌，雨雪連積，陰雲長結，窮崖峻壁，苦不可堪也。】

是時聞天兵已於正月初八日，擊破平壤賊，諸軍當席卷而下，聞者踴躍。州賊二月初二日出去，開寧賊同月二十日間亦出。余以州賊旣出，山幕最苦，而聞巖村舊屋尙有餘間，奴輩數人拾稷連命，且春菜方新，亦可資粥，以是月下旬出伽倻山。路上始聞呂姊一家沒盡於一病之中，只有兩兒連命云。時別纔一月，其變至此，慘酷驚慟，莫之自定也。呂兄，眞善人也。孝友出於天性，信義著於鄕論，惟其不事學問，投分農桑，故人鮮有知其善者，而其持心制行、好善惡惡之實，雖一時追逐師友，高談大論者，莫之能及也。【奈何賦命奇薄，困滯鄕曲，壽旣短促，家又敗亡？未知餘慶其能發於所遺之兒耶?】

余再宿，然後至巖村。巖村乃星地，而吾先世世居之閭也。亂離蕩敗之餘，得履于先世遺跡之地，此日怵惕懷慕之情，有不可以自抑者也。【村中舊閭盡爲丘墟，只有孑遺數箇男女，皆飢瘦癃困，藍面鬼色，非復人形也。我亦⊠一奴在矣，而禽心獸習，其見舊主路人如也。然荒田故墟，菜物方盛，賊在仁同，難其左渡，姑留又待勢也。】

至三月旬後，余欲往見三姊，略伸阻亂之懷。且審就寄之便否，賊路之通塞，遂帶一奴挺身而往。【路上見流離飢困之民，顚死丘壑，期在朝夕者，或有自左向右，或有自右向左，而江上滯渡者，又無數矣。】其日宿八莒，此余去秋奔竄之地也。其時閭閻人物尙有餘盛。【騎牛者、騎馬者、負者、戴者奔野蔽野，奔山蔽山，處處如是也。】及今村落蕭然，人跡俱空，【百家之坊纔餘數家，百人之閭纔餘數人。】如非木石之心，安得不爲之傷慘也？翌日又宿仁同村，【村有舊奴守其墟者，問其村中人存亡，萬無一二焉，仁同所以甚於他邑也。

奴煮山花山菜，請余療飢。其翌日當過賊路。】夜起促炊而發。【紆從山徑，出沒洞壑。】幸値賊隙，得脫虎口。暮投義城炭池村。村有門丈來寓，拜而敍之，得詳諸親之死生也。

翌日尋伯姊所寓。【寓在是縣南村最僻處也。盧懼仲聞余困行，送牛于路，騎赴其寓。】時伯姊方患癘氣，【景健、景任侍病，而景任亦染臥。懼仲在外，措納粮物。景倫歸自流寄之鄕，以親疾就歇歸，既省還出。】余只得與懼仲、景倫相敍而未得拜姊。【又未見侍側兩甥。】

翌日別懼仲，訪朴純伯于所寓之僧舍，宿敍。翌日求任姊所在，【在縣南五十里許舍谷里也。】拜姊相慰，拜兄相慰，因留四五日。又聞蔡姊在安東地，往拜留二日，又別。因訪崔兄于其寓，是兄亦在義城深村，纔經癘熱，糧資方竭，余以所齎糧略救之。【其女適李家者幼孀，從父于玆焉。余言其不如遠死也。】是村見族兄之女，久餓幾死，謂我曰："父母兄弟俱死於流離。我雖獨在，亦惟今日而已"云。雖極哀矜，莫可救也。

經宿，至任姊寓所。翌日【告別以木布數端給余，爲粮資，發于舍谷。】又宿于朴純伯處。翌日又投炭池。【懼仲初遭其仲氏之喪，既慰同宿。】翌朝早發。【中路遇雨，以復過賊路爲可急，冒雨衝泥，又得安過危地。】更宿于仁同村，又宿八莒，遂還于巖浦。是行見道路死者不可勝數。莫愚者氓，彼何罪矣？而塗炭至此，怨將何歸哉？時家屬以我遠往危境，久不還，至於泣待也。【是時左道穀物益貴於右道，木匹直租斗，大牛馬價不滿一斛，壯奴婢或不及牛馬價，流迫之人甚難資活。而余則猶有三姊，可以同死生，亦欲携進。惟以賊路之過，婦兒尤難，玆不得不姑留於右邑。然岩村與仁同纔二息，又疑賊來。】

遂於四月望後，復往伽倻下，乃投新堂村。【村人李承曾亭于立巖者也，有其空舍數間在村上，仍就寓焉。借其弓矢，以防無賴。時與李君相見。】得聞外間消息，是時平安、黃海、咸鏡三道之賊，皆聚于京師。天朝遊擊將沈惟敬出入倭陣，相與議和。都督李如松又憚於屢擊。和約已成，賊乃始退于京師，是在四月也。時人雖喜賊退，猶以不能大擊快雪深耻爲極恨也。賊雖和退，天兵驅賊，亦至我國，各道兵馬，亦皆下來，一道搔擾，大小俱動。湖南轉輸，絡繹道路。【新堂村前乃其大路也，人馬之聲，晨夜不絶。】

五月望間，余聞仁同無賊，卽携家屬，發於新堂路。【過檜淵，淵上乃鄭寒岡舊村也。古有草堂，已焚於賊，惟有梅林花草蔭翳於丘墟，極可喟也。】暮渡月烏江。【投大谷 趙家。余其前歲病臥於此，主人救護極情，賴而不死。其後其子辰男見俘於賊，其身又死於賊刃，其父母諸弟沒盡無遺。今獨有寡婦、二稚男在焉，亦將流離難保。目前矜惻爲如何也？而顧無力以酬其恩，尤可痛歎也。】旣抵道村，余患脚氣。【又有雨水，因小滯焉。】

余本無脚氣之疾，于今始有之。自此雖欲遠遊長程，恣步高深之境，不可能也。人皆以爲“亂離之中東奔西走，多傷冷濕，血不得其所，故致是疾也。”余則以爲人生天地之間，本有當行之道，是道也，根於心而達於萬事，本諸身而行於天下，不以天之高而不通，不以地之深而不徹。日月代明而道與之俱明，山川融結而道與之融結，同陰陽而屈伸，隨鬼神而吉凶，可以造乎羲、軒、堯、舜之域，可以躡乎湯、文、周、孔之步，其爲道也，高大如何？長遠如何？倘於斯道不進一步，不造尺地，尙有缺於參三之職分。況余年踰四十，不出鄕人之界境，當此天經地緯乖亂墜絶之秋，尙無以爲扶持樹立之策，其所以廢當行之道者，孰甚於此乎？此天之所以降病於行地之脚，示不能行道之罪也。

至六月初,【足疾始安, 雨水乃止。】 卽發向仁同, 行過境內, 古行之道莫不蓁蕪, 古耕之野莫不荒廢, 古盛村落莫不丘墟, 古居人民無復形跡, 惟見白骨浪藉於溝壑中矣。 遲遲行邁, 不堪嗚咽。 及至邑中, 則山野丘墟, 一望無翳,【樹木俱赭, 墻垣皆頹。】 官舍村閭、鄕校里社, 渾爲蓬莪, 莫的其地。【便是別一境界, 不覺吾生長之地也。】 當其中央, 惟有賊壘, 周之以城, 繞之以塹, 如豕之窟, 如蛇之穴, 糾紛亂布, 橫絶地脈也。【時湖南粮餉來守邑站, 各設庖廚以備供接, 又設假屋以待上下, 唐兵人聲人跡以此而聚也。至於邑人流散者, 聞其賊出, 各興首丘之念, 或有來集, 而城墟野空, 無計資活, 則日仰於唐兵餘飯。湖人蹴食, 以過朝夕也。來集之人, 無所止居, 皆就倭穴托焉。余共諸人, 亦止宿其中。】

翌日早遂上先壟, 省拜墳墓。哭訖, 周視封塋, 尙無他患也。余自奔竄之初, 屢聞倭賊所過, 必掘新墓。【至破棺槨, 取其屍而辱之, 蓋疑其假作墳形, 以藏寶物, 故發之, 而旣見屍柩, 則怒其致疑而然也。】 余以葬妣時, 俱修考墓, 兩墓皆新封, 亦恐致疑於賊, 而【壟近賊窟, 尤在可慮。】 所深悶者, 常在於是矣。及今來省, 獲免於是患, 幸孰大焉?【但山爲倭斧所赭, 只有新蘖得青於雨露之澤也。】 壟旣省訖, 又至家墟, 先見先世木主藏處, 猶有其坎焉, 而不見木主所在, 其爲賊手所禍明矣。

夫爲人子孫者, 其身卽父母之遺體也, 父母之身卽祖父母之遺體也, 祖父母之身卽曾祖父母之遺體也, 曾祖父母之身卽高祖父母之遺體也。 推而上之, 至於先祖、始祖, 又至於子孫所未及知厥初受生之父母, 實皆卽今吾此身之所根也。一氣而傳之, 以至於此身, 則此身之於此氣之所本, 寧有間於遠近哉? 惟其情有所不達, 勢有所不及, 故先王制禮, 各隨其貴賤之分, 而差等其事亡之制焉。 此後世木主之立, 士止於四代者也。

余分小宗於吾姓，而猶滿四代，故四代主數合考妣爲八位，又有旁親二位、妻一位凡十有一位。蓋父母旣亡，藏其形體於地下，則精魂未散者，無所依寓，此姑人子之不忍。而精魂旣無所依寓，則人子罔極之心，雖欲致如事生如事亡之情，無所從而致焉，此木主之制，所以立也。立是木主，而父母精魂於是乎依寓，則子孫其不以父母視木主，而以其所以事父母者事木主哉？然則木主卽我父母也。今余十一位中妣主以方在几筵，負出於奔竄之中。故所藏于家者十位也，而俱失之，失木主者，所以失父母也。玆非余遺體之身，罪大惡極，有不容於天地者，故禍延於先世也哉？人失一父一母，尙以罪人自處其身，【衣服焉異於恒人，飮食焉異於恒人，居處動靜焉無不異於恒人者，蓋不容不如是也。】況今余失父母至于四代，則其所以處其身者，當如何而可也？失之於水火之災，尙無可以比其慘痛，況失之於倭賊之手乎？

想我諸父母精靈，其必驚散飄揚於遇禍之日，升降彷徨於旣禍之後，香火焉無可倚，床席焉無可倚，堂宇焉無可倚，木石焉無可倚。思之至此，不忍言也，不忍言也。安知遺體之知覺，自不及於精魂之來往，而孔昭之精魂，有以照於遺體之所在，凝聚光明，登揚飛越，不以不肖無狀而棄絶之，遂來憑於喘息呼吸之中，合四代父母混爲一體，于東于西，倏奔倏竄，隨此身所在，未嘗須臾離也，而我自不知乎？其然耶？其不然耶？吾不敢曰必然，而其亦不可謂之無其理也夫。然則不肖無狀之身，曾不度祖先父母皆憑此身，乃不知此身爲益重。言語不愼，動作不愼，存心不愼，持己不愼，處事不愼，接物不愼，以忝辱乎祖先父母者，尤可懼也。然雖不肖無狀，而能有此身，使祖先父母精魂，不歸於雲消烟散，旣有所依憑，則幸復如何也？卽當備造新主，齊是心，潔是身，求諸天，求諸地，以來精魂俾有憑依。而時亂未止，後保難必，力又不暇，玆未能果也。

尤所痛者，七代祖考眞像傳奉于我家祠堂，每於歲時合吾姓族，奉皆瞻仰，神彩儀容，可接於二百年之後，其爲子孫之慰幸如何？而亂時亦同木主藏于一櫃，遂致俱禍，此益痛心。木主尙可改造，儀容不可更摹，不肖無狀之罪，玆益大也。余於平時自十餘年前，屢於夢間入祠中，見諸位神主，皆毁裂敗散，面跗易處，倚卓倒置。余痛哭收拾，合之不合，悶痛而悟悟。自思之，己何罪辜而致有此夢乎？常有戒心，不敢少解矣。安知今日之變，乃兆於其時也？

余又周視園中，但見蓬蒿間梅蘖叢生，葡萄新莖，菊花未死，細竹猶在，餘無可觀焉。遂倚杖而立，指點灰燼之中，某爲堂處，某爲房處，某爲室處，皆可區別。而先妣之終，在辛卯冬，想其生時起居笑語之容，昭然若昨日。而今旣永隔又未三歲，其所起居笑語之地，便皆蓬莪焉。豈但怵惕悽愴，爲履雨履霜之例感而已哉？號天叩地，有不自定其情者也，遂揮涕而出路，遇唐兵暫問賊勢。語旣不通，只以木箸畫地成字可問答也。【又宿倭穴。】

明日遂向義城。【以將挈眷就托，欲復審其寓勢便否也。其日宿後穴村，村乃崔兄妾家也。聞是兄來寓，欲復相見，故投宿。】翌日至龜智山，姊已返宅，稍爲農事。余願來托，蒙兄見許，留數日，往拜伯姊于炭池。是時始知景健死於賊，其妻亦以節死。景健，盧甥之長也。稟性醇實，用心和順，愉於奉母，敬於事兄，友愛兩弟，慈惠僕隸，親戚悅其敦柔，鄕閭稱其信實。身幹家業，不暇勉學，則勉其二弟專意學問，躬勤措辦，繼其衣粮，二弟成立，皆其德也。妻則宋氏，尙山士人之女也，德亦貞順，可配其夫，又多婦才，事皆兼人。故雖居窮，契衣服飮食，不後於人，上順姑心，下體夫志，雖服勤勞，愈久不怠。奔竄之中在其親家，姑在義城，旣困旅資，故自減其口，不克來侍。景健聞其外姑之喪，旣往未還，遇賊俱死。嗟我一家，乃失良人。不幸之甚，孰過於是哉？

翌日旋向八莒，出仁同路，路有往來唐兵，遇一人，問賊勢。復遇一人，奪我紙席。暮投縣村舊奴幕，乃三月往來時所宿也。翌日至八莒留一日。率家屬將向義城，又投縣村舊奴幕。時張乃範自寧海牽牛持黍，欲耕于仁同。余借其牛，以載婦兒，故姑留以待牛至。是村舊多居民，今皆死亡，惟有空墟，樹木依舊。所帶奴僕，日取靑柿子，沈水待甘以充飢腸。留旣四五日，取牛來，又行迭乘婦兒，以歇其足。過邑內投加村，村有隣人來寓者，就其幕宿焉。此人於平日隣於我者，此日見我而哭。【蓋其在亂相阻，始見舊面也。】余哀其飢，分余飯以食之。夜敍亂離諸苦，且約時平更尋舊隣也。

翌日早發，【中路遇驟雨旋霽，所濕衣裳曝而乾之，然後得行。】暮抵姊家。旣見相慰，姊氏且悲且喜，且慮資活之難其計也。留數日，姊家側有空宅，兄使我處之。凡茵席鼎器及粮物無不備之，俾爲寓資。自是旣有定處，身有所賴，心有所着，得免東西彼此遑遑莫止之歎也。宅有破樓，可以棲身。余曰：“坐臥其上，得破冊數卷以遣無聊。”

是時倭賊和退海口，尙無渡意，遂悉衆圍我晉州。州有右道諸陣之兵，全羅義兵、忠淸將士合力共拒，而外無援兵，賊勢甚熾，卒見陷沒，可痛也哉！聞其圍時，賊陣十二大將皆來合勢，旣據其城後主山，以臨城內，又累土其傍，別造他山，以爲放炮之地。束木塡塹，以成其路，用全木爲小屋，人入其中，推而進之，以至城底，掘破其城，雖投以巨石，不得破折。又欲囊沙壅川，橫灌城中，千謀百計，極其奇變，凡十二將各領所部，更迭進戰。

彼衆常歇，我卒常勞，此其必陷之勢也。然晉之爲城，三面阻險，一面當禦，苟嚴其防，使無乘隙，雖百萬之賊，亦無可下手。其見敗之時，若遲一日，彼旣有退計，而一失其守，便致其陷，豈非致陷之機，實自我軍也？人皆云："若使金時敏在此，只率州兵，亦足善防。"蓋時敏之時，將知卒情，卒知將意，猶心腹，猶手足，故雖勁敵，難乘其隙。而此時則不然，各道之兵、各陣之將，不能一心，不能齊力，又不習於禦倭，故見陷也。城旣陷，芟刈我軍，如芟弱草，至於敵卒莫不刃弊肩疲，猶斬殺不已，不遺一人，然後止。而仍又撤毁州城，堆高塡坎，坦作一場，以沒前跡，雖一石一木，不留其地云。蓋憤於前歲見敗，期於必陷後已者，其關伯之令也。

總兵官劉綎，亦天將也。其時在陜川，距晉州不遠，而以軍少不救。劉公非但將才也，多有可稱之善。方平壤旣勝之後，賊在京城，自大將以下皆議和好，獨劉公有當擊之議，而以其在下人之志不果成。英雄無所用其智之語，乃其自云，則其志此可見矣。【八月，張乃範自寧海挈其屬，來寓於吾寓之家。渠在寧海時，其繼母聞仁同賊已出，欲與同鄉人還土者同歸。渠不能止，仍屬其同歸之人，送之。老病飢疲，困不能行，遂入路傍麥田，爲田人打傷，幾隕不絶，匍匐隨歸，至仁同境上。同行之人棄而先行，而竟不見歸，蓋路死也。乃範先人，乃余族兄而分又特深，乃範亦自幼相從於余，情義旣固。今見家變，雖曰亂離，寧不惻然？問其不能侍來之意，則渠旣久癘初歇，無力可行，其弟亦已行，乞先出，故獨送云耳。問余以處置之道，余曰：“服喪當如禮也。”寓里之人稍致農事，旣獲早稻，有或遺之，余賴以度秋。寓前有溪，時彷徨於其上，濯手濯足，可寫幽鬱之懷。而盧懼仲在炭池村，時率挺生，步抵其寓，拜省伯姊，因與懼仲相攄而還，可忘往來之勞也。時挺生聞余在義城，以其旣失父母，無所依恃，遂已投來，故余有出入每帶焉。】

是年能春耕者無幾，田野俱荒，至秋飢民無所取，則野有自生之稷，隨其纔穗，人爭摘取，焇舂作粥，可以經日。余亦令所帶婢日取爲資，但苦口不可堪喫。【又於荒田有自生之豆取來，舂爛作粥，最勝於稷。】大槪飢民所食，在草實則有自生稷、有烏豆、有鱉豆、有兎絲實、有空場草實、有佐槐實、有馬茶實、有蓼花實、有馬嚙草實、有茗實、有根起縈草實、有頭莎實，在木實則有橡實、有桑椹、有綿竹實，在草葉則不食者少，不可皆擧，在木葉則有婆嗜葉、有綠堆葉、有猜冒葉、有餒立葉、有柿木葉、有羊棗葉，在草根則有沒萎根、有苧根、有眞薯蕷、有烏薯、有馬薯、有桔梗、有山蔘、有戎艾根，在木根則有楡根，木皮則有松皮、有柏皮，在生物則蟲、蛙、狐、鼠、烏、鵲，皆其所食。

蓋天地生萬物，有貴有賤。草木則枝葉之類也，物之最賤者，故根着於地，只資雨露而生。禽獸、蟲魚則血氣之類也，物之次賤者，故必待飮食，然後能生，而所食各有所偏，食草者不能食實，食實者不能食肉。惟人則物之最貴，故草木之根葉花實，血氣之蟲魚鳥獸，無所不食，而所食之中，猶惡其麤且賤者，必擇其美而好者，故取草之美者曰“菜”，取草實之美者曰“穀”，取木實之美者曰“果”，取血氣之美者曰“魚肉”，此所以最靈最貴而爲萬物之首者也。故天地交而爲泰運，則得其氣而爲物者，皆美而貴者也，於是人民盛，而百菜百果百穀六畜無不盛。天地不交而爲否運，則得其氣而爲物者，皆麤且賤者也，於是人民不盛，而百菜百果百穀六畜皆不盛。

惟其否運之極，莫如今日，故天地之間貴而美者，皆耗竭不盛，而賤且惡者，得時盛行，此敗亡之餘，孑遺之民，其食最艱，而百穀旣乏，則百穀之外，無所不食之草實；百果不足，則百果之外，無所不食之木實；百菜不足，則百菜之外，無所不食之草；六畜旣盡，則六畜之外，無所不食之肉。昔所不取，今取之；昔所不食，今食之。至於飛禽、走獸而同其食，食旣與飛禽、走獸而同之，則其心亦不與禽獸而同者鮮矣。於是旣甚而至於人相食，又甚而至於父子、兄弟、夫婦亦相食，則千古之前，亦有此變否？人所以爲人之理，斯已絶矣，又豈特禽獸同歸而已哉？此非所以陽明順正之氣旣盡，陰戾邪惡之氣方盛，故人不人、食不食、心不心者耶？

或曰："人在否運之中，遭逢邪惡之氣。而然則今日或有乘此亂時，憑其勢力，恣取膏腴之田，至連阡陌，橫集飢餧之氓，作爲家丁，獨飽於衆飢之時，獨富於民窮之日，身不道之行而莫以爲罪，口無理之言而莫以爲非，氣焰傍行於郡邑，威勢自壓乎鄉閭者，此獨處於否運之中，不値邪惡之氣耶？"余曰："乘凶運而起者，凶之類也；値邪氣而旺者，邪之類也。蓋一運之中，亦有內外之異；一氣之中，亦有主客之別。當時之强大者，處凶運之內，爲邪氣之主者也；當時之殘敗者，處凶運之外，爲邪氣之客者也。爲主於內者，執凶邪之柄；爲客於外者，被凶邪之毒。彼其所以强大者，騁凶氣而致强，恣邪計而致大。飽以非道之食，富以非理之粟，强以不正之氣，大以不直之力，則其飽也，非其食而飽也；其富也，非其粟而富也；其强也，不當强而强；其大也，不當大而大。天地臨之，日月照之，鬼神知之，億兆瞻之。吾未聞非其食之飽，能終飽也；非其粟之富，能終富也；不當强而强，能終强也；不當大而大，能終大也。然則其飽所以飢之也，其富所以窮之也，其强所以弱之也，其大所以小之也。吾未見其强大也。”

或曰：“乘凶運而起者，子謂凶之類也；値邪氣而旺者，子謂邪之類也。然則湯與伊尹興昌於夏民塗炭之日，文、武、周、呂興昌於殷民水火之時，此非乘凶運而起，値邪氣而旺者耶？”余曰：“不然。乘凶運而起，謂凶之類者，以其用凶道而起也。値邪氣而旺，謂邪之類者，以其用邪道而旺也。若湯與伊尹、文、武、周、呂則用通泰之道而開否塞之運也，用陽明之道而變陰暗之世也，用正大之道而革邪亂之氣也。不求貴而爲天子之至尊，不求富而有四海之至廣，不求强而夷夏服其義，不求大而天人歸其仁，此豈嘗有意於富貴强大者也？然則乘凶運而用凶道，値邪氣而用邪道者，陰之陰也，必敗者也；用通泰而開否塞，用陽明而變陰暗，用正大而革邪亂者，陰中之陽也，必昌者也，其道非霄壤之判耶？噫！安得傾當日否塞之運，逢天地交泰之化，殷道復興於少康之德，周業再昌於宣王之道，致屢豐之富，見叩腹之民也？”

是時大駕始還于舊京，宮殿臺閣俱爲蒿荻，宗廟朝社幷爲灰燼，皆就私家之餘在者假焉。余於九月，又率挺生，見朴純伯於石本村，村乃軍威地也。【渠自平日有農土於此村，賊旣退後，來耕粟豆，頗有所收。留我六七日，炊粟取飽，摘果潤喉。臥或話舊，坐或看書，或監獲粟，或見耕麥，或登後麓以敍秋懷，或步溪邊以賞野趣。境頗幽閴，可以棲遲，土又膏沃，可以耕耘，釣於水，鮮可食，採於山，美可茹，又與賊路稍隔。】相約共寓以俟時變也。臨還，純伯率其二子送余于溪邊。還寓數日，又往炭池，因借《啓蒙》於李家。

是時天將李如松還遼東留，總兵官劉綎加都督，鎭守于本國。於是都督設營于星州八莒縣，其據地形勢，立陣布置，制軍號令，皆有度律，觀者歎之。四方飢民雲集營邊，都督除其軍粮以救之。余聞劉公旣非常人，天兵紀律亦當有古法，欲往觀之，身在衰服，不果往焉。

時義城縣監，武人以軍功升堂上者，其居官，沒體貌、棄法度，無意民隱，日事耽樂而已。一自亂生之後，軍功之立，以本道言之：一二城之勝，固爲一道所共知；二三將之功，固爲衆人所共信。而其餘所謂“某戰所斬幾頭，某人所射幾賊”，則實如其數者，其有幾乎？頭不必倭頭，禿其髮則假之，耳不必賊耳，無所穿則假之，或他人之斬而買之者有焉，或下卒之斬而奪之者有焉。一陣之將，則以其諸卒之斬，皆爲己功，故不辨一陣中之眞僞；一道之將，則以其諸陣之捷，皆爲己勳，故不辨一道中之眞僞。至於記功之司，亦信諸將之獻，隨其級數，輒加職帖，故出入諸陣者，無無職之人；身帶將名者，皆頂玉之官。用是軍功塡補闕官，故郡縣之任，多非其人，使生靈日困，綱紀日紊[12]者，職此由也。

是月聞崔甥檖之死。檖乃第三姊之子也，性旣質直，文藝有才，吾一家亦甚重之。今焉失之，痛惜爲如何也？其妹作孀者，無可賴活，遂投于余寓。【亦已飢羸傷敗，在不可保也。】余於十月値先妣再朞，又蒙姊家辦備庶羞。追思去歲初朞之日，呂兄盡情措饌。且言：“明年再朞，若賊退時平，諸兄諸姊必須齊會，以終喪事，庶幾無憾。”安知此日人不在目，言猶盈耳？伯姊自炭池先二日至，景倫陪來也。其弟景任，亦自尙

12 紊 : 원문에는 紋으로 되어있으나 문맥에 따라 紊으로 바로잡음.

山來。【以其兄景健死於尙山，而權殯路傍，故景任措板改葬而還也。】祭日同二姊二甥哭之，任兄亦參焉。余於辛卯遭喪，壬辰四月亂作，自其奔竄之後，禮廢奠薦，心忘悲哀，身不掛衰，口不出哭，乃至母死之謂何惟計一身之全活？奔山走野，不擇處所，對人談笑，不別平人，行戾神明而致疾，又食魚肉者，三月。如此而初朞，又如此而再朞，朞已再過，復將何爲哉？

嗚呼！人有此身，此身何從而得之哉？人或有一簞食一塊肉相遺之者，亦莫不相喜，必思致情於其人。夫一簞食，只可以取一朝之飽者也；一塊肉，只可以備一食之滋者也。其惠至輕，而尙有感之之心。況此一身自王公至於庶人，其有不自重者乎？莫不知其身之重，而不知其所重之身所從而得者，則可乎？念我此身一髮一膚，莫非父母之血氣也。而父則天也，母則地也，無天地則萬物無所從而生焉。然則人無父母而能有此身乎？人有細勞，莫不憚之；人有微恙，莫不病之。念我慈母，身藏異身，不以爲病，胎抱十朔，不以爲勞，貴擬希世之寶，重比難得之珍。居處焉，惟恐有傷於胎；飮食焉，惟恐有妨於兒。及其旣生，則輕手撫之，若將虧焉；重臂擧之，若將墜焉。勉飮滑澤，以滋其乳汁；勉食厚味，以補其乳氣。念寒溫之，念熱涼之，念飢飽之，念渴潤之。其鞠養勤勞之實，誦《蓼莪》之詩，則可以想矣。又爲之擇母以習之，擇師以敎之，德則望其爲聖賢君子，貴則望其爲公卿大夫。將嫁思貴壻，將娶思賢婦。

愛其子者，必不啻愛其身者；望其子者，必不啻望其身者。其所以出於誠心而不能自已者，何哉？以其一氣而分、一血而流也。是故聖人之爲人子也，身父母之身，不自身其身；心父母之心，不自心其心也。人子所患，常在於自身其身，自心其心，而旣能身父之身，心父母之心，則寧有不盡於人子之職者乎？形分父子，而實一身也；體分上下，而實一氣也。人之於一毛之拔、一指之傷，尙覺其痛，至或墜淚，況可忍於其親之死歟？一身也而死在親、生在己，一氣也而亡在親、存在己。死者亡者，無知無覺也，而生者存者有知有覺，則以有知有覺之身，思無知無覺之身，其爲哀痛迫切，有可形言耶？擗號擗踊者，以此也；五內分崩者，以此也。此聖人所以衰絰以變其衣服，饘粥以變其飮食，坫塊以變其寢息，涕泣以變其面目，號哭以變其聲音，憂哀以變其性情，必經三年，然後復其常者，誠以此也。然三年亦非所以自足於人子之心也，不可以死者之故而廢生人之道，故於此焉節之，此不得已也。嗚呼！人子之事父母者，喪三年而終矣。旣終三年之後，雖以虞舜之大孝、曾參之至孝，尙無所致其情、效其職焉，則三年之禮，尙可以忽之哉？孔子曰："人未有自致者也，必也親喪乎。"其此之謂也。

今余則生八歲而父沒，纔能不食魚肉，豈知終天罔極之痛哉？是與不服同也。又於母喪纔服六個月而遭亂失度，則是只服六朔者也。於父不服，於母只服六朔，罪大惡極，其有甚於此耶？余觀亂離以來人道滅絶，親死而人子自若，夫死而人婦自若，衣服、飮食、起居、笑語未有與恒人異者，此皆余不肖無狀之類也。反之於身，尤無所自容也，余亦本非木石，極天罔墜之性，猶不泯滅，則逢此再朞之日，其有堪於終天之痛耶？自欲追服以盡私情，禮無所許，玆不敢也。

過祭後二甥還，余請伯姊留待終制。余以眞寶縣監乃戚人也，爲求禫需，因人奴馬而往焉。旣見眞寶，余請少留僧舍，聞有齋庵在縣西十里許，遂往投棲。【挻生亦從余矣。】閉戶看《啓蒙》，潛心靜慮以過旬日，自驗靈源經憂患喪亂來，猶不汨盡也。

余少時喜棲禪窓，中年苦被患，故纒縛，每歎不能振拂，幽探舊跡。況又兵火以來，若非深山寺刹皆是焚蕩，故益難山棲之路矣。今者此來，偶然得此靜棲，良可喜也。太守繼以粮物，寺僧又頗厚之。僧云："夏間有一鄭生員亦棲于此。"【十餘日而返。】所謂鄭，亦余戚兄也。臨還，寺僧以紙一束、鞋一着、菁白三十餘本爲贈，余感其意繾綣，不能却。告別主倅。主倅以祭物若干見惠，頗有相厚之義。時族弟張悌元、友人朴成一，亦曾流寓于縣內，相與敍阻，益用慰豁矣。歸路欲尋拜蔡兄，相違不得拜也。

余在眞寶時，自慶州有賊至之報。余以此急還。旣還，聞賊非長驅，只焚蕩近境，而府陣唐兵與賊交鋒，唐兵致敗，死者最多云。余至寓數日，崔姊之女死於余寓，卽措板木，葬于寓側之山。崔姊於吾一家最先死，而有二男一女，今皆沒盡，崔兄又不知其死所，爲天所棄絶，有如是耶?

十一月，余以寓中粮乏，得綿布二端，率挺生與婢兒，赴義興鄕市，貿粟斗。其日適大風甚寒。挺生氣弱身凍，舌澁【不能成語。】脚硬，【不能運步。】遂脫余衣，裹載馬上，身如木僵，不能屈伸，中路墜落，頭倒頂[13]穿流血。【被衣。】余疑必死，縛載急馳，投入炭池，飮以煖羹，漸有生氣，翌日還寓。余歎自無資身之策，躬往趨利之地，持匹木易斗粟。旣已困矣，而致令孤兒幾於凍死，殊可傷也。【盧甥景任來辭老親將赴京師，因覓粟碩遺余經冬。渠於丁卯秋中第，卽爲校書正字，亂後升著作，無行資，不得

13 頂 : 원문에는 巛頁로 되어있으나 頂으로 보고 번역함.

赴闕，至是始行。】

是歲有閏十月，余於十二月卜日，暫行禫事。翌日盧懼仲奉伯姊以歸炭池。歲甲午賊在境上，如前歲元日，略備時需，用紙書別各代各位，獻以單酌，如節薦儀。有祝文以告不肖無狀禍延先世之意，仍藏各代紙錄，隨節開排，以行薦事。

三月劉都督將撤八莒陣，移營于湖南之南原。余欲赴其未發，往觀軍容。曾於去冬旅資既渴，賣所帶奴以繼之。及是出無帶奴，故欲令婢兒負粮以行。至軍威縣前，聞劉都督已發，度不可及，遂紆向石本村，擬訪朴純伯。既抵石本，純伯已還本居。【余遂投宿村家。】

是春民飢尤甚，【餓莩連壑。】土賊蠭起，無處不發，不必貪貨，殺人爲食其肉。故雖不持升粟尺布，身荷懸鶉者，亦皆見殺。【善山人生員金錫圭，才士也。身無所持，行向古村，竟無去處，蓋死於相食者之手也。余於是行只率一婢。】石本遺民，亦皆餓者，藍面菜色，禽形獸目，見余有橐，莫不轃眼。是夜坐帶弓矢，不接一眼以過也。翌朝早發，踰星嶺抵古村。【村是純伯本家。】純伯【方患濕腫，不能起行。】見余相喜，止宿三日，日採藪菜供焉，此野味也。因至省墳隴，家婢有寓于石積村者，遂投宿。翌日投道村，村有染證，到處皆臥，不能擇地，與病人同宿。翌日返于石積。

余以此行欲過星州，問諸親舊死生，又亡姊一女托在其叔父，因欲尋見。又往安陰以拜前妻母。【妻母從同壻成辨奎，竄于安陰，故欲往也。】道聞妻母已向關東。【從寒岡于江陵府，故遂停余行，然姊女在星州。】乃往星州，歷拜諸墓。入巖浦，蒿荻擁宅，不可披入。既入開房戶，有白骨亂積，即閉而出。村有戚人還其墟者，暫敍，至城內，問姊女所在，則其叔父已死於土賊，

【姊女與其叔母來寓城側。】勢旣窮盡，直待坐死。余不忍見，翌日招與俱來，還抵石積。然義城之寓，纔可以活吾數口，固無餘力，又寄於人，多有非便之勢。勢不可更率此兒，則思有以處之，只謀連其命而已，不計其他嫌也。同鄕有一人頗能信實，又著姓也，有其子求婦。余與之相議，彼亦信我，樂與爲親，遂於婢家草其禮以遣之。

此時余患寒疾，疾中遣其女，又所率婢兒病臥日久。【不瘉，似是染疾。】不得待其愈，余自先還。【又於中路疾作，苦苦行還，到寓稍安。】其後病婢死於石積村，嫁遣姊女，亦病死於夫家，【其夫家亦有染病，不知其死於何病。顧以亡秭之子，只有一男一女，而其生死又不可知矣。女旣稍壯，或先成家，則其幸如何，而又忽夭沒。】痛何堪忍？婢死不足惜，然自亂初帶率，經歷阻險，不離顚沛，在吾一家，功亦重矣，又此不保，殊可惻也。亂生以後，癘氣連熾，【壬、癸兩歲間，死者多由於癘矣。是春又盛，但痛輕歇易，不似前歲之病爲甚毒也，而人皆飢困，故死者亦多。】余旣屢病，又於五月間女兒亦屢病，人頗疑染，遂與姊家不通。

余於是春，盧懼仲惠以春牟二斗，遂耕於兄家之田，借人鋤治，頗可取實，見沈於水，還致傷損。臨獲，余率挺生，手自刈取，縱橫俯仰，執鎌握牟，積握成束，積束成負，亦皆有次第可就也。余未嘗從事於畎畝間，今於亂離之中，居然作一農夫。自此當知稼穡之惟寶，自安食力之吾分，侵晨理荒，帶月荷鋤，不獨爲淵明之閑趣矣。于今荒田廢野，無境不然，賊若已平，何往無地？今日余其試矣。

余自語於心曰："伊尹之於莘野，孔明之於南陽，昔皆躬耕之野人也。及其當濟世之會，逢救民之機，應成湯之三聘，回天下於唐、虞，感漢帝之三顧，扶王業於旣傾，固以出處有時，屈伸隨變者也。今我則在伊尹釋耒之日，而思執其耒，丁孔明掇耕之秋，而欲業其耕，古人所出，我斯處焉；古人所伸，我斯屈焉，其不異歟?”

旋自解之曰：“伊尹之所以聖者，不在於能耕，而在於樂堯、舜之道；孔明之所以賢者，不在於躬耕，而在於蘊伊、呂之才，非其道則民不可救也，非其才則世不可濟也。此伊尹不終爲莘野之野人，孔明不終爲南陽之農夫。方屈而有可伸之道，旣處而有當出之具，豈能恒於屈而久於處者哉？今我則道無堯、舜之道，才無伊、呂之才，世雖亂離，非可濟也，民雖塗炭，非可救也。此吾所以有屈無伸，有處無出，而終不免爲畎畝之人也。且伊尹之出，非自出也，有成湯而能出之；孔明之起，非自起也，有漢帝而能起之。倘使當時無三聘之成湯，則伊尹一莘野之野人而終矣；無三顧之漢帝，則孔明一南陽之農夫而終矣。而況聖賢何心於出處屈伸哉？出亦時也，處亦時也，屈亦道也，伸亦道也。一出一處而時則然矣，一屈一伸而道自若焉。若使伊尹 莘野之日，有應聘之心，則豈曰伊尹哉？孔明 南陽之時，有龍躍之心，則豈曰孔明哉？天地之間莫非事也，莫非地也，當耕而耕，吾事在是矣；當野而野，吾地在此矣。此天地之所以恢恢也，吾道之所以浩浩也，聖人之心所以蕩蕩也。”

余其心與口相語之間，日已午矣，於是陰雲忽開，新陽流熱，余遂輟鎌而還。【家屬頗賚是牟，得經是夏。】是月晦間往炭池，送盧懼仲之西行，渠除安奇察訪，將以肅拜也。豐基郡守乃前宰仁同之柳使君也。自是春有招余之音，蓋聞余流寄之困，欲少休之於其郡，以慰亂離中艱苦也。余亦聞小白山在郡境，思一登，賞以滌煩襟，遂借人馬於懼仲。【懼仲旣發行。】余卽還寓。顯道來自星州，自言："勢窮計渴，無所可歸。"余哀之，姑令流寄我寓。

六月初三日，所借奴馬至焉。卽率顯道，發向豐基，宿鐵破。翌日宿雲山，翌日宿安奇，翌日宿榮川地。翌日入豐基，既見郡守，慰我全活，館我於官側私家。郡守乃盧甥景任岳丈也。時景任拜佐郎，病不卽赴。將發聞遞職，遂停其行，留郡。郡人黃瑛，余戚人也，時爲鄕任，可頻見也。余請郡守欲暫棲小白山。且余欲寫古文《周易》，其措紙筆未能矣，至是既得紙筆，又借《易》本，益思就靜地而寫焉。留郡數日，得上小白山，山有寺曰"草庵"。【是余所棲也。寺在山之深谷中，四無所望，但爲幽僻地也。】翌日始寫《易》冊。【留七八日，止寫上下經、上下彖、上下象。】

佐郎追余止山，亦共留數日。【寺前有澗水，水上有巨石斗起，石上有老樹對立。】一夕有一壺酒、一笥肴，送自郡衙。佐郎請余停寫出看澗石，因招老髡，持酒肴後行。纔到澗傍，忽覺清風已爽顔面也。寺僧先路引登石上，既坐回眄，蒼崖綠樹、碧澗青苔，輝映乎其間也。令煖酒進肴，且飮且談，俯仰成趣，嘯咏終日。蓋自亂離以來，閑寂此一地也，從容此一日也。奔竄之時，非不履幽勝地也。【金烏、伽倻，高峻奇絶，嶺南最名者也。思一遊而未得者，幾許年矣，而比年奔竄，始跡兩山，以平日願遊之志，則豈不幸矣！】惟其奔竄非遊賞也，困迫非閑適也，紛忽非從容也。未必有今日之人，未必有今日之盃，此其所以履高峻奇絶而不知味者也。

今日則是山距邊四百餘里，地既深矣；賊方有納款之心，時向平矣；從容溪上之人，亦閑矣；相與論眞語玄，既有人矣；相與忘憂排慮，又有酒矣。所耳者，溪聲也；所目者，山光也。碧潭照心，清風爽襟，坐幽寂而可以頤神，臨明潔而可以養精。於是乎世憂都忘，俗念未作，山外紛紛，摠不入於吾方寸中矣。而羲·軒至德之風、無懷·葛天之化，方做得於一石之上，則玆非所處之地、所遇之時，能移人者耶？以此觀之，君子所處不得不得其地矣。

既假於在外者，而身處之，尙得一日之閑靜，況得乎心上之眞境而長處之，則其閑靜之樂，當何如也？今日之所假者，山也、時也、溪也、石也、酒也、風也，猶足以忘世憂、絶俗念。況乎任浩浩之天，遊恢恢之地，入乎耳，無非眞化；觸於目，無非眞界，居而安，履而坦，與造化俱往來，與鬼神同出入，孰閑於是？孰靜於此也？且假於山者，出山則幽去；假於時者，時過則樂盡。離溪而聲絶，去石而地塵，酒醒而憂復，風止而昏生，安能長保其閑且靜也？

若夫眞境之人不擇地而靜，不擇時而閑，雖造次顚沛之頃，而恒於是也；雖艱危險阨之地，而一於是也。於此而富貴，於此而貧賤，於此而夷狄，於此而患難，所以生、所以死、所以窮、所以達者，莫不於此焉，其有往而不得者乎？余以此意詠一詩，以示佐郎，佐郎亦自有詩，皆不敢記矣。酒氣盡，石上寒，於是始入于寺。

其翌日又與佐郎共登白雲庵。庵在山頂，自草庵相距五里許。【早食後使僧先導。】有微細石逕繞向巍崖，【斷麓之側，透穿林莽。】委曲屢折，且進且退，匍匐而登。及至崖盡，有一開豁洞達處，此乃庵所坐也。庵爲新創，而制甚軒快，建庵之僧，時在庵中。僧乃虧陽之人，又旣老矣，而乃能探此奇勝，營此高建，非有心機者，豈能之乎？自言："亂前纔起，故有未訖功處耳。"問其名庵之意，則以其初來得地時，有白雲來着此頂，故僧乃因之以自名云。留宿庵中，到夜境益佳絶，使人精神百分淸遠也。

翌朝【飽豆泡而下。】還于草庵經宿。奴馬自郡送至，遂與佐郞同尋白雲書院。求香火謁廟，退而少歇院宇。雖不宏麗，齋堂平穩，信合藏修之所也。院址乃古順興府界也。【山回水潔，地最平曠，有銀杏樹，元榦旣枯，餘枝尙茂。人云順興爲府時所立也。古今興廢，莫不有數，順興方府之時，必不知今日之荒廢。今日荒廢之秋，又安知他日之重有官府也哉?】

將暮到郡，又留四五日。以盧懼仲自京來，旣約同其人馬而歸，故留待也。懼仲至，余卽告歸郡守。郡守優惠，以補窘之資。初非望惠，跡似求覓，雖不能辭，誠所謂“我心不快”者也。【佐郞亦作一行來覲。】至安奇留一日，又宿鐵破，而到寓七月初一日也。余在豐基時，聞後妻母訃音，至寓始見妻而弔之。【是春姊家種早稻二斗賜余，鋤治收食，乃於七月晦間獲之，乃三碩。得此殊無過冬之患矣。】

是時蔡兄適至，留敍二日，約余以秋末來同余寓，庶與之同去住云耳。豈料此拜爲終拜，此言爲永訣也哉? 八月余往八莒，葬妻母，來時歷訪純伯而還。【蔡兄旣約秋末必來，而冬初猶不來。】十月望朝伻自蔡兄寓來，言蔡兄發背疽已危云。余搜藥卽行，冒夜抵兄寓，兄已終矣。旣以未及見兄爲痛，而老病之姊號哭若絶，尤不忍見也。余留六七日，措棺槨權葬于寓東之山。旣還，復措人馬，以十一月初六日往奉姊氏，以歸于余寓。

余寓，今則同閭人李有章家也。此人旣隣姊家，余自平時往來姊家，來必相見，知面則素矣。及此奔竄而來，渠常致情於余，余常感之。是秋以余所寓之舍頹敗旣甚，恐難於過冬，遂欲移寓，而無其地。渠有大廳待客之所，余請僦居。渠無難色，且招之頗懇。其甥金敬元、敬男亦贊其力，相與編茅集木以補不足，使炊有其所，舂有其幕，又蔽前面，令有內外。【余於九月二十一日，始移于玆。】

余在前寓，其舍頹敗且卑濕矣，恒如墜沒，又似坐於泥塗，一日不能安其心矣。自其移寓於此，如處吾室，起居坐臥無不適意。主人又推誠示款，不設賓主。金敬元兄弟亦以其舅之遇我者遇之，余賴以安於是也。大槪主人天性開敏忠信，不學而然，其持己處家、待人應事，皆世俗所不能而能之，非出於勉强也。金敬元兄弟亦皆敏悟，頗能解文，有可學之才，余甚愛之。【十一月顯道歸于星州。】

乙未賊在境上如前歲，元日節薦如前儀。主人姊夫張萬戶瀚。【自京來于是村，以其家屬奔竄在是村故也。】渠以北戍功許通而出身，有武才、知是非，【旣與主人一家】亦與余有舊。隔墻而寓，日相與破寥，情甚親也。是春主人爲我畀田耕牟，畀畓耕稻，牟已收取，稻且俟秋矣。

余日與諸人，或從樵者於山畔，或從漁人于溪上，或傍流來往，或循野逍遙，有酒而招，未嘗不往，無情而接，不敢强顔。或對聖賢於殘編斷簡之中，或看兒戱於衾寢天地之際。挺生負薪，雇女汲水，賤婦朝夕供粥，亦足以安於所遇也。

是時自天朝許和倭賊，封平秀吉爲王。沈惟敬已至賊陣，告以其意，天使亦且將至。人云賊當歸矣，不知果爾否也。

萬曆乙未季夏初旬，錄于龜智山之寓家。

余旣錄避亂首末，遂爲之歎曰："夫一治一亂，世所相因。

其在上古，治日常多，亂日常少；中古以下，治日常少，亂日常多。然則逢亂世者，豈特今日吾東之人哉？然爲亂之劇，爲禍之酷，則未有如今日者也。以余言之，一家之親及內外門族之中，其存者纔百之一，則其不幾於盡之歟？不獨吾一家一門然也。在余所聞見，凡近方大姓巨族之千百其人者，能存十與一，則幸矣。玆不爲慘耶？求其亂亡之由，或皆歸數於國運，或皆歸怨於平秀吉，是皆求之於不在我者，而不求之於在我者也。余則以爲致運者，人也，招賊者，我也。人無亂亡之道，運豈不致而自至哉？我無亂亡之本，賊豈不招而自來哉？夫亂者，治之反也；亡者，存之反也。不治故亂，不存故亡。未有可治者能治而亂者，又未有可存者能存而亡者也。治者，何理是也？存者，何道是也？理得其所曰'治'，道不離器曰'存'。人物者，理之主也；國家者，道之府也。人物之理先亂於我，然後自彼之亂斯至焉；國家之道先亡於內，然後自外之亡斯及焉。擧余一家而觀之，可以驗矣。余氣本昏濁，質又浮薄，身爲一家之主，不能存心養性，刻意篤行，知以之不致，意以之不誠，心以之不正，身以之不修，使一家之人無所取法，則此可謂人之理治乎？追遠無誠，事親無孝，事長無敬，御下無慈，處事無義，待人無忠，使一家之內嘻嘻顚錯，則此可謂家之道存乎？人之理不治，此亂之根也；家之道不存，此亡之本也。亂亡之根本旣在我矣，則有吾今日之亂亡不亦宜乎？驗於家者如是，故妄意以爲國家之致亂亡，亦不外此。近年以來，我國家上自一人下至兆庶，其理可謂治乎？上自朝廷下至閭巷，其道可謂存乎？曰君也，曰公也，曰卿也，曰大夫也，曰士也，曰民也，名則有矣，而未見職其職，則不可謂人之理治也。曰議論也，曰政事也，曰取捨也，曰是非也，曰學校也，曰軍政也，事則有矣，而未見實其實，則不可謂國之道存也。理旣亂，而人物不亂，未有其理也；道旣亡，而家國不亡，亦未有其道也。然則其亂久矣，其亡久矣，但人自不知耳。自亂其理，自亡其道，而曰：‘今日之亂，國之運也；今日之亡，倭之致也’，其亦不思而已矣。由前之跡，循舊之轍，徒規規於事爲之末，而曰：‘亂可治，亡可存’，則其能然乎？余不知也。”

或曰：“子錄避亂，當止於一身一家顚沛困頓之跡，而多括外事，且發議論，可乎？”余曰：“事雖在外，而所聞之耳在我；跡雖在人，而所見之目在我。況是非取捨之心，又在我矣，則錄之於避亂之中，又豈好煩文字者也哉？”

龍蛇日記

校勘·標點

卷二

後避亂錄

避亂後錄

余於乙未夏方在聞韶之寓，錄余避亂事跡，自壬辰夏至其年夏。其時賊尙列屯南陲，亂非有終也。而以余前無日記，恐歲久則必遺忘其所經歷者，故遂錄其夏以前事，只錄其大概，不能詳也。其後之事，亦莫非避亂之跡也。至丁酉秋，賊又大肆寇掠，其退復窟據前屯，至戊戌冬始撤渡海。余於其間幾經顚沛以至於今日也。今日猶且未返舊鄕，旅寄猶昔，豈非酷亂之餘困也。又慮乙未後流避之跡，亦不免久而忘失之盡也。玆拾其可記憶者而錄之，遂目之曰“《避亂後錄》”。余爲前錄在乙未季夏之初旬矣，其月以前無出入。其二十日暮，聞盧懼仲遽別於安奇。【安奇乃察訪本驛也。訃至於不意，余且痛且怪。聞其本驛人奔告于其本家，而其弟景倫卽日馳赴云，則果審其非虛傳也。】余以翌日同金敬元又赴安奇，其日暮抵喪次。則吾懼仲果沒矣。擧帷入哭，哀慘難狀。旣哭，問其致死之疾，則其在傍者，亦莫的其爲何證也。懼仲，善人也。早承庭訓，又其鄕善山也。善之爲鄕，自古多賢人君子，其所以取斯者，旣深且廣，故懼仲有孝友之行，忠信之德，晩年所就益加敦實。其諸弟之成立，皆其德也。而又於亂離中其所以盡力盡誠，保護一家者，尤非常人所可及也。余與懼仲生同甲寅，且吾伯姊氏爲其繼母，故余自十歲時與之同處同學，及長情意益密。余之避亂在聞韶也，始終資活，亦多其力焉。大槪其心良善，其志堅貞，其所造必不止此，故所望於後者，深矣。不幸遽爾至此，爲余心之痛，如何哉！且倫、任兩甥，失其一兄勢益孤薄，尤用歎惜也。渠固忠信乃其性也，故自爲馬官以後，且丁多事之日，其所責者，不但驛務，又爲方伯所信重，本職之外所管者且多其事。渠乃不憚其勞，隨事力施，而事益集，勞益苦，至於死病之作，而不自知也。

余於安奇留二日，看其喪事。【其時方伯令他察訪掌其治喪，府伯亦頗助之也。其大斂之夕，景倫眩亂仆地，若將殞絶。蓋遠地馳奔，連日喪側，勞執悲哀，氣弱不自支勝而致也。諸人急措藥物，以救之。】

其翌日余乃還。是月二十四日乃先忌也，而未及來奠也。七月初，懼仲之柩，自安奇過聞韶。【將向善山之本隴。】余又爲文以祭于路邊。是月初四日間，朴純伯自善山來投余寓，其將同余以浴于椒井也。余遂令家屬措糧物以從之，與純伯偕發於聞韶。【遇雨不能遠行，投宿于漆谷村家。】翌日抵安東·吉安縣之晩音村。村中有知舊數人，因訪之。則以村有七夕會，其人皆在會中，聞余至，固邀之，乃與純伯同造焉。數人者待之以酒，酒數行而罷，因宿焉。【其人皆曰："椒井不須遠行，此去十里許，亦有井浴之頗效"云。遂與純伯試往觀之。及至其所，則所謂"井"者，在澗邊，爲雨潦所被埋覆殆盡。且試其水，不見其有椒氣也。卽投村舍。】村有李進士光彦丈，納粟爲僉知。余曾一見，純伯亦有舊云，同訪之。【以年高失聽，與之話，非高聲難以通也。】及夕李以菜物遺之。翌朝發向青松。行由山徑石路，茂草被露跋涉，衣裳爲之盡濕。純伯顧余曰："須要履歷此深險境界時節，方覺有好意思。"蓋其言雖亦有意思，然何必以涉險蹈危爲可好哉。乃慮余有苦之之意，故爲是言以慰之也。【日晩下馬于谷底，坐澗邊，令具朝食。是行純伯所帶，則婢一奴二而奴妻一亦有疾從浴也。余則所帶者，童甥而已。既飯又行。】午後過青松。【府西五里許之地，青松亦有椒井。

余於己丑年秋，來浴之，頗似見效。但其井在澗水中，欲沐者必塞其澗流，移注井傍，令井中不受外水，然後椒水始專而可以浴矣。然澗流勢直，若遇小雨，所塞者必決，故隨塞旋決，年年改塞而浴之。此時過而問之。秋方初矣，浴者未至，澗未塞，井未修云。遂過之向眞城之井。】是日投眞城縣內入一幕。幕主乃榮川金參判奴子云者，不許接宿，辭氣頗不順。遂移入傍舍，乃眞城首吏家也。雖不拒之，亦不見處以廳房，故地宿于盧舍。翌朝送人于金順生。順生乃京人，而故通政金疊孽子也。【亂初適至眞城，阻亂未還。】有軍功，既許通，又出身，職受僉正，寓居于縣內。余昔往來京中，與其兄寧生【寧生，其名，而爲觀象監判事者。】有知分，其人頗雅飭。又於癸巳冬，見順生于眞城，則甚似其兄。因與語，語及其兄，則其兄已敗亡於亂中矣。因與順生又有知分也，故今行問之。金也請余過其家，乃與純伯共過焉。金也具酒羞以待之，且請同浴。既許之，卽午乃尋向椒井。井在縣東二十里之地。【境僻路阻，且行且憩，賴有一老嫗詳指其徑，得易達于井也。】至井，井廢不修矣。其往歲因方伯來浴，排幕于井側，其基存也。純伯乃令二奴卽修其井，浥去舊水，瀦取新泉，既飮之且一浴焉。【純伯乃以其水和午飯而飮之。有山店在井上數里許，投之以爲留宿之所。】其日已曛，有自深谷中急驅馬以至者。既至則乃鄭君燮也。以於其歲夏間余省姊氏于君燮之家，仍與君燮約以同椒浴也，故君燮待秋直到聞韶，尋我於所寓，則余已發行，故踵我而來，同是日而至井。其行亦先。問於青松，【椒井。】乃從府北踰嶺直來，故其取路異而踰險甚也。翌朝早具粥共餟，至井朝浴。其日晚金順生繼至矣。每浴四人共井，相與或談或笑，可忘其耐冷之苦也。純伯自初至之夕水痢乃作，夜必四五注，晝行亦無數，緣此氣困，浴數不能如平人。余疑其氣弱不支，深慮澌敗。然浴之不已，數日後痢勢漸歇。余與君燮深喜之，蓋純伯所病冷濕重也。【前此未試椒浴，今始來浴。】不知椒冷能與本證相中與未也。乃於累浴之後，痢患既歇，神氣頗覺淸蘇。純伯既自喜幸，余亦深相慰也。數日後金舜龍汝允聞純伯與余在井，佩酒來慰。汝允是縣之士人也，頗雅素可愛。知雖未舊，余已悅其爲人也。相見相慰，遂一浴一宿，而先還。【純伯長男弘慶，時在禮安，乃其婦家也。聞其嚴君至椒井，備酒羞亦來，仍留侍焉。金順生先一日歸。】余與純伯、君燮欲一兩日加浴。所寓村人頗惡客徒久留，多見於辭色，故遂止不浴。翌日乃發還，午後投縣鄕校。金順生以麵來，饋一行之人。此時一行之人，皆以翌日勢當分路矣。純伯【與其子弘慶。】轉入禮安。君燮以其祖妣墓在安東，【臨河。】就彼省謁，然後復與余會于晩音村。余則當直取還路，故欲於鄕校同宿而別也。其時眞城倅乃平海人黃應淸也。有氣宇，不喜世俗齷齪，以生員屢除參奉，不赴。甲午年間，憤時弊，上疏言之。自上嘉納之，特命超職，以此蒙除此縣也。【余亦曾聞其人。】今承來見，則時年七十餘歲矣。白髮蒼顔，古貌可敬，聽其言辭，頗有忠厚氣像。既行酒，又供夕食。是日禮安倅申順天有書轉致於余，言余蒙除報恩之事。既而聞韶任兄又送奴來，亦有鄭寒岡書自京轉至者，亦言其除授之意，且曰“不可不上來也”。余聞命震駭，自愧欺世之甚，乃又至於欺天也。純伯曰：“吾儕受職不就者，頗有不可之義。君其思之。”【遂共宿校樓。】翌日別純伯。純伯臨別復言去就不可不審之意。【君燮亦向臨河。我獨由直路，君燮卜馬，則隨我矣。】日午投金汝允家。其家在眞城之漁川。翌日午到晩音村，則君燮已先至矣。夕與君燮往拜蔡兄墓，相與悲咽而還。翌日還聞韶之寓，君燮偕至。余嘗論出處去就之義，蓋不可以執一論也。不仕無義矣，而學未優，則不可出也；學已優矣，而時不可，則不可出矣；時則可矣，而禮未至，則不可出也。冒進非義矣，而時雖不可，禮已至，則可應也；學雖未優，親已老，則可出也；貧無以自存，則可仕也。夫冒進者，不足道也，而不仕之中又有一不可者、一可恥者，徒知潔身之爲高，不知君臣之大義，一切無義於仕進者，是所謂“一不可”者也。中無自守之實，外假自重之跡，要以耀其名，高其價者，是所謂“一可恥”者也。一不可者，卽所謂“知之過而行之過”者也，其所以亂倫賊義爲斯道之害者，固大矣。然過而失者，人猶鮮焉。至於一可恥者，末世之通患也。何則？不仕之名，誠似美矣。學未優而不仕者，志之大也；時不可而不仕者，道之正也；禮未至而不仕者，義之高也。志之大、道之正、義之高者，非名之美乎？是故無其實而假其跡者，取焉。方其不仕也，世不曰“志之大也”，則必曰“道之正也”；不曰“道之正也”，則必曰“義之高也”。然其實則非志之大而小之甚者也，非道之正而邪之甚者也，非義之高而卑之甚者也。其心術之譎詐，乃有甚於冒進之陋淺，則其可恥也，如何哉？然則學未優，時不可，禮未至而不仕者，不仕之是者也。若其潔身亂倫與要名高價者，不仕之非者也。其間有或志似大矣，而終不能充其大；道似正矣，而終不能守其正；義似高矣，而終不能就其高。外雖有人爵能辭之美名，而內實無天爵自修之正學，則其初雖非爲要名高價者之可恥，而畢竟亦未免於欺其身、欺一世者多矣。故余竊以爲與其初似大而終小，初似正而終謬，初似高而終卑，不若其初姑出而應之，以晦其自高之跡，徐觀時勢而進退，求其志之所安者，庶乎其可也。況仕學非二道也。時又有古今，職又有大小，隨時應之，道在其中，要在不失其義而已。若余則不可謂無意於學矣，而少時失學，老而無成也。時則方丁大亂，國勢搶攘，非庸拙者例進例退之日也。所謂"禮"者，又後世之所未行也，雖誠有大賢碩儒，如不從科目而出，則必除職以起之而已。此外無他事也，則非庸賤所敢論也。家無老親也，又非爲貧求仕之時也。夫如是則守拙安分，自放山野，固其宜也，第以世有虛僞之風，賤名謬知於時。昔於辛卯冬除典獄署參奉，其時余以母喪方在憂也。又於甲午春，除禮賓參奉，其時余又流離困頓，不能赴命，則其秋又移除齊陵參奉，亦不得就職。此皆時所不能就者，非敢爲不仕也。今者乃至超授六品，以除專城之任，則顧何有可收之藝而乃至此哉？其所以自欺欺世者大矣。雖然心自未安，又若不赴，則其跡益涉於自耀，終未必不至於大可恥之地矣。故思一暫出以掩此跡，然後終當求吾所自好之志也。余遂以赴命之意，言于君燮。【翌日君燮留余寓，其翌日君燮歸。】數日後報恩下人至。尙山李峻叔平時爲是道都事，遺以鞍赤。吏曹令本道監司敦遣事，其關字自仁同至矣。

以七月二十五日發程。是時余在流離中，無以備行資。任兄以其服物及凡資措給，寓家主人李有章亦以衣給之，君燮亦送衣物。從人則任兄奴一、李有章奴一，騎則任兄之馬。時寓里人丁大男以其事將往京，請從之。余以其武人，欲以衛路，許其同行。遂由安東、榮豐，取路竹嶺。至嶺上有軍人十餘丁，【或斫木，或負土。路上有小幕子或一間或二間者，排在數處。】用大小木排列路左右，以爲柵形。【中通以爲往來之門者。】問之，則曰："此把守也。有將存焉。"【蓋朝廷以此嶺爲左道之要關，設此以備賊也。】越嶺由丹陽，丹陽，所謂"山水郡"也。聞之曾飽，而行有程期，不得探賞奇勝爲大恨也。路上逢郭參奉守智。【遂同飯相話。】渠言與余同被六品之選者三十人，而湖嶺之人居其半，物議間出，頗以所選不公爲言云。余聞其說愈自不愜。但旣在程，不得中止。遂由忠州，州城內外閭閻布撲，宛若都城。是日入城門，則瓦礫磊磈，灰燼尙積，茂草夾路，不別東西。【中有一弊屋，乃公廨之遺存者也，遂投宿焉。】時李詠道以連原察訪升爲判官，總掌州事，聞余至，出待之。翌日過樓巖，乃州之名坊也。在兩江合流之地，其在平時舟路通于都城，三道人上之京師者，必於此始乘船。【自京師下之三道者，亦於此始下船，故凡朝士、擧子、稅吏、行商皆萃於此。】其備船營利者櫛比，其居狼藉貨財，家各爲樓以臨江流，備設酒肉以待行旅。余昔赴試往來，未嘗不見而盛之。今日之過，只見蒿荻滿目，若非木石，豈無傷時之淚也？又由驪州過廣州境。【所行皆遠路細徑，藤蘿蘆葦蔽日遮天，人不得翔手，馬不得氂尾，終日而行，或不遇人。將暮欲宿，占烟始投也。從驪墟涉廣境也。】路上高峰頭有役人聲。問之，乃僧軍築山城者也。入城之日，【朝炊于東大門外。有巨室負山跨谷，有園有池，若非公子宅，必是卿相家也。階砌蕪沒，墻垣頹落，不知何姓氏其主也。日午入城。】始從東大門左右回首，他無所見，只見百草蕪塞，古川淙潺，頹垣廢階之隙，或有黍稷粱秫亂秀雨中而已。

宮殿何地？臺省何地？宗廟何地？社稷何地？凡昔日繁華文物，掃歸何地？驚心慘目，非復疇昔之所觀，【惟認白岳爲古岳，南山爲古山，門爲古門，川爲古川，故始信其爲都城。不然則不知是果爲古之都城也。】天之數耶？地之運耶？鬼神之所禍耶？人事之所召耶？其孰使之然哉？若不痛哭，將無以洩其悲也。余於馬上自言自傷，遂先尋入好賢坊，以坊乃西川君古宅，而寒岡亦方在此也。旣拜寒岡，又拜西川，坐不移。時吳翼承又以赴命而至。渠亦與余同時被薦、同除邑宰，故來焉。其邑卽湖南之鎭安也。於是遂與之同館。是日卽出新門外拜柳參判，參判乃先人內弟也，是時年將八十。【職猶帶禮曹參判。】其本宅乃南大門外也，而乃余祖妣之世居也，經亂尙免賊焰，甚可慰。【參判取房舍穩便，乃移處于新門外也。】先人與參判同養一家，情同親兄弟，而先人早世。參判每見余親撫之，不異親子侄。是日見余於亂離之後，旣慰其存保，又喜其蒙命。余亦省視顏貌，氣力尙頗康寧，極自慰悅。【及暮還入于好賢坊。】翌朝與吳鎭安同詣闕謝恩，又同經臺署，又約同日朝辭而出也。所謂"闕"，以私第而假之者也。【是時臺省、百司皆以私家排號而設廳焉。】留京之日所往見者，金東岡、柳領相也。柳領相曾未相見也，而其時累伻相問，且以盧甥景任爲其姪壻，似有連家之分，故乃往見之。金東岡謂余曰："古有見擧主者，金左相應南往見之。"蓋余被薦時金左相必有言故也。然余不往見也。

朝辭之日，又與吳鎭安共歷東岡，東岡出酒餞之。仍與吳鎭安連馬出城。【取路果川。至水原，又見路傍有山城之役。】路上遇秋夕。余與鎭安各一措壺酒，相與酌敍。行三日宿天安。天安郡守乃鄭好仁也，吳翼承知之，余亦有連係之分。翼承先入見。翌朝天安又出見兼話，我蹔酌而罷。是日與鎭安別於岐路，約以遞月簡伻相問。【及到縣，以懷仁縣經亂殘弊，合之報恩，故余先到懷仁。則下人殘疲者，尙自類分五六爲行，迭見而退，又有兩班五六人來見。或云："昔在校案，今爲盜將，或軍官矣。"官舍皆火於賊亂，以下人草屋爲止宿之所。】翌日發向本縣，中有一嶺。及嶺東北望，則有列峀縹緲於雲邊，卽所謂"俗離山"也。至縣亦無官舍，有平時鄕射堂者存焉。導余入其堂坐之，乃亂後接待使客此其所也。下人例見後，鄕品官十餘人亦見，校生十餘人又見。蓋此縣在嶺南、湖西之交地，似僻而野多沃，自古品官富盛，雖在亂後存者亦多，而是日來見者無幾。京中人因亂來居者且多焉，下人亦足使喚，居民亦不爲少矣。日暮又導余至五里許，入一小屋，卽所謂“衙舍”，而以吏家假之者也。其爲屋迫狹，立不直躬，又朝暮烟滿室中，不堪開目。余遂令置草屋於其傍，有房有廳以爲余居處之所焉。翌日將謁聖廟，聖廟亦遭兵火，有一校生能保護位板，賊退遂奉安于書院。書院乃爲金沖庵、成大谷創立，祠宇仍爲縣士子藏修之地者也，在縣東十里許三年城中，余往謁焉。縣士子自前校與院別案，校則不擇才行、門地，纔可以免役者，皆籍焉；院則必擇有才有行，又須門閥子弟，然後錄之。

是日校院儒生皆集矣。【余先謁先聖于廟院。】沖庵、大谷以先聖方安于廟，故移奉于傍廡。余又謁之。又成東洲悌元曾宰本縣，最有治化，縣人不能忘，立祠宇于鄕射堂之北，而歲修祀事，亦火於賊兵，又以其位板奉存于院之齋舍，余又謁之。既謁坐明倫堂，而校院儒生皆在焉。遂歎兵亂中先聖賢祠宇皆不免辱禍至，乃位板所安，皆非其所，以士子之有才質年富長進者，亦皆廢業。告以自今稍可收拾，相與作振之意，因致酒三行而罷。蓋此縣前有沖庵後有大谷，又有鄕之先進頗有可式之風，又有成東洲作宰振勵之化，故縣之士子頗自矜勑者多矣，而今則因亂困頓，不暇自治云耳。余以爲爲邑守者，例以下人爲欺罔守宰，侵漁村巷，乃其本習也，乃其常情也，不復以爲教導之可及也。柔者置而不問，使之益恣；剛者抑而制之，杜其遷改之路，皆未得其當也。余則以爲彼亦人也，亦不無開導之理。遂問於鄕論，擇吏之稍淳實者，差而目之曰“吏察”，令掌下吏中勸懲之事；擇奴之稍謹畏者，差而目之曰“奴察”，令掌官奴中勸懲之事。凡有善惡，皆令聞之，以施賞罰之式焉。聞者或笑之。至於一鄕之勸懲，則又擇一鄕之有識有望者掌之；各里，則又各有有司者以掌之。每月必有會，品官則以朔日會之，相與議人民利病、事務得失、風俗善惡等事，以告而施之；儒生則以望日會之，相與討論經史、謀議學校、責善規過等事。余到縣十餘日，有上番軍領赴之闕，乃至天安點閱，仍赴都下，先謁于柳參判，【時寒岡以承旨爲問安使，赴天使所駐，故余於入京之日，得暫拜焉。】外官入都下，有肅拜之禮，遂詣闕行拜而出。以所領軍不齊集，故留五六日。又見金東岡所領軍事旣畢，又詣闕拜辭而出城。鄭外姑及成亞辨奎賓如內氏，曾從寒岡於江陵。是時來京，思欲南還，余遂奉之以來。【又取路果川、水原。】旣還縣數日，因事往宿于俗離縣。【適有唐人之撓，又日寒不得遊賞其山也。】自俗離仍到大谷，入見精舍，窓戶玲瓏，幽閒明朗，果合高人遺世肥遯之所也。【精舍之傍有小溪，溪上有小巖，古木蕭森，階壇潔淨，眞可愛也。】仍訪先生墓所，略備祭需爲文以祭之，縣中士子頗集焉。祭後暫酌閒話，備問先生故跡，至暮而還。余本非久留之計，而到縣以來，時政之所及於本縣者，與本縣時勢無不矛盾，如欲不計事勢，一一應之以文字所及，則必蕩盡根柢而後已；如欲保護根本，不應虛文無實之務，則不但守宰之道有所未安，責罰又從而及之。當此時，固非庸才拙手之所能爲也。其可以久稽於此，上負國家字牧之寄，下致民生散亡之痛，中失吾平日之本心耶？是時兵使則元均也，【以本營在內地，非賊路所直，以朝廷之命。】移營於文義。凡所求責欲同平時，各邑少不及令，則必欲椎杖殘刑色吏。【余聞之於人，則被其刑杖加於臀，腹裂於內，故杖下無不卽殞云耳。】巡按御史，李時發也，年少有才氣，便爲才氣所使，欲效奇立異，頗傷於大體也。又有所謂“選鋒將”者，此乃柳領相所建白以設者也。其初以爲當取庶孼中有智慮用力者四人，名之曰“選鋒將”，各掌湖西四界首，乃令【四人者。】各自抄拔精用之軍，以爲其卒。於是四人者橫行郡邑，驕亢作氣，雖重秩守令，有所不饒。【其抄拔之際。】出入進退惟其胸臆，曰：“軍粮辦出”，曰：“軍器造作”，紛紜騷擾，有不可勝言。【掌淸州界，以本縣之俗離寺爲其鎭也。縣又有古來山城，卽書院所在也。縣人傳言新羅所築，築之三年而成，故曰“三年城”，不知其果爾否也。】是時朝廷方以山城爲禦敵之第一策，故本縣三年城亦在當築之中。其築城利害，非腐儒所能知也，而殘民洶湧，以此尤極焉。縣又有把守將，【以本縣與嶺南之尙州接界，其爲要害處也，乃設把守。】置將置卒，將則一人，卒則一番十人，自縣供其糧饋。縣又有採銀官，【以俗離山下産銀。】朝廷又取庶孼勤幹者，管其採鑄，役軍糧物，皆自本縣責出。是時右相李元翼以四道體察使留營于嶺南之星州。【四道卽嶺南、關東、湖西、湖南也。】封倭天使，上曰李宗誠，副曰楊邦亨，時在東萊倭營中也。余於十二月三度呈病于巡察使朴弘老，則不許啓罷，姑止不呈。丙申猶在坐嘯之席。兵使令淸牧爲主將，聚列邑軍，習陣于其州。余亦領本縣軍赴之。徐淸安行甫亦領軍而至。習陣之日，皆以戎衣服赴陣，與行甫馬上相對而笑。陣罷淸牧暫設酒請諸官酌話。淸牧乃李巖也，以善治名一道。余於二月末，又三呈病狀。鄭稷貞甫來覲外姑，以余決意棄官，故請貞甫奉外姑還京成。內氏歲前已歸安陰。余雖狀不見聽而決發行，乃三月三日也。本縣品官及士子設餞于郊外。余下馬只受士子爵，於品官，則辭之。旣離縣境，超然若解去倒懸也。余自是日又便是流離之蹤。前者雖寓義城，義城本非吾所，不可復往。玉山雖吾本土，草墟而已，歸無可依泊。惟朴純伯曾入一善，故居可以往托，乃取路尙州，宿州內。

是夕成浹士悅來見。翌日來宿于善山府內驛里。翌日渡月波津，直抵古村。純伯、誠伯見余至，且喜且怪，【余告以棄官來托之意。】遂虛其一室以處之。是時古村之人有許顗仁叔又許兄應虎，前冬乃自西陲始還故鄕。【以其本村無可泊，亦來托于此村。】又高沖雲汝龍在隔峰之地，相與往來談話。【純伯、誠伯則晝夜朝暮恒與之同處。】又有幼少輩純伯四子、仁叔二子及吾甥挺生，而張乃範亦以其子慶回送從之。吾從弟顯道，【曾從報恩同余而來。】亦在吾寓中矣。或觀書冊，或談農桑，或歎時變，或說亂離艱苦，或與之徘徊山野，以之消日焉。是時賊屯境上，天使時未發船，天將領兵駐京，天兵差官、本國使命絡繹道路，而各道邑儲虛渴，無以應供。爲守令者，或見侵迫於唐人，或被譴怒於諸使。曾見天安郡守鄭好仁逢怒於唐人。唐人以釰脊亂擊其背，幾至死傷。淸州牧使李巖受忤於兵使元均，乃被杖臀，至見提曳困辱者，又無數矣。故道傍守令實欲謀避者，比比有之，朝廷特嚴棄官之律。余亦已知其必受重罪，人亦以此欲止我歸。然竊自料之，棄官之罪，罪有定律，若久稽不職之地，欺上欺民，又負吾心，則其罪無律可擬，故遂決其歸，歸後常待拿命。果於二旬後，義禁府人至焉。時忠淸監司李廷馣也。初到界厲威之日，乃聞余歸，重其啓辭，峻其歸罪。故自上亦怒，斯有拿致之命也。翌日遂發行。純伯資送路具，誠伯脫衣以給府人，從弟顯道從行。【乃宿善山府內之驛，翌日宿尙州。成士悅又來見。】府人不由鳥嶺之路，必欲取道報恩。【蓋意本縣則當乍有例贈之貲故也。】翌日宿報恩縣內村家。夜中縣中品官及士子多集，或以壺酒酌慰。余以爲罪人在路，笠子雖不得不掩其首，網巾不可着也，遂脫網巾行矣。有一士友京人也，乃曰："凡入王獄者，笠則脫，網巾則不脫。"余乃還着網巾。翌日到清安。徐行甫見我笑之，我亦笑之。【自清安行三日。】到水原，是日聞唐人之由把撥往來者，頗急促，似異於前日云。【乃以上天使李宗誠留倭營已久，不卽渡海，恐未發而有變；且得渡海，慮又有難測之虞。遂自倭營脫身躲出，故有是擾也。】然余則未知其詳也，只慮賊或復爲衝突耳。至果川，始聞天使之逃。是時京城洶動，以爲賊且將至，故天使逃也。市中貨貴米賤，【一匹布直一石米，草鞋之價白米五升云。】蓋城中皆治奔竄之具，欲販輕物而行也。其日投宿柳參判宅。翌朝入義禁府。府卒以鐵索繫余頸，曳至府庭，府官令就囚中。【其時先余在囚者，武官爲堂上者一人，又報恩前縣監亦爲縣時，不謹方被繫鞫矣，又武官前爲郡守者一人，則同余入囚。此只與余同處者爾，其在他地者，則余未之知也。】

朝飯後，【府官考囚案，以次出致於庭，將以問元情也。】府卒又以鐵索曳余至庭。【令坐，抱杖來者立余後，從余首，越投于余前，蓋示府威之例規也。】旣而俾進廳下，始受元情，受訖，令還就囚。蓋其朝入囚，卽以某人就囚，進啓文于上，乃府式也。【賤姓名亦已達于其朝矣。】乃於拿命旣下之後，經筵官以待士之道拿鞫爲未便，陳達于上前。又巡按御史李時發亦啓陳其救護之意，故上意已解矣。及就囚名目已上，則卽下放送之教矣。而教未及至府，故乃有問元情之事。【亦以諸親轉請府官，速其鞫事，事要易畢故也。】余自庭至囚中，纔一食頃，上命乃至府，官卽命解出。余出新門外，拜見柳參判，卽往好賢坊拜外姑氏，又拜西川君，又往拜金東岡。報恩人，以木綿、米太等物載送于京，俾爲獄用。余旣放，皆不受而還之。翌日余帶顯道發還。【取路漢江，由竹山行三日。】又抵清安，留一日。余在善山時，家婢引純伯婢，逃向上路。及今聞其來接處，請清安令捉致。余以家婢則不順不可復近，卽逐之，只率純伯婢以來。純伯此婢，【乃於去年眞城椒井時所從者也。】頗勤實可使喚矣。余自淸安取路山谷，頗多奇絶。至龍化村投宿，適有從弟婢亂前逃出者，居其地。翌日幷其婢率來。路傍有小幕子，顯道因問路入之，其人與余乍有知分。聞余過，遂持白酒，以當歸新莖炙而肴之，出饋于路左。余頗味之，非味其酒與菜也。山酒從山村出來，又以山菜爲肴，其爲山趣爲其可味也。是日終日所行無非山谷，澗流之傍，樹木翳鬱，不見天日，巖巒峭崒，直揷雲衢，躑躅爛開，路傍紅影，倒映溪流。凡一曲一石皆可坐可賞，而行不從容，未之暇也。自此經二宿而至善山之寓，純伯、誠伯相見慰悅。共坐池邊梧樹下，酌醪舒歡焉。夫吾一出，本非所樂，而畢竟顚沛，乃至於此也。雖其顚沛，吾之所以不喜，縶屈之志則遂矣。人或以爲旣出何可卽入？如其卽入，不若不出，初何心而出？又何事而遽入也？我則以爲義苟可出，何必預料其可入之勢而不爲之出哉？勢苟可入，何必復泥於旣出之跡而不爲之入哉？出不期入，入不繫出，一出一入，可久可速，時焉而已者，不亦可乎？況若誤出，尤要速入，出旣誤矣，而又從而久焉，則其誤愈深矣。曷若速退以補其前誤也？吾所見者如是，故前後雖有人言，不自惑也。余自是後爲天放之身，日與知心之友恣意徜徉於林泉之下，追憶旣往之跡，便是南柯一夢，其何能追余蹤而累之哉？余留歇旬餘，又以星山先世之隴久廢省掃，於是造餠酒，具熨餠及魚果數品，携從弟以往。先由仁同，遂適星州，歷省諸隴，仍訪巖浦諸戚。又以呂姊夫婦子女俱沒於癸巳之瘟，　假埋於其先塋之下云。而余在流離，未曾尋見，此行必須尋見，待秋當爲營葬，遂尋其墓山。至元堂村得之，遂披草拜哭以奠焉。以奠餘招饋山下人。　仍轉向蘇冶村省拜于高祖墓。【日暮投宿戚孽李順迪之幕。】翌日還巖浦，復敍諸親。遂還仁同，則張乃範爲備祭需，乃祭于考妣墓。仍歷訪諸親敍盡阻鬱，然後乃還古村之寓。又措酒羞，令童輩奉之往奠于崔姊墓，【墓距古村七八里，乃崔門族山也。】崔姊曾於癸未歲亡矣。【以平時故頗厚葬也。】　壟下堆圮，【但經連歲之亂，廢爲無主之墳。】叢木亂卉，埋覆塋砌，野火又從而燒爇，殘枝爛幹浪藉周匝。遂與諸童撤去之，又掃除然後奠焉。姊本兩男一女，並沒於亂離中，姊夫則又不知死所，故姊墳永作孤墳，其爲悲感不可勝言。姊墓之上有崔左尹應龍墓，左尹乃姊夫之季父也。余於少時以連姻之分，曾納拜焉，故遂就其壟而禮焉。【壟下石物極其壯盛，左尹之孽子弘儉設之也，碑文則高提督應陟述之也。還時過鐵床村，卽吉冶隱後裔所居也。頹垣破階，隱見於草莽之間，雉兎群遊而已。有黃梅爛熟於墻側，諸童爭摘焉。】及暮還寓。是時寓資雖屢絶，賴純伯爲主而資之，且被親友助遺，足以連朝暮之食。又能隨分造酒羞，以致奠于節日及忌辰也。五月旬後，又以蔡姊在永陽鄭君燮家，隔歲未拜，故往焉。帶二童一奴而發。【宿于缶溪都元禮家。】翌日抵永陽之鳴項，卽君燮家也。入拜姊氏，退叙諸友。君燮之季父，其名三近，其字德一，與余同甲寅也。而少時相知，中間阻濶二十餘年，乃於前歲夏相見於亂離之餘，不忘舊義，厚示繾綣矣。其死已在前冬，故遂就哭焉。仍留鳴項十餘日，日與汝燮、君燮同處焉。此閭乃鄭圃隱舊居也。【君燮兄弟乃先生傍裔，故世居先生舊墟也。】　洞口有孝子碑，以題先生之號，而【歲久字畫不能炳然。】上爲屋以庇之，懸板【其北楣。】以刻孫舜孝所製辭，其首句曰：“文承相忠義伯，肝膽相照云。”其下又敍孫公製辭致慕之意，乃君燮之祖考進士琚之述也。孫公爲本道監司時，巡到本郡，夜夢先生驚起，招郡守問先生舊跡。郡守又問于下人，遂始知先生舊閭在郡地，而有碑在焉。孫公聞而慨然，卽以翌日馳禮于碑所，又命郡守立屋以庇其碑，周垣以護其屋，仍自製辭以致其敬慕之義者也。又歲久而板丈刓缺，則進士公遂新其板而改寫其辭，又重修其屋而稍大之云。則以此知孫觀察公亦非尋常人，而進士鄭公又能以傍裔守先生舊基，護先生孝碑，以啓其繼述之義，於子孫其亦幸矣哉！又於兵火時此屋乃幸見保，而閭側有悍夫，因亂離中鄭之一門散亡皆不在故居，則乃撤其碑屋之瓦，以葢其家。【適有一士人過而見之，痛呵禁之，故屋瓦免其盡撤。】君燮兄弟歸而聞之，痛而讐之。遂轉告于一官員，囚致撤瓦者，屢加刑杖，然後釋之，則雖未足以大快衆憤，然使閭里間頑悍之徒，尙知夫尊重先生之義焉，則亦不以不幸。而其所以能效其誠者，實乃君燮兄弟能繼能述之孝也。然則進士公之志其永不墜，而先生節義其亦資是而益彰哉！碑以孝子旌之，蓋此碑之立，其在先生大節未立之前乎？以先生學問之大言之，孝只是一端之行耳；以先生節義之高視之，孝乃是一家之善耳。然其所以致學問之大，立節義之高者，豈非一孝爲之本哉？學問之大也，則爲東方道學之宗統；節義之高也，則扶東方億載之綱常，先生之孝其大矣哉！余遂與君燮兄弟屢往而瞻仰焉。鳴項之西北五里許有一孤陵，【峙在大野之中、溪流之上。】郡人爲先生立院祠于此舊矣。其地勢之高塏也，固宜於廟宇尊崇之體；其面勢之爽豁也，亦合於莊修作成之所。況與先生舊墟不遠，其碑閣乃在坐起瞻仰之中，則其以爲感發興起之地者，益有親切矣。【郡人旣大致其力，縉紳之銜名來南者，無不爲先生而效其誠，故廟宇堂齋之備，典僕貨財之實，比他院爲尤。】乃火於壬辰之賊，今只有其墟，余又與君燮兄弟一往見也。君燮兄弟欲同余還程，偕至善山，因訪朴純伯，乃於其月下旬間發於鳴項。 二友引余以先探立巖， 然後作行。立巖者，永陽之東北最深界也。有巖屹立於澗流之上，可十餘丈，巖之北數十步之地，山回水繞，最合卜築。鄭君燮及他數友人因避亂得此地，各設茅屋。亂雖已，數友者欲因以爲深棲之所焉，非獨以其深僻合於亂世之居，又以立巖勝致不欲捨去故也。【是日也終日沿溪傍崖，愈入愈深，溪百曲、路百折，或穿綠林，或紆危巖，有亂石錯布溪畔處，有盤石平排潭上處，皆可一坐以賞之，而慮日暮未暇徧坐焉。】至暮促馬石徑入一洞門，則有屹然巋然特立於兩山之間，以當一谷之口者，便露其形，卽所謂“立巖”也。二友指示，余馬進進，遂抵巖下，近而仰之，果奇觀也。二友引余從巖之南，渡溪而北下馬，紆步陟一松岡，乃立巖後一斷巖，狎對立巖，其上平隆。而數友開拓其上，且砌其傍，以爲一臺者也。權克立强哉，君燮姑夫也；孫慶南吉甫、李友說汝益，皆君燮同志友也，皆同君燮卜築于此者也。數友爲主人，賓我而待之，相與列坐臺上，呼酒以酌，松飆爽襟，溪光射空，宛一仙界，似非烟火中村也。翌日留于此。數友導余，或于臺上，或于溪畔，或相携徜徉，或班坐酬酢，網小鮮而膾之，炙兒鷄而肴之。旣醉，取水磨白片石，令君燮題長幼姓名擬作淸遊之契。指立巖而誓約，題此石爲鐵卷，令善攀登者，藏之巖隙，以爲他日考焉。翌日遂別三友，共君燮兄弟徑由立巖之西山，以向聞韶。終日所行，皆林莽蔚密，人跡罕到之路。余懼暴獸，馬上拔長釰耀之至，或樹木翳蔽，笠礙衣拘，必手揮釰打撥開防壅，然後行焉。【日午至實峴，山北深谷中下馬，林間煖酒以飮，開飯以喫。】覆盆子爛熟，道傍赤被綠莽，童輩爭摘誇多，至忘飮食，取而見之，則窠大如柿子，顆圓如榴珠。

遂促童以行，間或失路，無人從問。一谷有小店數幕，問之，則曰："靑松地也。"將暮投一村，【村前有大樹，就樹下夕炊。】主人自外來，問其姓名，則曰："達城徐姓也。"問其地，則義城境也。遂空其産婦之房而接宿之，出酒果以待焉。翌朝至氷山寺，【朝食後携兩友。】賞氷于氷穴。【下川申上舍應純諸人及嘉音兩班數人亦來其寺矣。氷山下有書堂，因入暫憩。】暮投炭池內，以伯姊氏方在懼仲家，故爲入省拜也。【君燮兄弟以其先君與懼仲同蓮榜有世分，故請入哭奠于懼仲几筵。】翌日至下川，拜任兄及姊氏，宿于李有章家，仍留數日焉。六月初乃還古村，純伯、誠伯喜余携兩友而至，相慰談笑焉。兩友留古村數日。共純伯相與往月波亭觀之，將白酒一壺酌于樓上。【暮宿餘次村，以盧甥景倫在此而待之也。適値陰雨，不得徧視而還。】兩友以離家已久，且有先忌，不能久留。雖相從幾月，情不洽然，臨別頗不禁黯然之思也。【余以所寓之室旣卑濕，又淺窄無藩蔽，純伯又空其宅後書齋以處之，頗爽快無淆雜，居之甚便，但汲路稍遠，一赤脚每以此苦之。】余甲午夏寫《周易》大文，以無程傳、朱義爲大欠，乃自解縣來，始具冊子以寫之。【以誠伯有《易》本雜一秩，故考傳焉。】誠伯有書堂，【廳房各一間者。】額以風雷堂。純伯又於亂前新搆大廳而未蓋者，是春拾瓦以蓋之。雖未布板，亦高廣宜於暑日。得二舍免於兵火，乃一幸也。遂與兩伯晨起必會坐于此，三人巡筆以寫冊。【食必對食，飮必對飮，未嘗相離。日曛始罷，寢亦連枕，夜居多焉。】寫《易傳義》畢，余又考校加朱點於句讀。又純伯有《禮記》唐本，余又具冊子以寫之，紙不足，不能盡傳，則就其中取最緊十餘篇以寫焉。余自是夏患眼疾，所寫兩冊子兩伯手墨爲多矣。或授諸少以句讀，或互看他書而講究，有客則接之，有事則應之。又或風和景明，則相携長幼，或步或騎，惟意所適，徜徉終日，近則【寓北之松林也，池上之桐陰也。】洞口之碑丘也；稍遠則【洞南之栗嶺也，洞北之朴嶺也。】洞西之蒼髥亭也；又稍遠則寶田之江邊、石峴之烽嶺也。所謂“碑丘”者，兩伯之王考龍巖公孝子碑也。公受學於朴松堂，與眞樂堂金公爲金蘭友，學問德行有非後學所議，隱德終世，孝其著行也。【鄉人聞于朝而旌之。公之所以孝者則，略著於碑陰。碑陰之述，崔左尹應龍，而書之者純伯也。立在洞口，前臨大野。於是乎徘徊，不但致慕之思，觀望風烟，亦足以暢舒幽鬱也。朴嶺乃古村之主山也。】蒼髥亭乃高杜谷之前麓也。亭曰“蒼髥”者，杜谷名之也。杜谷名應陟，疎於世務，不爲時用，日以文詞爲娛，且喜言理學。而余不知理，不能審聽也。時除安東提督，往來本居，故余得頻拜焉。大槪性喜朴素，心惡巧飾，蓋好人也，而直情徑行，不諳事理，故衆皆迂之也。以上諸地愈遠愈豁，愈登愈快，而以純伯素多病，惡濕惡風，余亦有眼疾，緣此不能恣意遊適也。兩伯爲我措耕數片田，故使單奴單婢日耘治之。【奴曰“目石”，婢曰“阿木德”。奴自宋婦家來，婢自京畿來，皆非舊使喚者。而奴性燥輕無實，婢性亦似之。遂交作雌雄，以輕燥相扇，不能勤實，殊非所謂“童僕貞”者，旅困所以甚也。】是秋八月有閏，其閏月之朔日有食之，旣白晝便昏。余與兩伯方在風雷堂，目見而傷之，令諸少賦日蝕，余亦賦之以示兩伯。是時右相李元翼爲四道都體察使，方設營於星州。李相爲人清以持己，簡以執德，忠以事君，恭以待人，旣有動人之誠，又有剸煩之才。曾爲平安監司時，西方之民愛戴如父母，恃賴如干城，故一時物望以爲當今之諸葛亮云。今以體察來莅南道，其所以鼓衆志、感民心，戢貪吏、威悍夫者，似不愧於古之名相。惟其所短者，不能樹立大統體，不能轉變大機軸，故識者則已知其終不能立大功業也。是時朝廷以築山城爲禦賊不易之長策。余嘗以此築山城一事敢揆其利害於私見，則夫天險不可升也，地險山川丘陵也。王公設險以守其國者，聖人之訓也。然則據險禦敵，固不可已者也。然而城雖險矣，守之者軍也；軍雖有矣，用之者將也。故有將然後能有其軍，有軍然後能有其城。不能得其人，雖曰有將，與無將同矣；不能得其民，雖曰有軍，與無軍同矣；不能有將有軍，雖曰有城，與無城同矣。何謂將得其人？惟能有仁、有威、有智、有勇者，卽其人也。有仁然後能結軍心而不使之叛，有威然後能畏軍心而不使之違，有智然後能料敵制變而必於取勝，有勇然後能禦强敵衆而必於決勝。仁非姑息柔之謂也，威非刻酷慘刑之謂也，智非妄作巧避之謂也，勇非匹夫儇捷之謂也。順士心而盡人能者，眞是仁也；明號令而信賞罰者，眞是威也；見無形而察未露者，眞是智也；迪死心而得死力者，眞是勇也。仁與威者，統軍之本也；智與勇者，制敵之用也。將有是四者，然後士心有所歸、有所定、有所恃、有所服，不敢各心其心，惟將之心是心焉；不敢各身其身，惟將之身是身焉。與之勞而不以爲勞，與之死而不憚其死。以此之將將此之軍，則雖在平原廣野、梗敵强賊，尙不可逞其計而犯我鋒，況據險乘勢之地乎？不然而將非其人，則莫靈者民心，何所結而不敢叛，何所畏而不敢違，何所恃而可定，何所服而可歸哉？雖有百萬之卒，難保其能守能戰，況軍非百萬之多乎？雖有百二之關，難恃其可保可全，況城非百二之險乎？今者聖君宵旰於上，賢相夙夜於下，其於中興之道，豈無用心哉？然而已去之天心，未有以回焉；已離之民心，未有以收焉。將則非其人也，軍則孑遺之氓也，兵則百械俱未措也，粮則列陣皆無儲也。當是時雖有百城之險，何軍以守之，何將以主之，何粮以繼之，何兵以禦之哉？惟朝廷不量將才，不度民情，不揣財力，不論形勢，惟以多設山城爲至計，則浮薄輕燥之輩、承望風旨之徒，爭進設險之策，競興勞民之役。曰：“某山有古城，可以修之；某地好形勢，可以築之。”有能陳築城之利者，必曰：“斯人也識時務矣。”有能告築城之地者，必曰：“斯人也憂國事矣。”故本道之內當時所築之城，至十餘所矣。役孑遺攻玉石，而農失時焉。驅負戴輸兵粮，而民竭力焉。空築無將無軍無兵無粮之城，人皆以爲必陷必敗必死必盡之地也。而至今驅老弱婦女而俱納其中，則識者憂之，狂者笑之，愚者憤之。憂者憂朝廷之失政也，笑者笑虛築之無功也，憤者憤驅民於死地也。時李體相方督其役，以裵楔有幹事之能，有將帥之才，自密陽府使移爲善山府使兼防禦使，俾掌金烏之城。余寓乃其境內，故日聞城役之政，曰：“某日體察使上金烏城矣。某日某州某郡某縣之軍役矣。某日收釜鼎納城矣。某日收長短筵席納城矣。某日收大小甕器納城矣。某城僧軍赴某役，某官匠人治某工，穿井幾處，伐木幾步。爲某任者受某刑。某地軍人幾名斃於役某地，牛馬幾匹顚仆於路。”又有令曰：“各里大小人民籍老弱男女。”又有令曰：“大小人民各簿其私粟幾石。”凡其怪聞慘見，何可盡記？夫朝廷之所以築城納民者，不但爲國禦賊，亦所以護活人民也，而人民所以反致怨讟者，何哉？以無將也、無軍也、無兵粮也。亂前辛卯年間，國家憂海寇之必至，其時亦以築城爲大務。監司金睟自以爲擔當時務，南陲有變，擬以身當之。督發民夫，無城不修，冬不輟役，凍斃無數，以此而南州民心俱已散矣。當是之時昇平百年，軍卒非不衆多也，器械非不備具也，粮穀非不充盈也，而南陲列陣無一陣將得其人。而金睟築城之擧，又從以大失民心，故城土未乾，而海賊忽至，則諸營軍卒望風自潰。誰問器械之利不利，粮穀之足不足，城池之堅不堅哉？南州之民曾是之見矣，故今日山城之築，益不以爲可守也。或曰："亂初之將，則果皆非其人矣。今日安知殲賊發身，起爲百夫之特者，非復舊將之類也，而子乃謂將不得其人也？"余曰："可以軍情而驗之矣。將果其人，則士心自爾，愛而畏之，服而恃之。今之所謂'將'者，其能有如是者乎？其間雖或有彼善於此者，亦能幾人哉？彼善於此者，亦且無幾，而山城之築不一其所，則雖使之苟充其名，其能效戰守之責乎？"

或曰："子以將不得其人爲言，如欲得其人，則我國亦能有其人乎？如果有其人，則又將何道而得之哉？"余曰："吉凶禍福、治亂興亡無不迭運而相對。既有致亂亡凶禍之時，則亦必有致吉福興治之時也；既有治亂亡凶禍之人，則亦必有致吉福興治之人也。要在求之之道，能盡其誠而已。上有其誠，何患下無其人乎？"或曰："誠如子言，將果能得其人焉，則今日山城皆輟去而不築乎？"余曰："豈其然乎？爲大將者誠得其人，則仁威智勇自有以統屬軍心，規畫措設必有以正合事機。惟料其形勢如何，時勢如何，兵力如何，物情如何，可築則築之，而築之者必因其必守之勢也；不可築則不築，而不築者必因其必不可守之勢也。如是則築亦可也，不築亦可也。一築一不築，要以衛吾國也，保吾民也，禦彼賊也而已。豈有虛築不守之城，徒積孑遺之怨乎哉？"余以呂姊營葬不以此隙，恐復有兵火，終使枯骨不得其所也，以九月旬後爲往星州。純伯以星牧許潛乃其婚族也，而又與之有相許之義，乃欲偕余而訪焉。余亦以許牧曾過古村有暫面之分，故遂入州官，因請役夫及木手。後純伯先還。余往山役之所，措得棺三槨一，姊夫及姊異棺而同槨，一棺則當用於姊之長子閭生耳。遂得仁同土岐山里役夫及星州軍人，用治瑩壙，又備棺中所入，纔可掩護骸骨，其慘痛之狀，豈可形言？葬畢，許牧具祭需以遺之，遂用以奠焉。後數日閭生骸體自甑山至，又附葬於其父母墓下。還巖浦，又措木手棺木，與從弟顯道，因營葬叔母。四葬訖，又由仁同還古村。

跋

右我先祖文康公避亂錄也。 錄有前、後錄， 自壬辰至乙未季夏初旬爲前錄，自丁酉後至戊戌爲後錄。先生當壬辰之亂，時在母夫人喪中，奉主挈眷，奔竄於東西北南，而所經歷無日非刀山劍水也。今讀是錄，其可驚可怖可愕然者，宛然如親見當日景色，爲先生子孫者，雖欲無感泣於斯，可得乎？嗚呼！先生平日所著述儘充汗也， 其有關於斯文繼開者， 士林已有共其役而公諸世矣。至若是錄，所錄只止一時之經歷，而非有大關於繼開者，故尙在巾衍中。又不能傳寫爲子孫之家藏戶有，而子孫家所藏不過爲一二本。今四海一盪，世變無涯，如或幷與此一二本而不能保有焉， 則無以考先生避亂之蹟矣。 且念先生此錄成於乙未聞韶寓中，而曰：“恐歲久則必遺忘其所經歷，故遂錄其夏以前。”然則使是錄以歲久而無傳，又豈先生之所期於子孫者哉。 所以炳驥與宗君昌翼議付于剞氏， 廣之爲子孫之所藏。而役旣訖，謹書其顚末，附于後，先生奐楹後三百二十六年壬寅十月也。十二代孫炳驥謹識。

我先祖旅軒文康先生當壬辰之亂， 有避亂一冊， 此其錄也。 時先生在先妣喪中， 奉主而奔竄於山谷林藪之間，而所經歷無日非惻界也。 今讀是錄， 當日賊勢之搶攘， 生民之禍厄，先生之所經歷者，無不備載。而令人有可涕者，況爲本孫者乎？ 嗚呼！ 先生之學問地海也，所著文字充汗也，有可以羽翼於斯文者，擧爲付諸棗而公諸世矣。是錄則尙在巾衍中，先世之未遑也。余與族大父炳驥氏爲謀付之剞氏。蓋欲爲子孫家私藏，而不能廣之於世，非惟物力之不及，而亦急於本孫之所藏也。役始於壬寅九月，而歷二月而告功。謹識顚末如右。壬寅小春節十四代孫昌翼謹識。

旅軒及門諸賢錄

校勘·標點

凡例

一。是錄也：旣有家傳舊錄，又有三祥內挽、祭中諸賢，合三百餘員，而皆只存姓諱三字，未有字、號、生年、事行之可考。當日授受之義、親炙之道，無以可徵，而今日後生亦無由講好。玆以採摭各家遺蹟字、號、生年、事行，與子孫居住及師門承受文字合爲一統成編。

一。《理學通錄》篇首，以《徽國文公朱先生行狀》冠之，所以明夫道學之宗統，原於考亭者也。《理學錄》，實朱門之諸子錄，而此書乃旅門之理學錄，則門戶之遵倣其例，恐無不可。今以先生神道碑文，加之篇首，以驗夫先生出處、履歷之大節。【今刊《全書》，年譜附錄中，神道碑文已載之，故玆不疊書。】

一。序次皆以年齒爲順，此亦倣近世《溪門諸子錄》之例。

一。有或生年未攷與實行未攷，而不入於序次中者，別爲標題，以備他日追補之意。

一。及門諸賢中子、壻、弟、姪之登門實蹟者，幷載之。

旅軒先生及門諸賢錄

許穆：字文父，號眉叟。逸右議政，謚文正，陽川人。宣廟乙未生。○公遊先生之門，祭先生文曰："天之所覆，地之所載，萬物之所幷育，堯、舜得之以爲君，伊、傅得之以爲臣，孔子得之以時中，伯夷、夷逸、柳下惠得之以逸者也，聖人、賢人生而負一世蒼生之望，　歿而可師百世而不疑者也。嗚乎！吾道方窮，又失耆老。聖學由此而不傳，人心由此而益昏，世道由此而益亂。"撰神道碑銘曰："博達之學，利物之仁，深厚之德，邃而通，和而敦，儼而翼。嗚乎！可以權，可以動，可以式。"公氣宇曠宕，襟懷灑落，廉淡無慾，有仙風道骨底氣像。靜坐終日，山禽自來，或坐冠服上，或坐食床邊，其能忘機，與物無競。公自銘曰"眉長過目，故自號曰眉叟。生而有文在手，曰字文父。篤好古文，晚而成文章，其文大肆。嘐嘐然讀聖賢書，　無一補其愆"云。【按《東國文獻錄》，　公居先生門首題，故依此首題。○子孫居京畿 漣川。】

樑頌十五賢

金宗孝、張悌元、張光翰、張乃範、趙熙道、李秀彥、朴有文、張乃度、張德元、申祐德、張乃貞、朴之旹[1]、張慶遇、

1　旹：底本에는 "峕".《深谷文集·不知巖精舍樑腹文》과《四未軒集·不知巖精舍重建上

張乃睦、李忠民。

【按東洛 不知巖精舍上樑文十五賢，最初登先生之門。樑腹文曰：“不知巖，洛江名區也。鄉有旅軒 張先生講明斯道，倡起後學，其徒十五賢等共築精舍于此，以爲藏修之所。”】

萬曆三十八年四月二日上樑，張悌元謹書。【都色上木，劉希瑞、朴仁生。】

張悌元：字仲順，號深谷。司馬，玉山人，鶴渠 岣子。明宗丙辰生。○公少先生二歲，早從先生學，深加奬詡。先生有招隱詩，略曰：“旣一君我心，寧分彼此體。君迷我或牖，我昧君或啓。相期澹若水，不效甘似醴。”公天資穎悟，自少篤志講學，累被梧里 李相公薦，而隱居深谷，作辭以見志。公旣歿，先生以文祭之曰：“君我親愛之素，君所知也。若言其所同，則內外之姓，皆同貫也，而同源之分，皆未遠也，齡後我二歲，則亦幾於同也。鄉同也，里同也，幼時所學，同書也，長而所遊，不同其方者，亦鮮矣。平昔相從，若非疾病、遠遊，蓋無日不相同也。”公有呈先生文甚多，有《旅軒說》、《旅軒序》載在集中。【子孫居仁同 眞坪。】

張光翰：字斯學，號自惺亭。仁同人，竹亭 潛孫。明宗辛酉生。○公幼而岐嶷，不以凡兒比。及登先生之門，得聞爲己之學，服襲師訓，專心讀書，隱居廢擧，文章、制行爲世所

樑文》에 근거하여 수정. 《仁同張氏凰䫂派世譜》에는 ‘율(乯)’로 쓰고 ‘유’로 읽고 있다.

尊。先生和詩曰："收放心三字，工夫第一頭。君今有傑句，我亦師君收。"及卒，先生撰碣文。【子孫居仁同 鳳頹。】

鄭四象：字汝燮，號愚軒。烏川人。明宗癸亥生。○公與弟守庵、權東峰、孫綸庵諸公講劘于立巖丈席，先生曰："四君，吾道契也。"又嘗稱"汝燮淳厚之質，求之古人，亦不易得"。又贈公昆季詩曰："喜君厭枝葉，一心向本根。"【見行狀。】蒙巖鄭熺撰墓誌曰："戊申，張先生挈家入立巖，公與弟守庵公日侍左右，薰炙益親切云云。"【子孫居永川 愚巷。】

張乃範：字正甫，號克明堂。贈參判，玉山人。明宗癸亥生。○祭先生文曰："小子少夫子九歲也，仰夫子如怙恃，依夫子如泰山。苟或一日離夫子之側，則其情不啻若孩兒之去乳母而呱呱，而必見而後止。"【見祭文。】早遊寒、旅兩先生之門，與徐樂齋 思遠、孫慕堂 處訥、李石潭 潤雨爲道義交，扁其所居曰克明，自號曰磻溪居士。寬弘簡重，蔚然有長者風。於學問未嘗無功，而尤明於禮學。【見墓碣銘。】張公之學，高明廣大，有頹波砥柱之象。【見都止[2]巖本集。】壬亂倡義。【見西厓《懲毖錄》。】全沙西【湜】來問籌策。少多疾病，仍契養生，人問其法則，曰："懲忿怒，絶嗜慾，寡言語，平心氣，此余四葉金丹。"【見本集。】旅軒先生題其軒曰："疏竹植軒前，貞松擁宅後。坐作此間人，托盟要永久。壁上節義字，畫從高皇手。"享嘯巖書院。【子孫居仁同 省谷。】

2 止：底本에는 "山".《克明堂實紀》卷2〈拾遺〉에 근거하여 수정.

宋後昌：字仲裕，號孤軒。官彰信校尉，冶城人，玉梯 淨子。明宗癸亥生。○公自幼聰明絶倫，識見該明，不屑於功令，潛心於問道之學。及登先生門，尤篤於爲己之學，深蒙奬詡，爲鄕黨所推重焉。【子孫居漆谷 道灘。】

孫宇男：字德甫，號綸庵。生員，一直人。明宗甲子生。○先生之入立巖也，公與權東峰 克立、鄭愚軒 四象、鄭守庵 四震同受業于日躋堂。先生每稱曰：吾之四友也。講劘道義，服襲旨訣，爲士林所推焉。與鄭寒岡、朴大庵、徐樂齋諸賢爲道義交。及卒，先生挽曰："君誠溫且恭，可愛無可疑。向人必開心，何曾置毛皮？" 判書張錫龍撰碑陰記曰："迎先生于日躋堂，遂師之。"【子孫居永川 東山。】

宋惟寬：字景弘，號石泉。礪山人。明宗甲子生。○公天姿英邁，屹然特立，有求道志。嘗遊先生之門，得知爲己之道。及龍蛇之亂，倭寇猝至，公以尺劍斬首數十級，負母夫人，入金烏山，甘旨之供不乏。隱居江湖，不求聞達，至誠事親，以孝聞於世。【見狀、碣。】築室江濱，扁之以无悶，嘯詠自適。謁先生于不知巖，乘暮而歸，沙鷗立月，漁燈滿江，下馬繫船，聽其所止。【見日記。】新齋 張錫愚撰跋而有曰"薰炙巖齋"，又曰"與申懶齋、趙時庵相酬講道"。【子孫居漆谷 梧坪。】

李知白：字季眞，號獨樂堂。官內資寺奉事，碧珍人，耕隱 孟專五世孫，鶴眠亭 守謙子。明宗乙丑生。○公禀性宏偉，慈良詳愼。早遊先生之門，聞朝聞夕死之旨。兼以詩禮家庭之訓，爲儕友所推重。壬亂後，築山亭於元覺里，逍遙自適，以興起斯文爲己任，奬進後學。先生以獨樂命扁亭楣，孝友、文學稱詡，有原韻，士林多和之。【載永川邑誌。子孫居永川元覺。】

李善述：字孝伯，號隨軒翁。官縣監，全州人，世宗大王六世孫，贈吏判、兩館大提學馩子。明宗乙丑生。○公以綺紈懿親，早修學不仕，兩典郡邑，有治績。丙子城下盟成，慨然憤鬱；壬辰島訌，冠屨倒顚，飄然落南，晦迹於壽同之栗里。遊先生之門，講劘切磋，服襲旨訣，多被奬詡。山巾野服，作浴沂風雩之趣，囂囂自樂以終焉。有遺集。【子孫居仁同 栗里。】

朴敏：字行遠，號凌虛。贈左承旨，泰安人。明宗丙寅生。○公儀貌瑩秀如氷玉，聰悟過人，五歲能屬文。十二，父病革，斷指灌血，得甦。及遭艱，幾毁滅性。某年三月，拜先生于善山 月坡村，請質以《周易》。先生曰："吾一生從事是書，而猶不敢自信，豈可容易説與人耶?" 與之論乾卦，嘆曰："殆有吾所未及。"【見行狀。】 公有師友錄，集中有先生前後履歷、事蹟，又有往復書。丁卯虜亂，先生以號召使，推公爲嶺右義將。【見行狀。○子孫居晉州 岐山。】

盧景倫：字明仲，號亦樂齋。薦厚陵參奉，慶州人，松庵守諴子。明宗丙寅生。○公幼有異質，性甚慈良。自髫齡已有向學之志，不離父兄側。八歲，丁松庵公憂，哭擗如成人。及長，從內舅旅軒 張先生學，潛心力學，薰沐最久。與高亦樂 聘雲、金活溪 震護爲道義交，講磨不撤。【見行狀。】 母夫人九十六而卒，公亦六十二歲，哭踊之節，不以衰老少懈，守墓三年如一日。壬辰島訌，與朴健齋、崔認齋及仲公櫟亭、季公敬庵合謀倡義，遮遏商山一路，臨機應變，賊不敢恣行。【見墓碣。○子孫居善山 文洞。】

趙宗岳：字景仰，號龜巖。官訓鍊院奉事，漢陽人。明宗丙寅生。○公以簪纓世族，稟賦宏偉，孝悌天得。從遊先生之門，成就德業。當壬癸搶攘之日，赴權花山 應銖義陣，參決軍政，斬獲甚多，事載宣武錄券。丁卯虜亂，先生有號召之命，倡起一道義兵，而公與弟宗岱往號召營。先生欣然迎納，差爲義將，勉之曰："以君才俊，倡義壬亂，功載宣武錄券。趙氏之貞忠卓節，世世無替。"明庵 碧珍 李公 泰一撰墓碣曰："公早登先生之門，得聞爲學之大方，成就德業。"【子孫居永川 德川。】

孫祥雲：字景瑞，號釣隱。密城人。明宗丙寅生。○公與趙澗松 任道贄見先生，問八卦、九章相爲表裏之說，而《範》不言陰陽，而陰陽用在其中也；《易》不言五行，而五行用在其中也。又有《庸》、《學》辯，論人心·道心、率性·修道、《河》·《洛》經緯之說。公子奉後祭先生文曰："頃吾先君，得侍几席，眇余小子，亦蒙俯恤。恩隆兩世，感涕難抑。"【子孫居永川 上梨洞。】

鄭四震：字君燮，號守庵。逸洗馬，烏川人，滎陽君 襲明后。明宗丁卯生。○十三歲，拜謁先生于達城 蔡公家。先生嘉其志，不以凡兒待之。又從正郎公遊京師，洛下人士莫不愛敬焉。壬辰之亂，從鄉父老，起義旅。及遭內外艱於兵戈搶攘之中，備盡喪禮，見者莫不欽服。丙午，朝廷擧遺逸，皆不赴。從先生於立巖 日躋堂，爲幽居依歸之所，每日侍側，通讀四子及《伊洛淵源錄》，疑難問答，孜孜不怠。及卒，先生不勝喪予之痛，躬檢治喪，爲文而告別焉。又題墓銘曰"行全而德備"云，可以證公百世矣。從享于立巖書院。【子孫居慶州 大洞。】

金寧：字汝和，號遯峰。文兵曹參知，一善人。明宗丁卯生。○公自在齠齔，天資甚美，性又孝友，才藝聰明，不待教督而能自策勵，事親敬長，一遵《小學》。二十五歲，贄拜先生于仁義坊。先生素聞公行誼，欣然迎納，論《大學章句》。及歸，謂門人曰："此人勤厚沈默，必爲名世大儒。"丁卯虜亂，先生以號召使，差公及李民㝜爲從事官。將赴行在所，未幾聞許和解兵，遂停。【見年譜。○子孫居善山 夢臺。】

李元生：字善伯，號雙碧堂。壽陞折衝，碧珍人。明宗丁卯生。○公早遊先生之門，得聞朝聞夕死之訣。壬辰兵燹，負母逃難。甲子适變，倡義旅。命二子領軍赴賊，聞城下之報，作詩傷之，托契於松竹而自靖焉。【子孫居大邱 丹山。】

金日柱：字汝擎，號雲圃。慶州人。明宗丁卯生。○公天姿不凡，容貌正淑。及就學，祖考茅亭公奇愛之曰："寒榍吾家，將有期於此兒耶。"乃文藝夙就，聞于鄉隣。以父兄之命，贄謁先生。執徐亂後，先生講道於不知巖精舍也，鄉省章甫，舉多立雪，而公特蒙推詡。及易簀，挽曰："星狼噬紫微，夫子見機遯。卓乎立巖石，介如作我蘊。去來一今古，闔闢自乾坤。吾道在於此，包羲跡已陳。開來繼往聖，尺雪擁程門。寶鏡何不照？洪波自有汶。山河扶正氣，邦國掃妖氛。遽爾啓手足，

誰劃廟堂算?"【子孫居永川 漢川。】

李彦英: 字君顯, 號浣石亭。文副承旨, 碧珍人。宣廟戊辰生。○丁巳, 公侍坐於先生, 論聖門諸子去就之正。公曰: "敢問子路何如人也?" 先生曰: "聖門高弟也。" "何以死難於無父之國乎? 英則不欲仕於無母之朝。" 先生嘆息久之, "不圖今日復見百世之師矣。" 丁卯胡亂, 任旅軒號召使以繫鎭人心。公自南中還, 有問"張公可擊賊否"。 公笑曰: "豈聞鳳凰擊雉兎耶?" 其人遽謝失問。【見墓誌。】 光海癸丑, 爾瞻構大獄, 公力主安全之義, 聞者譁然謂之護逆。 禍將不測, 公一日連三章獨啓。【見碑文。】 公祭先生文曰"靑陽昔日, 望先生於稠人之中, 實有異焉。幸荷不外, 因緣往來, 觀道德於前後, 聽訓誨於左右"云。【子孫居星州 椧谷、漆谷 上枝。】

李君賓: 字仲觀, 號南浦。官司宰監正, 星州人, 高麗開國功臣星山府院君 能一之后, 處野堂 彦沂之孫。宣廟戊辰生。○公與季氏芝塢公就先生之門。 當壬辰亂, 公奮然掩涕, 語伯氏直長公曰: "今國家大艱, 京鄕俱陷, 豈可坐視君父之蒙塵耶?" 乃召募鄕兵, 以白衣赴陣, 與權花山 應銖、鄭湖叟 世雅、鄭參判 大任合力剿賊, 復永陽城。 亂定後, 以原從勳, 除司宰監正, 不就, 遂歸南浦舊第。李凝窩 源祚撰墓碣文曰"早歲與季氏芝塢公就旅軒 張先生門, 得聞爲己之學"云。【子孫居永川 完山。】

申悅道: 字晉甫, 號懶齋。文知製教, 鵝洲人。宣廟己丑[3]生。○公天姿瀅然如玉。九歲拜先生, 先生奇愛之, 教以正坐。十餘歲，已通經史，善屬文。十八，中進士，才名藉甚。辛酉，遣體察使取士，公又被薦居魁，甲子殿試，登乙科。立朝三十年，歷敭中外。公立雪玉山門下，感發深矣。居家而孝友敦篤，立朝而恬靜自守，治民而教化興學爲本。其在南漢圍中，人皆恇刧，公獨自製巾帶以備自處，修家信，付蒼頭，從容自得。及先生易簀，爲文祭之曰："顧余小子之供灑掃於先生之門，蓋將三十有餘年矣。先生之仁小子，若子姓，而小子之事先生，終有愧於如一。"【子孫居義城 愚坪。】

張德元：字士順，號无悶堂。仁同人，岐山 岋[4]子。宣廟己巳生。○公早登先生之門，姿禀溫粹，篤志向學，累承奬許。隱居岐山，足跡罕出山外，扁其堂曰无悶。先生集中有"德元歸岐山不來"之語。公祭先生文曰："以不敏之質，生長先生膝下，今幾年也？有時趨候，開笑懽怡，於心感戢，若侍父母。"【子孫居仁同 栗里。】

盧景任：字弘仲，號敬庵。文侍讀，贈都承旨，慶州人，松庵 守誠子。宣廟己巳生。○公生而有異質，天姿篤厚，風神儼若，岸韻凝重。以先生甥姪，薰陶多年，潛心爲己之學。酷好《心經》、《近思錄》、《自警編》，雖幕府倥偬中，未嘗釋卷。平生不色於嬉笑，見之者莫不竦然起敬。屢典郡邑，頗有

3 丑 : 底本에는 "巳". 《懶齋集》의 行狀에 근거하여 수정.

4 岋 : 底本에는 "岌". 《仁同張氏大同譜》, 《武譜》, 《凝窩集》에 근거하여 수정. 岋을 '급'으로 읽으면 岌과 同字이나, 《仁同張氏大同譜》에는 '장업'으로 읽었고, 《향토문화전자대전》에는 '장압'으로 읽었다.

治績，至有去思碑。出爲關東巡撫御史[5]，將陛辭，疏陳十事，無非格君心也。密庵 李栽撰行狀曰："稍長，從先生學，又遊西厓 柳先生之門。二先生期待甚不淺，所教告皆以其遠且大者。"【子孫居善山 崇巖。】

李用賓：字季觀，號芝塢。將仕郎，星山人，處野堂 彦沂孫。宣廟己巳生。○公自幼遊戲異常，期待甚重。及長，與仲氏南浦公登先生之門，有《尋巖錄》，與徐樂齋、權東峰、孫綸庵諸公爲道義交。龍蛇之亂，伯仲二公仗義赴陣，獨留公護墳墓。丁亥春，因科入都，數月所著詩文二十篇，爲洛下士大夫所推重。 判書李源祚撰南浦 李公墓碣文曰"早歲與季氏芝塢公就旅軒 張先生門，得聞爲己之學"云。【子孫居永川 大儀。】

趙宗岱：字景立，號紫庵。官宣務郎、教授，漢陽人，龜巖 宗岳從弟。宣廟己巳生。○公早登先生之門，不屑於功名之文，每切於聖賢之書。先生時在立巖，公居紫陽，往來薰炙，學業已成。壬辰亂，伯公倡義出陣，公奉母在家，代己出奴丁三十名、米三百斛，俾成軍功。城陷之際，奉五聖位牌，又赴臨皐，奉圃隱幀，避于龍騎山巖穴。亂定後，皆奉而還安，其尊慕之誠寔百世一人也。丁卯虜亂，先生以號召使之任，倡起義旅，公與伯氏公同赴軍幕，贊劃方略。先生以趙氏貞忠世世無替稱奬焉。【子孫居永川 德洞。】

李明檗：字一初，號菊庵。星山人，三重大臣廣平君 能

5 史：底本에는 "吏".《敬庵集 卷2 遊金剛山記》에 근거하여 수정.

后，篁谷先生 偁子。宣廟己巳生。○公聰悟絶倫，文藝夙就，早襲庭訓，博通經史，尤深禮學。龍蛇亂，與郭忘憂 再祐倡義贊劃。丁未，從寒岡、旅軒兩先生，同泛龍華江。副提學李炳觀撰公墓碣文曰："粤惟我宣、仁晟際，倡明聖學，時則有若寒岡 鄭文穆公、旅軒 張文康公，以天德、王道，潤飾經術，并峙爲一世宗師。而後者曰菊庵 李先生，寔從遊兩夫子之門，磨礱奮用，爲黼黻文垣。信乎士不可以不學，學不可以無淵源也。"【子孫居咸安 大山。】

權濼：字達甫，號默翁。進士文輔德，安東人。宣廟己巳生。○公早登先生之門，亟蒙奬許，所從遊者，皆名公、碩德。公之師事先生，前後承受，實錄載在狀、碣。與弟霜嵒[6]往拜先生，講討多日。【見《聯芳錄》。】公誠孝出天，平居整衣冠默坐，毅然有不可犯之色。其學根於經術，義理、是非之辨，毫釐必精，爲文章，雅麗深純，藹然仁義之言也。乙卯以後，例陞官職，皆不就。【子孫居山淸 丹溪。】

柳時藩：字衛仲，號沙月堂。文化人，蓮亭 堯臣子。宣廟己巳生。○公早登先生之門，親炙多年，陪侍於仙査研經講道之席，亟得稱譽。鄭寒岡、徐樂齋、孫慕堂諸先生嘉其志道永學之勤，皆以遠大期。享靑湖院。【見世譜及邑誌。○子孫居慶山 新西、大邱 芳村。】

李民宬：字寬甫，號敬亭。文副提學，永川人，鶴洞 光俊

6 嵒：底本에는 "巖".《龍洲遺稿》의 묘갈문에 근거하여 수정.

子。宣廟庚午生。○癸卯，公與弟紫巖 民窽往學于不知巖精舍。光海廢母之論起，公時在玉堂，上箚斥北黨無倫之罪。光海又追尊所生母，受百官賀箋，公用魯國成風之語以諷之，因爲爾瞻、造、訒輩指摘構誣，竟被削錮。仁祖反正，首叙登用，文章、節行著于一世。兩度朝天，名動中朝。先生號召使時，薦公爲左道義兵大將。先生嘗讃公：文詞當肩誰哉？先生來到氷溪，公率諸生赴會，講論經旨，因議定院規。享藏待書院。【子孫居義城 山雲。】

裵褧可：字章甫，號達川。星山人。宣廟庚午生。○公姿稟沖健，氣宇軒曠，有耿介卓異之行。龍蛇之亂，與全歸堂徐時立、槐軒 郭再謙倡義于三聖菴。從學于先生之門，成就德業，學文[7]精微，識見該明。同時諸賢咸推重焉。及先生沒，祭之曰："小子無狀，實添[8]瓜葛，涵濡厚澤。粤自前昔，仰德薰心，冒恩浹骨，陪隨函丈，幾多時日？"【子孫居大邱 渭南。】

李俊成：字秀卿，號德溪。月城人。宣廟庚午生。○公天姿粹美勤實，氣概清爽，聰明絶倫，文藝夙就。及登先生之門，得聞爲己之學，服襲旨訣，爲鄕黨所推重焉。蔡山 權相圭撰都事李公墓碣文曰"竊嘗聞先大人德溪翁從旅軒 張先生學，早謝公車，隱居篤學"云。【子孫居青松 下涑[9]。】

7 文 : 문맥상 "問"인 듯함.

8 添 : 문맥상 "忝"인 듯함.

9 涑 : 底本에는 "凍". 〈디지털청송문화대전 부남면〉에 근거하여 수정.

金大振：字而遠，號四友堂。逸察訪，瑞興人，寒暄堂先生五世孫。宣廟辛未生。○公生有異質，及長，學于先生之門，講明性理，多蒙推詡。壬辰倭亂，與郭忘憂堂再祐召募義旅以禦賊。以學行薦除慶基殿參奉，拜金泉道察訪，無意進取，投紱浩歸。因亭于道東院傍，扁曰觀水，取鄒夫子"觀瀾"之意也。嘗與朴宗胄相善，食於其家，羹有蟲蛆，宗胄卽曳出其爨婢，欲殺之。公曰："殺之棄之，同是棄也，無寧許我以助爨汲之勞耶?" 强之，久而始許，故卽率而來，至高靈開津，諭之曰"任汝所好也"，因放之。卽貽書絶宗胄，搜其平日往復文蹟而盡送之。及宗胄敗，黨皆誅連[10]，公獨超然免於禍。有祭先生文，有遺集。四未軒張福樞撰墓碣文曰："公生而聰睿異凡，及長，從吾先祖旅軒先生，挈家而隣，昕夕薰陶。講質經學，見解超脫，爲師友所推重。"【子孫居玄風池洞。】

權應生：字命世，號魯軒。官縣監，安東人。宣廟辛未生。○公嘗受業於先生，篤志力學，深得奬許。以學行薦除寢郎，未幾値光海政亂，棄官退。與道內縉紳會于商山，抗疏以救永昌之冤。草朱穆之書以絶北黨。公送三子受學。奉先生敎命，纂《東京誌》。及先生易簀，公特致力於編修遺文、尸祝等事。申體仁撰公行狀曰："公蓋嘗受業於旅軒張先生之門，篤志勵學，先生深加奬詡。" 公之歿，當時諸賢誄公文曰："文章德業，立幟斯文。領袖儒林，後生肅穆。" 有遺集。【子孫居慶州頭流。】

10 誅連 : 문맥상 "株連"인 듯함. 己未本에는 "連坐".

金震玃：字古風，號活溪。一善人，梅墩 藩子。宣廟辛未生。○公天姿卓異，甫十歲志於學，歷涉經史，通曉大義。嘗慨然言曰："人生世間，同賦性命，學不如孔、顏，文不如韓、歐，惡在其同賦爲人之義哉！"及長，尤用力於主敬存誠之工。先生來寓一善之月波村，公贄謁，得聞大義，沒身服膺，爲儕友所推重。宣廟戊午，有湖南 高敬履者，疏言本朝五賢而詆斥晦齋 李先生。公與一道儒生辨誣之辭，暢而義確，疏本在文集。享華江書院。【子孫居善山 鳳溪。】

孫興雲：字子龍，號溪隱。密城人，祥雲之弟。宣廟辛未生。○公性本孝友，學識超等，事親至孝，極其養志，與其兄祥雲贄謁先生，成就德業。己亥春，先生以臨皐講長會諸生，講論經義，有問："《論語》不言誠，《大學》不言義，何也？"公曰："《論語》'主忠信'卽誠也，《大學》'止至善'卽義也。"先生稱善。【子孫居永川 梨洞。】

李秀彦：字士美，號追慕軒。星山人，文金山郡守汝信七世孫，司憲府持平堯年孫。宣廟辛未生。○公天姿穎邁，不事科業，隱居星峰下，不求人知，篤學力行。與弟縣監秀俊登先生之門，優被薰陶之化。與十四賢爲先生築不知巖精舍，尊衛誠篤。【見行狀。】見山 張公 命相撰墓碣曰"昔我先祖文康先生講道於洛水之陽，門下十五賢爲之築精舍於不知巖，其尊師衛道之誠，夫豈偶然哉！有李公諱秀彦名在第六"云。【子孫居漆原 佳淵及善山 林泉洞。】

金就礪：字試可，號南岡。官判官，慶州人，魯巷 演子。

宣廟壬申生。○庚申春，始就于先生之門，受《庸》、《學》，辨論禮說、理氣，極蒙奬許。與徐樂齋、朴大庵、張聽天、權東峰、張晚悔、鄭愚軒、鄭守庵諸賢講究道術，綜覈性理。月潭 崔汝諧曰："金某，今世之儒宗。"樂齋 徐思遠曰："嶺之南，初見風度也。"吾拙齋 朴公祭公文有曰："氣鍾山岳，望重山斗。忠信遺模，聖賢餘緖。大廈棟樑，滄海砥柱。"拓庵 金道和撰魯巷墓碣有曰"有一子就礪，號南岡，旅軒先生門人"云。【子孫居永川 黃岡。】

李民宬：字而壯，號紫巖。文刑參，錄扈聖功臣勳二等，贈吏判，謚忠簡。永川人，鶴洞 光俊子，敬亭 民宬弟。宣廟癸酉生。○公天姿英邁，器局宏偉。自幼好學，十歲通貫《春秋》大義，及長，沈潛經術，無不該洽。及卒，上賜賻如儀，遣禮官弔祭。公與兄敬亭公往拜先生于不知巖精舍，時先生著性理說，公講論質疑，先生極稱其造詣之深邃。及先生易簀，操文哭之曰："顧惟無狀，屢蒙謦誨。春風座上，積雪門外，杖屨之下，奉以周旋。"有遺集及《博約集》暨《建州見聞錄》諸書。【子孫居義城 山雲。】

尹弘宣：字伯任，號塤齋。進士，坡平人。宣廟癸酉生。○七巖 金夢華撰行狀曰："博雅宏傑之士，遊學文康公 張先生門。"又曰："儒賢如金雲川外十餘人爲道義交，往來張先生門，時先生移建金烏院，共幹其役。"癸丑，先生到藍山院，與諸儒講論，顧謂公曰："相距不遠，何若是其罕見也？聽其言，觀其行，可謂言行相顧。"因發魯有君子之嘆。【事載《藍院敦事錄》。】公一生存心處事，先生竊比子賤之訓，夫豈無所以而輕

許之者哉?【子孫居善山 鳳溪。】

禹鎭: 字定重, 號修庵。官生進主簿, 丹陽人。宣廟癸酉生。○公早遊先生之門, 以文學、行義著聞于世。及先生歿, 與鄉儕操文往哭之。訥隱 李光庭撰公行狀曰: "仁廟甲子, 公率兵赴都元帥張晩陣於箕城, 籌畫。臨陣冒矢石, 挌殺數十, 乘勝追至黃州 薪橋, 血濺足踝, 砲丸穿股矣。衆皆驚服。丙子, 欲扈駕南漢, 行到鳥嶺, 聞和議已成, 痛哭嘔血, 舁而歸鄉。"【子孫居咸陽 敬白。】

張乃度: 字立甫, 號儉谷。玉山人, 克明堂 乃範弟。宣廟癸酉生。○公天姿深厚, 器量宏偉, 爲世所推重。龍蛇亂, 雖在流離顚沛之中, 持心尤貞正, 檢身愈篤愼, 鄉里頑鄙之人皆化之, 遠近士友以一親德儀爲榮。嘗遊先生之門, 講論深至, 尤精於易學。先生著圖說時, 必與公擬定算數。【載《玉山誌》。○子孫居仁同 省谷。】

裵尙龍: 字子章, 號藤庵。星山人。宣廟甲戌生。○公以聰穎之姿, 益留意於講明旨訣。中罹家禍, 不復應擧。養大夫人, 愛敬備至。弟進士公持喪, 疾不可爲, 公斷指出血以全之。張聽天撰墓誌曰: "公早登寒岡 鄭先生門, 又從吾先子遊, 出入兩門, 事之如一。丁卯遘亂, 吾先子應號召之命, 公追隨戎幕, 參決軍政。" 命草檄, 公立書數千言, 先生曰: "足令人感動流涕。"【見年譜。○子孫居星州 後浦。】

申適道: 字士立, 號虎溪。贈吏參, 鵝洲人, 悔堂 元祿孫，城隱 仡子。宣廟甲戌生。○先生莅縣。與弟懶齋 悅道俱陞上庠，聲譽藉菀。甲寅，荐遭內外艱，殯葬儀節，必稟於先生行之。廬墓三年，始登師門，取《庸》、《學》二書，逐章揭圖，講明旨訣。嘗愛氷溪水石，設長川院，以爲藏修所，嚴立科程，以興學育材爲務。丁卯虜亂，先生以號召使，差公爲義將。及聞和，罷兵，抗疏斥和。遂入鶴山 薇谷，構採薇軒，日講《春秋》。時人稱之曰："韶州林壑，有大明日月。"後士林餟享丹邱院。【子孫居義城 飛亭、八智。】

鄭四勿：字亦顔，號昆峰。贈直長，烏川人，滎[11]陽君 襲明之后，工判光厚之八世孫。宣廟甲戌生。○公與弟雙峰公受學於先生之門，侍講於不知巖精舍，多蒙奬許。名公字曰"亦顔"，以書勖之。公取紫陽洞 仙源之上流，構德淵亭，爲棲息講道之所。壬辰亂，從參判公，倡義於興海，與郭忘憂堂有火旺同盟之約。 晩年與弟雙峰公築二宜堂精舍于昆季峰下，友于之篤， 老益不倦。 所著有遺集、《道統志》及《震方名賢錄》。《夕陽賦》，時人傳誦，載之樂府。祭先生文曰："小子顓蒙，弱冠摳衣。恭承携掖，得以依歸。"【子孫居慶州 霞洞。】

都世純：字厚哉，號巖谷。星州人，雲齋 匀曾孫，參議夢麒子。宣廟甲戌生。○公聰明超人，文學夙就。與伯氏杏山公摳衣於不知巖，聞克己復禮之訓，終身履之。當執徐島訌，負親逃難， 採拾爲養， 有《龍蛇日記》。 先生命撰《京山誌》，以聰明博古、見識公正，多蒙奬詡。【載星州邑誌。】 裵藤庵 尙龍

11 滎：底本에는 "滎". 鄭克後의 조목에 근거하여 수정.

挽曰："居家制行主平恕，處鄕持論務公直。" 四未軒 張福樞撰墓碣文曰："根天孝友兼才諝，博古通今破竹勢。" 於此可見當日所履之公正、所負之博洽矣。【子孫居星州 樹村。】

鄭論復：字克復，號枝隱。東萊人，東平君 種六世孫。宣廟甲戌生。○公早登先生之門[12]，成就學業。當壬辰亂，年甫十九，自星州轉入八公山，刱義旅，討賊，仍居北枝界。晩樵 裵斗煥撰墓碣有曰"公諱論復，字克復，旅軒先生門人"云。【子孫居慶山 大亭。】

權濤：字靜甫，號東溪。安東人，文大司諫，贈吏判，謚忠康。宣廟乙亥生。○雅性剛直忠信，陳善格非，知無不言。元宗議謚時，啓辭中有"盛德大業，無跡可尋"等語，定配南海，直聲動朝野。一時名公巨卿出餞江上，皆以詩慰之。疏論苞苴行賂，大臣多敬憚之。以道德、文章名於世。在京聞先生易簀之報，設位致哀，而搢紳章甫多來弔，錄弔客，送于本第。【見神道碑文。】享浣溪書院。有文集行於世。【子孫居丹城 丹溪。】

申達道：字亨甫，號晩悟。文修撰，贈都承旨，鵝洲人，虎溪 適道弟。宣廟丙子生。○公十餘歲，已通經傳、子史，爲文辭，蔚然有古人口氣。及長，謁先生，講質理氣分合等說。甲子适變，公以差官立辦夫馬五百，捷應期會，人皆多之。以臺職論勳宰驕橫之弊，忤旨見罷，上大怒，特命拿推。於是直聲振朝野，世稱三學士，指公及尹公 煌、趙公 絅也。有不知

12 門：底本에는 "文". 己未本에 근거하여 수정.

巖問答，煩不錄。【見墓誌。○子孫居義城 塔里。】

蔡先謹：字擇仲，號大谷。仁川人，諡貞義公 貴河之后。宣廟丙子生。○公天姿溫雅，稟性純正，至於文學，一見輒解。先考月淮公益加教督，手書"忠信誠敬"四字以與之。九歲丁外艱，執禮如成人。事偏母至誠，曲當其道，友于兄弟，睦於親戚。庚寅，往拜內舅旅軒 張先生，請問質疑。李校理 晚熿撰墓碣文曰："因留受業，先生愛其志甚篤。"乙巳，約與一鄉同志，重刱聖廟。癸丑，修研經書院，申明學規，勉進後學。及歿，哭而挽之曰："以君之才，中途夭折，天意不可知矣。"【子孫居達城 研經。】

李磊：字汝安，號龜溪。官宣務郎、軍資監判官，碧珍人，耕隱 孟專六世孫，通政鶴眠亭 守謙孫，成均生員臺嵒[13]喜白子。宣廟丙子生。○公以絶倫之姿，早就有道，覃思力行，孜孜向上。早登先生之門，入而承家庭詩禮之訓，出而服師門道義之論。德器成就，學業深造，至於性理之奧，質諸師門而累蒙奬詡。及其先生之返櫬也，與弟晶及鄭昆峰 四勿祭先生文曰："先生之入巖中也，往來此路者，不知其幾。"且先生著《鶴眠亭記》云"上舍有子有孫，能修胡福之原"，士友敬重。【子孫居永川 土洞。】

趙遵道：字景行，號方壺。官右通禮，咸安人，漁溪五世孫。宣廟丙子生。○公世襲貞烈，姿禀高潔，從師取友，致力

13 嵒：底本에는 "巖".《碧珍李氏判書公派譜》에 근거하여 수정.

學問。甲子八月，贄謁先生于不知巖，與堂弟澗松 任道質問《心經附註》、《大學衍義》疑義。丁卯虜亂，先生爲號召使，差公義兵將。甲戌，與從弟致遠拜先生于遠懷堂，連日講討。丁丑九月，聞先生訃，送子咸一往哭襄禮，時病未躬往，使鄉儒爲文替奠。有遺集。【子孫居青松 安德。】

申活：字景濯，號竹老。寧海人。宣廟丙子生。○及長，師事先生，律身以禮。薄進就念，別構書塾，日講受不掇。居喪受[14]制甚嚴，廬墓三年。嘗赴郭忠翼幕，敦結義隊。仁廟初，勳臣用事，秘[15]政未盡革，爲草封事萬餘言，言甚剴切。上先生書，有喪禮問目諸條。【見行狀。○子孫居寧海 美谷。】

李秀俊：字士豪，號□□。文縣監，星山人，追慕軒 秀彦弟。宣廟丙子生。○公天姿粹美，才慧超凡。與兄追慕軒 秀彦早登先生之門，優被薰陶之化，位望俱隆。刱修校院，士林推仰。【見世譜。○子孫居若木及星州。】

鄭克後：字孝翼，號雙峰。官大君師傅，烏川人，高麗知奏事、滎陽君之後。宣廟丁丑生。○公天賦豪邁，才慧超凡。與兄昆峰公從先生學。先生一見異之，每對榻講論，累發起余之嘆，待以朋友之禮。及退，書疏往復，無非切磋之言。及先生易簀，爲文哭之曰"小子瞢學，夙被開發。出入門墻，餘三十年。縱竭駑鈍，鹵莽猶前。常恐不肖，仰負教育"云。有

14 受：《竹老集·墓誌銘》에는 "守".

15 秘：《竹老集·墓誌銘》에는 "秕".

文集。享聖山院。【子孫居慶州 霞谷。】

姜弘重：字任甫，號道村。文監司，晉州人。宣廟丁丑生。○公精神滿腹，溫雅持身。業傳經術，美濟家聲。日域承輪，蠻夷服其清操；洪陽佩符，吏民懷其仁風。【江原監司教諭】祭先生文曰：“允矣先生，展也大成。顧余蹇劣，宿仰高風。頃承天恩，奉節來東。當俟久侍門墻。寧知一夕，遽至云亡？”【見《續·附錄》。○子孫居□…□。】

崔彭壽：字德卿，號樂芝。慶州人，文昌侯 孤雲先生二十五世孫。宣廟丁丑生。○公天性寬厚，志操堅確。頃因島訌，子孫散落，風猷、事行，漠乎其未詳矣。參奉權丙洛撰碣銘曰：“嘗聞古老遺傳之言，則公受知於旅軒 張先生，先生之往來立巖也，必歷訪而無遺焉。夫以張先生必端之取，豈無所以而然哉？” 淡齋 張一相撰樂芝亭上樑文曰“祖昌侯而家世有觀，來自金莊居里，師旅翁而淵源傳的，往侍巖堂講筵”云。【子孫居迎日 芝洞。】

朴春遇：字陽仲，號九峰。武訓鍊院主簿、善山府使，密陽人。宣廟丁丑生。○公天資粹美英豪，忠信謹慤，孝友兼備。及遭兩艱，廬墓三年。居官陳時務十二條，頗有令名。早登先生之門，得聞爲學之要，潛究性理、《心》、《近》之旨。【見世譜。○子孫居迎日 杞溪。】

金孝可：字公繼，號拙亭。官司憲府監察，義城人，文貞公 東岡先生之子。宣廟戊寅生。○公天性孝友恭儉，不喜紛華，養居田園，樂而忘憂，蕭然茅屋，只取容膝。嘗築小亭曰拙亭，鑿小塘，種蓮蒔竹，爲終老之計。教訓子孫，不失義方。歷典槐山、江陰，又拜司憲府監察，不久於職。師事先生，得聞性理之學，一向韜晦，不以得失經意。以是名位不甚高，識者惜之。【子孫居星州 七峰。】

沈瀷：字純夫，號晩松。文吏參，青松人。宣廟戊寅生。○公天姿純粹，文藝夙就。師事先生，與申懶齋 悅道、鄭雙峰 克後、安栢巖 應昌、權省齋 㙜、柳修庵[16] 袗諸賢，講劘道義。天性豪邁，孝友篤至。及其世變非常，彝倫斁絶，則慨然欲爲之抗疏，而九門深邃，不能遂志，卽棄官捲歸以終天年。祭先生文曰："小子愚騃，問業多歲。博我約我，陶冶薰沐。樗櫟不材，安有繩尺？"【子孫居山淸 默谷。】

徐時立：字立之，號全歸堂。贈戶曹佐郞，達城人。宣廟戊寅生。○公嘗往拜先生于不知巖精舍，講質疑義，先生大加奬詡。又往來立巖，屢致勸勉焉。性行淳良，自幼以孝養稱。判府使金公 允安來壽母夫人康氏，爲築百安精舍。鄕人士又構全歸堂，揭以五峰 李好閔命額。以孝學薦除參奉。有孝行·友愛·勸學·修己四箴、手錄實記竝詩文。後命旌閭，享百源書院。【子孫居大邱 道洞。】

宋時詠：字志興，號砂田。冶城人，倻溪 忠肅公 希奎玄孫，松磵 光廷子。宣廟己卯生。○公幼而淸粹穎悟，聞人讀

16 庵：柳袗 조목에 근거하면 "巖"인 듯함.

書，輒默念理會。見書帙有散漫，必齊整以尊閣之。及上學，不煩教督，而自能離經辨志。及從先生學，辨質疑禮，退而與門生、子弟交相講質。蓋先生嗣胤聽天堂 應一爲公妹婿，故夤緣往來益源源也。【見行狀。】公早有文名，筆法亦精妙，世方擬之以館閣之手，而惟其强仕之年，適値光海斁倫之日。及夫際會淸明，若將有爲，則公疾病謝世矣。【子孫居星州 高山。】

張乃貞：字貞甫，號守訓齋。官郡守，仁同人，竹亭先生潛曾孫。宣廟己卯生。○公自童稺受學於先生之門，親承旨訣，多被奬詡。凡所學，體諸身而爲一生酬用之資。與同門十五賢議建不知巖精舍，爲先生棲息講道之所。及先生易簀後，山積雲委之事，與趙澗松、金鶴沙、柳修巖、張南坡諸公一一措劃而盡心殫力，以終事一之誠。【子孫居仁同 角山。】

金光繼：字以志，號梅園。薦敎官，光山人，文純公 後凋堂孫。宣廟庚辰生。○公當昏朝，杜門遯世，仁祖改玉後，方伯以學行薦敎官、齋郞，皆不就。丙子胡亂，鄕人推爲義兵將，行至嶺底，聞南漢不守，西向慟哭而歸，以崇禎處士終焉。公有祭先生文曰："曰余小子，早承謦咳，欽仰高風，三十餘年。汨沒塵冗，歲月推遷。負笈從師，有愧古人。無路質疑，久未親仁。丙子之夏，決意南征。投刺門下，欣然出迎。陪奉從容，留止旬日。德氣薰人，心悅誠服。退伏衡門，嚮湒益切。精誠感通，夢寐相接。庶幾源源，以期卒業。遽失依歸，小子何托？"【子孫居安東 烏川。】

申泳道：字汝涵，號鷩潭。通德郞，鵝洲人，虎溪 適道從弟。宣廟庚辰生。○公早登先生之門，文學、行誼著聞於世。及先生沒，操文以祭之。《義城勝鑑》有曰："公早遊旅軒 張顯光門，文學精深，有士林重望。"家傳《世德編》有曰："悔堂 元祿之孫，興溪 佖之子。賦性明敏，志氣剛毅，承家庭孝友之道，通經史詩禮之學。年纔十三，遭龍蛇之變，避兵于鷩谷潭之上，因號焉，不事擧業。贄謁旅軒 張先生之門，質疑問難，多有心得。"先生易簀，爲文祭之曰："依歸無所，杜門養痾，以終餘年。"【子孫居義城 元興。】

周善元：字止彦，號于齋。官判決事，尙州人。宣廟庚辰生。○公早遊先生之門，專意經傳，學識宏博，踐履篤實，先生每以淸隱君子推許之。享沂陽書院。【見行狀。○子孫居漆原 舞沂。】

張慶遇：字泰來，號晩悔堂。進士參奉，贈左承旨，玉山人，克明堂 乃範子。宣廟辛巳生。○《記聞錄》曰："余早登先生之門，其誘掖之方，敎戒之道，如天地生成之德，而不能遵行。遽失依歸，以晩悔自號。"公常憫先生無棲息講道之所，建數椽于南山，卽今慕遠堂也。外家亭基在洛江濱，力懇受署立劵於外族，建置精舍，爲杖屨之所，仍爲俎豆揭虔之地，是不知巖書院也。光海朝，賊臣爾瞻專權誤國，幽廢國母，倫紀斁絶，宗社幾危。嶺儒倡義抗疏，疏行踰嶺。爾瞻鷹犬李宗英以"操弓挾矢，水陸幷進"等語，上變構誣，爲打盡計。疏儒等稍稍亡去，氣像甚慘，形跡益危。時公書示疏儒曰："吾輩當死於此行。欲去者皆去。"由是人心稍定。【見張聽天堂撰墓碣銘。】丁卯韃[17]虜之變，公爲義兵將，募兵聚糧，將赴江都行在，聞許和，遂停。召號使愚伏 鄭先生 經世復啓曰："仁同義兵將張慶遇，盡心召募，可堪百執事之任。令銓曹甄錄，以爲後日激勸之地。”昏朝丙辰，赴殿試，宗人之稱名士爲考官者，欲私公，公毅然不應。其人悔服，不久棄仕入關東，終免末年之禍。【見柳洛坡撰行狀。】從享東洛書院。【子孫居仁同 省谷。】

朴晉慶：字明逑，號臥遊堂。參奉，密城人。宣廟辛巳生。○年十六，健齋公命就學於先生。時倭寇充斥，先生避寇于靑鳧，轉入于鳳城，公負笈而從之。與同門學者居，不好笑語。先生常語人曰：“某藏精於內，而不見於外者也。”丙子，倡率四邑義兵以赴千里，雪涕誓師，忠義凜凜。及其聞和，屣棄名利，芥視爵祿，絶主和之時論，辭所親之銓官，退隱於洛江之上，以從先生之遺志。所居第屋，窓明几靜，栽花種竹，嘯詠其間，有蕭灑出塵之像。【見行狀。○子孫居善山 槐谷。】

金玨：字子亮，號浴潭。文副提學，善山人，久庵 就文孫。宣廟辛巳生。○公稟性深厚，聰悟過人。及登先生門，服襲旨訣，爲世所推重。十二歲，遭壬辰亂，考察訪公戰歿於北川之役，奉母夫人，避兵于金烏山中。居官淸儉，應旨陳疏，無非格君心者也。及先生歿，操文祭之曰：“小子玨往在甲午之年，得陪杖屨於小白之蕭寺，幸參童子之列。粤三年丙申，入於察訪盧公之門。盧公於先生一家人也，特施顧恤之恩，視諸人最厚。忝緣出入於門下者，四十有四年之久矣。”鶴沙 金公、懶齋 申公以纂輯遺文之意，貽書囑公。享南岡院。【子孫居善山 坪城。】

17　犍：문맥상 “建”인 듯함.

申祐德：字汝嘉。贈參判，私謚眞靜，平山人。宣廟辛巳生。○公當壬辰之亂，年纔十數。有唐人見而奇之曰"此子必德被九族"，欲載與歸中國。公辭以有親，卽厚遺而遣之。及長，師事先生。先生亟稱之，謂群弟子曰："持身當如申某。"己亥，設重巹宴，眼見諸子榮顯，"常自抑損，深懼盛滿，以淸勤奉公"之意訓戒焉。及卒，張南坡㬠以古人追號之意，私謚曰眞靜，而有"面背自著，眞源滔滔，耳目不役，靜境寥寥"之意。及先生歿，操文祭之曰"小子幸而生於皐比之鄕，出入於門下者，于今四十有餘年"云。享崑山院。【子孫居仁同若木。】

金潤礪：字致精，號石亭。官訓鍊院正，慶州人，魯巷演從姪。宣廟辛巳生。○公與從兄就礪出入先生之門，成就學業。稟性英邁，氣局宏博，倜儻奇偉。早悅兵學，習弓馬，才略過人。當丙亂，先生勸諭同志，倡起義旅，而與弟光礪應諭勤王，誓心討賊。而至雙嶺陣，冒死力戰，火發藥庫，超脫火中，躬蹈白刃，累獲戰功，錄武振勳。【事載《輿地》。○子孫居永川塘洞。】

黃元祿：字公記，號忍軒。贈掌隷院判決事，昌原人，禮賓寺參奉汝埴子。宣廟辛巳生。○公稟性醇靜，踐履篤實。誠孝養親，遯閒田廬，自適林泉之樂，窮究性理，博通經禮。早遊先生之門，得聞德業、文學成就之道，始遂淵源之正，德望重於一世。與申梧峰之悌、趙澗松任道、成晴峰好正爲道義交，及沒，皆以文祭之。士林以行義聞于朝，贈掌隷院判決事。有實紀。享柳溪祠。【子孫居昌原柳原。】

柳袗: 字季華, 號修巖。逸持平, 豐山人, 文忠公 西厓先生第三子。宣廟壬午生。○公生有美質, 謙厚端慤, 聰穎夙成, 識趣高遠。文忠公遣于先生之門, 成就德業。謙冲渾涵, 不見涯際; 雅淳莊和, 不露涯[18]角。忿厲之氣, 不形於色; 機智之私, 不萌於心。平居淳淳勤[19]飭, 仁厚之氣, 達於面目, 望之知其爲有道君子也。蓋其學以謙恭篤實爲本, 而守之以靖確, 出之以退讓, 持之以積久, 行之以平正。名已成矣而居之益遜, 德已崇矣而慊[20]若無有。公之子柳千之祭聽天堂 張先生文曰"昔我先人嘗受業於老先生之門"云。從享屛山書院。有遺集。【子孫居尙州 愚川。】

金敏行: 後改泰一, 字道一, 號退隱。文應敎, 慶州人, 判書乙和八世孫。宣廟壬午生。○公稟賦敏悟, 神彩英豪, 孝友兼備, 才藝絶倫。及登先生之門, 加以薰炙益深, 極蒙奬許, 以文學、行義推重於當時。性又抗直, 爲權奸所陷, 竄黜田舍。斂跡遯世, 築魯來巖精舍, 潛心求道。常與眉叟 許文正公講論先賢事業。及先生歿, 操文往祭之。【子孫居永川 東山浦。】

權益鄰: 字鄰哉, 賜號大明翁, 號琴谷。安東人, 松巢 宇之子。宣廟癸未生。○公天姿端潔, 操履堅固。早遊先生之門, 得聞爲學大要。有無求自得之志, 爲當時士林所推重焉。仁廟朝, 登上庠, 遊泮宮, 除夕有詩曰: "自謂平生尋樂地, 今

18 涯 : 문맥상 "圭"인 듯함.

19 勤 : 문맥상 "謹"인 듯함.

20 慊 : 문맥상 "謙"인 듯함.

宵何事滯終南。春入梅梢人未返，夢魂長繞不知巖。”巖卽先生藏修之地也。當丁丑南漢之變，慨然有蹈海之志，遂入太白山。見淸陰 金尙憲，語及時事，【有酬唱詩。】相與抆淚。仁廟壯其志，仍賜號大明翁。臨終遺命曰：“大明時一進士足矣，官爵勿書主面。”有遺集。【子孫居聞慶 近巖。】

裵淑全：字元善。將仕郎，興海人，臨淵齋 三益孫，琴易堂 龍吉長子。宣廟癸未生。○公性度峻嚴，操履堅確，承家庭義方之訓，造詣夙就。琴易堂公與先生交契甚厚，公奉親命，往拜先生之門，得聞爲學之要。【見家狀及譜註。○子孫居安東道木。】

郭以楨：初名以完，字衛卿，號讓軒。務功郎，淸州人，沙塢 龍伯子。光海己未[21]生。○公天禀俊爽，聰明絶倫。早遊先先之門，文章、學行著聞于世。累被逸薦，杜門不出，養德林泉，終老自樂。及先生歿，與鄕儕爲文祭之曰：“上師退陶，下友寒岡。”【子孫居咸昌 利安。】

趙任道：字德勇，號澗松。逸持平，咸安人。宣廟乙酉生。○公出入先生之門，凡四十餘年，所以薰炙者親切。公之學，以經學爲本，而潛心洛、建之書，從賢師友，道成德立。南方學者翕然尊信，以千仭壁立、萬折必東稱之。累被徵辟，皆不就。顯廟下別諭曰：“爾以行義見稱一道，爲人士所推服，

21 光海己未：底本에는 “宣廟癸未(1583)”이고 《仁川蔡氏族譜》에는 “宣祖乙未(1595)”이나 부친 郭龍伯의 생년(1588)과 맞지 않음. 己未本에 근거하여 수정.

自在先朝，累蒙褒錄。年齡益高，合施奬勵之道。令道臣優給米肉，以示朝廷嘉奬之意。”又曰：“龍華山人圖畫此地，以備天覽。”公遂上章進治道四十條。祭先生文曰“小子惷懶，縱未執經，中心慕悅，學而未能。猥蒙仁愛，出入門屛，不我愚魯，許以親仁”云。【子孫居昌寧 龍山。】

李之英：字子實，號水月堂。文北評事，贈司諫院，全義人。宣廟乙酉生。○公天姿明慧過人，早登先生門，已知愛親敬長之道。癸丑，登文科，兄弟同榜。庚申，以聖節使書狀官如京師，皇帝奇其文詞，賞以書冊及玉笛。當光海之末，朝廷極亂，公棄歸河濱，優遊忘世者五年矣。癸亥改玉後，召公爲北靑節度判官， 有治績， 上賜表裏。 後以親老， 棄官歸鄕。《輿地勝覽》改正草本曰：“癸丑， 茶浦 之華與兄之英竝登文科，受業於張旅軒門。”有文集。【子孫居大丘 河濱。】

曺挺生：字以寧，號陶溪。文翰林，昌寧人。宣廟乙酉生。○公幼而有異質，識量宏遠，氣度弘毅，人皆知其爲遠大器也。及長，奉承嚴訓，往拜先生，益勵卒業。由是，德崇業廣，一時諸流莫敢爲之先，推以長德巨人。庚申，拜正言，極陳時弊疏，不就職。同年又拜獻納，見朝論角立，國是顚錯，只謝恩，退歸家食。甲午，丁外艱，廬墓三年。【見行狀。○子孫居陜川 安城。】

呂焯：字晦仲，號虎溪。官都事，星山人。宣廟丙戌生。○公天性毅肅，鄕人敬服。庚申，遊先生門，篤信爲己之學。丙子，從伯氏石村公，率義旅，赴先生召募所。聞城下報，喟然無宦情，築虎溪精舍以自娛。歷任龍岡、河東，皆淸儉自持。戊子，應旨陳時弊十三條。批曰："省爾疏，嘉言至論。予當體念而採施焉。"仍下備邊司，回啓曰："詳悉時弊，有此陳疏。宜特加除職以表嘉尙之意。"特除通禮院相禮。仙馭賓天，公亦未幾遞職。李凝窩 源祚撰公文集序曰："以圓亭之孫，遊寒、旅兩先生之門。"及先生歿，爲文祭之。【子孫居星州 樹村。】

成以諒：字汝貞，號松庵。進士，昌寧人，慕庵 立子。宣廟丙戌生。○公自早時，謝絶名利，就正於先生之門，得聞爲己之學。養德林泉，文學、行誼爲世所推重。及先生歿，爲文祭之曰："溫良之德，誠正之學，時人儀表，冥途日月。惟玆永邑，雖不信美，巖中水石，曾所寓趣。粤在今春，杖屨重臨，光增里閭，輝動山林。庶幾百年，于玆遊息，天何不憖，楹夢遽忽？國摧棟樑，士失依歸，峰巒如喪，溪澗含悲。言念及此，慟哭何及？"【子孫居永川 德川、五吉。】

呂煜：字熙遠，號玄叟。星山人。宣廟丙戌生。○公自幼資禀溫粹，才行卓越，爲先考參議公所奇愛。而戊午秋，公十五歲與從兄虎溪公往拜先生門，質疑問難。潛心經學，不求擧業，以孝友爲本。及丁卯亂，先生膺召募之命，公與藤庵裵公從之，參決軍務。先生入立巖時，公侍從之。是年九月，聞先生疾患，往之侍湯如一。及易簀也，一遵先生之命，護喪而返葬。公之文蹟，逸於兵燹。李浣石亭師友錄曰："志高行雋，有壁立這氣像。"四未軒 張福樞撰墓碣曰"遊鄭寒岡、吾先祖旅軒門，盡事一之道"云。【子孫居星州 樹村。】

許燉：字德輝，號滄洲。文禮正郎，金海人。宣廟丙戌生。

○公天姿粹美，學識宏博。戊午夏，贄謁先生于不知巖。先生欣然迎謂曰：“誦子掛冠詩久矣。”因留與語數日，目送之曰：“許某，全器之人。”公歸，與趙澗松書曰：“嚮拜先生，猥蒙奬詡云云。”【見年譜。】光海政亂，公棄官還鄕，作詩曰：“南國鱸魚秋正肥，掛冠千里浩然歸。從今我有滄洲趣，萬竹橋邊一釣磯。”享古巖、德林兩院。【子孫居三嘉 五道。】

黃中信：字子貞，號魯庵。生員，平海人。宣廟丙戌生。○公以權東峰 克立女壻，早登先生之門，以學識、行義有聞於世。癸丑，居齋館學，時論乖鬧，泮宮一隊擧赴乖論，公獨抗斥不屈。人莫不偉之。壬辰亂，率子鐗，赴暘溪 鄭好仁義陣，參《永川四難倡義錄》。及先生歿，爲文祭之。【子孫居永川 竹谷。】

金應祖：字孝徵，號鶴沙。文漢城右尹，豐山人，盧白堂 楊震玄孫。宣廟丁亥生。○公自幼聰明端慤，不喜狎弄。及長，從遊先生之門，難疑問答，甚見敬重。出宰善山，摹先生眞影三本，一本掛本縣元堂，一本掛仁同 東洛，一本掛永川立巖。後以獻納遷宰仁同，時先生喪朞已畢，率諸生，議立祠於不知巖，開刊文集，又幷享吳山院。公之學，本之彝倫日用之則，而見到義利昭曠之域，正大公明，該洽周遍，而立朝需世，無不一於誠信篤敬，大而至義利精熟，偉然士林師表。【見墓誌。○子孫居榮州 梧麓。】

裵益謙：字道亨，號負暄堂。興海人，洛庵 得仁子。宣廟丁亥生。○公素性恬淡，不求名利。築亭江上，扁以山水

軒，獎進後學，多所成就，又有詩名。登先生門，服習旨訣。先生易簀，與鄕校儒生有聯名祭文。【子孫居安東 道木。】

孫濴：字仲浩，號月山。宣務郎，一直人，綸庵 宇男子。宣廟丁亥生。○嘗遊先生門，當親喪，問葬虞疑節於先生，遵禮無憾。丙子亂，鄕人推爲義兵將。壬申，以文望選太學博士，推爲掌議焉。與柳修巖、張晩悔、鄭暘溪爲道義交。【子孫居永川 東山。】

李忠民：字汝直，號慕巖。官同知中樞府事，碧珍人，判書建之八世孫，參議卓爾子。宣廟戊子生。○公天姿質實篤厚，早登先生之門。所行不二于心，所知不二于行，學術通明，德行純備。荷潭 金公 時讓按嶺南，朝廷有旨擧賢良，以公首對。仁廟下旨求言，公上言論治道，本末備具。元宗追崇議起，與鄭文莊 經世極言小宗之不可合大宗。金龜窩 埅撰墓表曰："執徐亂後，公爲創不知巖精舍，篤於事一之義亦如此。與之共事者，凡十五賢而俱題名楔腹以備後考。"後人築玉洞書堂以爲尊慕之所。有文集。【子孫居星州 梌谷。】

許厚：字重卿，號觀雪。逸掌令，陽川人，文正公 穆從弟。宣廟戊子生。○公生而穎悟嗜學。爲兒嬉戲，爲尼父教弟子習禮容之事。及長，繩墨嚴切，知則必行，行則必積。義益精，仁益熟，篤於宗族，忠於交友，推於仁民利物之大。田賦、兵律、刑書、天文、地理、陰陽之運化，無所不究。【見行狀。】及先生易簀，挽曰："摳衣函丈昔吾曾，一語丁寧已服膺。"【子孫居京畿 漣川。】

李之華：字而實，號茶圃。文翰林參議，全義人。宣廟戊子生。○公嘗遊先生之門，文章、德望重於一世。昏朝政亂，與兄北評事之英作《携手同歸》詩，解官歸鄕。癸亥改玉後，陞資。【見行狀。】公有祭先生文曰："曰余小子，葭莩遠族，早承提撕，猥荷敦睦。誌母之墓，用賁冥途，恩垂不朽，感篆難報。慟以公私，江、漢無極。"丁卯胡亂，入先生幕，主餉軍。丙子南漢之圍，賴義旅勤王，至忠州延豐地，遇賊僅免，聞下城而還。光海時，以正言論李爾瞻五罪，絶外舅李覺。【子孫居高靈上谷。】

朴胤武：字善承，號岐隱。官務功郎，咸陽人。宣廟戊子生。○公天姿粹慤，禀賦宏偉。早登先生之門。先生以公之母夫人親黨，又有私戚。先生嘗曰："篤志哉若人！博學而不求人知，存養而不飾邊幅，篤志哉若人！"公五歲當龍蛇之亂，指揮全活，實先生之恩，而名與字皆先生所命也。及先生歿，有祭文。【子孫居仁同岐山。】

李瑕：字玉汝，號三隱。固城人，襄憲公原七世孫。宣廟戊子生。○公早遊不知巖函筵，文章、德望有聞於世。沈潛溫粹，學究性理。及先生易簀，與鄕儕爲文祭之。【子孫居淸道興善。】

韓夢參：字子變，號釣隱。官外臺察訪，西原人。明廟乙丑[22]生。○先生之孫衛率公鉥撰狀曰："公三十二歲，與趙澗

22 明廟乙丑：底本에는 "宣廟己丑".《密陽孫氏大同譜》와《향토문화전자대전》에 근

松執贄於先祖文康公門。其師事之禮，問學之方，如一。及先生歿，聞訃而往，臨葬而往，文以酹之，爲斯文長慟之意。丙子南漢圍，爲義兵將，未及發，城已下矣，北望慟哭。孝宗以大君發西行，朝廷以公擬師傅爲其陪從。”享晉州 臨川祠。【子孫居三嘉 德村。】

孫起業：字興彦，號隱庵。密陽人，鄒川 英濟子。宣廟己丑生。○公生而穎悟，甫學語，能辨字書。七歲就學，不煩教督，見解日就。及長，造詣尤深。以親命贄謁先生于不知巖，講無極太極之理，而同門諸子皆服其簡奧。先生嘗有書于公曰：“際此波蕩之地，幸得與賢執許心相叩。”又曰：“學無間斷，研篤終要不在鄙勉。”與其從兄起陽赴本鄉倡義所，其指麾方略，事載邑誌。有遺集。【子孫居大邱 玉盆。】

朴敏修：字遜之，號梅山。宣務郎，密陽人，大庵 惺子。宣廟庚寅生。○公以簡亢之資、峻潔之行，痛刮浮文，篤學實踐。先生之在立巖也，大庵翁亦寓于青鳧，相便往來。當公三加，邀先生爲賓，而仍使受業于先生門，得聞爲己之學。奉先以禮，待客以誠，教子弟以孝，訓宗族以敦睦。先生大加獎詡焉。有著《玉纂》九卷。【子孫居玄風 倉洞。】

張乃謙：字益甫，號止窩。鶴渠 峋孫，深谷 悌元子，贈左承旨，玉山人。宣廟庚寅生。○公天姿溫雅。以先訓出入先生之門下，得聞爲己之學，不求仕進，遯世无悶。傳來遺

거하여 수정.

蹟，入於回祿，家無所守。有祭先生文于先生家，而此亦先生闋喪時文也。草略殊甚，觀其文意，似有前日記情，而亦見漏矣，可勝歎哉！【子孫居仁同 眞坪。】

全有性：字敬夫，號耕山。通德郎，龍宮人，菊坡 元發十世孫。宣廟辛卯生。○公早遊先生之門，文學、行義爲士類所推重。及先生歿，爲文而祭之。【子孫居永川 棗洞。】

姜大遂：字學顏，號寒沙。文副提學，晉州人。宣廟辛卯生。○先生倡道南服，四方多歸之，大人虁庵公送之，師事之。成就德器，操守儒行，孝友敦篤，不求人知，辨別涇渭。立朝五十年，恪心謹愼，稗益弘多。光海殺弟，爭論得罪，杜門屛跡。丁卯虜亂，公爲務召使，與鄭愚伏 經世從事嶺南，收召義兵，及城下，罷兵。作石泉亭以待學者，剏本郡伊淵院及宜寧 德谷院，尤眷眷於儒業。及先生易簀，挽曰："嘗幸近皐比。自揣良菲薄，偏蒙不鄙夷。夜牀連侍右。"【子孫居陜川 黑石。】

金友益：字擇之，號斗巖。又號琴鶴軒。文漢城庶尹，禮安人，文節公 淡五世孫。宣廟辛卯生。○公天姿純慤，篤於孝友。及登先生之門，親炙旨訣，講究性理，爲多士所推重焉。公請五世祖文節公神道碑文于先生而立之。歷典寧遠、海美兩邑，俱有治績。韓平君 李慶全挽曰："試割桐鄉未浹朞，至今人口藉豐碑。"公在海西幕，監司白大珩將禍道內被謫者，賴公抑遏，不得售。鶴沙 金公 應祖題其碣銘曰："軒然氣，確然志。恢然才，偉然器。若有爲，而止於是。"【子孫居榮州 友琴。】

金光岳：字以直，號野逸齋。生員進士，光山人，文純公富弼孫。宣廟辛卯生。○公天姿淸粹，穎悟嗜學。早遊先生之門，文學、行誼著聞於世。光海廢母時，上疏請斬李爾瞻。丙子亂，與兄梅園公倡起義旅，聞南漢不守，入淸凉山 逋俗洞，以崇禎處士終焉。有遺集。【子孫居義城 草田。】

李汝翊：字棐卿，號秀峰。文侍講院輔德，碧珍人。宣廟辛卯生。○公天姿敏悟，氣槪淸爽，聰明絶倫，文藝夙就。辛未九月，拜先生于不知巖，自後往來質疑，大被師門推許。乙酉，宰梁山，送梓材於先生《易學圖說》刊所，聽天堂 張公有答書。丙子，聞下城之報，揮淚廢食。辛巳，爲陪還王世子，以書狀官赴瀋陽。歸拜忠州牧，得蒙"盡心國事，賜衣一稱"之諭。歷典州郡，繡褒、營褒三至，仁廟嘉之，書識于屛，澤流五州，皆有去思碑。文集行于世。四未 張公 福樞撰墓碣銘。【子孫居陜川 合山。】

盧亨道：字行甫，號守分堂。豐川人，風皐 胄次子。宣廟辛卯生。○公禀性淸粹，風儀端重。出入先生之門，成就德業。盡孝事親，友于兄弟；操守儒行，不求人知；辨別涇渭，不苟循俗。自揭堂號守分二字，蓋取其所履之安也。丙子翟亂，與伯氏素菴公共起義兵，至鳥嶺，聞城下盟，痛哭班師而還，隱德不仕。【子孫居咸陽 介坪。】

權對：字興瑞，號省齋。官副護軍，安東人，東峰 克立子。宣廟壬辰生。○公自幼時從先生學。當時摳衣之士甚多，而公最見許焉。【見《遺事》。】丁丑，先生再入立巖之日，先生顧語小子曰："吾永辭先壟而卜居于玆，將欲與立巖終老，汝其肯與我共之，如昔年先公在時事乎？"小子自此日侍先生，亦爲依歸。【見《師門記聞錄》。】日夕侍先生，講義於函筵，而及易簀返櫬之日，四方士友來哭者塡壑，而公悉傾囷供其饋。一時以孔門子貢目之。【見《遺事》。○子孫居永川 立巖。】

金汝礪：字伯說，號屯谷。文科監察，慶州人。宣廟壬辰生。○公與弟以礪及堂兄就礪同謁先生於立巖，受性理之學。天姿孝友，親喪廬墓三年，與弟同居，扁楣曰大菴、小菴，敦友愛。丙子，先生勸諭同志，倡起義旅，而公應諭，整頓軍旅。聞城下盟，解散退去。累辭徵命，而終於林壑。【子孫居永川 黃岡。】

朴道元：字一之，號農隱。慶州人。宣廟癸巳生。○公天姿豪邁，嶷然不凡。穎悟夙成，三四歲能辨文字。性又至孝純一，生死葬祭極爲無憾。及長，摳衣於先生之門，日侍函席。先生嘉賞，每請益之際，甚敬之。公曰："於門下人致敬，何乃若是？"先生曰："公等問學，固非慵儒，烏可慢也？"日夕薰陶，飫聞至論。及先生歿，爲文祭之。【子孫居咸安 坪寬。】

金應鳴：字而遠，號翠竹堂。進士，慶州人。宣廟癸巳生。○公生五歲，當島夷猖獗之日，父公倡義，從郭忘憂陣，公晨夕拜天，誠禱破敵早還。戊午，以親命赴擧進士，絶意名利，專心性理之學。嘗從旅軒 張先生遊，得聞爲己之學。及先生歿，爲文祭之曰："嶺南指南，惟我先生。先生旣歿，奈失前程？"士林建南川書院，俎豆焉。【子孫居慶山 龍城。】

裵尙虎：字季章，號愧齋。進士，星山人，藤庵 尙龍弟。宣廟甲午生。○公自童年，遊鄭寒岡門，又從先生門，爲師友所奬許、群哲所推重。公奉先以禮，待客以誠，敎子以孝，訓親族以敦睦，一家內和氣藹然，倫序秩然，以法家稱之。【見聽天堂記聞。】公居家，常晨起，進候伯氏寢所，共瞻拜家廟，淨掃室堂，展對經史，日以爲常。【見晩悔[23]堂記聞。】先生挽公詩曰："抱才堪做業，懷志擬成功。取友須名輩，持論亢士風。"【子孫居星州 後浦。】

張慶遹：字泰彦，號晩溪。官通政，仁同人，克明堂 乃範第三子。宣廟甲午生。○公生而穎異，長而聰明。外有賢師旅軒先生，內有克明堂、晩悔堂賢父兄。而事父母猶恐不以父母之心爲心，御家有法度，處鄕黨有禮義，應事接物必勤儉，葉輕功名，芥視軒冕，嘉言、善行可以爲範於後世。及先生歿後乙酉，與裵藤庵 尙龍、金龜巖 慶長議刊先師文集。淡齋 張一相撰墓碣文曰："克明堂諱乃範以門親，率子若孫，三世摳衣。銘曰：'淵源有自，文康之徒。'"【子孫居仁同 磻溪。】

朴頤慶：字而述，號講歡堂。密陽人，龍巖 雲曾孫。宣廟甲午生。○公天姿魁偉，才藝夙就。以卓越之才，早遊先生之門，多蒙誘掖，成就德業，爲鄕隣所推重焉。及先生歿，爲文祭之。【子孫居善山 槐谷。】

權烝：字養正，號默忍齋。宣敎郎，安東人，魯軒 應生長

23 悔：底本에는 "晦". 己未本에 근거하여 수정.

子。宣廟丙申生。○公天性至孝，及遭內外艱，廬墓終制。時人指其山曰山幕洞。西河 任龜鎬題其墓曰：“太中有命，負笈千里。立雪多年，的受眞旨。三緘金口，默以存諟。山幕終制，孝慕曷已？”有遺稿。【子孫居慶州 頭流。】

李熢：字汝元，號雙碧軒。司馬，永川人。宣廟丙申生。○公生而岐嶷，資禀英邁。及長，就先生之門，得知爲己之學，服承旨訣，多蒙奬許，嘉言、善行足以爲範於後世。及先生歿，以文祭之。【子孫居永川 良巷。】

李晥：字文遠，號□□。蔭參奉，驪江人，文元公 晦齋先生曾孫。宣廟丙申生。○公以英特豪邁之資，出入先生之門，薰陶觀感，文章、行義爲鄕道所推。及先生歿，有祭文。公之歿也，聽天堂 張公挽曰：“京洛曾陪先大人，與君情誼亦相孚。風神自來東都傑，談論應知北海儒。”玉山儒生祭公文曰：“端凝之資，渾厚之質。擩染家庭，詩禮遵業。玉雖秘彩，蘭不掩香。”【子孫居慶州 良洞。】

徐强仁：字克天，號月巖。逸執義，達城人，達城君 彌性八世孫，僉樞 道立子。宣廟丙申生。○弱冠，以親命贄拜于先生，得聞爲學之要。所與遊者，極一時之選。鄭雙峰 克後、崔臺巖 東集、徐東皐 思選，其尤也。互相切磋，成就德業。事親，生死葬祭一於禮，兄弟常怡怡如也。一切外累無所動心。結茅文巖上，爲讀書頤養之所。晚以明經行修被薦者三。及先生易簀，文以祭之。【見狀、碣。○子孫居永川 北門。】

金烋: 字謙可, 號敬窩。薦參奉, 義城人, 雲川 涌孫。宣廟丁酉生。○公負超逸之才, 方年少氣豪, 以馳騁詞藻自喜, 若不數數於規繩者。然所重常在於問學, 沈潛玩索之久, 知爲學大要不出乎謹獨不欺、遷善改過數語。 早遊先生之門。先生愛其才志, 所稱說期勉者, 皆君子之道, 而作字說以贈之。又以我東文獻寂寥, 屬公裒輯之。 上命朝臣薦文學可用者, 龍洲 趙公 絅以公應薦, 特除康陵參奉。及先生易簀, 爲文祭之曰"渺余小子, 粤自摳衣, 二紀于玆, 不以狂簡而疏外"云。公所著詩文、《海東文獻錄》、《道東錄》、《朝聞錄》、《敬慕錄》行于世。【子孫居安東 川前。】

金慶長: 字德承, 號龜巖。官察訪, 順天人, 平陽府院君、襄景公 承霔七世孫, 伴月堂 宗孝子。宣廟丁酉生。○公儀容秀偉, 音聲洪浣[24]。生纔三歲, 手指天地曰: "此吾一大家舍。" 先生嘆賞曰: "此兒他日進就, 不可量也。" 七八歲, 能通《孝經》、《小學》。以親命請業于先生之門, 自有心得體行之驗, 亟蒙獎詡。性又篤孝, 事父母極其誠孝, 時人名其村曰孝子村。《景遠錄》曰: "余之鬐髮, 今星然而白。袪騃闟, 脫鴃藩, 粗解農馬之知者, 秋毫皆我夫子賜也。" 祭先生文曰: "小子無狀, 亦被容卹之賜, 而每蒙提撕之教。其煦濡之惠, 撫摩之眷, 殊非小子殞結得報者。"【子孫居仁同 北面。】

李綸: 字經彦, 號沙月堂。壽僉樞, 京山人, 大司憲興門后, 白川 天封子。宣廟丁酉生。○公姿相豐盈, 器量宏厚。

24 浣 : 문맥상 "亮"인 듯함.

早承庭訓，又登先生門，服膺敎訓，篤志勵行，先生期之甚重。誠於追遠，竪巖棲、三益齋、白川三父子墓碣，請文於先生，先生各題其陰。構亭於洛東江上，扁以沙月，一代名碩，多有題詠。三隱 李瓛誄之曰："公以明粹之姿，生於三益、白川詩禮之家，就質旅翁之門。" 族姪生員亨萬又曰："立雪旅門，習禮春庭，忘憂自得，孰知其樂?"【子孫居星州 巖浦。】

鄭憲世：字景式，號竹軒。進士，逸別檢，晉陽人，復齋 國成孫，文莊公 愚伏再從弟。宣廟丁酉生。○公以聰俊之質、英邁之氣，早登先生之門，服襲師訓，蔚然爲士友所推重，文學、行義著聞於世。柳江皐 尋春撰東山祠奉安文曰："匠石之園，固多良材，菌桂之林，必產靈芝。允矣維公，是家是人，寢郎家兒，復齋賢孫。載詩載禮，克類克似，匹美戴家，齊寶謝氏。"【子孫居尙州 沙川。】

崔峅立：字乃仰，號守軒。通德郎，永川人，蘭圃 鐵堅曾孫，燃山君 漢之后。宣廟丁酉生。○公稟姿英邁，篤行好學，師事旅軒 張先生，與耆樂窩 卓然交遊。早廢科業，講明性理，多蒙推詡。【見碣文。○子孫居慶山 谷蘭。】

張以兪：字子裕，號知分軒。仁同人，竹亭先生潛曾孫，疥翁 鳳翰子。宣廟戊戌生。○公自幼聰明溫雅，才器夙就。戊申，宣廟昇遐，公廢讀，七日不食肉。十一歲，讀《論語》，至曾點舍瑟，擊節嘆曰："方寸之間，可認千載氣像。" 乙卯夏，以親命往拜先生請業，與同門諸賢講磨。甲子适變，往拜先生，論倡義事。乙亥，製《退溪辨誣疏》。壬午，通諭鄕省，從祀先生于川谷書院。晚築詠歸堂于家後，與諸益唱酬，慕古人浴沂之風。配伊陽書院。有祭先生文曰："小子無狀，姓中一忝，以行則叔姪也，以義則師生也。"【子孫居星州 家谷。】

崔東亮：字子明，號松亭。官縣監，慶州人，貞武公 震立[25]子。宣廟戊戌生。○公幼而穎悟，喜讀書，不數過，輒成誦。有至性，事父母無違。癸亥秋，贄謁先生于仁同 不知巖。先生款接曰："吾友君燮不幸死矣，寤寐戀戀。今對君，如見君燮。"丁母夫人憂，喪祥疑禮，稟質而行。丙子，大駕入南漢，貞武公自公州鎭匹馬勤王。公聞而泣曰："主上受圍，家君赴戰，爲臣子者，豈敢晏然？"遂募義旅，行至木川，聞父公戰亡，冒賊鋒馳進，與舊吏尋屍，斂襲輿櫬還鄕，葬于彦陽 烏池山，廬墓三年。【子孫居慶州 佳巖。】

李惇敍：字子倫，號□□。延安人。宣廟戊戌生。○公天姿純美，幼而好讀書。丁卯，奉母夫人，避兵于善山。贄謁先生于不知巖精舍，質疑稟學，多所發明，先生極稱許之。丙子，入江都，爲賊所執。公曰："吾家忠孝相傳，不幸爲虜所俘，若不死，吾何生爲？"卽欲自裁，而但以老母爲念，其道無由。行到鎭江里，有大坎水，卽翻身投水而死。孝廟朝，與兄惇五竝旌。【見家狀。○子孫居尙州 長谷。】

李塾：字景受，永陽人。宣廟戊戌生。○公以權東峰 克立女壻，嘗受業於先生之門，得聞朝聞夕死之道。薰炙服襲，

25 震立：底本에는 "震". 己未本에 근거하여 수정.

多被奬許，文章、行義爲鄕隣多士所推重焉。【子孫居永川 雲川。】

李縮：字愼彦，號學稼齋。京山人。宣廟己亥生。○公自九歲就學于先生。才成童，微辭奧旨，見輒曉解，聞一知二。事先生如事親，最得親炙，爲十哲之一，先生甚奇愛之。及先生易簀，爲文祭之曰："義重生三，恩同父子。顧惟愚魯，學未通方，忝在門墻，未有觀感。比彼朽木，不可加雕。徒懷慙嘆，孤負盛眷。冥途此世，奈失依歸？"又與門下諸賢共治後事，又狀行蹟，以致平日觀感之誠焉。專心問學，究賾旨訣，本之六經四書，旁通諸子百家。召收後學，誘掖奬進，一代鴻儒碩士多出門下。有師門言行二十五條。享德巖書院。【子孫居星州 巖浦。】

宋暹：字汝輝，號則學齋。冶城人，孤軒 後昌子，宣廟己亥生。○公幼而神彩炯潔，才氣英俊。以先生婦姪，早登先生之門，得聞朝聞夕死之道。潛心玩索，服襲旨訣，極蒙師門奬詡。自丙子後，廢擧業。至孝事親，爲天神所感，有獨雨數頃田之異，鄕黨咸嘖嘖焉。【見行狀。○子孫居漆谷 道灘。】

朴璨：字君獻，號玄石。薦參奉，密陽人，文節公 文彬九世孫，慕軒 陽春子。宣廟己亥生。○公姿相泂潔，才氣英豪。師事先生，得聞爲己之學，益自篤勵，爲鄕黨所推重。與趙澗松 任道重輯《密州誌》，又裒輯東賢事蹟。及先生易簀，操文往哭之。澗松挽公曰："石友今泉壤，吾徒道益窮。"【子孫居淸道 黑石。】

盧世忠：字士亨，號松雲。薦司評，慶州人，亦樂齋 景倫子。宣廟己亥生。○公天姿粹善，神彩炯潔，才氣豪邁。早師旅軒 張先生，得聞爲己之學，學問、德行見推當世。【見世譜。】後孫奎泰撰族譜序有曰："司評公以亦樂爲考，承先訓而從師友，篤志力學，早薦道學，而不幸致夭，名未大揚。"【子孫居善山文洞。】

孫沆：字季浩，號月峰。進士，一直人。宣廟己亥生。○公以親命，同伯兄贄謁先生于立巖。陪先生往椒泉，旬餘而還。當先生易簀返櫬之日，盡誠周旋焉。【見考往錄。○子孫居永川 東山。】

呂爾載：字子厚，號海翁。文刑判，謚肅憲，咸陽人。宣廟庚子生。○事父母至孝，處兄弟以友；居官盡誠，治民以平易。光海時廢母議起，率諸生抗章討賊，載國乘。【見行狀。】"詩書禮樂今夫子，德業文章後晦翁。久立當年門外雪，幾承閒日坐間風？"【見先生《年譜·附錄》挽章。】"先生，吾東夫子也。夫子之大，小子何得以言？昔在乙卯，先君莅是邦，小子年十六。先生循循善誘以學，非不悅先生之學，正惟弟子不能學也。厥後先生兩造京邸，小子幸得以叨承盛誨。不幸前歲避兵嶺南，先生憐小子羈旅困頓，而小子之寄寓玆地，寔先生命之也。"【見《續集·附錄》祭文。○子孫居京。】

權恁：字和叔，號退庵。薦司甕院參奉，安東人，魯軒 應生第二子。宣廟庚子生。○公以聰慧之姿，純愨敦厚。以親命早師事先生，得聞爲己之學，遂絶意仕進，扁其堂曰退庵。

及先生易簀，爲文祭之曰"今來舊居，他日闕里。卽遠有期，摳衣無路"云。申體仁撰魯軒公行狀曰："先生之晩棲立巖也，公旣送三子受學焉。"【子孫居慶州 頭流。】

申弘望：字望久，號孤松。文持平，鵝洲人，梧峰 之悌子。宣廟庚子生。○公幼而神彩炯澈，才氣英俊，見者咸稱遠器。受庭訓，甚勤力學。嘗遊先生之門，先生稱之曰："申某眉間常有春風和氣，言貌擧止，可謂克世其家者也。"及先生歿，以文祭之曰："粤我先人，分義甚厚。肆余小子，最承恩遇。瞻仰德範，何日忘之？科場汨沒，世累奔馳。不得長侍，杖屨之側。貿貿至今，禽鹿視肉。撫躬自悼，雖悔莫及。往歲之春，天地飜覆。軒車徂東，駐駕龜池。拜候床下，承誨移時。那知一辭，便成永訣？"【子孫居義城 龜尾。】

李緭：字斐彦，號□□。京山人，學稼齋 紬弟。宣廟庚子生。○公自幼少時，與伯兄學稼齋公共受業于先生之門，成就德業，爲士友所推重。及先生歿，與鄕儕操文往哭之，服喪如禮而歸。又學于伯兄學稼齋。天性淳眞，不求外慕，專心於爲己之學，從事於孝友之政，爲終身元符。【見狀、碣。○子孫居星州 巖浦。】

高是恒：字子久，號澗齋。逸都事，開城人，提學士原七世孫。宣廟辛丑生。○公資性秀異，才識宏遠。及長，遊先生門，得聞爲己之學，成就德業，以"孝友忠信，道德文章，積而能散"十二字爲終身佩符。丁二親喪，廬墓三年。居家訓子之方，要歸於謙厚淸儉。全沙西 湜掌銓選，首擧公禁都。只一肅旋歸，養德林泉，安命終身。及先生歿，祭之曰："群賢之後，獨立頹波。深惟厥功，豈在禹下？顧惟小子，雖間趨造。河潤所需，山仰有素。"【子孫居聞慶 旺泰。】

徐强禮：字愼夫，號□□。達城人，達城君 彌性八世孫，月巖 强仁弟。宣廟辛丑生。○公與兄月巖公早登先生之門，得知爲己之學。而求益焉，得聞性理，潛心思繹，退而征邁，惟日慥慥。人或擬之天祺、子約，中途而歿，鄕人惜之。有祭文。【見家狀。○子孫居永川 慈川。】

金是聲：字聞遠，號錦浦。官武統制使、禁·捕將，清道人。宣廟壬寅生。○公弱冠，受業于先生，先生以命世器，推許以志氣卓異。仁廟丙子，扈從瀋陽。壬寅在統營時，送二[26]艘，助先生墓役，一艘載神道碑，一艘載助物。公八歲始受學，一聞輒解，一經輒誦。勤於讀書，夜而繼晝，或至忘食。讀史至關雲長明燭事，起而斂衽曰："忠義之士當如是也。"至唐宗閨門事，掩卷而坐曰："讀之汚口，不欲復對。"【見實錄。○子孫居河陽 南河。】

李廷相：字立卿，號蓴湖。文郡守，永川人，紫巖 民寏子。宣廟壬寅生。○公資稟精粹，器度渾確。早遊先生門，得聞爲己之學。歷典郡邑，皆有茂績。解官歸田園，以爲終老之計，學者坌集，敎誨不倦。丁丑，聞先生訃，祭之以文曰："紫陽嫡傳，溪門正脈。卓乎先生！宗師後學。"有文集。【子孫居義城 山雲。】

26 二：底本에는 "三".《錦浦實紀》에 근거하여 수정.

洪昕：字伯昇，號文谷。缶林人。宣廟壬寅生。○公天資粹秀，器識周詳。及登先生之門，講究義理，先生恨見之晩，而奬許之深。先生易簀後，公痛未卒業，益自拔勵，日探經傳，討究本源。有祭先生文曰："山頹此日，吾將安仰？道墜明時，吾將安倣？緬懷經敎，所過幾化。自國而邑，學序庠舍。餘化攸及，孰不誠服？而我無狀，未克卒業。"丙子亂，倡起義旅，聞城下盟，乃入文山，與同志携手徜徉。本縣黌舍，自經兵燹，凡百蕩殘，移建于寬坦地。又麟角坊，爲先師設畏壘，而有揶揄者，竟未就。【子孫居義興 大谷。】

金墻：字確夫，號黃皐。生員，慶州人，南岡 就礪子。宣廟壬寅生。○公天姿英豪，氣量宏偉。旣有家庭之訓，早遊先生之門，文章、德業足以爲需世之資。而與金是樞、蔡先見疏斥爾瞻，辭甚峻嚴，直聲流聞朝野。且精於明經，登殿試，臨筵侍講，音義通暢，應對捷敏。與七耋老生比肩，而公恬然讓與曰"生，老年也；吾，方壯也，知有前期少"，無難色而退。上嘉其德量，特賜七書一部、白帙三乘、玄玉硯一函、筆墨二塊。丙子胡亂，與堂叔屯谷 汝礪、小庵 以礪、族叔翠竹堂 應鳴起義兵，赴聞慶，聞和議已成，憤懣氣塞，墜馬輿疾而還。道臣以孝廉、文章累薦，有除齋郎之命，辭疾不就。及先生易簀于立巖，護喪之節，極誠扶護，文以祭之。【子孫居永川 黃岡。】

蔡檠：字汝煥，號遯庵。仁川人，大谷 先謹子。宣廟壬寅生。○公自在幼年，才思拔越，性又端嚴靜愼。及登先生之門，先生戒篤志儒學。仍廢擧業，眞實向裏，閉戶讀書，不求人知。公早孤，事祖母張氏至誠，躬執甘旨，承順盡歡。及喪，哀毁盡禮。西坡 柳必永撰公墓碣文曰："自沖年講學，先生嘗戒之曰'名利之外，自有儒者學'，公佩服至訓，專心實學。其自修成德，皆先生賜也。銘曰：'內重外輕，師訓是膺。'"【子孫居達城 硏經。】

任景尹：字尙之，號龜隱。官奉事，豐川人，西河府院君 子松之后。宣廟壬寅生。○先生姊夫卽公之伯父也。公年十六，陪坐將命。先生見公言動有法，才藝夙就，甚奇愛之，乃以朴壻晉慶之女妻之。因緣出入於先生之門，有所薰炙，感發興起，言行施措多有人所不及。遠近來學者衆，頗知趨向，皆公敎導之力也。有祭先生文。【見行狀。○子孫居義城 龜坪。】

鄭以護：字仲和。參判大任孫，延日人。宣廟壬寅生。○公天賦英豪，才氣卓越。從遊先生之門，文章、德望著聞於世。及先生歿，爲文祭之。【子孫居永川 綠田。】

盧世孝：字士述，號□□。贈執義，慶州人，櫟亭 景佖子。宣廟癸卯生。○公才氣絶倫，文藝夙就。早師旅軒 張先生，得聞朝聞夕死之道，潛心力學。先生稱以非常人物，同遊之士皆以長者推之。敬庵公白于母夫人曰"此兒可以承宗祀"，遂定嗣。祭先敬，事親孝，人皆稱繼述之美。【見世譜。○子孫居善山 莘林。】

李道長：字泰始，號洛村。文應敎，贈左贊成，廣州人，石潭 潤雨子。宣廟癸卯生。○丙子，拜注書，冬扈駕入南漢。虜圍城急，公在上前，善於記事，在列者相顧嘖嘖曰能。上用權臣策，密與數三臣步出南門，移御江都，氷滑不能移步，還入山城。諸大臣請脫身獨幸。公啓曰："大臣等以其家屬在江都，故力請移蹕。請召體察以下，明飭警戒，斷自宸衷，堅定守城之計。" 上曰"善哉言乎"，卽出御廳事，招金瑬以下諸大臣，具甲冑，以次伏庭聽敎，使不得異議。人心始定。公祭先生文曰："不肖無狀，猥蒙不鄙，得依門墻，曰自幼穉，半生親炙，義均怙恃。"【子孫居漆谷 石田。】

安應昌：字興叔，號栢巖。官王子師傅，順原君，順興人。宣廟癸卯生。○丙子，昭顯世子與鳳林大君質于瀋陽，公負羈靮，觸氷雪，備嘗艱險，經二歲。因東宮應製，進《日新箴》。及還，又傅麟坪。祭先生文曰："小子蒙家嚴之賜，得謁函丈，親承謦咳。耳提面命，非但薰挹之深，平生感德，仰戴益切。" 遭制，廬墓守禮。各處先世之遺墟、邱壟，逐歲尋謁，無不表植而埋誌置田。尤眷眷於崇賢，凡節士、名賢衣履之藏、妥眞之所，必躬行祭奠焉。跋先生《宇宙要括帖》。【子孫居河東 安溪。】

李成實：字公實，號四慵堂。贈漢城左尹，延安人，草堂長源子。宣廟癸卯生。○公稟性絶異，不喜戲遊，言談擧止未嘗有造次急遽之失，故世之愛公者寡而憚公者衆。以先公命，寓于新安之小柏山下，因往來請業于先生之門，得聞切己之學，多蒙奬詡。又與李學稼 緖、張知分軒 以兪、崔梅窩 轔、宋晩悔 世彬、宋丹邱 世弼諸賢托契尤深。扁其堂曰四慵，泊然無意於勢利，以書史自娛。有遺集。【子孫居星州 明川。】

呂孝曾：字魯而，號西巖。文府使，星山人。宣廟甲辰生。

○公自幼聰悟異凡，劬書肄業，不煩程篤，文學夙就。乙丑，從先生學，潛心服膺，聲望藹蔚。又善篆，陪先生，篆寒暄 金先生神道碑。赤鼠亂，往先生召募所，巡鎭嶺下。性恬淡自守，不與時俯仰，足跡不及煖門。其在位，未嘗久留京師，輒解官歸養親。歷典郡邑，固城之民，立石頌德；林川之人，遮道願留。其居鄉，奉先生，躋配川谷，刱鄕祠，修院規、鄕案。晩以親年百歲，不赴召命，每歲母夫人壽辰，燕賓彩舞。築漫然、將歸亭爲終老棲息，奬進後學焉。【出裵孤村 正徽撰墓碑。○子孫居星州 樹村。】

金潫：字汝涵，號陽灘。進士，善山人。宣廟甲辰生。○公稟賦旣厚，且兼英邁聰慧。及先生講道於不知巖，公從遊門下，先生見，甚器重。遠近皆雲趨，而莫之先。加以觀感之益，德成行尊，人莫測其淺深也。丁丑，先生歿于永陽 立巖，公護轝而歸葬。編寫文集，序次《易學圖》，入梓行于世，以光師道。【見行狀。○子孫居善山 養眞。】

李惟碩：字大而，號梅軒。官縣監，星山人，菊圃 文龍子。宣廟甲辰生。○公自幼穎悟絶倫，已有大進之望。早登先生之門，得聞爲學切己之要，深覺朝聞夕死之旨，博學成文章。立朝敢言，不求干進。是以屢典郡邑，治績甚著。及卒，聽天堂 張公挽曰："傷心知舊今誰在？白首臨風獨涕淚。"畸翁 朴狃衢挽曰："大賢門下三千列，昭代朝中四品官。"【子孫居高靈 館洞。】

孫奉後：字君述，號訥菴。密城人，釣隱 祥雲之子。宣廟甲辰生。○公從遊先生之門，成就德業。及先生歿，公爲文祭之曰："元氣之鍾，喬岳之精。不由師承，道器天成。座上春風，胸中霽月。扶植斯文，陶鑄良質。榏夢奄化，後覺誰覺？昔日函席，誨語諄複。今日靈駁，儀形寂寞。頃吾先君，得侍几席。眇余小子，亦蒙俯恤。恩隆兩世，感涕難抑。荔丹蕉黃，物雖菲薄。焚香告衷，情則罔極。"【子孫居永川 上梨。】

權燾：字元之，號慕庵。安東人，魯軒 應生子。宣廟甲辰生。○公天姿精粹，氣像端正。早承庭訓，學問夙就。齠齔，以先公命，贄謁先生于立巖，得聞爲己之學。先生甚愛之，授以經傳。公篤信師訓，學業大進，爲世所推重。及先生易簀後，文集編修之役、尊享尸祝之典，尤致誠焉。祭先生文曰："夫子之道，孔、孟之道；夫子之學，晦、退之學。山斗一世，表準萬歲。"【子孫居密陽 南沂。】

洪碩果：字子仁，號知止軒。南陽人。宣廟甲辰生。○壬戌，公與姊夫趙英汶贄謁先生于不知巖精舍，得聞爲己之學，學問夙就，先生深加獎詡。及龍蛇之亂，公僑居星州 巖浦，以妻洞故而頻數往來於不知巖，薰炙尤深。踐履篤實，德業漸崇，爲鄉黨所推重焉。【子孫居咸安 巴水。】

盧亨弼：字貞甫，號雲堤。官大君師傅，豐川人，文孝公 玉溪曾孫，省翁 脊子。宣廟乙巳生。○公器局峻整，志氣遠大。學問早成，道德隆洽，遠近聲譽能傾一代。早遊先生之門，極蒙推許，群弟莫之及也。及先生易簀，爲文祭之曰："幈幪之眷、獎掖之恩，生成之可竝，山岳之與隆矣。"年才四十，遭父喪，居廬未及期而卒，鄉黨惜之。享龍巖書院。【子孫居咸

陽 介坪。】

鄭好信：字德基，號三休亭。官承訓郎，烏川人，剛義公 湖叟 世雅孫。宣廟乙巳生。○公天性俊邁，能自振勵。時先生住立巖，公與諸從迭相往來，親炙於函丈。嘗於《心經》一部沈潛反覆曰："修齊治平之要，只在一箇敬而已。" 丁卯胡亂，先生以號召使，定門下可堪人，分掌列邑，使之勤王。而同從兄暘溪 好仁糾合鄕旅，將赴國亂，聞城下報，痛憤不得情，罷兵，自藏於紫陽山中。及先生歿，爲文祭之。有文集。【子孫居永川 龜尾。】

金爾後：字子承。義城人，梅隱 安繼孫，五友堂 近仲子。宣廟乙巳生。○公弱冠登先生門，以質美篤學、俗習脫如見稱。辛未卒，享年二十七。先生痛惜之，題其墓曰："略倣禮文，著爲一家喪祭恒式。臨屬纊，口號孝悌忠信四言。"【子孫居安東 龜尾。】

金是瑩：字玉汝，號永慕庵。義城人，沙峰 天澤孫。宣廟乙巳生。○公氣宇凝重，志氣遠大，學問早成。及登先生之門，益加勉勵，律身制行。性又至孝，居喪啜粥三年。文章、德行爲世所推重。及先生易簀，爲文祭之。文集行于世。【見家譜。○子孫居星州 倫洞。】

金迲：字汝定，號不求堂。文直講，贈禮參，義城人。宣廟丙午生。○公自幼聰明絶人，氣義奇偉，孝友兼備。戊辰，謁先生于仁同 不知巖，受性理之說。【見年譜。】 甲戌，遊泮宮，與金忘窩【榮祖】、洪花浦【翼漢】諸公作同道會。甲午，應旨陳時弊疏，極言召裁之弊，自上有優答。及淸人之徵兵也，擧朝脅息，無一人枝梧敢言其不可，而公奮不顧身，率多士，獨明其倫義。屢典郡邑，治績甚莞，有去思碑。金龜窩 埅撰遺事有曰："及從旅軒 張先生遊，得聞正人君子之論，則其律身制行之方、義利[27]邪正之辨，講之熟矣。"【子孫居醴泉 芳松。】

張乃昌：字盛甫。官主簿，仁同人，无悶堂 德元子。宣廟丙午生。○公生有異質，往來薰炙於先生之門，敬謹不怠。以行誼除禮賓寺參奉，不就。【見家狀。○子孫居仁同 栗里。】

李道章：字泰觀，號鑑湖堂。官直長，贈吏議，廣州人，石潭 潤雨子。宣廟丁未生。○公早受庭訓，出入於先生之門，觀感親炙，志業日就。兵燹後，倡同志，復鄕約，立黌堂，創泗陽院。道臣薦文學，除省峴郵丞，卒立淸德碑。爲直長，掛冠歸曰"仕宦非吾志"，至漢江中流，誦"白鷗波浩蕩，萬里誰能馴"之句。兩姪俱顯，金貂赫燿，每敎以謙退儉約。許相 積累要見，而終不往。上因大臣筵薦，將擇用，聞其老疾，命錄用其子。石潭嘗作鑑湖堂，以爲燕居讀書之所，而晩年屬之公。公因以爲號，扁其軒曰水月。【見行狀。○子孫居漆谷 梅院。】

許琛：字叔獻，號濫叟。官同知中樞府事，河陽人，簡肅公 周十一世孫。宣廟丁未生。○公天姿卓越，文學夙就。及長，贄謁先生，先生一見喜之曰："是可以做得吾儒家事。"又

27 利：底本에는 "理". 己未本과 《龜窩集》에 근거하여 수정.

曰:“世之學者, 多釣華浮實, 而其篤志不欺, 吾於叔獻的然無疑。”晚年愛漉洲之濫湖, 築室讀書。同門諸賢如盧素庵 亨運、金陽灘 瀁、盧雲堤 亨弼、權東溪 濤愈加推重, 相與日夕講劘, 成就德業。及先生歿, 與從弟澤堂 瓚爲文祭之。【子孫居咸陽 功倍。】

趙咸世: 字顯甫, 號五宜亭。咸安人。宣廟丁未生。○公稟性至孝。母夫人患風痺, 侍坐便適其起居, 疾革, 斷指進血。金東溟 世濂以學行薦于銓曹, 一日三入陵官之望。及登先生之門, 得聞朝聞夕死之道, 忍飢忘疲, 潛心經訓, 服襲旨訣, 多被先生獎許, 又爲士友所推重焉。【子孫居青松 沙夫。】

宋世弼: 字公彦, 號丹邱。進士, 冶城人, 忠肅公 倻溪 希奎五世孫, 砂田 時詠子。宣廟丁未生。○公姿相秀穎, 慷慨有大節。以聽天堂婦姪, 夤緣往來於先生之門, 成就德業。丙子, 倡義旅, 指日西赴, 聞城下盟, 垂涕罷兵。遂不復留意於世, 棲遲林泉, 修鄕約, 著家訓。【子孫居星州 高山。】

鄭塈: 字景衍。烏川人, 守菴 四震三子。宣廟丁未生。○公陪父兄, 早遊先生之門, 成就德業, 以文學、行義著聞於世。及先生歿, 操文往祭之。【子孫居慶州 山臺。】

具仁繼: 字孝仲, 號癡菴。綾城人。宣廟丁未生。○公篤行孝友, 明辨理氣。以誠敬爲律身之符, 日誦《小學·敬身編》、《大學》誠意章。師事先生, 講質經義, 覿德飲河, 非一日。及遭師門喪, 哀痛甚, 心喪如禮。忌祭必齋素, 終身如一。

深處林下，韜光鏟彩。同門諸友稱詡曰："以杜門守義，不求人知，益求其志，鄉黨推重。"有遺集。有祭先生文。【子孫居大邱 西無怠。】

李㦿：字晦甫。官察訪，星山人，孤隱先生智活之后。宣廟丁未生。○公禀性聰慧，才氣絶人。早遊先生之門，得聞爲己之學。居家有法度，居官治績顯殊，倂有學行，爲士林所推重焉。【見邑誌。○子孫居咸陽 松坪。】

盧世信：字士彦，號□□。將仕郎，慶州人，亦樂齋 景倫子。宣廟丁未生。○公幼而才氣絶倫，文學夙就。與伯仲氏贄謁先生于不知巖精舍，得聞切己之要。潛心玩賾，尤篤於孝友。學問、德行爲儕類所推重焉。【見世譜。○子孫居善山 文洞。】

呂孝周：字達夫，號南溪。生進參奉，星山人。宣廟戊申生。○公禀性卓越，八歲作梅竹詩曰："庭畔梅花園裏竹，四時青笑一時紅。"先生特加愛之。三從叔倫爲先生姊兄，故嘗往來于樹村。公自在童年已摳衣，而戊寅春，講學于不知巖精舍，質疑問難，多蒙獎許。丙子，南漢被圍，遂發憤著數百言，名曰"一時存國，萬世扶綱"，堂堂大義，無異於魯之《春秋》矣。【子孫居星州 樹村。】

孫昌道：字君勛，號五守。密陽人，生員起緒孫。宣廟戊申生。○公天姿挺異，穎悟過人，自在孩提，孝友天得。不求名譽，晦跡嵌林，五敎、五常守藏于腑，因以爲號曰五守，若將終焉。早遊先生之門，成就德業，爲儕流所推重。及先生易簀，爲文祭之曰："天之未喪斯文兮，我先生應期而挺出。天之旣喪斯文兮，殆小子安仰而考德？蓍龜之去而南車失兮，於何質疑而問業？席間函丈兮，最承薰炙，終天之慕。"【子孫居淸道 大谷。】

金景斗：字士仰，號澗窩。官縣監，新羅宗姓也。宣廟戊申生。○公幼有異質，甫十歲有志力學。旣長，與族叔翠竹堂應鳴同遊於先生之門，得聞性理之學。一日作詩贈先生曰："嗟吾君子學，淡淡似溪淸。天理勝私慾，幽居遠世情。"先生每敬重焉。丁亥，以道臣薦除奉化縣監，爲政以德，有漢世循吏之風。【子孫居慶州 魚淵。】

蔡檝：字汝武，號雲巖。官副護軍，仁川人，琴灘子。光海己酉生。○公性端重莊敬，早有向學之誠。弱冠就學於先生之門，先生勸讀《孟子》書。以逸薦除別提、縣監。孫淡祭公文有曰："早從旅老，得聞爲己。不失自守，養德林樊。"【子孫居達城 美岱。】

李光義：字義仲，號竹軒。進士，固城人，三隱 瑕再從姪。光海己酉生。○公性禀英邁，才兼文武。與再從叔三隱公登先生之門，薰陶觀感，德業、文章爲儕類所推重。及先生歿，與鄕儕操文祭之。【子孫居淸道 丹山。】

金培：字淑夫，號下巖。慶州人，南岡 就礪子，黃皐 堣弟。光海己酉生。○公以英豪之資、純美之質，兼全孝友。早年立雪先生之門，成就德業。文學、行義爲儕類所推重焉。

及先生易簀于立巖，與伯兄黃皐公 塙爲文往祭之。【子孫居永川黃岡。】

宋世隆：字公輔。進士，冶城人，忠肅公 仰溪 希奎五世孫。光海庚戌生。○公幼而才氣絶倫，文學夙就。遊於先生之門，服襲旨訣。張南坡 㦿祭公文曰："粤在乙丑年間，吾與兄同受韓詩於先師，日令屬句，輒加題品曰：'某之讀文也，有沈潛之氣；作文也，有透悟之態。餘曹皆不及耳。'其二年，中鄕解，將赴會試，先師授以筆墨曰：'勉之勉之，得之勿喜太早，不得勿恨太晩。'當時寵誘之勤，至今洋洋在耳。嗚乎！兄之夙成，可以追想，而非有可取之材行，則先輩之奬許，若是眷眷耶？"【見家狀。○子孫居星州 高山。】

申埰：字子卿，號忍齋。進士，鵝洲人，虎溪 適道子。光海庚戌生。○公九歲受《小學》，至孝悌等語曰："是吾家書也。"嘗侍先生門下，與諸賢講明其所聞於席間者，如洪木齋、張南坡諸公皆以畏友待之。陞上庠，與泮長論三代遺制，因作《太學銘》。承殿敎，製《聖學圖銘》，著策式，特蒙聖明之稱賞。己亥，泮長以六行薦擧，公爲首。丙辰，士林躋享丹邱書院。【子孫居義城 八智。】

張㰒：字巨源，號三優堂。進士，玉山人，晩悔堂 慶遇子。光海庚戌生。○公受業先生之門。丙子南漢之圍，以親命奉先師訓，爲義兵將。行至尙州 北川，聞講和，擲劍痛哭而歸，時年二十七。壬午，司馬，屢被薦。【見行錄。○子孫居仁同。】

李確：字汝固。壽通政，陝川人，徵士雙清堂 源后。光海庚戌生。○公禀性純慤精勤，才德兼備。養閒林樊，不求聞達。嘗受學于先生之門，講道於不知巖精舍，多蒙奬詡。及先生歿，爲文祭之，有"服膺師門"之句。【子孫居咸陽 松坪。】

都愼徵：字休叔，號竹軒。官工曹正郎，星州人，鋤齋 汝兪子。光海辛亥生。○公天資剛毅，篤學實踐，隱居修道，德望重世。旅軒 張先生與鋤齋公或遊宿於止巖，或泛舟於錦湖之日，公常侍側，多聞爲學之要。祭先生文有曰："何知楹夢，遽易曾簀，斯文已喪，小子何托？月白虛堂，怳挹精爽。巖立千仞，如見氣像。"默軒 李萬運撰狀曰："人或'懷寶棲棘，未展蘊抱'爲恨。而觀於甲寅疏，匹士而明五朝之禮，一言而正長嫡之統，扶植倫常之重，快雪神人之憤。堂堂忠節聳動一世，凜凜直筆炳朗千秋，則此可以無嫌於正誼明道之眞事業。尙何利害窮達之足論哉？"【見文集。○子孫居達城 鋤齋。】

蔡瀛傑：字伯登，號是山。司馬，仁川人。光海辛亥生。○公七歲入學，解義精明。十一歲，以親命往謁先生于不知巖，受《大學》。先生見其才貌奇偉，心深異之曰："《大學》，大人之學，汝當加意焉。"公曰："大人之所以爲學何如？"先生曰："自知灑掃應對，欲明其德於平治之地而將有大爲之，不其是乎？"公曰："何如可以能明其明德乎？"先生曰："凡此道理不是高遠難行，只在日用間。今日講學討論，亦是其明明德之一大道也。"先生嘗謂學者曰："聖人千言萬語，何莫非切要？而夫子博文約禮、孟子之求放心、程子之主敬，尤所當用力處也。"公終身佩服。【子孫居大邱 研經。】

權尙敏: 字志聖, 號□□。安東人, 省齋 崶子。光海辛亥生。○公自齠齔, 遊先生之門, 久被化導。溫雅醇謹, 沈毅簡默, 未嘗有疾言遽色。燕處無惰容, 群居凝然自持, 朋儕皆敬重焉。及先生歿, 二度爲文祭之。【子孫居永川 立巖。】

崔震華: 字鎭叔, 號月洲。永川人, 鸛峰 轀二子。光海辛亥生。○公生而氣度軒爽, 才藝超倫。就學於先生之門, 加以家庭之訓, 文章、行義表著一世, 遠近士友咸爲矜式。丙亂初, 以本州招軍有司, 及至高靈倡義之設, 陪先公往赴焉。宋恭山 浚弼撰公墓碣曰: "旅軒 張文康公講道不知巖, 于時及門之盛, 盡一世之英才。有以家庭之重, 承師授之正, 其惟月洲先生崔公, 諱震華, 字鎭叔也歟。"【子孫居星州 法山。】

金四聰: 字達夫, 號植松亭。淸道人, 錦浦 是聲從叔。光海壬子生。○公自髫丱時, 溫雅愷悌, 便有成人儀度。及長, 出入先生之門, 得聞爲學大道, 廢擧業, 以讀書求志爲事。築精舍于南川上, 植松數株, 以寓歲寒後凋之意。丁丑九月先生易簀, 操文以哭之曰: "先生道宗百世, 德重一國, 多士準則, 時人耳目。山頹一夕, 多士何托?"【見遺事。○子孫居河陽 江亭。】

李廷機: 字子愼, 號漫翁。文府使, 永川人, 敬亭 民宬子。光海癸丑生。○公風儀軒昂, 嘗入侍, 上異之, 問姓名, 手賜二橘, 一時榮之。野堂 柳公 赫然與公論兵事, 以文武兼材讚之。及先生歿, 爲文祭之曰: "小子顓蒙, 早承提撕, 永侍函丈, 庶有依歸。" 李獻慶撰公墓誌曰"公嘗師事旅軒 張先生, 爲

先生所許可"云。及公歿，鄕人立祠祭之。【子孫居義城 山雲。】

宋時振：字士達，號梅隱。治城人，忠肅公 仰溪 希奎玄孫，龍溪 光啓子。光海癸丑生。○公自幼才思彪蔚，甫十歲受《論語》，已通大義。早喪先公，嘗以孝不及養爲至痛，吉日及望必省墳，不以風雨止。先生講道於不知巖，以母夫人命，往以服事之，得聞爲學之方，累蒙獎詡。公天姿秀矣，家學美矣，師承正矣，遯跡邱園，務自韜晦，所著文字，棄不畜。沒五十一，而幷時諸賢誄其行而哀其無年。聽天 張公以共笈[28]聳爲文，深痛。【子孫居星州 高山。】

權好敏：字學聖，號巖齋。安東人，省齋 蔚子。光海甲寅生。○公自幼供灑掃于先生門下，得聞敎誨。諸兄弟俱從學，而伯仲尤被敎養薰陶之益，在門墻幾數十年，或質問於函丈，或陪遊泉石。蓋自先生入山也，其尊道尙德之誠，從師求道之心，歷三世不替。逮夫先生易簀返柩之日，公時年二十四，凡治葬[29]及襄禮，殫誠竭力，靡不用極。當時皆以爲羽翼斯文之功，惟權氏爲最焉。【子孫居永川 立巖。】

張槼：字聖源，號南坡。進士參奉，玉山人，晩悔堂 慶遇第二子。光海甲寅生。○八九歲，遍讀通史。晩悔公嘗曰："此兒朝受《潘史總論》，日未斜，誦不錯一字。"年十一，師事先生，應對如成人。甲戌，先生移建鄕校，慮力綿，欲借方伯，

28 笈：《晦堂集》〈梅隱宋公行狀〉에는 "笈".

29 葬：문맥상 "喪"인 듯함.

難其學，公自製呈書。辭意動人，事竟就緒，先生甚奇愛之。丁丑，赴庭試。時先生避地于永陽之立巖，疾不可爲，數問張某來否。公晨夜疾馳比至，促令人入，握手數語，語及於《易學圖說》而終。乙未，嶺儒將享先生于不知巖精舍，公以院任幹其事，區劃規模。戊申，自製疏，與同道人叫閽，請吳山院額。嘗燕侍，先生從容謂曰："汝終是發越之氣有餘，沈潛之氣不足。義以裁之，敬以持之，涵養久之，可以變化氣質。"余起而對曰："請終身服膺。"南山之下，構一堂，以六若扁之，處蝸室若大廈，衣敝袍若錦繡，咬菜根若膏粱，耕丘墳若田土，役子弟若使令，課訓詁若政事。【見《六若堂記》。】天姿英睿，岸韻魁杰，有"神淸雪月，眉聚江山"之評。有《師門言行錄》九條。【子孫居仁同 長谷。】

都翰國：字子藩，號梧月堂。星州人，雲齋 勻玄孫。光海甲寅生。○公天姿夷曠，悃愊無華，容貌、辭氣卓出凡類。辛未，拜先生，服承旨訣。與李學稼 縚、呂西巖 孝曾、張南坡 㬎、宋晩悔 世彬、鄭三老 堣諸賢爲道義交。【見行狀。】公祭張聽天堂 應一文曰："庸陋後生，幸贄高門，夤緣出入，亦承厚眷。陪隨函丈，益垂繾綣，情誼姻親，淵源師友。佩服雷天，罔敢失墜。"響山 李晩燾撰狀曰："苟非早立雪於不知巖下，遠承寒暄先生淵源，烏能如是哉？"拓菴 金道和撰墓文曰："及冠，拜旅軒 張先生，得聞古人之學。"【子孫居星州 樹村。】

金元龜：字廷瑞。瑞興人，文敬公 寒暄七世孫，四友堂大振孫。光海乙卯生。○公天姿明敏，器宇卓犖。早遊先生之門，的受旨訣，究性理之學。以學行薦獻陵參奉。【見譜註、

玄風·達城邑誌。○子孫居玄風 池洞。】

全純性：字而敬，號耕雲。從仕郎，龍宮人，有性弟。光海丁巳生。○公早遊先生之門，成就德業。及先生歿，與從姪尙坤及鄕儕操文往祭之。【子孫居永川 棗洞。】

李緘：字章彦，號學圃。京山人，大司憲興門后，察訪天增子，學稼齋 縚弟。光海庚申生。○公自幼已知事親當孝，事長當敬。纔成童，隨伯氏學稼齋公，登先生之門，既承誘掖，日將月就。先生愛之教之，無異親子姪。是以孝友篤行爲世所推重。又文詞深邃，早年名譽藉蔚鄕隣。【子孫居星州 巖浦。】

金壆：字益夫，號遯巖。慶州人，南岡 就礪子，黃皐 堣弟。光海庚申生。○公性本溫雅，才藝夙就，孝友兼全。早遊先生之門，加以薰陶觀感之益，文學、行義著聞于世。及先生易簀，與伯仲兄操文往祭之。【子孫居永川 黃岡。】

金夏梴：字長卿，號三梅堂。文湖南御史，善山人，陽灘 瀁子。光海辛酉生。○公性本儒雅，孝友兼至。早登先生之門，文學、行義著聞於世。庚子，登增廣第，歷敭華秩，屢典郡邑，皆有淸德碑。爲權貴所忤，自後不復出仕。【子孫居金山 壯巖。】

宋文徵：字伯信，號靜養齋。冶城人，則學齋 暹子。仁廟癸亥生。○公生日，有虎入伏産室門外，公生後，虎忽不見，人皆異之。壬申，請學于先生之門，先生問："汝在家學何書？業何事？”對曰：“所學只是《小學》，所業孝悌而已。”先生撫頂嘆曰：“汝祖【孤軒 後昌】之孫，安得不然？”卽授以《綱目》。丙子，聞講和之報，三日不食。王府君責之以食曰：“汝童子何知？”公卽垂涕飮糜飮。聞先生蹈海之行，陪至泗濱而還。及先生易簀，卽往哭致祭，葬後乃還。【見家狀。○子孫居漆谷 道灘。】

李宜白：字汝眞，號鳳岡。官內資寺奉事，碧珍人，碧珍將軍悤言后，主簿守認子。仁廟癸亥生。○公早受學于從伯兄臺嵒公 喜白，與判官公尙白、獨樂堂 知白周旋唯喏于鶴亭。奉親之席而講磨益切，於天倫之間，自爲師友。晩登旅軒 張先生之門，益聞其所未聞，公之志學，此可見矣。究庵 李光魯撰墓碣文曰：“晩而贄謁于旅軒 張先生之門，益聞其所未聞。鄕邦重敬之。”【子孫居永川 官亭。】

權晉敏：字田聖。生員，安東人，省齋 釪第四子。仁廟癸亥生。○公早登先生之門，成就學業。性本儒雅，孝友兼至，爲鄕黨所推重焉。成後元祭公文曰：“雪月精神，雲鶴襟期。”【子孫居永川 立巖。】

朴烜：字〔景輝〕[30]，號□□。高靈人，府使孝誠子。〔宣廟甲午〕生。○久堂 朴長遠曰：“吾先府君隨侍先大父【孝誠，文府使。】善山任所，旅軒 張先生所居仁同之傍邑也。先大父命先

30 景輝：底本에는 “□□”.《久堂集》墓誌에 근거하여 보충. 아래 朴烜의 生年도 같은 근거로 보충.

君就學受《論》、《孟》。其後仁祖丙寅，旅軒先生以大司憲承召入京，先君往候于旅邸。余才成童，亦隨而拜，瞻望其儼然有德之氣像。"【子長遠《久堂記聞》。○子孫居□…□。】

鮮于浹：字仲潤，號遯庵。逸司業，平壤人，箕子后。〔宣廟戊子〕[31]生。○公自幼精明端潔，言行常謹。八歲，能徒步數百里，其强有力如此。嘗爲學，苦心用極，未嘗少懈，蔚然爲西土儒宗。遂遊東南，遍觀山川，至陶山書院，閱退溪遺書，因往仁同不知巖精舍，贄謁先生。溫理四子等書，曰："吾道在是。"遂與諸生入龍岳，講究性理之學。孝宗朝，以司業召之，公上疏曰："《大學》，規模大而節目備，王者熟讀精思，與心爲以致其一。"筵臣啓曰："鮮于浹學業甚篤，文識亦高。關西士子稍知趨向，皆此人之力也。"所著有《太極辨解問答》。【見《東國紀年》。】祭先生文曰："平生感德，戴仰益切。"【子孫居平壤箕子廟洞。】

朴吉應：字〔德一〕[32]，號〔眞靜齋〕。文參判，〔密陽〕人。〔宣廟戊戌〕生。○祭先生文曰："小子齒弱，從先生受《周易》、《庸》、《學》及《近思錄》，往來于門下。先生常迪我以敬，勖我以窮理。"嘗讀《宇宙要括帖》，知先生學識之高、規模之大、踐履之篤，於此可想焉。癸巳，公爲騎省右侍郎，繕寫獻于君王，蓋冀吾君知吾師也。疏略曰："食芹而美，猶可獻

31 宣廟戊子：底本에는 "□□□□". 《遯菴全書》 年譜에 근거하여 보충.

32 德一：底本에는 "□□". 《한국민족문화대백과사전》에 근거하여 보충. 이하 朴吉應의 號, 本貫, 生年도 같은 근거로 보충.

御，有言益於吾君，則豈不樂告？臣嘗受業於故儒臣張顯光，得睹《宇宙要括》及《標題要語》，誠宜悅心而常目也。臣今繕寫以進，伏願殿下留神體認。”又記師行三條。【子孫居□…□。】

李礫：字□□，號□□。碧珍人，耕隱孟專六世孫。□□□□生。○公早遊先生之門，成就德業。及先生易簀，有祭先生文曰：“摳衣束帶，遂趨函丈。考德問業，期永無疆。晨歌忽起，楹夢何忙？士失模楷，國無蓍龜。紫陽洞裏，軌躅莫續。鶴眠亭中，記文如昨。”【子孫居永川德洞。】

金宗孝：字士行，號伴月堂。順天人，癸丑生。【此下諸賢，單未入，故年齒不得序次。】

趙熙道：字敬而，咸安人，己巳生。

朴有文。

朴之皀。

張乃睦。

黃居一：字正元，號明溪。贈參議，平海人，戊午生。

柳思溫：字粹甫，號龜亭。軍資監正，贈戶參判，文化人，癸酉生。

朴弘慶：字孝述，號是政堂。司馬，密陽人，甲戌生。

朴亨慶：字善述，密陽人，丙子生。

孫魯：字汝唯，號蓮亭。月城人，戊寅生。

徐思選：字精甫，號東皐。參奉，達城人，己卯生。

鄭秀民：字子賓，號春睡堂，又號東里。參奉，河東人，丁丑生。

黃中允：字道光，號東溟。文承旨，平海人，丁丑生。

申志道：字汝遠，號三栢堂。贈司僕寺正，鵝洲人，壬午生。

金湏：字靜如，號灘翁。生員縣監，善山人，壬午生。

盧亨運：字時甫，號素菴。參奉，豐川人，甲申生。

權克亮：字士任，號東山。參奉，安東人，甲申生。

李祗先：字子敬，號一癡。進文參議，星山人，甲申生。

郭霅：字施遠，號敬宇。生員，玄風人，甲申生。

郭衛國：字子固，號洛〔叟〕[33]。逸持平，苞山人，丁亥生。

禹承範：字保卿，丹陽人，戊子生。

張乃克：字明甫，號松齋。贈軍資監正，玉山人，己丑生。

鄭壂：字景休，烏川人，辛卯生。

盧亨震：字東彦，豐川人，辛卯生。

丁瑜：字君獻，號槐隱。進士，義城人，辛卯生。

黃鐗：字精叔，號竹覽。文科司諫，贈吏判，平海人，辛卯生。

盧亨鼎：字子愼，豐川人，癸巳生。

申之敬：字直夫。通德郎，鵝洲人，乙未生。

柳碩：字德甫，號皆山。進士文科東伯，贈左贊、兩館大提學、世子貳師，晉陽人，乙未生。

張龍遇：字雲卿，號丹溪。生員，贈掌樂院正，玉山人，丙申生。

33 叟：底本에는 "□".《臺窩集 卷14 通訓大夫木川縣監洛叟先生郭公行狀》에 근거하여 보충.

李䕸：字聞伯。進士，永陽人，戊子生。

李廷蓂：字君佐，永陽人[34]，□□生。

郭爾崙：字道深，號省庵。玄風人，庚子生。

金益精：字允中，號孝友軒。慶州人，丁丑生。

鄭好仁：字子見，號暘溪。文正郎，烏川人，丁酉生。

姜演：字泂遠，號愚軒。晉陽人，丁酉生。

權昱：字瑞化，號淸江。贈戶議，安東人，戊戌生。

張龍燮：字用卿，號自求齋。玉山人，己亥生。

李弘道：字克文，陜川人，己亥生。

朴以爀：字啓晦，號鏡川。生進，潘南人，壬寅生。

許國弼：字汝敬，號醒悔堂。司馬，金海人，壬寅生。

朴璺：字以蘊，號北厓。逸掌令，咸陽人，壬寅生。

34 人：底本에는 "生". 己未本에 근거하여 수정.

盧亨重：字德厚，豐川人，壬寅生。

鄭後玄：字季彦。通德郞，瑞山人，壬寅生。

鄭垕[35]：字景平，烏川人，壬寅生。

柳汝樟，字士直，號明堂。通仕郞，文化人，壬寅生。

李鐵堅：字壽甫，號梅溪。永陽人，癸卯生。

朴鎏：字子相，承訓郞，咸陽人。

孫喜祖：字孝悅，慶州人，癸卯生。

鄭垐：字景明，烏川人，甲辰生。

李弘哲：字克仁，陜川人，甲辰生。

陳倬：字子高，號立庵。軍資監副正，驪陽人，甲辰生。

金夏樑：字汝任，號江灘。文漢城判尹，善山人，乙巳生。

柳汝梓：字君直，文化人，乙巳生。

35 垕：底本에는 "塁".《迎日鄭氏世譜》와《旅軒先生續附錄》에 근거하여 수정.

鄭好問：字子裕。從仕[36]郎，延日人，乙巳生。

李霮：字公瑞。副司果，碧珍人，乙巳生。

李灊：字公洽，號八峰。司馬，碧珍人，乙巳生。

張乃昌：字盛甫。主簿，玉山人，丙午生。【重複。】

陳仡：字子成，驪陽人，丙午生。

權得中：字和甫，安東人，丁未生。

宋時綱：字紀甫，號存順齋。冶城人，丁未生。

李廷蘭：字君郁。贈持平，永川人，丁未生。

申均：字子平，號安齋。鵝洲人，丁未生。

朴愰：字通彦，號醉石堂。密陽人，戊申生。

李鐵剛：字子固，碧珍人，己酉生。

朴恢：字浩彦，號喜懼堂。密陽人，庚戌生。

36 仕：底本에는 "任". 《迎日鄭氏世譜》에 근거하여 수정.

申瀚：字景藏，號四吾。司馬文科成均司藝，平山人，庚戌生。

河頲：字孺直，晉陽人，庚戌生。

河灝：字應休，號守拙齋。晉陽人，辛亥生。

禹承疇：字說卿，號文隅堂。世子衛率，丹陽人，辛亥生。

鄭就護：字季和，延日人，辛亥生。

成震井：字子星，昌寧人，辛亥生。

朴長遠：字仲久，號久堂。文科吏判，謚文孝公，高靈人，壬子生。

盧亨造：字道深，豐川人，壬子生。

權得經：改鎔，字守甫。副護軍，安東人，壬子生。

金敏：字光烈，慶州人，壬子生。

朴慄：字廓如[37]，密陽人，癸丑生。

37 如：底本에는 "汝".《密陽朴氏四門進士公派大同譜》와《南坡先生文集》에 근거하여 수정.

張慶達：字泰亨，號晩翠堂。玉山人，癸丑生。

朴堅：字以振。贈掌樂院正，咸陽人，癸丑生。

禹熙吉：字惠甫，號南齋。進士，丹陽人，癸丑生。

鄭壁：字峻哉，烏川人，癸丑生。

李葂：字聖時，全州人，乙卯生。

黃灛：字君洽[38]，長水人，乙卯生。

曺挺恒：字德瞻，號秀才。昌寧人，丁巳生。

李俊：字活然，號松皐。慶州人，甲子生。

李仁：字善長，號栢塢。慶州人，丙寅生。

韓德及：字聖哉。【子孫居洪州，有判書宓履、光會、師得奉朝賀。】

盧增：字子謙，光州人。

鄭四岳：字堯佐。烏川人。

38 洽：사마 방목에는 "灐".

趙英汶：字景閔，號場巖，咸安人。

蔣文益：字明輔，號釣耕堂，牙山人。

鄭天涉。

慎爾徽。

崔繼寔。

李心弘：字毅甫，號孤村，廣州人。

成櫟：字子久，號鎭浮。知中樞僉正，昌寧人。

孟世衡：字汝平，號晩隱，官府使。

任世章：字〔汝貞〕[39]，號暮醒堂。

丁好恕：字〔士推〕[40]，羅州人。

許瓚：字白玉。河陽人。

河泓尙：字□□。晉陽人。

39 汝貞 : 底本에는 “□□”. 《향토문화전자대전》에 근거하여 보충.

40 士推 : 底本에는 “□□”. 《한국민족문화대백과》에 근거하여 보충.

張士珍：字□…□。

許顗：字潤兼，贈僉正，金海人。

許國輔，字□□，同中樞，金海人。

洪雱：字〔景望〕[41]，號芝溪。

李遠樹：字士直，號洛坡，廣州人。

李山漢：字鎭叔，號進溪，進士。

申起漢：字□□，文正郎。

鄭斗源：字□□，號壺翁。

晉大鳳：字〔國祥〕[42]，號忍窩，南原人。

許尙遠。

金尙瑗：字伯玉，號南厓，壽護軍。

金宗一：字貫之，號魯庵，文校理。

41 景望：底本에는 "□□". 《한국민족문화대백과》에 근거하여 보충.

42 國祥：底本에는 "□□". 《한국역대인물종합정보시스템》에 근거하여 보충.

洪履一：字〔亨五〕[43]。南陽人。

趙相禹：字虞卿，號時庵。參奉，楊州人。

趙廷珩：字獻卿，進士。

金柱宇：字萬古，號易眠堂，文都事。

尹衡彦：字應聖，號檜園，文翰亞長。

朴惟東：字□□，號一石。參奉，忠州人。

李碩寬：字□□，號蓮峰。逸執義，全州人。

崔喆：字重吉，號峰前。

曺輸：字□□，參奉。

李時萬：字□□，監司。

金益精：字□□，義城人。

鄭樱：字□□，直長。

43 亨五：底本에는 "□□".《한국민족문화대백과》에 근거하여 보충.

鄭惟熟：字□□，參奉。

鄭惟燾，字□□，參奉。

具致用：字器之，號高山，綾城人。

李棨：字文伯，號松郊。文吏判，謚忠正。

姜鶴年：字子久，生員，晉州人。

朴樅茂：字季眞，號三樂堂。進士，潘南人。

邢昌運：字□□，號古川。

李友直：字子益，號陶窩，永川人。

李友悅：字汝益，永川人。

金崑：字季鎭，號竹溪。

柳碩男。

柳時稷。

李秀英。

李善立。

李廷郁。

金諒榥。

權赫。

張警百。

曺以咸。

李道亨。

李涑。

李暭。

金鑊。

金鎜。

南昌祐。

南溟翮。

南佖。

金秋任。

金履善：進士。

安世慶。

李琢。

申稹。

金英卓。

張文道。

舊本跋

此吾先祖文康公及門諸子錄也。粵在丙辰歲印行晉州時，載錄諸賢爲一百七十餘賢，而每恨見聞孤陋，不能廣搜博訪，所錄若是疏忽也。丁巳春，余憫宗宅文獻累世塵沒，使宗君世明搜出家藏古紙來，乃是先祖三祥內祭文一包，而紙爛墨渝，手不堪着。余曰："此是三百年古蹟，而乃擧國若道幾百諸賢記情之文也，擧國若道幾百諸家講好之跡也。此若復納舊藏，復如來日之爲昔日，則終爲蟲鼠所侵蝕，而竟歸烏有矣。豈非悔恨無及而痛惜深切者耶?" 遂與三從叔斑遠氏、族姪志求、宗君世明相議，貿紙，使村少輩抄出於宗宅大廳。祭文爲二冊，祭文中抄出諸子錄爲一冊，謀爲壽傳廣布之計。戊午二月十五日，爲道會于東洛堂，薦出四都廳於南北兩道，蓋取吾林中有地閥、人望者也。義城 申敦植，虎溪裔孫也；永川 金俊熙，南岡冑孫也；咸安 趙性熺，澗松冑孫也；咸陽 盧鍾漢，玉溪冑孫也，皆淵源古族而參於祭文中家也。憂其愈久愈泯，謀所以亟期敦事，而但文字收拾有遠近之不易相同，未克成就。是年七月十五日，又再會于東洛堂，以爲財政辦出終無區劃，正所謂無麵之飥，且此事本非本孫、本鄕之所可獨斷擅爲也，乃擧國若道之所共公之事。而祭文附錄，旣有本孫擔負，諸子錄一冊，申敦植、金俊熙以道論分擔。而文字則晦堂族祖錫英氏及餘園族姪志求俱爲積年修戢，而大同小異，故抄其小異者，合之爲一統成編。噫！此三百年未遑之事，而後生之慨鬱久矣。基相不揆淺劣，積費心力，有此成冊。就中諸賢皆親被薰陶於當日函筵之間，而難疑問答，承受旨訣，瞭然如昨，足令人起感。各家來裔當追惟先德，奉若神明，爲永世講好之資云爾。

己未五月日，十一世孫基相謹跋。

급문제현록 인명 색인

ㄴ

지은이 **장현광(張顯光)**

1554년(명종9)~1637년(인조15). 자는 덕회(德晦), 호는 여헌(旅軒), 본관은 인동(仁同)이다. 여러 차례 벼슬을 사양하고 학문과 교육에 매진하여 역학(易學)과 경위설(經緯說)을 중심으로 독자적인 학문 체제를 이루었으며, 17세기 영남학파의 학맥을 이루는 많은 학자를 길러냈다. 저서는 문집으로《여헌집》이 있고,《여헌성리설(旅軒性理說)》,《역학도설(易學圖說)》,《용사일기(龍蛇日記)》 등이 있다.

옮긴이 **성원규(成元圭)**

1984년 서울에서 태어났다. 단국대학교 한문교육과를 졸업하고, 고려대학교 국어국문학 석사 과정을 수료하였다. 한국고전번역교육원 연수부 과정을 졸업하고, 현재 해동경사연구소 연구원으로 재직하고 있다.

옮긴이 **윤은숙(尹銀淑)**

1957년 인천에서 태어났다. 덕성여대 경영학과와 방송통신대 중문학과를 졸업하였다. 민족문화추진회(현 한국고전번역원) 연수부와 일반연구부 과정을 마치고 현재 해동경사연구소 연구위원으로 일하고 있다. 번역서로는 〈자치통감강목(4-14)〉(공역)이 있다.

옮긴이 **김형석(金炯奭)**

1967년 서울에서 태어났다. 대학에서 전자공학과 중어중문학을 공부하였고, 한국고전번역원 연수부를 졸업하였다. 현재 해동경사연구소 연구원으로 재직하고 있다. 번역서로는《시경집전변정(詩經集傳辨正)》이 있다.

특수고전협동번역사업(경전주석서) 연구진

연구책임자 성백효(해동경사연구소 소장)
공동연구원 신영주(성신여자대학교 한문교육과 교수)
신범식(유원대학교 교양융합학부 교수)
연구원 윤은숙
김형석
성원규

용사일기

장현광 지음 | 성원규 · 윤은숙 · 김형석 옮김
2023년 6월 30일 초판 1쇄 발행
편집 · 발행 학자원
등록 2011.4.6 제2011-14호
주소 (05355) 서울시 강동구 천호대로 1121
전화 02-6403-1000 | 팩스 02-6338-1001 | 이메일 hakjaone@daum.net

값 45,000원
ISBN 979-11-6247-304-7 93810